中华人民共和国
江西日史

第五卷
（1986～1989）

中华人民共和国日史编辑委员会
江西编辑室 编

名誉主编： 孙家正　李金华　张文彬
　　　　　 张承钧　李永田
主　　编： 孙用和　蒋仲平　魏丕植
　　　　　 管志仁　沈谦芳
副主编： 符　伟　杨德保　廖世槐
　　　　　 罗益昌　张翊华

人民出版社

目 录

第五卷

CONTENTS

概　要

江西省六届人大四次会议召开。会议总结了"六五"时期的工作，肯定其"经济增长速度、经济效益提高和计划超额完成的幅度都高于前五个五年计划时期"，审议通过了《江西省国民经济和社会发展第七个五年计划》。"七五"计划继续以"两个更大胆、一个略高于"为指导思想，并据此确定"七五"目标为：争取基本奠定具有中国特色的充满生机和活力的社会主义经济体制的基础，大力促进科技进步和智力开发，在不断提高经济效益的前提下，1990 年工农业总产值达到 430 亿元，比 1980 年翻一番多；力争主要经济效益指标接近全国平均水平，地方财政收入达到 35 亿元；城乡居民人均消费水平比 1985 年增长 45% 左右，老区人民的生活水平有明显的提高，人民的生活质量、生活环境和居住条件得到进一步改善。为实现上述目标，"七五"计划提出了进一步调整产业结构，合理安排工业建设，大力发展科技、教育事业，加快老区建设步伐，更大胆地对外开放，积极推进经济体制改革，进一步改善人民生活和进一步加强社会主义精神文明建设等八项基本任务。

实施"七五"计划的总体安排　省人大六届四次会议的主要议题是巩固和发展大好形势，为胜利实行"七五"计划而奋斗。会议确定"七五"期间经济和社会发展的基本任务是：搞活经济，改革开放，调整结构，理顺关系，开发智力，打好基础，提高效益，改善生活。"七五"计划提出："七五"期间，根据国家经济发展的总体安排，兼顾江西经济长期和近期的发展，本着各有所为，互相支持，互相促进，共同振兴的基本指导思想，江西省地区布局的原则是：依托中部地区的实力，加速北部地区的建设，加强南部地区的开发，充分发挥北、中、南地区各自的优势和发展相互间的横向经济联系，使全省经济协调发展。北部要加快港口、交通、电力等基础设施建设，大力发展旅游事业以及纺织服装、食品等工业，逐步形成沿长江工业带；中部地区要加快现有企业的技术改造和改建、扩建，积极发展知识密集型产业和新兴产业，继续成为全省重要的工业基地和农副产品生产基地；南部地区要进一步开放门户，面向粤闽特区，建立适应珠江三角洲和闽南三角区的贸工农型经济，大力发展商品生产，加快交通和能源建设，加速资源开发。

贯彻中央一号文件　1 月 1 日，中共中央、国务院发出《关于 1986 年农村工作的部署》，指出当年农村经济体制改革的重点是：围绕已经实行的政策，加强后续工作，把粮食统购改为合同订购。省委、省政府发出通知，要求各地认真学习和宣传中央一号文件，重点抓好以下几个方面的工作：正确认识当前农村的大好形势；坚定深入进行农村经济改革的信念；进一步提高对农业基础地位的认识；

坚持"决不放松粮食生产，积极发展多种经营"的方针；坚持农业与乡镇工业协调发展，把"无工不富"、"无商不活"与"无农不稳"有机结合起来；正确认识坚持共同富裕和允许一部分人先富起来的辩证关系。1月至2月，省委、省政府召开全省农村工作会议。研究贯彻中央一号文件，联系江西实际，分析形势，总结经验，研究农村第二步改革中出现的新情况、新问题，部署当年的农村工作。

城市经济体制的综合改革试点　城市经济体制改革会议回顾了全省城市经济体制改革的情况，在认真研究改革中出现的新情况、新问题的基础上，提出当年城市经济体制改革的总要求是消化、补充已出台的改革措施，巩固、发展已取得的改革成果。纵向继续简政放权，横向促进经济联合，宏观加强控制调节，微观搞好配套改革，不断增强企业活动，更好发挥城市功能，抓好改革试点。3月，省政府发出《关于对赣州地区试行特殊政策有关具体问题的通知》，决定对赣州实行免交省财政收入、全部留给地区用于发展生产以及税收、信贷、外贸、外汇管理等方面的多项特殊政策，表明要将赣州地区推向改革开放前沿的意向。当年决定改革试点扩大到南昌市和九江市，其后又在其他城市推广开来。九江迅速作出了开放和发展的规划，采取实际行动，制定了《关于鼓励外商投资优惠办法》、《关于发展横向经济联合的办法》，并相继推出一系列对外经济技术合作项目。当年还在中小型企业实行租赁制试点和在大中企业进行股份制试点。

建设商品生产基地　3月，经国家计委和农牧渔业部批准，江西省将建设9个农牧渔业生产基地。列入国家"七五"计划首批商品生产基地的建设项目有：鄱阳、新建、峡江新建优良大米生产基地；南丰蜜橘、南康甜柚和武宁猕猴桃水果基地；彭泽太泊湖水产场列入八大中型水面的江湖水禽生产基地；九江和余干也首次列入国家的水禽生产基地。另外，全国首批国家级、省级"星火计划"的39个项目陆续开始实施。

横向经济联合　省政府制定了《关于发展省际经济联合的优惠办法》，江西与全国大部分省市建立了新型的经济合作关系。6月，江西、福建两省经济技术合作洽谈会初步达成118项横向经济联合协议书、意向书。其中经济联合项目26个，技术协作项目68个，商贸物资项目17个。江西由此在全国尤其是东南地区经济格局中的地位得到提高，比较优势得到逐步发挥。

综合成就　贵溪冶炼厂建成投产。全省羽绒产值产量均列为全国首位。余江工艺雕刻厂为亚洲最大的木雕生产经营企业，产品行销65个国家和地区。凤凰牌照相机居全国同类产品之冠。赣新公司被国家确定为彩电生产定点企业，赣新彩电不仅畅销国内27个省、市、自治区，而且进入国际市场，出口美国、英国、朝鲜、智利、南斯拉夫等10多个国家和地区，成为江西唯一的一个进入全国最大的百家电子工业企业行列的厂家。11月，在国务院副总理万里的支持下，国家计委经国务院批准，决定于1987年4月恢复九江长江大桥建设。

全省本年主要经济指标情况　国民生产总值230.82亿元，比上年增长6.7%。第一产业产值90.27亿元，比上年增长1.1%；第二产业产值83.60亿元，比上年增长7.3%；第三产业产值56.95亿元，比上年增长15.2%。农业总产值124.79亿元，增长2.6%；工业总产值213.75亿元，增长15.0%。财政收入24.06亿元。粮食总产量290.75亿斤。出口贸易总额3.05亿美元，比上年增长18.7%。零售物价总指数上升5.8%。年末全省总人口3575.76万人，人口自然增长率18.62‰。

1986
1月
January

公元 1986 年 1 月							农历丙寅年【虎】					
日	一	二	三	四	五	六	日	一	二	三	四	五	六
			1 元旦	**2** 廿二	**3** 廿三	**4** 廿四	**5** 小寒	**6** 廿六	**7** 廿七	**8** 廿八	**9** 廿九	**10** 十二月大	**11** 初二
12 初三	**13** 初四	**14** 初五	**15** 初六	**16** 初七	**17** 腊八节	**18** 初九	**19** 初十	**20** 大寒	**21** 十二	**22** 十三	**23** 十四	**24** 十五	**25** 十六
26 十七	**27** 十八	**28** 十九	**29** 二十	**30** 廿一	**31** 廿二							

1日　《妇女之声报》正式创刊。该报是由省妇联主办的四开周报。全国政协副主席、全国妇联主席康克清为该报写来了贺信，原中顾委委员帅孟奇、杨尚奎、方志纯，中顾委委员白栋材、省委顾问委员会主任赵增益为该报题词。中国书法家协会名誉主席舒同、全国人大常委会副委员长许德珩先后为该报题写报名。

1日　由长江航务管理局管理的彭泽、湖口、码头镇、马当、红光、赤湖、大树下七个港务站（点）正式移交江西省航运公司九江航运分公司管理。

1日　根据省政府制定的《江西省党政群机关工作人员实行休假制度的暂行规定》，即日起全省机关工作人员实行年休假制度。

1日　新余站劳动路公路铁路立交桥建成通车。该桥总长700米，横跨8个股道，是江西省最长的横跨立交桥。

1日　江西电视台于"每日江西新闻"之后加播南昌、赣州、吉安、宜春、抚州、上饶、九江、萍乡、景德镇、井冈山、庐山11个地市的未来24小时天气预报（1986年4月增加鹰潭、新余市，1989年7月增加樟树市，1990年5月增加丰城市，1990年6月增加瑞昌市）。

2日　省高级人民法院发出《关于抓紧复查纠正地下党员中的冤、假、错案的通知》，要求全省各级人民法院在上半年内基本完成这类案件的复查任务。

3日　省委、省政府派调查组到恒湖垦殖场协助解决1962年下放到恒湖的工人的有关问题。由省委秘书长王达智、省政府秘书长张逢雨负责，省有关部门的领导干部参加。省委、省政府于7日批转调查组《关于妥善解决恒湖垦殖场原新钢、柘林等单位精减职工问题的调查报告》，肯定将原新钢、柘林等单位精减职工安置到恒湖垦殖场符合中央精神，是完全正确的。调查组于19日离场。

3日　在江西铜鼓县棋坪乡九峰村的一个小坡上，发现22棵珍贵的金钱松林。

4日　省委发布《关于加强当前思想政治工作的几点意见》。该意见共分三部分：（一）充分认识新时期思想政治工作的地位和作用，切实纠正轻视和放松思想政治工作的倾向；（二）把坚持四项基本原则和"四有"教育，作为思想政治工作的中心内容（形势和改革教育、党性和党风教育、理想和纪律教育、爱国主义和革命传统教育）；（三）加强思想政治工作队伍的建设，提高思想政治工作的素质。

4日 南昌陆军学校隆重举行庆功会。省委书记万绍芬、南京军区政治部副主任王永明、省军区政委王冠德及陆军学校领导出席了庆功大会。

4日 解放军六九〇九厂、铜鼓电子仪器厂、九江等离子喷涂厂、余江人造水晶厂、吉安无线电标准件厂五个企业实行电子行业归口管理。

4日 省检察院会同省商业厅向全省检察机关、商业部门发出《关于在全省商业系统深入开展打击严重经济犯罪斗争的联合通知》，提出要统一思想，提高认识，加强领导，发动群众，检举揭发，并规定了时间、方法、政策。

5日 JD44—2U型集成电路黑白电视机在江西南昌电视机厂试制成功。

5日 在全国农业资源调查和农业区划评比中，江西九项优秀成果获奖。乐安县综合农业区划获二等奖，宁都、玉山、万载、永丰、新建、九江等县的农业综合区划成果和江西省珍稀动植物资源调查与自然保护区区划、江西省农业气候区划各获三等奖。

5日 在江西制药厂研制成功一种用电子计算机自动调节药片重量的新型装置——"微机控制片重差异"装置。

5日 江西省首届农民戏剧节在宜春市闭幕。戏剧节历时11天，共演出33个现代小戏剧。大会向获得"精神文明队"称号的十支演出队颁发了锦旗。

6日 省政府发出通知，并批转省劳动人事厅《关于在全省各级行政机关和事业单位工作人员中开展表彰和奖励先进活动的意见》。

6日 江西省自然保护区管理办公室发布消息，从1984年12月到1986年1月3日，鄱阳湖候鸟保护区已接待了数批前来观赏、考察的日本、美国、西班牙、瑞典、加拿大等国家和地区的22位鸟类专家。

6日 地质矿产局汇报，江西"七五"期间地质工作以金、银、锡、铜、铅、锌、钾盐、优质高岭土等国家急需矿产为重点。

6日 省检察院会同省粮食局向全省检察、粮食部门发出《关于继续深入开展打击粮食系统严重经济犯罪活动的联合通知》，提出要认清当前少数基层粮食单位发生经济犯罪的严重性和危害性，对构成犯罪的人和事要及时立案，坚决查处，并及时做好防范工作。

7日 江西省对外经济贸易的一个"窗口"——华赣企业有限公司正式成立。在副董事长兼总经理石中玉的率领下于当日离昌赴港。

7日 景德镇陶瓷历史博物馆被评为1985年度全国文物博物馆系统先进集体。该馆自1983年开放以来，国内外游客络绎不绝，盛赞该馆是"活博物馆"。

7日 江西永修县在军山茅栗岗村发现两座古墓，从中取出镇墓兽、文仕俑、仕女俑、男侍俑、马俑、骆驼俑等珍贵文物——唐三彩40余件，以及青瓷砚、五盅盘、托杯盘、青瓷瓶、唾壶、滑石猪等青瓷器14件。据考证，这两座古墓分别建于唐代和南北朝，距今已有一千多年历史。

7日 江西南昌无线电仪器厂研制成功"集成电路功率因素自动补偿控制器"和"电脑功率因素自动补偿控制器"两种新型装置。

8日 省委、省政府发出通知，要求全省各级党委和政府以对人民高度负责的态度，坚决刹住向农民乱摊派、乱集资、乱收费、乱罚款这股新的不正之风。通知希望各级党委和政府今后对有关农民负担的问题要严格把关。凡是涉及要农民出钱的，无论办什么事，都应当同各级党委的农村工作部共同研究商定，由农村工作部负责把关。这要作为一条纪律，坚持实行。

8日 省委书记万绍芬在南昌接见了电影《月光下的小屋》编剧肖增健和李蔚华。这部影片不久前在印度举行的第四届国际儿童电影节上，被评为最佳故事片，并获得了"金像奖"。

这是江西省作者编剧的电影第一次在国际上获奖。23 日，江西萍乡市嘉奖荣获国际儿童电影节最佳故事片"金像奖"的《月光下的小屋》作者，授予该片编剧肖增健、李蔚华"市劳动模范"称号，并分别颁发奖金 3000 元及给予晋升两级工资的奖励。

8 日 北京师范大学赠送 7 万元教学仪器给我国明代著名科学家、《天工开物》作者宋应星的家乡——奉新县宋埠乡中学。

8 日 省人大常委会发出《关于举办法律培训班有关事项的通知》，要求对县级人大常委会主任、副主任，地区联络处副主任和省辖市人大常委会办公室负责人培训一个半月。

9 日 省总工会六届四次委员（扩大）会议结束。会议强调，要倡导江西省工人阶级发扬主人翁精神，在振兴江西经济的历程中，坚持改革，勇挑重担，建功立业。会议通过了在江西省职工中开展为实现"七五"计划、振兴江西经济建功立业的劳动竞赛和适应改革新形势、加强江西省城市工会工作的两项文件，并增选了部分委员。

9 日 江西省召开崇义、南昌、丰城、永丰、资溪、铅山、都昌 7 个综合改革试点县负责同志汇报会，会议交流了经验，探索了进一步深入改革等问题。7 个农村综合改革试点县经过一年半的努力，取得显著成效，经济发展、财政收入同步增长，均高于全省平均水平。省委领导赞扬 7 县改革方向正确，要求坚定不移地把改革进行下去。经验交流会于 10 日结束。

10 日 省冶金矿山建设公司建成一座年产 1.5 万吨的白色硅酸盐水泥生产厂。这是江西省第一家白水泥厂投产。

10 日 省计算机技术研究所与丰城矿务局应用微型计算机所研制成功"煤炭生产管理信息系统"，通过省科委鉴定。

10 日 省劳动人事厅下发《江西省劳动人事厅关于公文保密工作的试行条例》。《条例》分 4 章 18 条，对劳动人事工作中公文保密的范围、密级划分、承办收发管理等作了明确的规定。

10 日 江西光学仪器总厂最近研制成功环幕摄影机。这种摄影机拍摄的电影片，可以扩大电影观众的视野，增加观众的临场感。当前，世界上只有美国、苏联有环幕摄影机。江西光学仪器总厂研制成功环幕摄影机，使我国成为世界上第三个拥有这种摄影机的国家。

江西光学仪器总厂研制的环幕摄影机与控制箱

11 日 省妇联召开六届三次执委（扩大）会议，提出 1986 年的中心工作是：认真贯彻党的全国代表会议和省第八次党代会精神，紧紧围绕改革，以提高妇女素质为重点，以创评"五好"家庭活动为突破口，创造性地、卓有成效地开展城乡妇女工作，为实现"七五"计划，振兴江西，团结奋斗，建功立业。会议于 14 日结束。

12 日 为纪念北宋文学家欧阳修诞辰 980 周年，江西省文化厅批准在永丰县恩江河畔兴建欧阳修纪念馆，馆址占地面积近 2 万平方米，建筑面积 1500 平方米。纪念馆包括主楼、画荻楼、醉翁亭、六一亭等。

欧阳修纪念馆外景

13 日 由中国作家协会和中国煤矿宣传基金会、煤炭部联合评选的全国首届"乌金刊奖"结束，评选出 36 家获奖刊物。并于本月召开授奖大会，以表彰近年来大量刊登煤矿题材的文学作品和关注、支持煤矿文化艺术事业的文艺刊物。江西省文联的《星火》、南昌市文联的《小说天地》月刊获奖。

13 日 省委召开常委扩大会议，联系实际学习中央书记处召开的中央机关干部大会精神和中央领导同志的重要讲话。出席这次省委常委扩大会议的有在南昌的全体省委常委和省级领导班子及有关部门的负责同志 30 余人。会议的宗旨是要求提高认识，积极行动，切实端正党风。

13 日 在全国纺织厅局长会议上，横峰纺织器材厂获得"双文明建设先进企业"奖杯。

13 日 省委宣传部原则同意省测绘局对《中国地理练习图作业册·上册》中几处国境界线标示错误的处理意见，已经发售的图册尽速收回，入库的一律停发，听候处理。

14 日 省石油公司以（1986）赣石财字第 001 号文向省政府呈送《关于要求将县级公司财务体制收回省公司归口管理的请示报告》。

14 日 省"六五"期间的重点科研项目——白钨矿直接冶炼工模具钢工艺，由江西钢铁研究所和南昌钢铁厂合作试验成功并通过鉴定，填补了江西省冶炼含钨工、模具钢两项空白。

14 日 省军区党委隆重举行表彰大会，追认青云谱干休所管理员冯受高为"在平凡岗位上实践远大理想的优秀共产党员"称号，并追记二等功。

15 日 南昌飞机制造公司和赣江机械厂试制生产的 750 系列摩托车在国内首次通过了 2.5 万公里道路试验，获得江西省优质产品和航空工业部优质产品证书。

15 日 省政府发出《关于坚决刹住"三风"（摊派风、集资风、赞助风），减轻企业负担的通知》。

15 日 省冶金厅、七〇一厂赴日本对引进 1800 吨铜管棒挤压机进行为期 12 天的技术学习和考察（11 月 5 日，负荷试车交付使用）。

15 日 江西省乳品质量监督检查站得出统检结果，全省 6 种牌号的奶粉达到国家特级品标准。这 6 种奶粉分别为：江西乳制品厂"英雄牌"奶粉、红星乳品厂"培力牌"奶粉、南昌乳品厂"南昌牌"奶粉、新建县璜溪垦殖场乳品

厂"赣江牌"奶粉、吉安红卫乳品厂"青原牌"奶粉。

15 日 经省政府批准，加拿大籍华人学者余耀南教授被聘为江西工业大学名誉教授。

15 日 我国第一部《进口药品手册》将由江西省科学技术出版社出版。

15 日 澳大利亚塔斯马尼亚州国际韦勃斯特公司国际事务经理伊万·大卫斯先生，自即日起至 18 日来赣商谈马铃薯种植、加工出口及饲料、鸡、猪等综合企业合资项目事宜。

16 日 省政府同意省煤炭工业学校规模为 1280 人，从 1987 年起招收初中毕业生，学制 4 年。

江西省煤炭工业学校

江西省煤炭工业学校是施行《国家体育锻炼标准》先进单位。图为该校运动会入场式

16 日 省机械厅的重点科研项目——微机控制数字显示的 IK3363X20/40 型滑座式摇臂钻床，由省机械科学研究所和抚州机床厂共同研制

成功，并通过省级技术鉴定。

16日 省委发出通知：要求全省广大党员、干部认真学习贯彻胡耀邦等中央领导同志在中央机关干部大会上的讲话，从省直机关做起，从领导干部做起，全省上下团结一致，争取如期实现江西党风的根本好转。

16日 省政府颁布《江西省国营企业退休费统筹试行办法》，规定凡全民所有制企业单位都应参加当地的退休费统筹。统筹的对象是全民所有制企业单位的固定职工和1971年11月30日以前参加工作的国家计划内长期临时工。

16日 一种适宜我国农村基层诊断牛锥虫病的新方法——毛细管自然沉淀法，经江西农业大学牧医系"牛锥虫病流行病学调查及诊断研究"课题小组研究成功，并通过省级鉴定。

16日 政协江西省五届常委会第十五次会议在南昌市举行。会议学习中共中央领导人关于国内形势和当前工作的讲话，听取和讨论省有关部门《关于当前教育体制改革情况的通报》和《关于科技体制改革情况的通报》，通过了人事任免事项。

17日 省委、省政府发出通知，要求各地认真学习和宣传中共中央、国务院下达的《关于1986年农村工作的部署》。通知要求：（一）正确认识当前农村大好形势。（二）坚定深入进行农村经济改革的信念。（三）进一步提高对农业的基础地位的认识。（四）正确认识粮食生产与多种经营的关系。（五）坚持农业与乡镇工业协调发展的观点。（六）正确认识坚持共同富裕和允许一部分人先富裕起来的辩证关系。

17日 省编制委员会、省教育厅开始在中等专业学校、普通中小学执行《中等专业学校、普通中小学校定编比例试行意见》。

17日 中国科技大学根据德、智、体全面考核的原则，从1300多名83级、84级本科生中评选出314名学生为1985年度人民奖学金获得者，江西有24名学生获奖学金。其中，泰和县中学毕业的肖旭东、南昌县莲塘一中毕业的万跃鹏被评为郭沫若奖学金获得者；九江一中毕业的郑彤获物理、生物学科奖学金。

18日 江西省第一座具有国际现代化水平的宾馆——青山湖宾馆竣工开业。

18日 《江西省非金属矿资源和建材科技发展前景预测报告》通过评审。

18日 江西著名游泳运动员李金兰参加在法国斯特拉斯堡举行的一年一度为期两天的"金杯"国际游泳赛中荣获女子100米蝶泳冠军。李金兰是我国女子100米蝶泳纪录的保持者，她曾在1985年和1984年的金杯赛中夺得100米蝶泳的金牌。此行参加金杯赛并再度夺魁，实现了"三连冠"。

19日 赣西北地质大队五〇四分队最近在修水县境内找到香炉山——高湖钨多金属矿田，蕴藏量20万吨以上，是我国当前已经发现的两个最大的钨矿之一（另一处为西华钨矿）。地质部已把香炉山——高湖钨金属矿田确定为国家重点矿山。

19日 苏联有色金属工业考察团一行7人，自即日起至25日来西华山钨矿和德兴铜矿考察。

20日 南昌市扩建沿江大道时，发现一根长3.5米，宽0.4米的长方形雕刻清代水标。

20日 江西钢厂在全国经济工作会上获全国企业整顿领导小组和国家经委颁发的企业整顿先进单位奖旗。

20日 江西省托幼办颁发《江西省个体托幼园所管理条例》。

21日 有12个单位参加的上海全国潜水邀请赛结束。江西省夺得3项亚军，5个第三名。新人王友根一人夺得男子长距离3项全能亚军。这是江西省潜水队继1984年10月参加全国比赛取得好成绩后，又一次喜获丰收。

21日 江西省首次佛教代表大会在九江市能仁寺召开，成立了江西省佛教协会，选举果一为会长，印赤、一诚、黄会邦为副会长。协会主要任务是：协助党和政府贯彻落实宗教政策，做佛教上传下达的桥梁，管好寺庙，发扬佛教优良传统，在爱国爱教的基础上为四化作出应有的贡献。

21日 省检察院检察长王树衡到江西省第一监狱和第五、第七劳改支队检查春节期间的安全防范措施情况，并参加江西第一监狱1895年犯人奖赏大会，会上向全监犯人作了《告别昨天，走向新生》的讲话。

21日　省人大常委会根据全国人大常委会办公厅通知精神，发出《关于组织在我省的六届全国人大代表视察工作的通知》，要求全省六届全国人大代表在2月底以前就地视察一次。

22日　瑞金县委宣传部干部廖国良于1985年11月25日在北京天安门前金水桥边拍摄的新闻照片《天安门前金水桥下救少女》，被新华社选送参加在荷兰举办的1986年第二十九届世界新闻摄影比赛。

22日　省劳动人事厅、省财政厅发出通知，决定财政部门从原乡（镇）财政干事中选拔录用干部500名。

22日　为适应社会主义现代化建设对人才的需要，扩大选拔人才的视野，广泛深入发动干部群众举贤荐能，经省委批准，省人才开发研究中心于最近成立。该中心的任务是：（一）根据江西四化建设的需要，紧密结合各级领导班子的"四化"建设，提出近期和远期的人才需求规划；（二）广泛征集人才信息，对一些急需人才，专门发布《人才需求指令》；（三）做好人才信息的收集、综合、分析和反馈等工作，并结合第三梯队的考察，运用微机储存资料，建立江西省人才信息库；（四）开展领导人才理论研究，着重对开发人才方面的新情况、新问题进行研究和探讨。该中心设在省委组织部，由省委常委、省委组织部长卢秀珍任主任，还将聘请一些党政领导同志、组织人事干部以及专家、学者、知名人士等担任信息员、研究员。

22日　南昌市对外建筑安装工程总公司与伊拉克续签承建学校工程劳务合同，选派203名工人和工程技术人员离昌。

22日　中国儿童少年活动中心和中国国际交流协会联合举办了"我爱和平"儿童画有奖比赛。江西师大附小学生陈川、陈澜兄妹作的《和平树》被评为入选作品，并获荣誉证书。

23日　江西省第四次社会科学工作者代表大会在南昌召开。大会通过了江西省社联新章程和社联第三届理事会工作报告的决议。会议于25日结束。大会选举产生省社联理事、常务理事和正副主席，推举马继孔、谷霁光为名誉主席；主席：周銮书；副主席：胡正谒、李克、裴宗舜、夏景文、柯受森、郭皓。表彰和奖励全省第二次（1981年至1984年度）社会科学优秀成果119篇（优秀论著分一等2篇、二等20篇、三等97篇）。周銮书作题为《团结奋斗，改革创新，把江西省的社会科学事业推向新阶段》的工作报告。

23日　共青团中央近日表彰一批"五讲四美三热爱"优秀青年工程，南昌市公共汽车候车亭系列工程、铜鼓青少年游园、盘古山钨矿足球场受到表彰。

23日　我国最大的一台利用废热作为能源发电的1.3万千瓦余热发电机组，经试转合格，近日在江西铜基地贵溪冶炼厂正式运行，并已成功并入华中电网。

23日　近日，江西重型机床厂一分厂参照国外最新技术资料自行设计制造的DQJ70——多用清洗机通过省级鉴定。

24日　九江市面粉厂利用小麦制米粉过程中的副产品——麦胚试制成功小麦胚芽饼干，通过省级鉴定，为江西省食品工业填补了一项空白。

24日　省委在南昌市江西影剧院召开省直机关干部大会，号召省直党政军机关的党员、干部积极行动起来，以中央机关为榜样，从省直机关做起，从领导做起，认真学习和贯彻执行胡耀邦等中央领导同志在中央机关干部大会上的讲话

省直机关干部大会

精神，在端正党风中起带头作用和模范作用，以自己的实际行动，带动全省党风和社会风气的根本好转，推进改革，保证"七五"计划的顺利完成，加快振兴江西经济的步伐。省委书记万绍芬在会上作了《提高认识，积极行动，在端正党风中做全省的表率》的讲话。

25日　省六届人大常委会十五次会议在南昌市青山湖宾馆举行。会议审议通过了《江西省实行九年制义务教育条例》；审议通过了《江西省人民代表大会常务委员会关于制定地方性法规的规定》；审议《江西省收费罚款没收集资管理条例（草案）》；听取省人民检察院、省高级人民法院关于打击经济犯罪和宣判工作情况的汇报；听取省体委关于江西省体育情况的汇报；通过人事任免事项。会议于29日结束。

25日　省教育厅召开全省弱智教育工作会议。会议于31日结束。

26日　九棉六厂以租赁方式引进台湾箭杆织机30台，当年7月1日投产，为江西省生产首批纯棉牛仔布。

26日　我国铜工业规模最大的建设项目——江西铜基地第一期工程在"六五"期间顺利竣工，年产7万吨铜的采、选、冶综合生产能力已基本形成。江西铜基地1979年开工建设，到当日止，已生产阳极铜3621吨，硫酸19482吨。当前，列入"七五"期间的二期1.5万吨采选能力扩建工程正在着手进行，三期6万吨采选

浇铸阳极铜现场

能力的扩建计划前期预备工程也已开始，电解铜工程正在加紧施工。

26日　江西省第一条通向老区的22万伏高压输电线路——新余至万安第一期工程已全部竣工，经验收合格，正式投入运行。

26日　省委、省政府在南昌市召开全省农村工作会议，传达中央农村工作会议精神和学习中央一号文件《关于一九八六农村工作的部署》，联系江西实际，分析形势，总结经验，研究农村第二步改革中出现的新情况、新问题，部署当年的农村工作。会议于30日结束。

27日　南昌市东郊——交路——斗门110千伏线路全线竣工，全长24公里，其中9.8公里处于市区。这是江西省第一条110千伏城市供电线路。

29日　纺织工业部批复同意赣南纺织厂扩建棉纺锭1万枚。

29日　九江市工人文化宫青年工人周启威连获三个全国性摄影赛大奖：《路》获"尼康奖全国摄影赛"黑白组亚军；《开拓》获"全国新闻摄影大奖赛"铜牌；《路在开拓者的脚下》获"庐山杯"黑白艺术摄影赛四等奖。

29日　由江西前卫化工厂试制的猪油改性醇酸树脂及其在涂料中的应用已列入国家1986年"星火计划"，并通过江西省新余市市级鉴定。

30日　省委、省军区党委作出决定，追授为抢救遇险民工英勇献身的南城县岳口乡长兴村共产党员、退伍军人、民兵营长朱应生"优秀共产党员"、"模范民兵营长"称号。

30日　省政府发出《关于筹措农村学校办学经费的试行办法》，规定对乡实行教育事业费包干；由乡人民政府开征教育事业费附加可按农业税征税任务的5%，以及按乡（镇）企业、基层供销社和个体工商户的产品税、增值税、营业税和所得税应纳税款的10%～15%征收教育事业费附加。今后财政收入应主要用于教育。

31日　省劳动人事厅、省统计局

就职工劳动工资的统计工作进行明确分工。

31日 在明代史学家陈邦瞻的故乡高安县上寨村发现了两种版本的《荷山陈氏族谱》。一是清道光二十九年（1849）为陈氏二十世后裔所修；二是宣统元年（1909）为陈氏二十二世后裔所修。

31日 由玉山县志编纂委员会新编撰的《玉山县志》，由江西人民出版社出版。该书共分39卷，计93.2万字。

本月 江西省各市、县已有45个市、县（区）先后恢复工商联组织。

本月 经省政府批准，洪都职业大学正式改名为南昌职业大学。

本月 省政府（1986）赣府厅130号文批准成立"江西省石油技工学校"。

本月 南昌铁路工程总公司承建的鹰潭枢纽改造第一期工程全部竣工，使日编解能力由3600辆提高到4500辆。1988年10月30日临时三级三场开通使用后平均办理车数为4909辆，最高达5648辆。

本月 除石城钽铌矿1987年底实行矿长负责制外，江西省冶金企业于上半年全部推行厂长责任制。

本月 省人民银行报经省政府同意，各县人民银行工作办公室一律恢复县支行建制。

本月 贵溪县上清镇嗣汉天师府第一期修复工程开工。第一阶段投资30万元，修复天师殿、三清殿、灵宝殿、财神殿、围墙及部分水电设备。整个工程力求在总体上恢复原貌，体现道教特色。

本月 安源汽车挡风玻璃厂投资160万元扩建一条钢化玻璃生产线，规模为年产钢化玻璃10万平方米，为江西首家钢化玻璃生产企业。

本月 地质矿产部矿床研究所、江西地质科研所等单位共同提交的《南岭地区与中生代花岗岩有关的有色稀有金属矿床》通过了评审验收，并获1989年地质矿产部科技成果一等奖。

本月 《江西法制报》经省委宣传部批准向全国公开发行。

本月 江西省首家中外合资的青山湖宾馆建成开业。

1986
2月
February

公元 1986 年 2 月							农历丙寅年【虎】						
日	一	二	三	四	五	六	日	一	二	三	四	五	六
						1 廿三	**2** 廿四	**3** 廿五	**4** 立春	**5** 廿七	**6** 廿八	**7** 廿九	**8** 三十
9 春节	**10** 初二	**11** 初三	**12** 初四	**13** 初五	**14** 初六	**15** 初七	**16** 初八	**17** 初九	**18** 初十	**19** 雨水	**20** 十二	**21** 十三	**22** 十四
23 元宵节	**24** 十六	**25** 十七	**26** 十八	**27** 十九	**28** 二十								

1 日 政协江西省五届委员会领导人与省委统战部负责人分别走访原在省政协工作的中共老同志和非中共知名人士，向他们祝贺春节。

1 日 《鄱阳湖研究》编委会选编出版《鄱阳湖区自然和社会经济历史资料选》。

2 日 南昌市侨联奖励基金会成立。南昌市副市长郭建章、省侨联主席陈金榜以及有关方面的负责人出席成立大会。大会向考取高等院校的 9 名归侨子女颁发奖学金。

3 日 江西波阳县莲湖乡四望湖水域发生一起沉船死亡 32 人的重大恶性事故。经查，是因严重超载和装载不当，违反操作规程造成。当事人吴万里、毛美友被依法追究刑事责任。

3 日 省绿化委员会办公室归口省林业厅领导管理，定事业编制 5 人。

3 日 "六五"期间，水电部和江西省重点科研项目之一"水电站水库优化调度理论的应用与推广"，最近被评定为国家级科学技术进步一等奖。

3 日 省检察院、省邮电管理局联合向全省检察、邮电管理部门发出《办理邮电工作人员违法犯罪案件工作的联系制度试行》。

4 日 江西省食品协会向南昌罐头啤酒厂转授该厂生产的"长青牌"翘头罐头获得的国家金奖。

4 日 江西省全国企业整顿先进单位授奖仪式在南昌举行，横峰纺织器材厂、江西钢厂、宜春第一机械厂被评为全国企业整顿先进单位，并颁发了证书和奖牌。

4 日 经地质矿产部批准，江西地质科研所与区调队合并。4 月 1 日，地质矿产调查研究大队正式成立。

5 日 省经贸厅同意吉安、宜春、上饶、萍乡、九江、鹰潭、新余市和抚州地区经贸局成立对外经济技术合作公司。

5 日 中共中央组织部批准江西省高级人民法院院长李迎为副省级干部。此后，中共中央办公厅下发的关于法院干部配备级别的规定在全省各级人民法院逐步得到落实。

7 日 1985 年 8 月开工兴建的江西省冶金厅批准江西钢厂建设 3 号 25 吨转炉，当日竣工投产。

7日 省第一座25吨顶底复吹氧气转炉在江西钢厂建成。

7日 省政府颁布实施《江西省实行九年制义务教育条例》。

13日 省检察院、省高院、司法厅联合向上饶地区"侦破一二·三特大盗枪案表彰大会"发出传真贺电。

14日 吉安县建筑公司700名职工首次开拓省外建筑市场，到第二汽车制造厂承包工程，历时5年，完成施工面积1.5万平方米。其中4100平方米的住宅被当地评为优良工程。

15日 省财政厅、省国营垦殖场管理局转发财政部、农牧渔业部《关于加强农垦企业财务管理工作的若干意见》。

15日 黄岗山垦殖场造纸厂与江西省建筑科学研究所研制的"IMN混凝土水剂中间试验线项目"通过省科委和省建设厅的联合技术鉴定。这是国内首先应用离子交换技术生产碱水剂，具有独创性。

15日 丰城矿务局尚庄矿运输区青年工人熊初发研制成功一台井筒矿车运输掉道报警器。

16日 省委、省政府发出《贯彻〈中共中央关于教育体制改革的决定〉实施意见》，要点是：（一）有步骤地实行九年制义务教育；（二）大力发展职业技术教育；（三）加速改革和发展高等教育；（四）加强教师队伍建设；（五）增加教育投资，改善办学条件；（六）切实加强对教育工作的领导。

17日 为表彰吴红英与歹徒搏斗保卫国家财产，贵溪县委作出决定，号召全县人民向吴红英学习，县农业银行破格招收她为全民所有制职工，并晋升一级工资（2月1日，鹰潭团市委召开表彰大会，授予吴红英"市优秀共青团员"光荣称号）。

17日 中国人民银行江西省分行发出《关于支持煤炭企业发展多种经营的通知》。

17日 江西省卫生工作会议在南昌召开。会议部署了全年卫生改革及各项卫生工作任务，表彰了江西省74个卫生先进集体。会议于20日结束。

18日 省经贸厅转发《外贸企业降低出口成本增盈减亏分成办法》。《办法》规定企业必须在完成规定的经济指标的情况下才能提取分成资金，企业所分得的资金要按5∶2∶3的比例使用，即发展生产基金50%、职工福利基金20%、职工奖励基金30%。

18日 "江西省检察系统招考录用干部培训班"在靖安县举办。江西检察机关公开向社会招考干部是中华人民共和国成立以后第一次，这期培训学员共计290名。

18日 根据国务院《关于高级专家退休问题的补充规定》精神，获得高级专业技术职称的人员经批准可延长5年办理离退休手续。

18日 中国教育学会举办的首届有奖教育论文评选揭晓，江西省中年教师郭可谧的论文《试论小学语文教学中学习品质的培养》获奖，是江西唯一获奖的论文。

18日 南昌铁路科研所和上饶机务段共同研制的QJ型机车U型热管给水预热装置技术鉴定会在上饶举行，上海铁路局主持会议并通过了技术鉴定。该项目获铁道部1989年科技成果三等奖，主要研究人员有李子君、郭春仔等。

19日 "六五"期间计划安排的江西省重点建设项目之一——江西大学图书馆落成并投入使用，江西大学图书馆大楼的面积为1.25万平方米，书库部分高达12层，能藏书150万册，阅览室能同时接纳1200名学生和300个老师阅览位，各层都设有借阅图书的目录厅，并有可容纳300多人的学术报告厅。这座图书馆是由江西省建筑设计院设计，江西省工程总公司第一公司承建的。

19日 省政府办公厅决定恢复省稀土工业领导小组，副省长钱家铭兼任组长。领导小组下设办公室，办公室设在省冶金厅。

19日 江西省审计工作会议在南昌召开。省委常委、副省长蒋祝平和省纪委副书记马世昌到会讲话。

20日 由省委组织部与省委党校联合举办的地厅级干部读书班和后备人员短期干部培训班，在省委党校举行开学典礼。学员为地厅级领导干部和地厅级后备人员，均有大专以上文化程度，培训时间为四个月。

21日 中国家用电器商业协会江西省分会正式成立。这个分会的主要任务是推动会员贯彻执行有关商业法规和方针政策。向政府有关部门和总会反映行业情况，接受政府有关部门的咨询事项，制定行业发展规划和促进行业管理等。

21日 省政府发出通知，决定从1986年度起将原定全省35亿～36亿公斤贸易粮订购任务，调减为24.5亿公斤（含自营出口双竹粘1亿公斤），扩大市场议价收购比重，调减对象为：产粮多、贡献大、商品率高而多种经营门路少的地方和农户、生产队。

22日 江西省经贸厅印发《关于江西省经贸系统开展创"六好企业"活动的通知》，决定从1986年起在全省经贸系统全面开展创"六好企业"活动。

23日 江西省各民主党派档案工作座谈会在省民革会议室召开。

23日 担任南昌飞机制造公司警卫执勤任务的武警二支队八中队经中国人民武装警察部队总部党委批准荣获集体二等功。

24日 江西省煤矿安全培训中心在英岗岭煤矿成立。

24日 省政府在新余钢铁厂召开江西省钢铁工业论证会。论证会于28日结束。

25日 江西省农业科学院经省委批准升格为副厅级。该院将办成全省农业研究中心。

25日 省政府作出决定：放开生猪购销政策，对全省生猪实行开放经营、多渠道流通、自由购销。地、市、县、乡和有关部门原来设置的收取生猪发展基金和其他名目的"过路钱"等关卡将全部拆除。对过去已经收取的款项将进行清理，全部上缴地方财政，用于生猪发展基金和弥补本地市场亏损。

25日 省劳改局在省第五劳改支队召开全省首届犯人劳动改造积极分子代表大会。全国学雷锋标兵朱伯儒应邀参加大会并讲了话。受到大会表彰的劳动改造积极分子有205名、积极改造人员13名、优秀班组13个。

25日 省委宣传部召开地、市委宣传部长会议和讲师团会议。提出：1986年全省宣传工作要继续深入贯彻党的全国代表会议和省委八届二次全委（扩大）会议精神，认真贯彻落实省委《关于加强当前思想政治工作的几点意见》，进一步端正宣传工作业务指导思想，切实加强和改进思想政治工作，努力开创全省宣传工作新局面，使之更好地为四化建设和振兴江西服务。

26日 省政府在南昌市召开振兴江西中药大会，省委、省顾委、省政府领导出席会议并讲了话。会议决定：1986年至1988年每年由江西省财政拨款50万元，贷款150万元，用三年时间对全省76个中药饮片厂（部）进行技术改造。会后，江西省人民政府印发《江西省中药工作会议纪要》。

26日 江西省经贸工作会议在新余市召开，经贸部驻上海特派员办事处副特派员杨文龙应邀到会指导，厅长周恝平作了"虎年添虎劲，发扬愚公精神，努力开创江西省经贸工作新局面"的报告。

27日 团中央下基层抓落实工作团一行16人，在团中央书记处书记张宝顺的率领下抵达南昌。首批赴江西省的团中央工作团于3月1日前往革命老根据地永新和宁冈县开展工作，为期两个月。

27日 省委组织部在吉安召开"三资企业党组织建设座谈会"。会上公布省委组织部1985年10月8日印发的《关于加强中外合资经营企业党的工作的意见》，对合营企业党组织的任务、工作方法、干部管理、领导问题作了规定，并确定合营企业中的党组织一律公开。

27日 省高级人民法院在分宜县召开全省法院打击经济犯罪工作会议，各中级人民法院分管刑事审判工作的院长或副院长和刑事审判庭庭长出席。会议传达学习中共中央军事委员会主席邓小平的讲话和有关打击经济犯罪的文件，总结工作，交流经验，讨论省高级人民法院《关于检查200件经济犯罪案件的情况报告（稿）》。

28日 中华全国总工会授予萍乡机务段教育室主任吴贵强为全国职工教育先进个人称号。

28 日　省地质矿产局水文地质队被国家经委和地矿部授予全国设备管理先进单位。

28 日　截至本月底，江西省收购粮食 34 亿公斤，其中合同订购 27.54 亿公斤，超额完成了 1985 年粮食订购计划。

本月　江西省层层建立植树造林和平整土地"责任状"，一级抓一级，各地抓紧时机造林整地 290.5 万多亩，占计划的 96.8%。

本月　在由机械工业部举行的 1985 年全国行业检查评比中，上饶水动力机械厂生产的中、小型水轮机调速器，均以最高分名列第一名，是我国唯一取得产品出口资格的厂家。

本月　弋阳县食用明胶厂建成并投入生产，为江西省食品工业填补了一项空白。食用明胶是一种优良的高级营养素，它广泛应用于高级食品、糖果、医药工业中。

本月　1800 多位港澳同胞在景德镇欢度春节，或在江西其他地区观光游览。

本月　开展外地人员在江西从事二、三产业情况的专题调查，省农调队撰写出《外地人员在江西从事二、三产业情况简析》的报告。

本月　江西省开始贯彻执行国务院《关于实行专业技术职务聘任制度的决定》和中央职称改革工作领导小组转发了财政部制定的《会计专业职务试行条例》和《实施意见》。

本月　经省政府同意，江西庐山、井冈山军队离退休干部休养所划归江西省民政厅管理。

本月　金山金矿 50 吨日选厂破土动工，年底建成试产（1987 年 7 月正式投产）。

本月　临川县城大型农贸综合市场"农村大世界"建成。该工程为三层凹型建筑群，总建筑面积 1.29 万平方米。

本月　临川县建筑公司和县住宅建筑公司、华溪建筑公司和建筑安装公司，赴上海闸北区承担彭浦住宅建筑群施工。总建筑面积 7.04 万平方米，总造价 1670 万元。

本月　省建设厅公布部分施工企业资格等级：一级施工企业有省建一公司、省建二公司、省工业设备安装公司、省建机械施工公司。二级施工企业有省建三公司、省水电安装公司。

本月　江西制氧机厂获国家劳动人事部和机械工业部颁发的一、二、三类压力容器设计制造许可证。

本月　省商业厅召开全省供销社主任会议。根据全省农村工作会议精神，确定 1986 年的主要任务是在供销社体制改革的基础上，搞好"六个发展"（即发展商品生产系列化服务，发展横向经济联合，发展农副产品加工业，发展多种经营方式，发展农村商业网点，发展科技教育事业）。

1986

3月
March

公元 1986 年 3 月　　农历丙寅年【虎】

日	一	二	三	四	五	六	日	一	二	三	四	五	六
						1 廿一	**2** 廿二	**3** 廿三	**4** 廿四	**5** 廿五	**6** 惊蛰	**7** 廿七	**8** 妇女节
9 廿九	**10** 二月大	**11** 初二	**12** 初三	**13** 初四	**14** 初五	**15** 初六	**16** 初七	**17** 初八	**18** 初九	**19** 初十	**20** 十一	**21** 春分	**22** 十三
23 十四	**24** 十五	**25** 十六	**26** 十七	**27** 十八	**28** 十九	**29** 二十	**30** 廿一	**31** 廿二					

1日　自即日起南昌地区对江西拖拉机制造厂、南昌飞机制造公司、南昌齿轮厂、江西手扶拖拉机厂、南昌钢铁厂、江西氨厂、南昌柴油机厂、江西化纤厂、江西造纸厂、江西国药厂 10 户用电负荷在 1000 千瓦以上的企业，试行高峰、低谷分时不同电价供电。峰谷分时电价以国家现行电度电价为基础，总的电价水平基本不变。高峰电价为正常电价的 170%，低谷电价为正常电价的 40%，正常电价仍按原分类电度电价不变。

1日　省政府在南昌举行老药工荣誉证书颁奖大会，全省 1774 名老药工领取了《老药工荣誉证书》。

1日　省政府在江西艺术剧院举行表彰六好企业、经济效益、企业整顿、百厂竞赛先进单位和先进个人大会。通过民主评议，逐级评选，省主管部门审查，由省政府正式命名的"六好"企业 75 个，经济效益先进单位 250 个，企业整顿先进单位 39 个，企业整顿先进个人 223 名，"百厂竞赛"优胜单位 52 个。

1日　省林业厅、省财政厅发出《关于木材放开后育林基金、更改资金征收、使用和管理问题的通知》，将"两金"征收标准和办法由按固定金额征收改为按比例征收，规定收购集体或林农的木竹，按第一次成交价的 25%（育林基金为 15%，更改资金为 10%）向经营单位征收；集体或林农直接销售的木竹，按第一次成交价的 25% 向用户征收。

2日　聚氯乙烯高级墙纸日前在赣南化工厂投产。该厂生产的"杜鹃牌"聚氯乙烯高级墙纸填补了江西省轻化工业的一项产品空白。

2日　省地质矿产局张春志、蒋伯昌自即日起至 25 日赴葡萄牙考察黏土矿床开发利用情况及测试技术。

3日　省政府颁布了《江西省审批、颁发采矿许可证暂行办法》，自 4 月 1 日起施行。

4日　省政府批转江西省城乡建设环境保护厅《关于请示审批〈江西省建筑工程招标投标实施细则〉等四个规定的报告》。四个规定是：《江西省建筑工程招标投标实施细则》、《江西省建筑施工企业行业管理和承包管理暂行办法》、《江西省建筑工程质量监督暂行规定》、《江西省建筑施工企业经济承包责任制暂行规定》。

4日　省政府办公厅转发省政协办公厅《关于建议省政府各部门与省政协有关工作组建立对口联系的报告》。

4日　江西省电子工业领导干部会议在南昌召开。会议提出：坚持基础先行，大力发展电子元器件生产，为提高以彩色电视机、收录机等消费类电子产品为重点的国产化配套和扩大出口创汇服务。

5日　江西省第一条年产200吨兔毛纱生产线在上饶毛纺厂建成。

5日　电子工业部原副部长刘寅遗像及部分遗物送江西省革命烈士纪念堂存放。

5日　为了把传统的役用牛尽快发展成役乳（肉）兼用商品牛，江西省计划把安福、泰和、峡江、吉安、石城、波阳、都昌、永修、高安、丰城、东乡11个县建设成商品牛基地，从国外引进1500头良种奶牛。

商品牛基地的改良牛

5日　省司法厅、省财政厅转发司法部、财政部《关于修订〈司法业务费开支范围的规定〉的通知》，要求各级财政部门视财力情况在经费上支持司法工作的发展。

5日　江西省妇女"四自"（自尊、自爱、自信、自立）报告团成员永修县卫生局长万淑娟和安义县桥岭乡和水小学副校长张凤莲参加全国先进妇女理论演讲团，当日离南昌赴京。

5日　省检察院召开全省侦查审判活动监督工作座谈会，传达全国侦查、审判活动监督工作会议精神，交流全省工作经验，讨论今后任务。座谈会于8日结束。

6日　省政府在南昌召开全省第一次黄金工作会议。会议确定"充分发挥资源优势，跑步快上，加快黄金工业发展"的方针，提出"七五"末期地方黄金产量比1985年增长10倍的奋斗目标。

6日　省审计局组织全省审计机关开展物资"一面"审计，审计于6月结束，共审计167个物资管理部门及525个物资供销企业、直属单位，查出违纪金额5011.3万元。

6日　省劳动人事厅通知各地市，要求严格执行《国家行政机关工作人员升级奖励试行办法》，不能搞照顾性升级，更不能滥竽充数。

7日　江西省、市各界妇女代表和在南昌的外国女学者300余人，在江西宾馆集会纪念"三八"国际劳动妇女节。

7日　经省政府批准，成立江西省幼儿师范学校，招收应届初中毕业生，学制三年。

8日　中国有色金属工业总公司在北京召开城门山建设前期科技攻关评议会，与联邦德国鲁奇有限公司举行项目合作会谈（1987年4月23日至30日，联邦德国地矿院弗尔胡夫博士考察城门山，并与该矿草签地下水研究及露天疏干工程的勘察和设计的合作项目建议书，10月16日，此建议书获得批准，1988年1月1日正式开始合作）。

9日　江西省纺织工业企业管理及技术经济研究会成立。

10日　省财政厅、省垦管局发出关于贯彻财政部、农牧渔业部《关于"七五"期间国营农垦企业财务包干的几项规定》的补充规定。

10日　省林业厅、省计委、省财政厅、省物价局发出《关于搞活和改善国营林场经营问题的通知》，允许国营林场在抚育期间的收入不上交地方财政，森林主伐前生产的木材全部放开，林业生产、多种经营、综合利用所得的利润暂不征收所得税。

10日　林业部、公安部发出《关于江西庐山等地发生重大山林火灾的通报》。

10日　省审计局组织南昌等11个地市审计部门，对全省自筹基建资金进行审计调查（"自筹基建一条线"审计）。审计于6月20日结束，共审计资金7023.51万元，占全省自筹基建计划的53%。

10日 省政府颁发《关于我省退休人员若干问题的暂行规定》。

11日 政协江西省第五届委员会文史资料研究委员会在江西萍乡市召开江西省政协文史资料业务工作座谈会。座谈会于14日结束。

12日 昌河飞机制造厂试制成功第四代汽车——CH635新型旅行车。

12日 省六届人大常委会十六次会议在南昌市青山湖宾馆举行。会议审议关于召开省六届人大四次会议的决定（草案）；审议《江西省收费、罚款、没收、集资管理条例（修改草案）》；听取省水利厅关于全省水利工作情况的汇报；审议省六届人大常委会办公厅关于省六届人大三次会议代表提出的议案及建议批评意见办理情况的汇报。会议于14日结束。

13日 南斯拉夫马其顿共和国迪斯农场葡萄专家紫科诺夫应邀到共青垦殖场进行10天的技术指导。

13日 为期3天的江西省工商联四届四次常委会在南昌市召开，会议总结1985年工作，安排1986年工作，增选黄福田为省工商联副主委，并通过了机构设置和人事任免等。

14日 南昌青山化工电镀厂女厂长刘水英研制成功了无氢无铬镀锌工艺，填补了江西省同行业的一项空白。

14日 由赣州地区群众艺术馆罗晓航作词、著名作曲家潘振声作曲的少年歌曲《两颗星星》在"献给当代最可爱的人"歌曲征集评选活动中获优秀歌曲奖。

14日 在杭州召开的中国特殊旅游项目交流会上，江西重点推出古陶瓷考察研究、鄱阳湖候鸟观赏两大项目。景德镇古瓷窑的《陶冶图》得到与会代表的高度赞许。交流会于18日结束。

15日 国家体委向在1985年重大国际比赛中创造优异成绩的运动员和教练员颁发了体育运动荣誉奖章。江西体操运动员童非、航海模型运动员李杰和航海模型教练员熊吉生获得此项荣誉奖章。

15日 江西省机械产品质量监督总站成立，并相继分行业建立20个产品质量监督检测中心站，形成全省机械产品质量监督系统。

15日 省城乡建设环境保护厅、省计划委员会、省工商行政管理局、省建设银行、省人民检察院发出《关于认真整顿建筑市场的通知》，通知中对整顿范围、整顿重点、整顿的方法和步骤、整顿的目的和要求以及依据政策对违章违纪违法事件的处理都作了规定。为此，成立了省整顿建筑市场领导小组，由省城乡建设环境保护厅副厅长王儒明任组长，五个发文单位的有关处室负责人为成员。整顿办公室设在省建设厅建筑管理处。

15日 中国有色金属工业总公司召开了1985年全国有色施工企业评比会，江西有色五建公司再获金牌。

15日 德兴铜矿日采选矿石6万吨三期工程——北山基建开工（1987年10月22日，三期工程选厂正式开工建设，1990年10月27日整个选厂破碎系统进入重负荷联动试车）。

15日 省职称工作领导小组更名为"江西省职称改革领导小组"，明确领导小组办公室设在省科委。

16日 江西省民航开辟南昌至厦门航线。

南昌—厦门首航班机抵达厦门时，受到福建省和厦门市领导及有关单位代表的热烈欢迎

16日 华中电管局、华中电业工委在武汉召开的表彰大会上授予江西省火电建设公司"功臣单位"的光荣称号。该公司安装的贵溪电厂第二台12.5万千瓦发电机组，在参加华中地区62.5万千瓦火电工程评比竞赛中，以98分的成绩一举夺魁。

16日 铜鼓县推广的江西省柴灶经国家农牧渔业部检查验收合格，荣获"全国农村能源建设先进集体"称号。

17日　省委召开民主协商会,省工商联主委李善元,副主委张修锡、黄福田,以及南昌市工商联主委刘振镐等应邀参加了中共江西省委此次民主协商会。

18日　中国工艺进出口总公司在九江举办全国工艺商情讲习班,参加讲习班的有香港中艺公司和30多个省市分公司40多人。

18日　省自学考试指导委员会、省劳动人事厅、省教育厅规定,无论在职人员或待业人员,凡经过高等教育自学考试和中等专业教育自学考试并获得证书者,国家都承认其学历;在职人员不改变编制,可做干部,也可做工人;非在职人员国家不负责统一分配,由各地市人事部门根据工作需要择优录用。

18日　由副省长钱家铭带队,省政府办公厅、省经委、计委、省轻工业厅、省工商银行、税务局,各地市主管二轻工业的副专员、副市长或经委主任、二轻局长及厅属有关公司的负责的同志共40余人,到浙江杭州、宁波、金华、余姚、兰溪等市20余个企业考察、学习发展二轻工业的经验。考察活动于26日结束。

19日　省经贸厅授权驻深圳中转站签发由省粮油食品进出口公司陆运供港澳的部分鲜活商品出口许可证。

19日　江西氨厂四号锅炉清修时,由于事前没有按规定切断燃料煤气,导致发生炉膛爆炸,锅炉全部倒塌。造成当场死亡1人,重伤3人,轻伤5人的重大责任事故。

19日　下午2时,永修县吴城镇大同村农民陶其桂在茅草丛中擒获一只20余斤的幼豹,并送县城白莲公园饲养,这是第一次在鄱阳湖区发现幼豹。

19日　省检察院、省公安厅、省法院、省司法厅发出《关于加强对管制、缓刑、假释、监外执行和剥夺政治权利犯人监管改造工作的联合通知》。

20日　省司法厅、省财政厅、省物资局、省石油公司转发司法部、财政部、国家物资局、石化总公司《关于配备法制宣传车的通知》,规定各县(区)司法局可配备一辆法制宣传车。

20日　南昌洪新机械厂自行设计制造的"长江－100型"二轮摩托车已正式投产。这种摩托警车用于接待国家元首的开道用车。

20日　江西省粮食储运部门全面开展粮食普查。普查证明:全省85%以上的国库存粮和84%的库外存粮粮温低,水分干,处于安全状态。在普查中,发现了不安全粮食及时作了处理,全省共处理高水分粮16万吨,高温粮9万吨,虫粮35万吨,并集中了保管条件很差的25万吨库外存粮。

21日　省纪委第二次全委(扩大)会议强调,端正党风,关键在于抓落实、见行动,要认认真真地调查研究,切切实实地抓紧具体案件的查处,扎扎实实地解决问题,力争1986年在全省范围内,首先在省直机关实现党风的明显好转。会议通过了省纪委《1986年工作要点》。会议历时5天,于25日结束。

21日　江西省防洪和河道清障工作会议在新建县召开,中央水电部派人参加了会议,省委副书记兼省防汛指挥部总指挥许勤到会讲了话,要求从难从严做好防汛准备工作。会议于24日结束。

22日　在泰和县石山乡匡源村的《匡源曾氏族谱》上发现北宋时期著名农业学家曾安止所著的《乐谱》一书的序言和部分原文。

22日　赣州汽车客运站被交通部授予全国交通战线1985年度优质运输先进集体称号,并获得奖品。这是江西汽运企业唯一受表彰的单位。

22日　自当日起,横跨赣江的八一桥北端桥下水中游来一群水生动物,黑色带尾,或数十斤重,或十几斤重不等。据说,这种动物谓之"江猪"。在八一桥附近江面上出现水生动物是过去少有的现象。

22日　经国家计委和农牧渔业部批准,在江西省将建设九个农牧渔业商品生产基地,列入国家"七五"计划首批商品生产基地的建设项目有:鄱阳、新建、峡江首次新建优良大米生产基地;南丰的蜜橘、南康的甜柚和武宁的猕猴桃水果基地;彭泽太泊湖水产场列入大中型水面的江湖水禽生产基地;九江和余干也首次列入国家的水禽生产基地。

23 日　省政府印发《关于对赣州地区试行特殊政策有关具体问题的通知》，规定"凡利用外资、引进技术项目，额度在 300 万美元以下的，由赣州行署审批，报省备案"。决定对赣州实行免交省财政收入，表明了将赣州地区推向改革开放前沿的意向。

24 日　江西 1986 年植树造林已超额完成了任务。全省完成人工造林 414.74 万亩，超过年计划造林任务的 38.2%，飞播造林 82.2 万亩。

24 日　我国当前最大的钽铌原料工业基地——宜春钽铌矿正式竣工投产。

24 日　下午，永修县立新乡鄢湾村农民毛祚形在本村供销合作店门前起土时，挖掘到一个船形的白银铸成的元宝文物，重 3 斤 7 两，上面铸有"光绪年月"的字样。

25 日　省委成立省直机关端正党风领导小组。领导小组办公室设在省直机关党委。主要任务是，负责检查督促省直机关对中央和省委有关端正党风各项规定的贯彻执行，检查督促对大案要案的查处，动员和组织省直机关进一步行动起来，响应省委的号召，在端正党风中为全省作出表率。

25 日　泰和县武山乌骨鸡已被首都人民大会堂生活处选为国宴"大菜"品种，现已列入国家标准鸡之一。

26 日　中共中央政治局委员、中央书记处书记、国务院副总理田纪云一行 9 人抵达吉安地区，先后到吉安市、宁冈、井冈山等地视察，并指出，江西的乡镇企业不是发展过快，而是刚刚起步，需要大力发展；放开手脚搞多种经营，应该和发展乡镇企业联系起来。

26 日　1985 年度江西省优秀教师、尊师重教先进单位表彰大会在南昌市隆重举行。大会表彰了千名优秀教师和 50 个尊师重教先进单位。

27 日　省经委、省纺织工业公司发出《关于加强棉纱宏观管理的联合通知》，确定商品棉纱必须在全省范围内统一平衡，省、地及省辖市分级管理，厂厂对口供应，出省要经省纺织工业公司审批。

27 日　联邦德国汉堡大学中国语言文化研究所许特博士来江西考察中国近代手工业史。

27 日　江西省地质矿产局水文地质队和九〇九队被地质矿产部授予"全面整顿先进单位"称号。

27 日　由省政府下达、省地质矿产局水文地质队承担的《鄱阳湖国土治理与开发综合地质考察》通过为期 3 天的评审验收，该项成果获 1988 年地质矿产部科技成果二等奖。

28 日　省电影制片厂拍摄的《庐山恋》、《乡音》、《乡情》、《南昌起义》、《月光下的小屋》、《瓷娃》6 部影片获得国内外各类奖8 项。

28 日　中国共产党优秀党员、久经考验的共产主义忠诚战士，原中国人民解放军新疆军区后勤部部长、中国人民政治协商会议江西省第四届委员会副主席、中国共产党第九次全国代表大会代表，第三届、第四届、第五届全国人民代表大会常务委员会委员，离休老干部、老红军甘祖昌同志因长期患病、医治无效在莲花县逝世，终年 81 岁。甘祖昌同志是莲花县人，1927 年加入中国共产党，1928 年参加中国工农红军。

29 日　在 1986 年全国游泳分区赛长沙赛区，江西省运动员王华、龚康、徐彪 3 人打破 7 项省纪录，王华获得男子 1500 米自由泳第一名，江西省游泳队被评为精神文明队。

29 日　江西中医药研究所青年教师罗运模的《电脑中医药诊疗系统理论与实践》（译文稿）已被第十届世界计算机大会录用，并被邀请参加 1986 年 9 月在爱尔兰首都都柏林召开的大会。

30 日　国务院副总理田纪云视察江西棉纺织印染厂。

田纪云视察印染厂

31 日　长江水利建设办公室以（1986）长计字116号文批复省水利厅，水电部直供江西水利项目共投资1000万元，包括赣抚大堤、九江长江大堤、鄱阳湖重点圩堤等。

31 日　江西省召开政法工作会议，强调要进一步加强社会主义民主与法制建设，坚定不移地坚持人民民主专政，保护人民，惩治犯罪，实现江西省1986年社会治安的稳定好转，巩固安定团结的政治局面，更好地为经济的改革、开放、搞活服务，为社会主义物质文明和精神文明建设服务。会议于4月4日结束。

31 日　庐山精密铸造厂试制成功有效过滤面20平方米不锈钢板框式压滤机，填补了国家在此项目上的空白。

31 日　1.44万支草珊瑚药物牙膏经香港销往东南亚。这是"草珊瑚"首次进入国际市场。

31 日　抚州师专数学系教师严吉瑞发明的圆锥曲线规通过国家专利局审查，获国家专利。

本月　南昌动物园的黑天鹅繁殖成功。黑天鹅是世界上重点保护的珍禽。

本月　由江西工业大学与江西省永丰食品机械厂联合研制的YSJ001型中央主柱式小型多用饮料机获中国专利局颁发的外观设计专利，成为江西工业大学获得的第三项专利。

本月　卫生部在南昌召开5省麻风病防治工作会议。会后江西省卫生厅印发《一九八六至一九九五年麻风病防治工作规划（试行）》，提出1995年江西省达到基本消灭麻风病的目标。

本月　省档案馆编辑出版的《中央革命根据地史料选编》和《湘赣革命根据地史料选编》及《井冈山革命根据地史料选编》被评为省优秀图书，届时参加在北京举办的全国图书展览会。

本月　省委、省政府决定对人均口粮不足250公斤的老区特困乡减免粮食订购任务，口粮不足差额由国家安排供应补足。

本月　国家计委批准景德镇陶瓷技术改造项目为国家"七五"期间重点项目，总投资2.06亿元。

本月　江西省供销社印发《关于一九八六年扶助农村发展商品生产的几点意见》，要求各级供销社从省情出发，面向山水田林矿，发展一种二养三加工，把发展农村养殖业放在供销社工作的首位，充分发挥全省粮食、"三草"、"水面"的优势，实行猪、鸡、鸭、鹅、牛、羊、兔、渔八业并举，帮助农民搞好经济作物内部产业结构调整，达到产品质量、单产水平、总产量和市场适销能力的四提高，并发展黑木耳、食用菌、桐树、席草、黄红麻、苎麻、水果、白莲、百合、生姜、荸荠、籽粒、苋、杂粮等，围绕农业办工业，办好工业为农业，扩大以农商为主的各种经营，走农、工、贸相结合的发展路子。

本月　江西省旅游公司成立。1989年3月19日更名为江西省旅游总公司。1989年11月又更名为江西省海外旅游总公司。

本月　江西发动机总厂与北京轻型汽车有限公司、北京工业大学联合设计试制成功492QC－2型汽油发动机，该发动机比492Q型降低整机高度72.5毫米，功率提高到85马力，通过省级鉴定，1988年获得国家专利和中国汽车工业科技进步三等奖，1990年获国家优质产品银奖。

本月　第七十二次省长办公会议研究并原则同意省测绘局关于《江西省地图集境界问题的处理意见》。

本月　省政府346号文批准成立《江西省国土资源图集》编辑办公室，办公室设在省测绘局，同时成立图集编委会。

本月　国家计划生育委员会授予珠湖农场和八一垦殖场"全国计划生育先进集体"荣誉称号。

本月　一季度，省审计局会同财政、银行、省直机关党委等部门对省直机关动用公款请客送礼、游山玩水等问题进行清理检查。

本月　江西省外文书店在门市部举办外国辞书展览，展出辞书300多种、1500部。

本月　江西人民出版社应邀参加首届文汇书展，25种赣版图书参展。

1986
4月
April

公元 1986 年 4 月							农历丙寅年【虎】						
日	一	二	三	四	五	六	日	一	二	三	四	五	六
		1 廿三	**2** 廿四	**3** 廿五	**4** 廿六	**5** 清明	**6** 廿八	**7** 廿九	**8** 三十	**9** 三月大	**10** 初二	**11** 初三	**12** 初四
13 初五	**14** 初六	**15** 初七	**16** 初八	**17** 初九	**18** 初十	**19** 十一	**20** 谷雨	**21** 十三	**22** 十四	**23** 十五	**24** 十六	**25** 十七	**26** 十八
27 十九	**28** 二十	**29** 廿一	**30** 廿二										

1日 江西青年报创刊30周年纪念会在南昌举行。省、市领导同志，省、市新闻单位的负责人和江西青年报的读者、作者、通讯员代表共200多人到会祝贺。

1日 省林业厅、省环保局、中国摄影家协会江西分会等部门为推动全省第五届"爱鸟周"活动，在省文联展厅举行《鸟·人类的朋友》摄影作品展览，共展出照片130多幅。

1日 江西省中西医结合研究所成立（1988年9月与江西省中医药研究所合并）。

1日 省政府发出《江西省审批、颁发采矿许可证暂行办法》的通知，今后任何单位和个人开采矿产资源，都必须经过申请批准，领取《采矿许可证》后方可开采。禁止无证开采，从4月1日起在全省实行。

1日 中国有色金属总公司党组决定，江西铜基地总指挥部党委与铜业公司党委合并为江西铜业（铜基地）党委，朱雷兼任第一书记，朱霆任书记。江西省委确定副省长钱家铭参加总指挥部领导工作。总指挥朱雷（兼）。

2日 江西电视台有8条新闻被评为1985年全国和地方优秀电视新闻。《盘古山钨矿成为全国有色冶金工业系统第一家清洁矿山》、《江西探明一个大型金矿》、《萍乡农民铜管乐队欢庆党的生日》以及新闻评论《宜春县粮食部门收粮强行扣款兑换商品激起农民不满》被评为二等奖；《南昌市查获一起非法印刷冥钞案》、《南昌县兑现早稻粮食定购合同》和《避暑胜地庐山出现冬季旅游热》被评为三等奖；《南昌市倒卖汽油票应引起有关部门重视》被评为地方优秀新闻。

被《人民日报》誉为赣西迷人乐队的萍乡农民铜管乐队

2日　景德镇光明瓷厂设计生产的青花玲珑"玩玉牌"45头清香西餐具，在1986年民主德国莱比锡国际春季博览会上荣获金质奖章。

光明瓷厂的获奖产品

2日　江西省水文地质大队在永丰岭南乡境内发现一处奇泉——"铁泉"。泉水流量经测定为每秒1.5公升。

2日　云山机夹刀具厂成功试制出煤矿开采用的拉齿钎头。它已被煤炭工业部列为全国定点生产厂家之一。

2日　中国共产党优秀党员、久经考验的共产主义忠诚战士、中国人民解放军优秀指挥员、中国人民解放军江西军区原副司令员、江西省人民代表大会第五届常务委员会副主任、江西省军区正兵团职离休老干部、老红军叶长庚因病医治无效，在南昌逝世，终年83岁。叶长庚同志是浙江省桐庐县人。

3日　省检察院召开全省各级检察长会议，传达全国政法工作会议和全国省、市、自治区检察长会议精神，表彰1985年度全省检察系统先进集体82个、先进工作者692名。会议于4日结束。

4日　省职工教育管理委员会和省总工会向受到全国职教委和全总表彰的江西省12名先进教师颁奖。他们是：沈德时、焦以治、潘慧贞（女）、江月仁（女）、汪瑞彪、邓予涛、黄世金、彭宗绳、郭世丁、康齐、陆哲晖、艾相远。

4日　为加强全省新闻理论研究工作，江西省新闻学会在上饶市召开首届年会。主要讨论：（一）新闻有学还是无学；（二）关于新时期报纸的指导性、服务性问题；（三）如何办好报纸、广播新闻；（四）如何办好广播、电视节目问题；（五）关于提高新闻队伍的理论素质问题。会后编辑出版《新闻学论文选集》。

5日　南京军区一七五医院应用肩胛骨骨皮瓣吻合血管移植修复骨缺损获得成功，荣获全军科技成果二等奖，并报请国家发明奖。

5日　江西医学院第二附属医院成功地抢救了一例左心室贯通伤患者，为江西省医疗工作填补了一项空白。

5日　江西省人民银行批准成立江西第一个城市集体金融组织——九江市滨兴城市信用合作社。

5日　省教委召开第一次全体干部大会，宣布江西省教育委员会成立。

5日　省劳动人事厅转发劳动人事部《关于任免政府工作人员必须严格按照法律程序和有关规定办理的通知》。

5日　江西医学院附属口腔医院成立。

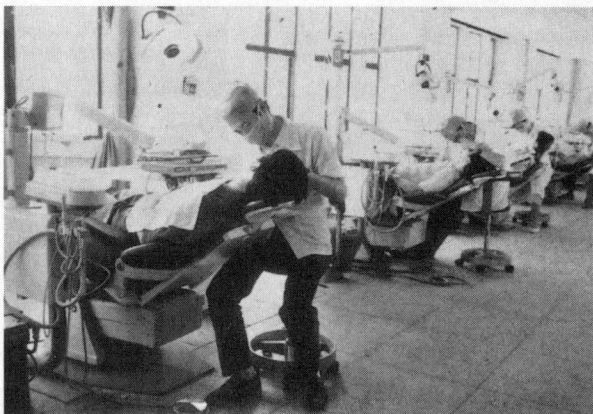

江西医学院附属口腔医院诊疗室

6日　在武汉召开的全国出口烟叶基地会上，广丰县被定为全国出口烟叶生产基地之一。

6日　在永修县三溪桥乡易家何村合水庄发现一块明代墓碑，这块墓碑高1.8米，宽0.85米，厚0.3米，重约500公斤。经考证，这块墓碑是明代吏部尚书王直为明代名臣刑部尚书魏源撰写的"御葬神道碑记"。

8日　南昌钢铁厂荣获全国"计划生育先进集体"称号。

8日　煤炭部在江西省第四劳改支队召开全国煤炭系统煤炭斜井混合串联提升井口运输联动

化技术推广和技术情报交流会。交流会于13日结束。

9日 省政府批准追认舍己救人的少年胡传国为革命烈士。

9日 江西省农牧渔业厅提出关于进一步办好基层畜牧兽医站的几点意见：（一）实行站长负责制；（二）继续推行生猪"四包一扶助"，牛"三包"，家禽"两包"为主的疫病防治责任制；（三）各级要有计划分期分批对基层站站长、技术人员进行业务轮训；（四）合理解决对基层畜牧兽医人员的口粮、报酬、劳保福利及退休、退职、因公致残的生活补贴，医疗保健和丧葬、抚恤金等问题，由各县（市）农牧部门或委托畜牧工作者协会或县畜牧管理站统一管理；（五）各级政府加强领导，有关部门通力协作，业务人员要加强政治学习，坚持"四项基本原则"，讲究职业道德，办好基层畜牧兽医站。

10日 在江西省劳改劳教单位先进集体和先进个人代表大会上，有6个单位荣立集体三等功，1名同志荣立二等功，17名同志荣立三等功，67个先进集体、185名先进个人受到表彰。

10日 江西人民出版社举办全国书展赣版图书预展。白栋材、王保田、卢秀珍等参观了预展。预展是为参加定于本月20日至5月4日在北京举办的全国书展而准备的。

10日 江西省中、北部17个县、市遭受大范围大风、局部冰雹灾害。冰雹最大直径56毫米，重半公斤多，九江地区出现8到10级大风，宜丰县瞬间风速达27米/秒。7个县、市出现暴雨，27个县、市出现大雨。死亡97人，重伤520人，倒房5863间，农田受灾面积6万公顷。下午5时许，萍乡市遭受雷雨冰雹袭击，雹大如蛋，多似筛米，房屋倒塌，大树连根拔起，全市受灾计29916户，倒塌房屋65063间，死49人，伤810人，损失1464.8万元。

10日 景德镇市档案馆段世俊与省档案局熊坚合写的论文《关于日用陶瓷档案管理问题》被省档案学会评为优秀论文一等奖，被中国档案学会评为第一次档案学优秀论文二等奖和国家档案局科技进步四等奖。

10日 江西省劳动教养委员会调整后召开第一次会议，会议由省委常委、副省长、省劳动教养委员会主任蒋祝平主持，研究加强对劳动教养工作的领导，做好劳教审批和对解教人员的安置就业等问题，会议决定成立江西省劳动教养委员会办公室，同省劳动教养管理局合署办公，由边鹏越兼任办公室主任。

11日 江西工业大学电机工程系何友观副教授的《小型凸极同步发电机谐波励磁绕组最佳匝数计算与测定》、青年教师辜承林的《矢量控制的简化模型及其在微机控制的PWM变频调速系统中的应用》、青年教师黄劭刚的《具有桥式整流输出的同步发电机的稳态分析》等论文，同时被国际电机会议第八届年会录用，并被邀请参加1986年9月在西德慕尼黑召开的年会。

12日 江西省第一座年产1.5万吨白水泥厂在分宜市冶金矿建公司建成投产。

12日 为纪念长征胜利会师五十周年，中央电视台《长征系列片》摄制组将赶往广昌、瑞金、于都、宁都、兴国、信丰、大余等地进行拍摄采访。

12日 濒临失传的"建昌帮"中药炮制技术在南城县"复苏"，并整理成一部近23万字书籍的《江西省"建昌帮"中药炮制技术》。这一科研成果通过了鉴定。

12日 按照《煤炭工业部关于在全国煤矿试行吨煤材料费包干的通知》要求，江西省煤炭厅核定各局、矿吨煤材料费包干指标，自1986年起实行。

12日 江西省档案工作会议在南昌召开。会议传达全国档案馆工作会议精神，研究讨论江西省档案事业"七五"发展规划和1986年的工作任务，表彰先进、总结交流工作经验，省政府批转了会议纪要。会议于16日结束。

13日 华东六省一市电影宣传画创作联展，自即日起至19日在江西省博物馆内展出。

14日 江西发生建国后最严重的风雹灾害，江西省10个地市51个县受灾，受灾农户52.86万户，受灾人口275.9万人，因灾伤亡4378人，其中死亡119人。国务院两次通电询问灾情。省政府派出7个工作组，25个医疗队分赴灾区，并下拨250万元救灾款及一批救灾物资。12日，国务院办公厅打电话给省政府，详细询问灾情，并向灾区人民表示亲切慰问。当日，省政府召开会议，具体部署救灾工作。要求全省干部群众发扬共产主义精神，支援灾区人民；灾区人民要树雄心，立壮志，积极开展生产自救，力争做到灾年不减产，抗雹夺丰收。

14日 《鄱阳湖区围垦的综合评价》科研报告通过省级鉴定，提出了五条主要对策：（一）刹住盲目扩围，防止生态严重失调。（二）影响生态失调与经济效益差，或位于五河入湖洪道口上的圩区应返田还湖或退耕给渔。（三）按照"蓄泄兼施，江湖两利"的方针，对具有蓄洪意义的圩区应改建为蓄洪垦殖区。（四）加固加高圩堤，提高抗洪标准。（五）调整生产结构，搞好多种经营，充分发挥圩区水土资源的最佳期效益。

14日 江西省环境保护科学研究所进行的"活性氧化镁去除水中氟的研究"在南昌通过鉴定。

15日 江西省法学会召开第二届会员代表大会，讨论通过修改后的法学会章程，选举产生了省法学会第二届理事会，何世琨为名誉会长，范佑先为会长。在此次会上，正式成立宪法学、刑法学、婚姻法学、诉讼法学、法制心理学各专科研究会。

15日 共青垦殖场引进安徽省商科所研制的全国第一台IS－20－2型微波羽毛干燥机，在羽绒厂安装投入使用。

15日 为纪念中国工农红军长征胜利会师50周年，江西电视台倡议的《长征之路》电视节目协作会议在南昌市召开。红军经过的江西、福建、广东、湖南、湖北、广西、云南、贵州、四川、甘肃、宁夏、陕西12个省（自治区）和重庆电视台的代表出席。会议商定联合摄制22集《长征之路》电视系列片，每集15分钟，以大联播的形式9月1日起在各台播出。国务院副总理李鹏为《长征之路》题写片名。会议于21日结束。

15日 中共中央政治局委员、国务委员方毅由江西省委书记万绍芬陪同先后视察了贵溪冶炼厂、德兴铜矿、景德镇古窑瓷厂、人民瓷厂、建国瓷厂、艺术瓷厂等9个厂矿企业和单位。

方毅出席贵溪冶炼厂投产典礼并视察江西铜业公司

方毅（左一）在景德镇人民瓷厂视察青花瓷生产

15日 乐平县圆珠笔厂生产的玉珠牌797型普及圆珠笔荣获全省轻工优质产品奖。

15日 江西省召开全省职称改革工作会议，传达全国职称改革工作会议精神，部署在21个事业单位进行职改工作试点。会议于19日结束。

16日 贵溪冶炼厂举行投产典礼。这是我国当前生产规模最大技术最先进的炼铜厂，基本

方毅为贵溪冶炼厂剪彩

形成年产铜7万吨采、选、冶综合能力。中共中央政治局委员、国务委员方毅和江西省委书记万绍芬，有色金属总公司董事长邱纯甫分别讲了话，领导宣读了国务院贺电和省政府贺信，芬兰驻华大使于里瓦宁、日本代表团团长藤森

方毅的题词

正路、芬兰奥托昆普公司总裁多米宁先生致了贺词，出席典礼的还有国家、省、市有关部门的领

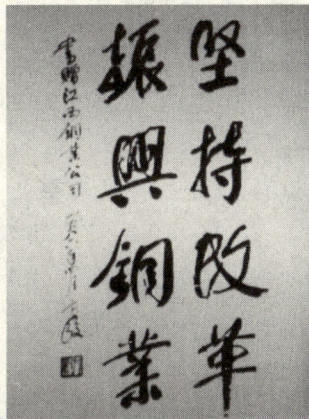

贵溪冶炼厂外景

导等。方毅为贵溪冶炼厂投产剪彩，为江西铜矿题词："坚持改革、振兴铜业"。

17日 余江汽车修配厂试生产的汽车制动安全装置"（238—3506）型安全缸"通过江西省级技术鉴定。它填补了江西省汽车工业的一项空白。

17日 南康县镜坝乡深井渡口发生一起渡船翻沉的重大事故，死亡50人。为加强渡口安全管理，江西省政府召开了电话会议，并于6月20日召开全省生产、交通安全会议。

18日 在北京举行的1986年全国钢笔书法大赛授奖会上，江西书法家张杰捧回特等奖。

18日 江西省石油公司针对全省煤油供应紧张，一些地方擅自提价的情况，决定：实行以人定量，凭证（票）供应的办法，同时采取限价措施。

18日 中华全国铁路总工会命名向塘铁路地区俱乐部为"六好"俱乐部。

18日 江西省轻工业厅在南昌市召开工作会议，贯彻全国轻工业会议精神，落实1986年生产建设任务，讨论全省《"七五"规划发展纲要》。会议于21日结束。

19日 由南昌铁路工程总公司承建的浙赣、皖赣铁路联络线，在贵溪站竣工，通过验收。

19日 政协江西省五届委员会医药卫生组召开通报会，省卫生厅负责人应邀通报全省卫生改革和贯彻实施《食品卫生法》的情况。

20日 永平铜矿工程正式通过由中国有色金属工业总公司受国家计委委托组织进行的国家验收。该矿是国家"六五"期间的重点建设项目，总投资为3亿多元，建设征地2万亩，是一个日处理矿量为1万吨的大型露天矿山。

20日 江西人民广播电台顾建强撰写的题为《身在宝山要识宝——谈谈档案的利用问题》的文章。该节目获1986年优秀广播节目一等奖，获第五届全国优秀广播节目二等奖。

20日 省委组织部在进贤召开全省在知识分子中发展党员工作经验交流会，会议研究讨论了如何做好新时期发展党员的工作，注重发展优秀中青年知识分子入党。交流会于22日结束。

20日 著名京剧表演艺术家赵燕侠应江西省演出公司的邀请，近日率北京京剧一团来江西省演出。

21日 政协江西省五届常委会十六次会议在南昌市举行。会议听取了关于组织在南昌的省政协委员就地考察情况的汇报；通过了省政协五届四次会议议程（草案）和日程（草案）；通过了省政协第五届常委会工作报告；省政协第五届委员会提案工作委员会关于五届三次会议以来提案工作情况的报告和省政协第五届委员会文史资料研究委员会关于文史资料工作的报告；通过了省政协第五届委员会增补委员名单。会议还通过了省政协五届四次会议各组召集人名单以及省政协机关人事任免事项。会议于23日结束。

21日 国务院批准江西景光电工厂为全国"第一批出口基地企业"。

21日 南京军区发出通知，表彰江西省军区和南昌陆军学校主动参加地方抗雹救灾，大力支援地方两个文明建设，进一步巩固和加强了新型的军政军民关系。

21日 永平铜露天采场酸性废水集中处理投入运行。

21日 南丰县南丰蜜橘被评为1985年度全国优质水果，上饶市"上饶白眉"、井冈山县"井冈翠绿"被评为全国优质名茶。

被评为全国优质名茶的上饶茶园

21日 由省林业厅组织省林业勘察设计院、省林科所、江西农业大学林学系合作编制的"江西省杉木人工林二元立木材积表"通过为期两天的技术鉴定。该表是江西省杉木人工林第一个立木材积表，样本收集广泛，编表方法正确，计算手段先进，选用模型合理，精度符合要求，具有较高的实用价值。

21日 上海经济区苏、浙、皖、赣、沪四省一市经贸厅厅长（主任）碰头会在南昌召开。经贸部副部长王品清、国务院上海经济规划办副主任周光春、原经贸部副部长崔群参加会议，王品清和周光春在会上作了重要讲话。此次会议的主要任务是根据国家对外经济贸易发展规划的方针政策，研究四省一市出口商品的管理、生产布局。会议于25日结束。

22日 年产5000吨果葡糖浆（又称"人造蜂蜜"）的成套设备，在双金葡萄糖厂研制成功。

22日 江西农民业余摄影家丁文文拍摄的《春潮》，在全国首次农民摄影比赛中荣获金牌。

22日 宜春市橡胶厂研制成功的"WJ型万能减震胶垫"填补了江西的一项技术空白。

22日 美国国际人民交流协会人民使者部组织的，由朱迪恩·雷伊博士率领的美国工艺美术家代表团一行33人，自即日起至25日在赣参观访问并进行专业考察。

23日 在绕二乡塘湾村70多岁的老人孙元发家发现3张1元版面的"红券"，同时在横港村红军老战士陈云生家发现1张1角版面的"红券"。"红券"是1932年赣东北苏维埃银行发行的纸币，中间印有工农兵苏维埃政权的五角星和镰刀、斧头图案。

23日 华东6省1市教育学会工作座谈会在南昌市召开。出席会议的有华东6省1市教育学会会长、秘书长19人，中心议题是研讨如何提高学会工作质量和教育科研水平问题。

23日 民航上海管理局和南昌市政府分别授予省民航局向塘机场"文明航空港"和"文明单位"称号。

23 日　省经贸厅下发《关于省、地（市）县外贸公司经营分工和职责范围的暂行规定》，对省、地（市）县外贸公司经营分工、职责范围、经营费的分成、业务协调作了具体规定。

24 日　南昌硬质合金厂与日本东芝坦克洛依株式会社于 1985 年 7 月正式签订硬质合金诊断项目引进合同。工程于当日正式开工建设，12 月 27 日竣工投产。

24 日　省政府办公厅复函批准省审计咨询公司改组为省审计咨询服务部，为省审计局下属县团级事业单位。

24 日　赣州钨钼材料厂经国务院机电产品出口办公室批准，列为国家轻工机电产品出口基地企业。

24 日　省教委召开全省特殊教育工作会议。会议于 29 日结束。

25 日　江西省城市经济体制改革工作会议举行。副省长蒋祝平作工作报告，副省长孙希岳传达了全国城市经济体制改革工作会议精神。

25 日　城乡建设部与中国建筑工会授予江西省城乡规划设计研究院朱观海和萍乡市建筑工程公司工程师杜德奎"科技先进工作者"称号，授予萍乡市规划设计室徐昌旭"科技劳动模范"称号。

25 日　江西地质科研所周耀华等承担的《南岭及其邻区钨矿成矿远景区划》通过了评审验收，并获 1987 年地质矿产部科技成果二等奖。

25 日　省财政厅、省国营垦殖场管理局转发财政部、农牧渔业部《〈关于"七五"期间国营农垦企业财务包干的几项规定〉的通知》和下发江西省的补充规定的通知，并明确规定江西省的几项补充规定，只适用于省级农垦企业。

25 日　省人大常委会发出《关于召开对〈地方组织法〉、〈选举法〉征求修改意见座谈会的通知》，邀请有关人员座谈，征求修改意见。

25 日　在保加利亚、匈牙利、意大利、西班牙等 12 个国家参加的第四届阿尔及尔国际体操邀请赛中，江西省选手张智辉获男子个人全能金牌；在单项比赛中夺得跳马、双杠冠军，吊环、鞍马亚军及单杠第三名。刘明夺得男子个人全能银牌、自由体操冠军。邀请赛于 27 日结束。

26 日　经中共中央批准兴建的优秀党员、中国工农红军优秀指挥员、坚强的共产主义战士毛泽覃同志纪念碑，在红色故都瑞金竣工落成。邓小平为纪念碑题写了"毛泽覃同志纪念碑"碑名。

毛泽覃烈士纪念碑

26 日　省委、省政府在青山湖宾馆召开大会，向荣获全国计划生育奖的红旗单位、先进集体、先进个人授奖。江西在全国计划生育"双先会"上获得表彰奖的先进集体 344 个，先进个人 150 人，其中，被国务院授予全国计划生育"红旗单位"的上高县获得国务院金质奖章 1 枚，红旗 1 面。

26 日　共青团中央书记处书记张宝顺和青工部长李冰一行 16 人率领的团中央"抓基层、抓落实"工作团抵达南昌，在南昌市少年宫指导工作，为期两个月。并为少年宫题词："把南昌市少年宫办成具有创造性精神的共产主义新人的课堂"和"让更多的希望之星在这里升腾"。

26 日　江西省运动员龚国华在北京地区优秀田径运动员比赛中，以总分 7374 分的优异成绩打破男子十项全能项目的手计时全国纪录，并获该项目的第二名。

28 日　江西省 12 城市创"三优"竞赛评比揭晓：南昌市荣获第一，赣州市第二，吉安市第三，上饶市第四，井冈山等八个城市也分别获得显著成绩奖。

28 日　为期三天的赣、闽、粤边区经济技术协作区首次联席会议在福建省龙岩结束。会议成立了省际地区性横向经济联系机构，进行了 79 项经济技术洽谈，已签订 60 项合同或协议，其中航空工业部科技咨询公司厦门办事处签约 24 项。

29日 历时5天的江西省城市经济体制改革工作会议结束。会议回顾了江西省城市经济体制改革的情况，分析了形势，交流了经验，在认真研究改革中出现的新情况、新问题的基础上，部署了1986年城市改革的任务，并着重研究发展江西省横向经济合作的问题。

29日 省妇联和省农牧渔业厅在南昌联合召开全省农村妇女"十大"养殖能手竞赛表彰大会。授予11人全省十大养殖竞赛标兵称号，1071人养殖能手称号，18个先进单位。省妇联授予养殖能手标兵中的于桂花、彭惠兰、彭桂英、傅秀英、何春雅、刘路女、习分姑、艾新艳、朱珍香9位同志为省"三八"红旗手称号。会上还向评选出的养殖能手标兵和养殖先进集体发了荣誉证书，授了奖旗。

29日 联邦德国比利费尔大学教授罗伯特·霍恩博士在南昌作学术报告，主讲"公司和企业合作法"。

29日 省检察院召开全省查处烟草系统经济犯罪情况通报会，对南昌市烟霸案牵涉20多人、10多个单位的有关情况进行了通报，请各地协助查清。

29日 省审计局公布施行《江西省审计局关于保密范围和密级划分的暂行规定（试行）》。

30日 萍乡矿务局高坑矿工人江胜明参加第二届全国青年歌手电视大奖赛，被评为美声唱法业余组第三名。

30日 为期两天的江西省六届人大常委会十七次会议结束。通过了《江西省收费集资罚款、没收管理条例》，于6月1日起施行；通过了省人大常委会工作报告；决定任命陈癸尊兼任省教育委员会主任。张宗耀任省交通厅厅长。免去谢新观的省教育厅厅长的职务。任命孙恒吉为省人大常委会赣州地区联络处主任。免去卢永江省人大常委会吉安地区联络处主任职务。

30日 省地质矿产局九一二队杨木松荣获全国总工会授予的"五一"劳动奖章。

30日 江西棉纺织印染厂第一织造车间青年挡车工王南珍，被纺织工业部授予全国纺织系统"双文明建设积极分子"称号，还被评为南昌市特等劳模。

30日 江西省已建立98个县区级科技市场，以及一批乡办科技市场和一个以城市产业为主体的二轻科技市场，初步形成沟通全省城乡的科技市场网络。

30日 江西第二机引农具厂生产的TCIB农用1吨挂车，经全国小型挂车行业组全面质量检查，列为国家一等产品。

30日 江西省、市各条战线的劳动模范、先进人物、职工代表及工会工作者1200余人，在南昌市工人文化宫举行集会，纪念"五一"国际劳动节100周年。省市领导许勤、裴德安、王保田、赵增益、朱治宏、陈癸尊、吴平、杨林维、李爱荪出席了大会。会上，给26名"五一劳动奖章"获得者颁发了奖章和证书。

省、市举行纪念"五一"100周年大会

本月 省政府批准：宜春市增设湛郎、珠泉、化成三个街道办事处，并同意宜春市将春台乡所辖的秀江、黄颇、黄泥塘、湛郎、珠泉、牛王庙、袁山七个村委会划归街道办事处管理，实行"统一管理，两种吃粮"。实行这种管理体制，在江西省是第一次。

本月 省军区民兵装备仓库，被评为全国"先进民兵装备仓库"，受到总参、总政、总后的通令表彰。

本月 由中国摄影家协会展览部、《中国妇女》、《新观察》、《旅游》杂志社和中国摄影家协会江西分会联合举办的《江西风情》彩色摄影比赛揭晓，抚州曾勋杨的《迎春》和南昌市孔洛的《鄱湖牧鹅》分别获得一等奖。

本月 中旬至 5 月下旬，省委、省政府派出慰问团，看望支援教育的中央机关赴赣讲师团和省直机关讲师团的全体同志，对他们不辞辛苦下到基层训练师资工作表示感谢和慰问。

本月 彭泽县棉船邮电所安装的一组开封生产的 TDA-90 安时的硅太阳能电池获得成功。这是该项设备在江西省邮电系统首次使用。

本月 云山垦殖场凤凰山葡萄酒厂从法国蒙彼利埃市伊美加公司引进生产 1000 吨全自动酿酒设备。11 月全套设备由法国技术人员安装完毕，正式投产。

本月 江西省第一个隐形眼镜厂——九江隐形眼镜厂正式投产。

本月 南昌铁路中心医院首次开展低位直肠癌根治、结肠套叠式人工肛门手术成功。此项手术为江西省首例。

本月 省卫生厅历时 10 个月，完成对 2000 多个药品产、供、用单位的调查考核，分 3 批给 93 个药厂、1660 个药站、204 个医院制剂室核发了许可证。

本月 江西山江湖综合开发治理工程启动。至 1988 年，先后在赣南山区、吉泰盆地、赣西丘陵区、鄱阳湖盆地建立 9 大类 15 个示范基地。1990 年，国家科委将山江湖工程列为"八五"重大科技项目。

本月 江西省残疾人福利基金会成立，与江西省盲人聋哑人协会合署办公。两块牌子，一套人马。

本月 省档案馆与省总工会合编的《江西工人运动史料选编》出版。

本月 江西钢厂计量工作经华东地区计量评审组审定，达到国家一级计量标准。

本月 省审计局组织十个地市审计局对南昌等 11 个市县 1985 年财政、税收进行审计。10 月 8 日和 11 月 22 日，江西省人民政府《参阅文件》分别刊载省审计局《加强对税务部门征管和财务收支审计势在必行》和《加强财政管理的几点意见》，并加了按语。

本月 江西光学仪器总厂工程师崔景国等主持设计的 SHM35 毫米环幕电影摄影设备用于拍摄 360° 环形视场画面电影，采用 9 台摄影机同步同相运动（即同一相位的 9 个画面其水平误差小于 0.01 毫

35 毫米快速摄影机

米，垂直线误差小于 0.1 毫米），实现同时拍摄的多条电影胶片的运动同步同相，曝光均匀一致。该设备于 1986 年 4 月通过第一机械工业部技术鉴定，1989 年获国家科技进步二等奖。

1986
5月
May

公元 1986 年 5 月							农历丙寅年【虎】						
日	一	二	三	四	五	六	日	一	二	三	四	五	六
				1 劳动节	2 廿四	3 廿五	4 青年节	5 廿七	6 立夏	7 廿九	8 三十	9 四月小	10 初二
11 初三	12 初四	13 初五	14 初六	15 初七	16 初八	17 初九	18 初十	19 十一	20 十二	21 小满	22 十四	23 十五	24 十六
25 十七	26 十八	27 十九	28 二十	29 廿一	30 廿二	31 廿三							

1 日　省政协五届三次会议以来共收到提案313件，已办复284件，占提案总数的91%。

1 日　玉山县被评为江西省农村能源建设先进集体。现在已建沼池 12235 个，使用率达92%，建省柴灶 52816 个，占全县总农户的62.8%。

2 日　政协江西省五届委员会四次会议在南昌中山堂举行。政协副主席杨永峰作常委会工作报告。会议听取和审议五届《常务委员会工作报告》，与会委员列席全省第六届人民代表大会第四次会议。一致通过增选李沛瑶、邱威扬、汤匡时、杨小春、郭可谥、舒国华为省政协五届委员会常务委员；通过了省政协五届四次会议决议；通过了省政协五届委员会提案工作委员会《关于五届四次会议提案审查情况的报告》。会议补选五届委员会常务委员，通过《决议》。会议听取了省政协副主席沈翰卿关于全国政协六届四次会议精神的传达报告；听取了省政协副主席吴允中作关于全国地方政协工作座谈会精神的传达报告。

2 日　共青团江西省委在江西宾馆举行纪念"五四"运动 67 周年暨全省新长征突击手表彰大会。团中央书记处书记张宝顺等到会祝贺，省委书记万绍芬送来了贺信。

2 日　南京军区发布命令，授予南昌陆军学校 85 届毕业学员车兵"献身国防事业的模范干部"荣誉称号。车兵 1979 年入伍，1985 年赴云南前线部队代职见习，在一次战斗中，不幸被敌炮弹炸成重伤，抢救无效，光荣牺牲。

2 日　省司法厅、省经济委员会、省建设厅、省国防科学技术工业办公室、省总工会联合下发《关于大力加强厂矿企业人民调解工作的通知》，要求县属以上厂矿企业都要建立调解组织。

3 日　省政府发出《关于加强审计工作几个问题的通知》。

3 日　鹰潭铁路分局鹰潭站调车长张金福被铁道部授予"全国业务能手"称号，并获中华全国总工会"五一"劳动奖章。

3 日　江西农业大学与瑞金县达成协议，由学校帮助黄柏乡发展农业，争取 5 年内脱贫致富，并带动全县发展经济。

4日 在印度尼西亚雅加达举行的第十四届国际羽毛球男子团体锦标赛（汤姆斯杯）上，由江西运动员熊国宝等组成的中国队获金牌。

世界羽毛球冠军熊国宝

4日 省六届人大四次会议在南昌八一礼堂举行。会议的主要议题是巩固和发展大好形势，为胜利实现"七五"计划而奋斗。省领导作《关于我省国民经济和社会发展第七个五年计划的报告》，省计划委员会主任王英作《我省一九八六年国民经济和社会发展计划（草案）的报告》，省人大常委会主任王书枫作《关于六届全国人大第四次会议精神的传达报告》。听取并通过了省人大委员会副主任兼省人大财政经济委员会主任委员梁凯轩代表省人大财经委员会作的关于财政预决算的报告。讨论通过了省第七个五年计划的报告的决议；讨论通过了关于1986年的计划决议和关于财政预算的决议。一致通过了关于江西省第七个五年计划和第七个五年计划报告的决议。决定批准《关于江西省第七个五年计划的报告》；原则批准《江西省国民经济和社会发展第七个五年计划》。通过了关于江西省1986年国民经济和社会发展计划的决议；通过了关于江西省1985年财政决算和1986年财政预算的决议；通过了关于省人大常委会工作报告的决议；通过了关于省高级人民法院工作报告的决议；通过了关于江西省人民检察院工作报告的决议。

4日 共青团江西省委向江西省优秀运动队——男子20公里竞走组、女子曲棍球队授予"省新长征突击队"光荣称号；向姜绍洪、罗军、王军、涂军辉、闵春凤5位优秀运动员授予"新长征突击手"光荣称号；授予胡莉萍、许艳梅"省红花少年"光荣称号。

4日 江西省妇女干部学校重新建成，段火梅兼任校长。

4日 瑞昌县新发现峨眉洞群。峨眉洞群共有洞42个，坐落在瑞昌县峨眉和横港两乡之间。

4日 省妇联在万年县召开全省农村基层妇女组织建设工作现场会。现场会于7日结束。

省六届人大四次会议开幕式

5日 省卫生厅作出《关于进一步加强医德教育，整顿医疗作风的决定》，提倡服务第一，质量第一，社会效益第一。

6日 在为期6天的1986年全国跳水冠军赛中，江西选手许艳梅在女子跳台比赛中夺得亚军，在男子跳台比赛中涂军辉获第三名。

世界跳水冠军许艳梅

6日 省政府办公厅批复同意挂省林业科技推广总站牌子，挂靠省林业科学研究所内，不另设机构和另配编制。

6日 省劳动人事厅为了进一步促进企业的横向经济联合，作出了五条规定：（一）对横向经济联合的企业所需的专业技术干部、技术工人给予优先调配。（二）对横向经济联合的企业在国家计划内招收工人，给予优先办理。（三）对横向经济联合的企业所需职业技术培养中心培训的人员，优先给予安排。（四）对横向经济联合的企业所需的军队转业干部和技工学校毕业生，给予优先分配。（五）对横向经济的劳动服务公司为安排待业青年组织集体经济所需的经费在可能的情况下，给予优先扶持。

6日 江西省山江湖开发治理学术委员会邀请全国各地20余位生态和系统工程学专家来赣实地考察。他们提出：综合治理开发山江湖，应抓紧制定出科学的总体规划，在继续搞好试点的同时，尽快付诸实施。

6日 省检察院向全省各级检察院发出《关于在办案中要严格执行审批权限和办案程序的通知》。

6日 联合国难民署高级事务办事处驻华代表黎明、贺尔先生，来赣考察难民安置工作并检查联合国难民署援助项目的执行情况，为期3天。

7日 在天津市举行的全国青年田径锦标赛上，江西省运动员毕忠以50.08米的成绩获链球冠军。

7日 商业部公布江西"婺源名眉"、"庐山云雾"、"宁都小布岩"为全国名茶。

7日 为期两天的江西省县（市、区）人武部改归地方建制交接工作会议在南昌召开。会议之后，全省人武部交接工作将全面铺开。从7月1日起按新的编制体制办公。

8日 由省建筑科学研究所完成的《农村住宅标准化研究》科研课题，经有关专家评审，通过技术鉴定。

8日 由省轻工业厅主持在弋阳县明胶厂召开了食用明胶新产品鉴定会。认为该产品填补了江西省食品工业的一项空白。

8日 省政协五届常委会在江西宾馆举行第十七次会议，一致通过了省政协五届四次会议决议（草案）和关于省政协五届四次会议提案审查情况的报告（草案）；通过了关于接受战学孟委员辞职请求的决定；通过了省政协第五届委员会增补委员名单；通过了增选省政协五届委员会常务委员候选人名单以及增选常委的选举办法（草案）。

8日 江西省建筑公司发挥行业优势，对口扶持安福县建筑公司发展生产，并签订了"三年内帮助安福县建筑公司在现有企业等级上提高一级"的协议书。

8日 省法学会召开省内中国法学会会员代表座谈会，一致同意中国法学会常务理事会推荐的邱建、胡亚贤、胡济群、杜宝国四位同志为出席中国法学会第二届会员代表大会的代表。

8日 在安徽省蚌埠举行的全国基层职工羽毛球赛上，南昌铁路分局羽毛球队获得女子双打第一名。

8日 南昌市育新学校蒋亦淑所教的三年级口语作文训练课《我最爱的一件礼物》的实况录像，被选为全国教学录像优秀片。

9日 高安县人武部被国家计划生育委员会授予"全国计划生育先进集体"光荣称号。

9日 江西省农垦工作会议在南昌召开。副省长蒋祝平作报告，提出农垦管理体制应政企分设，宣布省国营垦殖场管理局独立建制，并决定将省农垦系统农工商联合公司改为省农垦农工商联合公司，受省国营垦殖场管理局领导。

10 日 全国木材行业及江西省第一条"席梦思"生产线在吉安木材厂正式投产。预计该生产线年产量 1 万张，产值 229 万元。

10 日 在天津结束的全国田径锦标赛再传捷报，江西省选手闵春凤以 15.22 米的好成绩获女子铅球冠军，这是她继昨天夺得女子铁饼金牌后的又一块金牌。

11 日 美国俄克拉荷马大学副校长黄天中博士来江西师范大学访问，并与该校草签有关两校联合举办教育管理硕士研究生班的会议纪要。

12 日 省卫生厅、中华护理学会江西分会在江西艺术剧院召开大会纪念国际护士节，向从事护理工作 30 周年及受到卫生部表彰的护士颁发荣誉证书和证章。据统计，江西省获卫生部荣誉证书和证章的护士有 1178 名。

12 日 省政府批准自学成才的农民邓名华自费赴日本国立东京大学留学。

12 日 省委召开地、市委书记和专员、市长会议，分析 1986 年以来全省政治经济形势，部署今后工作。要求各地进一步抓好经济和改革工作，以端正党风为中心，加强领导班子的思想建设和组织建设，以最佳的精神状态，尽最大努力，使 1986 年各项工作取得更好成果。会议于 17 日结束。

13 日 省无线电管理委员会召开全体委员和各地市的专员、市长会议，研究和部署江西省无线电频率、台站和设备普查工作。要求在 1986 年年底保质保量，按时完成普查工作。各地、市应尽快做好无线电管理体制的改革，将原在军队的无线电管理机构转接到地方行署、市政府办公室，配备好专职工作人员，组织好工作队伍，并解决好经费。省政府和省军区已完成无线电管理机构的交接工作。

13 日 《江西国民经济和社会发展第七个五年计划〈摘要〉》(1986～1990)，在"哲学社会科学"一节指出：哲学社会科学研究工作，要以研究江西经济、科技、社会发展战略和经济体制改革为主要课题。以应用研究为主，加强基本研究。同时收集整理江西文化遗产，开展新兴、边缘学科的研究，逐步建立具有江西地方特色的社会科学研究体系。

13 日 省委组织史资料编纂工作会议在南昌召开。会议传达了中国共产党组织史料编纂工作座谈会的精神。会议提出，编纂党的组织史资料一定要坚持历史唯物主义态度，按照中央提出的"广征、核准、精编"的方针，非常认真地核准每一件历史事实，使组织史料经得起历史的检验。会议于 16 日结束。

14 日 南昌飞机制造公司 7 车间和设计所 105 室仿日本悬挂滑翔机的形态，自行设计、研制了新一代的轻型高强度悬挂式滑翔机在九江首次滑飞成功。

14 日 江西省人民政府批转省劳动人事厅《关于我省党政机关部分工作人员行政职务有关问题的报告》，明确了设置调研员、正副主任科员、科员、办事员等非领导职务的范围、比例、条件。

15 日 江西省物价检查所近日发出通知，要求各地、市、县（区）物价检查所，在夏季对啤酒和冷饮等夏令饮料价格情况进行检查。检查时间定在 5 月 15 日至 9 月 15 日期间。

15 日 江西省"星火"项目单位与科研单位、大专院校协作。全省已有 18 项"星火"项目的承接单位同科研院所、大专院校签订了联合开发协议。享有盛誉的"南安板鸭"的技术开发，已由省农大和省轻工业研究所联合帮助实施；鄱阳湖区大面积的养殖技术开发，将由省科学院和上饶、九江的科研单位协助开发。

15 日 在全国科学技术奖励大会上，分宜电厂等单位的火电厂煤粉燃烧技术和江西光学仪器总厂等单位的光学冷加工最佳工艺参数的研究荣获"六五"攻关成果奖。

15 日 在长春举行的为期 11 天的 1986 年全国女子曲棍球联赛中，江西省女队以不败战绩再夺冠军。这是江西省女子曲棍球队在全国比赛中连续获得的第四个冠军。

15 日 由华东 6 省 1 市文化厅（局）、中国音乐家协会华东地区各分会、上海市广播电视局联合举办的首届华东6省1市民歌会演在上海人民大舞台闭幕。江西省专业歌手杜玲获一等奖；肖斌获二等奖；连小凤获三等奖；业余歌手朱娥荣获一等奖，么春生获二等奖，赖良淦获三等奖。江西有6首民歌获改编奖：《新打脚车四步头》获一等奖，《四季茶歌》获二等奖，《笑在脸上喜在心》获三等奖，《大路上走来谁家客》、《哦嗬歌》、《吹开蒙雾望娇莲》获鼓励奖。

16日 省政府同中国科学院在省科委签订了合作建立稀土分离示范厂的协议。

16日 省政府召开全省渡口安全管理电话会议，要求以高度的责任感，切实抓好渡口的安全工作。

16日 由江西省男子体操队教练员徐治平、运动员张智辉等组成的中国体操队，参加了第四届阿尔及尔国际体操邀请赛和第九届突尼斯国际体操邀请赛，共夺得9枚金牌、4枚银牌、2枚铜牌。张智辉获男子体操个人全能冠军。

16日 中央美院追聘黄秋园为兼任教授。黄秋园先生出生于南昌县，从小酷爱绘画，首都许多著名画家称他为当代山水画艺术大师。他的作品被誉为"艺林精英"、"国之瑰宝"，1979年去世前一直鲜为人知。他的亲属已捐赠15幅黄先生的山水精品给中央美院，另有近80幅画稿，中央美院将出版作为教材。

17日 广昌县头陂镇塘下村农民易德金在本村河岸旁的地里劳动时，从崩塌的田塍泥土中挖出了一个陶罐，内装14件古代金属器皿，计有铜鼎1件、铜插1件、铜刮刀1件、铜矛7件、铜斧1件、铜钺2件、铜镞1件。经鉴定，认为是春秋战国时期的窖藏遗物。

18日 煤炭工业部在萍乡矿务局召开全国煤炭工业财会经营工作会议。研究在新形势下加快转轨变型，提高经济效益问题。

19日 经江西省商检局、省食品公司和江西省粮油食品进出口公司联合注册检查组的检查和考核，确认吉安地区肉类联合加工厂达到了《出口食品厂、库最低卫生要求》，发给了国家商检局颁发的出口食品厂库注册证书，从而使该厂成为江西省第一个取得该证书的企业。

19日 由省经委、省企业管理协会联合举办的全省工业企业管理现代化成果展览在南昌展出。展览共分"全省概况、提高质量、降低消耗、经营战略和新产品开发、综合利用"五部分。

19日 省审计局发出《关于建立审计咨询服务机构有关问题的通知》，要求各地、市、县审计局抓紧建立和健全审计咨询服务机构。

19日 江西棉纺织印染厂试纺成功100支纯棉精梳纱。

19日 省体委举行座谈会。1986年3月以来，江西省运动员在重大国际和国内比赛中共获得金牌20枚，银牌5枚，铜牌3枚，为祖国争得了荣誉。王泽民、陈癸尊、吕良等省委、省政府领导，接见了为祖国作出贡献的优秀运动员、教练员。

19日 江西省少儿艺术团到北京参加国际儿童节，在中南海怀仁堂及人民大会堂、中国少儿活动中心、北京机场空军部队、工厂等演出15场，受到国家副主席乌兰夫的接见。演出于6月15日结束。

20日 全国武术交流大会在江苏徐州闭幕。江西7名运动员杨正太、李文华（女）、张长生、廖美英（女）、陶光忠、李道林、祝少华分别以高超技艺获得雄狮奖牌。

20日 江西省战胜长期阴雨、大风、冰雹等灾害，超计划完成了早稻栽培任务。据统计，全省栽培早稻2305万亩，比原计划增加15万亩。

20日 江西省煤炭厅加工利用处副处长王金玲参加在丹麦召开的第四届国际硫化床及燃烧会议，提交《煤矿自备电厂沸腾燃烧低热值燃料的技术经济分析》论文。

20日 铅山县机械厂试制成功耐腐蚀高硅铬铸铁管，填补了江西省铸造工业的一项空白。

20日 解放军第一七一医院神经外科运用显微外科技术，对顽固性三叉神经痛施行神经血管减压术获得成功。

20日 江西省综合开发治理赣江流域和鄱阳湖区的前期工作已经开始。它是我国国土整治的一个重要组成部分，对江西的经济腾飞将起着重要的作用。

21日 在华东地区 1986 年度电光源工业产品质量评比中，上饶市灯泡厂生产的"上饶"牌 220V15W 普通白炽灯泡获第一名，220V40W 普通灯泡名列第二名。

22日 省人民政府赣府厅字 241 号文批准将景德镇陶瓷学校收归省轻工厅直接领导和管理，为县（处）级建制。

22日 江西南钢职工医院运用"叶绿素淋巴造影"为一名阴茎癌转移的患者进行手术治疗，获得成功。

22日 省妇联、省儿协、省儿少基金会、文化厅、电视台等 8 个单位联合主办为期两天的省会百户家庭演唱会。

23日 省委、省政府批转省职改领导小组《关于认真做好全省专业技术职务聘任工作的报告》，对全省专业技术职称改革工作的组织领导、职责分工、工作部署及工作原则进行了明确，并确定了已设立的 21 个职务系列的省级系列主管部门。

23日 由江西省科学院生物资源研究所提供花粉原料，经江西商储食品厂精制的花粉食品——香糕玫瑰饼生产成功，填补了江西食品糕点中的一项空白。

23日 中共中央书记处书记、全国人大常务委员会副委员长陈丕显来江西省考察工作，指出：要以经济建设为中心，坚持进行经济体制改革，坚持对外开放，坚定不移地加强精神文明建设，这是我国社会主义现代化建设的总体布局。我们的一切工作都必须围绕这一总体布局来展开。考察于 27 日结束。

中共中央书记处书记、全国人大常委会副委员长陈丕显（右四）会见省委、省政府领导

23日 宜丰县天宝乡农民刘会昌在古城北门外建房扩地时，掘出春秋古铜器青铜斧和编钟系列中的钮钟。钮钟重 1500 克，通高 23.8 厘米。钮钟在江西省属第一次出土。

宜丰出土的春秋时期的铜器——钮钟

23日 江西电子计算机厂技术干部万仁芳研制的《前三末一汉字输入方案》在北京参加全国首届汉字输入方案评测竞赛。该方案在全国推荐的 500 多种参赛方案中，被列为 11 个 A 类最优秀方案之一，成为全国电子工业系统唯一的 A 类方案。

23日 政协全国委员会考察团抵赣，先后在吉安、赣州等地的革命老区考察工作。6 月 10 日返京。

省领导会见全国政协考察团全体成员

24日 江西医学院刘佩芹等人研究的"流行性出血热病毒分离"成果，经中国预防中心和中国军事医学科学院等部门 8 名专家鉴定，确认它达到了国内先进水平。

24日 省卫生厅根据卫生部关于开展性病防治工作的要求，制发《关于开展艾滋病高危人群监测》、《江西省艾滋病监测计划》。

24日 省政府在南昌召开全省乡镇企业工作会议，为期 3 天，会议总结交流发展乡镇企业的经验，表彰先进，分析形势，明确政策，确定 1986 年乡镇企业继续发展的方针和任务。蒋祝平在会上作了《坚持深入改革，继续放开搞活，促进我省乡镇企业更大发展》的报告。大会向1985年江西省乡镇企业总收入、工业产值实现双翻番的县（区），荣获部优、省优和优秀新产品奖的企业颁发了奖状、奖杯和奖金。

24日 美籍华人何步基（原籍江西新余）自即日起至6月29日应邀抵达南昌，在江西电子计算机厂讲学，指导软件开发，这是江西电子工业系统首次引进国外智力人才。

25日 以江西省建筑科研所为主、省轻化工业设计院、黄岗山造纸厂为协作单位，完成《混凝土碱水剂中间试验线》科研课题，通过省科委组织的为期两天的技术鉴定。该生产线采用新工艺、新设备、碱法造纸黑液经离子交换器反应、浓缩、喷干，生产出粉剂JMN混凝土碱水剂。产品技术性能符合部颁《混凝土碱水剂标准》要求。

26日 江西省人大常委会召开主任会议，传达全国人大教科文卫委员会和国家教委联合召开的全国实施义务教育法座谈会精神，研究了江西省贯彻、实施普及义务教育法的初步计划和办法。

26日 最近统计，江西省乡镇企业荣获农牧渔业部优质产品奖22项；荣获省优质产品奖20项；荣获省优秀新产品奖5项。湖口县内燃机配件厂质管组QC小组和瑞昌县红卫木螺钉厂质管组QC小组，荣获"省优质管理小组"称号。

湖口县内燃机配件厂

26日 省煤炭厅在乐平矿务局召开全省重点煤矿多种经营经验交流现场会。到1985年底，全民综合利用、多种经营企业共39个，总产值12447万元，盈利819万元；集体企业共386个，总产值6467万元，盈利117.5万元，职工31125人（包括安置待业青年10388人，家属5596人）。两方面总产值合计相当于煤炭产值的37%。

26日 新余钢厂焦化煤场被冶金部授予"红旗料场"称号。

27日 都昌县文物考古工作者在该县周溪乡以南的湖洲上发现汉代鄡阳县城址。

27日 省政府批准为保卫国家财产英勇献身的陆连水同志为革命烈士（1985年1月30日，国营七一三矿工人陆连水在担任护厂值班时，在与盗窃仓库物资的歹徒斗争中壮烈牺牲）。

27日 国家重点工程项目之一的永平铜矿铁路专用线全部竣工。永平铜矿的矿石将通过这条专线运往贵溪冶炼厂提炼成铜。

27日 省委办公厅发出贯彻落实中共中央总书记胡耀邦关于"一任书记绿化一座山头"的指示的通知。

27日 南昌市里洲新村住宅小区第一期工程竣工并交付使用。小区包括7栋住宅楼，建筑面积1.6万平方米。12月，里洲新村住宅小区全面竣工，共25栋，建筑总面积46.31万平方米。由市政工程开发公司筹建，江西工业大学建筑设计研究所设计，省第一建筑工程公司施工。

27日 世界银行畜牧调查组一行7人抵达南昌，省领导在江西宾馆会见了调查组全体成员。调查组先后考察了南昌市郊区、南昌县、东乡县和红星垦殖场，对江西有这样扎实的畜牧业生产基地表示满意。考察活动于31日结束。

27日 省地质矿产局邀请华东地质勘探局、有色勘探公司、省煤勘公司、省建材公司代表研究推进江西地质矿产部门体制改革，贯彻执行《矿产资源法》等问题。会议于31日结束。

28日 江西修水县特种膜厂在中国科学院化学研究所的帮助下，已批量生产出"KHX滤紫外节能膜"，并通过省级技术鉴定。

28日 省委宣传部、省社联、省社科院、省老建办、省委讲师团联合召开"江西省革命老根据地经济理论讨论会"。会议收到论文137篇。围绕老区经济发展战略、自力更生与国家扶持、发展老区商品经济、老区精神文明建设等问题进行了讨论。

28日 江西省土地管理工作会议召开，省政府决定采取坚决措施强化土地管理，保护土地资源，提高土地的生产利用率。省政府要求各地认真学习、广泛宣传中共中央、国务院关于《加强土地管理，制止乱占耕地》的通知。

28日 省劳动人事厅召开各地市劳动人事局局长、部分省直单位劳动人事处处长会议，研究劳动、工资、人事制度改革等问题。

28日 一项应用同种异体肝细胞输注治疗重型肝炎的科研项目，在解放军第一八四医院获得成功。

29日 江西省儿童少年工作者在南昌召开"六一"座谈会。提出开发儿童智力、启迪儿童心灵、提高儿童素质，使我们的孩子既有聪明才智，又讲文明礼貌，还有健壮的体魄，这是少儿工作者和社会各界人士义不容辞的责任。

29日 省检察院、省委政法委员会、省委打击经济犯罪办公室联合召开为期两天的省直属部门部分单位打击经济犯罪情况汇报会。

29日 省政府在南昌召开全省国营垦殖场工作会议，贯彻党中央、国务院关于农垦经济体制改革的通知精神，总结交流经验，表彰先进，分析形势，讨论农垦企业建设的有关规定，进一步落实政策，解决遗留问题，决心继续锐意改革，发挥农垦企业在发展中的基地、示范和辐射作用，提前10年实现工农业生产值翻番，为振兴江西经济而努力。要求把垦殖场建设成为经济开发区。大会向1985年被省政府命名的农垦"六好企业"、"经济效益先进单位"和农牧渔业部授予的"全国能源建设先进集体"、部优质产品奖的单位等，分别授予了奖旗、奖杯。会议于6月1日结束。

30日 公安部在北京举行公安战线功臣模范和立功集体授奖大会，奉新县公安局刑侦队荣获集体一等功。

30日 在第七届全国好新闻评选委员会举行的评议会评出的1985年全国好新闻作品中，

《江西日报》7月30日刊登的通讯《"生命线"上沉浮记》获三等奖（作者：张炳生）；《井冈山报》3月14日标题《两岸刁难"便民船"，轻舟难过"万重山"》（作者：饶实蕴），《江西日报》12月31日标题《牛年岁末，青少年颂扬"老黄牛"，虎年即临，老一辈寄语"初生虎"》（作者：卓凡）受到表扬。

30日 江西省饲料工业办公室、省饲料工业技术开发公司成立。

30日 江西省12个城市在把"对消费者不搞商品搭配"列为1986年创"三优"竞赛条件之一并在"竞赛协议书"上签字。这12个城市是：南昌市、景德镇市、萍乡市、九江市、鹰潭市、新余市、上饶市、赣州市、宜春市、吉安市、抚州市、井冈山市。

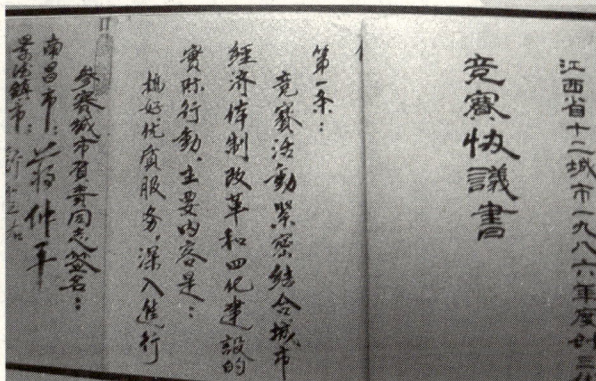
全省12城市领导签订的1986年度创"三优"竞赛协议书

31日 江西省、市举行庆祝"六一"儿童节联欢大会。大会要求全省的少年儿童要热爱祖国、热爱江西，以振兴中华、振兴江西为己任；要学习英雄模范，继承革命传统，立志为国家富强和人民富裕而献身；要坚持"人民利益高于一切"的原则，培养高尚的集体主义精神，关心国家利益、集体利益，乐于为他人做好事，尽义务。

31日 省军区召开纪念抗日军政大学建校50周年座谈会。省委常委、省军区司令员王保田、政委王冠德、副司令员沈善文和17位在南昌地区的军队抗大校友以及司、政、后机关部分代表参加了座谈会。他们说，抗大的历史功绩，不仅在于它培养了一大批军政兼优、德才兼备的干部，更可贵的是它培育的抗大精神已成为社会主义事业的宝贵精神财富。

31日 在我国著名的心血管生物工程学专家参加的鉴定会上，与会者一致通过了江西省专家张大祥创立的脉图检测循环动力学理论，认定其属国内首创，达到国际水平。

31日 江西省参加首届"中国漆画展"的54幅作品，有11幅获优秀作品奖，有5幅获单项奖，被中国美术馆收藏的有11幅，选送出国展出的有47幅，作为国家礼品送给外国领导的有两幅。

本月 江西省建筑科研所余高资等与上高县建设局共同完成的《农房构件标准化研究》科研项目，通过省建设厅组织的技术鉴定。该成果提供了9种型号农村住宅的平、立剖面和透视图，并编制成《江西省农村住宅通用图集》，达到国内先进水平，获成果转让费1.6万元。图集于1988年获省政府科技进步三等奖。图集在省内交流。

本月 新余市人民广播电台杨盛海、黄琳制作的介绍南昌采茶戏表演艺术家魏小妹舞台生涯的戏曲专题《赣江艺坛花一枝》，在全国戏曲广播首届金龙奖评比中荣获二等奖。

本月 都昌县博物馆在收集出土文物中发现一个宋代"瓷香熏"和唐代一尊"鎏金铜佛像"。这两件珍贵文物已经于本月初送往江西省博物馆，参加1986年夏季在庐山举办的博览会。

本月 江西南昌陆军学校参战学员、被昆明军区授予"智勇双全的炮兵排长"朱勇烈士和被南京军区授予"献身国防事业的模范干部"车兵烈士的一批遗物，被中国革命博物馆收藏。其中包括申请书、血书、书信、日记、笔记和一些战斗中用过的物品等。

本月 由德兴铜矿和南昌有色冶金设计研究院共同研制的DN系列乳化炸药，在北京通过国家级鉴定。

本月 南昌铁路中心医院与省科研单位合作完成FE－G治疗缺铁性贫血症，临床疗效验证显著，有效率100％，列为省科研创新项目。

本月 江西工业大学化工系环境工程教研室成立，9月招收环境工程专业学生3名。

本月 经贸部表彰82个企业整顿先进单位并授予铜牌和荣誉证书。南昌市轻工业品进出口公司和进贤县外贸公司荣获"全国经贸系统企业整顿先进单位"的光荣称号。

本月 江西平板玻璃厂累计投资1500万元，历时16年终于竣工投产。

本月 省委决定调整江西人民出版社领导班子。副社长桂晓风主持工作。

本月 省外事办公室和江西省城乡规划设计研究院组织人员，实地考察赣州主要风景名胜点，为期两周，所撰报告《开发赣南旅游业之初探》在《江西日报》、《赣南日报》上摘要发表。

本月 由70多名科技人员历经6年编撰的《江西森林》一书正式出版发行。

1986

6月
June

公元 1986 年 6 月							农历丙寅年【虎】						
日	一	二	三	四	五	六	日	一	二	三	四	五	六
1 儿童节	2 廿五	3 廿六	4 廿七	5 廿八	6 芒种	7 五月大	8 初二	9 初三	10 初四	11 端午节	12 初六	13 初七	14 初八
15 初九	16 初十	17 十一	18 十二	19 十三	20 十四	21 十五	22 夏至	23 十七	24 十八	25 十九	26 二十	27 廿一	28 廿二
29 廿三	30 廿四												

1 日　江西省人民政府颁发《江西省收费集资罚款没收管理条例》。

1 日　江西省从澳大利亚塔斯玛尼向亚洲引进 670 多头奶牛，分发到贵溪、萍乡、新余、靖安、南昌、景德镇等地"安家"。

1 日　在首次全国儿童预防接种宣传日活动中，省委副书记许勤、副省长陈癸尊亲临活动现场，并为儿童投服疫苗丸。

1 日　江西省电子进出口公司正式成立。

1 日　庐山三叠泉山洪暴发，致使两名游客被冲走身亡。

1 日　被冰心誉为"家长和教师必读的一本好书"的《孩子成才的学问——家庭教育漫谈》，由江西人民出版社出版。该书由省委书记万绍芬等主编，共 25 万字。全国政协副主席、全国妇联主席康克清为该书作序，著名儿童文学作家冰心亲笔为该书题词。

2 日　在南京举行的 1986 年全国田径锦标赛上，江西链球选手罗军以 68.84 米的成绩获链球冠军。

2 日　应江西省科技交流中心、省服装研究所、红星垦殖场的邀请，日本北海道札幌市日本花甲志愿者协会会员、服装专家山口成子、养鸡专家中村忠夫，将对江西省进行为期半个月的讲学。

2 日　丰城矿务局上塘镇柘一煤矿振兴井，在洪塘水库底放炮采煤，将库底炸穿，86 万立方米库水涌入井下，造成振兴、同田、小港、曲江四个乡镇煤矿被淹，死亡 45 人，轻伤 13 人的特大事故，为建国以来江西省最严重的煤矿穿水事故。

2 日　省委批复中共宜春地委，确认民盟宜春小组于 1949 年 4 月下旬组织的"中国人民解放军汀鄂赣边区第一纵队"为革命组织，并作出平反昭雪等落实政策的具体规定。

2 日　"北京振兴江西研究会"成员 6 人来江西省作为期 3 天的考察。先后考察了江西大学和江西工业大学，由省教委、计委、科委介绍了情况。省教委组织了南昌地区各高等院校的领导、专家、教授与考察组座谈，对江西高校的改革发展进行宏观探讨，然后将对江西省高校的改革与发展进行全面论证。

3日　省直机关端正党风领导小组召开省直机关领导干部大会。总结前一段时期省直机关端正党风工作，分析存在的问题，部署下一步工作。省纪委书记朱治宏就省直机关查处大案的情况作了发言。省委书记万绍芬指出要继续执行一要坚决，二要持久的方针，为实现党风明显好转作出最大努力。

3日　江西省电大分校校长会议结束。江西11个地市成立了分校或电大工作站483个，分布在全省各地，初步形成省、地、县三级电大教育网络。

3日　日本首任驻华大使、日中友好协会副会长、住友商社顾问小川平四郎夫妇来南昌、九江、庐山等地进行为期4天的参观访问。

4日　江西省环保科研所加速鄱阳湖水质的预测与规划，为江西省实现"七五"规划和后十年经济建设提供环保对策。鄱阳湖水质预测与规划，是城乡建设环保部1984年底下达江西省环保科研所的重大科研课题，计划1986年底完成。环保部批拨专款23.5万元。

4日　鹰潭南站、青云谱站开发并运用微机办理计算运费、制票等货运工作，成为江西境内第一批运用先进技术设备的车站。

5日　1100吨位的"辽营106"海运货轮，驶进鄱阳湖内的湖口港。千吨海轮直接进入鄱阳湖，运货出海，是江西省内河航运史上的第一次。

5日　省委常委、副省长蒋祝平，省军区政委王冠德等领导，在洪都宾馆会见江西省出席全国军队转业干部安置工作先进单位、军队转业干部先进个人代表会议的8名代表。先进单位：赣州地区军转办、九江港务管理局党委；6名先进个人代表：南昌市殡葬管理处副处长杜三妹、鹰潭市月湖区检察院法纪检察科副科长祝初云、吉安县大众商场主任邓生和、萍乡市变压器厂党委办公室主任杨进福、上饶市第二饮食服务公司党支部书记兼经理胡名详、宜春市线材厂党支部书记兼厂长汤升发。

5日　省审计局发出《关于加强审计机关信访工作的通知》。

5日　1986年全国射击冠军赛在郑州举行，江西选手姜荣夺得第一块金牌。

5日　1986年全国青年举重比赛在湖北举行。江西运动员章二伏以90公斤的成绩夺得48公斤级抓举亚军，并达到健将标准。魏国华以127.5公斤的成绩获52公斤级挺举第二名。他们的总成绩均列第六位。

5日　江西、福建两省经济技术合作洽谈会在上饶结束。初步达成118项横向经济联合协议书、意向书。其中经济联合项目26个，技术协作项目68个，商贸物资项目17个，上饶—泉州、上饶—莆田、抚州—建阳三对城市结为友好城市。

5日　《中国环境报》、中国环境学会举办的中学生"环境与和平"征文竞赛，赣州市5篇文章获奖，其中二等奖2名，三等奖1名，鼓励奖2名。

5日　江西英岗岭煤矿在井下开掘躲避硐室，并在其中安装压风自救装置，提高了矿井抗灾能力。

5日　省财政厅、司法厅联合发布《关于对省直劳改系统实行三年财务包干的通知》，规定从1986年至1988年实行三年包干，包干指标一定三年不变。

6日　省经委、省企业管理协会在南昌召开1985年全省企业管理开拓获奖单位、优秀厂长（经理）和优秀党委（总支、支部）书记表彰大会。鼓励广大职工更好地发扬开拓精神，企业的厂长和书记更紧密地团结合作，把政策引向深入。省委领导万绍芬等到会祝贺，蒋祝平讲了话。大会表彰了企业管理开拓获奖单位6个，优秀厂长（经理）25人，优秀党委（总支、支部）书记23人，并为他们颁发了证书和奖品。

6日　各民主党派江西省委员会负责人，出席江西省委举行的民主党派工作座谈会。就民主党派发展组织、引进新人、自行管理干部工作进行座谈。经协商，上述三个方面的工作将形成文件。

6日　江西省书法家第一次代表大会在南昌召开，会期两天。出席会议的代表和特邀代表共

82人，会议选举产生了中国书法家协会江西分会的领导机构和领导人。

6日 为期3天的1986年全国滑水分区赛在南昌市青山湖举行，江西选手杨晓斌获男子全能冠军，李菲获男子障碍滑冠军。

7日 省政府发出《关于确保松香、松节油收购、出口、调拨计划完成的紧急通知》。

7日 在首次全国建材行业劳动模范、先进单位表彰大会上，景德镇陶瓷厂、九江市建材厂以及杨文若、欧阳玲、方春霖、李返和、邓宗禹、王箭分别被评为全国建材行业先进单位和劳动模范。

7日 江西省地（市）粮食局97个单位中，现已有96个由各级人民政府批准建立了粮油质量监督检查站。

7日 江西省高校、中专毕业生分配工作会议召开。按照江西省高校、中专现行管理体制，毕业生分配办法继续采取在国家统一计划领导下，分级安排，抽成调剂的办法。全省普通高校有8128名学生毕业；中等专业学校毕业生13154人。

7日 历时6天的全国少年体操锦标赛在辽宁省营口市结束，江西队获男团亚军。

7日 应中美上海国际经济贸易讨论会组织委员会的邀请，以省经委副主任唐惠民、省经贸厅副厅长江山为领队组成73人的代表团，参加中美上海国际经济贸易讨论会。

7日 省检察院、省委"打办"（打击经济领域犯罪办公室）、省财政厅、省审计局联合发出《关于萍乡市汽车配件公司收款不入账、集体私分公款一案的通报》。

8日 在广昌发掘一具较完整的恐龙化石，专家判断为一只长8米，高2米以上的巨型恐龙，初步认定是1亿年至7000万年前中生代白垩纪晚期的恐龙骨骼化石，属鸟臀类甲龙亚目甲龙科。巨型恐龙化石在江西省是首次发现。

8日 江西省外事办公室旅游处、省城乡规划研究院派员赴抚州、广昌、南丰、南城等地考察风景点和历史文物，提出民俗游和才子之乡游。

9日 卫生部肿瘤防治领导组顾问组组长、中国抗癌协会名誉副主席李冰，会同北京协和医院妇产科教授宋鸿钊等7位专家，来江西靖安县实地考察宫颈癌的查治及其科研情况。

9日 江西省南昌陆军学校改称南昌陆军学院。

10日 国家教委在北京召开全国首届优秀教具奖励大会。南昌十一中张晓辉设计的"随车测力计"获普教优秀自制教具二等奖，江西师大物理系周中权设计的"JNY－1型茶的熔解实验装置"获四等奖。

10日 全国政协赴江西参观考察团结束近半个月的考察。考察团先后考察了吉安、赣州地区的井冈山、宁冈、兴国、瑞金等地。江西省委、省政府、省政协等领导与考察团副团长刘华锋、宋德敏及全体团员就江西省老区建设问题进行了座谈，共同探讨老区建设大计。

10日 江西省体育馆建设工程举行奠基典礼。

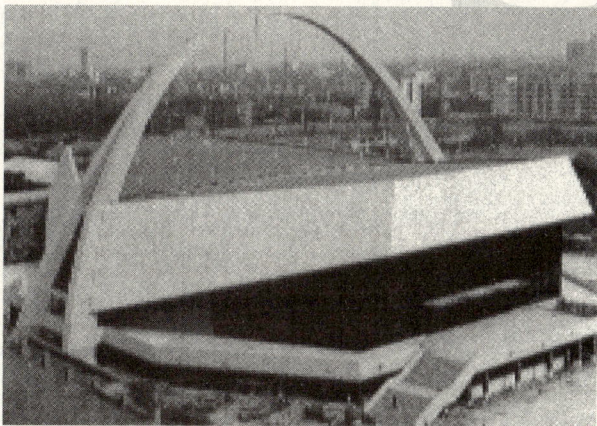

建成后的江西省体育馆

10日 航空工业部科技成果管理办公室发文通知南昌飞机制造公司：江西省委常委、副省长蒋祝平在南昌飞机制造公司工作期间，因在导弹研制方面作出了贡献，荣获1985年度国家科学技术进步二等奖。

11日 中央党校《理论月刊》编辑部、《理论动态》编辑部和江西省委党校联合发起的全国党校系统首次刊物工作座谈会在星子县召开。中央党校副校长陈维仁，省委常委、宣传部长王太华，中央党校副秘书长史维国，《红旗》杂志编委、总编室主任刘复荣出席会议。

11 日 为发展江西省经济和旅游事业，沟通北京、九江、庐山与深圳之间的空中交通，中国航联与江西航联分公司近日签订协议，决定从 6 月 19 日起开辟北京—庐山—惠阳（深圳）航线。

11 日 在意大利罗马结束的联合国粮食援助政策和计划委员会第二十一届会议，通过并审议批准江西最大的水产工程 2799 项目。这是江西省引进外资最优惠的水产养殖项目，将接受世界粮食计划署的实物援助，折合人民币 2000 多万元。在都昌县和星子县利用低洼荒地建设养鱼池 2.25 万亩。

12 日 省政府常务会议听取各部门及有关方面的情况汇报，表明：江西省经济建设战略北移起步甚好，一港（九江港）两路（昌九二级公路、南浔铁路改造）三江（赣江、信江、昌江整治）系统工程准备工作正在有重点、有步骤、有秩序地全面进行。

12 日 省政府发出《关于成立江西省国营华侨农场经济体制改革领导小组》的通知，副省长蒋祝平任组长。

12 日 江西省国营垦殖场管理局正式从林业厅划出，直属省政府领导为副厅级建制（1992 年 12 月 8 日省委第三十一次常委会研究同意将省垦管局由副厅级恢复为正厅级单位。1993 年 1 月 30 日省政府以赣府厅抄字第（1993）14 号文件决定将"江西省国营垦殖场管理局更名为江西省农垦局"）。

12 日 在福建漳州体育训练基地结束的 1986 年全国羽毛球乙级队等级赛上，共青城鸭鸭羽毛球队女子队获全国乙级队等级赛的冠军。

12 日 美国有色金属专业代表团一行 15 人，自即日起至 13 日来德兴铜矿、贵溪冶炼厂参观访问并和南昌有色冶金设计院进行技术交流。

12 日 南昌市举办为期两天的首届中学艺术节，各中学学生共演出了 70 个节目。

12 日 省人大教科文卫委员会在暑期旅游盛季到来之际，组织省科委、省药政、药检、防疫等单位参加的检查小组在九江地区，对食品卫生法和药品管理法的执行情况进行了为期一周的检查。先后检查了食品厂、个体饮食摊点、副食品商店、制药厂等 32 个单位。对 6 个不符合"两法"规定的单位分别进行了停业、罚款等处理。

13 日 在中国新故事学会首届年会上，江西省群艺馆《鹃花》编辑部被授予"新故事活动先进单位"光荣称号。同时表彰了发表在该刊的 5 篇新故事，并颁发了奖状和奖金。

13 日 江西省直机关 4000 多名厅处级干部参加"普法"考试。

参加"普法"考试的应考人员在认真答卷

13 日 经省委、省政府同意，省委组织部、省劳动人事厅决定，乡镇机关和各类经济组织，需要补充的干部，除国家统配人员外，均实行聘用制。

13 日 省妇联、省女科联在省文联礼堂举行女教师"四自"报告会。参加会议的有大专院校、中学教师 200 余人。

14 日 在江西省和上海市协作工作座谈会上，双方签订了经济技术合作意向书 180 多项。

14 日 南昌市政府召开整顿建设市场和纠正行业不正之风查处大会。市政府、市纪委、市政协领导人，省建设厅、省建筑总公司和省、市、区、县建筑企业负责人共 400 余人参加了大会。大会宣布对 11 个单位的查处决定，并宣读了南昌市委、南昌市政府进一步整顿建设市场和纠正行业不正之风的通知。

14日 省政府办公厅向全省各地、市、县政府及省政府有关部门发出《关于学习推广安义县鼎湖乡大塘村兴办"两户"工业经验的通知》。对于进一步促进户办、联户办企业的发展，加快农村经济发展步伐，使老区人民尽快脱贫致富，将起到推动作用。

14日 铁道部调拨30台国产东风内燃机车给南昌铁路分局，首批8台内燃机车组成的专列到达向塘西站，随车前来担任培训工作的南京、上海机务段助勤干部和技术人员50多人（16日，8台内燃机车在浙赣线鹰潭—萍乡间牵引直通货物列车，开始了江西境内用内燃机车牵引直通货物列车的新阶段）。

由上海铁路局调给南昌分局的8台内燃机机车专列驶进向塘西站

15日 为纪念红军长征胜利50周年，由江西、湖南、贵州、四川、甘肃、陕西省博物馆和遵义会议、延安革命纪念馆联合举办的红军长征时期文物资料展览在江西省博物馆开展。习仲勋、王首道、廖汉生、康克清、杨成武、肖劲光、李贞等11位红军老战士为展览题词。

15日 新余钢铁厂φ650X2开坯机工程举行开工典礼（10月1日一期工程竣工投产。1987年11月1日二期工程建成投产）。

15日 华东地区六省一市省级电台广播协作会在星子县召开。7家电台台长和文艺部主任20多人出席，会议就各台文艺节目制作、管理改革、创办名牌节目、加强横向联合，进行多方面探讨。

15日 南丰县博物馆在整修毁于"文革"时期的七层古塔时，在第二、三层之间的夹墙内，发现12条护塔铁龙。这12条铸于宋代嘉祐年间的铁龙，每条长约50公分，形态各异。

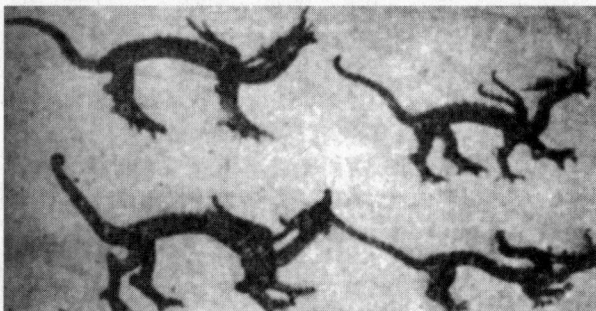

出土的12条铸于宋代嘉祐年间的铁龙

16日 南京黄埔军校同学会江西组在江西省人民政府参事室会议室举行座谈会，纪念黄埔军校建校62周年。参加座谈的有在南昌的50多位会员。

16日 省经贸厅批准江西省机电产品进出口公司出资86.4万港元，在香港与港商合资兴办华龙机电有限公司。

16日 省委宣传部在南昌召开了地市委宣传部长会议。会议着重学习了最近中央领导同志关于社会主义精神文明建设的讲话，分析思想战线的形势，总结上半年的工作，研究和部署了下半年全省宣传工作。会议要求各级宣传部门和广大宣传工作者，要面向改革、面向四化、努力学习，深入实际，加强调查研究，抓住自己的工作重点，提高自身的政治和业务素质，勇于进取，大胆探索，进一步开创江西省宣传工作的新局面。会议于20日结束。

17日 根据国务院暂停招工、招干的电报精神，江西省劳动人事厅决定招干工作停止。

18日 省政府在广泛征询意见，反复研究讨论的基础上，决定本着放权让利，排难解忧的原则，在资金上，在税收政策上，在能源、材料上，在流通上制定一些措施，以保证乡镇企业得到持续、稳定的发展。

18日 据有关部门统计，江西省1986年苎麻获得丰收，到6月上旬止，全省已收获头麻750万斤，超过1985年头麻、二麻、三麻的总产量。

19日　江西省电力工业局承建的援外工程——哥马水电站1号机组投产发电，哥马—凯内马送变电工程送电成功。9月16日，塞拉利昂总统莫莫为哥马水电站送电剪彩。

江西承建的塞拉利昂（哥马）水电站

19日　省政府办公厅在南昌举行了为期两天的全省城镇房屋普查成果论证会。这次房屋普查是在国家规定的统一时间内，按照统一的项目、统一的表格和统一的方法进行的。是建国以来比较成功的一次全面社会和经济普查，所得的成果是国家宝贵的财富。

20日　江西省县（市）区101个人武部改为地方建制交接工作胜利结束，如期实现了人民武装部工作体制一次历史性的重大转折（1996年3月，根据《中共中央、国务院、中央军委关于县（市、区）人民武装部收归军队建制的通知》精神，江西省99个县（市、区）人民武装部收归军队建制。人民武装部的编制等级为正团级）。

20日　美籍台湾女作家施叔清应邀在江西大学作《台湾文学概述》的学术报告。

20日　"七五"期间，国家重点项目德兴铜矿6万吨选矿厂动工兴建。该选矿厂建成后，将是我国铜矿系统当前最大的选矿厂。

20日　《南丰县蜜橘红壤山地优质高产和贮藏保鲜技术开发应用》被列为1986年度国家级"星火计划"项目，并经省、地科委和有关专家、科技人员论证，在南丰县确定了实施方案。

20日　江西省1986年度五金产品质量测试评比揭晓，全省6地10市的22家生产厂家生产的木螺钉、钢钉产品参加了评比。宜春轻工机械总厂的木螺钉获第一名，石城县木螺钉厂获第二名，江西共大标准厂的钢钉产品获第一名。

20日　赣州有色冶金研究所承担的"江西主要钨矿防尘效果评价"科研项目在河南周口市通过鉴定。

20日　江西省江洲造船厂制造的"建设七号"5000吨油轮胜利下水。"建设七号"油轮为钢质、单螺旋桨、单平板、尾机型柴油油轮，轮长107.42米、型宽45米、型深7.49米，航速13.2节（24.5公里/小时）、续航力3000海浬、载重量5329吨。这是当前我国内河船厂制造的最大油轮。

"建设七号"油轮下水

21日　共青垦殖场团委"青年之家"，最近被共青团中央命名为"全国农村优秀青年之家"的称号。这是江西省唯一受表彰的"青年之家"。

21日　省体委在大礼堂召开大会宣布，运动健将童非荣任省体委副主任。

21日　根据省政府常务会议的决定，成立省对外贸易工作协调小组。协调小组由省经委牵头，省计委、省经贸厅参加，成员为省经委副主任何一清、省计委副主任黄智权、省经贸厅副厅长卢德荣。

22日　江西省余江县工艺雕刻厂创办了江西省第一所木雕学校。

22日　在南昌柴油机厂成立了江西第一个由南昌市体委和南柴联合组建的、可代表南昌市的南柴女子篮球队。这个企业专业球队的9名少女平均年龄15.5岁，平均身高1.76米。

22日　中国环境科学学会环境理论专业委员会和江西省环境科学学会联合在宜春市召开全国乡镇企业经济发展与环保"三效益"统一学术讨论会，国务院环保委员会顾问、中科院学部委员马世骏作了学术报告。

22日　美国自由撰稿人魏苏珊女士及丈夫里查德·威蒂先生，自即日起至29日来赣采访中国革命和建设时期的杰出女性，为创作反映中国老一辈女革命家和新一代优秀女性成长历程及其在中国妇女解放运动中的贡献的著作搜集资料。

22日　中共中央书记处书记邓力群自即日起至7月11日视察了南昌、鹰潭、景德镇、九江、吉安、赣州、萍乡7个地市、14个县（市），指出："要使我们的干部和人民，保持和发扬革命时期的光荣传统，进一步振作革命精神，加强精神文明建设，促进物质文明建设"。"把革命时期那种劲头、那种精神发扬起来，加速经济发展，振兴江西，是大有希望的"。邓力群同志视察南昌顺外村、热心村时，分别题词

中共中央书记处书记邓力群在江西视察，看望老区农民

"共同富裕的榜样"、"加强精神文明、促进物质文明"。到萍乡矿务局、乐平矿务局视察时，为乐平矿务局写了"两个文明一起抓，物质精神双丰收"的题词。到共青垦殖场视察并题词："创一代新风，建万世基业"。

23日　在星子县新池乡发现明太祖朱元璋大战鄱阳湖的点将台遗址。朱元璋点将台又名朱元璋烽火台。台高三丈，呈四方形，长宽各12米，四周用花岗石垒砌，中筑五花土。

23日　省政府召开专员、市长会议。省政府领导出席了会议。会议提出当前要解决如下问题：（一）要在提高经济效益的前提下，继续实现"略高于"的目标；（二）对农业这个基础决不能放松；（三）进一步把企业搞活；（四）增收节支；（五）更大胆地搞活和开放。会议要求，全省各级政府要坚定不移，实事求是，扎扎实实，增强团结，努力工作，完成和超额完成当年的经济工作任务。会议于25日结束。

23日　省委召开地、市委书记整党工作座谈会。会议要求各级党委要把领导整党工作的重点放在加强对村级整党工作的领导上，在思想上高度重视，在组织上切实保证对村级整党的领导，对各级整党办事机构不能削弱，只能加强。在领导方法上要实行分类指导，注意抓重点、抓典型、抓骨干、抓各部门对整党工作的紧密配合，使整党工作更有针对性，在领导作风上要注意调查研究，深入实际，掌握情况，发现问题，及时提出指导性意见。座谈会于27日结束。

24日　南昌市林业局印发《全市木竹市场管理的十条暂行规定》。

24日　江西省永修县百余名僧尼在云居山真如寺举行为期3天的"世界和平祈祷会"。

25日　省文物工作队会同新余市博物馆，对拾年山遗址进行了抢救性考古发掘。出土一批新石器时代陶器和石器，并挖掘出两处原始社会建筑遗迹，在江西省内属首次发现。

25日　全国陶瓷新产品设计评比结果在浙江省绍兴市揭晓。800余件展品中共评出74（套）件，其中江西省共有17（套）件入围，居全国第一。

25日 省司法厅公证处在南昌召开首次全省涉外公证工作座谈会，总结交流涉外公证业务工作经验，讨论更好地开展涉外公证工作问题。

26日 江西省上饶电网第一条110千伏输变电工程线路部分竣工送电（降压35千伏运行），实现与南昌电网的连通。

26日 中国科协第三次全国代表大会在人民大会堂选举第三届全国委员会委员。江西有三名代表当选为中国科协第三届全国委员会委员。他们是：江西省科协主席、江西省科学院院长廖延雄，江西省科协副主席、党组书记徐贻庭，江西省航空学会常务理事刘夏石。

26日 江西省农垦会计学会正式成立，各省属垦殖场相应成立分会。

26日 省政府在南昌市召开全省粮食工作会议。出席会议的有各地、市分管财贸的专员、市长以及粮食局长、省直各有关部委厅局的负责同志。会议传达了国务院关于粮食工作的指示精神，研究了有关粮油政策，核定了粮油收购任务，对即将开始的早稻收购工作作了统一部署。

27日 南昌电容器厂生产的CD03型铝电解电容器，通过国际公认的日本电子部品信赖协会测试中心的测试，获得这个协会的优等证书。这是全国同行业取得这一证书的唯一厂家。被省政府授予"江西省优秀新产品奖"和"江西省优质产品奖"。

27日 省委整党工作指导小组提出《关于全省农村整党工作的安排意见》。《意见》包括：（一）指导思想和基本任务：从严治党，保证和促进农村改革，推动农村经济的发展，巩固和发展农村的大好形势，是这次村级整党的根本指导思想。（二）工作重点和基本任务：总的要求就是实现中央整党决定提出的"统一思想，整顿作风，加强纪律，纯洁组织"的四项任务。村级整党工作的重点要放在解决党员干部中存在的突出问题上，主要是解决党员干部中的严重以权谋私和严重违法乱纪问题。

27日 省检察院召开查办法纪大要案件座谈会，着重研究进一步加强对重点玩忽职守案件的查处工作和玩忽职守案件罪与非罪的界限问题。

27日 在余干县发现一种珍贵的家禽新品种——乌黑鸡，又名全乌鸡。

28日 江西省建设厅在南昌市召开"国家建设部1986年江西省工程质量检查总结大会"。会前，国家建设部建筑工程质量检查第四组对江西省建筑工程质量进行了为期16天的检查。

28日 省高级人民法院在南昌湾里举办新转业到全省人民法院工作的军队干部和新招干部培训班，363人参加培训。培训班于9月20日结束。

29日 遂川县珠田乡南林大队50名社员乘渡船过河上山砍柴，因严重超载，渡船下沉，造成淹死31人的重大安全事故。

29日 各民主党派江西省委负责人出席江西省委举行的民主协商会，就增选江西省人大常委会、省政府、省政协领导成员人选问题进行协商。省委书记万绍芬主持会议。

30日 应美利坚合众国肯塔基州柯灵斯州长、南达科他州詹克鲁州长、犹他州班格特州长的邀请，江西省人民政府代表团一行5人对美进行友好访问。此行行程为期一周，访问将促进江西省与美国肯塔基州、南达科他州和犹他州的省州友好关系，加强双边经济贸易合作和文化、教育、卫生、科技等方面的交流。与犹他州州长班格特分别代表双方签署江西省和犹他州建立友好关系议定书。代表团7月15日返回南昌。

30日 省委办公厅、省委组织部、省委宣传部，在省委礼堂联合举办纪念中国共产党成立65周年电影晚会。晚会播放了《朱德和史沫特来》、《陈毅市长》两部影片。

30日 九江市纺织实验厂引进的30台美国产箭杆织布机正式竣工投产。这是江西第一家实现纺纱不用锭、织布不用梭的纺织企业。

30日 英国女作家韩素音再次来赣南采访苏区史料。

30日 南昌市工业技术开发中心激光研究所工程师朱衡生等人共同研究，用激光全息对普及型小提琴音质和琴体振动模式相互关系的分析新课题取得成功，经专家鉴定达到国内领先水平。

30日 江西省1986年共向中国专利局递交

专利申请99件，经中国专利局审查公告或公开的专利申请共47件，其中已授予专利权的有10项。它们是："以乌桕脂（或籽）为原料制取类可可脂的方法"两项，"进气量可调奶瓶"、"异孔钻"、"圆锥曲线规"、"防溢锅"、"心受迫噩梦催止器"、"儿童脚踏车辆"和外观设计"椅子"、"小型饮料机"。

30日 朝鲜第七届国际艺术体操邀请赛近日在平壤结束，江西省运动员吴宛宇获得火棒第四名和彩带第六名。

本月 江西省潜水运动员叶红星在日本举行的中日潜水对抗赛中夺得男子100米、200米蹼泳两项冠军。田径运动员彭琴云在第四十八届新加坡田径公开赛中获女子铅球比赛亚军。

本月 江西省第一届伤残人运动会在南昌市举行。

本月 省卫生厅制发《江西省托幼机构儿童膳食管理要求》和《江西省儿童每人每日主要食用量表》等附件。

本月 江西省城乡规划设计院与上饶地区三清山风景名胜区管理局完成三清山风景名胜区总体规划。7月10日至15日，省政府召开规划评审会，邀请国家计委、建设部、机械工业部、清华大学、北京大学、上海同济大学、中国科协，以及省有关部门领导、专家、学者124人评审，并由副省长孙希岳带队登山实地考评。1987年3月6日，省政府批准此规划。

本月 上海同济大学、江西省文物系统、美国加州大学圣地亚哥分校中国研究中心，组成鹰潭、龙虎山"仙水岩悬棺研究"课题组。

本月 江西省建总公司对直属企业就抓好企业管理现代化试点工作提出九点要求：（一）经理负责制；（二）全面质量管理；（三）单位工程成本核算；（四）方针目标管理；（五）目标成本管理；（六）网络计划技术；（七）投入产出法；（八）全面经济核算；（九）微机应用。

本月 江西省机械工业厅设计审计处，受省机械厅与省审计局双重领导，1989年7月，划归省审计局领导，更名为省审计局驻省机械厅审计处，主要是加强对全省机械行业的审计监督，维护国家财经纪律，改善经营管理，为提高机械工业经济效益服务。

本月 宁冈县白石垦殖场与解放军医学研究院合作研制的"香口健身茶"通过省食品协会鉴定，填补一项国内空白。

本月 江西省少年儿童出版社在南昌人民公园举办"少年儿童读书咨询"活动。咨询活动中1200余册赣版少儿读物销售一空，省新华书店与庐山新华书店联合在"庐山之夏"文化艺术博览会举办图书展销。

本月 美籍华人、原南丰县法亮大师捐款6200美元，修复南丰县的寺庙。

本月 上旬，江西省落实干部政策工作座谈会在南昌县莲塘召开。会议要求，一定要按照中央的规定在1987年中共十三大召开以前，基本完成落实干部政策任务。

1986

7月

July

公元 1986 年 7 月							农历丙寅年【虎】						
日	一	二	三	四	五	六	日	一	二	三	四	五	六
		1 建党节	**2** 廿六	**3** 廿七	**4** 廿八	**5** 廿九	**6** 三十	**7** 小暑	**8** 初二	**9** 初三	**10** 初四	**11** 初五	**12** 初六
13 初七	**14** 初八	**15** 初九	**16** 初十	**17** 十一	**18** 十二	**19** 十三	**20** 十四	**21** 十五	**22** 十六	**23** 大暑	**24** 十八	**25** 十九	**26** 二十
27 廿一	**28** 廿二	**29** 廿三	**30** 廿四	**31** 廿五									

1日　由赣州赣港汽车旅游运输有限公司开辟、经营的香港至庐山的旅游班车通车。

1日　省军区党委发出通知，表彰战斗在各个工作岗位上的 40 名优秀共产党员。

1日　江西省利用人防与城市建设相结合修建的第一个多功能地下贸易中心，在南昌市老福山胜利竣工，开张营业。

1日　江西省革命女烈士事迹陈列室正式在省革命烈士纪念堂开展。据统计，江西省载入烈士英名录的女烈士达 5400 余名，其中最年轻的女烈士年仅 12 岁。

1日　由《中国环境报》和中国环境科学学会举办的"环境与和平"征文竞赛揭晓，赣州市有 6 名中学生获奖。其中，获二等奖 2 名；获三等奖 2 名；获鼓励奖 2 名。

1日　江西省贯彻实施《食品卫生法》三年来，建立和健全了食品卫生监督机构和队伍，加强食品卫生管理，使食品卫生质量有了明显提高，当前已有监督机构 118 个，专业监督员近 600 人。

1日　省职称改革领导小组转发省教委《关于执行〈高等学校教师职务试行条例〉的实施细则（试行)》。

2日　由解放军总参谋部某所研究设计的我国第一台多功能微型电话交换机在湖口县自动化电子设备厂试制成功。

2日　省税务局发出通知，规定：育林基金、更改资金改由木材经营单位或用户向林业主管部门缴纳后，不应将"两金"并入木材收购价中征收产品税。

2日　江西省第四次水土保持工作会议在南昌市召开。省水土保持委员会主任许少林作了《加快治理水土流失，为振兴江西经济作出新贡献》的报告。会议对两年多来的水土保持工作进行了总结，交流了经验，表彰了先进，研究和部署了"七五"期间水土保持工作计划和 1986 年的任务。会议于 4 日结束。

3日　瑞金县革命纪念馆展出一张《红色中华报》。这是红军长征之后 1935 年 1 月 21 日由陈毅负责的中央分局苏维埃中央政府办事处在赣南出版的、瞿秋白负责编辑的报纸。

3日　国务院发布《中华人民共和国注册会

计师条例》。江西省财政厅贯彻条例精神，开展审批注册会计师工作。

3 日 省劳动人事厅、省财政厅、省商业厅发出《关于减轻食品部门负担，增强企业活力几个问题的通知》。该通知要求县（市）食品公司及下属食品站、组、店，离退休人员的退（离）休费应如数发给，限期以内确有困难的，由当地政府负责解决。并指出：为了帮助食品公司解决当前的实际困难，经当地政府同意，可免征 1986 年 6 月 1 日至 9 月 30 日的产品税和营业税，个别经济仍有困难的，可按规定程序申报减免销售环节营业税。

3 日 省委、省政府领导万绍芬、许勤、蒋祝平、卢秀珍等会见了首届中央机关赴赣讲师团的代表，听取了他们对发展江西教育事业的意见和建议，对他们的出色工作表示衷心感谢。

3 日 江西省城市妇女工作会议在景德镇举行。会议提出对妇女进行四有（有理想、有道德、有文化、有纪律）、四自（自尊、自爱、自立、自信）教育。提高妇女整体素质。在创新、服务、灵活、实效八个字上下功夫，把全省城市妇女工作提高到一个新水平。并研究在第三产业中，妇联如何发展家政劳动服务业。会议于 6 日结束。

4 日 由广播电影电视部政策研究室和江西省广播电视厅联合举办的中国广播电视学研讨会在南昌举行。来自广播电视部及沪、苏、粤、鲁、浙、川、黑、赣等省、市电视厅局和北京广播学院等单位领导、专家 20 余人到会。

4 日 广播电影电视部授予江西省高安县广播电视局、七〇七电视调频台全国广播电视系统先进集体光荣称号，萍乡广播电视台的 8 位同志荣获"全国广播电视系统优秀工作者"光荣称号。

5 日 省政府批准新的《江西省婚姻登记办法实施细则》。细则共有 10 章 20 条。1981 年 7 月颁布的《江西省婚姻登记办法实施细则》同时废止。

6 日 江西省文学艺术工作者第五次代表大会在南昌召开。700 多名代表出席了会议。杨佩瑾同志代表省文联向大会作了《勇于探索，勤奋耕耘，为精神文明建设展翅腾飞》的工作报告。选举了省文联第五届委员会常务委员会委员 34 人，杨佩瑾为主席。会议于 10 日结束。

7 日 中国共产党的优秀党员、久经考验的共产主义忠诚战士、原中共中央顾问委员会委员杨尚奎同志，因病医治无效，在南昌逝世，终年 82 岁。杨尚奎是江西兴国人，1929 年参加革命，曾任粤赣边区特委书记。全国解放初，任江西省委副书记兼赣南区党委书记，后任江西省委第一书记、政协江西省委员会主席、江西省人大常务委员会主任、华东局书记处书记、江西省军区政治委员、福州军区第三政委等职。

7 日 省审计厅为支持和促进改革，制定《当前审计监督中应注意掌握的若干问题》，提出 14 条支持和保护改革的政策和措施。

7 日 分宜县新祉乡石英粉绝热板厂生产的钢模用绝热板产品通过了为期两天的省级鉴定。成为江西省唯一生产钢锭模用绝热板的厂家。

8 日 国内第一条声学测量仪器在吉安国营红声器材厂投产。

8 日 省普法办和省委党校联合举办全省第一期"普法宣传员讲习会"，来自全省各地各单位的法制宣讲员共 180 人参加学习。

8 日 省第六届人大常委会在南昌举行十八次会议。省司法厅副厅长高登霄汇报了江西省普法工作情况；省科委主任郭亚民作了关于科技体制改革工作情况的汇报；省地质矿产局局长颜美钟作了《江西省乡镇集体矿山企业和个体采矿管理条例（草案）》的说明；柳滨副主任传达了六届全国人大常委会第十六次会议精神。会议通过任命张振刚为省人大常委会秘书长。免去王泽民兼任的省人大常委会秘书长职务。会议还审查和批准了省高级人民法院和省人民检察院提请的关于人事任免事项。会议于 11 日结束。

10 日 省委政法委批准成立省检察学会，为省法学会团体会员。同时还批准江西老同志大学法学研究会归口省法学会领导。

10 日 在江西省宜春市新坊乡发现一种含铝量超过 27% 及含铁量占 0.07% 的瓷土。该瓷土能耐高温，其储藏量可供景德镇生产数十年。

10日　省招生委员会参照国家教委有关招生文件规定，决定江西农业大学、江西师范大学、江西大学、江西工业大学、江西医学院、江西中医学院6所本科院校，在1986年招生中试行"本人申请，中学推荐，县教育局审查，高校批准，报省、地（市）招生办备案"的推荐与考试相结合的招生办法。

11日　从1986年开始实施南丰县南丰蜜橘商品基地计划，国家计委、农牧渔业部正式批准。

果农们在橘园庆贺南丰蜜橘丰收

12日　由马来西亚商会组织的为期半个月的1986年第三届国际博览会在马来西亚首都吉隆坡布特拉世界贸易中心举行，江西代表团在贸促会的统一领导下参加博览会，成交219.21万美元。

14日　江西钢厂两座25吨高功率电炉工程破土兴建（1988年8月13日第一座电炉建成投产。1989年11月第二座电炉建成试产。1990年11月1日全部工程验收合格）。

14日　省委统战部、省政协在南昌市中山堂举行座谈会，纪念"长期共存，互相监督"方针提出30周年。

14日　省委办公厅、省人大常委会办公厅、省政协办公厅联合召开全省信访工作会议。会议的主要任务是：传达全国信访工作座谈会精神，总结交流江西省信访工作经验，研究部署在新形势下进一步做好信访工作的措施。会议于19日结束。

15日　省委党的组织建设工作研讨会在南昌举行。出席会议的有部分地、市、县委书记，省直机关、大专院校和厂矿企事业单位的党委书记，省、地、市委党校负责同志，地、市委组织部长等120余人。这次会议主要讨论新时期如何加强党的思想建设、政治建设、组织建设和作风建设，把江西省党的建设提高到一个新的水平。会议于23日结束。

15日　省委、省政府发出《关于大力发展乡镇企业若干问题的规定》，提出各级财政每年用于发展乡镇企业的资金要逐年有所增长。规定并就发展乡镇企业的方针、方向和重点，城乡协作和横向经济联合，企业登记发照和产品运输，发展资金、税收、物资计划，推进技术进步和人才培养，加强供销、搞活流通，企业界改革和产品质量管理，企业自主权和合法权益以及管理机构等12个方面作出了具体规定。

15日　由江西省陶研所助理工程师潘兆鸿研制成功的无光珍珠釉，在全国陶瓷新产品评比会上获得好评，用这种无光珍珠釉装饰的瓷器花瓶被列为获奖作品。

15日　省委、省政府在抚州召开全省普法工作经验交流会。参加会议的有地、市、县（区）负责普法工作的党委书记或市长、宣传部长、司法局长，部分省直单位的领导同志，普法工作的先进集体和先进个人代表以及新闻单位的同志共430多人。省委领导作了《总结经验，调整部署，联系实际，讲求实效，努力使江西省普法工作更上一层楼》的工作报告。会议于18日结束。

15日　省政府、省军区在抚州市联合召开全省兵役登记工作会议。会议于19日结束。

16日　省政府颁发《江西省乡（镇）财政管理实施办法》。

17日　航天工业部在江西省召开为期两天的技术鉴定会，来自全国各地的60多名专家对江西仪器厂研制的WDJ六型卫星电视地面接收站作技术鉴定，一致认为，其设计性能达国内先进水平。

18日　南方城市情报协作网在江西省井冈山召开科技情报协作网为"星火计划"服务经验交流会，南方城市科技情报网是我国黄河以南13

个省的 49 个省辖市科技情报部门进行横向联系和协作的组织。与会的单位带来了适合老区、山区特点的 50 多种、6000 多份专题技术资料送给江西省老区人民。交流会于 22 日结束。

19 日　省政府最近批准为抢救遂川县山林大火而英勇献身的赖尚达、赖四莲、林二妹为革命烈士。

19 日　省委党的组织工作研讨会在南昌结束。会议围绕新时期如何做好党组织建设工作这个主题，从理论和实践的结合上，对在新的历史条件下，党的建设工作所要解决的一些重要问题进行了认真研究和探讨。会议于 23 日结束。

20 日　省文化厅主办的"庐山之夏"文化艺术博览会在庐山举行。中顾委委员、中央对外宣传领导小组组长朱穆之，中共中央委员、文化部副部长高占祥及省委书记万绍芬等到会并讲了话。博览会以富有江西特色的文艺演出、江西古代文物展览、地方文献珍善本图书展览、学术讨论、电影展映、书画展览、文艺演出等 8 大类 36 项活动，吸引了海内外游客。闽赣两省少儿文艺夏令营同时在庐山开营。会议提出博览会要总结、改进、提高、发展，做到文化、旅游、经济三结合。

"庐山之夏"文化艺术博览会开幕

20 日　《江西社会科学》和《赣江经济》编辑在庐山联合举办华东六省一市社科院院刊编辑业务研讨会。《红旗》杂志副主编王忍之、《中国社会科学》杂志社总编李学昆、《人民日报》理论部高级编辑李宝中等在会上作了有关编辑业务和贯彻"双百"方针的讲话。

20 日　省委组织部、省劳动人事厅联合发出通知，决定采取有力措施，禁止党政机关，包括各级党委机关、国家权力机关、行政机关、审判机关以及隶属这些机关编制序列的事业单位的在职干部、工人停薪留职经商办企业或其他事业。

20 日　为期 5 天的第一届世界青年田径锦标赛在雅典降下帷幕。江西运动员闵春凤夺得女子铁饼铜牌。

20 日　为期 20 天的农业专业高级研修班在江西庐山举行。山东等 12 个省市和中科院的 28 位高级专家参加了这次研修活动。

21 日　上高县大理石厂安装的江西第一条大理石薄板加工生产线胜利竣工投产。

21 日　宜春市环保局受宜春市人民政府委托，在北京召开"宜春市城乡生态系统控制与管理"课题论证会，参加会议的共有 20 余人，大部分是江西籍的生态学家、经济学家和计算机专家。

21 日　鹰潭市公安局刑侦大队抓获重大盗窃犯蔡国生。

21 日　机械工业部西宁高原工程机械研究所与江西省宜春工程机械厂合作，研制成功的我国第一台适用于高原低温环境下使用的 ZLG-30 高原高寒装载机，在青海省西宁市通过为期 5 天的部级技术鉴定。该机型是在宜春工程机械厂 1983 年 11 月研制成功的 ZL30A 型基础上开发的第一代用于高原低温、氧气稀薄环境装载机，获 1987 年机械委科技进步二等奖。

22 日　首届华东 6 省 1 市中、小学生"热爱祖国大自然，探索昆虫世界奥秘"考察竞赛活动揭晓，江西省参赛的 15 篇论文，2 篇获一等奖，8 篇获二等奖，有 53 盒（件）标本、工艺品分别获一、二、三等奖。

23日 新余市5.4万立方米煤气柜工程破土动工。1987年12月竣工，总投资1500万元。新余市煤气公司设计室设计，冶金部马鞍山钢铁设计研究院审定，核工业部二十五公司承建。

23日 省经贸厅转发经贸部、财政部关于《鼓励出口收汇奖励办法实施细则的补充规定》，规定基数内部分每实现出口收汇1美元，给予3分人民币的奖励，超基数部分每实现出口收汇1美元，给予1角人民币奖励的原则。

23日 南昌有色冶金设计研究院在香港华明铜厂工程的设计投标中中标，它是我国在香港地区的第一个工业项目。

24日 省人大常委会办公厅、省人大法制工作委员会向全国人大常委会办公厅、全国人大常委会法制工作委员会报送《关于县级以下人民代表大会换届选举工作若干问题的意见》、《关于地方各级人民代表大会名额方案》、《关于〈选举法〉的修改意见》和《关于〈地方组织法〉的修改意见》的修改意见。

25日 省卫生厅、老建办从当年卫生事业经费和老区建设经费中划拨150万元，用于重点建设15个老区乡卫生院。

25日 据全省各地、市日前预报：江西省早稻产量可突破750万吨，是历史上第二个大丰收年。

25日 江西铜业公司在贵溪召开硫精矿用户座谈会，有38个单位、66名代表参加。会上使用户对该公司产品有所了解，订售硫精矿石7.2万吨，初步扭转了硫精矿石滞销局面。

25日 江西省人民政府第76次省长办公会议批准《关于加快发展二轻集体经济若干政策问题的暂行规定》，确定发展景德镇陶瓷工业的10条优惠政策，成立以副省长钱家铭为组长的景德镇陶瓷技术改造领导小组。

26日 全省县（市、区）人武部改归地方建制工作总结表彰大会在南昌隆重举行。大会由省委常委、省军区司令员王保田主持。省交接领导小组副组长、副省长蒋祝平宣读了省委、省政府、省军区《关于县（市、区）人武部改归地方建制后有关问题的暂行规定》。省军区参谋长刘子明宣读了省委、省政府、省军区《关于表彰县（市、区）人武部改归地方建制交接工作先进单位的通令》。大会向受表彰的19个县（市、区）委、政府和人武部颁发了奖旗。

26日 省公安厅向全省各级公安机关发出《开展向奉新县公安局刑侦队学习的决定》。号召全省公安系统干警向奉新县公安刑侦队学习。学习他们高度的工作责任感和公而忘私的共产主义精神；学习他们科学的工作态度和积极进取的精神；学习他们不怕艰难困苦，不怕流血牺牲，坚韧不拔、深入细致的工作作风；学习他们遵纪守法，文明办案，不徇私情，不索贿受贿，切实树立人民警察的高大形象。

26日 江西省节能工作会议在南昌召开。会议要求：下大力气，贯彻落实国务院发布的《节约能源管理暂行条例》，用改革的精神，改进节能管理，加强宏观控制，完善经济政策，抓好节能基础工作，搞好综合治理，推进技术进步，增强企业活力，提高节能水平，保证国民经济持续、稳定发展。会议讨论制订了江西省《节约能源管理工作暂行条例》的实施细则，表彰了17个节能先进单位。会议于28日结束。

27日 江西省陶瓷行业1986年度产品质量评比在景德镇结束。结果审定出23（套）件优质产品。光明瓷厂生产的青花玲珑45头清香型西餐具获第一名。

27日 上饶县在安坑村《龚氏宗祠》内，发现两方巨型戏剧石雕。石雕长3.2米，宽1.7米，厚0.1米，用浮雕手法精刻而成，其内容为"浣纱记"。石雕刻制年代为明末清初，距今约300余年。

28日 在秦皇岛举行的全国优秀链球运动员集训比赛中，江西链球名将罗军以70.08米的优异成绩打破全国纪录，成为我国链球运动员第一个过70米大关的人。

28日 省卫生厅首次制发《江西省卫生防疫检验收费标准》。

28日 由省纪委、省委组织部、省委宣传部、省直机关党委联合组织的全省端正党风汇报团在八一礼堂举行首次汇报会。出席汇报会的有党政军的负责同志和省直机关2000多名副处级以上干部。六个先进集体和个人作了汇报。

28日 政协江西省第五届委员会工交组、科技组，前往德兴县和贵溪冶炼厂调查环境污染与治理问题。8月1日结束调查。

28日 由省贸促会、省粮油、纺织、工艺、土畜、化工进出口公司共10人组成的江西展览分团，参加中国国际贸易促进委员会和日本贸易振兴会在东京联合举办的为期13天的"中国出口商品展览会"，共接待外商200余家、600多人次，成交261万美元。

28日 地质矿产部支老扶贫工作调查组来江西省地质矿产局调查了解支老扶贫工作。调查活动于8月15日结束。

29日 省政府决定成立江西省引进国外智力工作领导小组，副省长陈癸尊任组长。

29日 省审计局在清江县召开全省首次审计咨询工作经验交流现场会。

29日 交通部副部长郑光迪自即日起至8月4日来江西考察老区公路建设。

30日 江西省人民政府、省军区最近发出通知，决定在全省进行兵役登记工作。进行登记的对象和条件是：1986年12月31日前年满18岁至20岁的男性公民，不分民族、种族、职业、家庭出身、宗教信仰和教育程度，均应进行兵役登记。应届高中毕业生年满17岁的，本人自愿，也可以登记。公民被羁押，正在侦查、起诉审判的，被判处徒刑、拘役，管制正在服刑的、依照法律被剥夺政治权利的以及正在被劳动教养或者少年管教的，暂不登记。进行兵役登记在兵役法颁布后江西省还是首次登记。

31日 从今秋新学期开始，江西省初中各年级新生将试用体育课本。这是江西省有史以来首次在体育课中采用课本教学。

31日 省民政厅下发《江西省婚姻登记办法实施细则》。

31日 省政府批准省档案馆编辑《江西省人民政府文件汇编》，汇编由档案馆保存，供内部使用。

31日 省检察院向全省各级检察院发出

《关于玩忽职守和重大责任事故，造成直接经济损失立案标准的通知》，规定直接经济损失3万元以上的应立案查处。

31日 为期3天的振兴湘鄂赣边区经济首次讨论会在铜鼓举行。湖南、湖北、江西三省的90多位理论工作者和经济工作者聚集一堂，共同探讨开发湘鄂赣边区经济的可能性及其战略、策略、途径、办法。

本月 上旬，1986年全国初中数学竞赛揭榜，临川一中获全国初中数学竞赛江西赛区团体第一名。

本月 江西采矿机械厂与洛阳矿山研究所合作，在KY–250C型基础上改进研制成功KY–250A型牙轮钻机，通过部级鉴定，达到国际80年代初技术水平，成为国家第一批替代进口产品，获1987年机械委科技进步一等奖，

KY–250A型牙轮钻机

1990年获国家优质产品金奖，是省机械工业产品第一枚金奖。

本月 铁道部部长丁关根决定：大沙线作为直通分流线要加紧进行，车站要适当少开，铁山、沙河街站规模要缩小，投资要压缩。该线由第四勘测设计院勘测设计，施工设计于1983年4月完成。由第四工程局五处、机械化筑路处等单位施工。线路等级为I级铁路干线，江西镜内完成土石方538万方，桥梁50座。至1987年12月4日省内线路铺通。

本月 江西省文学艺术研究所编写的《江西古代文化名人丛书》由江西人民出版社出版。江西十大文化名人丛书包括陶渊明、欧阳修、曾巩、王安石、黄庭坚、朱熹、文天祥、汤显祖、宋应星、八大山人10部著作。

本月 江西省计委批准成立由新余钢铁厂、香港巍华矿业有限公司和江西国际信托投资公司合资兴办的新华金属制品有限公司（11月5日

该公司在新余正式成立。1987年5月1日，该公司从意大利雷得利公司引进的国内第一条具有80年代国际先进水平的高强度低松弛预应力钢绞线生产线正式动工兴建。1988年基本建成，7月19日正式投料生产，其产品质量达到国际先进水平，填补了国内空白）。

本月 国家建设部抽查全国100个施工企业施工工程质量，南昌市第一建筑工程公司被查施工工程全部合格，名列全国被查施工企业第七名，九江市第一建筑工程公司名列第二十六名，南昌市第五建筑工程公司名列第三十三名，南昌县建筑工程公司名列第五十七名。

本月 方志纯为纪念红军指战员在大茅山梧（乌）风洞（注：《江西省德兴县地名志》记载："梧风洞原称乌风洞，1966年省长邵式平题词改为梧风洞，别名田棚"）殉难50周年题词："笔架山高，马溪水长，遇难烈士，万古流芳"。

本月 赣江出现80年一遇的枯水期，内河航线一度中断。

本月 省审计局组织南昌等11个审计部门对当地工商银行信托公司（部）1984年至1985年的财务收支开展审计。8月公布审计结果，共查出违纪金额194万元。

1986
8月
August

公元 1986 年 8 月							农历丙寅年【虎】						
日	一	二	三	四	五	六	日	一	二	三	四	五	六
					1 建军节	2 廿七	3 廿八	4 廿九	5 三十	6 七月小	7 初二	8 立秋	9 初四
10 初五	11 初六	12 初七	13 初八	14 初九	15 初十	16 十一	17 十二	18 十三	19 十四	20 十五	21 十六	22 十七	23 处暑
24 十九	25 二十	26 廿一	27 廿二	28 廿三	29 廿四	30 廿五	31 廿六						

1 日　全国青少年书法篆刻首届"神龙"大奖赛在黑龙江佳木斯结束，江西省奉新县 6 岁幼童邹碧霞夺得金牌奖。

1 日　一项泌尿外科新技术——腔内泌尿外科手术，在江西医学院第一附属医院泌尿外科顺利施行，获得成功。

2 日　省委组织部、省劳动人事厅下发《关于促进专业技术人员合理流动的实施意见》，积极鼓励专业技术人员到基层去，到生产第一线支援老区和集体、乡镇、企业；鼓励专业技术人员通过讲课、科研、设计、咨询、技术承包、技术协作等多形式、多渠道，开展智力交流工作。

2 日　省妇联在井冈山市召开为期两天的全省第二次妇女运动史工作会议。省党史征集委员会主任戴向青到会作专题报告。

3 日　省政府最近作出决定，适当提高居民委员会经费补贴标准，即城市每个居民委员会经费补贴（含办公费）由现在每月 40 元增加到 70 元，城镇每个居民委员会经费补贴（含办公费）由现在每年 320 元增加到 560 元。地方财政拨款已超过此标准的应予保留。

4 日　省高级人民法院在弋阳圭峰召开了全省法院审理大案要案和落实政策工作会议。全省各地市中级人民法院院长和刑庭庭长出席了会议。会议交流了全省各级人民法院前一段审理大案要案的工作情况，总结了工作经验。会议传达贯彻全国法院审理大案要案工作会议和全国法院贯彻中办发（1986）6 号文件座谈会精神，确保在中共十三次代表大会召开以前基本完成审判工作方面的落实政策任务。会议根据最高人民法院提出的要求，结合江西的实际情况，研究了今后一个时期全省各级人民法院审理大案要案的措施。要求又准又快审理大案，实事求是落实政策。会议于 9 日结束。

5 日　省委办公厅、省政府办公厅发出《关于抓紧改造中小学危房问题的通知》。

5 日　上海铁路局、南昌市政府在南昌铁路分局礼堂举行命名大会，授予南昌火车站"文明车站"、"文明单位"光荣称号。

5 日　省直医院讲医德、树新风动员大会召开。省卫生厅提出了抓好医院文明建设，提供优质服务的十项措施。措施内容为：（一）实行挂名牌制度；（二）设置意见簿；（三）大力加强门诊工作；（四）建立首诊责任制；（五）对老年患者、盲人和残废人实行优先门诊、挂号、批价、缴费、取药、检查等；（六）切实把急诊科室建设好；（七）办好营养食堂；（八）加强无菌观念，防止院内感染；（九）办好各种形式的宣传栏；（十）切实防范医疗差错事故，加强医疗安全，尤其是要杜绝责任事故的发生。

6日　江西省民间艺术团正式成立，这个艺术团是以参加文化艺术博览会民间歌舞演出的人员为基础组成的，共60多人。艺术团的主要任务是发掘和整理江西民间歌舞艺术，创作并演出具有鲜明的江西地方特色的节目。

6日　共青垦殖场分米波电视差转台建成使用。1987年2月，全场职工家庭安装闭路电视。1987年和1989年八一、红星、黄岗山和相城等场先后建成电视地面卫星接收站。

6日　宜春市化工厂试制成功的压敏纸胶带，通过省级技术鉴定，从而填补了江西省黏合技术中的一项空白。

6日　省公安厅召开地、市公安局、处长会议，认真分析了当前的治安形势，周密部署了今后的公安工作，强调要更深入地开展严厉打击刑事犯罪的斗争，实现社会治安的稳定好转，保障两个文明建设的顺利进行。会议认真学习了中共中央关于必须坚决维护社会主义法制的指示和中央领导最近关于公安、司法工作的重要讲话。会议于10日结束。

7日　江西省科学研究所血液学专家戴育成的科研成果"无血清培养正常和慢性淋巴细胞白血病B淋巴祖细胞的集落形成"被第十五届国际实验血液学年会采纳并邀请到大会宣读。同时，会议还邀请戴育成担任会议主席之一。

7日　江西省防汛抗旱总指挥部召开会议，要求各地各部门紧急行动起来，采取有力措施，带领群众抗旱保丰收。

7日　我国第一部生态学工具书《英汉生态学词汇》由江西科技出版社出版，编纂者是江西大学生物系研究生王梅峒，该书共收词2.5万多条，合计40万字。

7日　共青团江西省委在南昌召开为期两天的团地、市委书记会议，会议号召全省各级共青团组织大力加强团的自身建设，更加充分地发挥共青团在改革中的突击作用，带领广大青年在改革中建功立业、受教育、长才干，从而造就出千百万无愧于革命老根据地的"新长征突击手"。

7日　为期3天的第一届全国青年皮划艇锦标赛在湖南省岳阳芭蕉湖举行。江西运动员张松涛获500米赛金牌和1000米赛银牌，江文辉、叶建武获双人划艇500米赛金牌和1000米赛银牌。熊泉清、卞秀云获女子500米双人皮艇赛第三名。

7日　江西省博物馆学会、省考古学会成立大会暨学术讨论会在庐山召开，经选举产生了两个学会的领导机构。会议于11日结束。

8日　省经贸厅根据经贸部《关于各省、市、自治区同东欧五国进行易货贸易的规定》，规定江西同东欧五国的易货贸易业务由江西省进出口公司统一办理。

9日　全国第二届大学生运动会在大连市闭幕。江西运动员破首届大学生运动会纪录1项，破省纪录21项。廖淑芬夺得女子乙组标枪第四名；屈丽萍夺得女子乙组100米栏第六名；魏志锋夺得男子丁组5公里竞走第三名；李柳生夺得男子丁组标枪第五名；唐秀夺得女子丁组3公里竞走第五名，罗冰凌夺得第六名；郭建琼夺得女子丁组800米第六名；罗冰凌夺得女子丁组3000米第五名；杨瑞清、程丹夫、廖淑芬（女）、李柳生、罗冰凌（女）5名运动员获得精神文明运动员奖牌和证书。

9日　省顾问委员会主任赵增益视察江西彭山锡矿，并为该矿题词。

9日　省经委在南昌市召开第二次设备管理维修工作表彰大会。大会授予新余钢铁厂、南昌柴油机厂等15个单位"1985年度江西省设备管理优秀单位"称号，授予国营星火机械厂、江西棉纺织印染厂等17个单位"1985年度江西省设备管理先进单位"称号，分别颁发了奖杯、证书和奖状。

9日　铁道部在鹰潭—株洲间进行国产东风

内燃机车上下行方向牵引 2800 吨的牵引试验成功。

10 日 江西铜业公司银山铅锌矿 76 岁的共产党员、12 岁参加革命、经历五次反"围剿"战争、参加了二万五千里长征的老红军黄饶录撰写了一部 4 万字的《长征回忆录》。

10 日 国家体委、国家民委在乌鲁木齐市的人民剧场举行体育先进单位表彰大会，江西省铅山县太源畲族乡荣获体育先进单位锦旗。

10 日 在兰州举行的为期 7 天的第三届全国青少年科学创造发明比赛中，江西共获得金牌两块、银牌一块、铜牌三块。其中南昌三中高二学生卢赣平、熊杰共同创造发明的"机械手"和萍乡市高坑煤矿小学五年级学生创造发明的"护士手中三用器"分别获金牌；景德镇市吕河中学高一学生李振彪、蔡军共同撰写的论文《陶瓷工业废水的调查、分析和处理》获银牌；南昌三中初一学生余敏杰、王爱虹共同创造发明的"学生便携衣伞"，赣州二中高一学生熊斌创造发明的"大口径、长管道虹通讯管虹吸现象的轻易启动方法"，南铁二中高二学生章伟、刘军和陈林涌共同撰写的论文《哈雷彗星照像观测的探索》分别获铜牌。

11 日 省出版事业管理局、省人民出版社发起组织的江西图书评论研讨会在庐山召开。全国 30 家报刊社、出版社的记者、编辑参加了会议。

11 日 中国青年友好访问团即将赴朝鲜民主主义人民共和国作友好访问。江西省团省委副书记舒国华，团中央委员、湖口县团委书记方志明，盘古山钨矿"董存瑞青年采矿队"队长王兴城，全国优秀辅导员、南师附小教导主任文耀挺四名代表随团出访。

11 日 省纪委在宜丰县召开了地、市纪委书记会议，省纪委副书记颜先进传达了中纪委华东、中南地区纪检工作座谈会精神。会议要求全省各级党委和纪委要继续坚持"一要坚决，二要持久"的方针。会议还要求各级纪检部门要积极参加改革，在改革中纠正不正之风，促进改革顺利进行。会议于 13 日结束。

11 日 巴西歌唱家代表团一行 17 人，来南昌进行为期 4 天的访问演出并游览庐山。

12 日 省人民检察院、省直机关党委、省委打击经济犯罪活动办公室在南昌市八一礼堂联合召开"省、市直属机关深入开展严厉打击严重经济活动动员大会"，进一步动员省直机关和南昌市直属机关干部、职工积极动员起来，深入开展严厉打击严重经济犯罪活动，大会宣布了最近检察机关依法逮捕和拘留、收审的省直机关一批经济犯罪分子。省、市直属机关 2500 多人参加了大会。省委常委、副省长蒋祝平和省人民检察院检察长王树衡在动员大会上讲了话。江西省电视台、广播电台、《江西日报》、《南昌晚报》先后作了报道。

12 日 庐山温泉疗养院建成一座高三层建筑面积达 1600 平方米的水疗大楼，该楼是当前中国第一座现代化的多功能的水疗大楼。

水疗大楼在庐山落成

12 日 江西光学仪器总厂自行设计研制的 SKM1（或 SHM – 35）环幕电影摄影设备通过广播电视电影部组织的鉴定，填补了国内空白，达到 80 年代国际同类产品先进水平并获得 1989 年国家科技进步三等奖。

12 日 在当天举行的"希望之星"体育盛会——第三届全国中学生运动会比赛中，江西运动员胡正观以 3387 分的成绩打破了上届纪录，获得男子甲组五项全能冠军。13 日下午，江西省体校学员黄诚玉以 14.77 米的成绩，破上届女子乙组铅球 14.54 米的纪录并夺得冠军。

12 日 江西省少儿基金会、省妇联、省文化厅、团省委联合举办的为期 3 天的"宝宝康"杯小歌手表演赛在南昌举行。省内回、满、藏、侗、仫佬、壮、汉等八个民族的 36 名小歌手参加比赛。

13 日 巴西环球电视台《中国之行》摄制组

一行4人到共青垦殖场采访和拍摄电视纪录片。

13日 省政府办公厅批复同意林业公安属公安序列，人员编制列入各级林业事业编制，经费纳入各级地方财政。

13日 省物价局、省纺织工业公司联合发出《关于加强棉纱计划供应严格执行国家定价的几点规定》，凡不按计划供纱、自行改变国家定价、提高收费标准的要严肃查处。

13日 萍乡市青山镇罗家坡煤矿发生重大透水事故，井下14名工人被困。14日，南京军区派直升飞机两架运送东海舰队9名潜水员和抢救设备到达现场，与江西萍乡矿务局救护队、萍乡市煤炭局救护队共同进行救护。18日完成救护，其中7名被困工人获救，8名矿工遇难。

13日 在云南昆明举行的由13个省、自治区和市电视台参加的"长征之路"电视系列片节目交流评比会上，江西省电视台摄制的《万里长征第一步》获二等奖。交流评比会于18日结束。

14日 省财政厅、省石油公司联合下发(1986)赣财商字第57号、(1986)赣石财字第41号文《关于下达1986年省石油公司直属各单位利润（亏损）拨补计划的通知》。

14日 省第七届省运会航模赛在新建县赛区举行了隆重的发奖仪式。来自全省各个系统的9个代表队73名运动员参加了比赛。南昌市、景德镇市、国防系统、赣州地区、新余市、抚州地区代表队分别获团体总分前六名。比赛中，有9人破5项全省纪录。13日，南昌市运动员支海峰以144.74分的成绩，超过了由瑞典选手马·卡尔逊在1983年创造的144.04分的世界纪录。

15日 由省水电工程局电力安装工程处承建的分宜至萍乡220千伏输电线路，全线架通竣工。8月23日验收并降压110千伏投入运行。这是江西地方自筹部分资金建设的第一条高压输电线路。

16日 在1986年4月份首都12家新闻单位举办的全国职工法律知识竞赛中，南昌飞机制造公司第八十四车间青年车工刘传东成绩优秀，获得特别优秀奖。

17日 在全国气象系统业务考核中，永修县气象站助理工程师马淑云荣获国家气象局授予的"质量优秀测报员"称号。

17日 江西省研制的"四弦胡琴"和"瓷瓯"在九江通过鉴定，并被列为我国民族乐器新品种。"四弦胡琴"是省文艺学校瑞昌采茶班老师黄定中发明的。这种胡琴增加了两根弦和外罩共鸣箱，不仅音质纯净，音量增大，克服了二胡不能拉和弦、双音以及四个八度的弊病，大大丰富了演奏表现力。"瓷瓯"是景德镇市歌舞团姚泉荣、刘少军用42块青花盘组合起来的新型打击乐器，具有17度音域和牌有平音，适合独奏、合奏和伴奏，有金石之音质，编钟之风味，演奏中外古名曲效果更佳。10月，参加在武汉举行的全国第二届发明展览会展出，获国家发明银质奖。

17日 省政府决定，正式开发鄱阳湖候鸟保护区，在"保护第一"的方针下，1986年建设好星子县蓼南乡为重点的候鸟观赏设施，对外开放，远期形成以吴城为中心的候鸟科研、观赏旅游区。并从1986年10月起对外开放（1988年5月，经国务院批准，正式成立"江西省鄱阳湖国家自然保护区"）。

17日 江西省国土规划试点工作会议在抚州地区举行。审议通过了《抚州地区国土规划工作大纲》。抚州地区位于江西省的腹部，有丰富的土地资源、生物资源、水资源、矿产资源，蕴藏着很大的经济开发潜力。已经成立了地、县两级国土资源开发整治委员会，设立了办事机构，组织了一批有较高学历、熟悉业务的科技工作者和有关业务骨干，组成工作班子，拨给了经费。

17日 江西省第一座游乐场——南昌市青山湖游乐场建成完工，全场共占地55亩。

18日 江西省第一条年产万吨配合饲料生产线在景德镇市粮食局饲料厂建成投产。这条生产线从进料、粉碎、预混、配合剂到打包全部自动化，达到了当前国内先进水平。

18日 省政府颁发《关于在县以下城镇征收教育费附加的实施办法》，规定由税务部门征收。

18日 省委、省政府召开抗旱工作汇报会。

秋旱以来，到 8 月 15 日全省受旱面积已达 860 万亩，其中二晚 590 万亩（约占二晚总面积的 25%）。

18 日 省检察院发出《关于加强看守所安全防范措施检察意见的通知》，提出对监管、警戒、提审等方面的工作要全面检查，确保安全。

18 日 江西省召开使用外资工作座谈会，与会同志认为：使用外资是江西省发展经济的迫切需要，是江西省的资源优势变为经济优势的重要措施之一。要解放思想，敢于借用外资；要做好科学性讨论工作，讲究使用效益；要疏通渠道，互通信息，协调各方面的积极性；要顾全大局，通力合作，搞好使用外贸的配套工作，创造江西使用外资的新局面。参加座谈会的有省政府办公厅等单位负责人共计 50 余人。

19 日 经国家外经部工艺品进出口总公司、江西省经贸厅批准，由江西工艺品进出口公司和余江工艺雕刻厂共同筹建的江西工艺实业有限公司在余江成立，张果喜出任董事长。

19 日 省委组织部、省委党史资料征集委员会、省档案局在永修县召开了江西省组织史资料编纂工作研究会。全省各地、市组织史办公室和宜丰、永修县组织史办公室的 40 余人出席了会议。会议指出，征集、整理、编纂党的组织史资料，是中央批准的一项重要任务，是为我党续"党谱"，是关系到千秋万代的一件大事。会议要求圆满完成江西省党的组织史料编纂工作。会议于 21 日结束。

20 日 首次来江西进行友好访问的大型日本青年组团——日本青年洋上大学访华团一行 73 人抵达南昌。副省长蒋祝平代表省政府和南昌市政府对访华团表示热烈欢迎，并向他们介绍江西的名胜古迹。

20 日 庐山明代名僧恭乾禅师塔修复并向中外游客开放。恭乾禅师塔建于公元 1619 年，1959 年列为江西省重点文物保护单位。

21 日 省政府宣布，对江西省亏损企业将采取 10 项措施：（一）各地区、各部门、各企业对计划亏损企业要继续实行"亏损包干、超亏不补、减亏留用"或递减包干办法。（二）加强对生产短线产品亏损企业的技术改造。（三）各类不能扭亏的企业要实行"关、停、并、转、联"。（四）迅速层层落实原材料、燃料节约奖的试行办法，力求改变"鞭打快牛"。（五）开展同行企业经济技术指标的横向比较。（六）加强积压滞销产品的销售工作。（七）小化肥补贴，一方面要进一步落实国务院规定，另一方面也要从严掌握，不准擅自降价。（八）狠抓重点行业、重点地、市、县，重点企业的扭亏工作。（九）扭亏规划执行后，凡提前扭亏为盈的企业，除去当年计划亏损照拨，盈利全留外，人均留利不足 150 元的企业报同级财政部门批准后，可以退库补足到 150 元。（十）各级财政、经济和企业主管部门要按照"量力而行，尽力而为"的原则，对经过小规模改革可以扭亏为盈的企业分期分批在改革资金安排上给予照顾。

21 日 经国家教委批准，江西冶金学院设立函授大学，从 1986 年开始招生。

21 日 中国马克思主义哲学史学会毛泽东认识论思想研究小组在宜春市举行全国毛泽东认识论思想第二次讨论会。会议围绕着毛泽东认识论思想与当前的改革这个中心议题进行了讨论。

22 日 省直机关在省委礼堂举行千人大会，欢迎 85 届讲师团的同志圆满完成任务胜利归来，欢送 86 届讲师团整装待发。会上宣读了关于表彰 85 届省直机关讲师团先进集体和先进个人的决定，并向他们颁发了奖品。

23 日 江西省土畜产进出口公司广州办事处经济师潘志录引进的美国优质礼花弹品种：三环、双环、单环在李渡出口花炮厂试制成功并荣获"国家星火奖"。

24 日 参加全国第三届中学生运动会的江西省体育健儿和工作人员一行 68 人返回南昌。在历时 4 天的比赛中，取得较好成绩的有：4 人 7 次破 5 项上届纪录（南昌十中胡正观破男子甲组五项全能纪录、江西省体校黄诚玉破女子乙组铅球纪录、江西省体校杨小明破女子乙组 400 米纪录、江西省体校宜春班裴路平破女子乙组 1500 米、3000 米纪录）；胡正观、黄诚玉夺得两枚金牌；杨小明、赵锋夺得两枚铜牌；一个第五名（欧阳洪泉）；两个第六名（欧阳洪泉、廖文宏）；胡正观、黄诚玉、杨小明、裴路平、廖文宏被大会授予精神文明运动员奖。

24日 省商业厅发出《关于端正商风的通知》，要求各级商业部门开展商风自查自纠，杜绝进"人情货"、"关系货"、拿回扣和商品"走后门"等不正之风。

25日 美籍华人、著名物理学家吴健雄、袁家骝夫妇到共青垦殖场访问并题词"五颜六色，鲜艳夺目"。

25日 南京军区和江西省军区联合发出《关于划定军事禁区、管理区的通知》，省军区司令部会同地方有关部门，对全省重要军事设施划定军事禁区和管理区的范围，设置319块永久性的标示牌。

25日 省政府发出紧急通知，要求对农民交售粮食应得的售粮款，应保证支付现金。1986年夏粮入库应交售的化肥，省有关部门给各地已经拨足；各级政府要督促农资部门，认真搞好调拨供应工作，保证售粮农民买到化肥，坚决兑现政策。

25日 吉安地区"星火"计划1986年列入国家和省地级的17个项目，经有关专家和科技人员的调查研究和反复论证，已由吉安地区科委全面组织实施。这些项目分布于全区14个县市，总投资为600万元。

乳肉役兼用牛综合利用实施以来，现已发展到3000多头

26日 省地矿局水文地质工程大队在赣州市湖边乡横江村钻探成功一口碳酸泉水井。该井孔深236米，泉水自喷高度3米多，矿泉水口尝清甜可口，日流量可达65吨。

26日 以法国国民议会外交事务委员会副主席阿兰·佩雷菲特为首的代表团一行4人，来南昌作为期两天的访问。副省长孙希岳会见了代表团成员，代表团参观了"南昌八一起义纪念馆"、进贤文港笔市、南昌市郊区施尧村。

26日 省司法厅批准鹰潭市、景德镇市公证处开办涉外公证业务。

26日 劳动人事厅召开江西省军队转业干部安置工作先进单位、军队转业干部先进个人代表会议和1986年军队转业干部安置工作会议。大会表彰了军队转业工作先进集体26个，军队转业干部先进个人74人。

26日 江西优秀运动员闵春凤，在中、日、澳三国青年田径对抗赛第一轮北京比赛中夺得两枚金牌，又在第二轮比赛中，分别以14.89米、54.36米的成绩获女子铅球队、铁饼两项冠军；陈淑珍同队友一起获女子4×100米接力冠军，另外她还在200米比赛中以25秒08的成绩打破省纪录。

26日 省电子振兴领导小组在南昌召开电子振兴工作会议。与会代表学习了李鹏副总理在全国计算机应用工作会议上的讲话。会议总结了江西省"六五"期间电子振兴工作的基本情况和经验，提出了江西省"七五"期间发展电子和信息产业的指导思想、奋斗目标和政策措施。会议于28日结束。

26日 对外经济贸易部部长郑拓彬率团来江西省考察老区建设情况和检查经贸工作发展情况。28日，郑拓彬到共青垦殖场视察，题词"出口先锋"，并同羽绒制品车间青年女工合影，称赞她们是"创汇姑娘"。考察活动于31日结束。

27日 经省政府批准的江西省建筑工程质量监督管理站成立。该站定编15人，负责全省建筑、市政、公用事业工程的质量监督管理，大中型建筑项目及其部分工程的直接监督工作（至1990年，全省三级质监网络形式，共有质监站114个，质监员

615人）。

27日 全国游泳锦标赛在郑州市结束，江西游泳运动员王华、陆真理、夏高明、徐彪在男子4×200米自由泳接力比赛中获第三名，陈莲获女子200米仰泳第六名。

27日 为了正确观察和分析经济形势，及时发现和解决经济运行过程中出现的问题，提高各级经济部门宏观决策的科学水平和调节能力，保证全省经济持续、稳定、协调发展，江西省决定从当年第三季度起建立定期监测宏观经济活动制度。监察指标包括生产规模、建设规模、消费基金、财政收支、银行信贷、外贸与外汇、运输与物资、市场与价格共8大类、21项，每项指标要提供当月数、本年累计数、1985年同月数及本年当月累计比1985年同期增减额与增长率（％）。

27日 余江机械厂在上海建筑科研所的配合下研制成功一种新型建筑强力搅拌机，并通过省级技术鉴定。

27日 江西省选送瓷器、烟花、食品等产品参加由国家经委、农牧渔业部联合举办，对外经济贸易部赞助的为期9天的"第一届中国乡镇企业出口商品展销会"。

28日 江西省普通高校招生工作结束，共招收新生18485名，比1985年增加23％。其中扩招新生415名，定向招收新生421名，委托代培433名，面向老区招收新生924名。

28日 江西省首家再生革厂——南昌赣江再生革厂生产的"再生革"，通过江西省级技术鉴定，从而填补了江西省的一项空白。

28日 全国青年潜水比赛在唐山市结束。江西潜水运动员王友根获男子100米器泳、800米蹼泳两项冠军。他还获得了400米蹼泳第二名。容志忠获男子400米蹼泳、100米器泳第二名；江西省男子队获得4×100米接力第二名。

28日 寻乌县在城南门街路扩建降坡工程施工中，发现一块清朝初期的记功石碑。该碑高1.42米、宽0.7米、厚0.1米，碑文记载着

清朝初期一位钱姓知县任职期间为民平寇、保邑安民的史实。

29日 新建县七里岗乡江西胶乳厂正在建设的五层住宅楼发生重大倒塌事故，致4人死亡，2人重伤，1人轻伤。

29日 江西省医科所女研究员邱明庆应英国皇家学会及国际细菌分类学联合会的邀请，离开南昌赴英国参加第十届国际微生物学学术会议，并在会上宣读她的论文。

30日 中共江西省委、省人民政府发出《关于将一九五七年、一九五八年上山下乡干部收回安置问题的通知》。

30日 省委政法委召开了全省政法系统调查工作座谈会。交流了前一段政法调研工作的经验，部署了今后的调研工作。会议提出，当前和今后一个时期的政法调研任务，是努力探索在改革、开放、搞活条件下，政法工作如何适应新形势，全面发挥政法机关的职能作用，促进社会治安的根本好转，促进全面改革和两个文明建设。

31日 省政府就控制固定资产投资规模、清理在建项目和抓紧财政收入，严格控制财政支出等当前经济工作中的大事，召开了全省电话会议。会议由副省长钱家铭主持。

31日 省委宣传部、省"五四三"（五讲、四美、三热爱——讲文明、讲礼貌、讲道德、讲卫生、讲秩序，心灵美、语言美、环境美、行为美，热爱社会主义、热爱祖国、热爱中国共产党）委员会在南昌召开全省社会主义职业道德精神座谈会。决定从1986年第四季度开始，首先在卫生、邮电、交通运输三条战线开展社会主义

在南昌举办的"全省五四三城管干部培训班"

职业道德教育，基本要求是：各种职业工作者必须忠于职守，热爱本职工作，对人民极端热忱，全心全意为人民服务，发扬国家主人翁精神，树立共产主义劳动态度，刻苦钻研业务，对技术精益求精。

31 日　上海经济区老区建设委员会赴江西省考察组一行 21 人到达南昌。考察组由上海、江苏、浙江、安徽有关部门的负责同志和专业技术人员组成。上海市人大常委会原副主任王涛任组长。他们分别考察遂川、瑞金、弋阳三个老区县，了解老区经济建设和资源现状，着重调查老区发展横向经济联合的特殊政策和优惠措施，以及在对口协作等方面的意见和要求。江西省领导万绍芬等在江西宾馆会见了考察组成员。

本月　美国加利福尼亚州气象研究中心负责人，美籍华人张时禹、刘绍臣考察庐山云雾研究所。

本月　省建设厅组织全省一、二级施工企业的经理和总工程师 42 人，在新余钢铁厂招待所举办一期"全省施工企业全面质量管理（TQC）研讨班"。省建设厅工程师朱子湘主讲了"施工企业加强全面质量管理的必要性、可行性的基本做法"，这是全省施工企业第一次比较系统的现代管理技术讲座。

本月　设计拥有两条 100 立升采金船、年处理矿量 90 万立方米的江西最大的砂金矿——景德镇市庄湾金矿开始筹建。1988 年 5 月，首条 100 立升采金船建成试产，当年产金 640 两。第二条 100 立升采金船于 1990 年动工建造。

本月　抚州市开工兴建抚河大桥，1989 年 7 月竣工，8 月 19 日正式通车，桥长 577.26 米，宽 15 米。

本月　中旬，省审计局组织 7 个城市、24 个县区局开展"民政一条线"审计。审计历时一个多月，通过对 89 个民政系统被审计单位的审计，共查出违纪金额 223.6 万元。

本月　江西省组织 88 个审计组对 19 个县、区，95 个企事业单位 1985 年的水利、小水电经费进行审计，查出有问题资金 468 万元。

本月　省政府常务会议决定，自 1987 年 1 月 1 日起在全省实行筹集基建资金来源事前审计制度。

1986
9月
September

公元 1986 年 9 月						农历丙寅年【虎】						
日	一	二	三	四	五	六	日	一	二	三	四	五	六
1 廿七	**2** 廿八	**3** 廿九	**4** 八月大	**5** 初二	**6** 初三	**7** 初四	**8** 白露	**9** 初六	**10** 初七	**11** 初八	**12** 初九	**13** 初十
14 十一	**15** 十二	**16** 十三	**17** 十四	**18** 中秋节	**19** 十六	**20** 十七	**21** 十八	**22** 十九	**23** 秋分	**24** 廿一	**25** 廿二	**26** 廿三	**27** 廿四
28 廿五	**29** 廿六	**30** 廿七										

1日　省气象局建成综合信息服务系统，并与省政府办公厅联网，首次通过微机和通讯设备直接向省政府提供各种气象信息服务。

1日　省政府授予平矿"水土保护先进单位"称号。

1日　丰城矿务局所管辖的38个高瓦斯全部按部颁标准安装系列化安全装备，有效地预防了瓦斯伤亡事故。

1日　萍乡果品冷库动工，预计1989年7月20日竣工。该库占地23.075亩，建筑面积6450平方米，投资336万元。由江西省商业设计院设计，萍乡市第三建筑公司施工，主库为钢筋混凝土无梁楼盖，被评为省优良工程。

1日　江西有色冶炼加工厂铅电解扩建工程竣工投产，新增年生产能力3000吨，年总生产能力达到1万吨。

1日　中国美术家协会、江西省文化厅、中国美术家协会江西分会联合在北京中国美术馆主办为期10天的江西12人版画展。

2日　省石油公司以（1986）赣石计业字第46号文转发省物价局《转发中国石化总公司〈关于计划外高价油品实行最高限价的通知〉的通知》。

2日　省委在南昌召开了省委常委扩大会议。强晓初传达了中央对有关问题的决定，并作了重要讲话。中纪委常委、中纪委端正党风赴赣检查组负责人刘丽英和检查组副组长孙克悠等出席了会议，刘丽英向到会同志通报了检查情况。省委书记万绍芬代表省委常委表了态，讲了话，并传达了中央领导最近对江西工作的重要指示。省委副书记许勤及省委常委、副省长蒋祝平等人分别就进一步端正党风，加强精神文明建设的工作，农村工作和经济工作讲了话。会议于6日结束。

3日　省委、省政府就开展1986年教师节有关活动发出：要求继续落实邓小平关于"每年给知识分子解决一定问题，要切切实实解决，要真见成效"的指示，深入开展尊师重教活动，多为教育办实事，使1986年教师节庆祝活动搞得更扎实、更有成效。决定为教育办两件实事：（一）动员、协调各方面的力量，千方百计筹集资金，使本地区校舍面貌在短期内有一个明显的改变。

省政府从地方财政收入中拨出 320 万元，用于解决 17 个县市的危房修缮。（二）从 1986 年计划指标中，拨出 3000 名转干专用指标，用于解决农村民办教师、厂矿企业的代课教师，特别是老区民办教师的转编问题。

3 日　省委组织部、省劳动人事厅制定《关于促进专业技术人员合理流动的实现意见》，指出人才的流动必须按照从大城市到中、小城市，从城市到农村，从较发达地区到老区、边远山区，从全民所有制单位到集体所有制单位，从人才相对富余的部门到人才缺乏部门的原则，有计划地组织合理流动。对专业不对口、用非所长或积压闲置的专业技术人员，要求人事部门尽快调整到专业对口的岗位上。

3 日　历时 5 个月的省军区团以下单位的整党工作于 8 月份圆满结束。这批单位的整党工作严肃认真，发展健康，经省军区、军分区工作组，各单位党委和党员代表共同验收，达到了预期目的。保证了精简整编顺利进行，促进了党风好转。

3 日　经省政府批准，赣州地区创办计划生育职工中专，并举行首届开学典礼。这是当前我国第一所计划生育职工中等专业学校，学制两年，开设计划生育管理专业班一个。

3 日　江西省第一条全程序控制的自动化钢化玻璃生产线经过三个多月的安装调试，在萍乡市钢化玻璃厂正式投产使用。

3 日　省政府颁发《江西省国民经济和社会发展第七个五年计划》。规定煤炭工业的主要任务是稳步增加生产，择优开发新井，加强洗选加工。

3 日　省政府决定，将省国防工办所属原吉安化工厂（九三四五厂）迁至九江市，并入九江化工厂。

4 日　以江西省文化厅长晏政为团长的中国江西杂技团一行 30 人启程前往法国、卢森堡、比利时和意大利进行访问演出，历时 4 个月，行程 3 万余公里，先后在 35 个城市共演出 89 场，观众达 11 万余人次。

4 日　《江西日报》报道，江西省纺织行业争创优质品，1986 年获得 11 个部优产品奖：九江国棉五厂 38 腈纶针织纱和九五牌 28 腈纶针织纱；抚州第二纺织厂青云牌 18.5 腈纶针织纱；九江第三棉织印染厂南湖牌 42/2×21 什色中条灯芯绒；抚州印染厂牡丹亭牌 45×45 什色涤棉细纱；江西棉纺织印染厂冰海牌 45×45 什色涤棉细纱；军山毛纺厂黄鹦牌 668 毛腈混纺中粗绒线；南昌毛巾二厂梅花牌 85-9 提花毛巾被；江西袜厂斑虎牌筋口锦纶弹力提花女袜；抚州针织厂双鹿牌宽紧口尼异交织丝袜、飞船牌腈纶棉毛贴条运动衫。

5 日　南昌助剂二厂试制出网印印花黏合剂、固色剂 Y、柔软剂 HC-39，填补了江西省内印染助剂品种生产的部分空白。经过使用，产品性能达到国内同类产品要求。

6 日　在 1986 年全国电子元件质量评比中，景德镇国营胜利器材厂生产的铝电解电容器共 4 个品种型号，获一等奖。

6 日　省职称改革领导小组在南昌召开了全省职称改革第二次工作会议。各地、市、省直各厅局以及全省首批试点单位的主管部门负责职称改革工作的领导共 170 余人参加了会议。会议传达、学习了中央关于职称改革工作部署的指示精神，总结、交流了江西省职称改革首批试点单位的试点情况和经验，研究了江西省 9 月至 12 月职称改革在高教、科研、卫生三个系统的省直事业单位同步或相继展开的具体工作安排。会议于 8 日结束。

7 日　江西省气象业务开始进入现代化。由大气探测、气候资料、天气预报、气象服务等八个系统组成的江西省气象业务现代化系统工程经过两年建设已初具规模。国家气象局副局长章基嘉一行到达南昌，对江西省气象业务现代化成果进行总结、验收。

7 日　在首届全国乡镇企业产品展览会上，江西省有 700 多个品种，1700 多种产品参展。最引人注目的是瓷器和木制品。全国人大常委会副委员长黄华、廖汉生到江西厅参观，并欣然题词。黄华的题词是"革命老区添新春"，廖汉生的题词是"发展乡镇企业，丰富人民生活"。

9日 《毛泽东著作选读》新编本在南昌市新华书店发行，同时发行的还有新编《毛泽东诗词选》和《毛泽东的读书生活》。

9日 国家气象局在南昌召开吉林、江西两省气象业务现代化建设试点经验总结座谈会，国家气象局副局长章基嘉出席会议并作总结报告。10日下午，省委副书记许勤，省委常委、农村工作部部长裴德安到省气象局会见章基嘉一行。《江西日报》以《江西气象现代化业务建设初具规模》为题在头版头条作长篇报道。座谈会于13日结束。

10日 中国残疾人福利基金会授予宜春市聋哑人手语教师曾玉兰和波阳县聋哑人手语业余教师叶芳芬1985年全国特殊教育工作优秀教师称号，并向她们颁发了荣誉证书和奖金。

10日 应上饶三清山风景名胜区管理局和江西《信息日报》的邀请，上海新闻界赴三清山考察团到达上饶。这次考察将对三清山的自然风貌、景点景观及其社会效益和经济价值进行全面的调查了解和研究，并应用各种新闻形式向国内外各界人士介绍宣传三清山。考察活动为期6天。

10日 景德镇市建筑学会被国家教委授予"全国教育系统先进集体"称号，被省政府授予"先进单位"，并曾两次获省科协"先进集体"。

10日 由中国社会科学院财贸经济研究所、国家旅游局政策研究室、中国旅游协会联合举办的第四次全国旅游经济研讨会在南昌举行。国家旅游局副局长何光暐参加会议并考察鹰潭龙虎山景区。

10日 由中国预防医学科学寄生虫病研究所和星子县血吸虫病防治站共同完成的科学项目——"消灭传染源和重点灭螺措施对控制湖沼地区血吸虫的效果观察"，在星子县通过部级鉴定。这项研究课题系卫生部"六五"期间的重点攻关项目。这项成果的取得为我国同类疫区的血防工作提供了成功的经验，具有重要的应用价值，达到了国内先进水平。

10日 中国——联合国儿童基金会合作项目主任工作座谈会在九江市举行。出席会议的有联合国儿童基金总部方案司司长曼苏，联合国儿童基金总部、联合国儿童基金会驻北京代表处代表泰勒博士，副代表霍夫曼先生及其他官员、专家、学者共9人；各省、市、自治区教委（教育厅）师范处处长，17所幼儿师范的校长及高等师范院校教育系学前教育的专家120余人。国家教委副主任柳斌出席会议并讲了话。座谈会主要是听取儿童基金会官员、专家的学术报告，研讨制定幼儿教育师资培养、培训规划；同时，交流各地开展合作项目工作的经验，以扩大影响，进一步巩固加强我国和联合国儿童基金会的工作。座谈会于17日结束。

11日 省政府作出《关于在全省工交企业迅速开展学习江西棉纺织印染厂抓改革、上等级、保质量、保效益活动》的决定。

11日 经国务院学位委员会批准，江西工业大学、江西中医学院、江西财经学院、江西冶金学院等4所高校又列入第三批硕士学位授予单位。至此，江西省有8所高校列入硕士学位授予单位。

11日 朝鲜资源开发部地质调查局副局长安贞铺率领钨锡矿地质考察团一行5人，自即日起至22日在江西考察西华山、漂塘钨矿及岩背锡矿。

12日 江西省护林防火总指挥部办公室，与省林业厅林政处合署办公，定事业编制4人。

12日 江西《妇女之声报》、《江西妇讯》、江西中医学院饮料厂、南昌万新彩印中心等20个单位联合举办的"振兴江西"妇女知识竞赛结果揭晓。江西省妇联退休干部侯淑廉、赣州市赣州饭店女服务员朱小艾获一等奖；江西中医学院郭琛、南丰县妇联刘守琴获二等奖；南昌市卫生学校吴玉玲等10人获三等奖。

12日 在国家教委组织的统计学出国研究生考试中，江西师范大学计算机科学系数理统计专业研究生张和平获得全国第一名。

13日 经中国有色金属工业总公司审查批准，江西有8个单位分别获得有色施工企业、冶金施工企业、火电建筑施工企业、建材安装施工企业、建材土建施工企业、机械安装企业、铁路房屋建筑施工企业、铁路给排水施工企业国家一级企业资格称号和石油建筑安装施工、石油化工施工两个二级企业资格称号。

13日 瑞士联邦苏黎世高等工业大学研究所所长、中国科学院名誉教授许靖华一行4人和美国耶鲁大学教授罗杰斯一行5人，来德兴、乐平、新建等地进行为期6天的地质考察；许靖华应邀在南昌作学术报告。

13日 应中国科学院和农牧渔业部的邀请，来自31个国家和地区的41位专家于当日抵达江西，专家们将考察红星垦殖场、省红壤研究所、省蚕茶研究所和省畜牧技术推广站等。部分专家还将在省农科院作学术报告并座谈交流经验。

13日 武警江西总队化工厂试验硝酸钠获得成功，经江西省化学工业研究所化验鉴定，硝酸钠含量达到99.3%，达到国家同类产品一级标准。

14日 在全国少儿文化艺术委员会、吉林省文化厅等单位联合举办的"长白山儿童画邀请展"上，南昌市许志丹的《数星星的孩子》、南丰县四岁儿童罗雅婷的《猫》获金奖；南昌市梅每玛铁的《我在海底找电话》、上饶市苏醒的《我的画》获银奖；南昌市胡映东的《黑猫》、南昌市李丛的《大猫和小猫》、南昌市蔡明的《春天在这里》、南昌市张昕的《神奇的树》、新余市胡海滨的《小小饲养员》获铜奖。

14日 参加在南京召开的"国际旱地土壤（热带·亚热带）管理与施肥会议"的22个国家和地区的47位专家与夫人抵南昌，尔后去东乡、进贤、南昌、新建等县进行为期两天的专业考察。

14日 瑞士机械公司布兰德里先生等一行4人到红星场洽谈变性淀粉项目技术与商务事项。洽谈工作至18日结束。

15日 省民政厅发出《关于开展"两个效益双优"储金会检查评比活动的通知》。经评选，临川、乐安、抚州、南昌、南丰等15县市区为先进单位。

15日 省政府批转省职工教育管理委员会《关于江西省职工教育工作情况和今后工作意见》的报告。

15日 省政协五届常委会举行十八次会议。会议讨论研究了海外统战工作和"三胞"联络工作。会上，大家学习了中共中央办公厅的有关文件，听取了杨永峰关于海外统战工作问题的讲话和有关部门同志的情况介绍。会议就今后如何适应统战工作的新形势、新格局，进一步做好江西省海外统战工作和"三胞"联络工作，发表了很多很好的意见和建议。吴平对今后的工作任务提出了三点意见：（一）要充分发挥各界人士为祖国统一服务的积极性；（二）要多渠道、多领域、多层次、多形式地开展海外统战工作和"三胞"联络工作；（三）要注意不断研究新情况，解决新问题。会议于17日结束。

15日 全国地质矿产系统区域物化探成果交流会在南昌召开。江西省地质矿产物化探队，赣西北队等单位的代表介绍物化探成果。交流会于19日结束。

16日 南昌市与北京市宣武区结为友好市区，并签订协议书，建立"长期、稳定、全面"的友好合作关系。根据《江西省、北京市经济技术协作商谈纪要》的精神，北京市宣武区派出代表团于近日来南昌市进行为期4天的友好访问。

17日 江西省厂矿企业中有6个生产班组和3名先进班组长被全国总工会、国家经委命名为全国先进生产班组和全国先进班组组长。他们是西华山钨矿一坑三二四采掘班、江纺第一细纱车间"五四"青年小组、萍乡高坑煤矿采掘三区充填班、景德镇市人民瓷厂二○一组、吉安汽车运输公司客车队柴油车驾修班、新余钢铁厂炼焦车间调火班，以及萍乡高坑煤矿采掘三区充填班班长柳培喜、景德镇市人民瓷厂二○一组组长万木佑、吉安汽运公司客车队柴油车驾修班班长龙民望。

17日 1986年度全国工艺美术品百花奖评选在北京揭晓。景德镇市艺术瓷厂的景德镇牌瓷版画获金杯奖，南昌美术厂的瓷版像获银杯奖。评选会还进行了工艺美术品部优和创作设计奖的评选。江西省艺术瓷厂、红星瓷厂、雕塑瓷厂的薄胎皮灯、花瓶和雕塑工艺台灯均获得轻工业部部优称号；婺源龙尾砚厂、星子工艺美术厂的砚台和万载县东风花炮厂的烟花获部优秀创作设计希望杯奖。

17日 省石油公司以（1986）赣石计业字第49号文下发《关于樟树、南昌石油站经营的出口转内销高价汽油和九炼高价汽柴油中转调拨作价的通知》。

17日 省政府发出《关于加强音像管理的通告》。该通告指出：从1986年9月1日起，凡未经广播电影电视部批准的任何海外文艺录像带，一律禁止出售、出租和公开放映（包括录像放映队、各类闭路电视系统和党政机关、部队、团体、企业事业单位举办的内部放映）。《通告》还规定，对违反本通告进行违章活动者，广播电视、工商行政管理机关，视情节轻重，分别给予没收、罚款、取缔、吊销许可证和营业执照等处罚；凡出版、翻录、播放淫秽和反动音像出版物，构成犯罪的，由司法部门依法处理。

17日 总参防化部副部长徐光裕率领国家人防办检查组，对南昌市的人防工作进行检查。

17日 江西作家刘欧生创作的长篇小说《女囚》，由黄河文艺出版社出版。

17日 江西省青年作家吴清订的两部中篇小说《刻在烈士碑上的叛徒名字》、《三十年陈案大白记》，分别发表在湖北和湖南的文学刊物上。

18日 在国务院召开的全国设备优秀单位表彰会上，南昌柴油机厂荣获全国设备管理先进单位称号。

18日 经省委、省政府同意，省劳动人事厅下发《关于招工、招干解决后遗留问题的处理意见》，停止招干前已正在办理的银行系统招干，民办教师转编，机要人员录干，县以上二轻大集体身份人员的转干，民警改干等可继续办理。

18日 由中国计算机用户协会江西分会主持设计、施工的高标准中学生微机房在江西南昌二十九中建成，并正式启用。

19日 省商业厅通知：自9月1日起，审计处与财务处分开办公，负责全省商业、供销社系统内部企业、事业单位的财务收支及其他经济活动的审计监督工作。

19日 由赫恩贝尔格先生率领的联邦德国黑森州职工培训高级专家组一行7人抵达南昌，对省政府与黑森州政府合作在南昌建立一所地区性、综合性的工人技术培训中心，进行为期22天的考察访问。

20日 华东地区第二次工交审计研讨会在星子县召开。

20日 江西田径运动员姜绍洪、王军、罗军，游泳运动员李金兰（女），跳水运动员涂军辉、许艳梅（女），羽毛球运动员熊宝国、钱萍（女）参加在南朝鲜汉城举行的为期半个月的第十届亚运会，获1枚金牌，5枚银牌，1枚铜牌。

20日 江西省第一所中医中等专业学校——江西抚州中医学校正式成立并开学。该校设针灸医士、中药剂士、中医护士三个专业。

21日 在吉水县黄桥乡洴塘村，清理出杨万里木刻版著作15箱多，整理和刷净双面木刻版1331块。这些木刻版分别是同治、乾隆年间刊刻的，木刻版有《杨诚斋诗集》42卷，分别收录了杨万里所写的《江湖集》、《荆溪集》等九个集子，2000多首诗。还有《杨诚斋文集》42卷，《诚斋易传》20卷。

21日 上海区域经济五省一市农业厅、局长联席会议在九江市召开。会议探讨省际间农业部门的横向联系；农业部门自身建设；县、乡、村农业服务体系建设以及农业"三场"和中等农校建设等问题。会议于25日结束。

22日 《江西省建材工业发展战略报告》通过评审。

22日 应江西大学、中国摄影家协会江西分会邀请，国际著名摄影家、化学博士、日本东京工艺大学校长、日本写真协会副会长菊池真一先生来江西省访问。

22日 由江西国土开发整治委员会编制出版、列入江西省"七五"规划项目的大型综合性专题地图集——《江西省国土资源地图集》完成总体设计。这部规模宏大的地图集，由《序图》、《自然条件和自然资源》、《人口》、《资源开发与利用》、《国土整治与环境保护》5个图组，共

160 余幅专题地图组成。

22 日　省工商联四届五次常委会议在江西宾馆举行，会期 5 天，会议学习、贯彻中共中央关于新时期对民主党派工作的方针和任务；传达全国"两会"精神；研究引进新人，加快实现领导班子年轻化步伐，加强组织建设问题。

23 日　南昌市郊区人民法院对盗卖国家物资的省化工供销公司干部郭昌明判处有期徒刑 7 年，剥夺政治权利 2 年。省化学工业公司给郭昌明以开除公职处分。

23 日　江西省塑料工程学会成立。

23 日　省检察院和省委打击经济犯罪办公室联合召开全省打击严重经济犯罪、查处大案要案南昌经验交流会。《江西日报》于 25 日以《江西省打击经济犯罪斗争取得突破性进展》为题作了报道。

24 日　江西省检察学会成立大会在南昌市召开，最高人民检察院向大会发来贺电。大会选举王树衡为会长，于明春、高佩德、陈显静为副会长。

24 日　首次江西军民共建精神文明经验交流会在九江市召开。参加这次会议的各方面代表共 128 人，南京军区派代表参加了会议。省军区副政委魏长安介绍了省军区系统军民共建、军民参战的情况。会上有 36 个军民共建、警民共建和民兵参建先进单位介绍经验。会议总结交流了近几年来，全省军民共建精神文明活动的经验，研究和部署了今后军警民共建活动的任务，以促进精神文明建设向纵深发展。

24 日　为进一步推动江西妇产医学科研工作，促进妇产医学事业的发展，省政府决定成立"江西省妇产科学研究所"，该所下设宫颈癌防治、计划生育、生殖内分泌、围产医学、新生儿疾病等 10 个研究室。并同时决定，将"江西省妇女保健院"改名为"江西省妇产医院"。

25 日　瑞金县在武阳乡开工兴建"红军长征第一桥"（1988 年 8 月 1 日建成通车）。

25 日　美国英语学会赴赣代表团一行 5 人在该学会主席温德林博士带领下来江西考察，考察时间为两天。

25 日　省经贸厅成立江西省对台贸易领导小组，领导小组由 13 人组成，组长卢德荣。

25 日　省保险公司、省教委发出《关于在全省中小学公办教职工中试办简易人身保险的通知》。

25 日　省计划委员会、省财政厅、省司法厅转发国家计委、财政部、司法部《关于将司法系统业务用房列入地方基建和维修计划的通知》，要求各地尽快解决司法系统业务和宿舍用房问题。

25 日　在全国对苏出口花布质量商检评比会上，抚州印染厂生产的 30 - 36 纯棉花布被评为全国最佳，一是印制效果最佳；二是外包装成型最佳。

25 日　加拿大地质学会主席、布鲁克大学地质科学系教授哈恩斯克到德兴铜矿作为期 5 天的考察和学术讲座。

26 日　省社联、省党史学会、赣州地区社联联合在南昌举行纪念红军长征胜利 50 周年学术讨论会。来自全国 13 个省市的党史工作者、研究者共 130 人参加了讨论会。会议围绕纪念长征的重大现实政治意义，长征的原因、准备、出发时间、出发地点等问题展开了讨论。

26 日　根据最高人民检察院通知规定，江西省检察院发出《各级人民检察院不能批准逮捕现役军人的通知》。

26 日　政协江西省第五届委员会农业组在江西省畜牧良种场召开振兴江西农业献计献策座谈会。座谈会于 28 日结束。

26 日　美国政府科学顾问、科学院院士、国际著名学者、哥伦比亚大学冶金学院院长西米列斯教授参观访问贵溪冶炼厂。在此期间应邀作了题为《传输显像在冶金设计过程中的应用》的学术演讲。参观访问活动于 28 日结束。

26 日　省六届人大常委会举行第十九次会议。会议传达学习六届全国人大常委会第十七次会议精神和彭真委员长重要讲话；朱治宏作了关于倪献策所犯严重错误情况的介绍；蒋祝平向会议宣读了省政府向省人大常委会提交的《关于免除倪献策同志省长职务的报告》，决定免去倪献策江西省省长职务，由吴官正任代理省长；审议通过了《江西省乡镇集体矿山企业和个体采矿管理办法》；审议《江西省执行〈中华人民共和国土地管理法〉实施办法》（草案）；审议和通过了《关于成立江西省选举委员会的决定》及其组成人员名单，省选举委员会主任委员王书枫。会议于29日结束。

26日 "修水宁红茶优质高产、综合技术研究成果"通过了省级鉴定。鉴定认为，这项课题研究的各项理化指标都超过了国家标准，是一项具有国内先进水平的科技成果。

26日 江西省第一幅反映全省矿产资源情况的《江西省矿产地质研究程度图》，由省地矿局赣西地质调查大队牵头的"编图小组"编制完毕。省地矿局组织地矿系统的6个单位，历时一年零两个月，完成了该图的编制和说明书的编写工作。

27日 省六届人大常委会第十九次会议举行第二次全体会议。王书枫主持会议，会议听取了省纪委书记朱治宏关于倪献策所犯严重错误的情况介绍；蒋祝平向会议宣读了省政府向省人大常委会提交的《关于免去倪献策同志省长职务的报告》。

27日 由交通部定点安排在吉安船厂试制的240马力电焊船通过省级鉴定。

27日 历时4天的全国羽毛球单项甲级赛在武汉结束，江苏队的杨阳和江西队的钱萍分获男、女单打冠军。

27日 江西省举行第七届运动会。省市党政军负责同志出席开幕式。这届运动会涌现了一批优秀的体育后备人才。有1人2次超1项世界

江西省第七届运动会在南昌隆重开幕

纪录，1人1次平1项世界纪录。1人1次破一项亚运会纪录，1人1次破1项全国纪录，33人38次破25项全省纪录，25人23次破21项全省少年纪录，有11个单位被评为精神文明代表团，60个队被评为精神文明队，361名运动员被评为精神文明运动员，99名裁判员被评为文明裁判员。获本届省运会金牌总数前六名的代表团是：南昌市、九江市、景德镇市、赣州地区、吉安地区、宜春地区。运动会于10月4日结束。

27日 省地质矿产局副总工程师陆中光参加地质矿产部代表团赴民主德国考察。考察活动历时半个月，于10月13日结束。

28日 经省气象局党组决定，局机关增设审计室（1989年5月成立监察审计处，原审计室撤销）。

28日 省第六届人大常委会第十九次会议举行第三次全体会议，通过了《关于免去倪献策省长职务的决定》和《关于吴官正代理江西省省长的决定》。委员们听取了关于倪献策所犯严重错误的情况介绍，审议了江西省人民政府《关于提请免去倪献策江西省省长的报告》。省人大常委会主任王书枫在会上讲了话。

29日 省委、省政府在首都人民大会堂举行"纪念红军长征胜利50周年慰问江西籍老红军茶话会"，以表达家乡人民对革命老前辈的深情厚意。彭真、杨尚昆、余秋里、杨得志、陈丕显、邓力群、郝建秀、薄一波、肖克、黄镇、王平、康克清、杨成武、王恩茂、洪学智等领导到会，并与出席茶话会的老红军、老同志合影留念。在京出席和列席党的十二届六中全会的万绍芬、白栋材、吴官正、许勤、赵志坚、王铁等，代表江西省委、省政府热烈欢迎老红军、老同志的光临。省委书记万绍芬主持茶话会并致词。何长工、帅孟奇、曾志、江拥辉、吴克华、杜平、肖望奇、袁升平、王辉球、张铚秀、谢振华、谭启龙等200多位老红军、老干部出席了茶话会。中组部部长尉健行、人民日报社社长钱李仁以及有关部门的负责同志也出席了茶话会。省广电厅厅长白永春率领工作人员和江西人民广播电台、江西电视台记者

21人负责茶话会的筹备、组织及新闻报道工作。

29日 南昌铁路科研所与江西省交通厅有关部门共同完成的《江西省十五年（1986～2000年）交通运输科技发展战略研究报告》科研项目，经省科委评审通过。1987年1月4日又评审通过了《江西省十五年（1986～2000年）交通运输科技发展预测研究报告》科研项目。

29日 《江西日报》发表题为《同违法乱纪作坚决斗争》的社论，强调各级干部要从倪献策所犯严重错误中吸取教训，增强党性，加强法纪观念。

29日 为了认真贯彻执行国务院改革劳动制度的四项规定，江西省人民政府最近发布了四个实施细则，即《国营企业实行劳动合同制暂行规定实施细则》、《国营企业招用工人暂行规定实施细则》、《国营企业辞退违纪职工暂行规定实施细则》、《国营企业职工待业保险暂行规定实施细则》。从1986年10月1日起与国务院的暂行规定同时施行。

29日 省计委、省经贸厅、国家外汇管理局江西分局联合下达《江西省出口商品外汇留成实施办法》，确定全省出口商品外汇留成的具体办法。

29日 省科委提出关于发展猕猴桃生产的几点意见：（一）把生产猕猴桃作为经济振兴的一项战略措施作为江西多种经营的一项大宗产业和地表资源开发；（二）以群众种植为主，国家扶助为辅；（三）各部门密切配合，统一规划、统一部署。

29日 省六届人大常委会第十九次会议闭会。会议审议通过了《江西省乡镇集体矿山企业和个体采矿管理办法》；通过了《关于成立江西省选举委员会的决定及其组成人员名单》；通过了江西省高级人民法院提请的有关人事任免名单。

30日 江西省民间艺术之花——武宁《打鼓歌》由中国音乐研究院选入《中国音乐辞典》。

30日 由江西人民出版社计算机室与省计算机技术研究所合作研制的《出版事务管理信息系统》研制成功。经专家认定，认为它在出版行业的同类型软件系统中达到了国内领先水平，并通过省级鉴定。当前，该软件已为国家出版局采用，并将在全国出版系统推广。

30日 景德镇市宇宙瓷厂以出口创汇为重点，全厂出口瓷已交货1142万件，出口销售收入1033万多元，为国家创汇200多万美元。经省陶瓷公司和省出口公司检查评比，1986年该厂再次获得全省陶瓷行业唯一的出口瓷生产交货一等奖。

30日 在吉林省召开的全国施工企业质量管理小组代表会上，新余钢铁厂建设公司质量管理小组被评为全国施工企业先进QC小组。

本月 创立江西省中华会计函授学校。办学宗旨为该校归财政部中华会计函授学校和省财政厅双重领导，培养在职中等专业会计人员。

本月 江西省老同志财政研究会成立。

本月 宜春风动工具厂和长沙矿冶研究院合作研制成功的《用应力波测试内燃及电动凿岩机冲击能系统》和《凿岩机运行性能试验装置》通过省级鉴定。该系统与装置获1986年省科技进步三等奖。

本月 省审计学会、省审计局开展首次优秀审计科研成果评选活动，有21篇论文分获一、二、三等奖。

本月 在长春召开的"全国农机科普声像作品观摩评选会"上，由江西电影制片厂摄制的《柴油机》获优秀电影一等奖，《酸甜苦辣》获优秀电影二等奖。

本月 应江西省科学技术交流中心的邀请，日本医学专家井上宽治来赣进行短期技术交流。

本月 萍乡矿务局汽车改装厂更名为煤炭工业部萍乡客车厂（仍隶属萍乡矿务局）。

本月 江西钢厂生产的钢琴丝获国家银质奖。

本月 江西省代表队3名选手参加国家建设部和全国城建建材工会在山东泰安举办的全国第二次建筑青工技术比赛，比赛内容为镶贴瓷砖和马赛克。获团体第七名（团体全国取前十名）。省建二公司程老律获个人第十五名（个人取前30名），并被建设部和全国城建建材工会授予"全国建筑青工技术能手"称号。省建二公司程万荣和南昌市建三公司胡冬保分别为第三名、第十二名。这是江西省建筑工人近几年参加全国建筑技术比赛的最好成绩。10月16日，这三名选手被省建设厅和省总工会授予"全省建筑青工技术能手"称号，并获得本单位晋升一级工资奖励。

本月 经省委政法委批准同意，本月中旬至10月上旬，以省司法厅副厅长边鹏越为组长，省委政法办公室主任朱翔为副组长，省高级人民法院顾问张锡庆、省人民检察院处长钟礼琴等7人组成的省赴疆看视工作组，到新疆生产建设兵团农三师看视1985年调疆的江西犯人。

本月 八一垦殖场青峰保健食品厂与青峰制药厂联合生产的精制赤灵芝片首次出口加拿大。

本月 省电大劳动经济管理、人事管理专业六个教学班，首届招收208人，分别在南昌、九江、景德镇市和赣州地区劳动人事局举行开学典礼。

本月 第三季度，江西省审计局组织全省42个审计局对245个商业供销企业实施全面审计，共查出违纪金额1707万元。

1986

10月
October

公元 1986 年 10 月							农历丙寅年【虎】					
日	一	二	三	四	五	六	日	一	二	三	四	五	六
			1 国庆节	2 廿九	3 三十	4 九月小	5 初二	6 初三	7 初四	8 寒露	9 初六	10 初七	11 初八
12 重阳节	13 初十	14 十一	15 十二	16 十三	17 十四	18 十五	19 十六	20 十七	21 十八	22 十九	23 二十	24 霜降	25 廿二
26 廿三	27 廿四	28 廿五	29 廿六	30 廿七	31 廿八							

1 日　南昌市沿江大道里洲段水泥混凝土路面工程、解放路（二交路）立交桥工程、上海路改建工程、城东环行线和青山湖游艺中心五项工程同时竣工，为改善市内交通拥挤状况，美化城

省市领导为南昌市解放路立交桥等五项城建工程胜利竣工剪彩

南昌市解放西路立交桥正式通车

市，将起到明显的经济效益和社会效益。

1 日　江西省贯彻国务院颁发的《中华人民共和国车船使用税暂行条例》和《中华人民共和国房产税暂行条例》，恢复征收车船使用税和房产税。

1 日　一年来，江西省贯彻党的"双百"方针，调动了作家、艺术家的积极性，各种题材、体裁、风格、流派展开了自由竞赛，从而大大适应和满足了各个层次的读者和观众的艺术欣赏要求。电影《月光下的小屋》在国际上获奖后又获文化部儿童故事片奖。在全国获奖的还有：音乐《花儿美丽歌儿甜》、《拾稻穗的小姑娘》、《我们，中国的女性》、《快乐的园丁》、《边防潜伏哨》、《无名的枕木》；版画《竹乡雪》、《山野的风》、《井冈竹海》、《树林与小孩》；曲艺《南疆草》、《南昌清音》、《只育一枝花》、《永新小鼓》、《秋香改嫁》（九江文曲）、《巧媳妇撮合老鸳鸯》（萍乡春锣）、《松林坡的魔影》（快板书）；摄影《牧场的早晨》、《路》、《开拓》、《故乡随想》、《迎新》以及胡飞民的书法等。

1 日　南昌朝阳水厂竣工送水，新增供水能

力 10 万吨/日，总供水能力达 30 万吨/日，时为全省最大水厂。

1 日 自当日起，《南昌晚报》开始改版，由四开四版的小报改成对开四版的大报，栏目也进行了更新，第一版是要闻版，第二版为综合新闻和专页版，第三版是以文艺为主的综合副刊版，第四版为文体时事版。

1 日 中国著名的湖田古瓷窑遗址陈列馆正式开放。湖田古窑遗址位于景德镇市郊，为中国古代著名窑场。该窑场兴烧于五代，历经宋、元至明代隆庆、万历年间，延续 700 年，方圆 40 万平方米，窑场遗物堆积极为丰富，为全国文物重点保护单位。

3 日 1986 年全国赛艇锦标赛暨中（中国）、比（比利时）、港（香港）国际联赛在上海市淀山湖畔结束。江西省赛艇运动员获得：男子八人单桨有舵赛艇第一名；女子四人单桨赛艇第一名；男子双人双桨赛艇第二名；男子单人双桨赛艇第三名。总分第五名。

3 日 国家教委正式批准江西省人民政府《关于在江西工业大学建立食品工业学院的报告》，定名为“江西工业大学食品工业学院”，其发展规模为 2000 人。

3 日 省农垦局印发《江西省农垦专利工作会议纪要》。

4 日 江西省煤炭厅决定对安全隐患严重的莲花县界化陇矿、长埠矿，宁都县王干矿，高安县田南矿，德安县傅山矿吴岩井等矿井立即停产整顿。

4 日 省城乡建设环境保护厅、省计划委员会、省工商行政管理局、省建设银行、省人民检察院联合发出《在整顿建筑市场中对违章事件处理的补充规定》。该补充规定明确了整顿建筑市场重点查处 1985 年以来的违章事件，对转包和企业联营的界限及处理，对无证设计、越级设计、无证设计由有证单位签章、套用图纸及业余设计作出了处理规定。

4 日 宁冈县在调查自然资源时，发现境内有 20 余只华南虎，它们活动在茅坪、鹅岭、华岭一带。当前宁冈县政府已采取措施，保护这批华南虎的繁衍生息。

4 日 江西省“兴国红鲤”被列入国家级“星火计划”项目，由国家投资 15 万元，建设一座具有 40 亩水面的兴国红鲤种质资源人工生态库，使纯种“兴国红鲤”代代繁衍相传。

4 日 省委常委举行会议，传达和学习党的十二届六中全会精神，部署学习、讨论、贯彻《中共中央关于社会主义精神文明建设指导方针的决议》。中共中央委员、省委书记万绍芬传达了党的十二届六中全会的精神、中共中央关于社会主义精神文明建设指导方针的决议的主要精神和中央领导的讲话精神。万绍芬讲话强调，要认真学习好文件、抓好贯彻落实、党政军民齐动手，两个文明一起抓，创造优异成绩，迎接党的十三大的召开。

4 日 南昌市政府批准命名街道 29 条，更名 49 条，合并 1 条，并决定自本月 1 日起正式启用。

4 日 民革会江西省代表会议在南昌市举行。会议选出了李沛瑶等 6 名出席 1986 年民革全国代表大会的代表，新增补了 9 名民革省委会委员。会议于 7 日结束。

5 日 江西省水利工作会议在南昌召开，会议的中心议题是：交流情况，总结经验，部署和组织今冬明春农田水利建设，尽快把水利搞好。各地、市、县分管农业的负责和水电局长等三百多人参加了会议。副省长钱家铭作了《加快水利建设步伐，增强农业发展后劲》的报告。会上，表彰了一批水利工作先进单位并颁发了奖旗。会议于 8 日结束。

5 日 建设部部长叶如棠来江西考察城乡建设工作。

6 日 省煤炭厅制定《关于矿山救护队实行军事化制度有关规定》。

6 日 列入江西省“星火计划”之一的“西瓜综合加工利用”研究课题已顺利完成，并通过鉴定。这是江西工业大学为老区人民充分利用和开发西瓜资源寻找到的一项致富门道。

6 日 省委组织部、宣传部和省教委、省科委在南昌联合召开全省高等学校、科研院所领导班子座谈会。参加会议的人员有各地、市委组织部长、全省普通高等学校省科学院、省社会科学院的党委书记或主持党委工作的副书记，有关科研院所分管干部和人事处长共94人。会议还强调，要认真加强后备干部的选拔和培养工作，以实现新老干部的正常交替，保持领导班子的连续稳定。会议于7日结束。

7日 为纪念红军长征胜利50周年，经中宣部批准兴建的井冈山革命根据地烈士陵园，在当年毛泽东、朱德胜利会师的地方——宁冈县砻市破土动工。

7日 江西省出口商品展销会和江西省对外经济技术洽谈会在加拿大魁北克省蒙特利尔市举办。代表团一行26人，由副省长蒋祝平率团参加。此次赴加拿大，以展销为主，同时洽谈经济技术合作项目。展销产品主要有陶瓷、地方工艺品、纺织品和土畜产品等。展览历时7天，展出面积400平方米，3700余个展览品种，接待参观5万多人次，签订贸易合同280万美元。

8日 经民政部批准颁发的"革命烈士证明书"被送到梅棠乡政府，以表彰江西省永修县梅棠乡新庄村在1月27日扑灭山火时，为抢救国家财产壮烈牺牲的农民黄后钦。

8日 江西第一所学校与企业联合创办的新型全日制高等职业学校"江西大学共青职业学院"在共青城举行首届开学典礼，中共中央总书记胡耀邦为学院题写了校名。

江西大学共青职业学院正式开学

8日 一种在全国首创的不用开刀治疗骨折并使疗程缩短的髌骨复位加压固定器，在江西中医学院附属中医院问世以来，现已推广到省内外10家医院临床应用。这一新疗法的研制者省中医院骨科主任许鸿照荣获国家华佗金像奖。

8日 全国地方骨干钢铁企业环保工作会议上，冶金部对全国30个地方骨干钢铁企业环保工作进行综合检查，新余钢铁厂以94.2分的优异成绩荣获总分第一名，冶金部为新余钢铁厂颁发了"优胜杯"奖。

8日 全军改革民兵政治教育开展刊授经验交流会在清江县召开。解放军总部有关部门、《中国民兵》杂志社和南京军区有关部门的领导和江西省委、省军区领导和全国各大军区、省军和江西省各地从事民兵工作的领导及先进单位的代表参加了会议。会议总结交流了开展刊授教育的经验和体会，充分肯定了清江县运用《中国民兵》杂志进行刊授教育的做法，并到大桥乡、樟树酒厂进行了实地参观考察。省军区政治部副主任雷庆善汇报了江西省民兵政治教育改革的情况，总政群工部副部长王克卿对今后如何改革民兵政治教育提出了具体要求，《中国民兵》杂志主编孙浩刚谈了开展刊授教育要着重抓好的几个环节。会上，清江县、宜春军分区政治部、宜丰县人武部和江苏省的沙洲县人武部等24个单位被评为全军民兵刊授教育先进单位。总参动员部、总政群工部、解放军报社向他们颁发了奖旗和奖状。会议于11日结束。

9日 从1980年到1986年9月，南昌钢铁厂共节水1100多万吨，节资40余万元，被国家城乡建设环境保护部、国家经委、中华全国总工会授予"全国城乡节约用水单位"的称号。

9日 《人民日报》在一版头条位置发表报道：江西省委一年多来重视党风建设，严格执行党的纪律，坚决反对公职人员凌驾于人民之上的作风现象，鼓励和支持广大群众监督党的各级干部，取得了显著成效。查处一批影响大、震动大、涉及厅局级以上干部的案件。

9日 省委、省政府召开会议。会议要求各地发扬"愚公移山"的精神，继续抗旱，力争粮食多收。同时，抓紧时机扩大冬种面积，争取大旱之年农业总产值和农民人均收入完成计划。

10日 江西省职工思想政治工作会议在南昌召开。会议认真学习了《中共中央关于社会主义精神文明建设指导方针的决议》，传达了全国工会职工思想政治工作会议的精神，提出了新时期职工思想政治工作的任务。会议于13日结束。

11日 省妇联在江西宾馆举行座谈会，欢迎原中共中央组织部副部长、中顾委委员帅孟奇，原中共中央纪委专职委员刘英和原全国妇联书记处书记董边3人到江西访问（14日至23日，卫生部部长崔月犁、老红军帅孟奇、刘英先后到共青垦殖场视察。崔月犁还给该场职工医院题写院名）。

卫生部部长崔月犁在江西考察卫生工作时，会见江西省委书记万绍芬、省长吴官正

12日 林业部、中国民用航空局、解放军空军司令部联合授予赣州地区林业局营林科、兴国县林业局、省民航管理局飞行独立中队为"全国飞机播种造林先进集体"；授予省林业厅张全荣、赣州地区林业局程庆吉、南城县林业局吴志辉、万安县麻源垦殖场洪伯周、省民航局计从绳"全国飞播造林先进个人"光荣称号；弋阳县林业局邹泅录、赣州地区林业局王璋珊获得荣誉奖。

12日 省劳动人事局长、劳动服务公司经理会议在丰城市召开。省委副书记、代省长吴官正同志在会上提出了三点要求：（一）要提高认识，加强领导，要通过劳动制度的改革，进一步解决"大锅饭"、"铁饭碗"的问题；（二）千方百计广开就业门路，是搞好劳动制度改革的一个

很重要的方面；（三）劳动制度改革政策性很强，各级干部都必须端正党风，严格按照国家政策和有关规定秉公办事。会议期间，与会同志认真学习了国务院发布的改革劳动制度的四个规定和江西省贯彻国务院规定的4个实施细则，研究了江西省如何正确实施劳动制度的改革问题。同时研究了如何处理好改革前招工、招干方面的遗留问题。

13日 省委宣传部最近发出通知：要求全省广大党员和干部认真学习党的十二届六中全会通过的《关于社会主义精神文明建设指导方针的决议》。认真学习好这个文件，对于推动我国物质文明和精神文明的建设，促进全面改革和对外开放，建设有中国特色的社会主义，具有十分重大而深远的意义。全省各级党组织和广大党员干部，必须高度重视，深刻领会文件的精神实质，扎扎实实地把文件学习好，贯彻好。通知还提到，各部门、各单位、各地要在抓好精神文明建设的同时，认真抓好物质文明的建设，确保1986年各项计划的全面、超额完成，力争达到两个文明建设双丰收。

13日 1986年全国男子曲棍球锦标赛在抚州市结束。江西队获亚军。

13日 卫生部顾问马海德陪同日本笹川纪念保健协力财团常务理事汤浅萍等三位专家来江西省考察麻风病防治工作情况。省委、省政府领导欢迎他们来江西省考察。

13日 经省政府批准，庐山区高垅中学胡传国同学被授予"革命烈士"光荣称号。1985年5月5日，胡传国同学冒着滚滚而来的山洪，为抢救4名妇女儿童而英勇献身。

13日 江西省农村经营管理工作会议在抚州市召开。着重研究了进一步搞好农经工作改革，全面开展农经服务问题，会议倡议1987年在全省开展"农经服务百面红旗赛"活动。会议于16日结束。

14日 江西省委统战部在省委礼堂召开新时期统一战线工作报告会。省直各单位、部分大

专院校、科研所、大中型厂矿和南昌市有关部门的负责人参加了会议。会议传达了中共中央关于新时期统战工作的文件。省委领导在会上作了报告。报告共分三部分：（一）以中央关于新时期统战工作的文件为指针，努力开创江西省民主党派工作的新局面；（二）积极开展海外统战工作，巩固扩大广泛的爱国统一战线；（三）加强和改善党对统战工作的领导。

14日 为纪念中国工农红军长征胜利50周年，由赣州地区文化局和摄影协会发起，贵州遵义、陕西延安等13个地（州）市联合举办的《今日长征路》摄影艺术联合展览在中国革命博物馆隆重开幕。中顾委常委伍修权、程子华，国务委员、国防部长张爱萍，全国政协副主席杨成武，原总政治部副主任梁必业、黄玉昆参观了展览。

14日 省政府继续安排3000名民办教师转编专用指标，其中教育系统2500名，非教育系统500名，实际上办理民办教师转编人数为3080人。

14日 江西省图书馆古籍版本专家在上高县图书馆进行为期3天的古籍鉴定时，发现该馆9000多册线装古籍有152种、1519册是明清善本，其中明版国家级善本有32种308册。

14日 联邦德国菲利浦公司汉堡研究实验室高级研究员马台卡博士和夫人，来九江参加为期5天的全国激光与光学晶体学术会议。

15日 江西省第四次市、县、区政协工作座谈会分5个片同时在赣州市、吉安市、宜春市、九江市和上饶县召开。政协江西省第五届委员会科技组前往省社会科学院、省纺织工业科研设计院、省农业机械研究所、拖拉机厂调查落实知识分子政策情况。

16日 省司法厅决定给全省从事劳改劳教工作30年以上（含30年）的干警颁发荣誉证书、证章。

16日 共青羽绒制品博览会在南京太平商场举行。当日销售额19.2万元（1987年10月25日，又在南京举办第二次博览会，当日销售额

达23万元）。

16日 由国务院环境保护局、世界野生生物基金会和国际自然保护联盟联合举办的"国际湿地评价培训班"在南昌举办。世界野生生物基金会拉森博士和亚当姆斯博士以及国家环保局、省环保局的负责人参加了开学典礼。参加培训班的学员主要来自全国各地、各部门的自然保护管理人员，学习期间学员们将到鄱阳湖等地考察。

江西鄱阳湖国家级自然保护区景观

16日 宜春地区农科所研制培育的籼型杂交早稻籼优2号（原名籼优华2号），通过省级技术鉴定。这项成果是宜春地区农科所助理农艺师肖顺南研究成功的，经省内外小面积试种和示范推广证明，该品种一季平均亩产超500公斤，成熟期比一般品种早一周，抗病力较强，适应性较广，口感如晚米。

16日 由省文化厅副厅长张云升率领江西省歌舞团16人，组成文化交流演出团，自即日起至11月9日代表江西省人民政府出访南斯拉夫马其顿共和国，在马其顿共演出9场。

17日 萍乡矿务局高坑矿低瓦斯矿井发生重大瓦斯爆炸事故，死亡19人。

17日 江西省人民政府办公厅批复省乡企局，同意成立"江西省乡镇企业培训中心"，属省乡企局领导的县级事业单位。

17日 省政府批转省轻工业厅等部门《江西省二轻集体所有制企、事业单位职工退休退职保险金统筹暂行办法》。

17日 省政府组成学习、宣传、贯彻《矿产资源法》试点工作组，钱家铭任组长，在丰城

县河西区开展工作，给四十多个矿井补办了采矿许可证，为江西全省实施《矿产资源法》积累了经验。活动于11月12日结束。

18日 煤炭工业部党组作出《关于表彰端正党风先进单位和先进工作者的决定》。江西萍乡矿务局高坑矿党委被评为"端正党风工作先进单位"，天河煤矿矿长胡会诗被评为"端正党风工作先进工作者"。

18日 省委、省政府、省军区、南昌市委、南昌市政府、南昌军分区在八一礼堂举行纪念红军长征胜利50周年大会。出席大会的有在南昌的200多名长征老红军、省市党政军领导、有关部门的负责人和老干部、省市机关干部2400余人。省委常委、省军区司令员王保田在讲话中说，我们纪念红军长征胜利50周年，就是要继承和发扬红军长征精神，学习红军"革命理想高于天"的坚定信念，学习红军"万水千山只等闲"的革命气概，学习红军"完全彻底为人民"的优良品德，为祖国富强、人民富裕、江西振兴而努力奋斗，争取新长征的伟大胜利。

省、市纪念红军长征胜利50周年大会

18日 江西煤田勘探公司一九五地质队在丰城曲江地区探明一处储量达一亿多万吨的大煤田。

18日 日本岐阜市市长蒔田浩率领岐阜市友好代表团一行21人来南昌作为期两天的参观访问。

18日 共青团江西省委常委扩大会议在南昌召开，各团地、市委，省直各单位、大专院校团的负责人参加了会议。团省委书记丁耀民传达了团中央常委扩大会议精神，与会同志充分讨论了共青团在社会主义精神文明建设中如何进一步

发挥作用的问题。会议于19日结束。

20日 全国煤矿多种经营集体经济工作会议在抚顺召开。江西省煤炭厅、乐平矿务局和花鼓山煤矿在会上介绍经验。乐平矿务局和高坑矿、坪湖矿、英岗岭矿、花鼓山矿被评为"煤炭工业发展集体经济先进单位"。

20日 江西省来自工厂、农村、部队和大专院校等9个单位的青年和革命老干部合唱团在省体育场进行歌咏比赛，以纪念红军长征胜利50周年。比赛结果：省、市老干部合唱团获特别奖；江西师大、南昌陆军学院和南昌铁路分局分获一、二、三等奖。

20日 为纪念绘画大师八大山人（朱耷）诞生360周年，南昌电视台、南昌市文化局联合摄制电视片《画坛奇杰》。

20日 省妇联、省社科院、省妇女学学会在南昌联合召开江西省第三次妇女理论讨论会。来自上海、浙江、安徽、山东4个省市近100位专家、学者、妇女理论工作者和社会人士就当今社会变革中备受关注的妇女问题展开讨论。讨论会于22日结束。

21日 省政府批准，同意在1986年度国家下达的增干指标内，招收2000名乡镇财政干部。

21日 江西省首届体育摄影"金杯奖"评选在南昌市揭晓。江西大学邹添真的《成功》荣获冠军。11月2日，江西省首届体育摄影（金杯奖）作品展览在江西省文联展厅展出。省委、省政协、省体委、省文联、省体育记协的负责同志给获奖作者颁发奖杯。

21日 广昌县10岁小朋友黄新在《小学生语文学习》杂志征文比赛中获二等奖。全国著名学者、复旦大学名誉校长苏步青给黄新来信和题词"为学须倾毕生力，铺基应在少年时"，勉励黄新小朋友。

21日 第二届全国发明展览会上，江西省荣获7枚奖牌。获金牌的是九江市水泥船试验厂的"超轻、高强、特异性水泥砂浆"。获得银牌的是江西工业大学的"以乌桕脂（或籽）为原料制取类可可脂方法"、江西医学院第一附属医院的"微晶陶瓷人工关节生物材料的研究及

临床应用"以及景德镇市歌舞团的新型民族打击乐器"瓷瓯"。获铜牌的有中医学院的"深部手术多功能拉钩"、上饶汽车保养厂的"内燃机自动保护器"和南昌市三中的"管内机械抓手"等。

21日 最高检察院工作组何侠、陈大豪等同志来江西调查研究检察工作,到景德镇、九江市听取汇报,了解情况。认为江西检察工作路子对,抓得准,坚持原则,秉公执法,狠抓了大要案件查处。

21日 江西地矿局九一五大队董文铭,在安徽屯溪市举行的南方六省基层职工棋牌"黄山杯"赛中,获得中国象棋赛第一名。

21日 闽浙赣毗邻8个地市代表,在福建南平召开为期两天的横向经济联合第一次联席会议,并举办8地、市展销会。8地市为:福建省的建阳地区,浙江省的金华市、衢州市、丽水地区,江西省的鹰潭市、景德镇市、上饶地区、抚州地区。八个地市的领导通过一段交往接触,决定在新时期经济建设中各方面要加强合作,取长补短。

21日 省地质学会第四届会员代表大会暨学术年会在玉山召开,会期6天,出席会议代表200人,大会选举产生了第四届理事会,颜美钟任理事长。尹培基任秘书长。大会表彰了学会工作和科普工作积极分子。共征集到论文403篇,进行了学术交流。

21日 为期一周的1986年度华东电视新闻经验评奖会在山东省青州市召开。获"华东优秀电视新闻"一等奖的有现场连续报道《烟霸的出现说明了什么?》;二等奖的有现场报道《江西省高安县军民奋力扑灭一起特大森林火灾》;三等奖的有《南昌市积极开展对合同制工人的社会保险工作》、《南昌市全国著名工艺美术家杨厚兴古稀之年勤奋创作,1986年有20多幅作品被列为国家珍品予以收藏》和现场系列报道《在江西省吉安市举行的1986年全国春季竞走比赛捷报频传》。获"华东见闻"优秀节目二等奖的是《古树情思》;三等奖的是《深山桃源》。

22日 省六届人大五次会议在南昌举行,720名代表出席会议。会议通过了关于免去倪献策省长职务的决议案;选举吴官正为省长;通过了《关于认真学习贯彻中共十二届六中全会文件,加强社会主义民主法制建设的决议》。会议于24日结束。

省六届人大五次会议主席团成员在投票选举新省长

22日 中国共产党优秀党员、著名红军将领古柏纪念碑在古柏烈士家乡寻乌县隆重举行揭幕仪式。中顾委主任邓小平题写了碑名,全国政协副主席康克清为纪念碑题词"古柏同志英勇奋斗的业绩永载史册"。中顾委常委李井泉,老红军战士邝任农、赵发生、刘泮林、王卓超、刘建华、钱希均、曾征、曾碧漪也写纪念文章或题词。

22日 江西省事业单位开始进行确定单位级别工作。

22日 少先队江西省代表大会在南昌举行。大会听取和讨论省少先队的工作报告,确定"七五"期间全省少先队工作任务,通过《江西省少先队辅导员和工作暂行条例》,成立中国少年先锋队江西省工作委员会。在闭幕式上,表彰了200名优秀少先队员,250名优秀少先队辅导员和45个少先队先进集体,向他们发了奖旗奖状,并通过了《给全省少先队的一封信》。会议于24日结束。

22日 江西省首次老干部工作会议在南昌举行。会议传达了中组部召开的18省、市、区老干部工作座谈会精神。总结交流了江西省老干部工作经验,提出了今后进一步做好老干部工作的意见。各地、市、县(区)委老干部局负责人,省直机关单位主管老干部工作的负责人,以及各地各部门老干部工作专职干部共三百多人参加了会议。会议于 25 日结束。

23 日 纪念八大山人诞辰 360 周年学术活动在南昌举行。来自全国 20 个省、市、自治区以及海外 6 个国家和地区的 120 余名书画界名流和学者出席了开幕式。欣赏了八大山人百幅书画真迹展，瞻仰新近落成的八大山人圆雕铜像。中国美术家协会副主席蔡若虹、中国书法家协会常务理事黄苗子、中国画院画师邓林、江西书画院名誉院长胡献雅、香港中文大学教授饶宗颐、美国新泽西州新东大学荣誉教授王方宇先后发了言。

23 日 上饶市苏烈熙等 10 位版画工作者创作的吹塑版画同时获得日本日中艺术研究会颁发的国外"世界书票贡献金杯奖"和中国《版画世界》编辑部颁发的 1986 年度"鲁迅纪念奖章"。其中版画书票在国际上获奖中国还是第一次。

24 日 英国女王伊丽莎白二世的丈夫、世界野生生物基金会主席爱丁堡公爵菲利普亲王率

菲利普亲王乘游艇在鄱阳湖候鸟保护区观察候鸟

菲利普亲王在鄱阳湖观鹤

领该基金会代表团 10 人赴鄱阳湖候鸟保护区，进行为期两天的考察，并会见国际湿地评价培训班的学员。

24 日 在无锡市结束的全国第二届计算器质量评比中，景德镇国营六〇二厂生产的 5S－122 型和 5S－420 型两个品种的计算器获一等奖。

24 日 省地质矿产局第二物探队总工程师曹恩生等一行 5 人应邀赴西德考察煤田物探工作。考察活动于 11 月 16 日结束。

25 日 罗马尼亚人民共和国电工部、机械院教育组一行 6 人抵达九江电子材料厂进行技术交流。

26 日 省建设厅对全省建筑施工企业的施工员、质检员、监督员进行技术资格考试，南昌地区各县、区同时进行，参加考试的有万余人。

26 日 省委书记万绍芬，省长吴官正，副省长钱家铭等人视察由省第二建筑工程公司、景德镇市第一建筑工程公司、中国有色金属工业总公司第四建设公司施工安装的景德镇焦化煤气工程。该工程于 1989 年 9 月 15 日竣工并交付使用。

27 日 有色总公司批准《武山铜矿南建北改》初步设计说明。

27 日 南昌航空工业学院研制的"KDWJ－Ⅱ型直流脉冲点焊微机控制箱"在西安通过了航空部组织的技术鉴定。

27 日 江西工业大学在利用乌桕脂通过乳化分提方法直接精炼类可可脂产品"柔软黏稠油脂"获得成功，并通过鉴定。

27 日 崇义县聂都乡陈洞村发现一株罕见的国家一类保护树——铁杉树，该树高 35 米，蔸围 4 米，眉 3.3 米。该树已生长了 600 余年。

27 日 上饶市卫生防疫站被卫生部授予"全国环境卫生工作先进单位"光荣称号。

27 日 省政府在南昌召开了清理在建项目工作会议。对全省在建项目的处理意见进行了审核，对清理工作进行了总结，全省固定资产投资在建项目共停建 27 个，缓建 38 个，缩小规模 13 个，共压缩投资 13800 万元。调整了部分投资用

于急需方面的建设。这次停建、缓建的项目，大部分是非生产性建设，特别是楼、堂、馆、所的建设。会议于 28 日结束。

28 日 海军某驱逐舰独立支队举行舰艇命名大会，会上宣读了中央军委关于把海军"134"号对海导弹驱逐舰、"531"号对空导弹护卫舰、"516"号对海导弹护卫舰、"518"号对海导弹护卫舰，分别命名为"遵义"、"鹰潭"、"九江"、"吉安"号军舰的命名书，这四艘军舰命名后，分别授予新的军旗。

29 日 江西省档案局会同广东紫金县委办公室及县档案局，对孙中山的家世源流在宁都专门进行了详细的调查考证。发现宁都的《富春孙氏伯房十二修族谱》与《紫金县中坎孙氏族谱》之间确有世次传代关系，各代始祖的墓碑与族谱中的记载相符。入赣远祖为唐僖宗时百将东平侯孙琍。

29 日 宜丰县天宝乡辛会村第十七村民小组农民邓珠生在挖土筑围墙时挖掘出一批珍贵文物。这批出土文物有青铜器、陶器和石器，其中青铜剑一把，通长 35 厘米，剑拓宽 4 厘米，厚 0.8 厘米，重 325 克；小型青铜斧三把，重 160 克；青铜戈一个，通长 19 厘米，重 160 克；还有青铜镞、青铜锛等 13 件。经考证，这批文物都是春秋早期的物品。

30 日 中国解放文化艺术学会第一届第二次理事会暨学术讨论会在景德镇市召开。学会会长、文化部副部长周巍峙和副会长、原中共中央宣传部副部长王惠德与会，副省长陈癸尊出席会议并讲话，大会收到论文 60 篇。

30 日 省直机关端正党风领导小组召开端正党风情况交流会。要求省直各机关抓紧 1986 年最后两个月时间，按照中共中央关于社会主义精神文明建设指导方针的决议精神，扎扎实实地做好端正党风工作，努力实现 1986 年省直机关党风明显好转。省直各厅局党组成员、纪检组负责人以及省直各单位机关党委书记近千人参加了会议。会议分别由省纪委书记、省直机关端正党风领导小组副组长朱治宏和省直机关端正党风领导小组成员、办公室主任刘忠贵主持。

30 日 应日本考古学界邀请，江西省社会科学院历史研究所副所长、省中国农业考古研究中心主任、《农业考古》杂志主编、国务院农村发展研究中心研究员陈文华，自即日起至 11 月 13 日赴日本讲学并进行学术访问。

31 日 我国煤田地质系统第一个"煤质化验数据库"在江西省煤田地质勘探公司科研所研制成功。该数据库 10 月 8 日至 13 日在庐山召开的华东煤田地质、经济、技术研究会上获一等奖。

31 日 省政府根据国务院通知精神，在全省各地市粮食局长会上宣布：调高粮食议购指导价格。规定农民完成合同定购任务以后，继续向国家交售的委托代购和议价粮，在原超购价水平上，每 50 公斤稻谷调高 2.1 元，即早籼稻调为 19.43 元，晚籼稻调为 19.95 元，杂优晚稻调为 20.55 元，粳稻调为 22.89 元。为了鼓励农民多交售糯谷，每 50 公斤的议购指导价调为 24 元，调高 2.4 元；双竹粘优质稻谷调为 23.20 元，调高 3.88 元；对秋杂粮的议购指导价格（包括薯类）可比照稻谷调价幅度，进行同步调整。玉米的议购指导价最低不得少于 20.40 元，同时为了贯彻优质优价政策，对合同定购任务内杂优晚稻的收购比例价，由现行每 50 公斤 16.07 元，调高到 16.61 元。

31 日 九江县教师肖传松、戴守业将收藏一百多年的 59 册珍贵地方志书献给县图书馆。内有《九江府志》、《故词类纂》、《纲鉴总编》等文献。其中肖传松献出的《九江府志》是清同治十三年（1874）由曹芸、柯翘、潘秉鹤、谭昌槐、周丰年等编纂的木刻版本共 24 册。

31 日 在靖安县召开的科学研究成果奖授奖大会上，香田园艺场 83 岁的老园艺工胡也平研究嫁接的"靖安椪柑"获得一等奖，被列入全国十个优良柑橘品种之一。

本月 瑞金县妇幼保健院收到了一批由联合国儿童基金会赠送的医疗器材。有日本产的"丰田牌"急救车和"铃木牌"越野车各一辆，美国产的 E－310 型心电图机，兰光治疗仪产胎声监护仪等 10 台共 90 件。

本月 在由共青团中央宣传部、中央电视台、中国科协青少年部、《青年文摘》杂志社联合主办的第四届蒲公英"五四"青年智力竞赛电视公开赛中，上饶市税务局 19 岁的女青年林冬梅荣获二等奖。

本月 德兴市大理石厂从意大利贝拉蒂公司进口全套矿山开采设备，总投资 600 万元，年产荒料 10000 立方米，使该厂枫树湾大理石矿成为全省大理石开采机械化程度最高的矿山。

本月 报经国务院批准，江西省革命烈士纪念堂、瑞金红军烈士纪念塔、方志敏烈士墓、井冈山革命烈士纪念塔，列为全国第一批重点烈士纪念建筑物保护单位。

本月 修水县土龙山、画坪、杨梅尖等脉金矿出现上万人采金热潮。

方志敏烈士

本月 江西第三机床厂与北京林业机械研究所合作研制成功 BQ1813 型无卡轴旋切机（该机具有旋切振动系统，能减少切削阻力，提高单机旋切质量和材料利用率，性能达到国际 20 世纪 80 年代初先进水平，1987 年通过省教委鉴定，1989 年获林业部科技进步二等奖、江西省科技进步二等奖，1990 年获国家科技进步二等奖）。

本月 省地质矿产局李世京等承担的《坚固致密弱研磨性岩层金刚石钻进打滑问题的研究》通过鉴定验收，并获 1987 年地质矿产部科技成果二等奖。徐晓军、李世京合写的《坚硬致密弱研磨性岩层金刚石钻进技术》专著由地质出版社出版。

本月 省测绘局、省司法厅联合转发《关于严格执行国务院发布的测量标志保护条例的通知》。

本月 省政府授予兴国县县长曾兴南、信丰县委副书记李应章、于都县副县长赖地福、安远县县长孙传标、全南县副县长黄名曜、奉新县副县长彭水生、丰城县委书记吴德培、高安县副县长孙振庭、永丰县县长杨正宗、新干县委书记曾龙保、玉山县委书记颜纯火、婺源县委书记叶家宝、德兴县委书记张云鸿、宜黄县委书记饶士圻、广昌县副县长胡颜喜、永修县委书记张火春、南昌市湾里区副区长王迪东、景德镇市蛟潭区副区长袁河清、萍乡市芦溪区副区长李昌友、分宜县副县长李岳华、贵溪县副县长方瑞海等 21 名县（区）级领导干部林业模范称号。

本月 入春以来，江西大部分地区少雨，汛期无汛。7 月中旬后，全省 50 多天高温，旱情迅速扩大。月初统计，全省受旱面积达 1440 万亩，受旱范围遍及全省，较重的有 58 个县（市）。各级党委和政府组织 15 万干部和 570 多万群众坚持三个多月抗旱斗争。抗旱用电 4 亿多千瓦时，柴油 4.1 万吨，耗费 6360 万元。由于充分发挥水利工程的作用和大力抗旱的措施，全省粮食总产量仍达 296 亿斤，比上年增产 4 亿斤。

1986

11月
November

公元 1986 年11月							农历丙寅年【虎】						
日	一	二	三	四	五	六	日	一	二	三	四	五	六
						1 廿九	**2** 十月大	**3** 初二	**4** 初三	**5** 初四	**6** 初五	**7** 初六	**8** 立冬
9 初八	**10** 初九	**11** 初十	**12** 十一	**13** 十二	**14** 十三	**15** 十四	**16** 十五	**17** 十六	**18** 十七	**19** 十八	**20** 十九	**21** 二十	**22** 小雪
23 廿二	**24** 廿三	**25** 廿四	**26** 廿五	**27** 廿六	**28** 廿七	**29** 廿八	**30** 廿九						

1日 江西味精厂利用大米生产牙膏用山梨醇获得成功，已形成年产山梨醇两千多吨的综合能力。其产量和质量均处于全国领先地位，被国家列为定点生产厂家。

1日 省委、省政府领导会见听取了北京赴江西老区经济技术协作代表团在赣活动情况介绍。北京代表团已与有关市、县达成315项意向性协议，一次性咨询服务项目289项。北京轻工业学院等单位还同意为老区培训一批专门的技术人员。

1日 以日本花园大学教授柳田圣之为团长的佛教史迹考察团一行14人，抵宜黄曹山寺遗址考察并瞻拜丰寂禅师墓塔。

1日 江西省女厂长、女经理研究会成立（在1988年3月初召开的首届年会上改名为省女企业家协会）。

1日 省文化厅、中国戏剧家协会江西分会联合举办的首届江西"玉茗花"戏剧节在南昌举行。在为期18天的戏剧节期间，19个演出单位上演17台22出大、中、小戏，包括采茶、赣剧、京、话、越、歌、花灯、木偶八个剧种。并举行了汤显祖戏剧学术讨论会。

1日 民盟江西省七届委员会三次全体会议在南昌市结束。会议认真学习了《中共中央关于社会主义精神文明建设指导方针的决议》和中共中央批转中央统战部《关于新时期党对民主党派工作的方针任务的报告》。并以两个文件为指导思想审议了民盟省委常委会一年来的工作报告，讨论《江西民盟史稿》，选举了10人为民盟全国代表会议代表。会议通过了《关于学习和贯彻〈中共中央关于社会主义精神文明建设指导方针的决议〉的决议》。要求全省各级民盟组织，积极推动盟员认真学习和深刻领会中央决议的基本精神，加强民盟自身思想建设和组织建设。

1日 江西省建工电器仪表厂生产的DX-3型电工仪表综合校验台通过省级鉴定。这种装置是该厂和省计量测试研究所合作推出的国内新产品。

1日 省文化厅、省文艺研究所、省文联、省剧协和抚州地区文化局在江西省文联联合举办汤显祖逝世370周年纪念大会暨学术研讨会。各界代表600多人出席了会议。

1日 农工党江西省五届常委会十七次扩大会议在南昌召开。会期5天，会议通过了关于学习贯彻《中共中央关于社会主义精神文明建设指导方针的决议》的决议，要求全省农工民主党组织和全体成员在社会主义精神文明建设中，充分发挥自己的特点和优势，积极参加思想道德建设和教育科学文化建设。

2日 江西省赣南采茶戏汇报演出团经文化部推荐到中南海演出《钓虫拐》、《试妻》、《补皮鞋》三个传统小戏。李一珉、郭化若、童小鹏、罗青长、毛宗横等领导观看了演出，并接见了演员。

2日 南昌市首届菊花品种评比展览在人民公园开幕。共展出500多个品种、3.5万多盆菊花。

3日 省人事厅、江西省委组织部要求各级党政机关在进行年终考评时，对工作人员履行岗位职责情况认真地进行自我总结，通过群众评议，领导审定，评选出工作人员履行岗位职责的优劣，一般分为优秀、胜任、基本胜任、不胜任。

4日 樟树市十七次药交会结束，历时4天，来自全国29个省、市、自治区和香港的近万名代表参加了大会。成交总额达9亿元，比1985年增长30％，创历史最高纪录。

4日 南昌手表厂在上海照相机二厂等15个单位的协助下试制成功"庐山"206型35毫米平视取景照相机，并通过了省级技术鉴定。

4日 南昌无线电六厂研制的EEI－P型0.2级便携式数字电能表和DF系列三相复费率电度表，在南昌通过为期两天的省级鉴定，填补了省内空白。

5日 由南昌除尘设备厂引进生产的DMC－I型脉冲袋式CCJ/A型冲激式水膜，XLP/13型旋风式三系列除尘器，各项指标均达到国家规定标准，已通过省级鉴定。填补了江西省环保工业产品的一项空白。

5日 省体委为参加第十届亚运会载誉归来的江西省9名健儿举行庆功大会。省体委宣布了关于江西省参加第十届亚运会运动员及教练员立功受奖的决定：代表国家队夺得羽毛球团体金牌的羽毛球运动员钱萍荣记一等功；荣获各项银牌的姜荣、熊国宝、姜绍洪、罗军、许艳梅、涂军辉6人记二等功，同时被记二等功的还有省体工一大队队长陈观珍；雷沅生、张伟、吴长松、欧阳蕊4位教练员被荣记三等功。游泳运动员李金兰、铁饼运动员王军受到表彰。副省长蒋祝平等分别给受奖运动员及教练员颁发了立功证书。省人大常委会副主任王泽民向输送这些运动员的南昌市、赣州和抚州两地区体委颁发了输送人才奖。蒋祝平讲了话，他勉励体育战线的同志戒骄戒躁，再接再厉，不断提高竞技水平，争创更好的成绩。

5日 赣县茅店乡洋塘村农民毛忠用在拆除住房时，发现两张中华苏维埃共和国经济建设公债券和四张中华苏维埃共和国借谷票。

5日 在第六十届广州中国出口商品交易会上，景德镇瓷器以品种多，质量好，特色鲜明而受到外商青睐。来自各国的陶瓷经销客商争相订购景德镇名瓷。对外成交金额达1603万美元，名列全国各产瓷区首位。

5日 江西省运动员许艳梅被评为全国跳水"十佳"运动员，被美国《游泳》杂志评为世界最佳跳水运动员。

5日 省石油公司同公安等有关部门对江西省石油系统万吨库进行安全检查，为期40天。

5日 江西省人民政府根据10月11日国务院发布的《关于鼓励外商投资》的精神，制定并发布《江西省关于鼓励外商投资优惠办法》，提出若干减免外资企业所得税、关税、工商税和场地使用费条款并强调外商的权益保障。

5日 江西省开展以扶贫为中心，以贫残孤老为主要服务对象的社会保障工作，永丰、鄱阳、丰城、瑞金等十多个县（市）已有60多个乡镇建立了乡社会保障机构，办起了一批扶贫福利厂、乡村敬老院、农民互助储金会，初步形成了农村基层社会保障的网络，推动了两个文明建设。

5日 省政法委员会召开全省电话会议。省政法委书记王昭荣讲了话，指出继续严厉打击严重刑事犯罪，促进社会治安稳定好转，关系到《中共中央关于社会主义精神文明建设指导方针的决议》的贯彻落实，关系到今后一个时期社会治安形势的继续稳定好转。要求各级政法部门和有关部门，要在各级党委和政府的统一领导、统一部署、统一指导下，齐心协力，共同努力，密切配合，为争取社会治安的稳定好转作出更大的贡献。

6日 江西省"两会"（民主建国委员会、工商业联合会）联合成立统战理论研究小组，组长张修锡，成员共9人。

6日 江西省1986年新产品开发项目之一的塑料胶粘带，在乐平县包装纸箱厂研制成功，通过省级鉴定，填补了江西省的一项空白。

6日 在安福县严田乡王家堂村头发现一株罕见的巨大樟树。这株樟树主干胸围达21.5米，目测树高27米左右，离地面1.3米处分股大枝。初步推算这株树的生长年代大约是隋朝以前，可称千年古樟。有关专家查证，这棵古樟为江西省之冠。

6日 省档案局举办为期17天的全省档案干部学习班。学习班于22日结束。

7日 联合国世界粮食计划署高级项目官员王炳忠一行抵达南昌，将赴都昌和星子两县就《向江西省鄱阳湖低洼地区发展水产养殖提供援助的实施计划》开工前的准备工作进行实地考察，然后确定开工日期，全面实施计划。

7日 国家一类保护动物"扬子鳄"在南昌动物园产蛋10枚，最近有5只受精孵化出幼鳄。

7日 由抚州地区建筑设计院设计、地区建筑工程公司施工的抚州地区体育馆，其屋盖工程采用板架合一的正放四角锥体空间网架结构，省建设厅组织了阶段评审。1987年4月2日省科委主持该项目成果技术鉴定。省内外专家认为：该体育馆屋面结构是当前国内外同类型结构跨度最大的空间平板组合网架，设计合理，与钢网架比较，节省钢材。施工单位采用新的制作组装、翻转和单元拼装、水平顶推滑移等成套先进工艺，在国内为同类型结构的施工提供了经验。获1988年建设部科技进步三等奖，省政府科技进步三等奖。

8日 日本亚洲经济研究所主任、研究员川村嘉夫和农林水产省农业综合研究所研究员泄上彰莫，到省社会科学院进行学术访问，主要考察江西省农业工业发展情况。

8日 中央顾问委员会委员李葆华视察贵溪冶炼厂，并为该厂题词"贵冶是中国最大的铜业冶炼基地，希望今后取得更大的发展，为四化建设作出更大贡献"。

8日 埃及民族民主党发展委员会主席、埃及阿拉伯承包集团名誉董事长奥斯曼·艾哈迈德·奥斯曼一行8人，自即日起至14日来江西考察投资环境，洽谈合作事宜，并与有关部门签订合作意向书。

9日 中国有色金属工业总公司第四建设公司承建的南昌市公安局消防大队消防指挥大楼瞭望塔开始滑模。该塔由塔基、塔身、塔头三部分组成，塔身呈不等边八角形，塔头为正八角形，塔高110.75米，钢筋混凝土结构，为当前南昌市最高的建筑物。施工中采用了液压滑模、激光对中等工艺。

坐落在南昌市百花洲畔的消防指挥中心大楼

10日 江西省人民政府八届三次全体会议在南昌举行。出席这次会议的有省委委员、省委候补委员，列席会议的有省顾委委员、省纪委委员，以及省人大、省政府、省政协、省军区、南昌

中共江西省委文件

赣发〔1986〕25号

★

关于加强社会主义精神文明建设的实施要点

（一九八六年十一月十四日）

省委制定的《关于加强社会主义精神文明建设的实施要点》的文件

陆军学院和省直部、委、办、厅、局等单位的主要负责人，地、市、县（区）委书记、地、市、委宣传部长，大专院校、部分厂矿的党委主要负责同志。会议传达了党的十二届六中全会的主要情况和的基本精神，学习了《中共中央关于社会主义精神文明建设指导方针的决议》，讨论审议原则通过了江西省《关于加强社会主义精神文明建设的实施要点》，同时总结、分析了1986年全省的形势，研究、部署了当前和1987年的工作。

10日 省委第三十八次常委会决定，省乡镇企业局从省农牧渔业厅划出，直属省政府领导；省烟草专卖局（公司）升格为副厅级单位，为省政府直属局。

10日 《纪念孙中山先生诞辰120周年书画展览》在南昌市工人文化宫举办。省、市书画家、江西中山书画社顾问、理事和民革成员的书画作品120余幅，还有《伟大的革命先行者》图片近60张参展，介绍了孙中山先生的革命业绩、伟大人格和民族民主革命思想。

10日 由九江市中医院青年护士陈美华执笔的论文《试谈中医"四诊"在组织就诊中的运用》，在全国中医中西医结合护理学术论文会议上宣读。

10日 南城县大面积推广柑橘雾灌新技术获得成功，为解决我国南方柑橘灌溉问题提供了实用科学依据。每亩增产30%以上，通过部级鉴定。

11日 峡江县在全县境内发现大面积花岗岩石村。公罗田金鸡岭一处，储量就在1200万立方米以上。

11日 省政协在南昌中山堂举行纪念孙中山诞辰120周年座谈会。在南昌的全国政协委员、省政协常委、省各民主党派负责人、无党派人士，台湾同胞代表共120余人出席了座谈会。缅怀孙中山在他不屈不挠的革命生涯中建立的丰功伟业，表达对他的崇高敬意。

11日 北宋时期的政治家、思想家、文学家王安石逝世900周年纪念活动在抚州市举行。省社联、省社会科学院、省文化厅、省文联、省历史学会和抚州地区社联联合在抚州召开学术讨论会，来自7个省市的专家、学者共100多人就王安石及其变法的评价、王安石的思想、王安石的文学成就以及有关王安石生平事迹等课题展开了讨论，并为王安石纪念馆正式落成揭幕。省委常委、宣传部长王太华，中纪委委员王铁、抚州地委书记高丕凯为纪念馆剪彩，为王安石塑像揭幕。当代书画家刘海粟、肖娴、赖少其、方增先、施大畏和省委书记万绍芬、中顾委委员白栋材、中纪委委员王铁等为纪念馆题词、作画。全国政协副主席赵朴初为纪念馆题词并题写了馆名。纪念活动于14日结束。

抚州市文昌学校师生参观王安石纪念馆

11日 由中国摄影家协会上海分会主办的"上海第一届国际摄影艺术作品展览"在上海展览中心揭幕。江西省有5幅作品入选，即黑白照片《鸭讯》（汪伟光摄）、《少女》（刘茂达摄）、《致富之路》（张金生摄）；彩色照片《童年的欢乐》（许小轩摄）、《小树小屋》（吴兵摄）。

11日 省水文总站研制的《水情情报收集处理系统》和《降水量数据录入整编咨询系统》，经省内外专家鉴定，认为这两项技术成果达到全国水利系统的先进水平。

12日 由江西农业大学主持的"保护利用捕食螨为主的综合防治柑橘害螨"课题研究成果在赣南五县一市示范，推广取得成功，并通过省级鉴定。

12日 江西省人民政府规定当年全省棉花计划仍为100万担，各地、市不得突破下达的计划面积和订购数量，哪一级超过订购数量，由哪一级自行负责。

12日 省审计局向全省转发宜春地区审计局制定的行政事业单位定期审计"三项制度、五项标准"，要求各地、市、县参照执行。

12日 纪念孙中山先生诞辰120周年暨萍浏醴起义80周年学术讨论会在江西省萍乡举行，来自湘、鄂、赣、京、沪、苏、云、贵、川等地的近百名近代史专家、学者参加了会议。

13日 副省长孙希岳在青山湖宾馆会见了国际租赁有限公司董事、副总经理汪宗法一行。汪宗法等热情向江西省有关部门宣传引进外资、吸收外资的国际租赁业务，并准备在南昌、景德镇洽谈一批合作项目。

13日 大茅山垦殖场造纸厂在华南工学院协助下研制的"南方混杂木枝桠"等外材，"碱性亚钠化机浆配件抄牛皮箱纸板"，通过江西省林业厅技术鉴定，其生产工艺属国内首创。

13日 在赣鄂交界的西南山区发现一个天然的大溶洞。溶洞位于修水县玉山乡与湖北通山县林上乡交界处，这个天然溶洞主洞长约两公里，高数十米，宽处有50余米。

13日 江西省宗教界四化建设经济交流会在南昌举行。这次会议是建国以来江西省宗教界第一次盛会。省政府表彰了全省宗教界中为社会主义四化建设作出了贡献的永修县云居山真如寺等6个先进集体和23位先进个人。会议通过了给全省宗教人士的倡议书。会议于15日结束。

13日 全省第三次审计学术研讨会在南昌召开。会期5天，于17日结束。

14日 省税务局下发《关于进一步纠正税务系统行业不正之风的几点意见》、《关于纠正不正之风中几个政策界限问题》、《有关几项违反财经纪律的处理意见》。

14日 加拿大安大略大学教育学院教育心理学教授克雷罗博士在江西师大作关于智力测验理论和应用的讲学。

15日 江西省顾问委员会在南昌举行第三次全体会议。会议讨论通过了江西省顾委贯彻中央《关于社会主义精神文明建设指导方针的决议》和省委《实施要点》的意见。明确了今后一段时间的工作任务。省顾委在贯彻落实决议和部署中要做好三件事：（一）要在贯彻落实中进一步认真学习决议，深刻领会决议精神，并注意联系工作、思想实际、提高认识；（二）要率先垂范，带头搞好自身的精神文明建设；（三）发挥助手和参谋作用，在精神文明建设中，尽到自己应尽的责任。

15日 全国思维科学和智力开发学术讨论会在江西师大举行。来自京沪等14省市80名代表与会。

15日 省纪委第三次全体会议在南昌举行。会议学习了《中共中央关于社会主义精神文明建设指导方针的决议》，传达了中纪委第八次全体会议精神，研究部署了江西省下一步纪律检查的任务。省纪委书记朱治宏主持会议，并作了《发展全党抓党风的好形势，促进江西省社会主义精神文明建设》的报告。中纪委委员王铁传达了中纪委第八次全体会议精神。中纪委常委、中纪委端正党风赴赣检查组负责人刘丽英、省委书记万绍芬等出席了会议，并先后讲了话。刘丽英讲话的要点：（一）要用辩证唯物主义的观点，正确理解和认识端正党风与搞好改革的关系；（二）

纪检部门要把支持改革、保护改革作为一项经常性的任务；（三）检查和处理改革中的问题，必须采取慎重的态度，方式方法必须有利于发展生产和保护改革为前提；（四）对那些打着改革的幌子、钻改革的空子，破坏改革的重大案件，必须严肃查处。会议于 17 日结束。

15 日 景德镇市交通干道——瓷都大道开工兴建，长 9.7 公里，宽 40 米，投资 2900 万元，1989 年 9 月 29 日竣工通车。

建成后的瓷都大道

16 日 浙江省衢州市 4 名盗枪杀人犯携所盗的 2 支冲锋枪、3 支手枪和 1000 发子弹，窜到上饶地区玉山县继续作案，当地公安机关、武警部队和玉山、广丰等 4 个县的民兵及广大群众经过 4 天 3 夜的搜捕，将 4 名持枪杀人逃犯抓获归案，其中击毙 1 名，活捉 3 名，被盗枪支弹药全部缴获。12 月 21 日江西省人民政府在上饶市隆重召开表彰大会，上饶公安处等 3 个单位记集体三等功，占永祥等 33 人分别记个人一、二、三等功。

16 日 全国军转干部培训中心建设座谈会在九江市军转培训中心召开，会议对全国军转干部培训中心的建设作了规划，对培训教材的编写作了分工，对培训教学管理制度进行了研究。

17 日 荣获世界发明金奖的黏合专家、全国五一劳动奖章获得者、山东安丘县特种技术研究所所长罗来康，应吉安市有关部门邀请，回到家乡吉安市，进行技术咨询和转让活动，受到当地党政及有关部门领导的欢迎。

17 日 德兴铜矿采选 6 万吨/日规模的三期工程举行开工典礼。副省长钱家铭、有色总公司副总经理沃廷枢等参加开工典礼。

18 日 电子工业部原副部长李元如来赣与副省长孙希岳正式签订电子工业部在赣 10 个企业下放管理后的财务划转手续。

18 日 江西省计委颁发《江西省建筑工程综合预算定额》，从 1986 年 7 月 1 日起执行。

18 日 江西省第一次全省社会治安综合治理经验交流会在南昌召开。会议根据党的十二届六中全会和省委八届三次全委会精神，分析了江西当前治安的形势，总结交流了综合治理的经验，继续动员和组织各方面的力量，通力合作，全面推进江西社会治安的综合治理，力争社会治安持续稳定地好转，更好地为全面改革和经济建设服务。交流会于 22 日结束。

18 日 在为期一周的全国扶贫扶优工作经验交流会暨表彰大会上，江西省"双扶"工作成绩突出的丰城县等 3 个先进单位和吉安干休所离休老红军陈春林等 8 名先进个人受到表彰。省民政厅、丰城、永丰县政府和波阳县民政局 4 个单位作了典型发言。

19 日 政协江西省五届常委会十九次会议在南昌市举行。会议学习中共十二届六中全会通过的《中共中央关于社会主义精神文明建设指导方针的决议》和江西省委提出的《关于加强社会主义精神文明建设的实施要点》，通过有关贯彻上述文件精神的《决议》和关于江西省政协机关机构设置的决定。会议于 21 日结束。

19 日 省委宣传部批准江西省地质矿产局公开出版季刊《江西地质》。

19 日 省委、省政府发出《关于深入改革加快发展农垦经济的决定》，具体贯彻中共中央、国务院关于农垦经济体制改革的精神，提出"七五"期间农垦经济发展的主要目标，力争提前

10年翻两番。

19日 根据江西省人大常委会主任会议的决定，省人大常委会委员及部分全国人大代表和省人大代表组成三个组，分赴宜春、上饶、景德镇三个地、市进行为期3天的视察，将围绕江西省两个文明建设这一中心内容，着重检查了解宪法、法律、法规的执行情况，了解市县人大常委会对本级政府、人民法院、人民检察院依法实行监督的情况。

19日 武警江西省总队召开扩大会议，会期3天，会议传达贯彻江西省委八届三次全会精神，并联系实际，认真总结部队近几年来精神文明建设的经验，提出了日后的奋斗目标和有关措施。

19日 共青城鸭鸭羽毛球队参加国际羽毛球协会在雅加达举办的第四届青少年羽毛球公开赛，获男女混合双打冠军，女子单打亚军，女子双打第三名。

20日 江西省建设厅、省经委、省财政厅发出《江西省城市节约用水奖励暂行实施办法》的通知。

20日 在北京举行的全国邮电职工技术业务汇报表演赛上，江西省吉安地区线务站线务员肖和善夺得长途电信线路换角杆拉线第二名。

20日 省委、省政府发出《关于切实搞好今冬明春植树造林的通知》，要求各地发展多种形式的合作造林，提倡国营林场与集体或乡村与农户联合造林，坚持山权不变，林权共有，合理负担，收益分成，合同公证。

省、市领导同机关干部一起在象湖水产场植树

20日 江西农科院情报所缪坚人等经培养试验收获藻蛋白50公斤，为我国开发蛋白质资源开辟了一条新途径。

20日 省物价局、省财政厅、省林业厅发出《关于木材议购议销价格及经营环节中的税费收取标准的通知》。

20日 省政府对烟叶生产的奖售、价格、物资供应等方面作如下规定：（一）价外质量补贴，补贴款不计征烟叶产品税；（二）烤烟房补贴，每4亩建1幢烤房，由省无偿补助80元；（三）按交售数量，供应尿素或复合肥；（四）实行合同订购，预付20%~30%定金；（五）从省多种经营费拨款，进行技术培训；（六）保证供应烤烟所需煤炭；（七）坚持国家标准，按质论价；（八）省成立烟叶生产领导小组，副省长张逢雨任组长。

21日 江西省第二造纸厂试制成功一种B2-10微米全温低损耗可靠性高电容器纸，通过部级鉴定。

21日 为纪念红军长征胜利50周年，丰富老区文化生活，中央民族学院演出团来江西演出，该团由侗族、佤族、彝族、维吾尔族等11个少数民族组成。先后在萍乡、宜春、赣州、吉安等地演出，并为南昌市的老干部进行慰问演出。

21日 省高级人民法院在赣州召开全省庭审工作经验交流会，各中级人民法院院长，刑事、民事、经济审判庭庭长和省高级人民法院各庭、室、处负责人共60人出席。会议传达贯彻中共中央《关于社会主义精神文明建设指导方针的决议》和江西省委八届三中全会精神，总结交流公开审判的经验，观摩庭审录像，旁听公开审判。会议要求各级人民法院都要严格依照程序法的规定，遵守法定办案期限，尊重律师的辩护意见，进一步提高办案质量。交流会于25日结束。

22日 江西人民出版社庆祝建社35周年。宋任穷、陈丕显、周谷城、康克清、肖克、伍修权、何长工、方志纯、张光年、李真、吴允中等老同志以及著名作家、画家为江西人民出版题词作画。参加庆祝活动的还有省委、省人大、省政府、省政协的领导。江西人民出版社社长王冶民主持庆祝活动，副社长桂晓风介绍了该社 35 年来取得的成绩和日后的工作安排。

22 日 江西省工商联举办第一期全省工商联主委、副主委学习班，遂川、清江、乐平、会昌、高安、波阳、临川、新建、永修、余江、兴国、湖口、南城等县工商联负责人参加学习。学习班于 27 日结束。

23 日 省委办公厅转发政协江西省委党组《关于落实全国地方政协工作座谈会精神，进一步加强江西省政协工作的报告》。

23 日 江西省出席中央组织部召开的全国先进党支部、优先共产党员事迹经验交流会的代表一行 7 人，离昌赴京。先进党支部代表是：南昌市郊区湖坊乡顺外村党总支副书记魏云龙、信丰县同益乡游州村党总支书记张荣柱。优秀党员代表是：庐山图书馆馆长徐效钢、安义县峤岭乡合水小学副校长张凤莲、景德镇市雕塑瓷厂陶瓷美术设计师蔡敬标、全国邮电特等劳模、南昌县电信局电报投递员万红瑞、高安县农业局农艺师郭垂逢。

23 日 最高检察院副检察长李士英等来江西视察工作，了解治安形势和检察工作开展情况。在听取江西省检察院汇报后又到南昌市检察院了解情况，认为江西检察院工作抓住了中心，充分发挥了检察机关的法律监督作用，全面开展了各项检察业务。视察活动于 12 月 10 日结束。

24 日 江西重型机床厂设计生产的大型剪板机通过省级鉴定。

24 日 我国采用煤气烧制日用瓷这一陶瓷烧炼史上的重大革新，在江西景德镇东风瓷厂获得成功。

24 日 由江西省老革命根据地建设委员会和江西省社会科学学会联合主办的《江西老区建设》杂志创刊。这是全国第一家研究老区建设的综合性刊物。中共中央政治局委员、国务委员方毅为该刊题写了刊名；全国政协副主席王恩茂，中顾委委员谭启龙、白栋材，方志纯为创刊号题了词；江西省委书记万绍芬撰写了发刊词。

25 日 中央政治局委员、国务院副总理万里到江西上饶、鹰潭、景德镇、九江等地视察。

万里在江西景德镇视察

万里在庐山植物园参观

26 日 宜春地区医学科学研究所利用山区马尾松针酿造营养酒获得成功，并通过了鉴定，填补了我国松针酿酒的空白。

27 日 省政府颁发《江西省科研事业费拨款管理暂行规定》，从 1987 年起，各部门事业费中开支的科研经费，统一由财政部门拨给科委归口管理。由地方各财政会同同级科委，按照科研事业费拨款的增长高于财政经常性收入增长速度 1.5% 的原则，预算拨款额度。

27 日 省军区党委对 100 余名县（市、区）人武部政委集训 18 天。集中学习了十二届六中全会决议，传达了南京军区七届七次全委扩大会和省委八届三次全会精神。省军区司令员王保田、政委王冠德、副政委魏长安分别讲课。

27 日 九三学社江西省一届三次（扩大）全会在南昌举行，会期 3 天。会议学习贯彻中共中央关于社会主义精神文明建设指导方针的决议,传达、贯彻九三学社中央常务委员会第十次(扩大)会议精神,学习、贯彻中共中央批转中共中央统战部《关于对民主党派工作方针任务的报告》。通过了关于学习和贯彻《中共中央关于社会主义精神文明建设指导方针的决议》的决议。

27日 国务院副总理万里视察九江长江大桥工地。大桥两岸铁路公路引桥基本架完,累计完成投资2.36亿元。1987年4月4日,国务院批准恢复九江特大桥建设,采取集资和国家补贴的办法,决定先通公路。

万里在江西考察时,与省委、省政府领导一道乘船察看九江长江大桥工地

27日 省最高人民法院二审开庭审理倪献策不服1986年3月19日南昌市中级法院以徇私舞弊罪判处两年有期徒刑判决的上诉案,经四天审理,认定维持一审判决。1986年8月5日经最高法院第418次审判委员会认为原判事实清楚,证据充分,定性准确,量刑适当,申诉无理,依法驳回(倪刑满后于1989年2月向最高法院提出申诉)。

28日 由民政部农教司司长姚进明为团长的赴井冈山扶贫开发工作团一行21人抵达南昌。后分赴江西永新、宁冈帮助老区开发经济。该团将在江西省进行为期两三年的扶贫开发工作。

28日 为贯彻落实党的十二届六中全会通过的《关于社会主义精神文明建设指导方针的决议》,江西省经贸厅决定成立"五讲四美三热爱"活动委员会,周懋平任主任。

28日 江西省农村沼气工作会议在临川县结束。到当前为止,全省累计建沼池127521个。建池千个以上的县已有28个。农牧渔业部把江西省列为沼池先进单位。会议期间表彰了沼气工作成绩突出的临川、玉山、南城、修水、宁都县,以及临川县的华溪乡、玉山县的林冈乡、兴国的社富乡、星子的蓼南乡、九江市牛奶场。

29日 省税务局转发国务院发布的《中华人民共和国个人收入调节税暂行条例》,自1987年起执行。

29日 省委通知韦凡昆兼任省冶金厅总工程师。

29日 桂林市各界代表和中小学生1000多人,在桂林陆军学院礼堂举行命名大会,会上宣读了市人民政府的决定,授予该市将军桥小学少先队二中队"邹国钦中队"荣誉称号,并颁发了队旗。邹国钦烈士是南昌市人,1985年在桂林陆军学院毕业后,主动要求赴老山前线参战,任某突击队队长,带伤指挥作战,荣立二等功,晋升为副连长,后因伤势严重医治无效,不幸牺牲。邹国钦曾兼任将军桥小学少先队二中队辅导员。

29日 民革江西省委会举行座谈会,纪念民主革命战士、中国国民党革命委员会创始人之一陈劭先诞辰100周年。省政协副主席沈翰卿和有关方面负责人,陈劭先生前好友、家属50余人出席了会议。陈劭先是清江人。辛亥革命武昌起义,他在九江组织力量响应。1922年孙中山在广州逝世,陈劭先召集力量,铲除叛逆。1947年秋,陈劭先、李济深、何香凝在香港组织中国国民党革命委员会,任第一、二、三届全国人民代表大会常务委员等职,1967年在京逝世。

30日 10月底在全国124个厂家,1800多种产品参加的全国工厂化生产成型节柴省煤炉灶评比交流会上,抚州市炉具厂生产的"玉茗牌"84-12型节煤炉获三等奖。

30日 浔阳楼以《水浒传》中描绘的宋江题反诗而闻名。九江市政府拨出专款,破土动工重建浔阳楼。

30日 省政府召开全省加强企业管理工作会议。研究"七五"期间加强江西省企业管理的任务与措施。部署今冬明春企业上等级的起步工作。会议认为,实现江西经济翻番和"略高于"的发展目标,根本途径是提高现有企业的素质,加强企业管理，把蕴藏在企业内部的潜力挖掘出来。从根本上改变江西省企业落后面貌。

30日 公安部发言人宣布，我国再增加192个城市为对外开放地区。江西省有萍乡市、新余市、宜春市、抚州市、吉安市、婺源县、弋阳县、南丰县、德兴县、铅山县、崇仁县、乐安县、宜黄县、吉安县、赣县、全南县、寻乌县、万载县、上高县、宜丰县、奉新县21个县市。

30日 铁道部上海铁路局1986年度旅客列车竞赛评比揭晓，南昌客运段昌沪85/86次特快列车获跨分局600公里以上快车组第一名。

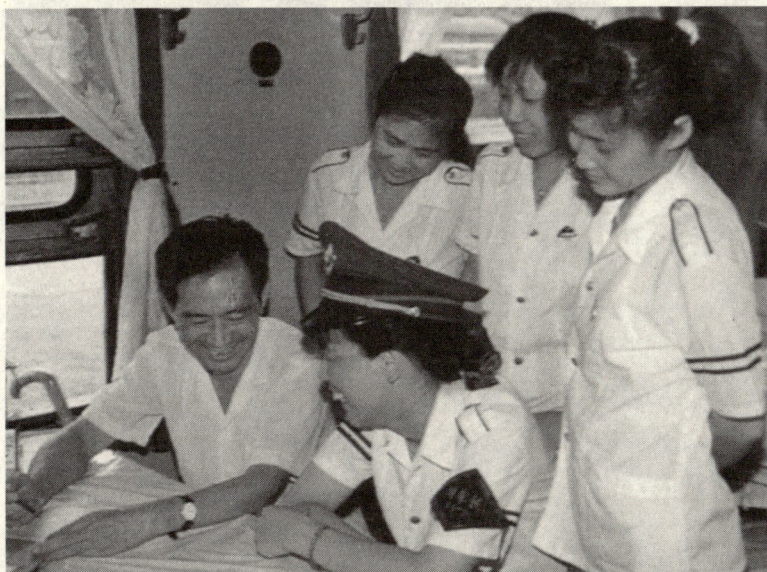

副省长钱家铭同85/86次列车乘务员在一起

30日 江西省纺织工业公司举行全省纺织"三大支柱"新产品评比揭晓：靖安针织一厂、湖口羊毛衫厂、九江针织服装厂、华安针织厂的纯棉童装、羊毛衫、经编窗帘获优秀设计一等奖。宜春毛巾厂、南昌床单厂、鹰潭植绒革厂、华安针织厂、莲塘针织童衫厂的海滨女装、女装春秋裙、多功能童衫、春秋女大衣、女套装、印花枕巾、喷花床单获二等奖。

本月 江西省机械施工公司在省图书馆新馆工地对人工挖孔的扩底桩、直筒桩和直筒纯摩擦桩进行静载试压。这次试压采用锚桩—反力梁装置进行，由工程师张孝林负责。

本月 中旬，全国特钢系统24种优质产品评选结束。江西钢厂生产的琴钢丝以95分的最高分夺魁。当前，这个厂琴钢丝的产量占全国总产量的95%以上，占全国总供求量的60%。

本月 下旬，在江西农科院召开的农牧渔业部螺旋藻协作组工作会议上，来自中国农科院、中国农业大学、江苏省农科院以及省内有关专家学者一致认为江西省农科院张灿东等人进行的螺旋藻综合防治研究取得显著成效，认为此项研究居国内领先地位。

本月 省统计局实现与11个地、市统计局及国家统计局计算中心的计算机联网。

本月 省统计局印发《关于布置1986年农村统计年报基层表式》的通知，将全省上下一个格式的年报表改为分层制定报表：一套是乡和乡以上使用的综合表式，另一套是农村基层表式。

本月 月底，宜春市无线电元件厂生产的WH二〇四、WH-十MM碳膜电位器，在江西省宜春市通过省级鉴定，其中十MM的直滑式合成电位器填补了一项空白。

本月 江西拖拉机制造厂生产的丰收180系列拖拉机在全国农机耕作比赛中，荣获同类机型第一名。

本月 经过历时一年反复论证而完成的重要科研课题《江西财政发展战略设想报告》，得到江西省人民政府决策部门肯定。

本月 美国蒸汽机车专家察卡·霍德一行在萍乡机务段考察蒸汽机车。

本月 省政府批准开征交通建设基金——车船客运附加费。

本月 婺源县雕刻工艺厂厂长胡中泰设计刻制的"断碑鱼子砚"被选为中国艺术代表团出访的国家礼品（1991年，胡又与人共同主编《中国名砚鉴赏》一书，原故宫博物院院长杨伯达认为，该书填补了国内砚艺无史论专著的空白）。

本月 省委批准成立省出版事业管理局。江西省出版事业管理局与江西人民出版社两块牌子，一套人马。

本月 首届茅盾文学奖获得者作家古华访问江西省人民出版社，作访欧观感和当代文坛现状演讲。

本月 江西省硅酸盐学会在九江市召开第一届会员代表大会，大会选举理事43人，设立水泥、玻璃、建材、水泥制品、建材机电5个专业委员会。

本月 按照国务院发布的《关于加强工业企业管理若干问题的决定》（国发71号），江西省人民政府批转省经委、省企业调整整顿领导小组《关于贯彻国务院国发（1986）71号文件的报告》，江西开始开展"企业升级"工作，至1990年，江西上等级的轻工企业有108个。其中国家二级企业九个，省先进企业99个。

本月 江西钢厂获国家经委颁发的"六五"技术进步先进企业全优奖。

江西钢厂生产蒸蒸日上

1986

12月

December

公元 1986 年 12 月							农历丙寅年【虎】						
日	一	二	三	四	五	六	日	一	二	三	四	五	六
1 三十	**2** 十一月小	**3** 初二	**4** 初三	**5** 初四	**6** 初五	**7** 大雪	**8** 初七	**9** 初八	**10** 初九	**11** 初十	**12** 十一	**13** 十二	
14 十三	**15** 十四	**16** 十五	**17** 十六	**18** 十七	**19** 十八	**20** 十九	**21** 二十	**22** 冬至	**23** 廿二	**24** 廿三	**25** 廿四	**26** 廿五	**27** 廿六
28 廿七	**29** 廿八	**30** 廿九	**31** 十二月小										

1 日　萍乡钢铁厂 2 号 300 立方米高炉在新区开工建设。1987 年 12 月 2 日竣工投产。

2 日　江西横（峰）永（平）铁路支线正式开通。该线在 1975 年由南昌设计所勘测设计，1980 年上半年铁道部十六工程局负责施工，1986 年 6 月竣工，全长 29.053 公里。6 月 19 日由鹰潭铁路分局临管。

2 日　余江、吉水、于都、星子、高安五个马尾松毛虫测报点纳入林业部全国森林病虫测报网，这在江西省还是首次。

2 日　由江西省经贸厅牵头组织省直 6 个单位及南昌、赣州、新余 3 市代表组成江西省经济技术洽谈团，参加香港贸发局在北京主办的香港产品展览会。

2 日　江西省经济委员会、江西保险公司印发《中央、省属企业投保企业财产险有关问题的试行办法》。

3 日　江西省妇幼保健技术指导中心成立。

3 日　一种民间扶贫济困的经济组织——救灾扶贫互助储金会，正在江西省各地兴起，短短两年中，已发展到 1.4 万多个，遍及全省 70% 的村委会，入会农户达 192 万户，筹集资金 4000 万元。民政部通报表扬并向全国推广，20 多个省市派人来江西省考察研究，认为这是贫困落后地区发展社会保障的一条新路。

南昌市西湖区社会福利院

3日 政协江西省第五届委员会与政协南昌市委员会联合组织部分委员考察南昌市收容遣送站、精神病院、殡葬管理处、烈士陵园、社会福利院、民政保育院和按摩医院等单位。考察活动于4日结束。

3日 为加强对无线电的科学管理,推动无线电技术的应用和发展,促进江西省经济建设,根据国务院和国家无线电管理委员会的有关规定,结合江西省具体情况,省政府颁发了《无线电管理暂行规定》。规定明确了省、地、市管理无线电的职能机构是同级无线电管理委员会。制定下发这一规定将会有效的制止无线电违章生产、销售、使用,造成空中电波秩序混乱的现象,从而进一步发挥无线电设备在经济建设中的积极作用。

3日 林业部在九江市召开全国森林防火会议,总结交流各地护林防火的经验。会议由林业部副部长董智勇主持。许勤代表省委、省政府向参加会议的领导和代表表示欢迎。他说,全国森林防火会议在江西召开,这对江西是个鼓励和鞭策。通过各兄弟省市的传经送宝,必将对江西省的森林防火工作产生推动和促进作用。

4日 涉及鄱阳湖区12县(区)生态平衡的《鄱阳湖区防护林工程规划设计方案》已由江西省内专家学者和有关部门审查通过。省林业厅决定今冬明春在南昌县南新乡、冈上乡、进贤县钟陵乡、永修县三角乡等14个乡进行防护林建设试点。

4日 省长办公会议决定:江西省计委、省地质矿产局等有关部门拟定的《江西省内矿产资源开发战略规划》提交省政府审定;兴建贵溪县冷水坑银矿;分期分批、逐步组建各地(市)、县矿管机构,首先在11个地(市)组建矿产资源开发管理局,实行地(市)和江西省地矿局双重领导。

4日 省政府同意成立南昌城市建设学校。

4日 美国纽约生物研究院鸟类专家贝肯自即日起至6日到江西省武宁县考察稀有珍贵鸟类。在当地政府的协助下,贝肯重点考察了"花地鸡"的生活习性。这种鸟形似野雉,有一条五颜六色的长尾巴,头部黑白相间。据贝肯称,这是世界上濒于灭绝的稀有珍贵鸟类,建议当地政府加强保护,禁止猎捕和滥伐林木。

5日 省人民检察院召开地、市检察院院长和法纪、控告申诉、刑检文书、法制宣传工作会议。省人民检察院检察长王树衡强调:我们要确立改革的观念,增强改革的意识,学习改革、支持改革、参加改革、保卫改革;要从检察工作各项业务出发,围绕改革这个题目进行探讨、研究,把这方面的空气搞得浓一些,通过我们的检察工作,更好地为改革、开放、搞活和为四化建设服务。会议于9日结束。

6日 省科委具有全国水平的科研成果《科技信息管理系统》通过省级鉴定。该系统只要按动微型计算机的键码,所需的科技信息和管理方面的资料即能清晰地显示在屏幕上。这项研究是平均年龄只有26岁的林海、马健和方兰制成的。经向中国科技情报研究所查询,江西省这项研究成果为全国第一次。

6日 坐落于婺源县古坦乡的灵岩洞群,自1982年发现以来,以其"怪石"、"异水"、"奇穴"的地下景观以及出自唐、宋、元、明、清历代名人之手的遗墨,为前来考察的国家、省、地有关专家学者所称道。国家林业部协同省、地部门对探明的卒灵洞、涵虚洞、琼芝洞等六个溶洞进行了综合考察,决定建立国家溶洞类型的森林公园。国家林业部副部长董智勇等前往考察,商讨了开发事宜。

7日 江西省矿产资源开发管理会议在南昌召开。会议强调,江西矿产资源较为丰富,应当实行全方位开放、放开步子走,使地矿业的发展速度略高于全国平均水平,成为全省经济的一个重要支柱,尽快把资源优势转化为经济优势。会议于12日结束。

7日 在全国电子工业优质产品评审工作中,江西八一无线电厂设计生产的华灯牌 TR－M1404V 型黑白电视机被评为部级优秀产品。

8日 江西省调研大队地质工程师钟南昌等同志编制的《中国南岭及其邻区地质构造图》

1:2000000及说明书，通过了公开出版评审。

8日 经国务院批准，南昌为第二批国家历史文化名城。

8日 在宜丰县石花尖垦殖场进行森林资源二类调查的江西农大林学系师生，在官山林场大西坑发现一片胸径在8厘米~12厘米的大型苦竹。

8日 江西省1985年好新闻表彰会在南昌举行。全省共评选出报纸类好新闻122件，其中一等奖19篇，二等奖20篇，三等奖24篇，好标题13个，好版面4个，好照片14幅，好漫画2幅，表扬稿30篇。评选出广播电视类好新闻122篇，其中广播稿59篇，电视节目63个，获一等奖15篇，二等奖56篇，三等奖50篇，特别奖1篇。这次表彰会意在检阅全省新闻界的劳动成果，总结得失经验，力争写出更多更好的新闻作品来。

8日 经国家文物局批准，江西古代四大名窑之一的赣州七里镇古瓷窑址发掘，历经两年之久，已发掘出两座长40米的宋代龙窑。窑体保存完好，并出土了一批五代至宋元时期的瓷器。并排而筑的宋代龙窑十分罕见。

8日 江西省政协委员为四化服务表彰大会在南昌举行。来自各条战线的先进人物、先进集体的代表和特邀代表360多人，交流各界委员和各界人士为四化服务的经验。在这次大会上有3个先进集体，287个先进个人受到表彰。表彰大会于10日结束。

8日 省绿化委员会在进贤县召开首次全省城镇绿化工作会议，会期3天，专题研究如何加速城镇绿化步伐问题。会议要求全省各级党政和有关部门的负责人，进一步加强对城镇绿化工作的组织领导，坚持不懈，讲究实效，争取在"七五"期间，把江西省每一座城镇都建设成为"春有花、夏有荫、秋有果、冬有青"、树木茂盛、百花争艳、绿草如茵、镇容整洁、环境优美的乐园。

9日 国家经委决定，对"六五"期间在技术进步等方面取得显著成绩的企业，授予"六五"全国技术进步先进企业全优奖。江西省获此奖的有江西钢厂、赣州钨铝材料厂、景光电工厂、江西国药厂、南昌市电信局、景德镇人民瓷厂。对某些方面有突出成绩的企业，授予"六五"全国技术进步先进企业单项奖，获单项奖的有宜春第一机械厂、南昌柴油机厂、横峰纺织器材厂、江西棉纺织印染厂、星火化工厂、景德镇光明瓷厂。

9日 江西省思想政治工作经验交流会在南昌举行，会期4天。会议深入学习党的十二届六中全会和省委八届三次全委会精神，总结交流在新形势下做好思想政治工作的经验。以推动江西省思想政治工作的进一步开展。会议研究、讨论了1987年思想政治工作，并作出初步的部署。会议表彰100个思想政治工作先进单位，299个先进工作者。讨论了《关于加强职工道德教育的意见》和《关于贯彻六中全会决议精神、开展移风易俗活动的意见》。

9日 全国地质矿产系统理想报告团来江西举行巡回报告会。副省长蒋祝平等领导接见了报告团成员。他们有地矿部和各省劳动模范、三八红旗手以及有重大贡献的教授、工程师和年轻的大学生和钻探工人。

10日 国家计委已同意"七五"期间在江西兴建向塘西至吉安铁路线。这条铁路全长147公里，按地方铁路修建，所需钢轨由铁道部无偿提供，并给予技术指导。这一项目总投资约1.6亿元。经中央同意，纳入"七五"计划的项目还有复建九江长江大桥，建设资金约1.1亿元。

10日 江西省100多个厂矿企业的代表聚集江西钢厂总结交流普法工作经验。认为企业普法工作一是要联系经济体制改革的实际；二是联系企业生产建设中的实际；三是联系企业的社会治安、精神文明建设的实际。

10日 1986年全国"丹桂杯"广播连续剧评奖在北京揭晓。江西省人民广播电台录制的广播连续剧《玉花》荣获"丹桂杯"奖。

10日 省卫生厅组派首批9名护士赴约旦工作。

10日 云山垦殖场机夹刀具厂研制的190可转拉机夹牛头成套刨刀，通过省机械厅鉴定。机夹成套刨刀在国内属首创。

10 日 南昌胜利器材厂开始发行企业债券 530 万元,这是江西电子工业系统首家公开发行债券的企业。

11 日 江西省十大重点工程之一的南昌至赣州、南昌至萍乡数字微波通信工程,其土建、公路、机房、电力线、生活房等工程,通过验收。

11 日 中国鹤类联合保护委员会第三次全体委员会议在南昌市召开,会期 4 天,来自全国各地的鹤联会委员、秘书、顾问和重点鹤类自然保护区、新闻单位的同志共计 72 人,共商鹤类保护大计。

12 日 《江西建材一九八六至二〇〇〇年科技发展预测研究报告》通过评审。

12 日 南昌市工商联隆重举行欢迎首批会员大会,向江西棉纺织印染厂等 69 个工商联新会员单位颁发会员证书。接着景德镇、九江市工商联召开欢迎首批会员大会。此后,全省各市、县工商联组织亦逐渐开展吸收新会员工作。

12 日 省教委、省计委、省经委、省劳动人事厅联合召开全省职业技术教育工作会议。

13 日 省人大常委会发出《关于组织在江西省的六届全国人大代表视察工作的通知》,要求代表团用 10 天左右时间就地进行视察。

13 日 安徽、江西、浙江、福建四省毗邻的上饶、抚州、丽水、金华、建阳、景德镇、徽州、鹰潭、衢州等九地市横向经济联合第一次联系会议在福建省南平市举行。会议讨论通过《闽浙赣皖九地市横向经济联合章程》,协调九地市间开展横向经济联合的日常组织协调工作,组织由各方经济主管部门参加的对口洽谈。签订一批经济、技术、物资、科研等联合项目的协议和意向书。会议期间还将联合举办各方名、优、特、新、拳头产品为主的商品展销。

13 日 由 5 个单位主持研究的"江西省农村产业结构调整研究课题"通过省级鉴定。课题在目标选择上,以决不放松粮食生产,稳定增长农民收入为出发点,主攻粮食单产,加速经济作物的发展,解决增产增收,提高集约经营度;以

稳定耕地面积为前提,大力发展林、牧、副、渔,充分开发利用现有资源,重点发展农村工业,并注重信息产业的开发,实现产前、产中、产后一体化。

13 日 星子县蓼南候鸟观赏站建成。应邀来江西省考察候鸟专项旅游的国际旅行总社,北京、湖南、湖北、福建等兄弟省、市旅行社经理和外联专家到这里进行了首次观鸟活动。他们看到了铺天盖地的天鹅、白鹤、黑鹤、白头鹤、灰鹤、白琵鹭等珍禽。

13 日 由南昌市日用电器厂根据中国轻工业品进出口公司江西省分公司要求进行试制的全塑台扇,通过江西省级技术鉴定。

13 日 省政府、省军区在南昌召开全省城市民兵工作改革经验交流会,总结交流城市民兵、预备役工作改革的经验。使城市民兵工作更好地服从、服务于国家经济建设的大局,适应城市经济体制改革和战备工作的要求。省军区参谋长刘子明作了全省城市民兵预备役工作报告。讨论了省政府、省军区《关于城市民兵工作改革的意见》。有 16 个单位介绍了经验和体会,并到城市民兵工作改革先进单位——江西棉纺织印染厂进行了实地参观。交流会于 15 日结束。

14 日 江西省"六五"计划水稻育种攻关项目之一——水稻化学诱变育种新方法,在赣州地区通过江西省级鉴定。

14 日 省委批准江西省消防部队管理体制的改革方案,决定成立中国人民武装警察部队江西省消防总队。地(市)成立消防支队,县(市)成立消防科,下设消防中队。各级消防机构同时又是公安机关的一个组成部分。消防部队将继续贯彻执行"统一规划、分级管理、分级指挥"的原则,和"预防为主,消防结合"、"从严治警"的方针。

14 日 公安部副部长胡之光自即日起至 23 日来江西视察工作,就新形势下公安工作如何保障改革开放,服务四化等问题作了重要指示。

15 日 为贯彻落实《中华人民共和国税收管理暂行条例》,加强江西省税收征管工作,健全税收征管制度,江西省人民政府特颁发《江西

省实施〈中华人民共和国税收征收管理暂行条例〉的办法》，并开始实施。省政府要求各有关部门，对税收管理工作应予积极支持和配合，一切纳税单位和个人都应认真贯彻执行《中华人民共和国税收征收管理暂行条例》和江西省的《实施办法》。

15日 省政府决策咨询委员会成立。李克任主任委员。廖延雄、彭聚先、王洪昌任副主任委员，委员93名。该委员会的主要职能是：根据中共中央、国务院的方针、政策，结合江西实际对全省经济体制改革、经济和社会发展战略、发展规划、重大项目，技术政策和智力开发等进行可行性研究，向省政府提供有科学依据的决策方案。委员会下设8个专业工作小组：（一）综合计划组；（二）工业交通组；（三）农林水组；（四）商业贸易组；（五）财政金融组；（六）科教文卫组；（七）社会组；（八）生态环境组。

15日 江西省组织工作座谈会在南昌召开。参加会议的有各地市委组织部长和省直单位组织人事部门负责同志200多人。会议就全省当年组织工作作了总结，对1987年组织工作进行了部署，同时传达了全国先进党支部和优秀共产党员事迹经验交流会精神；传达了各省区市委组织部长、青干处处长会议和全国落实知识分子政策经验交流会精神。到会的同志对如何搞好江西省1987年县级班子换届工作、党的建设工作、第三梯队建设工作、知识分子工作进行了充分的讨论，并提出落实措施。座谈会于17日结束。

15日 省政府在南昌召开全省计划会议。研究江西省1987年国民经济和社会发展的主要任务和方针。交流工作经验，拟订全省1987年计划草案，落实分地区、分部门的计划安排。副省长蒋祝平传达了全国计划会议精神，代表省政府提出了1987年江西省经济工作的指导思想和经济发展的总要求是：继续贯彻一个"略高于"、"两个更大胆"的指导方针，进一步增强改革意识和商品经济观念，树立富民思想，敢于创新，开拓进取，把着眼点放到依靠自己力量的基点上，向内使劲，挖掘内部潜力，向外使劲，大力发展横向联系，促进经济持续、稳定、协调发展。经济发展总的要求是：以改革为动力，以提高经济效益为重点，把效益、速度、活力、后劲结合起来，保持社会总需求和总供给的基本平衡，保持略高于全国平均水平的经济发展速度，保持粮食生产稳定增长和"两条短腿"进一步伸长，保持财政、信贷、物资、外汇基本平衡，保持市场繁荣，物价相对稳定，人民生活水平有所提高。并提出着重抓好八件大事：（一）继续调整农村产业结构，进一步繁荣农村经济；（二）增强老区和贫困地区的活力，加快老区和贫困地区的经济发展；（三）调整工业产品结构，抓紧能源开源节流；（四）严格控制投资规模，积极调整投资结构；（五）大力提高经济效益，抓紧财政增收节支；（六）认真组织商品购销，保持市场繁荣稳定；（七）进一步扩大出口创汇，努力保持外汇收支平衡；（八）实施科技"星火计划"，加强各类人才培养。

16日 由上海青年报社主办的1986年华东六省一市中学生作文比赛揭晓。江西参加比赛的稿件，其中4篇荣获一等奖：瑞金一中邹剑鸣、兴国县平川中学陈祖林、泰和中学夏其懋、抚州一中胡文宏。有7篇荣获二等奖，11篇荣获三等奖，16篇获优胜奖。

16日 省长吴官正签署命令，要求鄱阳湖区各地、市、县政府坚决制止滥捕，保护、增殖鄱阳湖渔业资源。命令规定每年鱼类繁殖季节（从3月20日~6月20日）对鄱阳湖区鱼类产卵繁殖的19个主要场所（含洄游通道），实行休渔90天。自当年10月10日到次年4月10日实行分段封禁，禁期内禁止捕捞。命令还规定，全湖一律禁炸鱼、毒鱼、电鱼，禁止使用改制或新增的机动底拖网和密眼布网，坚决取缔定置网、迷魂阵、拦河网、装春缯、堑春湖等有害渔具渔法。凡从事捕捞业（含虾、蚌、蟹等捕捞生产）的专业和兼业人员，一律凭捕捞许可证所核准的作业类型、场所、时限和渔具数量进行作业。无捕捞许可证的人员一律不准下湖生产。省外人员应先向渔政管理部门申请、领取鄱阳湖临时捕捞许可证，才能入湖进行生产。公安、司法、渔政、工商行政管理、血防、税务部门要各尽其责，相互密切配合，坚决依法惩处破坏渔业资源的不法分子。

16日 共青团江西省委九届六次全委（扩大）会在南昌召开。省委领导到会讲话，勉励青年把对共产主义最高理想的追求，熔铸在为四化建设的艰苦奋斗之中，做"四有"青年，更好地发挥"先锋""突击队"的作用。会议通过决议，决定于1987年5月召开共青团江西省第十次代表大会。会议还宣布：全省十二城市的商业、金融、粮食、环保、卫生、文化、教育、公安等十大服务行业，1987年将开展"争当文明服务好青年"的竞赛，并利用城市对县乡镇村的辐射影响，促进全省青年在移风易俗活动中下真功夫，倡导青年建立文明健康科学的生活方式。会议于19日结束。

16日 省总工会六届五次全委（扩大）会暨工会先进集体（个人）表彰大会在南昌召开。会议传达了中华全国总工会十届四次执委会精神，部署了1987年全省工会工作。会议讨论了省总工会《关于贯彻全总十届四次执委会"加强劳动纪律，培养职业道德，在两个文明建设中发挥主力军作用"决议的意见》，《〈全民所有制工业企业职工代表大会条例〉贯彻实施意见》。会议交流了经验，表彰了先进职工之家、先进车间、先进工会小组、模范职工之友和优秀工会积极分子，并发了奖。表彰大会于19日结束。

18日 省委整党工作指导小组在江西宾馆召开省直各部门党委（组）负责人会议，贯彻中指委第十一次全体会议精神，通报江西省3年来的整党工作主要情况，要求善始善终全面完成全省整党工作任务，认真搞好整党工作总结。省委整党工作指导小组其他成员，省直机关各部、室、委、厅局，在南昌的大专院校的党委（组）书记和整党办公室主任共200人出席了会议。

19日 南昌钢铁厂完成高碳、低铬、钨耐磨钢球的研制任务，并通过鉴定。采用钨精矿作合金添加剂直接炼钢属国内首创，获1986年省科技进步二等奖。

19日 庐山小天池公路顶端已建起北大门牌坊，全国人大常委会委员长彭真题写了"庐山"牌名。

庐山北大门牌坊

20日 江西省妇幼保健院杨学志等采用中药"三品"锥切疗法，即用"三品"饼、杆制剂，敷贴于宫颈或抑置于宫、管，通过药物对宫颈局部癌灶起作用，达到根治早期宫颈癌的目的。获1986年度全国中医药科技成果甲级奖。

20日 省审计局、省委组织部、省经委、省劳动人事厅发出《关于对厂长（经理）实行离任经济责任审计制度的通知》，决定从1987年1月1日开始对全省国营企业厂长（经理）实行离任经济责任审计制度。

21日 巴基斯坦访华代表团一行43人到共青垦殖场参观访问。

21日 江西省老区建设和扶贫扶优工作先进单位、先进个人代表会议在南昌举行。参加全国贫困地区经济开发现场会的16个省、市的同志出席了会议，上海、江苏、浙江、广东、福建、湖南等兄弟省市积极支援江西省老区建设。一些地、市、县和单位的代表，也应邀出席了会议。国务院贫困地区经济开发领导小组顾问林乎加出席了会议。省委书记、省老区建设委员会主任万绍芬在会上作了报告。报告共分三部分：（一）老区建设有了一个看得见的变化；（二）走切合老区实际的治贫致富的路子；（三）老区建设要再迈一个大步。会议于 25 日结束。

21 日 江西省广播电视局长会议在清江县举行。会议强调要明确广播电视工作在两个文明建设中的重要地位；要根据群众需求的变化和广播电视宣传工具自身的特点，坚决地、有计划地进行改革；要花大力气扩大报道面增加信息量，丰富节目内容；要加强职业道德教育，纠正行业不良之风；要加强对广播电视工作者的领导。会议于 25 日结束。

22 日 南昌陆军学院 1600 多人隆重集会，为八六届赴滇参战学员庆功。江西省市党政军领导和南昌陆军学院领导出席了大会。会上，刘博学副院长宣读了南昌陆军学院党委作出的《关于向参战学员学习的决定》，副省长钱家铭、南昌陆军学院副院长刘炳辉、参战学员代表王有标先后在会上讲了话。参战学员用战场上的枪弹壳制作了一只和平鸽，赠送给江西省人民政府，省政府向参战学员赠送了奖品和纪念品。

22 日 赣州市煤气工程破土动工。1987 年 9 月全面开工，1990 年 1 月 14 日送气成功，19 日举行竣工典礼，投资 1920 万元。

22 日 全国贫困地区经济开发现场会在南昌举行。国务院贫困地区经济开发领导小组，民政部及全国 17 个省区有关部门的负责人 40 余人出席了会议。代表们听取了江西省贫困地区经济开发情况的汇报，全体代表认为江西省成功的经验值得各地学习和借鉴。会上，各省、区还汇报、交流了扶贫工作的进展情况和经验。国务院贫困地区经济开发领导小组顾问林乎加讲了话。他要求各省、区搞好计划，选定开发项目，为多渠道引进资金做好准备。现场会于 28 日结束。

22 日 中宣部、全国总工会、共青团中央、全国妇联和广播电影电视部联合组织的"为了实现共同理想"先进人物演讲汇报会部分成员先后在省委党校、江西行政管理干部学院和南昌飞机制造公司作为期 3 天的演讲汇报。来昌演讲汇报的先进人物有：商业部特级劳动模范、上海虹口区浙兴菜场优秀营业员安根娣；全国"五一"劳动奖章获得者、在科技界带头改革，创办湖北省第一个民办科研机构的鄂州市建材设计研究院院长张永明；全国"三八"红旗手、热心为山区人民解除病痛的妇产科主治医生永修县卫生局局长万淑娟；全国优秀班主任、献身山区教育事业的安义县峤岭乡合水小学副校长张凤莲。

23 日 省政府发布《江西省城市建设综合开发公司管理暂行条例》。该条例明确由省建设厅归口管理城市建设综合开发工作。

23 日 江西洪都钢厂无缝管车间改造工程全面竣工验收。1987 年 10 月 19 日，从英国引进的三辊轧管机正式交付生产。

23 日 江西省肿瘤医院（即江西肿瘤研究所）举行开院典礼。

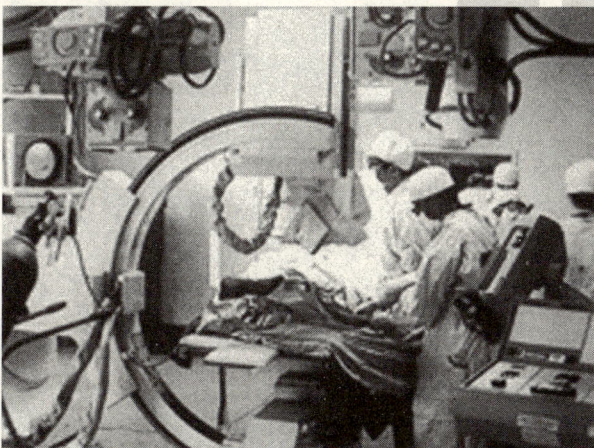

江西肿瘤医院为病人进行立体定向放射治疗

23 日 江西省侨联第二届委员会第二次全体会议在南昌召开，会议传达贯彻全国侨联三届二次全体委员会精神；汇报纪念全国侨联成立 30 周年大会的盛况；总结省侨联二届二次委员会议以来的工作和提出 1987 年工作设想，交流各项侨联工作经验，表彰侨联工作积极分子。会议于 25 日结束。

23 日 省妇联召开六届四次执委（扩大）会议，会期 4 天。会议传达了全国妇联五届四次执委会精神和中央书记处书记王兆国关于如何做好妇联工作的讲话，听取了省妇联工作报告，提出了 1987 年江西省妇女工作的指导思想和总的要求，通过了《树立文明新风，提倡婚事新办带头人》的倡议书。表彰了 110 个先进集体和 93 个先进个人。会议决定 1987 年设立"振兴江西巾帼奖"。勉励妇女全面提高素质，培养"四有"新人，把妇女工作提高到一个新水平。

24 日　庐山电子仪器厂和中科院物理所联合试制的 FS－4 型锁相放大器通过设计定型鉴定，获国家教委科技成果一等奖。

24 日　省委组织部、省劳动人事厅就工资制度改革后，在使用行政奖惩种类中有关工资问题，作出明确规定。

24 日　江西省民族工作会议在南昌召开。会议就如何做好新时期民族工作问题提出几点要求：（一）要切切实实地把发展少数民族地区的经济放在民族工作的首位；（二）要贯彻改革和开放的方针，促进少数民族地区的发展和进步；（三）要坚持做好民族团结的教育，努力创造一个各民族平等、团结、友爱、互相信任和宽松和谐的气氛；（四）要大力培养少数民族干部。会议于 26 日结束。

24 日　省六届人大常委会举行第二十一次会议。会议通过了《江西省实施〈中华人民共和国土地管理法〉的办法》；通过了关于修改《江西省县、乡直接选举实施细则》的决定；通过了《关于调整今年江西省工农业产值计划指标的决定》。会议同意确定樟树为江西的省树，杜鹃花为江西的省花。会议还通过了《江西省关于游行示威的暂行规定》和人事任免事项。会议于 27 日结束。

25 日　1986 年全国高中数学竞赛成绩揭晓，南昌市二中高三学生盛卫东、高二学生陈刚以 281 分并列冠军。

25 日　湖口县石钟山文物考古工作者根据史料记载，在梅家洲发现太平军木城遗址和太平军制造炮弹、打造横江铁索的遗址。遗址内有木桩 50 余棵，马蹄铁、剪刀片、门塔、门扣等五六十种铁器，还发现当年作战用的炮子 100 余颗，其中有铁制和铝制两种，最大一颗直径有 7 厘米，最小的直径也有 0.8 厘米。

25 日　华东六省优秀少儿读物编辑奖评选委员会在苏州召开会议，对近两年来华东六省出版的近 800 种少儿读物进行评选，江西少儿出版社出版的《巴金和寻找理想的孩子》、《布鲁诺和布茨》系列小说、《低幼童活选》、《老山战斗故事集》、《幼儿智能训练 365 题》、《小胖的故事》、《我的观察日记》、《101 个小小故事》、《万里探险——南极考察札记》、《小星星》（1986 年 2 月号）10 种图书的责任编辑获优秀少儿读物编辑奖。

25 日　投资 5700 多万元的乐平至德兴的铁路正式通车，全程 44.5 公里。

25 日　赣州地区审计局、弋阳县审计局被评为全国审计工作先进集体，修水县审计局局长胡猛山、南昌县审计局长李炳山、兴国县审计局长李加淳被评为全国审计系统先进工作者。

25 日　煤炭工业部部长于洪恩与中国地方煤矿公司经理韩宗顺等到萍乡、丰城、英岗岭、乐平等局、矿检查工作。于洪恩提出：江西省煤炭工业的发展，应该首先立足于省内，所需煤炭以自给为主，外省调入为辅，并实行必要的品种调剂。

26 日　江西省化学工业公司评审通过了九江磷肥厂万吨聚丙烯扩建项目。工程概算 1708 万元，化工部和省安排贷款 1153 万元，其余由九江市自筹。

26 日　省地质矿产局被江西省委、省政府、省军区授予"支援老区建设先进单位"称号。

26 日　广西边防法卡山守备部队 470 多名江西籍战士，又在法卡山前线立新功。某部八连都昌籍战士张国清，两次荣立了三等功。丰城籍战士某哨所一连"优秀班长"罗德荣，他先后 15 次受到上级奖励，最近又立一次三等功。

27 日　在为期 3 天的北京 1987 年国际旅游展销会上，江西陶瓷专项旅游吸引了国际游客，日本、比利时旅游界人士与江西进行了洽谈，计划组团来江西。

28 日　江西省化工系统最大的一个从国外

南昌化工原料厂的一个车间

引进的项目——白炭黑生产线引进工程，在南昌化工原料厂破土动工。

29日　省政府对江西汽车制造厂的技术引进国产化给予特殊政策。政策规定：（一）该厂技术改造列入省"七五"技改重点项目，技改资金由省经委技改计划中调剂；（二）从1987年开始3年减免所得税和减免两年新产品增值税；（三）所需外汇由省、市、厂通力协作，省计委统一综合平衡解决；（四）为解决汽车工业发展所需人才，从江西工业大学选拔优秀学生去清华大学或吉林工业大学专修汽车专业。

29日　伟大的民族英雄、杰出的共产主义战士方志敏烈士铜像落成典礼在南昌市举行。方志敏烈士铜像坐落在人民公园枫树草坪，像高3.5米，重2.2吨，基座高2.4米。省领导和南昌地区大、中、小学学生代表900人参加了落成典礼。白栋

方志敏烈士铜像

材等同志为铜像揭幕。团省委、江西大学新闻系、方志敏烈士母校九江二中方志敏班派代表在会上讲了话。

30日　江西省商业厅、江西省财政厅、江西省民政厅等单位发出通知，为解决贫困地区缺衣少被的困难，决定对困难地区赊销棉布3000万米，实际赊出2902万米，赊销金额5254.9万元，接受赊销的90.8万户，赊销期5年。

31日　江西省计委、省农牧渔业厅、省经贸厅联合制定下发《关于建立出口商品生产基地、厂（矿）的若干具体规定》。

31日　由中国建筑工程公司江西分公司承担的劳务分包项目科威特西欧格来商业中心工程，于12月底完成，工程质量被中建总公司评为科威特所有海外项目中的第二名，为江西赢得了声誉。该项目由科威特国家房产局投资，布里斯里萨的克联公司主包，江西分公司承担其中12

个单元工程的劳务，该项目合同金额为144万美元，项目负责人为魏坚，派出人数161人。

31日　江西农业大学教授、学校顾问章士美获1986年国家教委科学技术进步二等奖，并建立了农业昆虫地理学。

本月　江西省建筑总公司党委印发《关于加强社会主义精神文明建设的若干措施》。《措施》规定做好八项主要工作：（一）认真学习《决议》精神，增强使命感，明确任务；（二）树立"企业（单位）精神"，把最高理想、共同理想和企业奋斗目标结合起来；（三）纠正行业不正之风，树立高尚职业道德；（四）高度重视智力投资，普遍提高职工科学技术文化素质；（五）加强民主法制教育，增强广大职工的组织性、纪律性；（六）抓好文明施工、生产，改善工作和生活环境；（七）加强思想政治工作，创建企业文明单位；（八）加强和改善党的领导，发挥党员在精神文明建设中的表率作用。

本月　贵（贵溪）南（南昌）Ⅱ回220千伏输变电工程投产。该工程含220千伏线路231公里，石滩变电站主变容量12万千伏·安，110千伏配套线路17公里。

本月　南昌铁路勘测设计所采用新的"BDTGD型板块投光灯具"设计灯桥，同时采用高压纳新光源，具有效率高、眩光小、重量轻、密封性能好、透雾性强等优点（1988年被铁道部列为《站场照明灯桥标准图》）。

本月　上高农民摄影艺术展览在北京中国美术馆展出，共展出作品100余幅。展览期间，中共中央书记处书记邓力群在中南海接见上高农民摄影代表团。

本月　江西省赣剧团王文俊、王定雄创作设计的《邯郸梦记》舞美设计作品，被中国舞台美术学会选送参加捷克斯洛伐克举办的布拉格第六届国际舞台美术展览，获荣誉奖。中国是首次参加此项展览。

本月　坐落在乐安县七二一矿的江西省城市放射性废物库（代号175）竣工。

本月　景德镇市科协咨询服务部与景德镇昌南瓷厂研制的"煤矸石制釉面砖"工艺通过

省级鉴定，并被国家科委列入1986年国家"星火计划"。

本月 江西省环保科研所完成的"活性氧化镁去除水中氟"的研究项目，分别获国家环保局、江西省科技进步三等奖。

本月 南昌硬质合金厂引进日本挤压法生产硬质合金管、棒、带以及硬质合金微形钻成套设备竣工投产。

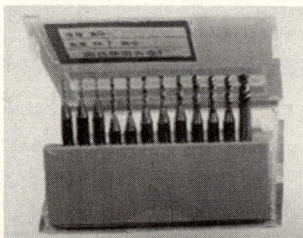
该厂生产的硬质合金微型钻

本月 丰城市建成国内县级市第一家管道煤气。

本月 由国家环保局组织的以江西省环境保护局局长韩伟为团长的中国湖泊水质保护技术考察团，考察日本琵琶湖水质保护工作。并与日本环境厅等有关部门商讨了开展两国湖泊水质保护技术合作事项。

本月 朝鲜人民民主共和国煤炭考察团到萍乡矿务局考察。

本月 据萍乡矿务局医院1981年至1986年期间统计，煤矿职工死亡原因第一位为呼吸系统疾病，占57.7%；其次为因工死亡，占15.5%；肿瘤居第三，占12.3%；心血管疾病居第四，占10.8%。

本月 国家教委、国家体委授予丰城矿务局第一中学"全国体育传统项目学校先进集体"称号。

本月 萍乡矿务局青山矿建成江西省第一座无烟煤洗煤厂，设计能力为每年入洗原煤45万吨，主导产品为每公斤热量27.2百万焦耳的精煤，除供应省内外，还出口东南亚各国。

本月 江西省甘蔗学会成立，黄龙德任理事长。

本月 南昌、景德镇、赣州在全国城市绿化评比中荣获"全国绿化卫生先进单位"称号。

本月 江西省建设厅会同省委组织部开始举办县长研究班，以提高县领导对村镇建设重要性的认识，加强对村镇建设工作的领导。

本月 《江西广播电台年鉴》首卷出版（1986年版），内部发行。全书40万字，主要记述1985年江西省广播电视的事业、宣传、机构、管理等各方面的情况，同时，兼顾建国以来的有关历史资料。这是全国第一部省级广播电视年鉴（此后每年出版一卷，从1989年起，由中国广播电视出版社出版，全国公开发行）。

本月 30项石油化工产品获1986年度优质产品奖。其中江西樟脑厂精制樟脑粉获国家金质奖，前卫化工厂中绿硝苯外用磁漆获国家银质奖，江西氨厂碳铵、星火化工厂甲胺、201硅油、前卫化工厂大红硝苯外用磁漆、宜春橡胶厂液压汽车软管7个产品获部优产品称号。

本月 省轻工业厅提出关于厅属12个公司体制改革方案，限期清理整顿二级公司。

本月 江西电机厂参加上海电器科研所主持的Y、YR（防滴式）中型高压异步电动机系列联合设计，试制成功Y355，YR450型高压电动机并通过鉴定，性能达到80年代初国际同类产品水平。1986年获机械部科技进步二等奖。

江西电机厂在为用户提供咨询

本月 省计委、省建设厅、省劳动人事厅、省财政厅、省建行根据1986年2月国家计委、劳动人事部、建设部、财政部、人民银行总行联合颁发的《国营建筑施工企业百元产值工资含量包干试行办法》，联合制定下发了《江西省国营施工企业百元产值工资含量包干实施细则》。

本 年

本年 年初，被《中国乡镇企业报》誉为"鸡毛大王"的浙江省义乌县廿三里镇63岁的农民吕银治，与永新县文竹乡星联村青年彭富林等4人联合创办"星联羽毛加工厂"，标志着文竹乡鸡毛加工业开始了艰难的起步。至1989年8月，鸡毛加工由一个点发展为以文竹乡为中心的十个厂40个加工点，分布在永新、莲花2个县十个乡，从业人员达3000余人，成为全国四大鸡毛加工基地之一。

本年 赣南建材厂利用粉煤灰、页岩制成烧结砖，并通过省级鉴定，为全省第一家利用粉煤灰和页岩生产烧结砖的企业。

本年 江西对森林开始实行限额采伐制度，经省政府报国务院批准，"七五"计划时期，包括商品材和农民自用材，年采伐活立木489.28万立方米。

本年 省妇联在泰和县上圯乡西岗村挂点扶贫，机关干部轮流蹲点，送政策、送技术、送资金，为村民办好事，帮助村民脱贫致富。

本年 省旅游局制定第一个全省旅游发展五年规划，派员参加"香港亚洲国际旅游博览会"，推出一批旅游路线和旅游项目。赣州地区首次制定旅游规划，旅游业正式列入地区国民经济和社会发展计划。

本年 南昌有色冶金设计研究院工程师程懋方等开发了转体法建桥技术，属国内首次应用。建在贵溪县冶金大道与浙赣铁路相交处的立交桥净跨30米，立梁全长48米，仅用70分钟就使两边转体合龙，施工中火车照样通行。先后已建同类型桥四座，节约投资30余万元。

本年 省建筑设计院齐后生等设计的南昌民航候机楼工程，平面布置合理，路线流畅，管理方便，造型新颖，1986年获"省城乡建设优秀设计项目奖"。江西省建筑设计院曾松年等设计的"九江市汽车站"项目，具有平面布置合理，功能分区明确，不交叉、不干扰，舒适方便，环境优美，造价经济等特点，获1986年省建设厅授予的"省城乡建设优秀设计项目奖"。省建筑设计院陈守国等人设计，省二建公司施工的南昌华侨友谊商场工程楼地面工程采用了预应力叠合模板，属省内首次应用。

本年 南昌柴油机厂被国家定为外贸扩大自主权企业。

本年 宜春工程机械厂完成的《提高动力换挡变速箱效率》研究，达到国内先进水平，获1986年省科技进步二等奖。

本年 江西光学仪器总厂等单位承担的国家"六五"攻关项目"光学冷加工最佳工艺参数研究"应用在凤凰205照相机物镜生产流水线，属国内首创，获1986年机械工业部科技进步一等奖，1987年国家科学技术进步二等奖。主要研究人员为助理工程师吕秉锋等。

江西凤凰光学仪器集团公司单镜头反光照相机装配流水线

本年 江西加速为老区培养人才，1986年起定向在40个老区县招收大学生900名，中专生2000名。

本年 南昌至九江客车首次使用空调，采用南昌柴油机厂生产的12VB5型柴油发电机组。南昌车辆段又在空调制冷、耐氟电机以及客车安装上进行了改造，效果较好。

本年 江西省 58 个县旱情严重，受旱农作物 1444 万亩，受灾人口 1146 万人，100 多万人生活用水困难。抗旱期间，15 万名干部和 570 万农村劳力奋战在抗旱第一线，江西投入抗旱经费 6360 万元。

本年 106 名安置在大集体单位的伤残军人集体上访。江西省民政厅组织人员热情接待，耐心疏导。翌日起，陆续返回。

本年 省卫生厅正、副厅长带队到老区 19 个乡进行经济、生活及卫生状况考察，并制定了《老区卫生建设全面规划》。江西省卫生厅与省老区建设办公室共投资 150 万元，重点建设 15 所老区特困乡卫生院。

本年 南昌硬质合金厂生产的"金塔牌"YC8 硬质合金刀片荣获"部优产品"称号。YT15 合金刀片获"江西省优质产品"称号。

本年 南昌市育新学校被评为全国"园林绿化"先进单位。中央绿化委员会授予南昌市为"绿化先进城市"光荣称号。

本年 景德镇制冷设备厂 1985 年引进意大利梅罗尼公司技术和设备，现已试制成功 BCD - 185 型、BC - 145 型家用电冰箱。年生产能力 30 万台。

景德镇制冷设备厂的电冰箱箱体发泡设备

本年 万平无线电器材厂试制的 CKT 系列九个品种的固定真空电容器，得到美国的质量认可。世界最大的电容器制造商、美国 Jenhimgs 公司同意以该公司的商标在世界销售。国务院机电产品出口办公室批准万平无线电器材厂为机电产品出口基地企业和机电产品出口重点骨干企业。

本年 红声器材厂生产的星球牌 ND2 型精密声级计和倍频程滤波器获国家银质奖。

本年 中华全国总工会授予八三四厂林崇锵"五一劳动奖章"和"全国先进科技工作者"称号。

本年 新建县被评为全国体育先进县。

本年 赣州有色冶炼厂年产 500 吨仲钨酸铵车间的技术改造工程竣工投产。

本年 中国有色金属进出口公司江西联营公司（又称江西冶金进出口公司）成立。

本年 省政府批准成立省农业利用外资领导小组，专门负责世界银行对江西省的农业开发（红壤改造、吉湖农业综合开发）项目的领导，副省长张逢雨任组长。并决定成立红壤开发公司，管理日常事务。第一期综合开发项目投入资金 2.9 亿元，在江西临川、东乡、进贤、贵溪、金溪、崇仁和省红星垦殖场、省畜牧良种场实施，先后组织 8000 多农户移民上山开办家庭农场，计划开垦红壤荒地 30 万亩。

本年 省国际信托投资公司采取"自借自还"方式，利用日本商业贷款 500 万美元转贷给省内企业作企业周转资金。

本年 江西利用世界银行种子开发项目贷款和国内配套资金，建立以国营邓家埠水稻原种场为中心的杂交水稻三系亲本繁殖推广体系。

本年 省农牧渔业厅组织省、地、县兽医专业人员 160 余人，对建国后 40 年来全省畜禽防疫情况进行广泛调查、分析和综合，编写《江西畜禽疫病志》（至 1990 年，该志书编撰完成，出版发行）。

本年 向塘机场被评为"全国民航文明单位"、江西省"全省文明单位"，并获民航上海局"优质服务竞赛"第一名、南昌市窗口单位"创三优"竞赛一等奖。

本年 南昌电扇厂研制的 FT6 - 40 型节能电扇通过省级鉴定。经中国家用电器工业质量标准化检测中心站测试，节能效果达到国内先进水平，通过国家专利局专利申请。

本年 南昌无线电厂为通信干扰部队研制的TK－125遥控短波干扰机荣获江西省优秀新产品奖。

本年 省电子仪器厂生产的 0.05 和 0.1 低电度表校验装置，填补国家一项空白。

本年 南昌茶厂生产的"炒青特级茉莉花茶"被评为江西省优质产品，茉莉花茶"南昌银毫"被评为江西省特种优质花茶。

本年 南昌水泥厂制成车间 QC 小组荣获"全国建材工业及江西省优秀质量管理小组"称号。厂长杨文若被授予"1986 年度全国建材工业劳动模范"。

本年 南昌市第三建筑工程公司在省内率先使用外用人货施工电梯—JT11—1 电梯。这种电梯是供建筑施工使用的一种垂直运输机械，用以提升建筑材料、设备和施工人员，并可两笼分别上下，使用效率高，运用于市第三建筑公司施工的 24 层南昌经济大楼、19 层鄱阳湖大酒店和 24 层江西水产大楼等工程，取得良好经济效益。

本年 省委、省政府规定自 1986 年开始每年教育经费必须达到"两个增长"的要求，同时还规定教育经费的增长必须高于当年经常性财政收入增长的 1.5%。

本年 吉安县文天祥纪念馆正气殿落成。该项目为仿古建筑，由吉安县敦厚镇建筑公司施工。

吉安县文天祥纪念馆正气殿外貌

本年 抚州市建筑设计室黄镇梁设计的"汤显祖墓"规划设计和建筑设计，获省建设厅颁发的 1986 年省优秀规划设计奖，地区优秀设计一等奖。

本年 省水产局完成大面积稻田养鱼推广工作（1987 年获农业部科技进步一等奖）。

本年 江西省以推广"泗棉 2 号"育苗移栽、高产模式培育主为的植棉新技术，棉花花多、桃大、早熟、优质、高产，创造全省平均亩产皮棉 63 公斤的新纪录，是全省植棉史上的特大高产丰收新纪录。

本年 由江铜、江西电视台和中国音乐家协会江西分会联合摄制的电视音乐片《孔雀石之歌》拍成，陆续在江西电视台、中央电视台等处播映。

本年 东乡铜矿黄紫双被中华全国总工会授予"五一劳动奖章"。

本年 江西药物研究所从西德布鲁克公司引进一台 80 兆赫的核磁共振波谱（NMR），规格为AC－80，价格为人民币 110 万元。

本年 省政府选聘有关专家和实际工作者 93 人，组成"江西省人民政府决策咨询委员会"，规定凡作出重大决策，一般应先交该委员会论证。

本年 中国地质大学余崇文、江西省地质矿产局区调队高维敬等联合承担的《南岭地区区域地球化学研究》通过了评审验收，并获 1987 年地质矿产部科技成果一等奖。江西地质科研所王传松等承担的《江西省铜矿资源总量预测研究》通过了评审验收，并获 1986 年地质矿产部科技成果二等奖。

本年 省地质矿产局九一六队卢宇等运用数学地质及找矿矿物学理论与方法，发现了浮梁县大背坞金矿床。

本年 地质科研所和

江西省地质学会分别承担的《江西省一九八六至二○○○年地质科技发展预测》和《江西省一九八六至二○○○年地质科技发展战略研究》两项决策咨询课题通过了评审验收（1987年分别被江西省科委授予一等、二等优秀研究报告奖）。

本年 黎川县华山垦殖场华山瓷厂试制"双鹰牌大型双面釉彩绘板屏风"成功，并通过省级鉴定，属国内首创。

本年 大茅山垦殖场大茅山活性炭厂完成"氯化锌法木质活性炭生产废水处理及回收利用的研究和推广应用"项目，获国家林业部科技进步二等奖。

本年 高安县被农牧渔业部列为全国三大乌龙茶产地之一。

1987年

概　要

　　江西省人大六届六次会议政府工作报告提出，1987年的主要任务是：在经济领域开展"双增双节"运动，坚持改革、开放、搞活，促进国民经济持续稳定发展；在政治思想领域深入进行坚持四项基本原则的宣传教育，坚决反对资产阶级自由化，加强社会主义精神文明建设，进一步巩固、发展安定团结的政治局面。省委发出认真学习中共中央《关于当前反对资产阶级自由化若干问题的通知》的意见，强调各级组织要在思想上、政治上和党中央保持高度一致。省教委研究、部署全省教育战线坚持四项基本原则、反对资产阶级自由化的各项工作。全省经济工作会议确定1987年江西省工业增产节约的主要目标为：工业总产值增长8%~10%，产品质量提高率80%以上，企业管理费节减10%，工业成本降低10%，扭亏30%。

　　增强工业企业活力的改革　5月，省政府发出关于深化企业改革、增强企业活力的三个办法，要求深化改革，认真落实扩大企业自主权，全面推行厂长负责制，并允许企业自主决定内部分配办法。从当月起，责任制形式由承包利润转向承包经营，并向延长承包期和扩大承包面发展。经营承包是指在分别确定主管部门和企业的责、权、利之后，实行"包死基数、确保上缴、超收多留、歉收自补"，使企业所有权和经营权相分离。9月，全省许多预算内工业企业实行了以承包经营为主要形式的经济责任制。同时，也有一些小型企业试行了租赁经营。推行厂长负责制。在企业改革过程中，出现了企业改组与联合的趋势。11月，全省第一家企业集团凤凰照相机集团在上饶市成立。

　　外贸企业经营机制的转换　1986年以前，外贸企业主要进行政企分开、简政放权的改革，同时实行了进出口代理制，以促进工贸结合、技贸结合、进出结合。全省各地市分设外贸和外贸公司，县级则撤销外贸局，改设外贸公司，省级分别设立了机械设备、冶金、有色金属、煤炭、电子、农垦、汽车等贸工农结合的公司，打破了由外贸专业公司独家经营的格局，形成了多种灵活贸易方式，扩大了贸易渠道。本年以后，外贸全行业实行承包经营责任制，各外贸企业以出口收汇、出口成本和盈亏总额三项指标进行承包，促进了企业将出口创汇任务的完成和经济效益的提高有效地结合起来，扩大了企业自主权，增强了企业的活力。

　　脱贫致富计划　10月，中共十三大提出社会主义初级阶段理论、"一个中心、两个基本点"的基本路线和"三步走"发展战略后，在全国形成了进一步解放思想、大胆改革、加快发展的大气候。面对全国各地尤其是毗邻的沿海地区快速发展的现代化建设形势，江西面临由传统农业省走向现代化过程中的经济结构矛盾。根据中共中央、国务院的要求，江西省在当年编制出老区贫困地区到2000年的经济发展规划，把扶助老区贫困地区脱贫致富作为一项长期的战略任务和全省国民经济与社会发展计划的重要组成部分。12月，省委、省政府决定建立赣州经济体制改革试验区和加快边际县的改革开放，决定从1988年开始给予赣州地区实行8%财政免予上缴的优惠政策，同时在计划管理、技术改造、对外经济贸易、粮食、物价、林业、物资协作、信贷等方面扩大赣州地区的管理权限。同月，省委、省政府提出，要把全省142个垦殖场建设成为不同规模、不同特点的小城镇。在发展综合经营和商品经济基础上的小城镇建设，是江西农垦经济史上一个意义重大的进步。在农垦企业中心产业地带逐步建立起来的以共青城为典型的一批新兴工商小城镇，成为农垦系统突破农工、城乡壁垒，实现经济转型的重要标志。省政府还作出《关于当前科技体制改革若干政策的暂行规定》，确定进一步放活科研机构，推动科技与经济的紧密结合，鼓励科技人员流向城镇中小企业和乡镇企业，充分发挥科技人员的作用。当年，在广州签署了江西、广东两省关于进一步加强经济技术协作商谈纪要。

其他重要事件　江西有9项工业产品获国家优质产品金牌、银牌奖，获奖总数由1985年在全国所排的第十一位跃居第七位。南昌飞机制造公司和昌河机械厂已成为全国重要的航空工业生产基地之一。江洲造船厂制造的"瑞昌"号1500客位大型沿海双体客轮，标志着中国船舶工业的新发展。

全省本年主要经济指标情况　国民生产总值262.90亿元，增长8.3%，按可比价计算，比1980年接近翻一番。财政收入完成28.21亿元，增长17.1%。工业总产值258.95亿元，比上年增长9.1%；农业总产值144.35亿元，增长8.8%。第一产业产值为104.63亿元，比上年增长9.1%，粮食总产量312.55亿斤；第二产业产值92.44亿元，比上年增长6.9%；第三产业产值65.83亿元，比上年增长9.1%。出口商品总值为4.02亿美元，增长31.6%；全省社会商品零售总额为125亿元，增长12.2%。全省农民人均纯收入为427元，增长7.8%，城市居民人均生活费收入为748.65元，增长9.2%。年末全省总人口3632.31万人，人口自然增长率15.69‰。

1987

1月

January

公元 1987 年 1 月							农历丁卯年【兔】						
日	一	二	三	四	五	六	日	一	二	三	四	五	六
				1 元旦	**2** 初三	**3** 初四	**4** 初五	**5** 初六	**6** 小寒	**7** 腊八节	**8** 初九	**9** 初十	**10** 十一
11 十二	**12** 十三	**13** 十四	**14** 十五	**15** 十六	**16** 十七	**17** 十八	**18** 十九	**19** 二十	**20** 大寒	**21** 廿二	**22** 廿三	**23** 廿四	**24** 廿五
25 廿六	**26** 廿七	**27** 廿八	**28** 廿九	**29** 春节	**30** 初二	**31** 初三							

1 日　南昌市青山湖钓鱼俱乐部建成并正式开放。这种水面宽阔、鱼源丰富又有配套设施的城市近郊钓鱼俱乐部,在全国还是第一个。

1 日　省林业厅、省公安厅、省财政厅、省编委、省劳动人事厅联合发出《关于林业公安管理体制、经费、编制等问题的通知》。

1 日　省委召开新年座谈会。参加座谈会的有工厂厂长、工人、农民、解放军干部、战士、专家学者、大中学校教师、学生和街道干部的代表。会议要求江西省各级党组织组织广大干部群众认真学习《人民日报》社论和有关评论,坚持四项基本原则,珍惜和发展安定团结的政治局面,扎扎实实工作,继续搞好改革开放,加快振兴江西的步伐。

1 日　当日起按照省政府颁发的《江西省行政单位预算外资金管理实施办法》,江西省各级行政事业单位的预算外资金,普遍实行在所有权不变的前提下,由同级财政部门"专户储存,计划管理,财政审批,银行监督"的管理办法。

1 日　省委、省政府决定扩大赣州地区经济管理权限。在粮食管理方面实行粮食、财务两包干,并下放粮食定价权和经营权,放宽部分粮食政策。

1 日　宜春基准气候站正式建成,每天进行 24 小时基准气候观测。

1 日　省公安厅与省林业厅、财政厅等五家联合发文,就林业公安管理体制等问题作出规定:各级林业公安机关实行双重领导、以地方为主的管理体制,既是同级林业主管部门的职能机构,又列入同级公安机关业务处、科的序列,执行相应的职权,受同级林业部门和公安机关双重领导,业务上以同级公安机关和上级林业公安机关领导为主。

1 日　元旦前夕,由美国航空宇航局、中国科协、中国宇航学会共同举办的航天飞机(另星搭机)科学实验方案征集活动在北京结束,经中美 27 名专家论证,赣州三中学生赵全忠所提"外层空间植物细胞的有丝分裂"被评为设计科学实验方案一等奖。

2 日　1986 年江西省重点工程建设进度快,全部或部分建成投产的项目达 30 个,其中基本建设项目 14 个,技术改造项目 16 个,投入生产项目是江西省历史上最多的一年,新增效益好,预计1987年新增年产值13.65亿元,新增年利税2.96亿元。

2日 吴城考古工作站对清江县吴城商代遗址进行了第六次发掘。历时三个月,获得一批商代中晚期珍贵文物。其中商代晚期三条龙窑和长达35米的回廊式建筑与卵石、陶片混合路面的发现以及两支青铜文化融为一体墓葬的清理极为难得。这是江西省先秦考古史上的三项重大突破。

3日 江西最长的立交桥在新余建成通车。主桥共12跨,最长跨度为30米,全桥总长700米、宽19.7米,由新余市和上海铁路局投资兴建。

3日 省煤炭厅安全监督局局长王水亮率中国煤矿技术考察团赴日本,考察瓦斯防治与水力采煤技术。

3日 江西省第五次选举换届工作会议在南昌召开。万绍芬到会并讲了话。省人大常委会副主任彭胜昔作了题为《依法换届选举是我国社会主义民主制度化、法律化的重要体现》的报告。会议要求从政治体制改革、加强民主法制建设的高度,做好1987年整个县乡的换届选举工作;强调换届选举工作必须依法办事,尊重选民的意愿,切实保障选民的民主权利;要提高代表的素质,改变代表和各级人大常委会组成人员的知识结构、年龄结构,更好地发挥各级人民代表大会的国家权力机关职能,真正行使宪法赋予的权力。会议于5日结束。

4日 吉安无线电线材厂加入全国大型经济联合体——熊猫电子集团。本月,江西省八一无线电厂也加入该集团。

4日 耗时3年的江西省中药资源普查工作基本结束。据初步统计,查清中草药品种2000个,等于当前经营品种的5倍。其中发现新资源、新品种约800种;采集到大量的药用动物、植物、矿物标本;收集民间单方、验方2000例,其中经过筛选认为确有疗效的约400个。

4日 在省委宣传部的领导下,集中90多位各方面专家、学者及实际工作部门的同志编写的《江西通观》一书,将由人民日报出版社向国内外正式出版发行。

5日 江西书画院在省文联举行了成立大会,首届《江西书画院作品展览》同时展出。江西省美术书法界的书画家50多人参加了成立大会。

5日 省委政法委、省高级人民法院、省检察院、省公安厅、省司法厅在南昌联合举行记者招待会。中央驻省和省、市60多个新闻单位近百名记者和有关部门负责人应邀出席了招待会。会上,省委常委、省委政法委书记王昭荣代表政法系统向新闻界简要介绍了江西省严厉打击严重刑事犯罪斗争的主要情况和当前社会治安形势,并宣布了1987年政法工作的七项打算。第一,继续学习和贯彻党的十二届六中全会决议,用决议的精神来统一思想,指导行动,使政法工作更好地为社会主义现代化建设、为促进全面改革和实行对外开放、为坚持四项基本原则服务。第二,增强改革意识,推进政法工作的改革。第三,继续坚持打击严重刑事犯罪活动。第四,打击严重经济犯罪活动要继续抓紧实干,深入展开。第五,用更多的精力来落实社会治安综合治理的各项措施。第六,做好法律服务工作。第七,提高政法队伍的政治素质和业务素质。

6日 省委统战部召集江西省各民主党派、人民团体负责人、无党派知名人士、在南昌的部分全国人大代表、政协委员、部分省政协常委等,学习、座谈《人民日报》1987年元旦献辞《坚持四项基本原则是搞好改革开放的根本保证》和1月6日《人民日报》社论——《旗帜鲜明地反对资产阶级自由化》。会议强调加强改革开放和经济建设,关键是要有一个安定团结的环境,而要争取一个安定团结的政治局面,没有人民民主专政不行。会议号召大家积极宣传党的十一届三中全会以来的大好形势,宣传坚持四项基本原则,旗帜鲜明地反对资产阶级自由化,动员社会各界人士积极维护和发展安定团结的政治局面,为改革和建设创造良好环境,为加快振兴江西的步伐创造社会条件。

6日 省国营农垦系统农工商联合公司正式批准更名为江西省农垦农工商联合总公司,属省国营垦殖场管理局领导下的经济联合企业;原江西省农垦商业公司,更名为江西省农垦农工商联合总公司商业公司;原江西省农垦农业服务公司、工业公司和物资公司均分别改为联合总公司的农业服务公司、工业公司、物资公司。

7日 省经委、省电子工业公司联文批复同意吉安无线电器材厂引进用户交换机配套电缆（二手）设备。项目总投资1650万元，用汇300万美元。

8日 江西省肿瘤医院骨科为一患者成功切除重约4公斤的脊索瘤。

8日 地质矿产部电告江西省地质矿产局，转达了国务院副总理李鹏和地质矿产部部长朱训对大吉山钨矿纠纷的批示。2月1日，省政府组成赴大吉山钨矿工作组，由省地质矿产局副局长胡魁任组长。在该纠纷处理过程中，共清理民工5100人，留用900人。

8日 省直机关党委召开工作会议，传达学习了中央领导的重要讲话，研究部署1987年工作。会议指出当前省直各级党组织面临的最重要任务是，组织广大党员干部扎扎实实地学好中央领导的讲话，坚定不移地坚持四项基本原则，旗帜鲜明地反对资产阶级自由化思潮，巩固和发展大好形势。会议要求各部门下决心整顿好机关作风，提高办事效率，建立起一支坚持四项基本原则，具有改革创新精神、作风正派、纪律严明，为基层、为群众高效率办事、高效率服务的干部队伍。会议于10日结束。

9日 省委召开省直机关负责干部大会，传达中央领导的重要讲话，部署当前工作。参加大会的有省直各部、委、厅、局、中央驻省单位、南昌地区高等院校县处级以上负责干部和南昌市区、局级以上负责干部3500余人。省委、省顾委、省纪委、省人大、省政府、省政协、省军区领导出席了大会。会议要求各级党政领导认真学习和坚决贯彻中央领导的重要指示，旗帜鲜明地坚持四项基本原则，反对资产阶级自由化，认真转变工作作风，提高办事效率，齐心协力，巩固和发展江西省的大好形势。艰苦奋斗，使1987年的工作再上一个新的台阶。会议并强调省直机关要认真转变工作作风，提高办事效率，把各项工作搞得更好。

9日 省政府决定：采取一些特殊的扶持政策，为企业创造一个宽松环境，把江西省的汽车工业发展成为"拳头产品"，使之形成一个大的产业优势。

9日 我国最大的、装备水平现代化的贵溪冶炼厂铜电解车间当天生产出了第一批合格的电解铜。电解车间的建成投产，不仅为贵冶充分发挥一期工程的投资效果，而且为进一步提高经济效益创造了有利条件。

贵溪冶炼厂铜电解车间的大吊车正把第一批电解铜吊出电解槽

贵溪冶炼厂铜电解车间

9日 省军区党委召开了全委扩大会，200多名军、师、团三级党委领导参加了会议。会议学习了中央领导的重要讲话，并围绕领导者在反对资产阶级自由化斗争中的责任问题展开了热烈讨论。会议统一了思想，并要求与会人员要带头站在反对资产阶级自由化的前列，毫不动摇地坚持四项基本原则，维护安定团结的大好政治局面。

9日 省经贸厅党组召开专门会议，部署学习贯彻中央一号文件，旗帜鲜明地反对资产阶级自由化。

9日 在纪念明代科学家宋应星诞辰400周年之际，宋应星纪念馆在他的家乡奉新县建成，将于11月9日正式开馆。该馆是经省人民政府批准建设的江西省十大名人纪念馆之一。纪念馆建筑面积1000多平方米，主体有3个展厅。

明代科学家宋应星塑像

宋应星所撰《野议、论气、谈天、思怜四种》为海内孤本

中国古代科学技术巨著《天工开物》（明崇祯十年刊本）

9日 美国国际鹤类基金会考察组一行10人，自即日起至25日到鄱阳湖候鸟自然保护区考察。

10日 为适应国民经济发展，满足创汇、用汇单位的要求，加速外汇资金的融通，补充计划用汇的不足，使外汇调剂工作经常化、制度化，江西省外汇调剂中心在南昌举行了首次留成外汇调剂交易。至此，外汇不能自由买卖的格局被打破。江西省各地有61个单位、企业代表参加了交易，成交金额达335万美元。

12日 省政府颁布《江西省实施〈中华人民共和国土地管理法〉的办法》。

12日 省计委、省审计局、省财政厅、省建设银行联合发出《关于对自筹基建的资金来源实行事前审计的补充通知》。

13日 中国摄影家协会江西分会首届"青年摄影活动周"在南昌开幕。

14日 省政府颁布《江西省技术市场管理暂行办法》。这是江西省第一部科技行政法规。

14日 省机械厅和林业厅联合对蚕桑垦殖场气门芯厂试制的"LXI美术带胶垫气门嘴"进行技术鉴定。该产品经国家行业检测中心抽样检测，达到日本标准JIS422—1983的要求，填补了国内一项空白。

15日 江西钱币学会在南昌召开首届年会，进行钱币学术交流。收到论文31篇，集中反映了江西钱币研究的成果，包括古代钱币、江西铸币、近代货币等的研究。

15日 江西省委老干部局、省劳动人事厅、省财政厅发出《关于调整抗日和解放战争时期参加革命工作的离休干部遗属生活困难补助标准的通知》。

15日 为纪念江西省花炮自营出口10周年，省土畜产品进出口公司在省体育场举办首届出口花炮燃放汇报会和出口订货会。中国土畜产品进出口总公司和香港元隆行等八个花炮经销公司应邀派代表参加。参加开幕仪式的有外商、港澳同胞和省市领导及各界观众共3万余人。全市组织了1100余名公安干警押送和看守烟花、爆竹，维持会场秩序，确保了烟花、爆竹的运输、保管、燃放安全，保障了订货会议的顺利进行。

15日 省委、省政府在南昌召开了江西省农村工作会议。会议传达贯彻了1986年11月中共中央、国务院在北京召开的农村工作会议精神，讨论修改了《关于当前发展农村经济的若干政策措施》和《完善农村各行业承包制试行办法》，部署本年度江西省农村工作。会议提出1987年农村经济的发展继续贯彻"一个略高于"、"两个更大胆"的指导方针，继续发扬艰苦创业、艰苦奋斗的精神，抓紧粮食生产，积极发展多种经营和乡镇企业，深化农村改革，把农村经济搞得更活，使1987年的农业生产登上新的台阶。省委副书记许勤在讲话中指出，乡镇企业要继续坚持大力发展的方针，积极开展股份制试点，对大中型乡镇企业的承包，要改一人承包为厂长负责、集体承包，改一年承包为多年承包，改只包上缴利润一项指标为全面综合指标承包。副省长孙希岳在讲话中提出，工业部门要积极与乡镇企业发展横向经济联合，通过"一条龙"和新产品扩散等形式来带动乡镇工业。会议于19日结束。

15日 江西省"七五"科技发展规划和15年科技规划重点优化工作结束。当前，规划中的一些项目已被纳入江西省"七五"经济和社会发展规划，纯顶螺旋藻还被列入国家"七五"重点攻关计划中。

16日 由税务总局组织的全国税务系统先进事迹巡回报告团在省政府招待所礼堂举行报告会。

16日 从即日起，省政府各部门全部推行目标管理责任制，在围绕江西省确定的全年总目标前提下，省政府每个部门根据工作部门的性质，分别拟定了本年度要实现的目标，大体可分作三大类：（一）各经济部门，主要围绕生产、建设、流通方面制定应达到的目标和经济效益指标。（二）对于科教文卫等部门制定目标管理，主要是为了适应生产、建设和本部门发展需要来提出要求。（三）对于综合部门和监督服务部门是制定规划、协调、指导方面的目标以及一些特定要求。这种管理方法的实行，将进一步调动各部门的积极性，各司其职，各负其责，转变机关作风，提高工作效率，促进1987年的经济发展任务更好地完成。

16日 江西省高教考察团应美利坚合众国俄克拉荷马市立大学的邀请赴美访问，于2月4日返回南昌。在美期间，考察团先后访问了洛杉矶、纽约、旧金山等城市，并与有关中、小学进行了交流。江西师范大学与俄克拉荷马市立大学正式签署了合作办硕士研究生班的协议书。

16日 江西省重点建设项目——景德镇焦化煤气厂举行开工投产庆典。轻工业部副部长陈士能、省人大常委会副主任梁凯轩、副省长钱家铭、景德镇市党政领导，以及省、市有关部门负责人到厂祝贺。

16日 总后勤部副部长胥光义、南京军区司令员向守志、政委傅奎清，副司令员郭涛、后勤部长陈辉等，在省军区领导的陪同下，视察了驻赣部队。在赣期间，他们先后到省军区、南昌陆军学院和××××部队、××××部队、××××部队以及清江生产基地进行视察。

17日 省高级人民法院、省人民检察院、省司法厅决定，将省劳动局制定的《罪犯双百分考核奖罚试行办法》付诸实施。

18日 为期7天的1987年亚太地区游泳选拔赛在武汉举行，平均年龄11岁的江西选手喜获丰收。男子组李敏获蛙泳全能总分第二名，李俭华获仰泳全能总分第二名、单项100米仰泳第四名、50米仰泳第五名。女子组邓玲琴获蛙泳全能总分第二名，万莉获蝶泳全能总分第五名、单项100米蝶泳第六名。

19日 省科学院生物资源研究所经3年的大规模实地调查所取得的成果通过鉴定。调查证实江西野生中华猕猴桃的蕴藏量超过了1100万公斤，并取得了以下一系列成果：首次发现有金花猕猴桃、安息香猕猴桃、浙江猕猴桃的分布，使江西猕猴桃属植物增加到27个；并发现一个新种——江西猕猴桃种，为世界猕猴桃属增加了新种源；发现十五株新的优良株系，对引种开发有很大的经济价值。

20日 江西跳水小将许艳梅在国际男女跳台跳水决赛中以总分468.15分的成绩夺得女子跳台跳水冠军。

20日 中国电影发行放映学会江西分会和中国电影评论学会江西分会同时在南昌成立。

20日 轻工业部副部长陈士能来江西视察，听取轻工业情况汇报，并就调整产品结构，出口创汇，原材料基地建设、科研项目列项问题作了指示。

21日 五届江西省政协主席吴平与省委统战部负责人，分别走访原在省政协工作的中共老同志和非中共知名人士，向他们祝贺春节。

21日 应香港王氏（工业）集团有限公司香港观塘工商联邀请，江西省工商联组成以沈翰卿为首的代表团一行17人，赴香港访问。代表团在香港访问期间，与香港同胞一起欢度1987年新春佳节，看望江西旅港工商界人士，广大朋友，洽谈业务，增进友谊。代表团2月11日回到南昌。

22日 国务院批准了《井冈山风景名胜区总体规划》方案并予以实施。国务院明确指出，宁冈、遂川、永新以及湖南鄗县、茶陵、桂东等县都是当年井冈山革命根据地的重要组成部分。规划好、保护好、建设好井冈山风景名胜区，对于开展革命传统教育，促进地方经济文化和旅游事业的发展具有重大意义。

井冈山的溶洞

24日 江西省城乡建设环境保护厅发出《关于进一步明确在建筑施工行业管理中有关分级、分工管理问题的通知》。

24日 省音乐协会和省歌舞团在南昌联合举办男高音歌唱家罗德成独唱音乐会。

25日 有色金属总公司任命吴一麟为江西铜业公司经理、铜基地副总指挥，并增补为中共江铜、铜基地委员会委员。

26日 省经贸厅与省科委发文，明确省的技术出口由省经贸厅、省科委统一归口管理。

26日 卫生部部长崔月犁在北京向王贤才颁发了医学翻译工作特别奖和3000元奖金，以表彰他将《希氏内科学》（第十五版）译成中文所作出的贡献。卫生部顾问马海德也出席了发奖仪式。

26日 江西省研究生导师荣誉证书颁发仪式在江西师大举行。来自江西省12所高校40名教授、副教授代表江西省225位获得荣誉证书的

研究生导师参加了颁证仪式。

27日 省委、省顾委、省纪委、省人大、省政府、省军区、省政协、南昌陆军学院和南昌市委、市政府领导，分别在八一礼堂、省委礼堂、省军区礼堂、江西影剧院、工人文化宫同各界万余群众一道联欢，庆祝春节。

29日 香港洋衣女服旅行团一行29人抵三清山游览，德兴汾水的群众自发组织有20多盏各式花灯的迎宾队，敲锣打鼓迎接宾客。

本月 景德镇与香港合资兴建景德镇合资宾馆破土动工，1989年5月竣工。

本月 赣州市郊章江河床中，发现古代石雕像，据初步研究，石雕像为明代文物。

本月 我国自行设计、制造的第一套具有国际先进水平的制桶设备在乐平包装容器厂首次安装调试生产获得成功。

本月 在省政府统计系统首次建立社会商业商品流转统计报表，将原规定以国营和供销合作商业为统计总体，改为以社会商业（包括全民所有商业，供销合作社商业，其他集体所有制商业，合营商业，个体商业）为统计总体计算商品纯购、纯销和库存。

本月 省人口普查办公室（属二级单位隶属省统计局）成立，负责组织协调江西省人口普查和抽样调查工作。

本月 景德镇市风光瓷厂将稀土元素应用到陶瓷工艺生产出5种色彩和30多个品种的稀土陶瓷。年初，国家经委批准这个厂为全国稀土瓷开发基地，并贴息贷款250万元，扩建工程完成之后，将向全国3000余家陶瓷企业提供稀土色剂。

本月 景德镇无线电厂总工程师陈颂平获全国电子工业劳动模范称号，胜利器材厂（四三二一厂）、赣南无线电厂获全国电子工业"双文明"建设先进集体称号；万仁芳、李存一、张洪兴、张日荣获全国电子工业"双文明"建设积极分子称号。

本月 江西省气候资料室更名为江西省气候中心。

本月 上高县农民摄影学辉成立。

本月 新余市新华书店干部樊松乔，将珍藏多年的 71 件传世文物全部捐献给国家，受到表彰。

本月 国家环保局首次组织全国十个城市对春节期间燃放烟花爆竹造成的环境影响进行监测，萍乡市为监测城市之一。

本月 有色总公司和国家计委物资储备局为解决江西重点国营钨矿的钨精矿积压问题，决定由国家收购储备 4800 吨（全部为特级品）。

本月 《江西有色金属》（内部刊物）由赣州有色研究所负责，开始出刊。

本月 南昌市对外建筑工程公司分包科威特港口大楼土建工程开工（1990 年 8 月竣工）。该工程采用密肋小梁（华夫结构），承载力大，含钢量小，通风采光好，建筑造型美观，并减少了层高施工时采用塑料模壳（华夫），施工方便，混凝土表面平整光滑，模壳周转次数多，模板相对降低，施工进度快，是一种较好的楼盖结构体系。

本月 江西省工业设备安装公司郭少仪等人研制成功窑炉耐火胶泥——871 胶泥，属省内首创。

本月 化工部科技局和江西省化学工业公司，对东乡农药厂单甲脒水剂通过部级鉴定，认为达到国际水平，属国内首创。

本月 南丰县博物馆竣工。建筑面积 1300 平方米，内有"读书岩"，"曾巩祠"，"思贤堂"、"仰风厅"及"傩文化陈列馆"等。

本月 《江西省十五年（一九八六年至二〇〇〇年）科技发展战略研究报告》编制工作完成。《报告》共分 32 个科技专题预测报告，动员了 1149 位科技、经济、情报、管理方面的专家参与工作，历时 18 个月。

本月 《江西法制报》由周刊改为周二刊，向全国公开发行。

1987

2月 February

公元1987年2月						农历丁卯年【兔】							
日	一	二	三	四	五	六	日	一	二	三	四	五	六
1 初四	**2** 初五	**3** 初六	**4** 立春	**5** 初八	**6** 初九	**7** 初十	**8** 十一	**9** 十二	**10** 十三	**11** 十四	**12** 元宵节	**13** 十六	**14** 十七
15 十八	**16** 十九	**17** 二十	**18** 廿一	**19** 雨水	**20** 廿三	**21** 廿四	**22** 廿五	**23** 廿六	**24** 廿七	**25** 廿八	**26** 廿九	**27** 三十	**28** 二月小

1日　副省长钱家铭到江西涤纶厂、抚州棉纺织厂进行为期两天的检查工作。

2日　德兴铜矿从美国埃列克化学公司引进5000吨/台年PP型乳化油现场混装炸药车间投入生产，与之配套的溶液制备站车间于1988年建成，生产能力1万吨/年。

2日　省政府发出《关于认真清理"小钱柜"的通知》，通知指出，对有意隐瞒逾期不报，或者转移资金以及乱支乱用严重违纪的，要追究责任。继续搞公款私存的以贪污论处。

3日　经国务院批准自1987年7月1日起江西省国家机关事业单位1985年工资制度改革前，执行五类工资区标准的，改按六类工资区的工资标准执行。

3日　经过两年多的时间考验与检验，1月下旬，江西农科院水稻所水稻杂交种优势应用基础研究成果，得到了国内有关专家的肯定，并通过了鉴定。专家们认为，该研究成果丰富了杂交水稻育种的遗传学理论，对普及杂交水稻知识、指导杂交育种和杂交水稻的推广，发挥了并正在发挥明显作用，它无论在学术价值上还是生产实践上均达到国内外先进水平。

4日　索马里空军司令员杜迪率领索马里空军代表团一行7人，来南昌飞机制造公司和德安共青城进行为期3天的参观访问。

5日　省地质矿产局局长颜美钟在江西省电视台发表"认真做到放开、搞活、管好、加快矿产资源的开发利用"的电视讲话。

5日　我国第一代冷藏集装箱在江西制氧机厂问世，并通过国家级鉴定。

6日　省税务局转发财政部《城镇集体工业企业财务管理办法》。

6日　省政府召开会议，号召省工交战线广大职工迅速行动起来，广泛深入地开展增产节约、增收节支运动，把当前生产抓紧抓好，尽快把生产和效益提高到一个新的水平。

6日　在江西省农业科学研究工作会议上，省政府向江西省农经服务百面红旗竞赛先进单位奖。受奖单位代表倡议在全省开展农经服务金龙杯竞赛。

6日　省人大常委会、省政府正式决定，把樟树确定为江西省"省树"，把杜鹃花确定为

"省花"并予公布。

6日 省政府发出《关于认真做好调处山林纠纷工作的紧急通知》。

6日 省"五讲四美三热爱"工作会议在临川县召开。会议传达了中宣部关于加强文明城市建设的意见,讨论通过了省"五四三"委员会《1986年工作总结和1987年工作任务》、《各级"五四三"办公室的主要任务和职责范围》、《省文明单位、文明村镇管理办法》。要求"五四三"活动要围绕反对资产阶级自由化和开展"两增两节"这两件大事,量力而行,务求实效,多办实事,更好地为振兴江西服务。会议于3月1日结束。

7日 省委召开党外人士会议,传达了中央有关反对资产阶级自由化问题的文件,通报有关情况。会上,省委领导向大家传达了中共中央有关当前反对资产阶级自由化问题的文件,并就如何学习、贯彻中央文件精神问题讲了话。

7日 省政府在波阳县召开了鄱阳湖区各县县长汇报会,检查各地对省政府第214号《命令》的执行情况。会议要求沿湖各县层层建立责任制,一级抓一级,按照命令的要求,连续抓几年,力争三年至五年内把鄱阳湖的渔业资源恢复到历史最高水平。

10日 省委召开省直机关负责干部大会。省委书记万绍芬通报了省委常委近一个月来对中央关于反对资产阶级自由化的一系列重要文件的学习讨论情况,并根据省委常委研究的精神作了讲话。省委、省顾委、省纪委、省人大常委会、省政府、省政协的其他同志出席了会议。省直机关副厅(局)级以上党员负责干部,省直各单位的机关党委书记和南昌市的负责干部共700多人参加了大会。会议要求各级干部做到:(一)认真学好文件,坚持四项基本原则,旗帜鲜明地开展反对资产阶级自由化的斗争;(二)坚持改革、开放、搞活,扎扎实实开展增产节约、增收节支运动;(三)江西省直机关要做坚持四项基本原则、维护安定团结的模范,确保做好1987年两件大事。即:在政治思想战线上,坚持反对资产阶级自由化;在经济上,开展增产节约、增收节支运动,把国民经济建立在长期稳定发展的基础上。

11日 省委、省政府、省军区召开江西省森林防火电话会。会议要求江西省各级党委、政府切实加强对森林防火工作的领导,组织动员群众,立即行动起来,采取有效措施,坚决防止森林火灾的发生和蔓延,确保森林资源的安全。

11日 省交通厅、省林业厅发出《关于对林业部门运输车辆减征养路费收缴办法的通知》,规定江西省林业汽车运输公司所属的林业车队和林场、林站、储木场的汽车以及拖拉机减征养路费40%。

12日 在中央绿化委员会召开的第六次会议上,江西省11个单位和5名同志分别荣获全国绿化先进单位和绿化劳动模范称号。荣获先进单位的是:南昌市、景德镇市、赣州市、永丰县、都昌县、江西钢厂、南昌飞机制造公司、国营第五七二七厂、江西齿轮箱总厂、景德镇市广播电视局、华东地质学院。荣获绿化模范的有:漆友明(高安县农民)、徐京发(永修县农民)、廖吉生(萍乡市农民)、唐圣林(德兴县农民)、梁国民(南昌市园林处工人)。

12日 省政府批准为抢救人民生命财产而光荣牺牲的邹耐生、徐汉明和保卫四化建设壮烈牺牲的姚知和为革命烈士。

13日 省政府召开机关目标管理责任制汇报会。会上,省经委、省劳动人事厅等八个部门的负责人作了汇报,交流了实行目标管理责任制的情况、经验和问题,省委副书记、省长吴官正在会上指出:实行目标管理责任制,就是要抓好1987年江西省经济工作的两件大事,推进江西省改革,提高生产、建设和流通领域的经济效益。

13日 1986年度国家优质产品奖评选工作在北京审定结束。江西省有9项工业产品获金银牌,其中金牌2块,银牌7块。获得金牌的厂家和产品是:四三二一厂的"天乐牌CD11"系列铝电解电容器、江西樟脑厂的"雪松牌"天然樟脑粉。获得银牌的厂家和产品是:宜春风动工具厂的"山花牌YN30A型"内燃凿岩机、四三八〇厂的"星球牌ND2型"精密声级计和倍频程滤波器、江西钢厂的"山凤牌"琴钢丝、前卫化工厂的"红旗牌 Q04－2"中绿硝基外用磷漆、赣县沙地板鸭厂、饶丰板鸭厂、大余南安板鸭厂的"南安牌"板鸭。获奖牌总数由 1985 年的第十三位跃居到第七位。

13 日 以国家计委副主任徐青带队的国家计划委员会赴江西贫困地区调查组一行 13 人对江西省进行了调查。调查组先后深入到吉安、赣州、上饶等地区的 21 个县、31 个乡和近百户农户进行了调查。调查活动于 3 月 5 日结束。

14 日 江西省首届评选"十佳"运动员授奖仪式在南昌市青山湖宾馆举行。"十佳"运动员为童非、钱萍、熊国宝、李金兰、黄洛涛、姜绍洪、支海峰、罗军、邱世永、陈驰。

14 日 省职称改革领导小组转发省卫生厅制定的《江西省卫生技术人员职务试行条例的实施细则》。

14 日 省委决定"省委对台工作小组"改名为"省委对台工作办公室"。

16 日 省粮食局、省商业厅根据国务院的规定,对 1987 年度实行粮食合同订购与供应的化肥、柴油以及发放预购定金三挂钩,凡纳入订购合同的粮食,农户和生产单位每交售 50 公斤稻谷,由国家供应优质标准化肥 5 公斤和柴油 1 公斤,付给 20% 预购定金。

16 日 经林业部批准兴建的瑞金林用机场正式通航。该机场是赣州地区林业局自筹资金兴建的。机场占地面积 276 亩,跑道采用沙石方结构建筑,总长 600 米、宽 60 米。机场竣工后,不仅担负着赣州地区的飞播造林任务,而且对全

国家民航总局飞播造林研究所、林业部和江西省林业厅等单位,组织科研人员在瑞金县棱角山进行飞播水土保持林试验,整个面积为 3 万亩

区的农用救护也将起到积极作用。

16 日 全省地、市文化局长会议在南昌举行。会上传达了全国文化厅(局)长会议精神和中央文件,回顾了江西省 1986 年的文化工作,部署了 1987 年的工作,并研究制定了一些有关文化方面的政策性文件。要求大家要认真学好中央文件,坚持四项基本原则,旗帜鲜明地反对资产阶级自由化,不断提高精神产品的质量,为江西省的文化事业长期稳定的发展而努力。会议于 21 日结束。

17 日 省委党校举行了 1987 年春季开学典礼,全校师生员工 400 多人参加。省委书记万绍芬在开学典礼上指出,党校要树立良好的校风,成为搞好党风建设的模范,要深入进行教学改革,不断提高教学质量,为振兴江西培养更多的人才。

17 日 南昌市中级人民法院首次审理全国第一件国营企业破产案——南昌地下商场破产案。

17 日 江西铜业公司经理吴一麟一行 7 人访问美国、加拿大、墨西哥,签署了德兴铜矿三期工程磨矿系统设备和技术引进合同。访问活动于 3 月 9 日结束。

18 日 江西省政府决定成立信江航运工程指挥部,副省长钱家铭任指挥,省计委副主任姜萍、省交通厅副厅长薛玉昆、总工程师黄慧铨任副指挥。信江航运工程系国家"七五"计划的重点建设项目之一,总投资为 3.4 亿元。工程竣工后,将成为长 344 公里,可通航千吨级轮驳船队的深水航道,昌江的凤凰岗至波阳 52 公里河段可达到五级航运标准。

19 日 省计委、省建设厅、省统计局转发国家计委、建设部、统计局的《关于加强商品房建设计划管理的暂行规定》。

19 日 省检察院在宜春市召开江西省检察机关复查历史老案经验交流会。宜春市检察院在会上介绍了寻找案卷、核实取证、执行政策等方面的经验。交流会于 21 日结束。

20 日 联邦德国吉生高等工业学校副校长奥托涅克一行应江西工学院的邀请,来江西访

问，并商谈太阳能利用项目的具体实施方案。

20日 银山九北工区青年突击队承包的银山区负150米中断1～2线生探工程，被团中央命名为"国家重点建设青年突击工程"称号。

20日 省妇联发出纪念三八节的通知，号召江西省妇女自觉坚持四项基本原则，积极投入增产节约、增收节支运动。

20日 江西省在"六五"以来安排的重点基建、技改项目和单项工程已有147项，其中建成或部分建成的已有88项。仅1985年、1986年两年建成及部分建设的57个工程项目，可新增年产值21.6亿多元，新增年税利3.3亿多元。其余59项正在建设中，项目的建成对振兴江西经济将起到重要作用。

20日 交通部表彰安全行车百万公里的驾驶员，其中江西405人。较1980年增加了281人。

21日 全国卫生管理专业教材编写协调组和华东区医学院校德育教学协作组在宜春召开首次《医学美学》教材编审暨专题讨论会。

21日 省委组织部在南昌召开了江西省机关党的建设工作座谈会。参加会议的有各地、市委组织部的组织处（科）长，各地、市直属机关党委的负责人，省直机关党委和各部委厅局机关党组织负责人以及部分省直机关党委负责人140余人。会议指出要切实抓好机关党组织建设，增强机关党组织活力，努力提高机关党员的政治素质和业务素质，使之在四化建设中起表率作用。会议于23日结束。

21日 全省纺织工业工作会议在南昌市莲塘召开，落实省政府下达的目标管理经济责任指标。会议于24日结束。

22日 江西省政府决策咨询委员会在南昌正式成立。决策咨询委员会是省政府领导下的决策咨询机构，由来自各行各业的93位专家、学者、教授和部分实际工作者组成的为领导提供思路、方法、策略、方案及论证的智力群体，基本任务是紧密围绕省政府宏观决策的需要，进行可行性研究，提供有科学依据的优选方案，供决策选择。省委、省政府主要领导到会听取专家的咨询意见。

22日 省经委、省财政厅、省物价局、省纺织工业公司发出《关于进一步加强棉纱坯布管理的联合通知》，要求严格执行计划，供产省内的棉纱、坯布允许在规定出厂价基础上上浮2%～4%，上浮收入经核准后可全部留给企业用于发展生产。8月7日，省政府办公厅以明传电报要求地方政府认真贯彻执行四家联合通知，并授权四家进行认真检查。

22日 省委整党工作指导小组办公室在南昌召开地、市委整党办公室主任座谈会。会议总结交流了各地学习贯彻中央和中指委有关文件精神的情况，汇报了村级整党工作，研究部署了善始善终结束整党工作。省委副书记许勤出席会议并讲了话。他指出各级党组织要继续加强对整党工作的领导，要认真做好村级整党的收尾工作，抓紧解决好整党遗留问题，搞好整党总结，完成江西的整党任务。座谈会于23日结束。

23日 省税务局发出通知，对160多个税务检查站进行整顿。整顿后保留检查站108个，检查人员432人。

23日 民进江西省委妇女工作组成立，段炼任组长。

23日 江西省华侨农场经济体制改革领导小组扩大会议召开。

23日 省总工会成立60周年纪念大会在南昌市工人文化宫举行。省委领导在会上号召广大职工要坚持四项基本原则，旗帜鲜明地反对资产阶级自由化，进一步加强工会的自身建设，继承和发扬光荣传统，积极投身到增产节约、增收节支运动中去，为建设江西作出新的贡献。

24日 在轻工业部1986年度全国硬脂酸产品质量评比会上，江西油脂化工厂生产的"洪都"牌三级硬脂酸被评为轻工业部优质产品。

24日 江西省山江湖开发治理试验汇报会在南昌举行。八个试验示范点及所属地、市、县的负责人参加了会议。中共中央书记处农村政策研究室顾问石山专程到会听取了汇报，并作了学术报告。国家科委、水电部、中科院和浙江、福建等省、市的同志也应邀参加了会议。会议交流总结了经验，共同探讨了开发治理的良策，会议要求山江湖综合开发治理要按科学规律办事，点面结合，逐步扩大。促进农村经济专业化的发展，产业结构的调整，带动江西经济尽快起飞。汇报会于 27 日结束。

24 日 省检察院召开"三优"评选会议，评出江西省检察系统 1986 年度优秀公诉人 12 名，优秀起诉书 10 篇，优秀公诉词 9 篇。会议于 27 日结束。

24 日 省六届人大常委会举行第二十二次会议。会议通过《江西省人民代表大会常务委员会关于召开江西省第六届人民代表大会第六次会议的决定》、《江西省人民代表大会常务委员会关于学习贯彻全国人大常委会〈关于加强法制教育维护安定团结的决定〉的决议》、《江西省野生动物资源保护条件》和人事任免事项。会议于 28 日结束。

25 日 省委书记万绍芬、省长吴官正视察江西国药厂。

省委书记万绍芬视察江西国药厂

25 日 经省委、省政府批准，省委组织部、省人才开发研究中心联合发出公告，决定面向社会公开选拔省乡镇企业管理局、省国营垦殖场管理局局长（副厅级）各一名，副局长（正处级）各 2 至 3 名。5 月初，441 名应试者经过笔试、面试和严格筛选，江西省委组织部聘任孙美桓为省乡企局局长、党组书记，陈兰洲、徐杰为副局长、党组成员。

25 日 省政府发出《关于制止乱砍滥伐森林的紧急通知》。

25 日 省政府颁发《江西省地名管理规定》。

25 日 江西省人大常委会就德兴县境内的泊水河、乐安河水污染问题致函省政府，建议省政府进行调查研究，制定出切实可行的治理措施。

26 日 政协江西省委办公厅与省对外经济技术合作办公室联合召开有海外联系的知名人士座谈会，座谈加强对外经济技术合作问题。

26 日 省地质矿产局有 6 项成果分获 1986 年地质矿产部找矿、勘查、科技成果一、二等奖，其中《江西省瑞昌县武山铜矿床》获地质找矿一等奖；《1∶200000 清江幅水文地质普查报告》等 5 项获勘查、科技成果二等奖。

26 日 江西省自学成才的青年作曲家颂今接连在 5 项全国性征歌或音乐创作评选比赛中获奖。其中《拾稻穗的小姑娘》（孙必泰词）获全国首届女性之歌优秀歌曲奖，《青草小河边》获全国第三届民族杯小歌手邀请赛作品创作奖。

28 日 省委召开第十一次省委常委会议，省侨联副主席曹轩昂列席会议。会议纪要（第 6 号）指出："侨联工作要加强，现有 4 名干部太少，确定由省编委增加 4 个事业编制。侨联的经费由省政府办公厅与省外办、省财政厅商量，给予适当增加。办公用房由省外办调剂解决。"

28 日 省统计局发布了《关于一九八六年江西省国民经济和社会发展的统计公报》。该公报表明 1986 年江西省坚持改革、开放、搞活的方针，国民经济和社会发展取得了新成就：（一）国民经济保持稳定发展。全年社会总产值为 406 亿元，比 1985 年增长 9.5%，其中工农业总产值增长 10.5%，国民收入为 189.1 亿元，比 1985 年增长 7.6%。（二）工农业内部结构更加趋向合理。1986 年工业总产值比 1985 年增长 15%，扣除村办工业增长 12.1%，农业总产值比 1985 年增长 2.6%。（三）社会总需求有所抑制。（四）经济体制改革向纵深发展。（五）科技、教育事业在经济建设中发挥的作用日益显著。

28 日 华东羽毛球邀请赛在吉安市举行。参加比赛的有江苏、浙江、上海、江西一队、福建、北京、辽宁的7支全国甲级劲旅和河北、山东、江西二队。福建队获得冠军，江苏、上海、北京分获2至4名。邀请赛于3月5日结束。

28日 在广州召开的全国集镇建设工作经验交流会上，临川县唱凯镇被评为全国集镇建设先进单位。

本月 省经委、省纺织工业公司批准江西维尼纶厂1000T/年聚乙烯醇1788项目建议书。

本月 国内特大型银矿——贵溪冷水坑银矿破土动工。

本月 国家财政部通知国营建筑安装企业承包工程的收入恢复征收营业税。

本月 丰城县石滩乡塘东村委会畲里村农民在村林场附近俗称"麻地里"植树造林时，挖掘到一座自西汉早期至南宋末期的窖藏古铜币，共出土古代铜币118.15公斤。

本月 省农牧渔业厅组织江西省19个重点产苎麻县、市，推广以深挖，重施肥、冬培、抽行抽兜、平苔更新、动态栽培为主要内容的红壤苎麻低产变高产综合技术措施。

本月 历时三年多的"严打"结束，在"严打"斗争中，江西省有8名公安干警在同犯罪分子搏斗中牺牲，62人负伤。根据实绩，经过评比，有14个集体、74名个人荣立一、二等功，224个集体、822名个人荣立三等功。

本月 《金融时报》江西记者站建立。

本月 省政府下发了《关于贯彻国务院〈高等教育管理职责暂行规定〉实施意见的通知》，该通知明确了高校管理的权限，扩大了高校办学自主权。

1987

3月
March

日	一	二	三	四	五	六	日	一	二	三	四	五	六
1 初二	**2** 初三	**3** 初四	**4** 初五	**5** 初六	**6** 惊蛰	**7** 初八	**8** 妇女节	**9** 初十	**10** 十一	**11** 十二	**12** 十三	**13** 十四	**14** 十五
15 十六	**16** 十七	**17** 十八	**18** 十九	**19** 二十	**20** 廿一	**21** 春分	**22** 廿三	**23** 廿四	**24** 廿五	**25** 廿六	**26** 廿七	**27** 廿八	**28** 廿九
29 三月大	**30** 初二	**31** 初三											

公元 1987 年 3 月　　农历丁卯年【兔】

1日　江西省高等教育学会成立。

1日　应江西省政府邀请，加拿大北方电讯国际有限公司副总裁肖文豪一行2人来赣进行为期3天的参观访问，并与省外经贸厅、省邮电管理局有关负责人进行业务洽谈。

2日　吉安行署公安处部署全区开展打击种植罂粟违法犯罪活动的专项斗争，经查，全区共有11个县市的49个乡镇375户404人私种罂粟苗66324株。此次斗争共缴获鸦片膏4918克，罂粟籽3664克，罂粟果2761个以及一批制作鸦片工具。

2日　江西省卫生工作会议召开。会议传达了全国卫生厅局长会议精神，交流了各地卫生改革的经验，讨论了《关于加强农村基层卫生组织建设与管理的意见》，会议指出，抓好乡镇卫生院改革，加强农村卫生事业建设仍是江西省1987年卫生工作的重点。会议提出，按照所有权和经营权分离的原则，给乡镇卫生院以充分的经营自主权，加强农村卫生事业建设。会议于5日结束。

2日　以省对外贸易厅副厅长陈八荣为团长、省土畜产进出口公司经理李日运为副团长兼秘书长、省经委副主任何一清为顾问的江西省出口商品专业洽谈会代表团一行15人，前往香港举办为期6天的出口商品洽谈会。这是江西省首次在外举行的专业性出口洽谈会，成交金额1122.67万美元。

3日　政协江西省、南昌市委联合组织六个视察组，分别视察南昌市的工业、农业、教育、城建、金融、外贸等方面工作。视察工作于6日结束。

3日　世界银行和中国社科院联合考察团一行19人考察上饶县乡镇工业，为期10天。考察团分析了上饶县乡镇企业的现状，并指出上饶县的乡镇企业好像是正在发动的机群，进入跑道准备起飞的阶段。考察团对今后如何发展提出了四个方面的意见。14日，中国社科院经济研究所所长林青松与何家成在省直机关报告会上就考察结果作学术报告，介绍考察的初步印象。

4日　省社会治安综合治理联席会召开了扩大会议。省直各有关部门的负责人和各新闻单位代表共70余人出席了会议。会议根据省委的工作部署，安排了1987年江西省社会治安综合治理工作，要求各级党委、政府进一步加强领导，各系统、各部门、各单位进一步重视抓综合治理工作，使这项工作较之1986年在认识上有新的提高，在措施上有新的发展，在工作上有新的突破和大的进展，上一个新的台阶，实现江西省社会治安持续稳定好转。

4日 在抚州市北郊抚州造纸厂筹建工地周围陆续发现30多座东汉、晋朝古墓群。其中最大的一座墓葬长10米、宽5米，发掘出土的文物有陶罐、戒指、玛瑙等随葬品。

4日 应贵溪冶炼厂的邀请，以联邦德国克虏伯工业技术公司工程技术部经理伯伦迪斯为首的代表团一行3人，对贵溪冶炼厂进行为期3天的访问。

4日 由萍乡市体委、市篮球协会举办，中国奥林匹克体育服务公司萍乡公司承办的"1987年全国篮球大奖赛"在萍乡市举行。江西女队夺得冠军。比赛于8日结束。

5日 全国经贸系统端正党风经济交流会在北京召开。江西受表彰的单位有江西省经贸厅党组、省纪委驻厅纪检组，省陶瓷出口公司党委、纪委，江西省包装进出口公司党委，湖口县外贸公司党支部。宜春地区粮油进出口公司干部沈庭赞也受到表彰。

5日 为了深化企业改革，增强企业活力，经省政府批准，按照中央关于公司"必须是企业而不是行政机构"的要求，江西首批29户省直二级行政性公司（包括政企不分的公司）清理、整顿完毕。其中明确为企业性公司的23户，合并后转轨变型为经济实体的2户，撤销的4户。

6日 省公安厅决定从3月起到6月底，在江西省开展以集中打击杀人、抢劫和结伙犯罪为主要内容的专项斗争。

6日 江西师范大学附属小学五年级（1）班学生李成锴在全国首届由中国少年报社、中央电视台、全国科协青少年部联合主办的"华罗庚金杯"少年数学邀请赛中，荣获"华罗庚金杯"奖章、三等奖荣誉证书和奖品。

6日 丰城县杜市供销社舍己救人的年轻共产党员黄涌成被省政府批准为"革命烈士"。

6日 国务院侨务办公室国内司侨政处副处长曾世平一行3人，在赣南行署办公室有关人员陪同下自即日起至15日到兴国、瑞金二县检查侨务政策落实工作。

7日 省委召开了省直党群机关负责干部会议。省顾委、省纪委、省委各部、委、办、省委党校、江西日报社、省工青妇、省文联、社联、省科协等20多个党群部门负责人出席了会议。会议通报了省直党群机关试行目标管理责任制以来的情况，交流了经验，提出今后要进一步改进机关工作作风，提高办事效率，完成各项工作任务的具体措施，使省直党群机关全面实施目标管理。

7日 江西省电子工业计算机推广应用办公室成立。

8日 南昌市召开"双增双节"动员大会。会议提出1987年全市"双增双节"的总目标和任务是：坚持克服讲排场、摆阔气、铺张浪费的不良风气，在全社会形成艰苦奋斗，勤俭办一切事业的良好风气；坚决完成1987年国民经济计划和各项社会发展任务，实现增产一成，增收两成，节支一成；坚决压缩非生产性建设项目，确保重点工程早竣工、早投产、早见效；坚决推进目标管理，强化基础工作，提高管理水平。

8日 省政府发出《关于进一步加强审计工作的通知》。10日，江西省审计局发出《关于当前审计工作中应注意的几个问题的通知》，其中要求各级审计机关结合实际建立目标管理责任制。

8日 江西省质量工作会议在吉安市召开。会议认为，产品质量不好是最大的浪费，要进一步提高质量意识，把质量第一方针贯穿于"双增双节"运动的全过程，提高产品质量，降低废品率；要继续认真推行全面质量管理，广泛开展QC小组活动，推行国际标准，加强计量工作，建立严格的质量责任制，狠抓质量指标考核，努力提高职工素质，力争用5年时间把江西省主要企业的全面质量管理提高到一个新水平。会议于10日结束。

8日 省教委在南昌市召开会议。会议传达了国家教委1987年工作会议精神，研究和部署江西省教育战线要坚持四项基本原则，反对资产阶级自由化，全面贯彻党的教育方针，为社会主义建设事业培养有理想、有道德、有文化、有纪律的一代新人等各项工作。会议于11日结束。

9日 省委、省政府发布《关于当前农村经济的若干政策和措施》：（一）继续推进粮食购销体制改革；（二）适应市场需要，积极发展经济作物；（三）全面开放，重点扶持，稳定发展畜牧业生产；（四）依靠科技，发展生产；（五）帮助农民有组织地进入流通领域；（六）搞活农村金融，发展资金市场。

9日 1986年全国最佳小游泳池（馆）评选近日揭晓。南昌市少年儿童游泳馆获小馆一等奖；南昌柴油机厂游泳池获25米短池二等奖；景德镇市的一组普及池：母（父）子池、少儿池、成年浅水池获特别奖。

10日 省社联、省文艺学会联合召开了座谈会，邀请省文艺协会党员会员30余人参加了会议。会议分析、批评了王若望反对四项基本原则、鼓吹资产阶级自由化的错误言论。

11日 省人大常委会、省政府在鹰潭市召开了清理整顿"四乱"工作座谈会。会议对省人大常委会颁布的《江西省收费集资罚款没收管理条例》的实施情况进行了检查总结，听取了省政府清理整顿"四乱"领导小组的汇报，交流了前一段时间清理整顿"四乱"的做法、经验和问题。会议指出，乱收费、乱集资、乱罚款、乱没收是在新形势下出现的一种社会公害，它侵害国家、企业和人民群众的利益，危害极大，必须继续狠杀这股歪风。

11日 江西省第五次法制宣传教育工作会议在南昌市举行。会议传达了第二次全国法制教育工作会议精神，总结了1986年江西省普法工作，研究和部署了1987年的普法任务。会议指出普法工作要抓住重点，分类指导。会议强调，普法教育要联系实际，注重实效，学法和用法密切结合。会议于13日结束。

12日 上饶地区食品厂研制成功的大米制

麦芽糖浆，被列入国家经委1985年至1987年国家重大技术开发项目。

12日 国内罕见的商代龙窑在清江县吴城文化遗址中被发现。据考古专家从龙窑遗迹出土的陶片纹饰辨认，时代特征明显，经测试，其中的原始瓷片温度达1200度。3月2日，经文化部文物专家确认，龙窑是商代的，并建议妥善加以保护，以便进行科学研究。

12日 中国戏剧家协会《戏剧报》编辑部在北京公布了第四届梅花奖获奖名单。江西省赣剧团24岁的优秀青年女演员涂玲慧荣获第三名。

12日 七〇一厂厂长顾毅、总工程师邓载锡一行7人赴瑞士、英国考察，洽谈引进水平连铸机事宜。

12日 江西光学仪器总厂应用微电子技术成功地研制出国内居领先地位的XZ-2型自动曝光显微照相仪，当日通过鉴定。

12日 南昌铁路分局认真贯彻"预防为主，安全第一"的方针，创造连续1000天无责任行车重大事故。5月11日，隆重举行千日安全行车庆祝和总结大会，会上铁道部颁发了安全奖杯。

12日 省煤炭厅提出贯彻执行国务院深化企业改革、增强企业活力的若干规定的实施意见，要点为：（一）进一步扩大企业自主权；（二）进一步完善和落实投入产出总承包；（三）全面实行局（矿）长负责制。

13日 南昌市政府作出决定，对南昌摩托车厂、南昌马钢厂、南昌无线电七厂3家小型国营工业企业实行租赁经营，并向社会公开招标，选聘企业经营责任人。这是为深化企业改革、改善企业经营机制，积极探索所有权和经营权分离的新路子，进一步把企业搞活。

13日 省委政法委员会召开了江西省电话会议，部署继续深入开展严厉打击刑事犯罪活动的斗争。各地、市、县党委、政府和有关部门负责人以及省直各有关部门负责人共4000余人参加了会议。会议要求各地：（一）要进一步提高对这场斗争的认识。（二）各级党委、政府要从本地实际出发，认真安排部署好这场斗争。（三）要继续贯彻执行依法从重从快的方针和宽严相济政策，对此必须坚定不移，坚信不疑，坚持不懈。

（四）坚持打防结合，落实社会治安综合治理的各项措施。

14日 省委、省政府领导万绍芬、吴官正、许勤、钱家铭等会见了江西省14位荣获国家授

省党政领导会见江西省荣获国家级嘉奖的中青年专家

予的国家级"有突出贡献的中青年专家"称号的科技工作者，并勉励他们勇攀科技新高峰。这14位专家是：萍乡市科委主任颜龙安、《江西医药》主编王贤才、省医学科研所副所长戴育成、省陶瓷研究所所长秦锡麟、萍乡市芦溪区农牧水电局副局长钱怀璞、省计算技术研究所副所长傅昭阳、南昌柴油机厂副总设计师鲍志超、丰城县人民医院副院长易为民、江西医学院第一附属医院主治医师曹勇、江西工业大学讲师陈才水、江西变压器厂厂长兼总工程师钱梓弘、江西三波电机总厂厂长吴纪苏、江西大学教授刘焕辉和景德镇陶瓷历史博物馆副馆长刘新园。

14日 为进一步发展粮食生产，江西省在着手建设"七五"期间第一批共三个优质大米生产基地县的同时，拨出专款与国家投资配套，扶持宜丰、上高、奉新、清江、信丰、宁都、会

大米源源外运——南丰县粮食局李家山粮油加工厂加工的大米远销西欧、中东等地

昌、九江、修水、永修、都昌、弋阳、铅山、波阳、万年、吉安、等吉水、永丰、万安、新干、临川、南丰、金溪、崇仁、黎川、贵溪、安义、乐平和萍乡市、新余市渝水区30个县增产商品粮。当前，这30个县共有粮食种植面积2369万亩，占江西省粮食种植面积的43.5%。

14日 加拿大驻华总领事馆领事马人维到红星垦殖场洽谈红壤开发和引进良种牛事宜。

14日 省司法厅召开江西省第四次司法行政工作会议，传达贯彻全国司法厅（局）长会议精神，总结1986年的工作，布置1987年的任务。

15日 省社会福利企业取得了明显的经济效益和社会效益。据3月中旬统计，江西省社会福利企业达563个，安排残疾职工8700多人。1986年实现产值1.23亿元，利润881.98万元。

15日 水利电力部颁发电力勘察设计证书，认定江西省电力设计院为部属甲级勘察设计单位，可在全国范围内承担证书规定范围的勘察设计任务，各地不再验证；同时，认定南昌、抚州、萍乡、九江、赣东北、赣州供电局设计室为丙级勘察设计单位，赣西、景德镇供电局设计室为丁级勘察设计单位，一般只承担本地区或本局所管辖电网范围内证书规定范围的勘察设计任务。

15日 江西省统战工作会议在江西宾馆举行。参加会议的有各地、市委和高等院校党委分管统战工作的负责人、统战部负责人；省直有关部、委、厅、局分管统战工作的负责人；省级统战系统各单位的负责人等，共170多人。会议学习了中共中央关于坚持四项基本原则，反对资产阶级自由化的重要文件，总结了江西省三年来的统战工作，研究部署了新形势下的统战工作任务。会议提出，统战工作要紧紧围绕统一祖国、振兴中华的总目标，发展最广泛的爱国统一战线，为推动"一国两制"方针的实施服务；为改革开放，建设社会主义物质文明和精神文明服务；为社会主义民主和法制建设服务。会议于19日结束。

15日 省司法行政系统先进集体，先进个人表彰大会召开，表彰先进集体36个，其中集体二等功有临川县司法局、江西省第二劳改支队

管教科等；先进个人256名，其中个人二等功有奉新县法律顾问处余寄生、江西省第一劳改支队史术法等。

16日 江西省经济工作会议召开。出席这次会议的有江西省地（市）县主管经济工作的负责人和部分企业厂长（经理）及省属各厅局、大专院校负责人，共600多人。会议总结交流了经验，明确了江西省1987年工业增产节约的主要目标：工业总产值增长8%～10%；产值利税率和资金利税率提高1%～2%；企管费节减10%；物资消耗额降低2%；产品质量稳定提高率80%以上；工业成本降低2%；扭亏30%。为实现上述目标，会议研究和部署了切实可行的措施和办法。会议于19日结束。

16日 江西省外事、侨务、旅游工作会议在南昌召开。会议传达贯彻了全国外事、旅游和对外友协三个会议的主要精神，总结了工作，制定了目标，提出1987年外事工作要在为四化建设，振兴江西省经济服务上下功夫；外事、侨务、旅游部门要对增产节约、增收节支问题，认真研究具体措施，组织落实，制定出目标管理责任制。要抓改革、保重点、上水平、求效益，接待游客力争达到3万人次。会议于20日结束。

全省外事侨务旅游工作会议

17日 江西省高等院校劳动服务公司研究会在南昌成立。

17日 江西省工商银行支行行长会议召开，研究了大力筹措和搞活资金支持江西省国民经济持续稳定发展的问题。会议提出，要坚决贯彻"紧中有活"的方针，围绕"双增双节"运动和搞活大中型骨干企业这个中心，挖掘资金潜力，扩大融资渠道，进一步提高资金使用效益。会议于22日结束。

18日 南斯拉夫马其顿共和国对外文委副主席斯维坦·斯坦诺耶夫斯基来赣进行为期35天的采访，为撰写介绍江西的书籍搜集资料。26日，参观访问了南昌市少年宫。

18日 副省长、江西省人才规划领导小组组长陈癸尊召集参加江西省经济工作会议的各地（市）、县（区）及省直厅、局的负责人，动员并部署江西省的人才规划工作。人才规划工作是全国统一部署的一项工作，总的任务：一是人才普查以1987年6月30日24时为标准时点，对江西省进行普查；二是进行人才需求预测；三是进行教育规划；四是向领导机关提供决策依据，提供合理使用人才、促进人才合理流动的依据。会议要求在年底以前搞完人才普查，整个工作定于1988年4月结束。

19日 以摩洛哥比非综合投资公司常务董事菲利拉（摩国王哈桑大女儿梅莉安丈夫）为团长的摩钻矿代表团，抵南昌作商贸旅游。

19日 由中国电子工艺设备仪器公司主办的"全国电子工艺装备订货及技术交流会"在南昌市举行。

19日 南昌市颁发居民身份证的基础制证工作已基本结束。3月下旬进行技术制证，从5月份开始，陆续把身份证发放到居民手中，发证工作计划在1988年上半年全部结束。

19日 由省"五四三"活动委员会、省妇联、省家教研究会共同举办的"我的一家"演讲比赛在南昌举行。12个城市的22户"五好"、"文明"家庭参加比赛。

19日 鄱阳湖沿湖地区专员、市长、县长会议召开。会议强调，沿湖各地、市、县政府要进一步采取有力措施，贯彻省政府1986年12月16日发布的《关于制止酷渔滥捕，保护增殖鄱阳湖渔业资源的命令》，对命令指出的要求一定要逐条落实，逐条兑现，力争在本月20日开始的90天休渔期内，取得突破性进展，从根本上扭转当前渔业资源严重衰退的局面。

19日 1984年6月16日铁道部第四工程局五处承建并正式动工的武九线南阳河单线特大桥建成。该桥全长545.4米，由铁道部第四勘测设计院设计。

20日 按照江西省政府赣发（1987）26号文下达的8项主要卫生工作目标，省卫生厅决定对江西省卫生系统实行目标管理，并制定《厅机关目标管理责任制考核办法》、《厅直医疗卫生单位、地、市卫生局目标管理评分标准》，形成自上而下的卫生工作目标管理网络。

20日 南昌市交电批发公司在中山路交电大楼设立江西省第一家"退货服务台"。

20日 美国路易斯维尔大学教育学院教授西蒙等人应邀来江西教育学院举办高等教育管理讲习班。

20日 都昌县建筑公司、南昌市第五建筑工程公司、萍乡市第八建筑公司、黎川县二建公司、泰和县建筑公司、宜春市第二建筑工程公司、余江县一建公司、玉山县建筑公司被评为全国先进集体建筑企业，受到中国建筑联合会集体建筑企业协会表彰。1988年12月，南昌市第二建筑工程公司李忠源、萍乡市第八建筑工程公司肖成才、南丰县建筑工程公司胡荣煌被全国集体建筑企业协会评为优秀集体建筑企业家，并获银质奖章。此外，还有26人被评为集体建筑企业家。南昌市集体建筑企业协会、吉安县集体建筑企业协会被评为先进基层集体建筑企业协会。

20日 南京军区原副政委周贯五因病医治无效在南京逝世，终年85岁。周贯五是江西吉安人，1932年1月加入中国共产党，是党的第九次全国代表大会代表，第三届、第四届全国人大代表，第五届全国政协委员。1955年被授予中将军衔，荣获二级八一勋章、一级独立自由勋章、一级解放勋章。

20日 江西省纺织产品出口展销洽谈会应中国纺织品总公司在澳门的总代理——南光纺织品有限公司的邀请，经省政府、省经贸厅批准在澳门举办，共接待客户280多人次，出口成交1145.68万美元。并与澳门南光纺织品公司和香港中国纺织实业有限公司达成两项合作协议。洽谈会于31日结束。

21日 省科委以赣科字（1987）第48号文发出《关于省直独立科研院所分类和技术开发单位一九八七年减拨事业费有关事项的通知》，划定省直18个开发型科研所，1987年开始减拨科学事业费30%；14个社会公益、技术基础、农业科研所为科学事业费包干型科研所。省机械科研所、省农机所、南昌矿山机械研究所均属减拨范围，到1990年减拨事业费达到70%。

22日 1987年广州"健力宝"杯田径邀请赛在广州市二沙头体育场结束。江西铅球运动员彭琴云在女子铅球比赛中，以17米61的成绩获冠军；另一女选手夏迎一在女子标枪比赛中，以60米66的成绩获亚军；赵子军、周春华以14分32秒2的相同成绩分别获男子5000米第二名、第三名；吴菊琴、龚素芳分别获女子1500米第三名、第四名。

22日 农牧渔业部在杭州召开的全国土壤普查资料汇总会上，给全国第二次土壤普查成绩优秀的地、县（市）颁发了奖状、证书和奖金。抚州地区、赣州地区分别获二、三等奖，泰和县、进贤县获三等奖。

22日 江西医学院医学科学研究所病毒生化研究室助理研究员杨荣鉴等人与该医学教研室协作完成的《甲型流感病毒膜蛋白自组装的初步研究》，获国家教委1986年科技进步二等奖。

23日 省政府通知成立"江西省三电工作领导小组"，由副省长钱家铭任组长，省经委副主任胡仲权、省电力局副局长李晓钟任副组长，成员由有关部门人员组成，省三电办公室负责日常工作。

23日 《江西日报》报道，3月中旬，南京军区司令员向守志、政委傅奎清，来赣检查部队、民兵预备役工作，提出一定要抓好坚持四项基本原则、反对资产阶级自由化的正面教育和贯彻军委扩大会议精神，加强基层建设这两件大事的落实，推动部队建设和后备力量建设。

24日 解放军九四医院外科为一名7岁儿童施行单心房房间隔再造二尖瓣七瓣半裂修复手术获得成功，为江西省心脏外科填补了一项空白。

24日 江西省轻工业局长会议在南昌市召开。主要内容是：传达全国轻工会议和江西省经济工作会议精神，分析形势，部署任务。各地、市一、二轻局长、公司负责人向省轻工业厅签署了目标管理责任状，与会23个企业向江西省轻工企业发出开展节约竞赛的倡议。

25日 以罗伯特·麦古先生为组长的世界银行职业技术教育考察组一行两人，在江西考察访问了筹建中的南昌职业技术师范学院和南昌飞机制造公司办的洪都高级职业中学，并同省、市教育、计划、财政、劳动人事等部门就发展职业技术教育进行了座谈。考察活动于27日结束。

25日 省委宣传部在南昌召开了地市委宣传部长、讲师团长座谈会。会议要求要认真全面地贯彻中央1987年以来发布的关于坚持四项基本原则、反对资产阶级自由化的有关文件精神，坚决、健康、持久地把反对资产阶级自由化的斗争开展下去，并就如何贯彻好中央有关文件精神提出了具体要求：（一）坚决妥善地做好江西省报刊的整顿工作；（二）认真抓好反对资产阶级自由化的宣传报道；（三）认真组织各级干部学好《坚持四项基本原则 反对资产阶级自由化》和《建设有中国特色的社会主义》两本书；（四）在城市企业中认真开展中国特色的社会主义宣传教育。座谈会于28日结束。

26日 江西省科委和省专利管理局在南昌首次举办为期5天的"江西省专利技术展览交易会"。这次展出的项目全部为已申请中国专利的技术，适合企业，特别是中、小企业和乡镇企业进行技术改造和开发新产品的需要。浙江、贵州、沈阳、四川、山东等省、市也组织了项目参加展览交易。展览交易会共展出专利技术和已申请专利的技术202项。

27日 省市司法系统的干部和省政法干校的学生共700多人听取了全国司法系统英模报告团在南昌的首场报告。省委、省纪委、省人大、省政协领导以及有关部门的负责人到会听取了英模们的报告。

27日 省政府正式下达省电力工业局1987年度工作目标，对该局全年的工作首次实行全面目标管理。

27日 华东铁路建设指挥部及江西省、鹰潭市的领导察看浙赣线、向九线（南昌至九江段），就鹰潭编组站站型、浙赣复线施工步骤和向九线改造一期工程等问题作出了决定。检查工作于4月2日结束。

28日 "七五"期间的国家重点工程贵溪电厂第四台12.5万千瓦发电机组的混凝土炉架大板梁由江西火电建设公司工作安装开工。

28日 根据省委关于税务系统管理体制实行以省税务局领导为主的决定，省税务局开始进行干部接收工作。

28日 江西省纪检工作会议在南昌召开。各地、市纪委负责人、纪委办公室负责人，省直有关单位纪检组（纪委）负责人，各县（市、区）纪委的负责人等共240多人参加了会议。会议根据全国纪检工作会议精神和省委的要求，对1987年江西省纪检工作进行了部署。会议经过充分讨论，确定了1987年纪检工作的主要任务是：维护党的政治纪律，反对资产阶级自由化；支持改革，促进改革，保证改革的顺利进行；继续纠正不正之风，严肃查处违纪案件；进一步加强对党员的党性教育，充分发挥纪检机关的监督作用；进一步发展全党抓党风的好形势。会议于31日结束。

29日 江西省首届护理工作会议在南昌召开。会议传达贯彻全国首届护理工作会议精神，制定了《江西省护理队伍建设"七五"规划》，表彰了10个先进集体和50名优秀护士。会议指出，护理工作应受到全社会的尊重，护理人员要努力认识和掌握护理工作的特点和规律，以自己的实际行动，真正赢得社会的尊重和支持。会议于4月1日结束。

30日 由《歌曲》编辑部、《词刊》编辑部等单位联合举办的"杜鹃奖"征歌评选活动揭晓，江西词作家姚辉云与海政歌舞团曲作家吴崇生合作的抒情歌曲《大海和白云》荣获一等奖。

30 日 省政府颁布《江西省革命烈士纪念建筑物管理办法》，确定对江西省革命烈士纪念建筑物实行分级管理，并确定兴国县烈士陵园、毛泽覃同志纪念碑、瑞金县革命烈士纪念馆、古柏烈士纪念碑、王尔琢烈士墓、宁都县革命烈士纪念馆、赵

邓小平为古柏烈士纪念碑的题字

博生烈士墓、陈赞贤烈士墓、上饶市茅家岭烈士陵园、黄道烈士墓、弋阳县革命烈士纪念馆、横峰县革命烈士纪念馆、吉安县革命烈士纪念馆、永新县革命烈士纪念馆、老营盘战斗革命烈士纪念碑、万载县革命烈士纪念馆、修水县革命烈士纪念馆、广昌县革命烈士纪念馆、南昌市革命烈士陵园、萍乡革命烈士陵园、卢德铭烈士墓 17 个单位 21 处为省级重点烈士纪念建筑物保护单位。

兴国县革命烈士陵园

30 日 江西省外贸工作会议召开。会议强调，要加强市场调研，抓住有利时机，大力推销商品，抓大销售网络，搞好售后服务，力争多成交，卖好价。

30 日 江西第一座橡胶坝在乐平县碧湾渠投入使用。该坝长 75.2 米，宽 5.65 米，充水后坝高 1.50 米。橡胶坝是用高强力合成纤维织物

做受力骨架，内外涂敷合成橡胶作黏结保护层，加工成胶布，按要求尺寸铆固成封闭袋形，用水泵充水或用充气机充气来调节坝高形成挡水的建筑物。

乐平城市防洪工程外景

31 日 省经贸厅首次在香港和澳门分别举办土畜产品和纺织品的专业展销会，展销会自本月 20 日开始，至本月 31 日结束。香港、澳门、日本、马来西亚和中东等十几个国家和地区的 211 家客商应邀到会洽谈贸易，共成交 2268.36 万美元，为成交计划的 174.49%。

31 日 根据民政部、财政部的通知，省民政厅在永新县进行红军失散人员认定身份，实行定补试点，共认定红军失散人员 1.6 万人。1987 年 5 月起，农村和城镇每人每月给予 12 元～16 元定补金。

31 日 省政府决定成立省吨粮田建设指挥协调组，领导当年江西省 50 万亩吨粮田的建设。有关县同时成立指挥小组，负责技术培训和咨询。

31 日 江西省首届台属企业工作交流会在安义县召开。交流会于 4 月 3 日结束。

本月 国家建设部《城乡建设环境保护简报》1987 年第三期报道，南昌市建管局对外地建筑企业实行行业管理见成效的经验。主要经验是：加强对队伍的管理，维护建设市场正常秩序，积极扶持乡镇建筑企业，稳步提高工程质量。

本月 由江西省冶金进出口公司承包的银山铅精矿 1700 吨，首次出口精矿金属 1000 吨。

1989 年 5 月，中国有色金属进出口总公司江西分公司江铜支公司代理银山出口锌精矿 474 吨，创外汇 21.6 万美元。

本月 省档案馆编辑出版《闽浙赣革命根据地史料选编》。

本月 为推行目标管理责任制，调动全厅干部职工的积极性，改进机关工作作风，提高办事效率，省经贸厅制定了 8 条服务措施：（一）实行目标管理，健全岗位责任制。（二）深入实际，调查研究，不断提高决策水平。（三）树立为基层服务的思想，不断提高办事效率和服务质量。（四）精简文件，精简会议，进一步健全文件审核和审批制度。（五）简化出国团组审批手续，缩短呈办时间。（六）加强横向经济联系，健全出国调度会议制度。（七）发扬艰苦奋斗作风，节约经费开支。（八）建立考勤制度，实行奖勤罚懒。

本月 江西省人民银行、省各专业银行（司）先后各自召开地、市、县、行长（经理）会议，贯彻全国省长会议和总行（司）行长（经理）会议精神，提出加强改善金融宏观管理，保持货币基本稳定，加快金融体制改革步伐，提高资金使用效益等政策措施。

本月 省山江湖治理办公室、南昌市科委与中科院兰州沙漠研究所合作，在新建县厚田乡建立全国第一个亚热带风沙化土地综合开发治理试验站，采用现代化科技与传统经验、工程措施与生物措施、种植业与养殖业、社会生态效益与经济效益相结合的办法，着手对南昌市城西 12.5 万亩的沙漠化土地进行综合开发治理。

本月 省政府发文调查财政基建投资计划和加强基本建设管理。（一）严格控制基建规模实行"三保三压"方针。（二）加强设计管理。（三）认真做好建设前期工作和停建缓建的维护工作。

本月 九江水泥船实验厂负责船体建造、由芜湖船厂负责内部装修的国内最大的日处理 5 万吨（50KT/D）钢筋混凝土水船竣工并交付马鞍山水厂使用。该船体采用分块预制拼装和整体浇捣相结合的方法建设，是国家"七五"重点研制项目，由中国市政工程西北设计院等单位设计。1988 年获国家科技发明二等奖和优秀设计一等奖，被国家列为"七五"、"八五"重点推广项目。

本月 萍乡市东区三八红旗手、排上乡大路里村刘爱莲，将开饮食店 1 年的纯收入 1.05 万元捐献给大路里村学校，使 600 名学生免费入学。

本月 由民政部赴井冈山经济开发工作团牵线搭桥，由京沪两地中国科协农业函授大学、北京经济学院、国务院上海经济协作区和国务院科技领导小组办公室组织的四批经济、科技专家深入吉安老区实地考察，帮助资源开发，开展科技扶贫。

本月 省审计局在江西省范围内组织开展"经济效益一面"审计。审计于 6 月结束。共审计 210 个企业，查出各种损失浪费金额 5526 万元，可挖潜资金 5535 万元。

本月 根据《中华人民共和国破产法（试行）》南昌市审计局对南昌地下商场破产经济责任进行审计。这是全国首例破产经济责任审计。

1987

4月
April

公元 1987 年 4 月							农历丁卯年【兔】						
日	一	二	三	四	五	六	日	一	二	三	四	五	六
			1 初四	**2** 初五	**3** 初六	**4** 初七	**5** 清明	**6** 初九	**7** 初十	**8** 十一	**9** 十二	**10** 十三	**11** 十四
12 十五	**13** 十六	**14** 十七	**15** 十八	**16** 十九	**17** 二十	**18** 廿一	**19** 廿二	**20** 谷雨	**21** 廿四	**22** 廿五	**23** 廿六	**24** 廿七	**25** 廿八
26 廿九	**27** 三十	**28** 四月小	**29** 初二	**30** 初三									

1日 省经济委员会、省城乡建设环境保护厅、省工商行政管理局发出《关于实行经济合同用纸定点印刷和统一部分合同格式的通知》，通知规定，统一格式的《建筑安装工程承包合同》，自1987年5月1日起在江西省使用。

1日 江西医学院上饶分院、上饶地区卫校附属医院开设的第一个中医男科正式对外开诊。

1日 省经贸厅、省经委发出《关于开展与东欧五国和苏联的经济技术合作的通知》，要求企事业单位利用国家和税收的优惠政策和汇率补贴，开展同东欧国家（除南斯拉夫）的记账贸易。

1日 根据国务院37号文规定，江西省停止从平价库存中供应高价油。

1日 南昌市少年宫书法班学员华光在"全国青少年书法银河大奖赛"中荣获少年组三等奖。

1日 江西省自即日起，开始进行首次残疾人抽样调查。

1日 在中国机械总公司的主持下，由北京市农场局、北京市农业机械公司、江西拖拉机制造总厂和主要配套农机具厂联合主办的"丰收系列拖拉机首届北京地区现场表演会"在北京举行。国家机械工业委员会副主任丁孝浓、省长吴官正以及国家计委、经委、机械委、国务院农村政策研究室、国务院扶贫办公室、中国农业机械进出口总公司、中国农机化研究院、农牧渔业部农机鉴定总站等有关部门负责人出席了开幕式。全国各省、市、自治区以上农机公司的代表和用户代表350余人应邀出席了表演会。

2日 中外合资赣新电视有限公司生产的MB－1354、MN－1945两种型号彩电通过美国UL认证。

2日 省地质矿产局水文地质队参加巴基斯坦南诺瑞地区建筑工程投标中标。承担总额512万美元的建井工程任务。

3日 我国当前最大的重稀土冶炼厂——江西昌隆稀土冶炼厂竣工验收大会在核工业部七一三矿举行。国家经委、核工业部、武汉大学和江西省有关方面的负责人、专家、教授出席了验收大会。该厂是核工业部七一三矿、省稀土公司和龙南县稀土工业公司三家合资经营的国营企业，是经国家经委批准的"七五"期间军民结合型重点技改项目。

3日 由中华全国总工会工运研究所主持的中央苏区工运史征编协作会议在瑞金召开。参加会议的有来自江西、福建、广东三省37个县市的代表61人。会议总结交流了开展中央苏区工运史征编工作的经验，并协商成立了中央苏区工运史征编协作组，决定开展中央苏区工运史专题研究和编辑出版一套中央苏区工运史资料丛书。会议于6日结束。

4日 由省红十字会组织在江西省各城市开展为伤残人募捐活动。

5日 国务院批准江西光学仪器总厂为全国第五批机电产品出口基地之一，是省内机械行业第一家。

5日 江西省中医事业发展形势喜人。江西省已有中医机构100所，病床六千多张，医药技术队伍两万多人，初步形成了医教研体系，提前达到卫生部"七五期间县县要有中医院"的目标。

5日 空军后勤部原副部长李长暐因病医治无效在广州逝世，终年81岁。李长暐是信丰县人，1930年参加中国工农红军，1931年加入中国共产党，1955年被授予少将军衔。

6日 省司法厅批准宜春市公证处开办涉外公证业务。

6日 省地方志编纂委员会在南昌召开江西省地方志工作会议，会议传达贯彻全国第一次地方志工作会议精神，交流江西省三年来地方志工作情况，研究部署江西省地方志"七五"规划任务。

6日 抚州市城乡建设局建筑师黄镇梁研究成功《塑料假山及混凝土表面塑化技术》，填补了江西省一项空白。

7日 江西省首届汽车及配件展销订货会在南昌举行。

7日 国内最大跨度空间组合网架屋盖工程在抚州地区体育馆顺利竣工，并通过省级鉴定。该体育馆总面积为5565平方米。"网架"平面尺寸为45米×58.8米。体育馆由抚州地区建筑设计所设计，抚州地区建筑工程公司施工，设计和施工难度均超过了一般的平板全钢网架。

7日 美国道格拉斯飞机公司高级副总裁柯蒂斯一行8人，来南昌飞机制造公司洽谈合作事宜。

8日 地质矿产部副部长方樟顺及赣南老区经济开发团一行13人抵达赣州。赣南老区经济开发团按国务院和地方政府要求，为加快赣南地区矿产资源勘察，开发赣南经济，为老区人民尽快脱贫致富提供服务。

8日 省政协五届常委会二十次会议在南昌召开。会议学习了中共中央有关反对资产阶级自由化的文件；听取和讨论了江西省委领导人有关反对资产阶级自由化、深入开展增产节约、增收节支运动的讲话；传达了全国、江西省统战工作会议精神；通过了关于召开政协江西省五届委员会五次会议的决定；会议审议通过了省政协五届委员会五次会议议程（草案）和日程；通过了省政协五届常委会工作报告；原则通过了省政协五届委员会提案工作委员会关于省政协五届四次以来提案工作情况的报告；通过了省政协五届委员会五次会议各组召集人名单；通过了有关人事事项。会议于11日结束。

8日 世界银行农村能源考察组一行两人，到修水县进行为期半月的考察。22日结束考察。

9日 省人民检察院召开了江西省检察分院、市检察院检察长会议，会议传达了全国政法工作座谈会和全国检察长会议精神，总结了三年"严打"战役的主要成果。会议指出，今后必须围绕反对资产阶级自由化斗争巩固和发展"严打"斗争成果，在绝不放松打击严重刑事犯罪的同时，把打击严重经济犯罪作为主要任务，用"两打"带动社会治安综合治理，带动法纪检察、监所检察和控告申诉检察等多项检察业务的全面开展，维护社会的安定，保障改革、开放、搞活和经济建设的顺利进行，保卫和促进精神文明和物质文明建设。并决定江西省自侦察案件的审查批捕、审查起诉工作，从7日开始移交刑事检察部门办理，以加强检察机关内部的制约作用，提高办案质量，会上还传达了第二次全国监所检察工作会议精神。会议于 14 日结束。

9 日 省政府日前发出通知，要求各地、市、县（区）政府采取措施，加快步伐解决中小学危房。通知要求各地应对危害师生安全的校舍，立即采取果断措施，封闭停用或拆除。危房封闭拆除后，当地政府应设法调剂用房，保证教学工作的正常进行。通知强调，凡是中小学校危房没有解决的，所在地政府不得建办公楼、招待所、礼堂等非生产性用房。

10 日 乐平县圆珠笔厂生产的适用于书写档案的圆珠笔芯，通过省级鉴定，填补了省内的一项空白。

10 日 江西省社联四届二次理事（扩大）会议在南昌召开。出席会议的有省社联理事，地（市）、厂（矿）、县社联和省属学会的负责人共 160 余人。会议要求广大社会科学工作者要坚持四项基本原则，坚决、持久、健康地开展反对资产阶级自由化的斗争，贯彻"双百"方针，紧紧围绕经济建设，尤其是"双增双节"运动，开展理论宣传和研究工作，繁荣发展江西省社会科学事业。会议举行两天，于 11 日结束。

10 日 省委、省政府召开江西省春耕生产电话会议。电话会议的中心会场设在南昌市电信大楼。各地、市、县分别设了 100 多个分会场。出席会议的有各地、市、县分管农业的书记、专员、市长、县长和农村工作部门的负责人。省直有关部委的负责人也参加了会议。会议分析了当前农业生产存在的各种问题，要求各级党政领导和广大群众迅速行动起来，坚决打好春耕生产第一仗，夺取全年农业丰收。并要求各地切实抓好五项工作：（一）要保质保量完成早稻和棉花等经济作物的种植计划；（二）抓好畜牧水产业的发展；（三）抓好乡镇企业的发展；（四）立足抗灾夺丰收；（五）切实加强春耕生产的领导。

12 日 全国第二届杂技比赛在上海举行，江西省杂技团首创的《地圈》获荣誉奖。

12 日 省政府发文，将省建材工业公司改为省建材工业局。

13 日 江西省政府颁发《关于当前科技体制改革若干政策的暂行规定》，允许政府机关、事业单位及大型企业的科技人员以调动、辞职、停薪留职、带薪留职的方式到中小企业、乡镇企业工作；科技人员在完成本职工作和不影响本单位经济、技术权益前提下，可从事有报酬的智力交流活动。

13 日 江西省广播电视学会成立大会在南昌市召开，正式成立江西省广播电视学会。经会议选举，产生了学会领导机构。理事会由 43 人组成，常务理事会由 15 人组成，姚平任会长。成立大会于 15 日结束。

14 日 赣州市民政局受中国残疾人福利基金会的委托，向赣州市社会福利厂林小萍颁发了 1986 年全国优秀特殊教育工作者光荣称号荣誉证书和奖金。

15 日 分宜县凤阳沔材发现一棵有 1000 多年历史的特大细叶古罗汉松。

15 日 江西省第一建筑公司章炳安承包队、南昌市第一建筑公司一〇一施工队被建设部、中国城建建材工会全国委员命名为 1986 年度全国双文明承包队。

15 日 江西省赣剧团涂琳慧在第四届戏剧梅花奖中得票名列第三。

15 日 鄱阳湖综合科学考察总工程师室近日宣布，以 1983 年 7 月湖口最高水位黄海高程 18.9 米的等高线为湖涯线，除去有圩堤护卫的圩区和圩区之间的狭长河道，经综合科学考察精确测定，鄱阳湖的面积为 446.64 平方公里。

16 日 南昌飞机制造公司青年工人张火保研制的"双管同心高压打气筒"获中国专利局授予的专利权证书。

17 日 南昌市五金消防器材厂试制生产的"凤凰牌"干粉灭火棒当日通过省级技术鉴定，填补了江西省消防器械的一项空白。

17 日 江西省纺织工业局在南昌市举办江西省纺织系统环保成果图片展览。

17 日 景德镇市红星瓷厂基干民兵毛永清、秦全寿和九江八〇六厂合作发明的"高纯氧化钽铌特种陶瓷坩埚"获得国家发明四等奖，中国有色金属总公司科技成果四等奖，江西省政府嘉奖和市优秀科研成果一等奖。

17日 "丹麦王国电影周"在南昌市举行。三部丹麦故事片《一日周王》、《橡皮泥杜士》、《警察》(原名《铜》)于当日上午在南昌市工人文化宫、百花洲电影院和洪都电影院同时上映。这是地处北欧的丹麦王国第一次在我国举办电影周的宣传放映工作。

17日 国务院发出《关于扩大征集国家能源交通重点建设基金的规定》,江西从5月1日起,对城乡集体企业和个体工商户按缴纳所得税后的利润征7%的能源交通重点建设基金。

17日 南昌市68家市属国营预算内工交企业的厂长与主管部门正式签署了1987年经营责任制合同。这是南昌市工交企业在深化企业改革中又迈出的重要一步,签约有经济目标承包责任制、企业经营责任制和租赁制三种形式。通过签约,用合同的形式把国家与企业的责、权、利关系明确固定下来,把经营自主权真正交给了企业。

17日 来自全国各地的100多家城市电视台的200多名代表在景德镇举行了全国城市电视节目交流会。会议期间,各电视台提供了他们制作的"城市掠影"专题片、各种题材各式风格的电视剧、电视小品以及戏曲、音乐、少儿、风光等各类节目予以交换。

18日 宜丰县、新建县分别获得"全国体育先进县"荣誉称号,并在北京受奖。

18日 江西省政府召开电话会议,号召江西省经济战线广大职工进一步深入开展"双增双节"运动。会议要求江西省各级政府部门要把"双增双节"运动与深化企业改革相结合,积极推行承包经营责任制,并要认真解决好当前生产中的几个问题:一是要继续抓好发电工作;二是要积极挖掘运输潜力,缓解运输矛盾;三是做好原材料的调度协调工作;四是各行各业都要进一步加强安全生产管理;五是切实抓好农业生产。会议并要求各地高度重视当前江西省乱砍滥伐森林的歪风又有所抬头这一现象,采取切实有效的措施,坚决刹住这股歪风。

18日 电子工业部创优工作会议在南昌举行,参加会议的有全国各省市电子系统的代表。

与会代表学习了1987年《电子工业优质产品评选办法》,讨论了怎样使我国电子工业早日跻身世界先进行列的措施。会议于21日结束。

19日 中共中央政治局委员、全国人大常委会委员长彭真在省委书记万绍芬,省委副书记、省长吴官正的陪同下,先后视察了井冈山、宁冈、永新、南昌等地,并听取了省委和吉安地

彭真在吉安市参观展览

彭真视察井冈山与群众交谈

全国人大常委会委员长彭真审看江西电视新闻

彭真在"八一南昌起义纪念馆"

区、井冈山市、莲花、遂川等县的工作汇报。在南昌期间，他参加了由省市总工会举行的庆祝"五一"国际劳动节联欢会，并会见了方志纯、傅雨田、张闯初等43位副省级、副军级以上的老红军、老同志。并接见出席省六届人大六次会议省人大代表和出席省政协五届五次会议的省政协委员，并合影留念。5月1日结束视察。

19日 省纪委发出通知，要求各级党组织和纪检部门认真贯彻中纪委关于"立即刹住用公款请客送礼、吃请受礼的歪风"通报精神，坚决刹住吃请送礼歪风。通知要求各级党组织、纪检机关和财会、审计部门要立即行动起来，把刹住这股歪风作为开展"双增双节"运动的一项重要内容来抓。要和建立与完善目标管理责任制、改进机关作风、纠正行业不正之风、严格财经纪律紧密结合起来，以保证1987年"两大任务"的顺利完成。

19日 省六届人大常委会召开第二十三次会议，会议通过省六届人大六次会议议程、日程（草案），原则通过省人大常委会工作报告。会议还通过省六届人大六次会议主席团和秘书长名单（草案）、主席团常务主席名单（草案）、主席团执行主席分组名单（草案）和副秘书长名单（草案）；通过《关于江西省第七届人民代表大会代表名额和选举问题的决定（草案）》。上述各项草案将提请省六届人大六次会议审议，会议通过省人大常委会《关于加强德兴等地环境保护

的决定》、《关于接受李彦龄请求辞去江西省六届人大常委会委员的决定》和人事任免事项。会议于20日结束。

20日 由广州美术馆江西美协主办的江西省著名老画家、江西师范大学艺术系教授彭友善画展在广州美术馆正式展出，展出老画家近期60余幅作品。

20日 中央美术学院在北京举行了黄秋园先生遗作捐赠仪式。黄先生家属向国家捐赠了20幅黄先生各个时期的代表作品。人大常委会副委员长彭冲、全国政协副主席钱昌照、中国美术家协会主席吴作人及首都数百名文艺界和美术界知名人士参加了捐赠仪式。文化部副部长高占祥向黄先生家属颁发了奖状和奖金。

20日 由民政部主持召开的第三次全国民政理论研讨会在南昌举行。会议是在国务院正式批准以民政部为主，就建立农村基层社会保障制度进行试点的新形势下召开的。全国各地100多名专家、学者和民政工作者出席了会议。省委常委、副省长蒋祝平看望了会议代表并在预备会上讲了话。会议共收到论文近200篇，交流140篇，宣读68篇。讨论会于24日结束。

21日 丰城在赣江打捞出一件东汉时期的青瓷褐釉三系鸡首壶。鸡首壶保存十分完整。据青瓷考古专家鉴定：此壶为江西省"洪州窑"早期东汉时期的外运产品。该壶呈鸡头形，应为鸡首壶的原始雏形，突破了当前考古界对鸡首壶

丰城县出土的东汉时期的青瓷褐釉三系鸡首壶

"始见于晋"的传统看法，也对"洪州窑"的早期产品的探讨，提供了可贵的资料。

21日 中共中央委员、原全国妇联副主席郭力文在省妇联主任段火梅陪同下到萍乡、井冈山、吉安、九江、景德镇、鹰潭、南昌等地进行为期10天的考察。

22日 省政府决定成立省农业技术推广总站。

22日 江西省儿童少年基金会发出设立身残志坚儿童少年奖学金的决定，同时下发《江西省身残志坚儿童少年奖学金条例》。

22日 省政协五届五次会议召开，大会审议并通过了省政协五届五次会议决议，通过了关于省政协五届五次会议提案情况和审查意见的报告。会议指出，进一步发挥政协在国家政治生活和两个文明建设中的作用，是加强社会主义民主建设，完成"七五"计划规定的各项任务，推进祖国和平统一的需要。会议号召各级政协组织、政协委员和各界人士珍惜当前大好形势，继续遵循中共十一届三中全会以来的路线、方针、政策，充分发挥各方面的积极性，与江西省人民一道，扎扎实实办好两件大事，把建设有中国特色的社会主义伟大事业推向前进。会议于27日结束。

23日 省六届人大六次会议在南昌八一礼堂举行。出席会议的代表845人。省长吴官正作了省政府工作报告，指出1987年主要任务是：江西省上下办好两件大事，在经济领域开展"双增双节"运动，坚持改革、开放、搞活，

吴官正在省六届人大六次会议上作报告

促进国民经济持续稳定发展；在政治思想领域深入进行坚持四项基本原则的宣传教育，坚持反对资产阶级自由化，加强社会主义精神文明建设，进一步巩固、发展安定团结的政治局面。会议通过了省政府工作报告等6个决议和《关于江西省

第七届人民代表大会代表名额和选举问题的决定》。省计委主任王英作《江西省一九八七年国民经济和社会发展计划（草案）的报告》，省财政厅厅长李天培作《江西省一九八六年财政决算和一九八七年财政预算（草案）的报告》。26日，大会听取江西省人大常委会副主任王泽民作的省人大常委会工作报告，省高级人民法院院长李迎作的江西省高级人民法院工作报告，省人民检察院检察长王树衡作的省人民检察院工作报告。会议于27日结束。

23日 由参议院议长夏博诺和众议院议长弗雷泽率领的加拿大议会代表团一行21人，在

全国人大常委会委员长彭真在江西宾馆会见加拿大议会代表团

省人大常委会主任王书枫（前排左二）、省长吴官正（前排左一）陪同彭真委员长（前排右二）会见加拿大联邦议会代表团

全国人大常委会委员符浩陪同下抵达南昌。在南昌的全国人大常委会委员长彭真在江西宾馆会见和宴请代表团全体成员。

23日 1986年度全国优秀电视新闻评奖在

贵阳市揭晓，江西电视台拍摄的《发扬红军传统，迈步新长征——江西省委、省政府在京举行纪念红军长征胜利五十周年慰问江西籍老红军茶话会》等8条新闻和专题分获二、三等奖。

23日 在荷兰默斯福特举行的为期4天的第五届世界杯跳水赛中，许艳梅获女子10米台和女子团体2枚金牌。

24日 省委组织部下发《关于复查纠正冤假错案及处理历史遗留问题，落实干部政策检查总结工作的通知》，部署开展江西省落实干部政策检查工作。

24日 第六届全运会男子排球赛在南昌揭开战幕。江西队以3：0战胜山东队，首战告捷。

24日 当日上午，南昌市郊罗家集乡出现罕见的"鱼雨"，一股自西向东的狂风卷着暴雨过后，场地上出现了数百条活蹦乱跳的小鱼。

24日 乐平县物资局干部汪名赐在新加坡1987年度第二届中国邮展知识通讯赛中荣获金奖。

25日 在西安举行的第五届"大众电视金鹰奖"授奖大会上，景德镇电视台摄制的《理解万岁》（上、中、下集）荣获优秀单本剧奖，是江西省首次获得"金鹰奖"的电视剧作。

25日 江西省电力试验研究所高级工程师郭永坤，代表江西省26名"五一"劳动奖章获得者赴京领奖。在京期间，他登上天安门观礼台，受到中央领导的亲切接见。

25日 省政府发出通知，由省建设银行代理发行1987年国家重点建设债券和重点企业债券。

26日 江西省地、市委农工部长会议结束。会议要求各地抓好当前工作，努力完成1987年农业生产任务，实现增产增收增后劲，保持农村经济持续稳定增长。首先要保证1987年粮食生产有个较大增长，其次是要注意抓紧生猪生产。1987年每户增养两头猪。

新建县昌良乡采取帮助设计、购送建筑材料、施工等办法，为养猪农户建栏圈猪，使猪传染病大大减少

26日 全国人大常委会委员长彭真视察南昌时，参观江西棉纺织印染厂。

全国人大常委会委员长彭真与江西棉纺织印染厂厂长、党委书记交谈

27日 万安县农民徐文科、李香山、陈尚智、刘小平被中国当代农民书画研究会接纳为会员并颁发了农民书画家职称证书。书法家徐文科、画家李香山还被推选为理事。

27日 省委宣传部和省教委发出《关于加强和改进中学思想政治工作的意见》，要求江西省中学搞好坚持四项基本原则，反对资产阶级自由化的正面教育，深入开展社会主义办学方向和"四有"人才培养目标的学习、讨论，进一步端正办学指导思想，进一步研究和改进对中学生进行思想教育的形式和方法，切实加强和改进思想政治工作。

27日 遵照中国人民银行通知，江西省人民银行发行第四套人民币。

27日 江西省农村发展研究工作座谈会召开，各地市农工部长、省直有关厅局负责人及有关专家出席了座谈会。会上，省农村发展研究委员会宣布成立。江西大学生物系教授邓宗觉被聘为委员会主任，57名经验丰富的农村工作专家、学者同时被聘为兼职委员和研究员。会议最终确定了当前江西省农村经济发展中最紧迫、最能牵动全局、实用价值最大的23个研究课题。座谈会于28日结束。

28日 江西省内外专家对江西省环保科研所从钨渣中分离出99.999%的高纯氧化钪这一省一级重点课题的新成果进行了鉴定，确认此成果"达到国际先进水平"。高纯氧化钪是应用于尖端技术上的新兴材料，在激光、电光源、宇航、医药等方面均有广泛的用途。省环保科研所开发高纯氧化钪，也是综合回收江西省小钨矿废渣的新成果，废渣利用率可达到50%~60%；而排放的废水、废气均符合国家排放标准，这对矿区环境保护、减少污染有重大意义。

28日 由南昌市郊区青云谱乡熊坊村农民集资兴建的江西第一家农民宾馆——花园宾馆举行了开业典礼。国家旅游总局局长韩克华，省市领导蒋祝平、李爱苏等出席了典礼并剪彩。

花园宾馆

28日 省检察院党组向省委报送《关于当前打击严重经济犯罪的情况和今后意见的报告》。江西省委办公厅将报告转发江西省县以上党委。

28日 南京军区司令部原顾问黄朝天，因病医治无效在南京逝世，终年72岁。黄朝天是江西兴国人，1929年参加地方游击队，1930年加入共产主义青年团，1933年转为中共党员，1955年9月被授予少将军衔，先后被授予二级八一勋章、二级独立自由勋章、一级解放勋章，还荣获朝鲜民主主义人民共和国授予的二级勋章。

28日 民革江西省六届六次全体会议在南昌举行。出席会议的委员、候补委员及有关人员近60人。会议传达了全国、江西省统战工作会议和民革全国代表会议精神，听取并审议了民革江西省六届常委会工作报告，安排了今后工作，会议要求江西省各级民革组织以加强自身建设为基础，以促进"一国两制"的实施为重点，积极参加改革开放和两个文明建设，积极参政议政，为统一祖国、振兴中华的总目标服务。会议于30日结束。

28日 省轻工业厅在南昌市召开地、市轻工业局长会议，交流深化改革、加强管理等经验，落实"双增双节"任务。会议于30日结束。

29日 景德镇城市主要标志——珠山标准钟塔竣工。塔顶耸立的"雄鸡"由景德镇陶瓷工业公司熊如钢设计，雄鸡雕塑由市雕塑瓷厂承担，施工单位为景德镇第三建筑工程公司。

29日 省司法厅举行待批公证员和助理公证员法律知识考试，由省司法厅统一命题，统一评卷，参加考试人员共计120人，及格率达60%。

30日 截至月底，江西省春季飞播造林工作结束。省民航局从2月17日至4月15日，在江西省飞行188架次，飞播108万亩。

30日 日本大阪市无线电俱乐部代表团来南昌市少年宫访问。

30日 德兴乐安河、泊水河重金属污染生态效应研究，被列入联合国科教文组织与我国政府签署的关于生态学合作研究的计划。

30日 江西省新干空调机厂试制成功了FA5K制冷压缩机经有关部门测试鉴定，某些性能参数已超过国内同类产品的性能指标，并接近美国同类型产品的性能指标。

30日 在全国赛艇皮划艇冠军赛上，江西运动员徐宝根夺得500米男子单人双桨轻量级赛艇项目的第一名和2000米男子单人双桨轻量级赛艇项目的第二名。

30日 在鞍山市召开的全国纺织系统思想政治工作会议上，江西棉纺织印染厂被纺织工业部授予1986年度全国纺织系统双文明建设优秀企业称号。

30日 贵溪冶炼厂50项经济技术指标全面达到设计能力。截至目前已经生产近9万吨优质铜，39万多吨硫酸，超额完成国家任务，闪速炉作业率达96.3%，超过95%的设计要求。

本月 由江西运动员徐荣制作的中国《向阳红10号》海洋调查船袖珍模型在法国里昂举行的第四届世界外观航海模型锦标赛中荣获C_4级第一名。李杰和李强制作的两艘远洋帆船的模型，分别夺得 C₄ 级比赛的第二名和第三名。

本月 在公布的全国冶金系统转炉、平炉，连铸机晋升级评定结果中，江西钢厂被评为二等机。

本月 南昌铁路分局彭玲生编写的《工厂噪声控制技术与应用》，由中国铁道出版社出版。该书对噪声控制提出了新的理论和方法。

本月 江西钢厂 Ø530 型钢轧机改造工程开工，7 月竣工投产。

本月 江西省保险学会成立。

本月 江西省纺织工业公司改为江西省纺织工业局。

本月 中央电视台在井冈山拍摄故事片《井冈情》，先后在中央电视台、江西电视台播出。

本月 省审计局组织 38 个审计组对 39 个卫生主管部门和 261 个基层卫生单位 1986 年和 1987 年 1 月至 3 月的卫生事业费收支情况进行审计，5 月审计结束，共查出违纪金额 1213 万元。

本月 南昌电信局万门程控电话引进工程胜利安装完毕，进入试运行阶段，并可接入部分用户使用。投入正式运行后，南昌市内电话供求紧张状况将可得到缓和，市内电话的通信质量将得到较大改善。

本月 省政府决定新华书店、省外文书店、印刷物资公司由江西省文化厅划归省出版事业管理局管理。

1987

5月
May

公元 1987 年 5 月							农历丁卯年【兔】					
日	一	二	三	四	五	六	日	一	二	三	四	五	六
					1 劳动节	**2** 初五	**3** 初六	**4** 青年节	**5** 初八	**6** 立夏	**7** 初十	**8** 十一	**9** 十二
10 十三	**11** 十四	**12** 十五	**13** 十六	**14** 十七	**15** 十八	**16** 十九	**17** 二十	**18** 廿一	**19** 廿二	**20** 廿三	**21** 小满	**22** 廿五	**23** 廿六
24 廿七	**25** 廿八	**26** 廿九	**27** 五月大	**28** 初二	**29** 初三	**30** 初四	**31** 端午节						

1 日 赣州市名胜古迹八境台重建工程竣工，赣州市政府举行隆重的落成典礼仪式。八境台位于赣州北隅，北宋嘉祐年间（1056 年至 1063 年），知军孔家瀚筑台，并绘八境图求诗于苏轼而故名。原为

八境台外貌

木结构，高五丈，三层。八境台创建至今已有 900 多年，多次被毁。1976 年 7 月 13 日深夜遭大火焚毁的八境台，系 1934 年所建的一幢中西合璧建筑。经国家文物局、省政府批准，拨款近百万元，于 1983 年 12 月 8 日开工重建。新建的八境台为仿宋体钢筋混凝土结构，总面积 574 平方米，三层，高 28.5 米，为赣州市的主要标志性建筑。

1 日 九江市新建的周瑜点将台在"五一"正式开放，周瑜点将台建于九江市甘棠湖烟水亭前，建筑面积为 289 平方米。点将台共分两部，前部为点将拜台，后部为一木构琉璃瓦歇山顶方亭，亭内设有仿制周瑜点将用的几案、令箭、令旗等。

1 日 五一期间，由中国书法家协会江西分会、江西书画院、省妇联宣传部、省总工会女工部、南昌市东湖区妇女书法研究会联合举办的江西省首届妇女书法篆刻作品展览在南昌展出。

2 日 为纪念井冈山革命根据地创建、秋收起义、南昌八一起义 60 周年，吉安市举办革命

纪念井冈山革命根据地创建 60 周年文艺晚会

歌曲千人大合唱，演唱《十送红军》、《秋收起义》等10首歌曲。

2日 省政府批准1986年8月5日为抢救落水儿童而光荣牺牲的共青团员潘云娟为革命烈士。

4日 省政府批转省教委《关于审批江西省示范性三年制职业高中的意见》。

4日 《江西日报》报道，4月下旬，江西省政府制定了放活科研机构、放活科技人员若干政策的暂行规定。要求各级政府部门都要实行政研职责分开，简政放权，对科研机构的管理应由直接控制转变为间接管理，进行方针指导和协调服务；进一步扩大科研机构自主权，鼓励以技术开发为主的独立科研单位和设计单位进入大中型企业和企业集团；鼓励科技人员流向城镇中小企业、乡镇企业。促进科技和生产进一步结合。

4日 共青团江西省第十次代表大会举行。来自江西省各条战线的764名青年代表参加了大会。省委领导希望江西省团员、青年坚持四项基本原则，坚持正确的政治方向；站在时代的前列，为振兴江西英勇奋斗；虚心向工农群众学习，在社会实践中锻炼成长。大会听取、审议并一致通过了大会常务主席丁耀民作的《跟随伟大的中国共产党，为江西的腾飞艰苦奋斗贡献青春》的工作报告；通过《关于表彰先进团支部、优秀团支部书记、优秀团员的决定》。会议选举产生了共青团江西省第十届委员会，丁耀民当选为团省委书记。温新华、舒国华、李春燕、万继抗当选为副书记。会议于6日结束。

共青团江西省第十次代表大会

4日 省委副书记、省长吴官正在上饶地区进行了为期10天的调查研究。期间，他向当地党政领导提出了三个明确要求：（一）发扬革命精神和革命传统，集中精力抓经济工作；（二）抓紧粮食生产，放手发展多种经营和乡镇企业；（三）深化改革，提高效益，确保增产增收。

吴官正（右一）视察横峰纺织器材厂

5日 江西省第一期中外合营企业中方经理培训研讨会在省经贸学校开幕，参加培训研讨会的有来自江西省50余家中外合营企业中方经理。

5日 江西省工商行政管理局长会议召开。会议指出，江西省各级工商行政管理机关要继续搞活管好市场，提高市场管理水平，支持改革开放，促进经济发展，加强监督检查，为开放、搞活和发展经济服务。

5日 省政府赣府发（1987）41号文，颁布《江西省测绘工作管理暂行规定》。

6日 由寻乌县革命历史纪念馆副馆长赖兴荫创作的版画《深山采菇》参加第11回"日中交流美术展"，并获荣誉证书。

7日 省矿藏储量委员会审查批准江西省地质矿产局赣西地调队提交的上高县七宝山钴铅锌矿区补充勘探报告。

8日 华东地质勘探局二六一大队、二六五大队等单位完成的"金刚石地质岩芯钻探配套技术推广应用"项目，获国家科学技术进步一等奖。

8日 我国第一套万吨级有机硅工程在永修县杨家岭星火化工厂奠基，副省长钱家铭、化工

部副局长戚彪为奠基揭幕，这是我国"七五"重
点科技工程。

8日 南斯拉夫马其顿共和国文化展览周在
赣举行。南斯拉夫马其顿共和国向省图书馆赠送
一批书籍，马其顿共和国艺术团并表演文艺节
目。此次文化展览周让江西人民更多地了解马其
顿文化艺术的昨天和今天，给双方今后的友好合
作和兄弟情谊增添新的活力。在展览周期间，南
斯拉夫共和国的同志先后在南昌、九江等地进行
了访问演出。文化周活动于16日结束。

9日 省司法厅与省教委、省科干局联合发
出《关于办理〈出国留学协议书〉公证的通知》。

10日 以法鲁克少将为团长的巴基斯坦空
军代表团一行14人，来南昌飞机制造公司洽谈
合作事宜。洽谈于20日结束。

11日 由南昌市金属材料公司筹办的南昌
市钢材市场在南昌市正式开业，并举行了首届钢
材交易大会。南昌市钢材市场是经国务院批准第
二批建立的66个钢材市场之一，也是江西省第
一家。它的建立是市政府为发展生产资料市场、
搞活物资流通、适应改革需要的一项重要决策。

11日 南昌铁路分局召开总结经验大会，
庆祝南昌铁路分局安全生产1000天。南铁分局
自1984年6月16日至1987年3月12日，实现
了无行车重大事故1000天，跨入全国56个铁路
分局安全生产的前列。会上，铁道部向分局授予
安全奖杯，上海局颁发奖金并通报表扬。

11日 南昌市卫生局、市教育工会、省护
理学会、省女科技工作者联谊会、市护理学会、
市总工会女工部联合举办了省市庆祝国际护士节
大会。来自南昌地区的省市卫生单位的护士代表
1300余人出席了大会。副省长陈癸尊到会并讲了
话，号召全社会都来关心护理事业，尊重、爱护
护士。会议并对在护理工作中取得优异成绩的护
理工作先进集体和个人进行了表彰。

11日 省政府发出《关于切实保护气象台、
站观测环境的通知》，通知强调指出，今后各级
政府和城建部门，要按照国务院有关文件精神，
把江西省现有各级气象台、站观测场地统一列入
城建规划，要保持气象台、站观测场地的长

期稳定。

11日 省委政法委员会在南昌召开了江西
省政法工作座谈会。传达贯彻全国政法工作座谈
会精神，研究部署江西省政法工作任务。会议要
求江西省各级组织要通过学习、贯彻会议精神，
巩固发展"两打"（打击刑事、经济犯罪）斗争
成果，全面推进社会治安综合治理，保证社会治
安的持续稳定；保证坚持四项基本原则、反对资
产阶级自由化的斗争和"双增双节"运动的顺利
进行。会议于16日结束。

12日 江西首批1198名护士获省卫生厅颁
发的"三十年护龄荣誉证书"。

12日 上海经济区老区建设委员会从上海
市商业、供销系统抽调10名干部组成老区商品
流通组，先后赴江西省4个地区、9个重点老区
县市开展商品流动服务。商品流通组本着支援老
区、让利于老区的原则，积极帮助江西省老区推
销农副土特产品。据统计，当前已达成购销方面
的协作项目50个。活动于31日结束。

14日 省政府在南昌电网供电范围内开始
发行电力债券6600万元，为此，江西省电力工
业局制定了电力债券实施细则和认购办法。这是
江西首次发行电力债券，所集资金全部用于南昌
电厂扩建和贵溪电厂的建设。

14日 政协江西省五届委员会组织6个调
查组，分赴江西省各地市县调查了解政协工作的
新情况和新经验，并对换届前后的政协工作进行
指导，22日结束。

14日 在美国纽约市举行的有31个国家
147名运动员参加的第十四届世界竞走锦标赛上，
江西省竞走名将姜绍洪在20公里公路竞走中，
以1时23分53秒成绩，达到国际运动健将标
准，成为江西省第一个国际运动健将。

15日 首届"全国环境优美工厂"评选已
揭晓，南昌柴油机厂荣获这一光荣称号。

15日 省税务局和省人民检察院联合发出
通知，决定在城市税务部门进行税务检察员试点
工作，暂设检察助理员100人。

15日 省政府与省电力工业局签订供电经
济承包合同。合同规定：1987年江西省电力局

要在完成国家指令性电量计划的同时，组织南昌电网自筹燃料增发 7.2 亿千瓦·时指导性电量。年底，电力局全面完成计划，达到了合同规定要求。

15 日 省政府决定，省化学工业公司改名为省石油化学工业厅。于俊义任厅长，何明友、杜喜学、邓勤先任副厅长。

16 日 江西首次在泰和县发现水利石刻文物。泰和县搓滩陂是一座万亩引水工程，创建于后唐天成元年（926），距今有 1061 年历史，现在陂坝上保存着明代嘉靖十三年（1534）重修此陂的两块条石碑文。这一文物的发现，对研究赣江流域的水利建设历史及农业生产的发展具有重要的科学价值。

16 日 省军区原副司令员、副兵团职离休干部谢锐因病医治无效在南昌逝世，终年 73 岁。22 日，在南昌殡仪馆举行了遗体告别仪式。谢锐是江西省弋阳县人，1937 年 4 月加入中国共产党，1955 年被授予少将军衔。

16 日 江西省城市建设、人民防空、交通备战工作会在南昌召开。会议总结了近年来特别是"六五"期间江西省城建、人防和交通战备工作和建筑业改革的经验，研究了在新形势下如何适应改革、开放、搞活经济和适应战略转变需要，促进国民经济和社会的发展。会议指出城市建设必须与经济建设同步发展；人防建设要与城市建设相结合；交通战备工作要适应新的战略转变。要继续整顿建筑市场，提高工程质量，通过深化改革，搞活建筑企业。会议于 18 日结束。

17 日 江西省基本建设和重点工程工作会议结束。会议根据全国基本建设会议精神，落实了江西省 1987 年重点工程建设条件。同时，对基建战线中如何深入开展"双增双节"活动进行了部署。会议研究落实了几项基本措施，以确保 1987 年的 75 项重点工程建设。（一）建立重点项目联络员制度，强化对重点项目的监督检查和调度协调。（二）组建江西省工程咨询中心，对基本建设项目试行前评估、中检查和后总评制度。（三）进一步推行和完善投资包干和招标承包。

18 日 国内最大新型多用途直升机——"直八"型机试飞汇报表演在向塘机场举行。"直八"型直升飞机是昌河飞机制造厂和中国直升飞机设计研究所共同研制成功的，它的诞生，为我国直升飞机系列增添了一个新机种。

昌河机械厂生产的直升飞机

昌河飞机工业有限责任公司的直升机总装车间

"直八"型直升飞机正在作垂直起飞表演

19 日 国家机械委公布机械工业骨干企业和重点企业名单。全国骨干企业 665 个，重点企业 1482 个。其中江西机械工业系统内属骨干企业 6 个，重点企业 21 个，共 27 个，占全部骨干重点企业的 1.25%。属骨干企业有南昌齿轮厂、江西光学仪器总厂、景德镇华意电器总公司、南昌柴油机厂、江西拖拉机制造厂、上饶客车厂；属重点企业的有江西手扶拖拉机厂、

外国专家称赞宜春工程机械厂的产品好

宜春工程机械厂的产品不仅畅销全国，还远销欧、美、澳洲等 20 多个国家与地区

江西电机厂、江西三波电机厂、江西变压器厂、江西锅炉厂、江东机床厂、景德镇电瓷电器公司、江西矿山机械厂、萍乡电瓷厂、九江动力机厂、江西制氧机厂、江西气体压缩机厂、宜春工程机械厂、江西轴承厂、江西汽车制造厂、宜春风动工具厂、江西采矿机械厂、南昌通用机械厂、江西发动机总厂、南昌旋耕机厂、江西庐山水泵厂。

19 日 江西省决定从 1987 年起对我国名贵珍稀鱼种——长江鲥鱼的产卵场所和回游通道实施禁捕 3 年，促进其增殖发展。

19 日 离休老干部、原江西省第六届人大常委会副主任张国震因病医治无效在南昌逝世，终年 72 岁。张国震遗体告别仪式 5 月 29 日在南昌市殡仪馆举行。张国震是山西省沁源县人，生于 1915 年 2 月，1938 年 6 月参加革命工作，同年 8 月加入中国共产党。

20 日 省委、省政府召开了制止乱砍滥伐森林电话会议。会议指出，有些地方搞"有水快流"，甚至毁林"致富"，助长乱砍滥伐的发生。针对近几年江西省破坏森林的现象没有得到有效控制的情况，要求各地运用行政的、经济的、法律的手段，采取以下几方面的有力措施，坚决刹住乱砍滥伐森林的歪风：（一）进一步提高对破坏森林危害性和发展林业紧迫性的认识，采取正确的方针发展林业。（二）坚决贯彻执行《森林法》，严肃处理超限额采伐。（三）认真整顿木材市场，严禁无证经营、无证收购、无证运输、无证销售。（四）抓紧查处破坏森林案件，把林业工作逐步纳入"以法治林"轨道。（五）各级党委和政府，要把林业工作提高到重要位置，列入议事日程，切实加强领导。

20 日 江西省机械工业政策法规研究会成立，李立德任会长，这是江西机械工业系统首次开展政策法规研讨活动，会后出版《为振兴江西机械工业献计献策》论文集。

20 日 江西省水产供销公司、水产养殖公司和南昌水产冷库日前合并，成立省水产联合总公司。

21 日 国家下达江西省 8000 名教育系统民办教师转编指标，列入此次转编范围的人员包括在教育系统所属幼儿园任教的代课教师。凡属 1972 年城镇下放老知青、烈士配偶及子女，归侨、侨眷及子女和在台人员直系亲属，评为地区以上优秀教师、班主任、辅导员等人员，在同等条件下可优先转编。

21 日 省委组织部公开招聘选拔并经省委同意，任命王文字为省国营垦殖场管理局局长，杨兰根、陈笑哉为副局长。

21 日 应省长吴官正之邀,以上松阳助知事为团长的日本国岐阜县政府代表团对江西进行为期 3 天的友好访问。在南昌期间,日本客人参观了八大山人纪念馆、省博物馆、省工艺美术馆、文物商店,在人民公园观赏了熊猫,出席了交换中小学生字画仪式和文艺晚会。

吴官正(右二)会见上松阳助知事(左二)及代表团全体人员

吴官正(左二)与上松阳助知事(右二)举行会谈

22 日 最高检察院人事厅厅长胥奎首等 3 人来江西专题调查检察机关打击刑事、经济犯罪,开展综合治理,加强法纪建设,搞好检察工作的改革和建设等情况。

23 日 为纪念毛泽东《在延安文艺座谈会上的讲话》(下简称《讲话》)发表 45 周年,江西省文联举行以"人民、母亲、文艺"为主题的作家、艺术家座谈会,畅谈重新学习《讲话》的认识和体会,省委常委、宣传部长王太华在会上讲话。会议指出《讲话》为社会主义文艺指明了方向,并号召广大文艺工作者在坚持四项基本原则的基础上,在《讲话》精神指引下,为人民创作出更多更好的作品。邓小平 1979 年在中国文学艺术工作者第四次代表大会上的祝辞是对毛泽东文艺思想的丰富和发展,和《讲话》一样,都是我们今天坚持四项基本原则、反对资产阶级自由化的锐利武器,是繁荣社会主义文艺的重要文献,必须认真学习、深刻领会,并在创作实践中加以贯彻执行。

23 日 江西省出版大型《谷雨文学创作丛书》,丛书是由中国作协江西分会主编、江西省人民出版社出版的,全书计 30 册。

23 日 江西省老区经济发展规划座谈会在南昌举行。会议传达了全国扶贫规划座谈会会议精神,部署编制江西省扶贫规划,研究了老区建设资金管理问题。省委书记万绍芬在会上作了题为《搞好发展规划,提高资金效益,加快老区经济开发》的讲话,强调要把扶助贫困地区脱贫致富作为一项长期的战略任务,各行业要根据自身的特点,提出扶贫计划、措施,在行业的规划布局中,把扶贫作为重点内容纳入发展计划。座谈会于 25 日结束。

余秋里在北京召开的闽赣两省老区脱贫致富建功立业汇报会上

24 日 全国合作总社副主任季龙一行 3 人到南昌、景德镇等市视察。视察工作于 31 日结束。

25 日 中共中央纪律检查委员会就开除倪献策的党籍,向全党发出题为《党员领导干部要做遵纪守法的模范》的通报。通报说,原江西省委副书记、省长倪献策，在任职期间，腐化堕落、徇私舞弊，严重违法乱纪，在党内外造成了极坏的影响。经省委讨论、中央纪委决定，并报中央批准，开除了倪献策的党籍。30日，江西省高级人民法院对倪献策犯徇私舞弊罪一案进行公开审理，宣布维持南昌市中级人民法院的判决，判处倪献策有期徒刑两年。通报还指出党的领导干部一定要在用权这个关键问题上保持十分清醒的头脑，切不可手中有了权，就忘乎所以，要树立正确的权力观；共产党员在任何情况下，都要有高尚的道德情操和严谨的生活作风；党的干部必须自觉接受党和人民的监督；共产党员必须认真改造世界观；要按照党的原则认真选拔和任用干部。

25日 省商业厅发出《关于转变完善供销社企业内部经营机制的意见的通知》，规定全面实行主任、经理、厂长任期目标责任制、经济承包责任制、职工岗位责任制、审计制，实行规范化管理，完善企业内部经济核算与分配制度。

25日 省农牧渔业厅在南昌市召开中兽医工作座谈会暨表彰会，对244名为中兽医事业做出成绩者颁发了荣誉证书和奖章。会议于28日结束。

25日 全国有色系统第二次普教工作会议在江西铜业公司召开。德兴铜矿中学被有色总公司授予"全国先进集体"称号。会议于28日结束。

25日 江西省老区代表团在辽宁进行为期12天的考察访问。考察访问期间，他们先后参观考察了沈阳、鞍山、本溪、丹东等市的工业企业和城市改革情况，并与辽宁省有关经济部门和部分县市经济部门举行了横向经济联合与协作洽谈会，在技术转让、物资协作、资源开发等方面达成了一批支援老区的意向性协议。

26日 柘林—南昌220千伏线路104号铁塔（坐落在永修县滩溪乡）发生倒塌事故，事故是由于当地两个放牛男孩拆除塔基上地脚螺帽引起的。事故造成停电108小时，少送电864万千瓦时，直接经济损失68.5万元，损失产值3093万元，损失税利464万元。7月6日24时，2号水泵重新启动，电厂恢复正常发电。

26日 应我国"人与生物圈"国家委员会和中科院农业研究委员会之邀，联合国教科文组织驻华代表泰勒博士专程来泰和县千烟洲红壤丘陵综合开发治理试验区进行考察。

26日 北京军区原装甲兵副司令员郭应春因病在北京逝世，终年73岁。郭应春是泰和县人，1931年参加中国工农红军，加入中国共产党。历任班长、排长、连长、营长、团长、师长、北京军区原装甲兵副司令员等职。

26日 省委宣传部、省委对外宣传小组联合召开了江西省对外宣传工作会议。各地、市委主管对外宣传工作的负责人，各地、市和开放县（市）的党委宣传部长，省直涉外单位分管对外宣传工作的负责人共110人参加了会议。省委副书记到会讲了话，会议传达了全国对外宣传工作会议精神，总结交流了近几年来江西省对外宣传工作的情况和经验，研究了如何进一步开创江西省对外宣传工作的新局面。会议提出当前和今后一个时期的江西省对外宣传的主要任务是要加强对干部群众的思想教育，增强干部群众的对外开放、对外宣传意识，努力向世界宣传江西，让世界了解江西，以促进江西的对外开放和经济振兴。会议于28日结束。

26日 江西省加快解决中小学危房汇报会在南昌市召开。省委常委、副省长蒋祝平到会听取汇报并讲了话，会议要求各级政府部门要进一步提高认识，增强解决中小学危房的紧迫感，进一步加强领导，明确责任，订出切实可行的目标，作出具体的工作部署，要广开思路，广辟集资渠道，广积解决危房资金，加快步伐，解决中小学危房，推动教育事业更快地向前发展。会议于28日结束。

26日 江西省在北京召开了江西省驻外机构经济调研协调会，研究如何进一步改进调研信息工作，加强省驻外机构与各地市和省直部门的联系，建立和健全信息网络，更好地为领导决策和指导工作服务。省委书记万绍芬、副省长孙希岳到会并讲了话。参加会议的有江西省各驻外机构主管调研信息工作的负责人，以及各地市和省直有关部门的同志。部分江西籍在中央有关部委工作的负责人也应邀参加了会议。会议提出了建立江西省三大信息网络的初步设想，即以省政府办公厅为中心，建立直通各地市县及重点企业和重点乡的纵向信息网络，连接省直各职能部门的横向信息网络和连接各驻外办事机构的扩散信息网络。以使信息工作真正起到耳目、智囊、桥梁和参谋的作用，更好地为领导决策和指导工作服务。会议于 29 日结束。

27 日 江西省食品机械研究所与江西食品机械厂共同研制成 50 吨至 500 吨腐竹生产成套设备，通过省级鉴定，获 1987 年省科技进步三等奖。

27 日 副省长钱家铭率领黏胶短纤维生产设备考察团，赴瑞士和奥地利考察。

27 日 省政府发出《关于江西省建筑工程招标投标实施细则等四个规定的补充规定》，主要内容：坚持实施建筑工程招标投标办法，严禁"私下交易"、"吃回扣"、无证设计、无照施工、肆意压价、压工期和高估冒算等不正之风，强调工程合同须报经建筑业主管部门审签，由当地工商行政管理机关鉴证，并责成省建设厅牵头，由省计委、省经委、省工商局、省建设银行、省工商银行、省农业银行组成江西省建筑工程招标领导小组（各地、市县亦应相应成立），强化建筑工程质量监督，加强建筑施工队伍管理，控制施工队伍规模，对外省进赣队伍严格手续，并规定自 1987 年 1 月 1 日起，对省外建筑施工企业和本省街道、乡镇集体建筑施工企业承担施工任务均实行"履约保证金"制度。

27 日 省高级人民法院依法公开审判倪献策（原江西省省长）徇私舞弊上诉案。经 27 日至 30 日 4 天审理，确认原审认定的事实清楚，证据确凿，上诉无理，予以驳回，维持原审。

27 日 以谷口澄夫为团长的日本冈山县友好访问团一行 29 人对江西进行为期 4 天的访问。访问期间，代表团参观了江西的工业、农业、卫生、文教

等设施，与江西省有关部门进行了交谈，了解了江西省经济贸易、文化教育及科学技术等各方面情况，探讨了两省县在这些领域开展合作与交流的可能性，促进了两省县的友好往来。

28 日 南京军区英模代表先后在南昌、吉安、新干、莲花、永新、宁冈、井冈山、遂川、赣州、兴国、瑞金等地市、县进行为期半月的访问、参观、学习，并作巡回报告。6 月 12 日离开江西。

省党政军领导在省军区招待所会见南京军区英模代表学习团全体成员

28 日 省政府颁发《江西省实施〈中华人民共和国渔业法〉的办法》。

28 日 为纪念八一南昌起义 60 周年，江西人民广播电台、江西电视台组成联合采访组赴北京采访中央军委副主席聂荣臻、中顾委常委肖克、李一氓和全国侨联主席张国基等人。

28 日 武警总队政委张秀夫在景德镇、九江、南昌、上饶、鹰潭等地考察了一些正在实施

"铁拳"威武之师——江西武警总队

目标管理的支队、中队，视察了部队建设情况，并与中队干部、班长、战士进行了座谈。考察期间，他还检阅了即将参加江西总队"八一"阅兵的部分阅兵方队。考察活动于6月8日结束。

28日 贵溪冶炼厂与日本住友金属矿山株式会社技术友好合作协议书签字仪式在贵溪冶炼厂举行。协议书规定，双方每两个月交换一次操作数据月报，每年召开一次技术会议，会议地点交替在贵溪和日本东京举行；协议书还规定双方拥有彼此工厂达到使用程度的技术概要介绍，协议有效期为5年。

28日 民主德国国家电视台"中国长江行"摄制组一行6人在景德镇市进行了两天采访拍摄。该摄制组是中央电视台邀请，来我国进行为期两个月的拍摄访问的，摄制组在景德镇期间，采访拍摄了景瓷的制瓷工艺，实地访问了陶瓷工艺美术家。

29日 江西省国家安全机关破获一起台湾国民党特务勾联案件，依法逮捕了国民党特务罗生发，缴获其进行特务活动的秘密工具、特务指令和特务经费等大量罪证。罗生发是抚州地区宜黄县凤岗镇人，1984年被台湾驻港特务机关发展参加特务组织。几年内，他按照敌特机关的指使，广泛收集并报送了我国大量政治、经济等情报，被台湾特务机关委任为"江西抚州地区通讯专员"，并获取了大笔特务活动经费。抚州地区中级人民法院当天对罗生发一案进行公开审理，依法判处罗生发有期徒刑7年，剥夺政治权利两年。

29日 省劳动人事局发出《关于对一九五七年、一九五八年下放干部留场后工资问题的处理意见》，凡符合规定范围的下放干部，继续留场的，从1986年8月起在现有工资的基础上向上浮动一级。

29日 中国（广州）对外贸易中心丘顺凯、白玉奎副总经理一行5人应邀来赣进行为期8天的考察，并与有关省级进出口公司就开展横向经济联合、发展对外贸易问题进行座谈。

30日 省体委隆重举行祝捷庆功大会。庆祝许艳梅荣获1987年世界跳水锦标赛冠军、徐

荣夺得第四届世界海模比赛冠军，以及宜丰、新建县被国家体委授予全国体育先进县。

30日 在江西省技术改造会上，省长吴官正强调"引进国外先进技术、提高技术装备水平，着重引进技术'软件'，开发新产品，增加出口创汇和大力推进技术国产化工作"。

30日 由昌河飞机制造厂和中国直升机设计研究所研制的国产"直八"型直升机，在北京良乡机场成功地进行了飞行表演。余秋里、王首道、王平等领导观看了飞行表演，并登上"直八"机参观了内部设施，与飞行员一起合影留念。飞行表演于6月3日结束。

31日 省委副书记、省长吴官正会见了在江西省11所高等院校任教的26名外国文教专家和外籍教师，并对他们为江西文化和经济发展付出的劳动表示感谢。

31日 美籍华人杨力宇教授来赣作为期两天的参观访问。

31日 江西省、地、县民政、卫生部门和其他有关部门在永丰县北坑乡北坑村（村委会）进行合作医疗保险的试点，建立起老区第一个农村基层合作医疗保险基金，帮助群众解决"因病致贫"问题。其保险基金来源，一是以家庭为单位（农村户口），每人每年缴纳保险金1元，至于五保户、特困户和已领取独生子女证的独生子女由集体代付；二是由村委会从集体经济中提取5%左右（至少保证人均3元以上，基金建立专账，由村社会保障工作领导小组统一管理，专款专用）当前已有1149人享受合作医疗保险。

本月 有色总公司批准银山西区金铜矿带5000吨/日探采结合方案，列为重点技改项目。

本月 永修县云居山真如寺的名胜古迹将军塔正式动工修复。这座高8米、内径3.3米，全部为条石结构的古塔，将列为省级重点保护文物。

本月 《婺源风物录》和《婺源古树》同时编印问世，这两本书为介绍、宣传婺源提供了具有趣味性、思想性、可读性的基本资料。

本月 省政府发出《关于印发1987年经济体制改革安排的通知》，要求各地市和各厅局所

属国营、集体企业实行承包经营责任制。

本月 庐山博物馆对外开放蒋介石在江西庐山部分用物陈列室，共陈列生活用品、工艺品、字幅、器皿等文物30件。

本月 省政府最近向各重点产茶地、市、县政府发出电报，要求保证江西省茶叶收购计划的完成，严格控制出口茶叶货源外流。各级茶厂所产出口成品茶，均由省土畜产进出口公司与县或茶厂签订合同，各地（厂）凡与外省口岸签订茶叶供销合同，应征得省经贸厅同意后才生效。

本月 江西省公安机关开展了打击盗掘古墓、走私文物犯罪活动的专项斗争。

本月 江西省乡企局成立"中央农业广播电视学校江西省会计分校"。随后，宜春、吉安、九江、鹰潭、新余、南昌、赣州7个地市相继成立分校或指导站，动员组织2122人报考，录取1992人。1988年，该校更名为"江西省农业广播电视学校乡镇企业会计分校"，受省乡镇企业培训中心领导。

本月 江西省建筑设计院设计、南昌市第一建筑工程公司施工的江西医学院第二附属医院科教病房大楼开工。大楼为13层框架剪力墙结构，建筑面积13500平方米，高56.65米。基础为大孔径灌注桩，因桩头超设计标高，采用无声爆破工艺。

本月 成立江西省国营垦殖场管理局，直属省政府领导。

本月 省政府发出《关于深化企业改革，增强企业活力的三个办法》，要求深化改革，认真落实扩大企业自主权，全面推行厂长负责制，并允许企业自主决定内部分配办法。

本月 江西省推行责任制形式由承包利润转向承包经营，并向延长承包期和扩大承包面发展。

本月 鄱阳湖湖区水下地形图和湖区不同高程面积和容积量算科研课题通过鉴定。

本月 江西省三监建立监狱领导接待犯人谈话教育日制度。

本月 省政府转发建设部对《井冈山总体规划》的批复。

本月 省审计局在江西省组织开展乡镇企业被平调、摊派情况审计调查，调查于7月结束，共有71个县区审计局226人次参加，调查面为57个县、区81个乡镇753户企业。

1987

6月 June

日	一	二	三	四	五	六	日	一	二	三	四	五	六
1 儿童节	**2** 初七	**3** 初八	**4** 初九	**5** 初十	**6** 芒种		**7** 十二	**8** 十三	**9** 十四	**10** 十五	**11** 十六	**12** 十七	**13** 十八
14 十九	**15** 二十	**16** 廿一	**17** 廿二	**18** 廿三	**19** 廿四	**20** 廿五	**21** 廿六	**22** 夏至	**23** 廿八	**24** 廿九	**25** 三十	**26** 六月大	**27** 初二
28 初三	**29** 初四	**30** 初五											

公元 1987 年 6 月　　农历丁卯年【兔】

1日　庆祝"六一"儿童节联欢会在江西省少儿活动中心举行。空军某部向省少儿活动中心赠送两架退役飞机。宋庆龄基金会向江西儿童赠送节日礼物。

空军某部赠送给省少儿活动中心的飞机

1日　根据国务院《关于改革道路交通管理体制的通知》，从即日起，城乡道路交通由公安机关依法管理，交通部门负责公路建设、养护和养路费、车辆购置附加费、交通建设基金的征收工作。这是道路交通管理体制的一项重大改革。当日，江西省公路交通监理工作正式移交给公安部门管理。交通部门的稽征机构从交通监理移交

之日起开始工作。

1日　为保护企事业单位和公民合法权益，保护社会经济秩序，加强对收费的管理工作，江西省物价局颁发了《江西省收费许可证》暂行管理办法正式试行。办法规定，收费许可证由省政府授权、省物价局统一印制，核发主管机关是省、地、市、县（市、区）物价局，申领单位是直接从事收费并实行独立核算的单位。

2日　省经委近日发出通知，要求各地市、县，各部门、各企业在推行承包经营责任制和"双增双节"运动中，要眼睛向内，抓主要经济、技术指标，认真开展学先进、找差距、挖潜力、上水平的活动，向先进地区和全国同行业先进水平看齐，力争江西省工业总产值及增长率、主要工业产品质量稳定提高率等 17 项经济指标赶超全国先进水平，使江西省工业企业的生产和盈利水平有个大的提高，生产技术、企业管理水平等上一个新台阶。

2日　在海南岛海口市举行的全国武术散手擂台赛上，南昌警犬基地队运动员朱小虎夺得60公斤级亚军；朱小玲夺得女子 56 公斤级第三名；

陶金声夺得男子 70 公斤级第三名；南昌工人队徐萍兰夺得女子 56 公斤级亚军，尚雪峰夺得男子 60 公斤级第三名。

2 日 省计划生育工作会议召开。各地、市、县分管计划生育工作的负责人，县以上计划生育委员会主任和省委、省政府有关部门负责人以及驻省部队、南昌铁路分局的代表共 270 多人参加了会议。省委书记万绍芬、省委副书记吴官正出席会议并讲了话。副省长陈癸尊作了题为《认真贯彻全国计划生育工作会议精神，进一步做好江西省计划生育工作》的报告。会议传达贯彻了全国计划生育工作会议的精神，并结合江西省的具体情况，研究落实了措施。会议强调各地抓计划生育工作要有紧迫感和责任感，要统一认识，稳定改革，加强对计划生育工作的领导，严格执行现行生育政策，保证完成江西省到 20 世纪末，将人口总数控制在 3930 万以内的目标。会议要求各地的计划生育工作要抓好以下几个方面：（一）既要坚持思想教育为主，又要采取相应具体措施，进行宣传。（二）依靠基层，狠抓落实。（三）全党动手，全社会支持，实行综合治理。（四）领导机关和共产党员、共青团员、各级干部要在计划生育中起表率作用。会议于 5 日结束。

3 日 新余钢铁厂碳素车间 18 室环式炉竣工烘炉投产，该炉系江西省内第一座年生产能力4000 吨。

3 日 副省长钱家铭率领省政府代表团赴瑞士、奥地利考察九江化纤厂引进 20000 吨/年黏胶短纤维生产线项目。

3 日 国内首座长达 9 公里的双层分流式南昌公路大桥由省地质矿产局水文地质队和物化探队承担工程地质勘探，南昌市和省地质矿产局有关领导出席开钻剪彩仪式。

3 日 省妇联、省教委、卫生厅等 10 个单位联合举办家庭教育百题知识竞赛。

3 日 中共中央顾问委员会华东组第七次会议在庐山举行。参加会议的有王一平、孔石泉、白栋材、江渭清、李丰平、杜平、陈国材、肖望东、赵林、饶守坤、夏征农、魏金水。会议由白栋材召集和主持，就反对资产阶级自由化斗争如何深入、改革如何深化进行了研究。会议指出，建设具有中国特色的社会主义，一定要紧紧掌握坚持四项基本原则，坚持改革、开放、搞活这两个基本点。而这两个基本点又必须以党的建设为根本保证。会议并围绕这个中心，就新时期改善和加强党的领导，提高党的建设水平等问题进行了学习讨论。会议期间，省委、省顾委和省政府负责人万绍芬、许勤、赵增益等看望了到会委员。省委书记万绍芬在会上介绍了江西老区的建设情况、措施和打算。会议于9 日结束。

4 日 省委、省政府领导听取了各地农村情况的汇报。由省直各有关部门负责人率领的九个工作组，于 5 月中、下旬分别到 11 个地、市调查农业改革和农业生产情况，深入到县、乡、村同基层干部座谈，访问农户，考察乡村企业，对当前农村工作中的一系列问题作了比较全面深入的了解和研究。经综合分析形势，由许勤代表省委、省政府对当前农村工作和农业生产作了部署，并指出各地现在正处在力保上半年农业增产、力争全年农业丰收的关键时期。要求各地在农村各业持续稳定的大好形势下，再接再厉，力争 1987 年粮食生产有一个较大幅度的增长，经济作物有一个新的发展，养殖业持续增长，乡镇企业继续大发展。

4 日 红星垦殖场与江西师大共同开发的"类可可脂"获农牧渔业部科技进步二等奖。

5 日 江西省金三角企业家俱乐部和省物资局联合举办了江西首届物资信息发布会。

5 日 省石油公司以（1987）赣石审计第 15号文件下达《江西省石油公司系统内部审计工作实施细则的通知》。

5 日 美国前驻华大使恒安石夫妇，来景德镇、南昌进行为期 3 天的参观访问。

5 日 巴西联邦共和国圣保罗审计法院代表团抵赣进行为期 3 天的访问。代表团由圣保罗审计法院法官、前院长罗·普拉尼时·布尔克和法官，院长弗兰西斯科·尼未兹等组成，代表团访赣期间与省审计局领导交流了审计工作经验，并先后在九江、庐山、南昌等地参观游览，代表团此次访华是对我国审计代表团1985年访问巴西的回访。

5日 盘古山钨矿、西华山钨矿、荡坪钨矿、江西七四〇厂、南昌柴油机厂、江西棉纺织印染厂、洪都钢厂、江南材料厂、昌河飞机制造公司等十个单位被国务院环保委员会授予"环境优美工厂"称号。

景色宜人的西华山钨矿

西华山钨矿

5日 1987年全国少年体操赛在福州市举行，江西获男子团体第四名、女子团体第六名；龚小莉获女子自由体操第一名、跳马第三名、全能第四名；邵学群获女子自由体操第三名；袁奇获男子单杠第五名。比赛于11日结束。

6日 经省政府批准，省计划生育协会正式成立。在成立大会上，会员们讨论通过了《江西省计划生育协会章程》，选举产生了协会领导机构。陈癸尊当选为会长，郑只、周标、姚平、黄土堂、龙在中当选为副会长，龙在中兼任秘书长。

7日 靖安县通过了江西省委血地防领导小组办公室对其进行的基本控制地甲病达标考核鉴定。靖安县是地甲病重病区县，据这次考核统计，该县地甲病平均患病率从1985年的12.1%下降到2.31%，基本控制了地甲病。在鉴定现场会上，省委副书记、省委血地防领导小组组长许勤要求各地，总结推广靖安等县防治地甲病的工作经验，提高认识，反复宣传防治地方病的意义和科学知识，明确目标办实事，推动江西省的血吸虫病、地方病的防治工作。

7日 由邮电部和江西省共同投资、设计、安装的南昌到萍乡（洪萍线），南昌到赣州（洪赣线）的数字微波通讯工程近日全面竣工，于7月投入使用。这两条线路可同时接通920路电话，客量之大，性能之佳，均属国内最先进水平。

8日 江西省委副书记刘方仁（后在贵州任职期间犯罪）在进贤、南昌、新建三县考察工作。

8日 应朝鲜红十字会的邀请，江西省副省长、省红十字会会长陈癸尊以中国红十字会代表团副团长的身份对朝鲜民主主义人民共和国进行了访问。访问活动于22日结束。

9日 孟加拉国孟中学会会长米尔扎来南昌市少年宫参观访问。

9日 新余市文物考古队在该市渝水区姚赣乡新发现距今约300万年的动物化石。

9日 江西省经济学会在江西饭店召开了第三次会员代表会，有关部门的负责人及会员代表共80人出席了会议，会议就"双增双节"、深入改革等问题进行了理论探讨。会议还选出了省经济学会第三届常务理事和会长、副会长。傅雨田当选为会长。会议于10日结束。

9日 江西省教委召开为期3天的江西省勤工俭学工作会议。

10日 会昌县妇幼保健所在施工中发现宋代文学家洪迈碑刻，碑身两面均有碑文，正面题额为《赣州会昌县、重建学记》，背面为《会昌县东尉万壁记》。

10日 中国女企业家协会在南昌召开首次会议。会后参会人员到南昌、景德镇参观。

10日 江西省乡镇企业局在新余市召开了地市乡镇企业局长会议。会议针对当前乡镇企业发展势头减缓的趋势，进行了认真分析，同时研究了下半年的工作对策。会议强调乡镇企业要坚持大发展的方针，会议要求各级领导、各个部门要采取以下切实措施：（一）加强对发展乡镇企业的宣传教育，从上到下提高对发展乡镇企业的认识；（二）深化改革，增强企业的活力；（三）落实省委、省政府大力发展乡镇企业的政策，把乡镇企业搞活，实现"四轮"驱动；（四）加快乡镇企业的技术改造，改变乡镇企业设备陈旧、技术落后、产品老化的状况；（五）要支持乡镇企业，为乡镇企业大发展开绿灯。会议于13日结束。

11日 省税务局和省司法厅、省公安厅、省工商行政管理局、省民航局相继联合发出通知，贯彻国务院《关于严肃税收法纪，加强税收工作的决定》，提出要加强配合，开展税法宣传教育，查处偷税漏税以及殴打税务人员的案件。

11日 本着"互惠互利共同发展"的原则，福建省南平市和江西省上饶市结为友好城市，并举行了签字仪式，双方市长在协议书上签了字。南平市将为上饶市提供工业生产技术等方面的帮助，上饶市则通过南平市这个"窗口"，建立自己的产品市场。

12日 省卫生厅、省轻工业厅等五个厅（局）联合颁发《江西省化妆品卫生管理暂行规定》。

12日 江西省国营垦殖场管理局从省林业厅划出，直属省政府领导。

12日 江西人民出版社推出全部完成的《革命历史资料》丛书，计出版文献资料共9种16册800余万字，回忆性资料共4种4册180余万字，史论共12种12册300余万字。

13日 省工商行政管理局发出《关于加强木材市场管理的通知》，要求各级工商行政管理部门对木材市场进行一次认真清理和整顿，以制止乱砍滥伐森林的歪风滋长。

13日 江西选手廖丽英在1987年全国夏季竞走比赛上以22分28秒的成绩获成人组女子5000米场地竞走冠军。

13日 应全国妇联的邀请，以恩·乔贝女士为团长的南非非洲人国民大会妇女代表团一行

南非非洲人国民大会妇女代表团一行3人在庐山

3人，由全国妇联国际活动委员会副主任张洁、王旬等陪同到江西参观访问。访问期间，代表团先后参观访问了南昌、景德镇、井冈山及庐山等地，与江西省妇女界代表座谈并交流了妇女儿童工作的情况，并参观了南昌市少年宫。访问活动于20日结束。

14日 南丰县在重建宝岩塔清基过程中，从塔基地宫中发现19颗"大圣舍利"，同时还出土了一大批珍贵的青铜器、铁器、石器、瓷器、木器等物。

15日 南昌引进的F-150程控电话交换系

南昌市引进的F-150程控电话交换系统的长途半自动接续台

统在南昌电信大楼正式开始使用，江西省内第一个市话万门和长话500线数字程控交换系统在南昌同时开通。南昌程控电话交换系统引进的是日本富士通的设备，是当前世界上较先进的通信设

备之一。这一程控电话交换系统，长途电话容量为550路，市话容量为11500门，其中母局7000门，两个模块局分别为3000门和1500门。

15日 井冈山朱德、陈毅、彭德怀旧居恢复并开放。

15日 最高人民检察院副检察长梁国庆就上高县5月18日发生的一起重大假食盐中毒事件，指示江西省检察院及时介入此案，并将查处结果逐级上报。16日，江西省检察院副检察长于明春率领工作组前往上高等地调查处理。

15日 为了贯彻"教育、感化、挽救"的劳教工作方针，充分调动劳教人员的改造积极性，稳定改造秩序，提高教育改造质量，《江西省劳动教养人员考核奖罚试行办法》自7月1日起实施。

16日 省司法厅、省文化厅联合发出《关于加强法制文艺宣传工作的通知》。

16日 省委宣传部、省出版局在南昌召开了江西省报刊整顿工作会议。会议学习、贯彻了中央和省委有关文件精神，部署了江西省的报刊整顿工作，要求各级党组织、各主管部门和报刊社，坚决、妥善地做好报刊整顿工作。省直报刊社主管单位的负责人、各报刊社总（主）编或副总（主）编，各地、市委宣传部长、新闻科长等200余人出席了会议。会议强调搞好报刊整顿要做到：（一）态度要坚决；（二）工作要稳妥；（三）领导要加强；（四）目的要明确。要通过这次整顿，使江西省报刊达到方向端正，数量适当，布局合理，管理加强的目的。会议于18日结束。

16日 江西省武警总队在南昌召开了首次党代会。省武警总队党委向代表大会提交的题为《改革创新，勇于进取，为实现总队三年奋斗目标而努力》的报告中，提出了"全面加强江西省武警部队建设，高标准完成以执勤为中心的任务，力争三年内走在全国武警部队前列"的奋斗目标和10项主要任务。大会选出了第一届党委会和总队纪律检查委员会。会议要求武警部队在新的党委领导下，认真贯彻执行党的路线、方针、政策，坚定不移地执行四项基本原则，努力搞好部队建设，勇于进取，开拓前进，为实现"持续、稳定、好转"的奋斗目标，为振兴江西、保卫四化建设作出新的贡献。党代会于20日结束。

18日 全南县考古工作者在县城梅子山公司附近发现了一处宋代青釉瓷窑址。

18日 江西省地方煤矿工作会议在南昌召开。会议提出，江西省重点煤矿要推行多种形式的承包责任制，广泛深入开展"双增双节"运动，扭亏增盈，全面提高经济效益；乡镇集体煤矿及个体煤矿要切实加强管理，认真贯彻执行《矿产资源法》和《江西省集体矿山企业和个体采矿管理办法》，做到开发与保护并重，放开与管好同步，通过深化改革，进一步促进江西省煤矿工业持续稳定发展，会议要求，1987年江西省煤炭工业亏损额必须降到4300万元以下。会议于20日结束。

19日 江西省科协第三次代表大会在南昌举行。省级各学会、各地市科协的17个代表团、69名正式代表和109名特邀代表出席了大会。大会审议通过了省科协主席廖延雄代表省科协二届委员会所作的工作报告和《江西省科学技术协会章程》，表彰了一批先进集体和个人，选举产生了省科协第三届委员会。徐贻庭当选为主席。会议于21日结束。

20日 彭泽县乡企局干部宋茂淮发明"砖瓦检验卡尺"。该尺长360毫米，锯齿形状，上有100个技术数据，可准确测量砖瓦外形等级，比传统检验工具提高工效3倍。该发明先后在《中国建材》、《中国计量》和《砖瓦》等18家报刊上转载（1989年，获上海第三届"星火杯"非职务发明三等奖）。

20日 由轻工业部主办的1987年全国陶瓷优质产品复查评比在景德镇降下帷幕，景德镇15项产品获奖，获奖总数名列第一。

20日 省司法行政厅在上饶地区召开江西省律师管理工作研讨会，对律师的机构、队伍、业务和经费管理进行研讨，交流论文40篇。

20日 省审计局发出《关于加强省直行政文教单位内部审计工作的通知》，规定内审机构实行分工审计制度。

21日　华东地区林业厅（局）长第二次联席会议在九江、景德镇市召开。出席会议的有福建、浙江、安徽、江苏、山东、上海、江西等7省市林业（农林）厅（局）长，南京、福建、浙江等3所高等林业院（校）长。会议于28日结束。

21日　由省经贸厅组织在省委党校举办为期14天的江西省对外经济（县长）讲习会，有来自各县（市）主管对外经济贸易的县（市）长和有关部门的领导80余人参加。

22日　经中宣部批准，中国民间文艺研究会最近改名为中国民间文艺家协会。民研会江西分会，也相应改名为中国民间文艺家协会江西分会。其当前主要工作之一是调集江西省民间文学力量，编纂《中国民间故事集成》、《中国歌谣集成》、《中国谚语集成》的江西卷，当前江西省79个县、6个地辖市已开展了全面的普查工作，收集了3000多万字的资料，编印成册的资料约600万字。

23日　根据6月12日、23日省长吴官正、副省长蒋祝平分别主持召开的关于江西省冶金工业总公司实行承包问题的会议精神，由省经委、省计委、省体改委、省财政厅代表省政府与省冶金总公司签订1987年至1990年4年承包合同。刘凯代表省冶金总公司在合同上签字。

23日　江西省机械工业新技术推广办公室成立，负责江西省机械工业的新技术推广工作，挂靠省机械科研所。

23日　省人大常委会办公厅、省政府办公厅联合召开省直各有关厅局办公室负责人会议。要求各单位把省人大代表提出的380件建议处理好，并在10月底以前答复代表。

23日　由全国政协常委、全国政协提案工作委员会主任彭友真率领的全国政协、中央统战部落实统战政策调查组一行6人来江西检查、指导落实统战政策工作。调查组于26日离开南昌。

24日　省政府召开了贯彻国务院《关于打击盗掘和走私文物活动的通告》的电话会议。会议针对近年来江西省盗掘古墓和文物走私活动的日益猖獗这一现象，要求各级政府和有关部门立即行动起来，坚决打击盗掘和走私文物的违法活动，切实做好文物的保护工作。

24日　江西省第三次政府法制工作会议召开。会议传达了全国政府法制工作会议精神，总结了近几年来省政府法制工作的情况，研究提出了进一步加强政府法制工作的具体措施。会议强调要充分发挥政府法制工作在国家管理中的作用，法制工作应紧紧围绕经济建设这个中心，为全面改革和社会主义现代化建设服务。会议于26日结束。

24日　江西省手扶拖拉机厂生产的东风－12型手扶拖拉机在世界银行贷款的中国红土壤改造项目国际性直采招标中，以价廉物美为优质而中标，江西省机械设备进出口公司与中国技术进出口公司国标招标公司在北京正式签约，成交额近110万美元，整机和农具1300台套。

江西省手扶拖拉机厂研制的东风－12型手扶拖拉机

25日　自5月以来，上高县发生了严重因食用非食用盐的慢性重金属中毒事件。中毒患者达800多人。中毒事件发生后，省委、省政府、省卫生厅及时派出工作组和医疗队，赴现场抢救治疗，并采取措施，在全县范围内查封任何单位和个人购进的非法食用盐，在江西省范围内，加紧对食盐、酒、酱油、饮料等进行卫生监督检查。6月18日，省委常委、副省长蒋祝平代表省委、省政府到现场看望了患者和医务人员。6月23日，省委书记万绍芬专门就上高食盐中毒事件向省委办公厅作出了指示。省政府办公厅当日召开会议，进一步介绍了上高食盐中毒事件的始末，并向江西省人民发出"关于坚持贯彻执行《食品卫生法》，切实保障人民身体健康的通知"，并就问题进行了专门的研究和讨论。经查，该事件是不法商贩非法从当地几个花炮厂购进非食用盐后，转而销售给农民食用引起的。相关5位直接肇事者，已被上高县公安机关拘留，将依法接受法律制裁。

25日 江西省畜牧工作汇报和中兽医表彰会在南昌市召开。出席会议的有各地、市农牧渔业局主管畜牧业的主要负责人和省农牧渔业厅有关厅属单位的同志，以及来自江西省各地的中兽医特邀代表共70余人。会上，各地、市汇报了1987年上半年畜牧业生产目标管理情况，分析了形势，并对完成江西省1987年畜牧业生产计划进行了认真的讨论；对从事科研、教学和直接从事畜牧生产服务取得显著成绩的239名中兽医工作者进行了表彰。会议于28日结束。

26日 美国宾夕法尼亚州库兹塘大学经济学教授阿尔伯特·H·马弋利斯应邀在南昌作题为《第二次世界大战以来美国的经济及经济思想》学术报告。

26日 国家经委组织的专家评审论证会对黎川特钢厂试制的特钢曲轴新技术（电渣熔铸曲轴一步整件成型工艺）进行了鉴定，认为该项工艺是我国的一项创新，具有世界先进水平。

26日 政协六届全国委员会委员、政协江西省五届委员会副主席、农工党咨监委员会副主席、农工党江西省委主任委员何世琨，因病医治无效在南昌逝世，终年88岁。7月18日，何世琨骨灰安撒仪式在南昌殡仪馆举行。各级领导干部、省政协在昌常委和其生前好友共400余人参加骨灰安撒仪式。中共中央政治局委员、全国人大常委会委员长彭真，全国人大常委会副委员长、农工党中央主席周谷城，全国政协副主席、农工党中央名誉主席季方等和江西省领导、在省的中央委员、中顾委委员、中纪委委员等送了花圈。

26日 省六届人大常委会召开第二十四次会议，会议听取了省高级人民法院关于当前刑事审判工作情况的汇报；听取了省科委关于开拓农村技术市场为振兴地方经济服务的汇报；会议通过《江西省实施〈中华人民共和国渔业法〉的办法》；通过《江西省人大常委会关于补选的省六届人大代表名单的公告》；决定任命黄璜为江西省副省长；通过其他人事任免事项。会议于28日结束。

26日 为推动横向经济联合和协作，江西、浙江两省在南昌举行了经济技术协作座谈会。参加座谈会的有两省对外经济技术合作办公室负责人和两省22个地、市、县部分合（协）作办的同志，共100多人。会议交流了相互协作的经验，探讨了今后两省横向经济联合和协作问题，对两省感兴趣的和比较成熟的项目进行了实质性的洽谈，并达成意向性协议109项。座谈会于28日结束。

26日 省政府山江湖开发治理领导小组、赣州地区行署在赣州联合召开了赣南山区开发治理会议。治湖必须治江，治江必须治山。会议就在近中期如何把山江湖的"龙头"——赣南山区治理好等方面的问题进行了专门研究和部署。国家计委、国土局、地矿部、中科院、湖南省国土厅、广东省国土厅的有关领导和工程技术人员也应邀参加了会议。会议指出：赣州地区乃至江西省各地一定要大力推行好南康县龙回乡的经验，加速山区经济开发治理的步伐。各级政府要坚持不懈治理和开发山江湖，从当地实际出发，长短结合，近期与远期结合，经济效益与生态效益相结合，尽快把赣南山水治好变富。会议于29日结束。

27日 江西省机械行业35名技艺精湛、经验丰富的工人获江西省工交系统首批"工人技师"职称。

27日 新华煤矿珠山井发生瓦斯爆炸事件，致死7人，重伤1人，轻伤6人。

27日 江西省先进党支部和优秀共产党员事迹经验交流会在南昌市召开。参加这次会议的有先进党支部代表52人，优秀共产党员108人，各地、市委组织部和省直机关党委组织部的负责人。会议期间，有7名先进党支部代表和108名优秀党员介绍了先进经验和模范事迹，32位同志作了书面发言。会议要求江西省党员要为振兴江西，建设四化发挥先锋模范作用，并做到：（一）

要坚定共产主义信念，并把它同实现现阶段我国各族人民的共同理想紧密地结合起来。（二）要牢记党的宗旨，增强全心全意为人民服务的观念。（三）要加强马克思主义基本理论和党的路线、方针、政策的学习，并结合本职工作，加强业务学习，不断提高为人民服务的本领。（四）带头端正党风，以自己的模范行动促进社会风气的进一步好转。会议于29日结束。

27日 应中联部邀请，以阿普库坦为团长的印共（马克思主义）党报编辑代表团一行5人

印度印共（马克思主义）党报编辑代表团成员参观南昌八一起义纪念馆

访问了江西省。在赣期间，代表团参观访问了"八一"南昌起义总指挥部等革命旧址，以及江西手扶拖拉机厂、南昌市郊区顺外村、市按摩医院。访问于29日结束。

27日 江西省首次老龄工作经验交流会在南昌举行。会议指出老龄事业应列入社会发展规划，各级部门、各级领导要运用各种宣传工具多宣传老龄工作的重要性，发动和依靠全社会的力量，共同重视、办好老龄事业，并尽快地把各级老龄工作机构建立和健全起来。交流会于29日结束。

28日 由省委、省政府决定召开的江西省社会主义精神文明建设活动表彰大会在南昌举行。省"五四三"活动委员会委员、各地市分管"五四三"工作的领导以及部分文明单位代表共300多人出席了会议。省委常委、副省长、省"五四三"活动委员会主任蒋祝平作了工作报告。大会公布了1986年度12城市创"三优"竞赛结果：南昌市、赣州市并列第一名，景德镇市获第二名，九江市获第三名，上饶市获第四名。获单项奖及优胜奖的单位：萍乡市获"不随地吐痰，不乱抛弃物"奖、优胜奖；新余市获"移风易俗工作"奖、优胜奖；宜春市获"职业道德教育"奖、优胜奖；抚州市获"文明礼貌用语"奖、优胜奖；鹰潭市、井冈山市、吉安市获优胜奖。同时命名了340个文明单位（村镇）、20个文明楼院、100个文明家庭标兵，省党政军领导向他们颁发了奖旗、奖状、奖牌和证书。12城市的负责人分别在1987年《江西省12城市创"三优"竞赛任务书》上签了字。

省政府向创"五好"、文明家庭、文明楼院竞赛优胜城市授奖旗现场

获得"三优"竞赛优胜城市奖牌的代表

28 日 第七次全国城市报纸广告协作会在九江市召开，来自中央和全国各大城市的 130 多家报纸的负责人及广告工作者共 230 多人参加了会议。会上，传达了第三次世界广告大会的精神，交流了报纸广告工作经验。会议于 7 月 2 日结束。

28 日 九江电厂循环水泵房 2 号循环泵启动后，循环水管承受不了冲击，发生爆管，造成循环泵房遭水淹，2 台 12.5 千瓦机组被迫停机，减少发电 6000 万千瓦·时。

29 日 省财政厅、省石油公司以（1987）赣财商字第 53 号、（1987）赣石财字第 21 号文联合下发《关于下达 1987 年省石油公司直属各单位利润及利税入库（亏损）拨补计划的通知》。

29 日 应全国妇联邀请，以巴勒斯坦妇女总联合会总书记萨勒娃为首的巴勒斯坦妇女代表团一行 4 人来赣进行为期 4 天的友好访问。省妇联副主任于玉梅陪同前往南昌市顺外大队、烈士纪念堂、江西师大、共青垦殖场、庐山参观访问。

巴勒斯坦妇女代表团成员在庐山含鄱口

29 日 省机构编制委员会下达《关于公证处和法律顾问处机构级别问题的通知》，确定地（市）公证处、法律顾问处（律师事务所）定为副处级单位；县（市、区）公证处、法律顾问处（律师事务所）定为副科级单位。

29 日 交通部副部长黄振东率领安全检查组来江西考察安全生产情况，考察工作进行了 10 天，7 月 8 日结束。同时考察了昌北江渠化及景德镇港口建设工程。

30 日 江西省有计划、有组织、积极稳妥地深化企业领导体制改革，推行厂长（经理）负责制。截至 1987 年 6 月底，全民所有制企业已有 2373 家实行了厂长（经理）负责制，占该类企业总数的 24.5%。其中，全民所有制工业企业 1620 个。占这类企业总数的 42.3%。

30 日 江西大学首届档案干部专修科的 54 名学员毕业。

30 日 江西省农村金融体制经过近 3 年的改革，增添了新的活力。到 1987 年上半年止，江西省农行、信用社吸收的各项存款总额达 39 亿元，比 1984 年增长 1.7 倍，其中农村储蓄增加 13 亿元，各项贷款总额达 62 亿元，比 1984 年增长 1.1 倍。

本月 上旬，江西省党建学会在南昌召开了第二次全体理事会及学术交流会。会议围绕坚持四项基本原则、坚持改革开放、搞活的总方针、总政策，严肃党的政治纪律，加强党性教育，在深入开展反对资产阶级自由化斗争中，搞好经常性党的建设等问题，展开了讨论和学术交流。会议提出，要认真研究新时期党的建设出现的新情况、新问题，总结党的建设中新鲜经验，加强党建的理论研究，深刻认识当前党的建设所处的环境和条件的特点，既要坚持四项基本原则，又要坚持改革开放、搞活的总方针、总政策，使党建学会成为省委抓党的建设的咨询机构，当好省委抓党的建设的参谋和助手。

本月 江西省文物工作队和抚州市博物馆在抚州市北郊宜乐洞北岸的丘陵地带，发现豺狗包、鱼骨山、雷劈石、棋盘老、羊坡等几处遗址，采集到各种陶器和工具 40 多件。

本月 在国家计委、经委、物资局、环保局联合举办的第一次全国先进民用型煤炉具评比会上，南昌市第一煤球厂生产的 HCS-100-2 型高效能节煤炉和万载县煤炭公司生产的 86-2 型梅花灶被评为先进奖，并于本月上旬在北京被授予荣誉证书和奖杯。

本月 国家教委、财政部下发了《关于农村基础教育管理体制改革若干问题的意见》，根据《意见》精神，江西省积极开展农村教育综合改革实验，确定了宜丰、弋阳为实验县，在农村实施"三教统筹"工程，加快了农村职业教育改革步伐。

弋阳县召开研讨会商讨农村教育改革问题

本月 联邦德国专家格里希先生应邀专程来南昌、九江、景德镇等地参观考察，并与当地的厂长、经理进行了座谈，交换了企业改革，管理方面的经验。期间，省长吴官正会见了格里希。

本月 应钽铌国际研究中心的邀请，以有色南昌公司副总工程师为团长的一行 3 人，参加在巴西里约热内卢召开的第二十七次钽铌国际研究中心会议。

本月 南昌市建筑设计院建筑师曹文锋等人设计的"南昌文化会堂"，获 1988 年南昌市政府授予的市优秀设计一等奖，获 1989 年省优秀设计评审委员会授予的省优秀工程勘察设计二等奖。该会堂观众厅系省内首次采用 73 块 2.5 米长、1.5 米宽钢丝网水泥船形壳体，增强声波的扩散，能满足不同功能、音质清晰丰满的要求。

本月 中国建筑联合会集体企业协会授予余江县第一建筑工程公司王贵昌先进个人荣誉称号，授予余江县第一建筑工程公司"守信誉、重质量先进集体"称号。

本月 江西省"两会"编辑的《江西工商史料》（第一辑）正式出版，全书共计 15 万多字，印书 2000 册。

本月 江西省测绘局外业大队为闽赣边界老区测绘 1:10000 地形图 250 幅。

1987

7月

July

公元 1987 年 7 月							农历丁卯年【兔】					
日	一	二	三	四	五	六	日	一	二	三	四	五	六
			1 建党节	**2** 初七	**3** 初八	**4** 初九	**5** 初十	**6** 十一	**7** 十二	**8** 小暑	**9** 十四	**10** 十五	**11** 十六
12 十七	**13** 十八	**14** 十九	**15** 二十	**16** 廿一	**17** 廿二	**18** 廿三	**19** 廿四	**20** 廿五	**21** 廿六	**22** 廿七	**23** 大暑	**24** 廿九	**25** 三十
26 闰六月	**27** 初二	**28** 初三	**29** 初四	**30** 初五	**31** 初六							

1日 贵溪冶炼厂阳极泥处理车间回转窑投料试生产，9 月 21 日生产出首批金锭、银锭。

1日 江西省武警总队在省体育馆运动场举行了庆祝建军 60 周年阅兵大会。1700 余名指战

江西武警总队指战员组成的方队通过主席台

员组成了 19 个方队，接受党和人民的检阅。万绍芬、吴官正等领导和 1.5 万名省市各界群众出席了阅兵大会。省委书记万绍芬在阅兵式、分列式后讲了话。

1日 省司法厅为提高律师的职业道德水准，提高律师的服务质量，制定《江西省律师职业道德暂行守则》。

1日 省委在南昌召开了江西省整党工作总结会议，宣布历时 3 年的江西省整党工作基本结束。各地、市、县委的负责人及整党办公室的负责人，省直各部、委、办、厅、局，中央驻省单位、各大专院校及部分厂矿党委（党组）的主要负责人出席了这次会议。会上，省委书记万绍芬传达了全国整党工作总结会议和中央领导的讲话精神，省委副书记许勤代表省委和省委整党指导小组作了题为《认真总结整党经验，把党的建设推向前进》的总结报告。这次整党于 1983 年 12 月开始，自上而下，分三期五批进行，至 1987 年 3 月基本结束。江西省共有 108 个省直单位、11 个地（市）、101 个县（市、区），36880 个基层单位的党组织，115 万余名党员参加了整党。会议实事求是地肯定了整党成绩，尖锐地指出了存在的问题，精辟地总结了经验教训，高瞻远瞩地指明了党的建设方向。会议认为，通过这次整党工作，党员的思想政治素质得到了提高，党风逐步有所好转，加强了领导班子建设，党组织的

战斗力得到增强，纯洁了党组织，促进了江西省改革的深入和经济发展。会议要求各级党组织要真正把主要精力用到党的建设上来，把党的建设不断推向前进。会议于3日结束。

1日　江西省"两会"召开南昌、九江、景德镇、萍乡、鹰潭、赣州、吉安、上饶、抚州、宜春等11个市"两会"组织咨询服务工作负责人会议，传达、贯彻"两会"中央经济咨询服务工作会议精神，结合江西省实际，继续开创"两会"咨询服务工作新局面。会议于4日结束。

2日　省政府转发省司法厅《关于认真做好刑满释放、解除劳教人员安置和帮教工作的意见》的通知，要求各级政府切实加强对这项工作的指导，各有关部门要密切配合，积极承担社会责任，共同完成这项工作。

2日　中国前卫科协在上海举办全国公安系统专用枪比赛，江西省前卫科协射击队以1650环的总成绩破上届全国公安系统比赛1615环的纪录，荣获男子标准手枪团体第三名。

2日　江西省地质矿产局受省政府委托，在南昌召开江西省各地质勘探单位负责人会议，着重商讨补办矿产资源勘查登记事宜。会议于4日结束。

2日　省委宣传部、省"五四三"活动委员会在万年县召开了江西省文明村镇建设学习研讨会。来自江西省各地市宣传部和"五四三"办公室的负责人等近百人参加了会议。会议学习了中央和省委有关文明村镇建设的文件，听取了万年县、丰城县曲江镇等地的经验介绍，实地参观了万年的文明村镇。并围绕文明村镇建设的地位、

省委宣传部长王太华在会上讲话

作用、形式和内容以及组织领导等问题展开了认真的研究、讨论。会议认为文明村镇建设是建设有中国特色的社会主义重要组成部分，是建设有中国特色的社会主义新农村的重要途径，是党在农村的一项重要工作，必须紧紧围绕深化农村改革、发展社会主义商品经济这个中心，坚持实事求是，注重实效，全面规划，分步实施，稳步发展，逐步提高的原则，使文明村镇建设得到更大的发展。研讨会于7日结束。

3日　省委书记万绍芬在九江地区考察工作。考察期间，她先后考察了正在施工的九江港外贸码头和客运码头、九江长江大桥工地以及九江炼油厂和九棉三厂，同时，还调查了九江市的棉花生产和防洪工作情况。万绍芬指出，改革不能迟疑动摇，开放不能等待观望，九江是江西省的北大门，建设好九江对振兴江西经济具有重要意义，要在改革上搞得更快更好一些，在开放上放得更开一些，步子迈得更大更坚实一些，搞得更活一些。

4日　民革江西省委会和民革南昌市委会联合举行了纪念"七七"事变50周年座谈会，民革省委会副主任李沛瑶主持了会议。与会者重温了历史，一致认为，要警惕日本军国主义的复活，要坚定不移的坚持十一届三中全会以来路线的两个基本点，确保江西省政治安定团结，经济繁荣昌盛，同时要牢记团结则安，分裂则危，国共合作团结抗日的历史，为促进国共第三次合作，实现"一国两制"、"和平统一祖国"的伟大事业而奋斗。

4日　省历史学会召开了纪念"七七"事变学术讨论会。江西省一些参加过抗战的老战士、史学界专家、学者30余人参加了讨论会。会议就第二次国共合作、江西抗战、人民群众自发武装抗日对全民抗战的意义和作用进行了探讨，会议一致谴责了日本军国主义，呼吁中日两国人民要世世代代友好，决不能让历史重演。

4日　江西省参加中国首届根艺展览的《鄱阳渔驼》、《残荷听雨》等5件作品获二等奖。

4日　由省委人民武装委员会召开的省、地、县三级人民武装委员会主任会议在南昌举行。省

党政军领导万绍芬、王保田、卢秀珍等，各地（市）委武委会主任，各军分区司令员、政委和南昌陆军预备役师的领导，各县（市、区）委武委会主任和人武部的领导，南昌铁路分局的领导，以及省委武委会成员共274人参加了会议。中央军委武委会办公室主任、总参动员部部长陈超、南京军区动员部部长孙昌明先后在会上讲了话。省委书记、省武委会主任、省军区党委第一书记万绍芬在会上作了题为《发扬党要管武装的优良传统，努力做好新时期的人民武装工作》的讲话。会议传达了全军基层政工会和南京军区党委七届十次全委扩大会议精神，分析了江西省人武部改归地方建制一年来的形势，肯定了成绩，找出了问题，总结交流了经验，表彰了先进，明确了今后努力的方向。会议要求进一步提高搞好后备力量建设重要性的认识，增强抓好武装工作的责任感，继承和发扬党管武装的优良传统，充分发挥武委会的作用，调动地方和军队各方面的积极因素，把人武部建设再向前推进一大步，把江西省的人武工作提高到一个新水平。会议于5日结束。

5日 江西省石油公司召开经理办公会，讨论研究如何把江西省石油公司办成经营实体，并决定南昌市公司收上来后与南昌石油站合并组成南昌地区公司。

5日 以上海市副市长叶公琦为团长的上海市政府代表团一行20人对江西进行为期3天的访问考察。访问期间，有关部门的负责人与代表团就进一步加强赣沪间的横向经济技术协作等问题进行了座谈。

5日 江西省法院院长会议在南昌召开。参加会议的有省高级人民法院院长、副院长、顾问和各中级人民法院、基层人民法院院长共140余人。会议传达了全国法院工作会议精神，研究部署了今后江西省法院工作。会议要求江西省各级法院继续坚持"两打"方针，在依法从重从快惩处严重刑事犯罪分子，依法从严惩处严重破坏经济的罪犯的同时，对当前江西省较突出的盗挖古墓、走私文物、盗伐滥伐林木、制售有毒食品、哄抢破坏矿产资源、欺行霸市等犯罪活动也要严厉打击，会议并要求各级法院要以贯彻《民法通则》为中心，以提高办案质量和效率为重点，大力加强基层基础工作，全面提高江西省审判工作水平。会议于9日结束。

6日 省委副书记、省长吴官正在鹰潭市委、市政府领导陪同下，视察鹰潭市档案馆，并对档案工作作了重要指示。

6日 省政协在南昌举行了纪念"七七"事变50周年座谈会。省政协、省人大和各民主党派、有关人民团体负责人、侨胞、无党派人士以及抗日老战士50多人参加了座谈会。与会同志重温历史，指出要牢记历史教训，发扬爱国精神，为祖国和平统一贡献力量。

6日 省政府召开江西省电话会议，贯彻国家计委、国家经委和地质矿产部为实施矿产资源勘查登记、矿山企业采矿登记、矿产资源监督管理等三个文件而联合召开的电话会议精神。

6日 中国民主同盟会南昌市妇女工作委员会成立。

7日 省政府决定：成立省精神卫生协调小组，周标任组长，日常办事机构设在省卫生厅。

7日 国家经委、铁道部、化学工业部、有色总公司在江西铜业公司召开第一次铁路运输厂（矿）协作座谈会。就解决江铜的铜精矿、硫精矿运输问题作了明确安排，决定开通831次和834次两个专列。座谈会于8日结束。

7日 江西省地市绿化委员会办公室主任会议在南昌召开。会议研究部署了今冬明春城镇街道、庭院、农村四旁绿化问题，以及如何搞好绿化提出了五点意见：（一）领导干部、群众、全社会都要重视绿化工作；（二）要有一个科学规划；（三）要坚持改革；（四）要早落实任务，早动手；（五）要注重实效。会议于9日结束。

8日 国家人防委授予南昌市"全国人防建设平战结合先进城市"称号。

8日 瑞士籍华裔教授许靖华和意大利教授里奇一行来江西省赣州、安远、井冈山、龙南、定南等地进行地质考察。考察时间为一周，至14日结束考察。

9日 出席全国公安系统"严打"以来的功臣模范和立功集体代表座谈会的江西省代表已于

当日到达北京。他们是荣立集体一等功的广昌县公安局和奉新县公安局刑侦队的代表、参加围歼"二王"和围捕"四六"抢枪杀人逃犯战斗荣获二级英模称号的邹志雄、高怀玉、叶琳、汤云及他们的妻子。

9日 省教委发出《关于加强县（市、区）教师进修学校建设的意见》。

10日 水利电力部受国家质量审定委员会委托，在南昌召开授奖大会，授予九江电厂一期工程国家银质奖。1986年，该工程设计被水利电力部评为部级优秀工程设计，整个工程被国家计委评为国家优秀工程。参与工程设计和施工的省电力设计院、九江火力发电厂、省火电建设公司、省建二公司分别受奖。

10日 副省长陈癸尊就7月11日世界"50亿人口日"活动发表题为《坚决完成江西省控制人口增长的计划，为祖国的昌盛、世界的繁荣作出贡献》的电视讲话。号召江西省广大干部群众更加统一思想、步调一致、落实措施，为完成江西省控制人口增长的计划，为子孙后代的健康和幸福作出努力，为祖国的昌盛、世界的繁荣作出贡献。

10日 南昌陆军学院举行了庆祝建军60周年大会暨毕业典礼。南京军区、省市领导、南昌陆军学院领导、部分离退休的老同志，省武警部队、有关县（区）等单位负责人以及南昌陆军学院师生共1700多人参加了大会。省委和南京军区政治部领导在会上讲了话，并向南昌陆军学院的师生提出了要求和希望。

10日 经贸部同意建立经贸部井冈山疗养所。

11日 省司法厅印发《江西省司法行政系统干警五年轮训规划》（1987～1991），要求在5年内将江西省司法行政系统干警轮训一遍。

11日 省政府召开了江西省专员、市长会议，共商深化改革大计，共议加快开发良策。会议特邀白栋材、方志纯、傅雨田等老同志莅临指导，提出宝贵意见。会议期间，万绍芬讲了话，吴官正作了总结。裴德安、钱家铭分别就农业和工业问题作了发言。会议认为，继续深化改革，加快开放步伐，是振兴江西经济，加速发展生产力的关键。会议要求各级政府克服官僚主义作风，改进机关作风，积极引进资金和人才，充分利用资源优势，夺取全年经济工作的全面胜利。会议于15日结束。

12日 省计划委员会、省经贸厅、国家外汇管理局江西分局、中国银行南昌分行联合下达《江西省出口商品外汇留成实施办法》，对外汇留成范围、留成比例、留成外汇拨缴办法、外汇管理、留成外汇结算时间和程序等作了具体规定。

13日 省档案局转发《国家档案局档案科学技术研究"七五"规划》。

13日 以日本岐阜县农业大学校长川合福美为团长的友好访问团一行31人来赣参观访问。访问团参观访问了江西农业大学、江西工艺美术馆。

13日 省农牧渔业厅增设省渔政管理局，执行渔政监督管理职能。

13日 江西医院内科主任李华泰领导的专题小组，成功研制出双腔气囊导管。双腔气囊导管是二尖瓣狭窄经皮气囊导管分离术的关键器材，当前仅日本有少量生产。今后双腔气囊导管可以不再依赖进口。

14日 省税务局发出《江西省税务系统干部管理暂行规定》，对干部任免、调配、考核、奖惩、加强领导班子建设问题作出规定。

14日 中国共产党优秀党员、久经考验的忠诚的共产主义战士、无产阶级革命家、我军后勤工作卓越领导者张令彬，因病医治无效，在北京逝世。8月6日，张令彬的骨灰由中国人民解放军总后勤部副部长刘明璞及有关方面代表和亲属护送到江西井冈山安撒。

14日 在纪念建军60周年之际，江西省拥军优属、拥政爱民经验交流会在南昌举行。来自11个地、市的代表和解放军、武警部队的代表参加了大会。会议传达了全国"双拥"经验交流会精神，总结交流了江西省"双拥"工作的经验，会议指出，要发展新形势下的军政军民团结，要继承和发扬优良传统，树立新观念，要深入开展军民共建、共育活动，坚持改革，努力开创优抚安置工作的新局面。经验交流会于16日结束。

14日 在纪念建军60周年之际，应国防部邀请，南斯拉夫等25个国家驻华武官一行26人，由国防部外事局局长宋文中陪同，来南昌、井冈山作为期4天的参观访问。17日返回北京。

各国驻华武官参观"八一"起义纪念塔

15日 江西省61个"双拥"先进单位和22名"双拥"先进个人，受到省政府和省军区的表彰。

15日 省林业厅印发《省属自然保护区工作会议纪要》。

15日 为了迎接1987年8月在河北唐山市举行的第二届全国伤残人运动会，江西省第二届伤残人运动会在南昌市举行。来自江西省11个地市的156名运动员分别进行了田径、游泳、乒乓球3个项目的比赛。本次运动会由省体委、省民政厅、省伤残人体育协会和省盲人聋哑人协会联合举办。比赛期间，5人10次打破8项全国纪录。南昌市、上饶地区和赣州地区代表队分获田径团体总分前3名；抚州地区、南昌市和赣州地

区代表队分获游泳团体总分前3名；南昌市、景德镇市、萍乡市分获乒乓球团体总分前3名。鹰潭市、南昌市代表队和19名运动员、11名教练员、10名裁判员获精神文明奖。副省长陈癸尊为获奖运动员颁奖并讲了话。运动会于18日结束。

16日 省劳改局制定《江西省监狱、劳改队教育改造工作暂行办法》。对贯彻教育改造的方针、原则、并就组织领导、教学内容、教学方法、教员配备、考试考核、教育经费、验收标准等均作了具体规定，自9月1日起实施。

16日 省建设厅转发建设部《关于城镇房屋所有权登记暂行办法》。

16日 在召开的中国卫生经济学会第二次代表会议暨第三次年会上，江西省有三部卫生经济论著获全国奖。九江市卫生经济学会常务理事、九江市卫生防疫站副站长熊隆军和九江医专欧阳蔚研究撰写的系列论著《卫生技术经济学在预防医学领域中的应用方法研究》获优秀成果奖，省卫生经济学会副理事长、江西医学院刘纪华副教授参加编写的专著《卫生经济学概要》和原中国卫生经济研究会筹备委员会委员、九江市委书记江国镇撰写的论文《努力提高技术经济效果》获成果奖。

16日 由上海市15所高校400多名学生和青年教师组成的支援江西老区社会实践建设营，在江西省赣州地区9个县（瑞金、兴国、于都、会昌、宁都、上犹、寻乌、赣县、石城）进行学习、考察和服务活动。期间，他们参观了革命旧址和纪念地，访问了老红军战士，接受了革命传统教育。同时，师生们积极主动地运用自己所掌

安源革命烈士纪念碑

握的科技知识为老区人民服务，开展技术服务项目135个，开办培训班48个，为50多个企业提供了技术咨询，为8个城镇制定了建设规划，为千人免费医疗，还签订了20多项技术协作意向书。这是上海市高校首次统一组织的赴老区社会实践活动。这次活动于8月初结束。

17日 江西省乡镇企业管理局、省国营垦殖场管理局在局机关行政处室试行领导干部职务聘任制，聘期4年。受聘人员享受该级干部的政治、工资、生活待遇，聘用期满，可以续聘。

17日 一部全面系统地反映研究考察鄱阳湖成果的国土经济学专著——《鄱阳湖研究》在南昌定稿。

17日 江西省社会治安综合治理联席会第二次会议召开。会议回顾了江西省上半年社会治安综合管理的工作总结，交流经验，部署下半年的工作。会议明确了江西省下半年社会治安综合治理工作的任务：必须站在坚持党的十一届三中全会路线的高度来认识社会治安综合治理的重要性、必要性，认真动员全社会齐抓共管，巩固严打斗争成果，确保社会治安的持续稳定。会议要求各地、各单位继续抓紧严厉打击严重刑事犯罪和严重经济犯罪，因地制宜开展专项斗争和专项治理。切实抓好1987年社会治安综合治理工作的四个重点。即在预防青少年犯罪、民事纠纷调解、治安管理和内部防范、"两教"人员改造和"两教"回籍人员的安置、帮教等方面有突破性进展。各地区、各部门、各单位一定要贯彻"系统抓、抓系统"和"谁主管、谁负责"的原则，真正做到上下左右齐抓共管，真正形成"社会治安社会治"的局面。

18日 省政府批转省卫生厅《关于加强农村基层卫生组织建设与管理意见》的报告，要求对江西省农村卫生工作进行全面改革，把建立村卫生所和恢复合作医疗制度列入年度目标管理和农村卫生保健发展规划。

19日 中国共产党江西省代表会议在南昌召开。出席这次党代表会议的代表有：省委委员和候补委员，省顾委委员、省纪委委员，在省的中央委员、中顾委委员、中纪委委员和原中顾委委员，省人大常委会党员正副主任，省政府党员正副省长、顾问，省政协党员正副主席，省委部门和省直单位党组（党委）主要负责人，各地、市、县委书记，老同志党员代表和各条战线的党员代表，共433人。除因病因公请假的外，实际到会401人。万绍芬在会上就江西省的工作形势和当前任务作了讲话。主要议题是民主选举江西省出席党的十三大的代表。康克清、万绍芬、吴官正等38人当选。在当选的代表中，各级领导干部27名，占71%；经济、科技、文教、卫生、体育等方面的人员9名，占23.7%；劳模2名，占5.3%。其中55岁以下25名，占66.8%；妇女代表5名，占13.2%。会议于21日结束。

20日 江西铜业公司发行1987年有色金属企业建设债券6000万元人民币。

20日 第四届世界微循环大会卫星会议在北京召开。省交通医院刘智庆和省建职工医院宋广太合著的《高血压病的微出血》和宋广太、刘智庆、胡晓蓉合著的《高血压病甲皱微血管分型探讨》以及吉安地区医院刘智广著的《儿童球结膜微循环对内脏疾病诊治的提示》、江西荡坪钨矿职工医院院长李寿孙，撰写的《赣南钨矿接触振动工人微血管测量调查报告》等3篇论文被大会选用，作为中国代表向大会报告的论文。

20日 《赣南新类型稀土矿的资源调查和成矿规律研究》课题的研究成果在国家科委组织的评审会上，被专家们评为居世界领先地位。该项目属国家科技"六五"攻关项目，江西省地矿局组织赣南地质调查大队李成全和实验测试中心的科技人员胡淙声等在赣南的4万平方公里区域内，经过两年多的实地勘查和研究，在稀土储存状态、矿床综合分类、最佳地貌单元、成矿途径和模式五个方面有重大发现，发现该类型的矿床8处、矿点5处，并首次发现了氟碳镧等4种新的稀土矿物。

20日 北京市举行的首届全国陶瓷名优特新产品展销评议会降下帷幕，景德镇市艺术瓷厂的粉彩花瓶等9项产品获得消费者满意奖，名列各瓷区之首。

20 日 赣州三中学生赵金忠的"外层空间的植物细胞的有丝分裂"方案，1986 年经江西省航空学会推荐并经中美双方 20 余位专家的评审和在京答辩，获第一届全国青少年美国航天飞机"零星搭机"试验方案一等奖。1987 年 7 月获中国宇航学会、美国促进中国科学普及协会奖励。赵金忠免试进入北京航空航天大学学习。

20 日 省司法厅批准丰城市公证处开办涉外公证业务。

21 日 参加第 14 届世界大学生运动会的江西省 4 名女运动员易端香、邱曙丽、江任娇、王萍梅，在女子轻量级 4 人赛艇单桨无舵手 2000 米比赛中，获一枚铜牌。

21 日 在成都结束的"全国青少年宫系统棋类比赛"上，南昌市少年宫围棋选手熊雨沛获第五名。

21 日 农牧渔业部在共青垦殖场举办了首次全行业羽绒服产品质量评比会。来自江西、江苏、湖北等省 14 家企业、56 种新款式参加了为期 3 天的评优会。其中，江西参评的企业为多，共 11 家。经过评比，江西共青羽绒厂、江西桑海羽绒厂、江西万新羽绒厂、江西永修羽绒厂、遂川羽绒厂生产的羽绒服名列前 5 名。

21 日 1987 年江西省军队转业干部安置工作会议在南昌召开。会议传达了全国军转安置工作会议精神，研究部署了 1987 年的安置工作，会议指出各级党委和政府要从"支持军队体制改革、精简整编"的大局出发，积极承担接收转业干部的任务。会议要求：（一）各级党委和政府要继续把妥善安置军队转业干部当作一项政治任务列入重要议事日程；（二）根据经济建设和调整干部结构的要求，切实做好政法系统和经济监督、调节部门的转业干部分配工作；（三）切实妥善安置好、使用好转业干部；（四）认真抓好上岗前的培训工作；（五）要克服困难，努力解决好转业干部的住房，保证安置工作的顺利进行。会议于 23 日结束。

22 日 中国工农红军第十军建军旧址竖碑仪式在乐平县众埠乡界首祠堂举行。1930 年 7 月 22 日，赣东北特委遵照中央军委命令，在乐平县众埠乡界首村创建了中国工农红军第十军。

22 日 由江西省杂技团组建的江西省春苗少儿杂技团一行 31 人赴日本富士吉田市进行为期 12 天的演出。9 月 2 日结束演出回国。

23 日 由捷共中央委员、斯洛伐克共产党中央主席团委员、斯洛伐克共产党中央书记卢道维特·佩兹拉尔率领的捷克斯洛伐克共产党干部休假团一行 6 人来赣休假和参观访问。参观访问期间，省委书记万绍芬等会见了休假团成员并对他们的到来表示欢迎。并向客人介绍了江西的革命历史、近几年的经济建设和改革、开放的情况。卢道维特·佩兹拉尔一行参观了南昌八一起义纪念馆、江西省工艺美术馆、南昌市郊区湖坊乡顺外村，游览了庐山、九江等地。访问活动于 24 日结束。

捷克斯洛伐克共产党干部休假团成员在庐山仙人洞

23 日 省委在南昌召开了民主党派、工商联负责人、无党派民主人士和有关群众团体的负责人座谈会。座谈会围绕江西省出席党的十三大代表选举产生的经过和当前的任务两个问题通报了省党代表会议的情况和精神，并就省党代表会议对当前应抓好的几项工作的部署作了简要的介绍，同时号召各民主党派为江西省的经济建设和改革开放多出力。

23 日 国家人民防空委员会授予南昌市为"全国人防先进城市"光荣称号，并向全国重点人防城市通报表彰。

23 日 上饶市军供站被解放军总后勤部和国家民政部评为全国军供站正规化建设先进单位。

23 日 江西省冶金总公司在新余钢铁厂召

开为期 5 天的厂矿长、书记会议。会上总公司分别与各直属企业签订 1987 年至 1990 年承包经营责任合同书。会议于 27 日结束。

24 日 为迎接南昌"八一"起义和建军 60 周年纪念日，"南昌'八一'起义纪念馆辅助陈列"和由中国人民革命军事博物馆、南昌"八一"

周恩来、陈毅亲笔修改的《南昌起义》介绍稿

"八一"南昌起义总指挥部会议大厅

贺龙指挥部旧址

朱德军官教育团旧址

"八一"起义纪念馆

"八一"南昌起义时周恩来的办公室

起义纪念馆在南昌联合举办的"朱德、贺龙、陈毅光辉业绩展览"，正式向国内外观众展出。省市党政军领导及中国人民革命军事博物馆、省市60周年领导小组有关负责人参加了开馆剪彩仪式。"八一"起义参加者、解放后南昌市第一任市委书记黄霖的夫人胡瑞英也专程赶来参加了剪彩仪式。修整后的南昌八一起义纪念馆和旧址群的陈列，共展出照片、图片和实物近1000件，实事求是地宣传了南昌八一起义，公正地评价了历史人物。"朱德、贺龙、陈毅光辉业绩展览"共展出400余幅生平、事迹、文物的图片，展现了三位老帅光辉战斗的一生。

24日 江西铁路第一个内燃机务段——南昌机务段建成投产，配属ND$_2$型内燃机车43台，担当浙赣线金华至株洲、南昌至向塘旅客列车的牵引任务，段内有设备较为先进的定检、修配、柴油机、架修、轮对五大库，可对内燃机进行加油、加水、加砂，进行整备和架修。

新建的江西省第一个内燃机务段

24日 省政府发布《江西省关于加强城市建设若干规定》。

24日 江西省检察长会议在南昌召开。省检察院检察长、副检察长，各院、市院和县（市）、区院检察长共140余人参加了会议。会议分别传达了最近召开的中央政法委员会和最高人民检察院两次电话会议精神，传达了省党代表会议精神。省人民检察院检察长王树衡作了题为《紧张地行动起来，努力工作，争取下半年各项检察工作都有新的突破》的工作报告。会议强

调，各级检察机关要以邓小平提出的"一手抓建设，一手抓法制"为指导思想，坚持党的十一届三中全会路线，积极为改革、开放、搞活服务，不断把检察工作提高到一个新的水平。会议要求，一是继续贯彻依法"从重从快"的方针，严厉打击严重刑事犯罪活动；二是坚持对严重经济犯罪分子依法从严惩处的方针，继续把打击严重经济犯罪活动作为主要任务；三是坚持打防结合，积极参与社会治安的综合治理，并用"两打"带动各项检察工作的全面开展；四是加强检察队伍的自身建设；五是进一步发扬政法部门的老传统，自觉地接受党的领导和人大的监督，更好地依法履行职责，行使好检察权。会议还要求全体检察干警要进一步统一思想，提高认识，鼓足干劲，再接再厉，努力开创检察工作的新局面。会议于28日结束。

24日 受解放军总政治部主任余秋里委托，总政治部副主任周文元带领总部机关干部，代表三总部到江西慰问在军队离休老干部。他们分三个慰问组赴九江、南昌、吉安、抚州、赣州、上饶、宜春等地慰问。慰问中，周文元高度评价了老干部在军队建设中作出的贡献，赞扬了他们在军队体制改革、精简、整编，实现新老干部交替中所表现的高风亮节，并向老同志介绍了军队建设取得的成就以及中央军委和总部在做好老干部工作方面所作的努力。慰问活动于29日结束。

25日 省劳改局颁布《干警岗位责任百分考核奖罚办法》。

25日 省垦管局转发农牧渔业部、国家土地管理局《关于在农业结构调整中，严格控制占用耕地的联合通知》的通知。

26日 政协江西省委、省委统战部、省财政厅、省计委联合发出《关于帮助民主党派解决经费和办公用房等问题的通知》。

26日 江西省第一个县级城镇民用煤气工程竣工送气仪式在丰城举行。工程于1986年1月12日开工。工程投资全部由该县自筹，设计能力为年产煤气400万标立方米，全部竣工投入使用后，每年可节约6000吨~9000吨煤炭，为国家增收节支410多万元。当前，第一期工程

100 余家庭用户可以用上煤气。

27 日 省机构编制委员会下发《关于加强江西省各级事业机构编制管理的几点意见》，规定了设置事业单位的原则、事业单位人员编制的审定、事业机构的审批权限等问题。

27 日 为纪念"八一"建军节 60 周年，由江西省省、市总工会联合举办的上海、武汉、长沙、贵阳、杭州、衡阳、井冈山、吉安、九江和南昌十个城市参加的工人艺术节在南昌市工人文化宫举行。省市领导与军民各界代表 1800 多人参加了艺术节的开幕式。艺术节期间，来自十个城市的工人艺术家们以文艺演出、诗歌朗诵、摄影展览等多种形式再现历史，讴歌先辈业绩，歌颂南昌起义并举行了各种群众体育活动。这次活动于 8 月 2 日结束。

万绍芬、王保田在十城市工人艺术节开幕仪式上剪彩

27 日 南昌军分区政治部、南昌市总工会、市集邮协会、南昌八一起义纪念馆和省市老干部集邮协会联合举办的"军民集邮联展"在省展览馆展出。杨尚昆、杨得志、薄一波等为邮展题了词。这次邮展集中展出了红色苏区和解放区发行的我国邮票，展品按第二次革命战争、抗日战争、第三次国内革命战争、社会主义建设四个时期的 1.4 万件邮品组成 256 框，集邮联展小组收到了京、沪、粤等 15 个省市 200 多个单位和集邮爱好者寄来的邮品万余件。邮展评出一、二、三等奖若干。展览于 8 月 5 日结束。

28 日 日本东海大学教授、研究中国古农书和农业科技史专家渡部武来江西省社会科学院作题为《历代研究中绘画资料的应用》、《关于宋代（耕织图）的流传及其在文化史上的意见》的学术报告。

28 日 来自国家统计局、中国人民大学、辽宁、广西等地及省内的专家、教授，对省投入产出办公室研制的江西第一个规模庞大的投入产出模型——《江西省一九八五年投入产出模型》进行了认真鉴定，一致认为该项成果达到国内先进水平，编表质量在国内地区表中处于领先地位，是江西省软科学研究的一项突出成果。该模型从 1985 年 11 月开始，组织各方面力量，通力协作，经过江西省上万个企事业单位，近 4 万人的共同努力，用 1 年零 3 个月的时间编制完成的。不仅为确定江西省经济发展的最佳方案提供了条件，而且为经济预测和编制中、长期计划提供了科学依据。

29 日 为期 10 天的中华全国青少年专题集邮展览在北京闭幕。南昌三中学生彭曦宏的邮集《丰碑巍巍浩气存》获少年级金奖；吉安市阳明路小学学生王瀚的邮集《看邮票学拼音》获少年级铜奖；宁都县民政局干部钟国宁的邮集《纪念少共国际师 53 周年》获青年级铜奖。

29 日 省工商联召开企业清产核资会议，参加这次会议的有：市、县工商联负责企业的主委、副主委、部分企业厂长、经理以及有关部门负责人共 53 人。会议讨论省联《工商联企业清产核资工作方案（草案）》。应邀参加会议的有：省委统战部和省民建的负责人；以及全联企业工作部、黑龙江、安徽、河南、内蒙、辽宁、山西、河北省和山东济南市、安徽蚌埠市工商联负责人。在会议期间签订了《八省、自治区工商联加强横向经济联系与合作协议书》。会议于 31 日结束。

29 日 为遵照党中央关于加强青少年教育和中央军委关于军外训练的指示，纪念解放军建军 60 周年，第六届中国青少年军事科技夏令营在南昌举办。总参谋长杨得志任名誉顾问，总参谋部原顾问孙毅将军任顾问，国家机械工业委员会主任邹家华任营长，中国兵工学理事长唐仲文任政委。这届夏令营有 120 名营员，年龄最大的 18 岁，最小的 13 岁。通过夏令营的活动，营员们缅怀革命先烈和老一辈无产阶级革命家的丰功伟绩，加强了对坚持四项基本原则和坚持改革、开放、搞活总方针总政策的理解，更加热爱人民军队，了解和掌握现代军事科学知识。夏令营活动于8月5日结束。

30日 月初，1986年中央机关赴江西讲师团圆满完成了培训江西中小学师资任务，陆续返回北京。6月30日，省委领导看望了讲师团的负责人与代表，代表省委、省政府对讲师团的同志表示感谢。

30日 在纪念"八一"南昌起义、秋收起义、创建井冈山革命根据地60周年之际，李先念、彭真、徐向前、聂荣臻、杨尚昆、杨得志、余秋里、薄一波、朱学范、张爱萍、洪学智、杨成武、肖克等党、国家和军队领导人及老战士，挥笔给江西纪念活动题词，勉励军民继续发扬我党我军革命精神和优良传统，为建设具有中国特色的社会主义建立新的功勋。

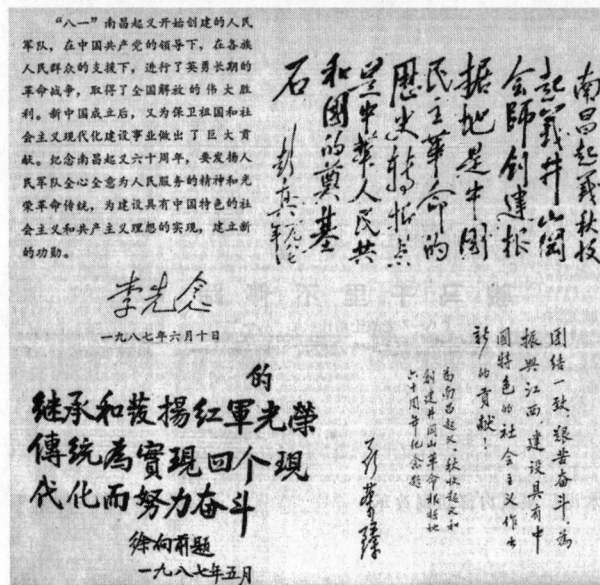

党和国家领导人李先念、彭真、徐向前、聂荣臻为纪念"八一"南昌起义、秋收起义、井冈山革命根据地创建60周年的题词

30日 在纪念"八一"南昌起义、秋收起义、井冈山革命根据地建立60周年之际，《书法篆刻》、《美术作品》、《摄影作品》、《革命文物》、《血染的风采》5个展览同时在南昌展出。书法篆刻展览由省军区政治部和书法协会江西分会主办，征集了李先念、彭真、徐向前、杨得志

等人的题词；美术作品展览由省文化厅、美协江西分会、省书画院筹委会联合举办；摄影展览由省文联、摄影家协会江西分会和南昌、井冈山、萍乡市文联及铜鼓县展览馆联合举办，分为英雄城风采，萍乡、铜鼓风貌，井冈山风情三个组成部分。由省博物馆举办的江西革命文物陈列展览展出了687件文物、205帧照片、43张图表，并辅以录音、电视录像。《血染的风采》由省博物馆和南昌陆军学院政治部联合举办，以战斗记实照片、实物反映了在对越自卫还击战和防御战中，广西边防参战部队的英雄事迹。

31日 省委、省政府、省军区、南昌陆军学院在南昌举行庆祝中国人民解放军建军60周年老干部座谈会。中顾委常委肖克，解放军副总参谋长韩怀智，总政治部副主任周文元，总后勤部副部长张彬，国务院副秘书长张文寿，中共中央办公厅人事局长李长葆，南京军区司令员向守志，政委傅奎清，中顾委委员、原南京军区政委杜平，江西籍老红军、原农牧渔业部副部长肖鹏，省委书记万绍芬，省委副书记、省长吴官正等中央、南京军区、省、市党政军领导，在南昌地区的副省级、副军级以上的老同志和部分已故老同志的夫人共250多人参加了座谈会。

31日 经评审，江西第一家资产经营责任制企业——国营南昌塑料厂招标揭底，省设备成套局工程师李行智及其合作者江西柴油机厂技术员宋楚鹏竞争得胜中标，从8月1日起全面经营该厂，经营期为4年。

31日 江西省历时三年多的工业普查工作于本月底基本结束，并取得显著成果。这次江西省普查了独立核算的全民、集体等工业企业12417个。对这些企业的产、供、人、财、物的全面普查，为江西省取得了大量资料。在普查期间，对全部普查表进行了数据处理。同时江西省还围绕"双增双节"和提高企业经济效益的中心任务，进行普查资料的开发利用和分析研究。至7月底，江西省已写出分析研究报告5518篇，共提出建议14397条，被各级领导采纳的有4221条。通过对普查资料的分析研究，不仅使数据产生了经济效益，而且为领导决策提供了科学的依据。

本月 贵溪冶炼厂继 1986 年 8 月初转炉炉龄首创 102 炉全国纪录后，3 月份转炉炉龄上升到 122 炉，5 月份达到 132 炉，6 月份突破 141 炉，7 月底 2 号转炉又创造了 154 炉的全国新纪录，在一年内连续 5 次刷新全国纪录。

本月 临川县财政局被授予"全国财税系统先进集体"称号，这是江西当前唯一得到这一称号的财政局。

本月 世界银行对江西省进行了鉴定考察，卫生部将江西列入"卫生Ⅲ项目"的全国 3 个贷款备选省之一。

本月 全国首届气象文艺萌芽奖揭晓，江西省政府气象局谢建平撰写的电影文学剧本《气象之光》获三等奖。

本月 为提高建设水平和投资效益，江西省对南（昌）—九（江）汽车专用公路工程和南昌大桥工程实行建设监理。监理采用国际上通用的"菲迪克"（F2D2C）条款，在严格控制工程质量、造价、工程进度三方面取得明显成效。昌九公路工程业主为交通厅；监理单位为江西交通建设咨询公司，丹麦金硕国际有限公司；承包商为中国冶金建设公司、南斯拉夫英格拉公司联合体。南昌大桥工程业主为南昌市城乡建设局；监理为南昌大桥监理工程师办公室；承包商为铁道部大桥工程局五处和中国路桥公司福建分公司。

本月 列入国家重点新产品试制计划的由宜春风动工具厂设计研制的 YN27 型内燃凿岩机，通过部级鉴定，主要性能指标达到 80 年代初国际同类产品水平。

本月 中国瓷都洁具厂被国家列为利用法国政府混合贷款项目。

本月 南昌柴油机厂获国家经委，国家科委授予的"全国微电子技术改造机械设备先进单位"称号。

本月 江西轴承厂试制成功五十铃汽车专用 32/76 型轴承，精度达到日本同类产品水平。

本月 江西人民出版社《小猕猴》编辑部、江西省中医学院制药厂、江西电视台联合举办"新星杯"八城市少儿智能夏令营。

本月 省委、省政府以赣编发（1987）11 号文件规定乡镇政府行政编制内要配设"计划统计员"。

1987

8月

August

公元 1987 年 8 月							农历丁卯年【兔】						
日	一	二	三	四	五	六	日	一	二	三	四	五	六
						1 建军节	**2** 初八	**3** 初九	**4** 初十	**5** 十一	**6** 十二	**7** 十三	**8** 立秋
9 十五	**10** 十六	**11** 十七	**12** 十八	**13** 十九	**14** 二十	**15** 廿一	**16** 廿二	**17** 廿三	**18** 廿四	**19** 廿五	**20** 廿六	**21** 廿七	**22** 廿八
23 廿九	**24** 处暑	**25** 初二	**26** 初三	**27** 初四	**28** 初五	**29** 初六	**30** 初七	**31** 初八					

1日　江西省市各界群众2500多人在南昌隆重集会，庆祝中国人民解放军建军60周年。中央、解放军三总部、南京军区和省市党政军、驻省部队领导肖克、韩怀智、周文元、张彬、张文寿、李长葆、向守志、傅奎清、杜平、肖鹏、万绍芬、吴官正、王保田等出席了大会。大会由省委常委、省军区司令员王保田主持，中顾委常委肖克，南京军区司令员向守志，省委书记万绍芬先后在会上讲了话。

省、市军民隆重集会，热烈庆祝中国人民解放军建军60周年

1日　林业部向江西省林业勘察设计院颁发林业工程勘察设计甲级单位证书。

1日　庆祝建军60周年全国性大型美展当日开幕，江西省有46件作品入选，数量居全国各大军区入选作品首位。

1日　省政府印发《关于进一步促进江西省煤炭工业发展的通知》。通知指出江西省在较长的一个时期内，解决一次性能源必须立足于煤炭，立足于积极开发本省资源，坚持"三个为主"的方针（即以发展乡镇煤矿为主，以现有矿井的技术改造为主，资金投入以自筹为主）。煤炭开发建设必须坚持以发展乡镇煤矿为主，对乡镇煤矿实行行业管理，抓紧做好清理整顿工作。9月12日至14日，江西省矿山企业界补办采矿登记发证工作会议召开，确定由各级矿管局对乡镇集体矿山和个体采矿颁发《采矿许可证》。江西省重点煤炭企业开始全面实行经营调度。

1日 江西省统配矿开始实行煤炭工业部颁布的《矿务局总工程师责任制》。煤炭厅据以制定《江西省属煤矿总工程师责任制》，自9月起执行。

1日 国防部发出《关于表彰征兵工作先进县（市）的通报》，江西受表彰的有余江县、井冈山市、婺源县、南昌市湾里区。同日，国防部发出《关于给参加征兵政治审查、体格检查工作二十年以上人员颁发荣誉证书和纪念章的通知》，江西省受到奖励的共322人。

1日 省城乡建设环境保护厅、省建设银行根据省政府赣发〔1987〕49号文件规定，发出《关于建筑施工企业缴纳履约保证金有关问题的通知》。通知指出，省外建筑施工企业（包括国营和集体）在江西省承包工程、本省街道、乡镇集体建筑施工企业跨地（市）承包工程、本省各单位自营集体建筑施工企业和非建设系统的集体建筑企业承包系统（单位）以外工程，均应按合同总造价的5%～10%向工程所在地的建筑业主管部门缴纳履约保证金，否则，不予颁发施工许可证。同时明确了履约保证金交存、退还的基本程序和手续。

1日 江西省财政工作会议在南昌召开。会议传达了最近召开的全国财政工作会议精神，分析了江西省上半年财政预算执行情况，部署了下半年的工作。为完成1987年江西省财政任务，会议提出了以下几项要求：（一）要努力超额完成江西省财政收入任务。（二）要继续保持和增强企业的活力。（三）继续加强工商税收工作，严肃税收法纪。（四）继续严格控制支出。（五）确保实现财政收支平衡。会议于5日结束。

2日 全国高等艺术院校录取少儿工作揭晓。南昌市少年宫乐器中级班小学员胡志勇（男、11岁）、王满春（男、11岁）、叶飞鸿（女、11岁）、范奇（女、14岁）分别被中央音乐学院扬琴、巴松、小提琴、木琴专业班录取。

2日 省委、省政府、省军区在南昌召开省市在职副厅、副师级以上干部大会。中央、解放军三总部、南京军区、省市党政军有关领导肖克、韩怀智、周文元、张彬、向守志、傅奎清、杜平、肖鹏、万绍芬、吴官正、王保田等出席了会议。会议由省委书记万绍芬主持，中顾委常委肖克、总政治部副主任周文元分别代表党中央、国务院、中央军委、解放军三总部先后在会上讲了话。肖克在会上主要围绕江西的光荣历史、近几年江西的显著变化、江西建设好干部最重要三个方面讲了话，并勉励江西军民利用优势，团结奋斗，积极进取，加速两个文明建设，夺取更大的成绩。

2日 省科委、省体改委确定省机械科研所、省农机研究所等7个省直属科研所，为首批实行所长负责制试点单位。

2日 省建筑学会委托上饶地区建筑学会举办"建筑设计讲座"，特请清华大学教授单德启讲授建筑设计构图、视觉原理在建筑设计中的应用等。福建、浙江、江西的75名学员参加了讲座。

2日 北京夏令时18时07分，赣南寻乌县境内发生地震。据国家地震局测定，震中在北纬25.1度，东经115.7度，强度为5.5级。寻邬、会昌、安远、瑞金等县境内的公路、桥梁、站房、道班房遭受破坏。此后余震不断，8月15日凌晨2时又发生5.04级地震，会昌、安远等县也受到不同程度的影响。这次地震的强度和裂度是寻乌县自1576年建县以来最大的一次，有40个乡镇，446个村，3966个村民小组受重灾，重灾户65530户，重灾人口达371795人，208人受伤，倒塌房屋3220间共17333平方米，共造成直接经济损失9802万元。地震发生后，国家地震局、福建省地震局和湖南地震办公室及时派员来江西帮助进行地震监测和预报工作。省、地、县党政军领导和各有关部门广大干部深入灾区，组织和动员群众及时开展了抗震救灾斗争，妥善安排了群众的生产、生活，迅速组织恢复了生产。8月13日和15日，民政部、江西省委和省政府分别致电寻乌地震灾区，向灾区广大干部群众表示深切慰问。8月23日，省委常委、副省长蒋祝平率领省直有关部门的负责人赴寻乌地震灾区考察，并代表省委、省政府对灾区群众和战斗在抗震救灾第一线的同志表示慰问。

3 日　被评为国家级 A 类优秀方案并获得江西省一等科技进步奖的江西电子计算机厂的"前三末一"汉字输入技术，1986 年申请中国发明专利后已通过审查合格，于 1987 年 5 月 20 日公开，最近又经有关单位批准正式办理了申请国外专利的手续。向外国申请专利在江西省尚属首次。

3 日　省教委、省建设厅印发《中小学危房鉴定、检查验收标准》。

4 日　省政府决定，各地在完成粮食订购任务和"议转平"计划前，除国家粮食部门外，任何单位、个人均不得上市、上村、上户成批收购粮食。

4 日　由省自然保护区管理办公室牵头完成的《鄱阳湖区山地丘陵主要鸟兽资源考察》和《鄱阳湖候鸟保护区珍禽越冬生态考察报告》两项课题，在南昌同时通过省级鉴定。《鄱阳湖山地丘陵主要鸟兽资源考察》是自然保护区管理办公室、省科学院生物资源研究所经两年多努力完成的。他们先后在湖区 11 个县市 22 个野外考察点采集湖区鸟兽标本 458 个，基本查明了鄱阳湖区山地丘陵的鸟兽资源状况。参加鉴定的专家认为，在湖区 11 县对野生动物进行如此大范围的系统考察尚属首次。《鄱阳湖候鸟保护区珍禽越冬生态考察报告》是与上海自然博物馆等单位合作完成的课题，是国内第一本关于白鹤等珍禽越冬生态学研究的专著，书中收集了考察的第一手资料。

4 日　经省人事厅研究，同意将 1981 年底以前刑满留场（厂）就业人员中符合条件的转为固定工人。

4 日　省职称改革领导小组转发省审计局职称改革领导小组制定的《江西省审计专业职务实施办法（试行）》。

5 日　省政府发出关于印发《江西省犬类管理试行办法》的通知。通知规定县以上城区、郊区禁止养犬；农村限制养犬，准养户实行登记、缴费和发放免疫证制度。

5 日　省侨联接待海外著名人士刘大任及其父亲刘宝志，父子 2 人分别由美国及台湾绕道回祖国大陆作为期 8 天的探亲、游览。刘大任于 1972 年被联合国录用为国际公务员，担任联合国大会秘书处中文翻译，1989 年开始在联合国从事国际法工作。

6 日　江西省经贸厅根据确认"先进技术企业"和"产品出口企业"的程序，经过审定，确认新华金盾制品有限公司为先进技术企业、昌成实业有限公司为产品出口企业，并发给确认证书。

6 日　经公安机关缜密侦察，破获一起潜藏 7 年之久的台湾国民党特务案，挖出台湾国民党军情局潜伏在大陆的"65384"小组全部成员 6 名。

6 日　江西省重点工程之一的洪赣、洪萍数字的微波工程——新余至南昌、新余至宜春 6 条微波长途电话正式开通并交付使用。这 6 条微波的长途电话的开通，为新余和南昌、宜春的交往，以及钢城新余市的经济发展建设起到促进的作用。

7 日　江西省贸促分会组团，由省粮油食品进出口公司、省机械进出口公司 6 人组成，参加 1987 年马来西亚国际消费品博览会，共成交 257 万美元。

7 日　省委政法委员会受省委、省政府的委托，在南昌举行省直单位严厉打击严重刑事犯罪活动先进集体、先进个人授奖大会。省委常委、政法委员会书记王昭荣主持了大会，大会向到会的先进集体和先进个人颁发了奖状和证书。其后，江西省各地、市、县也受省委、省政府委托相继召开了表彰授奖大会。本次江西省共表彰了 34 名劳动模范、631 个先进集体和 1871 名先进个人。

7 日　省编委发出《关于国营垦殖场管理局机构设置人员编制的通知》，同意设 7 个副处级室，暂行使用原定企业编制 60 人。

8 日　省政府发布《江西省黄金生产管理暂行办法》，从 1987 年 9 月 1 日起施行。

8 日　由南昌陆军学院特种兵教研室和公安部南昌警犬基地共同进行的用警犬搜雷试验获得成功，并通过了总参谋部、公安部和南京军区有关部门的考核鉴定，搜雷率达百分之百。采用警犬搜雷，分辨能力强、准确性高、作业速度快、不易暴露目标、不受地形天气等条件限制。利用警犬搜雷可以减少对人员的杀伤，以利于保存自己、消灭敌人，警犬搜雷填补了我国探雷、搜雷的一项空白。

9日 省土畜产出口公司受国家经贸部派遣，代表中国赴西班牙参加圣瓦斯蒂安举行的为期一周的第二十四届国际烟花节比赛，获第二名。

9日 省委组织部在南昌召开江西省顾问、巡视员、督导员、调研员工作座谈会。参加会议的有各地（市）委组织部长，地（市）、省直各单位60岁以下的副地、副厅级以上的顾问、巡视员、督导员、调研员，以及有关单位和个人代表；还有省直各单位的领导和组织、人事部门的负责人，共220余人。会议就如何充分发挥退出领导岗位的干部在两个文明建设中的作用等方面的问题进行了经验总结和讨论。会议指出，顾问、巡视员、督导员、调研员是江西省四化建设的一支重要力量，江西省各级组织在继续坚定地贯彻执行干部"四化"方针的同时，要进一步发挥退出领导岗位干部的作用，搞好"传帮带"，共同努力，为振兴江西作出新的贡献。座谈会于11日结束。

10日 省政府批复省司法厅《关于加速发展省直劳改劳教企业经济的有关问题的请示》，同意对劳改劳教单位干警、职工恢复城镇户口商品粮的问题，同意参照省委、省政府赣发（1986）23号文件规定办理。

11日 在由国家气象局办公室及《中国气象》等刊物发起的全国首届气象文艺萌芽奖中，江西省委青年作者、省气象局干部谢建平创作的《气象之光》荣获三等奖。

11日 中国有色总公司总经理费子文等与江西省省长吴官正、副省长蒋祝平、钱家铭等就加快发展江西有色金属工业问题进行为期两天的商谈。会后中国有色总公司、省政府联合签署《关于加快江西有色金属工业发展商谈纪要》，双方认为，江西有色工业发展应坚持加快发展铜业、保护钨矿资源、积极发展金银、统一规划发展稀土的方向。

11日 省政府在南昌召开江西省对外经济技术合作工作会议。省长吴官正、副省长蒋祝平到会讲了话。会议强调，要进一步解放思想、更新观念，引进外省市的资金、技术和人才，开发江西省的丰富资源、发展横向联系要更勇敢一些，利用外资引进技术尤其要更勇敢些，在企业联合方面，要继续促进和鼓励企业间的横向联合，逐步形成多层次的联合企业。会议于13日结束。

11日 江西省工商联召开组织工作会议，参加会议的有：南昌等11个市、清江等10个县联主管组织工作的负责人。会议主要是学习中共中央领导人在中央书记处审议中央统战部《关于工商联吸收新会员，进一步发挥积极作用的意见》时作的重要指示。会议于14日结束。

12日 省检察院开始编纂《当代中国的江西·检察工作篇》，并设立检察史志办公室，着手研究与编纂《江西省检察志》。

12日 修水县发现一本清乾隆二十七年（1762）木版《黄龙寺僧谱》。

12日 在浙江杭州举行全国第四届照相机质量评比大会，江西光学仪器总厂制造的凤凰205型和凤凰301型照相机双双夺得第一名。

13日 江西省又一家电冰箱生产单位——中外合资南昌家电有限公司成立。公司集生产、销售于一体，主要经营电冰箱、空调机，是国家经委、计委、轻工部所确定的全国性家电冰箱生产厂家之一。

14日 黎川县五金车辆修配厂推出的第二代PG-40型脚踏爬杆车通过了江西省级鉴定填补了江西省内一项空白，处于国内先进水平。

14日 南昌铁路分局鹰潭车站客运站张勇祥、上饶铁路医院鲍万良、向塘车站服务员夏爱红被铁道部授予"优秀党支部书记"和"优秀党员"的光荣称号。

14日 江西画报社蒋群的摄影作品《信天游》在"全国妇女摄影者作品比赛"中获金奖，南昌市文联宗玉珍的摄影作品《竞舟》获铜牌。

14 日 景德镇陶瓷学院教授、陶瓷美术家周国桢的 100 件陶瓷雕塑和一些国画、速写作品在香港展出半个月。展览于 28 日结束。

15 日 省经济委员会、省粮食局报请省政府批准加强对大米出境的管理，凡大米、稻谷和面粉运出省境，都必须经省粮食局审查批准。

15 日 江西省经过 8 年的农村经济体制改革，极大地调动了农民的积极性，发挥了生产潜力，大大推动了农业生产的发展和农村经济的繁荣。与前 8 年（1971 年至 1978 年）相比，江西省农村经济产生了如下巨大变化：（一）农业生产取得突破性发展，主要农副产品产量大幅度增长。其中，农业总产值平均每年递增 8.3%，比前 8 年高出 6.9%。（二）农村生产率水平显著提高，农业现代化进程加快。8 年来，省内每一个农业劳动者创造的农业产值平均每年递增 5.1%，每亩农业用地创造产值递增 6%，而前 8 年，这两项几乎没有增长。（三）打破了农村单一经营，城乡分割的旧格局，初步形成了一、二、三产业全面发展综合经营的新格局。1986 年林、牧、副、渔四业产值占农业产值的比重，由 1978 年的 28.6% 上升到 51.6%，首次超过 50%；工、商、建、运四业产值所占比重由 28.2% 提高到 34.8%。（四）农村经济正逐步由自给半自给的自然经济向商品经济转化。8 年来，江西省主要农副产品的收购率提高较快，粮食 1986 年比 1978 年上升 13.7%，油脂上升 18.2%，1986 年江西省农副产品的商品率达到 51.77%，比 1978 年上升 15.9%。（五）农业科技水平不断提高，科技事业兴旺发达。江西省多数县的县、乡、村都建立了科技服务网络，已有农牧渔业技术推广站、良种繁殖场、畜牧兽医站、人工授精站 4500 多个，科技人员 27647 人，科技人员比 1978 年增长 2.4 倍。现已成立乡镇科普协会 1613 个，县（区）办农民技术培训中心（学校）60 多个，培训农业技术员 173.7 万人次，农民技术专业研究会发展到 1400 多个。（六）老区建设取得了显著的变化。1986 年，40 个重点老区县的工农业总产值比 1985 年增长 10.3%，农村社会总产值比 1985 年增长 11%。（七）以公有制为主导的多种经济成分、多种经营方式比翼齐飞。8 年来，为搞活农村经济，各地坚持以公有制为主导，发展多种形式的合作经济和个体经济，制定了一系列鼓励和支持发展专业户、保护私人经济合法权益的政策和法规。在社会商品零售总额中，集体、个体、商业和农民对非农业居民零售额所占比重，从 1980 年的 13.2% 上升到 1986 年的 41.2%。（八）农村社会主义商品市场体系基本形成，大批农民有组织地进入流通领域。1986 年江西省农民进入流通领域达 27 万多人，形成了专业市场 422 个，城乡农贸市场 2234 个，成交额达 25.8 亿元。（九）农民生活水平不断提高。1986 年江西省农民人均收入 395.63 元，比 1978 年增加 254.93 元，增长 1.8 倍，平均每年递增 13.8%，如扣除物价上涨因素，实际递增 9.7%，农民人均年生活消费支出 340.58 元，比 1980 年增长 1.2 倍。1986 年底，农民手持现金和存款达 30 多亿元，首次人均突破百元大关。（十）农民的思想观念发生重大变化，农村精神文明建设取得显著成绩。1986 年江西省农村有大小文化站 1585 个，各地涌现一批文化村镇。

15 日 江西省最大的一家病房科教大楼北楼基础工程在江西医学院第二附属医院动工兴建。

15 日 日本岐阜县第二次青少年吹奏乐团访华团一行 81 人首次来赣进行为期两天的访问，省政府秘书长张逢雨会见了乐团领导。在赣期间，乐团举行了文艺演出，并与南昌市青少年举行了联欢活动。

15 日 江西省农业科学技术工作会议在南昌市召开，根据省政府《关于深入改革，强化农业科学技术推广工作的若干决定》，围绕适应农村商品生产发展的需要，研究加强农业科学技术服务问题。会议指出，搞好农业科技服务，是争取"七五"期间农业生产全面持续稳定发展的重要途径。会议提出要适应当前新形势要求，进一步建立健全农业科技服务体系，用两到三年的时间在江西省各县建立比较完整的农业技术推广网络。同时要建设一支思想、业务素质较高的农业科技服务队伍，坚持搞好农技推广体制改革，树立依靠科学技术发展农业、增强后劲的意识，不断强化科技服务，普及推广科学新成果、新技术，努力促进江西省农业生产全面、持续、稳定地增长。会议对评选出的 101 个农业科学技术推广先进单位和 147 名先进工作者发了奖。会议于17 日结束。

15 日　电子工业部组团赴美国考察江西吉安无线电线材厂"CATV 电视电缆生产线项目"，30 日结束考察回国。

16 日　波兰煤矿工人休假团一行 13 人参观丰城矿务局建新矿综采工作面。

17 日　省政府召开会议，通报了 1987 年上半年省政府机关实行目标管理的情况。会议认为，在实施目标管理责任制中，各部门普遍重视抓好目标的分解落实、管理措施的制定和建立考核奖惩制度的环节，取得显著成效。机关作风好转，工作节奏加快，工作效率提高，促进了上半年各项任务的完成。会议对 1987 年下半年及1988 年的工作提出了具体要求：（一）要在抓好当前工作的同时，切实做好 1988 年的各项准备工作。（二）切实抓紧增强江西经济的发展后劲，以开放促开发。（三）在经济发展战略上要重视抓好三个方面的问题。即要高度依靠重视技术进步；要下决心围绕市场的需要、财政的增长调整产业结构；要大力发展对外经济，学会利用国际、省际市场来发展自己的拳头产品。（四）要十分重视教育文化卫生工作，提高劳动力素质。（五）要切实抓好中秋、国庆和春节的物资供应，并且要重视质量。

17 日　省审计局发出通知，部署在江西省范围内对 107 户中小型企业 1986 年至 1987 年上半年留利分配及使用情况开展审计调查，调查历时 34 天，投入 217 人次（11 月，省长吴官正对调查报告作出批示，省政府《参阅文件》加按语转发报告 11 月 20 日，《江西日报》头版刊登《对 107 户中小型企业调查表明，留利使用不当影响企业后劲》的文章，并发表短评《应重视对留利合理使用》）。

17 日　江西中医院附属医院编写的《新编中医护理学基础》由北京新华出版社出版。

18 日　丰城县陶沙乡出土了一大批皈瓶，

这批皈瓶大部分出自两宋墓葬，少数出自晚唐墓葬，伴随出土的还有大批刻花印花和东面影青碗、瓷灶、谷仓、陶俑等明器。

18 日　下午，南昌县蒋巷乡高梧刘村举行豫章大桥奠基典礼。

18 日　应江西省经贸厅的邀请，澳大利亚驻沪总领事馆商务领事彼得·佛乐迪和市场助理官员林学勤一行 2 人对江西进行工作访问。双方共同探讨澳大利亚与江西进一步开展经贸合作的前景。

18 日　为了抢救革命战争年代留下的珍贵文物，宁都县博物馆从 5 月份起，全面展开描摹革命战争年代遗留在墙上的宣传画和标语的工作。共描摹壁画 18 幅，标语 100 多幅，按原定目标数至今已完成38%，大部分都是当年苏区红军宣传革命、瓦解白军的标语口号，也有诗歌、捷报、文告等多种宣传文体。

18 日　省委、省政府在南昌召开了江西省农村工作座谈会。会议分析了江西省上半年农村经济形势，围绕深化农村改革和抓好秋冬生产两个问题深入进行了讨论和研究，同时还讨论了关于粮食生产的发展和农业资源的开发等问题，对下半年江西省农村工作和农业生产作了部署和安排。会议提出深入农村改革主要是搞好充实、巩固、配套、提高工作，要着重从三个方面促进新体制的成长。一是继续优化产业结构，促进农业劳动力转移；二是逐步优化市场环境，促进计划指导下的市场体系进一步发育；三是努力优化农村经济组合，促进双层经营体制的完善，进一步发展多种形式的经济联合。会议还要求各地要采取有力措施，搞好农业开发，抓好 1987 年秋冬生产，实现全年增产增收增后劲的目标。座谈会于 21 日结束。

18 日　省公安厅在庐山召开了江西省公安处局长会议。会议传达了全国公安厅局长会议精神，回顾总结了 1987 年 1 月至 7 月的工作，部署了今后几个月的工作。会议强调，要继续坚持"严打"方针，协同司法部门依法从重从快惩处犯罪分子，维护安定团结的政治局面，保卫经济建设的顺利进行。会议于 23 日结束。

19 日　自 1985 年党中央作出军队减员 100 万的重大战略决策后，在军队精简编制中转业到江西的 1 万余名干部，当前均已得到妥善安排，5000 余名转业干部的家属随调、子女入学等问题得到较好解决，基本达到了部队、地方和转业干部"三满意"。

19 日　从 1986 年起，江西省教育科学研究所在赣州、鹰潭、南康、安远、余江、贵溪六个市县的 23 所中小学校，开展了"德育序列研制与跟踪实验"。这项研究课题已列入江西省教育科研的重点项目，并在 8 月召开的全国第三次教育科学规划会上，被纳入国家"七五"教育科研计划。开展这项实验，旨在研制和确立中小学阶段性培养目标，提出相应的教育内容和要求以及教育工作的安排，从而改变过去学校思想政治工作存在的"头痛医头，脚痛医脚"的被动现象，探索一条中小学思想规范化、科学化的新路子。一年来的跟踪实验结果表明，各实验班学生的思想、道德和文化素质普遍得到提高。

19 日　江西省重点煤矿采掘区队长会议在庐山召开。来自采掘第一线的代表 400 余人参加了会议。会议认真总结了 1987 年江西省煤炭工业生产在开展"双增双节"运动中头 7 个月取得的初步成效，同时找出差距，制定措施，堵塞漏洞，深化改革，动员并带领江西省重点煤矿全体职工全面实现 1987 年"双增双节"的各项目标。会议于 22 日结束。

20 日　江西省首届中学生围棋邀请赛在永修降下帷幕，永修县二中 B 队和 A 队分别夺得团体冠、亚军，景德镇队余宏明获个人第一名。

20 日　政协江西省委会刊《江西政协》获准在国内公开发行。

20 日　赣州钴冶炼厂硫酸分厂新安装沸腾炉当日正式生产，年产硫酸能力 5000 吨。

20 日　乐平县城跨越乐安河的泪河大桥建成通车，长 620 米，宽 12.5 米。

20 日　在北京举行为期 10 天的首届全国中学生服装设计比赛中，南昌职业高中选送的 10 套服装获 1 个三等奖、4 个优胜奖、5 个荧屏奖。

21 日　为期 4 天的第六届全运会滑水决赛在四川西昌举行。江西 22 岁的选手杨晓斌夺得男子两项全能（障碍滑水和跳跃滑水）银牌，为江西省代表队赢得了六运会第一枚奖牌。

21 日　中央决定列为国家七五科研计划重点项目的《当代中国》丛书，其地方卷之一的《当代中国的江西》卷，组成以万绍芬为主编，白栋材、方志纯、赵增益为顾问的编委会，在南昌召开了两次编撰工作会议。参加第一次编撰工作会议的有编委会成员 40 多人。参加第二次编撰工作会议的除编委会、分编委员会成员外，还有直接参加编撰工作的作者 120 多人。大家将以江西卷编撰的指导思想全面开展编撰工作，保证好中求快地完成《当代中国的江西》卷的编撰任务。会议传达了《当代中国》丛书编委会在长沙召开的编撰工作会议精神，指出《当代中国的江西》是一部系统地总结建国以来江西社会主义建设经验的信史。会议强调，要保证高质量地按时完成编撰任务，必须做到：（一）指导思想正确；（二）历史材料要翔实；（三）地方特色要鲜明；（四）群众路线要坚持。

21 日　航空工业部六〇二所最新研制的 Q1 超轻型飞机在景德镇市成功地完成了性能试飞，这是该所继"直八"机上天后，取得的又一科研成果。试飞表明：飞机的各项性能指标都达到和超过了设计要求。Q1 超轻型飞机身长 5 米，高 3.2 米，翼展 9.8 米，机重 143 公斤，最大起飞重量为 318 公斤，最大飞行高度为 3050 米。该机的研制成功，为我国发展超轻型飞机又迈出了新的一步。

22 日　省政府发布《江西省选拔省级有突出贡献的科技人员并优先提高工资待遇的试行办法》，对选择的范围、标准条件、审批程序作了具体规定。

22 日　宜春汽车运输公司二〇五车队 1984 年荣获"全国文明车队"称号，今又被交通部授予"全国交通系统两个文明建设先进集体"称号的单位，这是江西唯一获此殊荣的单位。

23 日　全国第二届伤残人运动会在唐山市拉开帷幕，在第一天的游泳比赛中江西省健儿共夺得 3 枚金牌、3 枚银牌，3 人打破 5 项上届全国伤残人运动会纪录。

24 日 江西人民广播电台在井冈山市举行了长篇小说《末代绿林》的开播仪式，由江西省电台自己改编、演播和录制本省作者创作的长篇小说，在江西省尚属首次。

24 日 省进出口商品检验局在南昌冷冻厂举行商检、卫生注册发证大会，为该厂颁发卫生注册证书。

24 日 省教委成立省教育科学规划领导小组。

24 日 省政府发出通知，要求各地认真贯彻国务院《关于严厉打击非法出版活动的通知》。通知指出，各级政府和各有关部门要充分认识严厉打击非法出版活动的重要性、必要性和迫切性，通知要求各地立即在江西省范围内开展一次打击非法出版的行动，重点狠抓大案要案，集中力量摧毁编、印、发的地下网络和犯罪团伙。进一步大力加强图书报刊的印刷、出版以及音像制品的制作、出版的整顿和管理。

25 日 江西省油菜生产会议在九江市召开，研究部署冬季农业开发、扩大油菜面积、提高单产、实现江西省食油自给有余等问题，在原有四个县一个乡油菜生产试点的基础上，扩大为 32 个县（市、区）油菜生产基地。

26 日 省委、省政府就认真贯彻执行全民所有制工业企业三个"条例"发出通知，要求各级党委、政府、省委各部门、省直各单位坚定不移地贯彻中共中央、国务院颁发的三个"条例"和两个"通知"，把企业领导体制改革推向前进。通知指出企业是经济组织，中心任务是搞好生产经营。因此，各地实行厂长负责制，一定要按照中央的通知，坚决地不折不扣地执行，不得有任何犹豫、动摇。不论采取任何形式，都要体现两条原则：一是厂长对全厂负全面责任；二是企业党组织起保证监督作用。

26 日 省委宣传部在南昌召开了宣传工作座谈会，学习、贯彻全国宣传部长会议精神，研究部署江西省十三大的宣传工作，特别是加强对改革的舆论宣传。参加座谈会的有宣传、理论、新闻、党校及省直有关经济工作等部门的负责人，还有中央驻省的一些新闻单位负责人。会议就做好十三大的宣传工作提出了几点具体要求：（一）要加强对改革的舆论宣传；（二）要积极而又慎重地做好政治体制改革的宣传；（三）要继续把坚持四项基本原则、反对资产阶级自由化的正面教育引向深入。

27 日 省民政厅发出《关于表彰殡葬改革先进单位、先进工作者的决定》。表彰先进单位 9 个，先进工作者 26 名。

农村殡葬改革的典范——南昌市顺外村的骨灰台

27 日 省政府召开了江西省市场工作会议。会议通过了《关于认真做好江西省市场工作的意见》，要求各级政府要以对人民高度负责的精神

南昌市高桥市场

关心群众生活，并按照"坚持改革、搞活流通、繁荣市场、稳定物价"的指导思想，采取措施，认真抓好市场工作，加强和改善对市场的管理，继续保持市场基本稳定，为搞活流通，繁荣市场作贡献。会议于29日结束。

27日 江西省雕塑家康家钟、姚永康和蒋志强等创作的城雕《陶与瓷》荣获全国城市雕塑优秀奖，授奖和城雕资格证书颁发仪式在南昌举行。

28日 江西拖拉机制造厂生产的"丰收－180"系列拖拉机，经中国拖拉机产品质量监督检测中心地动力输出、制动、防泥水和颠簸等项目的试验，确认全部达到国家优等产品水平。江西拖拉机厂生产的"丰收－180"小四轮拖拉机，是我国当前生产的唯一的20马力配二缸发动机，全齿轮转动、液压升降、性能齐全的先进机型。

江西拖拉机制造厂生产的拖拉机

准备发往全国各地的"丰收－180"小四轮拖拉机

28日 1986年江西铜基地提前一年形成了年产7万吨铜的综合生产能力，成为我国铜工业的支柱和全国最大的化工原料基地。我国铜冶炼、烟气制酸、铜电解的能力由此分别增长36%、45%和25%。自1979年7月江西铜基地成立8年来，共生产铜金属量19.8万吨，1986年阳极铜产量占全国1/4，工业生产实现了产量、产值、税利同步增长，挑起了大梁，对缓和我国铜供需矛盾起到了重要作用。

28日 江西省第一家医学影像诊断中心在南昌市第一医院成立。该医学影像诊断中心拥有国内外80年代较为先进的十余套医疗设备，包括数字减影式心血管透影仪、高档多普勒超声诊断仪、CT机、人工心肺机、血气分析仪等。这些医疗设备的使用将取代一些传统的放射诊断和手术治疗，并为江西今后医学临床上的一些疾病提供了无创性诊断和治疗依据。

28日 江西省电子工业技术标准审查委员会成立。

28日 武警上饶地区支队自1984年以来始终重视安全无事故工作，获得了武警总部颁发的"景泰蓝"奖杯。

28日 广西边防法卡山守备部队73名江西籍干部战士被前线部队评为"法卡山优秀战士"。

29日 由江西电视台和吉安市联合摄制的电视剧《金色的情恩》（上、下集）当日在吉安市开拍。

29日 省税务局转发国务院颁发的《中华人民共和国建筑税暂行办法》和财政部发布的实施细则。

29日 江西省召开收回安置1957年、1958年上山下乡干部工作会议。省公安厅、财政厅、劳动人事厅、粮食厅、农牧渔业厅、林业厅、省外办、省垦管局等单位的负责人参加会议。会后，整理出协调会议纪要。于9月24日由省委办公厅、省政府办公厅批转各地贯彻执行。决定把1957年、1958年下放到垦殖场的干部，逐步收回城镇安置。

29日 婺源县电影公司、都昌县电影公司、上高县电影公司和赣州市人民电影院、余江县电影院进入全国电影发行放映系统先进单位。

29日 省出版事业管理局与南昌市文化管理委员会联合举办严厉打击非法出版活动初步成果展览。展览于31日结束。

29日　省六届人大常委会召开第二十五次会议。会议通过人事任免事项。会议于9月1日结束。

30日　根据国务院的规定，江西省政府发布《江西省征收科地占用税实施办法》，规定按不同地区占用每平方米耕地面积，固定一个税额征收，江西省每平方米平均税额为4.5元。

30日　在秋收起义60周年纪念日来临之际，铜鼓秋收起义革命旧址整修一新，于近日正

毛泽东1927年9月在铜鼓排埠肖家祠的住房

式开放。中顾委副主任宋任穷题写了"铜鼓秋收起义纪念馆"。整修后，纪念馆增加和充实了一些新的图片和资料，整个展线长100米，分"秋收起义的历史背景"、"秋收起义爆发"、"秋收起义星火燎原"三部分陈列，既反映了毛泽东、彭德怀、滕代远、卢德铭、罗荣桓等人领导指挥的秋收起义的光辉业绩和秋收起义部队在铜鼓的战斗经过，又详细介绍了当地地方武装斗争的形势和人民群众支援秋收起义的情况。

30日　省政府批转省财政厅《关于认真贯彻全国行政财务工作会议精神，紧缩行政开支的报告》，要求各单位进一步完善包干办法，将包干指标层层分解下达，实行民主管理，超支不补，节余留用。

30日　由省对外贸易厅副厅长陈八荣带领的赴日综合考察小组一行6人，分别在日本东京、名古屋、岐阜、大阪等市县进行考察并拜访老客户，结交新朋友，共成交437万美元。考察活动于9月17日结束。

31日　党的十一届三中全会以来，江西省地质部门坚持改革、开放、搞活的方针取得了地质找矿史上最好的成果，特别是金、银、钨、锡、稀土和非金属矿产取得了重大进展和突破。近8年来，新发现矿种16种，使江西省已知矿产达135种，成为全国矿种最多的省份之一；新探明37种矿产储量，使江西省已探明储量的矿种达83种；新发现和新查证的矿点700多处，提供给国家和地方急需的建矿基地30多处，为振兴江西省经济、支援老区建设作出了显著成绩。

31日　国家重点建设工程贵溪电配套工程220千伏贵（贵溪）德（江西省德兴）线全线架通，贵德线是贵溪电厂外送工程的一部分，全长127.6公里。

31日　省政府召开了常务会议，听取省民政厅关于寻乌、安远、会昌三县地震灾情和抗震救灾工作情况的汇报，重点研究了进一步搞好抗震救灾工作的问题。会议强调，前一段抗震救灾已取得了很大的成绩，但抗震救灾的任务还很艰巨。会议要求灾区各级领导和人民齐心协力、团结一致、艰苦奋斗、再接再厉、战胜困难，夺取抗震救灾的全胜。会议就如何帮助灾区搞好生产自救、进一步做好抗震救灾工作提出了四点要求：（一）在地震工作主管部门

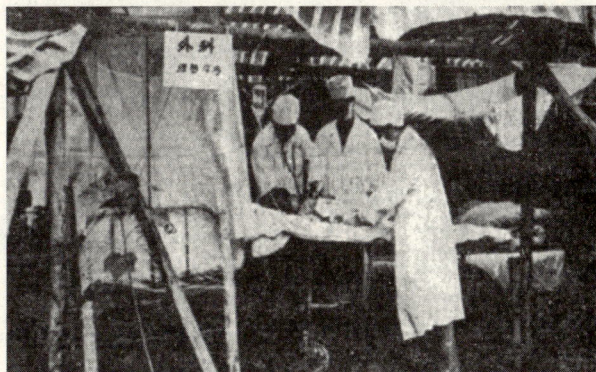

地震使寻乌县人民医院遭受严重破坏，院党支部立即在安全地带搭建起临时抗震住院部、门诊部，方便群众看病

没有作出解除防震准备的判断前，思想上不能麻痹松懈，要立足于防震抗灾，做好工作。（二）继续动员灾区各级干部和人民发扬老区革命精神和光荣传统，自力更生，艰苦奋斗，搞好生产自救。（三）省直各有关部门要继续帮助地震灾区做好抗震工作。（四）为支援寻乌等地震灾区抗震救灾，尽快恢复生产，省政府决定先拨出一笔专款给灾区，由赣州地区统筹安排，专款专用。

31日 省委副书记许勤先后考察了鄱阳湖地区的都昌县 2799 工程和九江县新洲垦殖场。并会同有关部门负责人及专家教授一起考察了星

联合国粮食计划署援建的 2799 工程把荒芜的湖滩建成"池成方、坝成行、渠成网"的都昌县万亩商品鱼基地

子、波阳、都昌的血防工作，乘船察看了鄱阳湖洲滩水域，看望了病人，与地区领导、血防人员商讨了抓好湖区血防工作的问题。他指出，农业资源的开发和农业生产水平的提高，在江西省有很大潜力，各地要因地制宜抓好这两件事，促进农村经济的发展。鄱阳湖地区的开发利用与血防工作结合起来，以取得更好的效益，要以致富先治穷、治穷先治病为防治工作的指导思想，达到"近期控制，限期消灭"的目的。考察活动于9月2日结束。

本月 宜春市不锈钢制品的不锈钢产品在全国不锈钢炊具质量评比中名列第三。

本月 赣县南塘乡澄籍村村民在距该村半公里多的小溪旁挖掘到两个刻有井字形花纹的小古陶罐，内装有 800 多枚东汉古币，计 3.9 公斤重，距今有 1800 多年的历史。

本月 永修县棉麻公司涂埠棉花收购站被国家商业部授予 1986 年度"全国文明收花站"称号。

本月 江西 17 个县市发生副霍乱流行，发病率十万分之一点三一，其中南昌地区最为严重。省长吴官正对疫情报告作了批示，省卫生厅当即组织专业人员进行防治，控制疫情。

本月 由省文化厅、省广播电视厅、省文联、省音协联合发起的振兴江西征歌活动，在 1200 多首应征作品中《畲山美》、《啊，绿草地》、《江西春常在》、《红土地》、《鄱阳水乡美》、《口唱渔歌走鄱湖》6 件作品获一等奖。

本月 省档案馆、共青团省委合编的《江西省青年运动史料选编》出版。

本月 省政府、地矿部、中国有色总公司联合到西华山、大吉山钨矿现场办公，作出《关于制止民工进入国营钨矿乱采滥挖有关问题的决定》。

本月 江西第一个使用外国（加拿大）政府优惠贷款项目——萍乡、鹰潭、景德镇、上饶四城市程控电话引进合同正式签约。

本月 江西工业大学土建系 26 岁的青年助教郑泉水，在研究工作中取得了突破性成果，破格晋升为副教授。1989 年 12 月，他以全国选派十位青年科技专家之一和美国皇家学会研究员身份，赴美国与世界著名力学专家斯皮尔教授合作从事高层次科技研究工作一年。1990 年他获中国科学技术协会第二届青年科技奖。

本月 省工商联组织部分企业参加广东省工商联举办的商品交易会，签订购销合同 41 份，总金额 224.8 万元。

本月 南昌电视台赴井冈山拍摄风景片《井冈山瀑布》，此片先后在中央及全国 60 多家电视台播出。

本月 省建总公司转发建设部《关于建筑企业深化改革增强活力的实施办法（试行）》。该办法的内容为：（一）明确经营者的责权利，包死基数，确保上缴，超收多留，歉收自补。小型企业可以试行租赁承包，但必须以个人财产抵押或缴纳一定的抵押金。（二）择优选择承包经

营者。（三）全面推选经理（厂长）负责制。（四）实行工程建设总包责任制。（五）加强建筑市场管理推行招标承包制。（六）增强企业自我改造、自我发展能力。（七）加强流动资金管理，提高流动资金使用效益。（八）改革劳动工资制度，完善百元产值工资含量包干办法。（九）加强原材料管理，降低消耗。

本月 省经贸厅组织的"羽毛羽绒制品推销小组"，赴西德、意大利、瑞典、奥地利等国家考察。

本月 香港三联书店代表团一行到江西访问，省出版事业管理局受中国出版贸易公司委托接待三联书店代表团。

本月 江西省外文书店与北京外文出版社合作出版《江西风光》中文、英文、日文三个版本的明信片。

1987

9月 September

公元 1987 年 9 月							农历丁卯年【兔】						
日	一	二	三	四	五	六	日	一	二	三	四	五	六
		1 初九	**2** 初十	**3** 十一	**4** 十二	**5** 十三	**6** 十四	**7** 十五	**8** 白露	**9** 十七	**10** 十八	**11** 十九	**12** 二十
13 廿一	**14** 廿二	**15** 廿三	**16** 廿四	**17** 廿五	**18** 廿六	**19** 廿七	**20** 廿八	**21** 廿九	**22** 三十	**23** 秋分	**24** 初二	**25** 初三	**26** 初四
27 初五	**28** 初六	**29** 初七	**30** 初八										

1 日　省工商联与省委统战部、省编委、省财政厅协商，将国家拨给江西省工商联系统增加的 190 名编制名额，分配给江西省 73 个县工商联。

1 日　从当日起，浙江省农民陈柏林在国营赣县丝绸厂行使三年零四个月的厂长权力，首开外省农民租赁江西国营企业的纪录。租赁经营合同书已于 8 月 26 日经赣县公证处公证，赣县经委负责人正式签字。

1 日　副省长钱家铭在省政府驻京办事处，邀请中央财经领导小组、交通部、经贸部、物资总局、国家经济信息中心、中国食品协会、中国有色金属工业总公司、清华大学、北京经济学院、北京矿冶研究总院等部门、单位的负责人及专家共 13 人，就发展江西经济问题举行了座谈会。钱家铭介绍了江西近期经济形势的概况后听取了专家意见。与会同志一致认为江西必须加速对外开放，从制定总体战略、政策措施，到培养、吸引人才、发挥优势、引进技术都应作通盘考虑，科学决策。

1 日　江西省第一个正规林业气象站在全国六个林业商品材基地之一——安福县坳上林场建成，并正式开始工作。该站是在吉安地区气象局的支持和协助下建立起来的，站址安排、各种气象仪器的布设、安装和调试等技术工作，完全符合国家《气象规范》的要求。

1 日　省政府办公厅以赣府厅发（1987）54 号文批转省科委、省外办关于江西省科技外事工作实行归口管理的报告，江西省科技外事工作由省科委归口管理。

2 日　为了纪念井冈山革命根据地创建 60 周年，吉安地委、行署在北京革命历史博物馆召开

曾志在井冈山

了座谈会。邓力群、宋任穷、王首道、肖克、杨成武、任弼时夫人陈琮英、谭震林夫人葛慧敏、陶铸夫人曾志，以及当年参加井冈山斗争的老战士等近百人出席。宋任穷、肖克、王首道在会上讲了话。会后，老战士参观了《井冈风情》摄影展览，部分老同志还为摄影展览题了词。

2日　在由中国乡镇企业报社、中央人民广播电台农村部、中央电视台经济部联合举办的"当代农民企业家"评选活动中，江西省辛胜发、曾凡清、曾荣苟被评为"全国优秀农民企业家"。

2日　江西地质学会和地矿、有色、煤炭、核工业、钨业五个系统的共青团委在南昌联合召开了首届青年地质工作者学术讨论会，共收到论文206篇，并进行了学术交流。会上成立了江西省青年地质工作者协会。讨论会于5日结束。

3日　国务院授予丰城矿务局为工业普查先进单位，并颁发了银杯奖。

3日　省教委、省财经厅、中国人民银行江西省分行发出《关于进一步做好农村教育费附加征收工作的意见》。

3日　由九江水泥船实验厂承接建造的我国当前第一艘日产5万吨水的上水船建成出厂。该船船体长82米，日产自来水5万吨，可供5万人口的城镇用水，是江河湖滨水域地区迄今较为先进的现代化流动自来水厂。船体结构设计先进，采、供水检测系统布局合理适用，为我国发展制造高、精、尖水泥船工业闯出了一条新路，为我国水泥船系列产品填补了一项空白。

4日　江西省8年改革成绩斐然。国民经济4项综合经济指标已经或接近翻番，江西省经济走上了速度、比例、效益逐步趋向统一的持续稳步发展的轨道。江西省工农业总产值按当年价格计算，已由1978年的122.9亿元增加到1986年的338.5亿元，累计增长1.8倍，按可比价格计算增长1.14倍，每年以10%的速度增长，超过1953年至1978年26年间平均年增长6.3%的速度；反映江西省经济实力的综合指标国内生产总值由1978年的85.7亿元增加到1986年的227.2亿元，8年增长1.65倍；地方财政收入也由

1978年的12.2亿元增加到1986年的24.1亿元，比1978年接近翻了一番。1986年工业总产值比1978年增长1.3倍，8年来平均每年以11.2%速度递增，一批全国重点工程在江西建成投产。国民经济主要比例通过调整、改革逐步趋向协调，在工农业总产值中，农业所占比重由1978年的39.4%上升到1986年的42.2%；轻工业所占比重由26.6%上升到27%；重工业所占比重由34%下降到30.8%，农业、轻工业得到了加强。积累与消费的比率有了改变，在积累额保持一定增长速度的同时，积累率由1978年的27.7%调低到近8年平均的24.7%。第三产业产值在国内生产总值中的所占比重由1978年的19.6%提高到1986年的23.8%。宏观经济效益也有了改善，农村经济体制改革步伐加快，城乡人民收入水平提高，并发生了一系列变化。（一）农业生产取得了突破性进展，主要农副产品产量大幅度增长。（二）农村生产率水平显著提高。（三）农村产业结构趋向合理。（四）自给自足的自然经济开始向商品经济转变。（五）乡镇工业异军突起，近8年平均每年增长8.8%，产值比1978年翻了一番。（六）农业科技水平不断提高。（七）大批农民有组织地进入流通领域。（八）农村开发性生产取得了较大进展。（九）老区建设有了看得见的变化。

4日　由委内瑞拉争取社会主义运动总书记弗雷迪·穆尼奥斯率领的委内瑞拉争取社会主义运动代表团一行3人抵达南昌，开始对江西进行为期6天的参观访问。期间，中共中央委员、省委书记万绍芬会见了代表团全体成员。

5日　由中央党史资料征集委员会组织编纂的《中国共产党历史资料丛书》之一《井冈山革命根据地》将在近期出版发行。

5日　在第三届全国发明展览会上，江西省七项发明荣获四枚银牌、三枚铜牌奖，获银牌的有江西建材科研设计院的"电容式快速水分测定仪"、江西工业大学的"W84型水玻璃砂溃散剂"、江西中医学院的"持握式乙状结肠镜"和九江师专的"JG-1型激光投影示波器"；获铜牌奖的有萍乡市人民医院的"经皮环甲膜穿刺器

具"、江西工业大学的"型砂气力冲击实砂装置"和江西师范大学的"中脂制取类可可脂"。展览会于 14 日结束。

6 日 国家档案局、中国人民银行联合拨出专款 50 万元支援江西改建县级档案库房。

6 日 《江西日报》报道,江西省各级侨务部门在落实侨务政策中与财政、城建、教育、公安等有关部门密切配合,加快江西省 5 大侨务政策的落实。几年来,国家和地方财政先后拨出专款 320 万元用于落实华侨私房政策,为归侨侨眷平反冤假错案 1235 件,清理档案 8150 份,落实华侨私房 827 户计 15.84 万平方米。江西省 3200 名归侨侨眷知识分子中,已有 542 人入党,1577 人晋升了技术职称,362 人提拔到县级以上领导岗位,1569 名归侨侨眷子女得到安置就业,300 多名归侨侨眷知识分子子女上了大学。

6 日 江西省伤残人体育代表团在唐山市举行的第二届全国伤残人运动会上,共夺得 17 枚金牌、12 枚银牌、8 枚铜牌,有 13 人打破了 18 项上届全国伤残人运动会纪录。

7 日 由省体育科研所、省林业工业公司和江西木材厂共同研制的曲棍球棍,在青岛市通过了部级技术鉴定,填补了我国曲棍球棍生产的空白。

7 日 全国人大常委会委员和全国人大代表赴江西视察组黄玉昆等一行 7 人抵达南昌。8 日起,视察组开始在南昌、吉安、井冈山和赣州等地视察,并参加井冈山革命根据地创建 60 周年纪念活动。

7 日 省教委发出《关于纠正中小学片面追求升学率倾向的若干规定》。

7 日 省司法厅发出《关于加强乡镇法律服务机构的意见》的文件,要求在条件具备的乡镇要加快建设法律服务所的步伐,规定乡镇法律服务机构统称为乡镇法律服务所。

8 日 省法学会与省委政法委联合召开江西省政法工作理论研讨会,着重研讨在新形势下坚持人民民主专政,实现社会治安的持续稳定以及加强和改革政法工作问题,中国法学会常务副会长朱剑明专程前来参加。

8 日 中国康复医学会江西分会成立。

8 日 江西省乡镇企业工作会议在南昌召开,参加会议的有各地、市、县(区)分管乡镇企业工作的专员、市长、县(区)长和乡镇企业管理局长,各地市经委、农行、税务、老建办和乡镇企业供销公司负责人,先进集体的代表和先进个人,以及省直有关部门的负责人共 300 余人。会议围绕如何把发展乡镇企业作为振兴江西省经济的一项战略任务来抓这一问题,分析了形势,总结了经验,并研究落实了措施。会议要求各级政府遵照省委、省政府 1986 年下发的文件精神,从实际出发,按客观规律办事,正确选定乡镇企业的发展路子,深化改革,协调步伐,认真抓好深化企业改革,给企业注入活力;加快人才培养,发挥能人作用;千方百计增加投入,特别是资金投入;搞活流通,开拓市场;搞好统筹规划和项目论证工作;推进横向经济联合等各项关键工作,放手发展乡镇企业,加速振兴农村经济。会议于 11 日结束。

8 日 江西省劳动就业工作经验交流会在新余市召开。各地、市、县(区)劳动人事局和劳动服务公司的负责人以及省直有关部门的负责人共 300 余人参加了会议。会议分析了 1987 年 1 月至 8 月劳动就业工作的形势,总结交流经验,研究了落实措施。会议要求:(一)各级党委和政府要高度重视劳动就业问题,一定要把它提到重要的议事日程上来;(二)各级劳动人事部门和所属劳动服务公司要进一步搞好服务和协调工作;(三)各有关部门要大力支持,努力完成全年安置就业任务。会议于 11 日结束。

9 日 由省军区和省电子科研所共同研制的"兵员动员辅助决策系统"微机应用软件,在省军区通过技术鉴定。

9 日 纪念秋收起义 60 周年大会在萍乡市举行。萍乡市工人、农民、解放军和武警部队指战员、机关干部、青年学生代表 1300 多人参加了大会。省党政军领导,南昌陆军学院领导,省老同志代表,萍乡市党政领导及省市有关方面负责人,当年参加过秋收起义的老战士、老红军及安

红色安源吸引着八方人民来此接受革命传统教育

源煤矿工人的代表出席了大会。会议号召大家要继续发扬革命精神和优良传统，大力发展社会生产力，为振兴江西经济作贡献。会后，省党政军及有关方面领导100多人向革命烈士敬献了花圈，并参观了萍乡革命烈士纪念馆、秋收起义张家湾军事会议旧址、安源纪念馆和安源路矿工人俱乐部。

9日　江西省出版事业管理局批准，省法学会主办的《江西法学》杂志正式向全国公开发行。

10日　省交通厅、省工商行政管理局联合颁发《江西省公路运输统一单证管理实施办法》。

10日　九江有色金属冶炼厂20吨/年低乙稀土分离生产线建成投料试产。1988年5月20日100吨稀土分组生产线投料试车，1989年5月27日全部建成。

九江有色金属冶炼厂大门

10日　秋收起义总指挥卢德铭烈士纪念碑在萍乡市卢溪举行了揭幕仪式。纪念碑由三部分组成：碑身正面镌刻着中共中央政治局委员、解放军总参谋长杨得志写的"卢德铭烈士纪念碑"碑名；背面刻着萍乡市委、市政府写的碑文；碑顶为卢德铭烈士半身塑像，碑底为烈士墓。卢德铭是四川自贡人，黄埔军校第二期毕业生，是我党早期的出色军事指挥员之一，1927年9月，他担任了秋收起义总指挥，牺牲时年仅23岁。

10日　省司法厅发出《关于积极为政府机关担任法律顾问、提供法律顾问服务的通知》，要求法律顾问处（律师事务所）应指派政治觉悟高、业务能力强的律师应聘。

10日　江西省儿协和省妇联通报表彰33个托幼工作先进集体和127位优秀保教工作者。

10日　省计划生育委员会在赣州市召开了江西省计划生育工作现场会，正在江西检查指导工作的国家计生委副主任常崇煊也到会讲话。会议要求各地要进一步统一思想、提高认识、学习先进、全面规划、统筹安排、采取措施，坚决执行现行的生育政策，严格按生育政策办事，决不能容忍计划外生育，确保江西1987年控制人口计划任务的完成。会议于12日结束。

11日　瑞士机械专家罗斯曼到七〇一厂指导双流水平连铸机安装调试工作。

12日　省计委、省经委、省地矿局在南昌联合召开江西省矿山企业补办采矿登记发证工作会议。会议于14日结束。

12日　应江西省侨办的邀请，11位江西籍华侨、华人及其眷属回家乡进行为期两周的观光访问。这批回乡旅游的华侨、华人，来自美国、日本、巴西、墨西哥等国，他们的来访，加强了江西籍海外华侨、华人对祖籍的了解。期间，省长吴官正会见了他们并表示欢迎。访问于25日结束。

13日　在南京举行的华东六省一市中学生英语电视大奖赛上，江西师大附中陈旻获初中组一等奖，江大附中刘柏丽获初中组二等奖，南昌二中李广宇和南昌铁路一中郭斐获高中组二等奖，另外还有南昌十九中等8所学校的8名同学获三等奖。

13日 为了保证政治体制改革和经济体制改革的顺利进行，根据中共中央和国务院《关于制止机构、编制和干部队伍膨胀的通知》和国务院《关于清理非常设机构的通知》精神，省委、省政府近日发出通知，决定撤销非常设机构31个。通知要求各地：（一）严格控制非常设机构的设置。（二）建立健全设立非常设机构的审批制度。（三）各地、市、县要认真清理、整顿非常设机构。（四）要加强领导。

13日 以大分县日中友好协会会长荒卷逸夫为团长的日本国大分县第6次日中友好访华团一行22人，抵达江西参观访问。期间，访问团到景德镇参观访问了古窑瓷厂、为民瓷厂、艺术瓷厂和景德镇陶瓷馆。访问活动于16日结束。

景德镇古窑瓷厂

14日 江西省三波电机总厂研制的SB－CW－200KW无刷发电机小成套正式通过省级产品技术鉴定。

14日 经全国对外经济贸易行业表彰先进大会评选委员会评定，授予进贤县对外贸易公司为"全国对外经济贸易行业先进集体"称号；授予沈庭赞、赖芳松为"全国对外经济贸易行业劳动模范"称号；授予喻峰、刘国芬为"全国对外经济贸易行业先进工作者"称号。

15日 省委副书记、省长吴官正到江西大学考察稀土研究所和经济系，并与稀土研究所、化学系、生物系、经济系负责人就高校科研工作进行了座谈。吴官正在听取了稀土研究所、化学系、生物系负责人的汇报后指出，大学科研应当面向江西的经济建设，把重点放到开发应用研究上。

15日 省妇联举办为期一个月的县以上妇联法律顾问机构的专职干部学习班。

15日 由联合国教科文组织主办的"一九八七年亚太地区第十二届摄影比赛"中，江西省青年摄影工作者吴兵的作品《水乡早市》荣获本届比赛的"亚洲文化中心"奖。

15日 八一南昌起义、秋收起义和井冈山革命根据地创建60周年学术研讨会在南昌举行。这次学术讨论是对这段革命历史的理论研究成果的一次检阅，是由省社联、省委党校、省社会科学院、省党史征集委员会、省党史学会、南昌、萍乡、宜春、吉安地（市）社联联合举办的。中央有关部门和京、津、沪、湘、鄂、苏、闽、滇、川、陕等兄弟省市和省内各地市的党史研究专家、学者及从事党史资料征集、教学、宣传的工作者120余人参加了学术讨论。讨论会收到论文80余篇。大家一致认为，这三大历史事件，开创了中国革命历史的新纪元，体现了中国共产党以马列主义为指导，坚持实事求是的精神，走自己创造的新民主主义革命道路的正确性。毛泽东、周恩来、朱德等老一辈无产阶级革命家，从中国的实际出发，创造性地运用马列主义关于无产阶级革命的原理，走出了一条"用乡村包围城市、然后取得城市"的具有中国特色的新民主主义的革命道路。中国革命道路的开辟，是中国共产党创造性地运用了马列主义基本原理的伟大胜利。研讨会于18日结束。

16日 省档案局、省档案学会联合举行"学习、宣传、贯彻《档案法》座谈会"，省直有关部门的领导、专家、学者、知名人士以及档案界老同志30余人出席座谈会。

16日 江西省抗癌协会成立。

16日 为改进领导方法，提高工作效率，江西省政府颁发了精简文件和会议的暂行规定，提出了具体措施。省政府规定，各部门和各行署、各级政府制发的文件，领导要亲自把关，可发可不发的，坚决不发。省政府各部门和各级政府要带头精简会议，坚决压缩那些可开可不开和效果不大的会议。

16日 丰城县发现大批珍稀古生物群化石，出土各类古生物的骨牙、角、大小骨骼残骸共382件，重量达35.76公斤。据鉴别分析，这是古代哺乳动物群体化石，属古代中、晚世纪我国华南地区大熊猫族系——剑齿象、犀牛、梅花鹿、鹿、羚羊类古生物群体，其形成年代约为100万年至数10万年前。这批珍稀古生物群体化石在平原沼泽地域的发现，在江西尚属首次。它对于研究我国古生物动物的分布、种类和生存、繁衍状况、对于研究我国古地域和自然地貌变迁史，都具有一定价值。

17日 南昌齿轮厂高级工程师曹存昌在西班牙召开的第七次国际机器理论与机构学世界大会上宣读《两共轭齿轮面对点间切线角的联络式及其在平面和空间螺旋啮合中的应用》论文。

17日 全军第一个无人值守"汉字信息远程通讯系统"由南昌陆军学院与江西省军区共同研制成功。

17日 瑞士政府贷款评估团一行7人来赣，对九江化纤厂利用贷款项目进行为期4天的评估，并就有关项目与省邮电管理局进行商谈。

18日 江西省工业战线围绕增强企业活力所进行的两项重大改革进展快、势头好，江西省预算内工业企业已有86%实行了厂长（经理）负责制，90%以上落实了多种形式的承包经营责任制，这两项重大改革，是在前几年试点的基础上进行的。它们相辅相成、相互促进，有效地理顺了企业"党政工"三者关系，确立了厂长（经理）在企业里的中心地位，促进了企业决策的民主化、科学化；承包经营企业有了自主权，国家与企业、企业与职工之间的经济关系得到正确处理，出现了群策群力发展生产的新格局。

18日 江西省1987年夏时制节约照明用电1400万度，比1986年夏时制多节电600万度，按度电工业产值计算，折合人民币3500万元。夏时制期间，用电管理部门在用户配合下，对生产班次和用电负荷进行适当调整，使计划用电和节约用电落到实处。同时，在一些工业用电负荷

较集中的城市，加装了电力定量器，从而有效地控制了无计划超用电力的现象，使农村照明用电和乡镇工业用电得到了改善。

18日 江洲造船厂开发建造的又一新船型——2300吨沿海货轮在该厂胜利下水。这艘名为"浙普101"号的沿海货轮，长83.1米，宽12.8米，型深5.9米，满载吃水4.5米，装机900马力。

18日 省审计局发出《关于在江西省审计机关开展审计回访活动的通知》，要求江西省各级审计机关组织力量，对本年度已审单位进行回访。

19日 民政部、总后勤部联合发出通报，鹰潭、上饶军供站被评为全国军供站正规化建设先进单位。

19日 林业部批准在信丰县林木良种场建立我国面积最大的杉木第一代种子园，面积为1000亩，国家将投资75万元。杉木第一代种子园已开始定砧，并已嫁接100多亩。该场于1979年建起了一个面积为1105亩的杉木初级种子园。经中国林木种子公司和江西林业厅联合检查验收小组验收，认为该良种场对营建基地的指导思想明确，种子园的园址选择适宜，区划、无性系均配置，抚育管理等基本符合"林木选择育种技术要领"。

20日 由江西人民出版社出版的新编《永修县志》在全国公开发行。

20日 根据台湾当局将有限制地允许台湾同胞回大陆探亲、观光旅游的情况，江西省有关部门积极做好接待台湾同胞来赣探亲、旅游的各项准备工作，力求接待台湾同胞的工作做到热情、周到、方便。省政府台湾同胞接待处于9月16日召开了专门会议，向江西省各地（市）、县的台湾同胞接待处提出了4条具体要求：（一）人员少的单位，要尽快充实接待力量；（二）缺乏接待设施的，要本着节约的原则，添置一些必要的设备；（三）要依靠和发动各单位以及台湾同胞的亲属，一起参加接待工作；（四）有接待任务的农村乡（镇）要有一名乡级干部负责此项工作。另外，江西省旅游、铁路、民航等有关部门

已做好了接待准备，提供各种便利条件和优良服务。

20日 "江西大学摄影专修科1985级作品展览"在北京中国美术馆举行，展出时间为半个月，共展出65位同学实习作品和毕业作品117幅。

21日 由中国摄影家协会、中国国际文化交流中心陕西分会、《当代青年》杂志联合主办的"全国当代青年人摄影大奖赛"在西安揭晓。江西省青年摄影工作者张为年的作品《水的节目》（彩色）荣获比赛一等奖。

21日 贵溪冶炼厂产出首批金锭、银锭。

21日 临川县被评为全国沼气建设合格县。

21日 在国家体委召开的为期一周的全国业余训练先进集体和个人表彰大会上，南昌市体校荣获国家体育运动荣誉奖章。

22日 江西省农垦已跻身全国先进行列，工农业总产值占29个省、市、区农垦事业的第七位，工业产值和实现利润均居第五位，上缴税金名列第四位，成为振兴江西经济的一支重要力量。江西省现有141个国营垦殖场，自1979年以来，各地农垦企业注重抓科学管理，深化企业改革，实行目标管理，大力发展农工商综合经营，农垦经济的全局越搞越活，开始进行了经济发展的"黄金时期"。期间，共荣获137项部、省优秀产品奖，还夺得3项国家银质奖。其中17种产品填补了江西空白，50多种产品的出口创汇额达1亿多元，占江西省出口商品总额的12%。

22日 由中国法学会诉讼学研究会、江西法学会、《民主与法制》杂志社共同主办的"1987年全国诉讼法学会"在南昌召开。会议主题是：我国诉讼制度的健全与完善；证据制度的理论与实践。全国各有关部门专家、学者和实际工作者150人与会，收到学术论文130篇。

22日 省政府印发《关于进一步理顺对外经济贸易工作关系的通知》，规定：（一）将省政府利用外资引进技术审批小组和省政府出口创汇领导小组合并为省政府对外经济贸易领导小组。（二）调整利用外资、引进技术工作的业务分工。（三）中国江西国际经济技术合作公司由省对外经济贸易厅归口管理。

22日 江西省政府下达《江西省矿产资源开发发展战略总课题与子课题研究任务书》。由省计委牵头协调，省地质矿产局负责组织综合，各有关部门承担相关课题，由省地质矿产局赣西地调队具体承担，1990年1月4日至6日，该成果通过了评审验收。

22日 南昌市政协常委、南昌搪瓷厂副总工程师闻瑞昌，编写整理的《搪瓷学》一书曾获1983年全国优秀科技图书二等奖。1987年编写《搪瓷技术》一书已由轻工业出版社出版。

22日 国务院副秘书长吴庆彤、国家旅游局副局长何若泉、民航总局副局长华学廉等一行，抵景德镇进行为期3天的考察。

22日 省政协五届常委会第二十二次会议在南昌市举行。会议听取了省长吴官正关于江西省开展"双增双节"运动和继续深化改革的情况报告；关于全国地方政协工作组（委）工作会议精神的传达报告；通过了《关于撤销宗敏华参加政协江西省委员会资格的决定》；通过了人事任免事项。会议要求江西省各级政协组织和政协委员遵循中央和省委的指示精神，围绕改革开放这个主题来做文章，进一步发挥人民政协在改革、开放中的作用。会议于26日结束。

23日 为奖励在振兴江西经济中作出突出贡献的科技人员，省政府最近颁发规定，将选拔有突出贡献的科技人员，并优先提高其工资待遇。1987年将首次选拔100名在工农业生产第一线作出突出贡献的科技人员。被选为省级有突出贡献的科技人员，可提高一至两个档次的工资，实行专业技术职务聘任制后不冲抵，并由省政府颁发荣誉证书，实行定期考核，经考核不符合条件者，不能继续作为有突出贡献的科技人员，相应的待遇和荣誉亦不能继续享受。

23日 省司法厅根据司法部通知统一制发《乡镇法律工作者证》，要求各地结合发证，对乡镇法律服务所进行一次考察验收。

23日 省劳改局印发《罪犯双百分考核奖惩试行办法补充规定》，要求江西省各监狱、劳改支队全面实施。

23 日 省审计局决定在江西省审计机关中开展审计项目质量创优评选活动,共评出 48 个优秀审计项目。

24 日 抚州市人民医院成功地完成了带蒂空肠段人工二尖瓣膜胆管十二指肠吻合术,为在胆肠吻合术后防止逆行性胆管尖和复发性结合开辟了新的途径。

24 日 湖北、湖南、安徽、江西四省水产品购销经济联合体在景德镇市成立。四省有关部门商定,本着互惠互利、相互支持的原则,积极开展省际之间的经济技术协作与联合,逐步发展成四省水产联合企业集团。四省水产公司需要的物资和产品,实行优惠,优先调拨,相互调剂余缺。

25 日 经 6 个省辖市社联共同商议,由南昌市社联主持筹备的第一次省辖市经济体制改革学术讨论会在南昌市召开。会议就省辖市的地位、特点和功能等问题,省辖市经济管理体制改革的目标和模式问题,加强城市经济体制改革的配套问题进行了讨论。

25 日 省政府在修水县召开江西省黄金群采管理工作会议,副省长钱家铭到会讲话。

25 日 西藏林芝地区第三批 50 名学生及 3 位藏族教师抵达南昌 17 中藏族班学习,并将在 17 中度过 4 年的中学生活。29 日,该班举行了开学典礼,省委常委、宣传部长王太华参加了典礼。

26 日 省委书记万绍芬会见了在赣观光访问的江西籍华侨、华人及眷属一行 10 余人。万绍芬代表省委对客人们的到来表示欢迎,并向他们介绍了江西经济建设情况和党的十一届三中全会以来改革开放取得的各项成就。

26 日 江西省第一条 50 立升机械化采金船在修水县古市金矿建成投产。

27 日 省政府在南昌召开江西省烟叶生产会议,制定 1988 年生产和收购计划,实行放手发展的方针,对具备种烟条件的地方和农户,按照多引导、少干预、多鼓励、少指责的原则帮助其发展烟叶生产。会议于 29 日结束。

28 日 至当日止,南昌铁路分局创无行车重大事故 1200 天,跨进全国铁路先进行列。

29 日 泰和县小龙钨矿汽车队司机、优秀共产党员肖凤祥,被交通部授予"安全行车百万公里优秀驾驶员"的光荣称号。

30 日 在马来西亚吉隆坡举行的为期 8 天的第七届世界杯羽毛球赛上,熊国宝获男子单打铜牌。

羽毛球世界冠军熊国宝

30 日 截至月底,江西省县、乡两级人大换届选举工作全面结束。据统计,江西省共有选民 2069.1816 万人,参加选举的选民平均达 90.5%;新当选的县、乡两级人大代表中,大专以上文化程度的占 27.3%,中学以上文化占 79.4%,35 岁以下占 25.2%,36 岁至 55 岁占 68.6%;江西省选举产生的县、乡两级政府领导人,35 岁以下占 39.2%,36 岁至 55 岁占 60.6%。

本月 江西省纺织工业局课题组编撰的《十五年(1986 年至 2000 年)江西省纺织科技发展战略》和《江西省纺织科技预测研究报告》,分别获得江西省科委战略研究和预测研究二等奖。

本月 著名画家刘海粟为贵溪龙虎山庄题词"龙虎山庄"。

刘海粟为龙虎山庄题词

本月 1974 年至 1987 年本月止,江西航运公司共承运各类军用物资 22.8 万余吨,军员 3.5 万余人,13 年来未发生过任何事故。

本月 萍乡市环保设备机械设备厂从浙江诸暨引进 PGI 型静电除尘生产技术，一次性试产成功，除尘率达 99.80%～99.88%，填补了江西省静电除尘产品的空白。

本月 国务院决定在四川、江西两省和宁夏回族自治区，用库存中低档工业品，采取以工代赈的方式，修建扶贫公路。这一措施促使江西农村山区公路得到进一步发展。

老区横峰县葛新公路通车典礼的场面

1984 年至 1985 年，江西省以工代赈新建和改造乡村公路达 8500 多公里，大小桥梁 680 多座，大大改善了贫困地区的交通状况

本月 国务院对国家经委《重大经济情况》第 100 期刊登的《有令不行，有禁不止，江西钨矿继续遭破坏》一文作批示。江西省长吴官正批示，责成赣州行署、地矿局和钨业公司贯彻国务院批示。

本月 有色总公司批准盘古山钨矿为国家二级企业，江西省政府批准铁山垅钨矿、赣州有色化工厂为省级先进企业。

本月 在莫斯科举办的 1987 年对苏花布花形选样会上，江西中选最多，共计 881 个，名列全国第一。

本月 省经贸厅计算中心研制成的出口许可证计划配额管理程序，被经贸部选定在全国经贸行业推广使用。

本月 国务委员陈俊生实地考察永丰县北坑萤石矿，鼓励乡镇企业大力开发本地资源。

本月 中共中央书记处书记邓力群视察龙虎山风景名胜区建设情况。

本月 江西省机械施工公司完成江西钢厂大电炉车间吊装。该车间长 126 米，宽 120 米，共 7 个连续跨，其中最大单跨跨度为 27 米，屋面最大高度为 31 米，是迄今为止省内最高的单层工业厂房。

本月 由江西省地质矿产局水文地质队等单位共同完成的《长江流域环境地质图系》通过了评审验收（1989 年获地质矿产部科技成果二等奖）。

本月 江西省报刊整顿工作基本结束，江西省报纸和哲学社会科学类期刊压缩 12 种。

本月 江西人民出版社《世界爱情诗选》、《青年夫妇手册》两本书，获首届金钥匙图书奖。

1987

10月
October

公元 1987 年 10 月							农历丁卯年【兔】					
日	一	二	三	四	五	六	日	一	二	三	四	五	六
				1 国庆节	**2** 初十	**3** 十一	**4** 十二	**5** 十三	**6** 十四	**7** 中秋节	**8** 十六	**9** 寒露	**10** 十八
11 十九	**12** 二十	**13** 廿一	**14** 廿二	**15** 廿三	**16** 廿四	**17** 廿五	**18** 廿六	**19** 廿七	**20** 廿八	**21** 廿九	**22** 三十	**23** 九月小	**24** 霜降
25 初三	**26** 初四	**27** 初五	**28** 初六	**29** 初七	**30** 初八	**31** 重阳节						

1 日　南昌动物园从北京动物园引进两只非洲鸵鸟供游人观赏。

南昌动物园大门

1 日　为纪念创建井冈山革命根据地 60 周年，井冈山风景摄影艺术展览在南昌开幕。

1 日　省政府日前就加强犬类管理，预防控制狂犬病发生，以保障人民生命安全和社会秩序安定，颁发了《江西省犬类管理试行办法》，并自当日起施行。《试行办法》规定，县以上城市（包括县镇）市区、近郊区、新兴工业区、游览区、港口、机场周围严禁养犬，确因警卫、科研、军警工作需要养犬，应报所在地的市、县（区）级公安机关审核批准，领取《犬类准养证》。

1 日　抚州天主堂按原状修复竣工并交付使用。

1 日　首届江西省、市离休老干部运动会在省老干部活动中心举行。共有 660 名老干部参加了比赛。经过了 354 场比赛，15 个项目圆满完成。获奖者中年龄最大的 77 岁，平均年龄 60.92 岁。运动会于 16 日结束。

省、市首届离休老干部运动会开幕式

3日 江西省政府颁发《江西省调处土地山林水利纠纷的若干规定》。

3日 省政府发出《关于加强护林防火工作的决定》，要求各级政府必须从大兴安岭特大森林火灾事故中吸取教训，切实加强对护林防火工作的领导。

3日 江西省第一条南方沙丘公路在江西省新建县厚田乡竣工。

3日 一只高1.68米、最大处直径0.48米的高质量青花釉里红万件（瓷瓶规格）瓷瓶，经过一年零三个月的劳作后在景德镇古窑瓷厂烧制成功。

4日 省财政厅发出《关于城市自来水企业上缴所得税返回有关事项的通知》，从1987年8月1日起，城市自来水企业缴纳的所得税全部返回，用于配套和完善扩大供水设施。

5日 政协江西省委工交组与科技组前往九江调查赣西北地区黄金资源开发情况，11日结束。

5日 省科委制定并颁发《江西省民办科技机构管理暂行规定》。

5日 江西省政府决定调整江西省6支省、市地质队的管理体制。今后由所在地、市统一领导，江西省地质矿产局负责业务技术指导。

5日 江西省先进科技工作者、知识分子工作先进集体和个人表彰会在南昌举行。大会表彰了先进科技工作者181人，先进知识分子工作者18人，知识分子工作先进集体18个。并通过了向江西省知识分子和从事知识分子工作的同志发出的《倡议书》，号召江西省知识分子共同努力，为实现即将召开的十三大规划的宏伟目标，为振兴江西、振兴中华，献出自己所有的聪明才智，发出全部的光和热。会议于6日结束。

6日 省民政厅、省军区政治部在南昌召开江西省开发使用退伍军人两用人才经验交流会。50个先进单位和65名军地两用人才先进个人受到表彰。

7日 中国粮油食品进出口公司江西省分公司在承包经营责任制中取得优异成绩，受到经贸部、财政部表彰。

7日 在全国首次手工电弧焊接技术选拔赛中，江西省星火化工厂王玉松获钢结构赛组第四名，省火电公司熊建国获压力容器赛组第六名，他们两人荣获"全国手工电弧焊接技术能手"称号，江西制氧机厂薛国华、南昌造船厂刘学剑荣获"全国手工电弧焊接优秀选手"称号。

7日 全国"团歌"初评揭晓，在数千件作品中筛选出10首优秀歌曲，江西有3首入选：《共产主义理想在心中闪光》（词曲）、《我们是青春之火，青春之光》（词曲）、《共青团之歌》（词），作品数量名列全国第一。

7日 江西选手龚国华在第七届亚洲田径锦标赛男子十项全能比赛中，以总分7848分的成绩获得金牌，这一成绩打破了7672分的全国纪录，将全国纪录推进了176分。

7日 以政治局委员、最高革命委员会成员因德里安贾菲·乔治·托马斯为团长的马达加斯加革命先锋党代表团一行4人来赣进行为期3天的访问，马达加斯加驻华大使让·雅克·莫里期随团来访。

马达加斯加革命先锋党代表团成员在庐山含鄱口

7日 中国林科院林业研究所和中国林学会联合在崇义县召开全国第三次林业化学除草技术座谈会。与会代表参观用草甘磷等除草剂在杉木幼林、种子园、防火道除草现场后，对该县进行大面积化学除草取得的良好效果表示赞赏。座谈会于12日结束。

8日 省委、省政府下发《关于贯彻执行中发（1987）12号〈中共中央、国务院关于制止机构、编制和干部队伍膨胀的通知〉》，要求严格控制机构编制和干部队伍的增长，坚决按照规定的领导职数配备干部，严格机构、编制的审批程序。

8日 政协江西省第五届委员会组织学习参观组前往湖北省参观学习。

8日 历时4年的江西省中药资源普查工作已基本结束。在江西省11个地市的84个县中，普查面达95.48%。在此期间，普查人员采集和制作了各种标本51299份，编写了299科1711种动、植、矿物中草药名录，并预计这些中草药的总产储量为74946吨。这次普查中发现的天然药源为历史上收购品种的4.19倍。这次普查资料的收集，为搞好江西省医药系统的教育、科研、生产提供了科学依据，为江西省开放、利用中药资源，振兴中医药事业作出了贡献。

8日 江西人民出版社出版的《新中国名人录》，依照有关辞书的编撰原则，收录了1949年10月1日至1984年10月期间去世的中国各界等方面的著名人物。

8日 受全国妇联主席康克清的委托，中国儿童发展中心赴赣考察团在江西省考察。考察团由中国儿童发展中心顾问林佳楣、主任伍蓓秋等7位专家、教授组成，随团考察的还有在赣的卫生部妇幼师项目办的工作人员。他们先后考察了南昌、上高、吉安、宁冈、万安、兴国、瑞金、广昌、南丰9个县、市，视察了七个幼儿园、两个小学，走访了县、乡、村的14个妇幼保健机构，与乡、村医生、卫生员、接生员进行了亲切的交谈，看望并询问了许多住院儿童和妇女。考察活动于16日结束。

9日 省政府发出《关于加速农垦经济发展若干问题的决定》。

9日 全国明代藩王研究会在德安县召开学术讨论会。来自12个省市区的50余位代表，对明代的封藩制度，明代藩王对当时的政治、思想、经济、文化的影响等问题进行了讨论。

9日 华东六省一市第六次金融学术交流会在庐山召开。主要讨论对当前金融改革形势的估价、实行分层次的控制方法，强化中间层次的宏观调控能力、完善我国中央银行的宏观调控方式。

9日 省政府印发《江西省保护城镇集体所有制工业企业合法权益的暂行规定》。

9日 省政府召开各地市和各有关方面负责人中小学校舍修建情况汇报会。会议认为，解决中小学危房刻不容缓，各级领导要提高认识，增强责任感和紧迫感，以求迅速切实解决好这个问题。省委副书记、省长吴官正到会讲了话，就进一步抓好这项工作提出了五点意见：（一）进一步提高领导认识，增强责任感和紧迫感。（二）明确工作目标。（三）继续坚持多渠道筹集资金的方针，明确修建校舍的责任。（四）各部门密切配合，通力协作。（五）加强管理，把好校舍质量关。汇报会于10日结束。

9日 世界银行公路代表团一行3人来赣，对昌九公路项目的评估准备工作进行为期3天的检查。

9日 继江西省取得具有世界领先地位的杂交水稻三系配套研究应用成果后，我国杂交水稻研究又有重大突破，萍乡市农业科研所在世界上首次发现水稻显性雄性核不育材料。当日，省科委邀请中国农科院研究员邓景扬等全国19位专家对这项重大成果进行了鉴定。鉴定结果认为：这项发现与研究丰富了遗传育种理论，为显性核不育遗传核——质关系、核育性基因表达与外界环境的关系等遗传、生理、生化理论研究提供了宝贵材料。在水稻育种上将为轮回选择、群体改良、建立基因库和选育出更好的品种，开拓了一条新的途径。这项水稻研究新成果达到了国际先进水平。这次鉴定会已将这材料命名为"萍乡显性核不育水稻"，其不育基因符号为"MS－P"。

10日 省审计局发出通知，决定从1988年起授权地市县审计局对当地世界银行及其他国际金融组织贷援款项目执行单位财务收支实行年度持续审计。

10日 广东省、香港、澳门烈属代表赴江西参观团一行36人抵达南昌，开始在南昌、九江、庐山等地参观访问。

10日 省政府召开电话会议，动员和部署在江西省范围内开展税收、财务、物价大检查工作。会议指出，这次大检查主要是检查国营、集体企业、行政事业单位和个体工商户1987年发生的各种违纪和1986年发生而未检查、纠正的违纪问题。个别性质严重、情节恶劣的问题，可追溯到1986年以前。整个工作从10月初开始，到春节前结束。会议要求在检查和处理过程中要注意掌握好两条原则：一是企业和单位的合法权益，一定要坚决保护、不受侵犯，保护企业和单位的改革积极性；二是对于各种违法乱纪行为，一定要认真查处，决不心慈手软。

10日 江西省计划会议和经济体制改革工作会议在南昌召开。参加会议的有各地、市的专员、市长、省政府各厅、局和有关部门的负责人。会议根据全国计划会议和经济体制改革工作会议精神和省委、省政府讨论确定的原则，拟订了江西省1988年国民经济和社会发展计划，研究了1988年江西省经济体制改革的部署，安排了1987年第四季度的工作。为实现上述任务和目标，会议要求认真做好以下五个方面的工作：（一）进一步深化改革。（二）进一步促进经济的稳定发展。（三）稳定市场物价，搞好市场供应。（四）调整投资结构，保证重点建设。（五）从紧安排财政、信贷支出，调整支出结构。会议于14日结束。

11日 中国语言学发展方向研讨会在南昌召开，会议就中国语言学的历史与现状、语言学研究的新理论与新办法进行研讨。来自全国50多所高校、研究机构和出版社的硕士、博士、青年专业工作者参加了会议。

11日 12时10分，国家重点工程——贵溪电厂第4台12.5万千瓦发电机组首次并网发电。至此，江西规模最大、机组最大的火力发电厂胜利建成。贵溪电厂是国家"六五"计划的重点建设项目，由4台12.5万千瓦发电机组组成，总装机容量为50万千瓦。

11日 以佐滕益美市长为团长率领的日本大分市第5次友好代表团在江西进行为期3天的访问。

12日 江西省暨吉安地区在井冈山市茨坪举行大会，隆重纪念井冈山革命根据地创建60周年。省地党政军领导，正在井冈山视察指导工作、参观访问的老同志和有关方面负责人，曾参加井冈山斗争的老红军、老赤卫队员、老苏区干部，茶陵县、酃县、桂东县、上海县、南昌市、萍乡市、瑞金县和吉安地区各县市负责人，与井冈山市军民1800余人参加了大会。大会由吉安地委副书记严显烈主持。大会号召要学习当年井冈山革命根据地军民那种公而忘私、自我献身的高贵品德，要发扬艰苦奋斗的革命精神，要紧密联系群众、依靠群众，要勇于开拓、锐意进取，把井冈山的革命精神一代一代传下去，把江西建设得更好，沿着有中国特色的社会主义道路奋勇前进，夺取新的更大的胜利。

12日 井冈山革命博物馆剪彩开馆。来自北京和省、地的领导，参加过井冈山斗争的红军老战士，兄弟省、市、县来宾及井冈山市军民1000人参加了剪彩仪式。井冈山革命博物馆始建于1958年秋。为迎接井冈山革命根据地创建60周年，1986年5月至1987年8月进行了全面修改。

井冈山革命博物馆

12日 中国国际咨询公司和西德专家到江西东乡红星垦殖场视察。

12日 保加利亚国家女子篮球队一行18人，来南昌进行为期4天的访问、比赛。

13日 贵溪县委、县政府等有关部门召开象山书院800周年学术研讨会。会上学者们综述了象山书院的历史沿革以及它的兴衰与贵溪人才成长的因果关系，评述了陆九渊的哲学思想。贵溪象山书院由南宋著名教育家陆九渊于淳熙十四年至绍熙二年（公元 1187 年）创立。

13 日 井冈山雕塑园在茨坪揭幕。该园是为迎接井冈山革命根据地创建 60 周年而建立的。肖克同志为雕塑园题写"井冈山雕塑园"园名。园内安座了毛泽东、朱德、陈毅、彭德怀、滕代远、王尔琢、宛希先、张子清、何挺颖、袁文才、王佐、谭震林、陈正人、贺子珍、伍若兰、李灿 16 位人物雕像。

13 日 以日本岐阜县教育委员会教育长吉田丰为团长，日中友好岐阜县议员联盟会长古田好为名誉团长的日本岐阜县第二次文物考察团一行 11 人，在江西省进行为期 6 天的考察访问。

14 日 进贤县李渡出口花炮厂生产的"礼花弹系列产品"通过技术鉴定，开始出口远销，从而填补了江西省礼花弹出口的空白。

14 日 在中国少年先锋队东乡县首届代表大会上，共青团东乡县委、县教育局追授因抢救落水少年而英勇献身的四年级学生魏文义"优秀少先队员"称号。

14 日 由江西中医学院魏稼教授主编的《名家针灸学说》由上海科技出版社出版发行。

14 日 江西省瑞金县青年赖纯红的《南国墓碑前，我再次向你呼唤》获全国青年纪念"八一"建军节 60 周年"熊猫杯"征文比赛三等奖。

15 日 省政府进一步规定甘蔗收购有关政策：1987 年至 1988 年榨季，在国家现行收购价格的基础上，不分地区和品种，每收购 1 吨糖蔗补贴 8 元；赣州、吉安地区继续实行收购甘蔗"一半给粮，一半给钱"的蔗粮挂钩政策。

15 日 由中国音韵学研究会、省语言学会、江西师范大学、江西大学、高安县政府联合举办的纪念周德清诞辰 710 周年暨学术讨论会在高安县召开。来自全国各地的专家、学者 42 人就"中原音韵"的若干学术问题进行了讨论。

15 日 江西人民出版社出版了方志纯的回忆录《回首当年》，这本回忆录全书共 35 万字，收入文章 30 余篇，分上下两编。

15 日 由云南民族电影制片厂摄制的喜剧故事片《小大老传》在抚州市开拍，该片系江西省喜剧导演张刚的阿满系列喜剧之一。

15 日 景德镇华意总公司引进意大利阿里斯顿电冰箱生产技术及生产线，试制成功 BED－185L 和 BC－145L 型电冰箱产品，通过省级鉴定，达到阿里斯顿产品水平。

景德镇华意电气总公司电冰箱生产线

15 日 国务院上海经济区老区工作经验交流会在福建省龙岩市举行。出席会议的有上海市和江苏、浙江、安徽、福建、江西 5 省的有关部门负责人和代表共 440 余人。中央部委驻老区工作团的代表也出席了会议。会议期间，江西省同上海经济区各省市进行了洽谈，共达成意向性经济技术协作项目 158 项，其中江西省技术输出项目 10 项，劳务输出项目 20 项。会议于 18 日结束。

15 日 由上海市妇联基金会副主席许德馨带领的上海市妇女代表团来赣考察城乡幼儿园和家庭教育。考察活动于 23 日结束。

16 日 省卫生厅颁发《江西省兼职、义务药品监督员工作条例（试行）》、《江西省药品监督员管理办法（试行）》和《江西省药品监督工作程序（试行）》。

16 日 省政府赣府发（1987）102 号文件，确定省食品工业公司、省一轻工业公司、省五金家电工业公司、省家具杂品工业公司等 18 个省直二级公司为事业性质。

16 日 中国国际贸易促进委员会江西分会与波兰丁麦克斯工程建筑有限公司在南昌江西宾馆举办"波兰经济技术洽谈会"，双方就波兰丁麦克斯公司食品工业的 21 个项目和建材工业十个项目进行广泛的技术交流，签订十个意向书。这是外国首次在江西举办的经济技术洽谈会。洽谈会于18日结束。

16日 省经委、省委组织部、省总工会在南昌召开江西省贯彻三个条例、全面推行厂长负责制工作会议。会议传达了国家经委、中央组织部、全国总工会8月下旬召开的贯彻全民所有制工业企业三个条例、全面推行厂长负责制工作会议的精神，副省长钱家铭在会上作了题为《坚持改革、加快步伐，全面推行厂长负责制》的报告。会议总结了江西省在这方面工作的经验，提出了今后江西省贯彻三个条例、加快步伐，全面推行厂长负责制的工作部署。提出要做好以下几方面工作：（一）要充分认识全面推行厂长负责制的重要意义。（二）进一步理顺党政工三者关系。（三）充分发挥党组织的保证监督作用。（四）健全职工代表大会制度。（五）加强企业领导班子建设。会议于18日结束。

17日 应中国画研究院、《中国画》编辑部、南昌画院的邀请，来自北京、上海、广东等13个省市的著名中青年画家云集南昌，与部分江西画家一起，举行"青云雅集"活动。

17日 联合国儿童基金会教育专家罗伯特·迈尔斯先生，专程来赣考察城乡幼儿园和家庭教育。

17日 省财政厅发出《关于调整部分税收管理权限问题的通知》，将江西省级审批权限内的一部分减免项目授权给地市税务局或县市税务局处理。

17日 江西省彩色显像管工程项目的两个"非彩管工程项目"由省经济委员会、省电子工业局批准立项，总投资5072万元（外汇额度700万美元）。实际生产纲领是在景光电工厂（七四〇厂）新建年产30万只20英寸球面显像管装配线。

17日 省侨联召开第五次主席办公会议传达外办党组10月11日党组会议有关省侨联编制问题的决定，同意江西省侨联增加四个事业编制，共八个编制。

17日 在全国儿童生活用品优秀新产品评比中，江西省有33种儿童优秀新产品荣获"金鹿奖"，名列全国第二位。

17日 省档案局、江西大学历史系联合举办三期档案干部培训班，共培训档案干部693人。培训班于1988年1月28日结束。

17日 省轻工业厅在南昌市召开江西省地、市二级局长会议，传达全国计划会议、经济体改会议、合作总社理事会精神，检查1月至9月工作进度，落实第四季度目标管理任务和措施。会议于19日结束。

18日 新余市投资35万元兴建市档案馆库房，面积为2500平方米，竣工交付使用。

18日 国家纺织工业部副主任甘志坚到江西涤纶厂、九江化纤厂视察。

19日 江西省地、市委宣传部长会议在南昌召开。参加会议的有各地、市委宣传部长、各大专院校党委书记，省直宣传、理论、新闻、出版、文化、党校等部门的主要负责人，省直机关党委、省总工会、团省委、省妇联的宣传部长，省经委政治部负责人，共70多人。省委常委、宣传部长王太华主持了会议，传达了全国宣传部长会议精神。与会人员根据江西省实际，讨论了江西如何搞好十三大文件的学习和宣传问题。会议要求，为搞好十三大文件的学习和宣传，必须抓好如下几项工作：（一）要组织广大党员、干部、群众扎扎实实学好文件，全面领会精神，准确把握重点。（二）要区别不同对象、不同领域、不同层次，采取不同方法，有步骤地开展学习和宣传。（三）报纸、出版、广播、电视等新闻出版单位，要充分利用各种宣传手段，大力开展宣传教育。（四）要改变理论落后实际，脱离实际的倾向，加强理论研究和理论宣传工作。会议于20日结束。

19日 华东技术协作区黄麻技术交流会在永丰麻纺厂召开。会议进行一周，于25日结束。

20日 南昌市侨联举行成立30周年庆典活动，省侨联名誉主席蔡奠华、彭同福、副主席曹轩昂到会祝贺。全国侨联名誉主席张国基致书祝贺，书曰："团结广大归侨侨眷为祖国社会主义经济建设作出应有的贡献"。

20日 应江西省土木建筑学会、省建筑总公司、省建筑施工技术情报网、省建二公司的邀请，国内建筑业现代管理方面的著名专家、南京工学院教授杜训在南昌进行题为《建筑企业的目标管理》学术讲座。

20日 受建设部委托，江西省建设厅组织检查组自即日起至31日，对1986年建设部抽查的100家施工企业中的5家江西施工企业的工程质量进行复查。共抽检了20个竣工工程和10个在建工程，总面积127763平方米。其中竣工工程合格率75%，在建工程合格率90%。

21日 我国规模最大的现代化炼铜工厂贵溪冶炼厂一期工程正式通过国家验收。贵溪冶炼厂一期工程是经国务院批准的国家"六五"期间成套引进的项目。建设规模为日处理铜精矿1100吨，年产粗铜7万吨～9万吨，副产品硫酸34万吨～36万吨，电解铜7.5万吨。从1980年开始，经过48个月的工期建设，于1985年12月底建成投产。10月22日，江西铜基地主干矿山德兴铜矿第三期选厂扩建工程正式动工兴建。德兴铜矿三期扩建工程，是国家"七五"计划的重点建设项目。设计能力为日处理矿石6万吨，整个工程总投资为12亿元。该工程建成后，连同现有的日处理矿石3万吨的生产能力和"七五"期间技术改造增加的1.5万吨日处理能力，最终将达到日采选矿石10.5万吨规模。

21日 江西省首届农林科教电影汇映经验交流和表彰会在南昌市召开，江西有319个发行、放映单位和个人荣获中央六部委奖。

21日 由中国对外展览公司主办的《瑞士现代陶瓷艺术展览》在南昌市开展。

21日 省检察院召开江西省检察系统劳模事迹报告会，李名实等6位省劳动模范在会上介绍先进事迹。

22日 省社会科学院、《光明日报》理论部，四川、河南、北京、山东省社科院和国防大学杂志社在九江联合举行社会主义国家改革的理论和实践学术讨论会。

22日 省政府批准江西水利专科学校改名为南昌水利水电专科学校。

22日 由中央人民广播电台举办的1986年至1987年度全国广播剧评比中，江西人民广播电台推出的广播剧《生活的浪花》获好节目奖，广播剧《惊涛》获展播奖。

23日 省林业厅、江西省物价局、江西省财政厅颁发《江西省野生动物保护发展基金征收管理办法》。

23日 江西有色冶炼加工厂从瑞士引进的12×220毫米双流水平连铸机安装完毕，试车成功。10月31日正式投产。

23日 江西省农村抽样调查队最近统计，近几年江西省边界贸易活动日趋活跃，每年的边界贸易额已突破10亿元，占江西省年购销总额的1/10以上。江西省在省际边界上共有37个县、市，分别与浙、闽、粤、鄂、湘、皖六省相接，拥有江西省2/5的人口和土地，境内农副土特产品和矿藏资源都比较丰富。当前，江西省边区贸易正由民间的自发状态向有组织的高层次发展，江西省已建立起13个跨省区的区域性联合组织。

23日 省广播电视厅召开江西省地、市广播电视局长会议。会议传达了全国广播电视厅局长会议以及省委八届五次全委扩大会议精神，采取协商对话的方式，就深入学习党的十三大精神，深化广播电视宣传事业建设和行政管理等进行了广泛的交流。会议要求广播电视要为江西的改革开放服务，要加快广播电视工作的改革步伐，进一步发挥广播电视的传播、引导、鼓舞作用。并要从以下四个方面努力：（一）要大力宣传和深刻认识社会主义初级阶段的理论，加强社会主义初级阶段党的基本路线的教育，使江西省干部群众能够自觉的坚持"一个中心，两个基本点"的方针政策；（二）要正确分析和认识江西的省情、市情、县情。（三）要大力宣传在改革开放中涌现出来的先进人物和先进事迹。（四）要加强广播电视的自身建设。会议于27日结束。

24日 省建设厅、省城镇房产产权登记核发产权证办公室颁发《江西省城镇房屋所有权登记发证办法》。

25日 国家教育委员会对全国法院干部业余法律大学首届学员所学《刑法课》举行验收考试，江西分校首届学员826人参加考试，及格率

84.5%，在全国30个分校中名列第七。1988年4月24日又对《民法课》和《中国司法制度课》举行验收考试，江西分校学员考试成绩及格率分别为95.95%和100%，名列全国第六和第一。

25日 樟树第十八次全国药材交流大会在清江县樟树镇举行。来自全国29个省、市、自治区和香港的1.2万多名药界代表参加了这次交流大会。期间，中药材和中成药品成交总额达9.5亿多元，创历次药交会的最高纪录。交流会于31日结束。

26日 《江西老红军老干部捐献文物展览》在江西省展览馆展出，共展出革命文物141件，历史照片49幅。

27日 省六地市发展横向经济联系、加快老区建设大会在上饶召开。据统计，会议期间，共签订了意向性的协议项目433项，签订合同18项，可引进资金4000万元，引进或代培人才728名，引进技术235项。会议于30日结束。

27日 省六届人大常委会举行第二十六次会议。会议通过《江西省乡、民族乡、镇人民代表大会工作暂行条例》和关于修改《江西省实施〈中华人民共和国土地管理法〉的办法》决定。会议还通过人事任免事项。会议于31日结束。

28日 江西省第一条伸向赣南老区的220千伏超高压输电线路万（江西万安）赣（江西赣州）线全线架通。11月21日17时37分，南昌电网通过顿—万—赣线经降压正式向赣州电网送电，南昌电网与赣州电网接通。江西省首次实现北电南送，迈出了南北联网的重要一步。11月27日，在赣州召开了南昌—赣州联网送电典礼，省委书记万绍芬、省长吴官正亲临赣州剪彩。

29日 江西省地矿调研大队、物化大队、九〇九地质大队经过两年时间的详查，在赣南地区探明一个大型花岗斑岩锡矿。这是当前江西找到的最大的斑岩型锡矿。该矿床矿体比较规则完整，品位普遍较富，矿石类型简单，可选性较好，埋藏浅，可以露天开采。

29日 省档案局、省物价局联合发出《江西省利用档案效益收费实施办法》。

29日 省地质矿产局赣西北队黄恩邦等完成的《长江中下游铜、硫、金、银资源重大发现与个旧——大厂锡矿成矿条件，找矿方法及远景》获1987年国家科技进步特等奖。

29日 由江西省劳动人事厅主办的《江西劳动人事》经批准已正式创刊。中顾委委员白栋材为该刊题写了刊名。省顾委主任赵增益、老同志方志纯等分别为该刊题了词。

29日 南斯拉夫马其顿共和国《共产主义者》周报总编辑里斯托·拉扎诺夫和《新马其顿报》总编辑潘达·柯勒米谢夫斯基对江西进行了友好访问。访问活动于11月5日结束。

30日 政协江西省第五届委员会"三胞"联络组召开会议，传达中共中央和省委对台工作会议精神。

30日 省商业厅印发《关于商业部门经济合同管理试行办法的通知》，规定每个县商业局、供销社都要指定一个部门兼管法制工作，尽快建立采购员、推销员的责任制和合同管理制度，加强对关系国计民生的主要商品和关系市场供应大局的商品的销售管理监督。

30日 国家新闻出版署在南昌召开书刊杂志、统计分析研讨会。山西、陕西、上海、浙江、江西的代表参加了研讨会。研讨会于11月4日结束。

30日 省检察学会召开首届理论讨论会。学习和讨论党的十三大报告，围绕社会主义初级阶段理论，探索检察工作的改革，交流检察理论研究成果，会议确定各分院、市检察院，成立检察学会分会。讨论会于11月2日结束。

31日 党的十一届三中全会以来，江西省冶金工业在坚持改革、深化改革中，越搞越活。与1978年比较，钢产量翻了两番，实现利税翻了三番；9年累计上交统配钢材245万吨，上缴利税13亿多元，为冶金行业前20年的3.3倍；1986年江西省冶金工业的工业总产值、实现利税、上缴利税和产值利税率、资金利税率、全员劳动生产率均达全国地方骨干同行业的先进水平。

31日 南昌滨江电器厂陈海发明的简易安全"自鸣开水壶"获国家专利。

本月 江西省一批40岁以下的年轻教师脱

颖而出，有 7 人成为江西高校首批最年轻的副教授。这批副教授平均年龄 37.4 岁，平均教龄 8 年零 1 个月，其中，年纪最轻的仅 26 岁。

本月 广丰县管村乡龙溪村团员祝乃军在"优秀青年绿化工程"中获得优异成绩被团中央授予"全国新长征突击手"的光荣称号。

本月 在中国歌谣学会、中国音协民族音乐委员会、湖北省文联等 10 个单位举办的首届中国长江歌会上，江西女歌手杜玲荣获长江杯的银杯奖。

本月 江西柴油机厂与上海内燃机研究所共同研制成 275 型、475 型柴油机通过省级鉴定，属国内 75 型柴油机首家形成批量生产能力的厂家。

本月 江西人民出版社出版大型报告文学集《腾飞丛书》。《腾飞丛书》将分辑出版，每辑 10 本。

本月 我国首部彩色人防电视剧《地平线下的桃源》于本月底将在南昌地下城及风景名胜地动机开拍。

本月 在全国统配煤矿安全大检查中，乐平矿务局鸣山煤矿九个受检项目总分达到国家一级矿井的标准。

本月 江西钢厂的二号转炉的最高炉龄达到 907 炉，超过全国企业晋升等级转炉炉龄一等炉水平。

本月 江西省职称改革领导小组发出《关于执行〈会计专业职务试行条例〉的实施细则（试行）》。

本月 浙赣线 K495＋500 至刘家双插工程开工，区间长近 6 公里。该工程由南昌勘测设计院设计，铁道部第五工程局第一工程处施工（1988 年 3 月竣工并验收交付使用，历时仅 6 个月）。

本月 南昌硬质合金厂生产的蓝色钨氧首次销往美国。

本月 有色南昌公司与赣州行署合资兴建的赣州稀土冶炼厂动工兴建（1990 年 4 月建成，年处理混合氧化稀土 400 吨）。

本月 江西利用世界银行贷款 3000 万美元进行红土壤改造大型项目，在临川、崇仁、金溪、东乡、贵溪、进贤等县和红星垦殖场、省畜牧良种场等单位实施。

本月 省政府要求各地积极推行生猪定点屠宰，集中检疫，统一纳税，分散经营。

本月 根据"贸工农"出口基地建设领导小组决定，由经贸部、农牧渔业部批准，进贤县李渡出口花炮厂、万载县黄茅出口花炮厂、万载县株潭出口花炮厂被列为第一批"贸工农"联合出口商品生产基地企业。

本月 利用世界银行贷款建设的南昌大桥用顶推法施工，顶推总重量达 4 万吨，是当前世界桥梁顶推法施工的最高水平。该桥全长 8982.59 米，主桥为双层单箱预应力钢筋混凝土连续梁，是当前国内首座双层主体分流桥型。

本月 根据中日双方共同议定的江西南部森林合作研究大纲，中日森林生态国际合作研究团 12 人到达江西省属九连山自然保护区进行实地考察。该团预计用 3 年时间分段对九连山森林生态系统、植物区系、土壤性质、水文气象以及生物与环境的关系等进行系统考察。

中日专家联合考察九连山

本月 南昌市迎宾大道拓宽改建工程竣工。

本月 省政府成立打击非法出版活动领导小组及办公室。

本月 对城市住户调查方法制度进行重大改革，改变抽选调查户方法，收支指标划分更细，新制度于 1988 年执行。

本月 江西上饶火电工程破土。1981 年因国家经济调整缓建 1 年，1982 年恢复建设。至本月第 4 台机组建成投产，历经 8 年。全部建成后，年发电量 30 多亿千瓦·时，占江西省发电量的 1/3。

1987

11月
November

公元 1987 年11月							农历丁卯年【兔】					
日	一	二	三	四	五	六	日	一	二	三	四	五	六
1 初十	**2** 十一	**3** 十二	**4** 十三	**5** 十四	**6** 十五	**7** 十六	**8** 立冬	**9** 十八	**10** 十九	**11** 二十	**12** 廿一	**13** 廿二	**14** 廿三
15 廿四	**16** 廿五	**17** 廿六	**18** 廿七	**19** 廿八	**20** 廿九	**21** 十月大	**22** 初二	**23** 小雪	**24** 初四	**25** 初五	**26** 初六	**27** 初七	**28** 初八
29 初九	**30** 初十												

1 日 政协江西省第五届委员会组织学习参观组前往浙江省参观学习，于 12 日返回南昌。

3 日 国家"七五"重点项目，武山铜矿南矿带建设工程正式开工。该项目建成后，武山铜矿将形成日采选 3000 吨综合生产能力，年处理原矿 100 万吨，年产铜金属 8000 吨以上。据已探明的储量，该矿带可开采 100 年以上。

4 日 省广播电视厅在北京举行《声屏世界》杂志创刊座谈会。国家广播电视部副部长徐崇华、陈昊苏，省委宣传部长王太华等领导及首都新闻、理论、宣传、文艺界的专家、学者共 50 人参加座谈会。到会代表对办刊方针、宗旨、任务、读者对象等问题提出很好的意见和建议。

4 日 省政府决定，各地在完成粮食订购任务和"议转平"计划前，除国家粮食部门外，任何单位、个人均不得上市和上村、户成批收购粮食。

5 日 省妇联在南昌举办为期两天的快速养猪学习班，邀请广州军区后勤部蒋永章讲授快速养猪法。

6 日 财务集团（香港）有限公司投资 1500 万美元在景德镇丁家冲兴办景德镇高级陶瓷制造有限公司，从事高级瓷砖生产。这是在江西获准成立的首家外资企业。

7 日 省政府先后召开了常务会议和全体组成人员会议，传达中央领导的讲话，布置学习党的十三大文件，进一步领会精神实质，解放思想，加快改革步伐，并就当前的改革和经济工作进行了研究和部署，号召江西省人民以实际行动贯彻党的十三大精神。会议指出，随着党的十三大精神的贯彻，生产力必将得到更快的发展，我们要抓住机遇，坚定不移地靠改革去发展经济。会议要求各地、各部门要结合实际，迅速行动起来，采取有力措施，保护和支持改革，并做好：（一）大胆地把竞争机制引入到企业的承包经营中去；（二）权力要真正下放到企业；（三）要加快组建以名、特、优、新产品为龙头的企业群体和企业集团；（四）全面深化农村改革；（五）以开放促开发。会议于 12 日结束。

8 日 中国针灸学会江西分会成立。

8 日 应中国社会科学院邀请，日本东洋大学文化研究所教授蜂屋邦夫、日本京都大学副教授麦谷邦夫来龙虎山等地考察道教遗址并进行学术交流。

9日 正值纪念我国明代卓越科学家宋应星诞辰400周年之际,宋应星纪念馆在奉新县建成并正式开馆。该馆是经省政府批准建设的江西省十大名人纪念馆之一,纪念馆建筑面积为1000多平方米,主体有三个展厅。

9日 美国、亚洲高等教育联合基金会官员夏慧丝博士,代表基金会向江西师大传播系许兆红等五位女同学颁发教育传播"三八"国际奖学金及证书。

9日 联合国驻华办事处负责儿童基金的项目官员戴诺春和联合国人口活动基金会新生儿专家王浩庭夫妇一行3人来江西省考察和讲学。戴诺春此行是来江西考察联合国儿童基金工作在江西的进展和有关项目的落实情况。王浩庭夫妇来江西讲学并交流了有关新生儿方面的新学术情况。在此期间,他们参观了与联合国儿童基金项目有关的省妇产医院、南昌市西湖区保健所、上高县妇幼保健所等单位。

9日 江西省经贸厅组织在江西17家投资企业代表赴北京参加"中国外商投资企业成果展览会"。

9日 加拿大安大略省农业代表团一行10人,来赣考察世界银行贷款的红壤开发项目。考察时间为3天,于11日结束。

9日 江西省地质学会与中国地质学会前寒武地质专业委员会在南昌联合召开了为期4天的"华南元古宙地壳演化与成矿作用学术讨论会"。知名学者刘鸿允、孙大中及来自全国的131名代表参加了会议。会议期间,代表们进行了广泛的学术交流。会议共收到论文108篇。

10日 中国科协和江西省政府在南昌举行了我国明代科学家宋应星诞辰400周年纪念会。出席纪念会的有中国科协副主席高镇宁、省党政领导以及来自北京、上海和省内的科技界人士,以及宜春地区、宋应星故乡奉新县的代表共500余人。全国人大副委员长、中国科协名誉主席严济慈,国务委员、国家科委主任宋健,全国政协副主席、中国科协名誉主席周培源,全国政协副

主席、中国科协主席钱学森,著名物理学家钱临照分别向大会寄来题词和贺电。

纪念宋应星诞辰400周年大会

10日 有色总公司工业普查评比表彰大会宣布:江西铜矿及所属德兴铜矿、东乡铜矿被评为省、部级先进单位,东乡铜矿被评为国家级先进单位。

方志纯在德兴铜矿厂考察

11日 中国自然辩证法研究会、中国科技史学会、江西省宋应星纪念活动筹备领导小组和江西省自然辩证法研究会在奉新县召开了纪念宋应星诞辰400周年学术研讨会。参加学术研讨会的有来自北京、上海、南京、广州、浙江等十余个省、市以及江西所属各大专院校、研究所、博物馆的专家、学者、教师和有关人员近百人,共收到论文70余篇。讨论会由中国科技史学会副秘书长周嘉华主持。代表们围绕宋应星及其《天工开物》的历史成就与现实意义、中国传统工艺的研究与开发、重视工程技术人员的地位和作用、发展我国的科学技术等开展了讨论。讨论会

于 13 日结束。《江西科协》出版《纪念我国明代杰出的自然科学家宋应星诞生 400 周年专辑》。

11 日　国家档案局在抚州地区召开全国档案装具标准会议结束。

11 日　地质矿产部在江西召开部属系统扶贫工作座谈会。地质矿产部副部长张宏仁主持会议并作会议总结，副省长黄璜到会讲话。会议于 14 日结束。

12 日　省委在南昌召开了省直机关负责干部大会，传达、贯彻党的十三次全国代表大会精神，省直机关副厅局级以上负责干部和部分正处级干部共 3470 多人参加了大会。会议传达了十三大的主要精神，并就学习、宣传、贯彻十三大精神作了部署。会议认为：（一）正确认识我国社会仍处于社会主义初级阶段，坚定不移地贯彻党的基本路线是建设有中国特色的社会主义首要问题；（二）坚持历史唯物主义的生产力标准，牢记社会主义的根本任务是发展社会生产力；（三）改革是振兴中国的唯一出路，要更大胆地改革，更大胆地开放；（四）政治体制改革是经济体制改革的保证，要兴利除弊，建设有中国特色的社会主义民主政治；（五）要从严治党，经受执政和改革开放的考验。会议要求各地各部门要精心组织和领导好十三大文件的学习、宣传、教育；认真贯彻经济要进一步稳定，改革要进一步深入的方针，切实抓好经济建设和各项改革工作；有领导有步骤地搞好政治体制改革；抓好今冬明春的工作，全面完成 1987 年计划，为 1988 年工作做好准备，争取 1988 年各项工作有一个新的更大的发展。

12 日　省社联举办经济体制改革学术报告会，中国社会科学院世界经济政治研究所副所长、研究员罗肇鸿在南昌作了题为《苏联、东欧国家的经济改革》的学术报告；中国社会科学院经济研究所所长、研究员董辅礽作了题为《经济运行机制的改革和所有制的改革》的学术报告；国务院国际问题经济研究中心特约研究员戴伦彰作了题为《国际金融领域的文化和我们的对策》的学术报告。

12 日　省统计局发布了关于 1987 年江西省

1% 人口抽样调查主要数字的公报。这次人口抽样调查，共抽取了 34 个县（市、区）、136 个乡（镇、街道）中 292 个村（居）委会为调查点。现场调查任务于 7 月 15 日结束。调查登记的总户数为 83166 户，总人口为 398185 人，约占江西省总人口的 1.12%。经推算与统计，江西省 1987 年 7 月 1 日零时总人口为 35445800 人，人口出生率为 22.92‰，死亡率为 7.23‰，自然增长率为 15.69‰，性别比（以女性为 100）为 103.68，人口的年龄中位数为 21.37 岁。

12 日　江西电视机厂井冈山牌 BJ433－1 型黑白电视机荣获全国一等奖。

12 日　景德镇市东风瓷厂运用 PDCA 循环方法研制成功以氧化铝垫饼代替泥土渣饼使用，该项目被国家经委审定通过，授予优秀 QC 成果奖。

13 日　南昌铁路中心医院检验科发现的一例原发性闭经患者染色体，经湖南医学院细胞遗传学国家培训中心鉴定为世界首例，储存于国家遗传信息库。

13 日　有色总公司批准贵冶富氧挖潜节能技术改造工程初步设计，总投资 4400 万元。工程于 12 月 1 日开工，1990 年建成投产。

14 日　民盟江西省委全体委员及省、市全体盟员 800 人在南昌召开了江西民盟成立 40 周年纪念大会。民盟江西省委常务副主委李柱向大会作了题为《回顾过去，策励将来，在党的十三大精神指引下奋勇前进》的讲话。

14 日　民盟江西省委会举行第七届第四次全委会。与会人员听取了江西省委统战部部长杨永峰关于学习党的十三大文件的报告。会议号召江西省各级民盟组织推动江西省盟员原原本本地学好党的十三大文件，把思想统一到党的十三大精神上来，在中国共产党领导下，同心同德、振奋精神，为推进改革、开放，促进两个文明建设，为振兴中华、统一祖国作出新的贡献。会议同意谷霁光由于年事已高、健康欠佳提出辞去民盟省委主任委员的要求，选举他为名誉主任委员。会议选举李柱为民盟省委主任委员。会议于 16 日结束。

15 日　英国《金融时报》中国问题专家柯

里娜·麦克杜格尔和主管商务的记者史蒂文·巴特勒来南昌、井冈山等地参观访问。访问活动于21日结束。

15日 九江县陶渊明研究会和陶渊明纪念馆召开纪念陶渊明逝世1560周年纪念会。来自京、吉、鲁、鄂等十余个省市的陶学学者、专家、教授和江西社科工作者30余人与会。

16日 国家经贸部在九江召开扶贫规划工作座谈会。国务院贫困地区经济开发领导小组，经贸部有关办局，中国粮油、土畜、基地总公司，四川、河北、河南、辽宁、湖北、江西、山东、安徽、陕西、甘肃、宁夏、广西、贵州、内蒙、新疆15个"老、少、边、穷"省、自治区经贸厅（委）的负责人参加了会议。会议指出，"七五"期间，经贸部门的扶贫工作要坚持从改革入手，从发展着眼，从实际出发，充分发挥对外经贸的优势，运用对外经济技术交流的有利条件，积极支援贫困地区发展经济，扶持贫困地区发展商品生产。会议要求，要充分发挥对外经贸优势，利用对外经济技术交流的有利条件，帮助贫困地区逐步将资源优势，转化为商品优势和出口优势。座谈会于18日结束。

16日 九江港正式开通浔申国际集装箱运输线，实行集装箱吊装半机械化。17日，在中国船舶工业公司闽赣物资供应码头举行了开航仪式。

17日 江西省供销社批转吉水县供销社《关于兴办专业生产合作社，发展农商经济情况的报告》。要求充分运用供销社遍布城乡的网点、人员、资金和设施等有利条件，逐步建立起以产品为龙头的生产、加工、运输等多功能的服务体系，在自愿的原则下组织生产者建立不同产品的生产专业协会，或按合作社的组织原则建立专业合作社，以促进农商经济的发展。

17日 萍乡矿务局杨桥煤矿发生透水事故，采煤工人贺放清被困井下21天零7小时，12月8日遇救出井，经矿务局总医院救治，12月30日痊愈出院。

17日 省政府决定撤销南昌市劳改支队，保留南昌市劳教所。

17日 省委宣传部在新建县召开了江西省地、市、县委宣传部长会议，传达、学习十三大精神，研究、部署江西省党的十三大文件学习和宣传工作。参加这次会议的有各地、市、县委宣传部长、大专院校的宣传部长、部分厂矿企业以及省工、青、妇的宣传部长，省直新闻、理论、文化、教育、出版等单位的负责人，共200余人。会议根据省委的要求和中宣部的通知精神，对江西省党的十三大文件的学习和宣传作了统一部署。会议强调，江西省各级党组织要精心组织好党的十三大文件的学习和宣传，要以改革的精神做好党的十三大的宣传工作，要有组织、有计划、有重点、有步骤地进行，使之在全党、全民中成为一次广泛深入的马克思主义和科学社会主义的再教育。会议于22日结束。

18日 省政府批准成立江西省汽车工业联合会，联合会同省财政各部门和各地市直接建立业务关系，执行国家授权的行业管理职能。

18日 由国家机械委直属七二四厂委托江西专用设备厂研制的JZ－1001普通和JZ－1002型六角强力切削车床，当日通过了省级鉴定。

19日 全国地质矿产系统首届中国象棋、围棋赛在江西省地矿局九一五探矿大队结束，江西地矿局获团体总分第一名，该局卢新民夺围棋冠军，董文铭夺中国象棋冠军。

19日 萍乡机务段司机刘保江、副司机江礼义，在值乘由东风4型0350号机车牵引的1310次列车时，擅自关闭机车"三大件"打瞌睡，于2点03分冒进羊石至姚家坝间K928线路所关闭的通过信号机，闯入安全线，冲出土挡，列车颠覆。造成机车破损，报废货车7辆，大破1辆，小破1辆，中断行车4小时52分的行车重大事故。

19日 鄱阳湖候鸟自然保护区陆续发现河鹿100多头，经专家鉴定，这种河鹿属国家一级保护动物。

19日 第十届华东地区六省一市电视台电视节目协作会议，日前在福建省漳州市结束。江西电视台5条电视新闻和两集《华东见闻》获华东地区优秀电视节目奖。

20 日 全国第六届运动会在广州举行。江西省体育工作大队参加的项目有田径、游泳、体操等 19 项；决赛人数 190 人。会上，江西运动员共夺得金牌 3 枚，银牌 4 枚，铜牌 6 枚，以总分 153 分的成绩列第二十四位。其中，许艳梅获女子跳台金牌，熊国宝获羽毛球男子单打亚军，罗军、龚国华在链球、十项全能比赛中分别夺冠。江西男子曲棍球队获得业军，皮划艇选手夺得男子 1000 米 4 人皮艇决赛的铜牌。运动会于 12 月 5 日结束。

跳台跳水世界冠军许艳梅　　龚国华获男子十项全能金牌

20 日 省政府发出《关于江西省统配煤矿开征煤炭开发基金的通知》，决定从 12 月 1 日起开征。

20 日 省垦管局印发《江西省地、市林业（农垦）局长、省属垦殖场场长会议纪要》，会议于 11 月 10 日至 12 日召开，省长吴官正、副省长黄璜到会讲话。

20 日 由中央人民广播电台《中国农机化报》农机工业质量管理协会和国家拖拉机产品质量监测中心，联合举办的全国"双十佳"小型拖拉机评选活动中，江西手扶拖拉机的主导产品东风－12 手扶拖拉机获得"双十佳"手扶拖拉机奖。

20 日 省政府决策咨询委员会举行了第二次全体委员会议，会议围绕如何用商品经济观念正确认识省情，怎样加快江西改革的步伐，以及在开放促开发中要搞哪几个"大动作"等问题采取协商、对话形式，共商良策。江西省副省长蒋祝平在会议结束时讲了话，要求决策咨询委员会的工作要紧密结合省政府深化改革、扩大开放的

部署来进行，围绕省政府的主要工作，收集、整理、加工有关信息，为领导提供思想、方法、策略、方案，使咨询工作更好地为决策服务。会议于 21 日结束。

21 日 江西省第一家企业集团——凤凰照相机集团在上饶市成立。为了进一步提高产品质量，促进企业技术进步、扩大生产和创汇能力、满足市场需求，使"凤凰牌"照相机形成拳头优势。江西省光学仪器总厂在原经济联合体的基础上，联合其他大中型企业和有内在经济技术联系、配套协作加工的生产企业，以及科研、设计、金融、经销等 32 个单位，组成了跨省市、跨地区、跨行业的凤凰照相机企业集团。

21 日 省编委编发（1987）71 号《关于省测绘局下属三个大队级别和局机关内设机构的通知》。同意局下属三个大队和局机关处室为副处级机构。

22 日 省老区建设委员会和省民政厅召开座谈会，欢送民政部第一批赴井冈山经济开发工作团全体成员，并欢迎第二批工作团全体成员。省委副书记许勤、副省长蒋祝平参加了座谈会并讲了话，对工作团同志帮助、支持江西老区建设表示感谢。

23 日 江西省非金属矿种家族又添一成员——江西地矿局赣西地质调查大队在新余境内首次发现透辉石矿，分布广泛，石质纯白度好，含矿率达 71%。透辉石是当前国内外崛起的一种新型陶瓷原料，它具有低熔点、易干燥、烧制温度低、吸水率低等优点，用来制陶瓷，可一次挂釉，速烧成型。

23 日 华东地区第四届包装装潢设计大奖赛于当日在杭州揭晓。宜春地区印刷厂设计印刷的袁州皮蛋包装盒一举夺魁，荣获"华东大奖"。

23 日 省政府第一百一十二次省长办公会议同意：英岗岭煤矿改称英岗岭矿务局。

23 日 省委书记万绍芬、省长吴官正在赣南就加快"南大门"改革开放步伐，加速经济发展和深化企业改革，进一步引进竞争机制，搞好企业承包、租赁等问题进行了为期 6 天的调查研究。他们指出，赣南有丰富的资源优势，在江西

省占有重要位置，各级干部要在党的十三大精神的指引下，继续解放思想，加紧外引内联，把资源优势变成商品优势，以开放促开发，加快赣南的经济发展速度，使这个地区的经济赶上江西省发展水平，逐步建立起"亚广东型"经济。

24 日 国家级"星火计划"项目——提高鄱阳湖区大水面养殖技术在青岗湖取得突破。经湖面现场验收，千亩水面网围组合养鱼平均亩产达 195.7 公斤。

25 日 江西铜业联合开发公司经批准，兴建小型铜工艺制品福利工厂。

25 日 省经委批复同意成立江西冶金设计院，院址设在新余市，隶属省冶金工业总公司。1989 年 8 月 1 日，省经委批准院址改设在南昌市。1990 年 9 月 28 日，江西冶金设计院正式挂牌开业。

25 日 江西铜业公司职工业余文艺队 42 人，自江西至湖南、安徽、江苏、浙江 5 省有关厂矿慰问演出 20 个点、28 场。历时 42 天，行程 4500 公里。

26 日 离休老干部、老红军、原政协江西省第四届委员会副主席钟平，因病医治无效，在北京逝世，终年 80 岁。钟平系江西省兴国县人，1926 年参加革命工作，1930 年 12 月加入中国共产党。原任政协江西省第四届委员会副主席、党组成员。曾当选为中共江西省第六届委员会候补委员。12 月 15 日，在北京八宝山革命公墓礼堂举行遗体告别仪式。

26 日 在北京举行的全国火柴产品质量检验评比中，南城县火柴在送检的 126 个样品中名列第四，"八大指标"均达国家 GB393－80 优级产品标准。

26 日 省政府召开了江西省城市区长会议。17 个城区、郊区区长、副区长，各地、市政府主管工业的负责人和省政府有关部门负责人，以及特邀的 23 名在发展经济中作出突出贡献的个体、集体企业厂长、经理参加了会议。会议分析了江西经济的状况，就如何大力发展生产力，明确了江西经济发展新战略，提出要以发展城区城郊集体工业作为突破，全面贯彻党的十三大精神，进一步解放思想，深化改革，振兴江西的经济。会议于 28 日结束。

27 日 经贸部驻上海特派员办事处特派员石广生一行两人到江西检查工作。

27 日 为发展我国百货批发商业企业的横向联系，加强行业管理，由各省、市、自治区百货公司和中央一级站为主要成员组成的全国百货批发商业联合会，本月中旬在南昌成立。

27 日 江西第一家集体经济杂志《城镇集体经济》，经省委宣传部审批，已获准向全国公开发行。

29 日 一部反映赣东北革命根据地创始人之一黄道革命事迹的电视连续剧《赤光》，在黄道烈士故乡——横峰县开拍。

29 日 省记协在鹰潭召开的江西省地市报经验交流会结束。《南昌晚报》、《九江日报》、《景德镇日报》、《赣南日报》、《井冈山报》、《赣中报》、《赣东报》、《赣东北报》、《鹰潭报》、《萍乡报》、《新余报》11 家地市报的总编辑和省记协负责人出席了会议。会议传达了全国记协有关会议精神和全国第三次地市报经验交流会精神，并就如何搞好新时期的新闻改革交流了经验。会议认为，地市报纸只有坚持改革、开放，加快和深化报社的内部改革，充分调动编辑、记者和各方面的积极性，才能更好地接近群众，接近生活，受到读者欢迎，才能为在建设具有中国特色的社会主义更好地发挥喉舌、媒介、娱乐等多种功能作用。为此，会议提出，各报要进一步加强横向联系，互通信息，促进江西省新闻事业蓬勃发展。会议还确定了以后每年举行一次各地市报纸协作会议，交流报纸经验以及各地的成就。

29 日 省政府批复同意省卫生厅等五个部门《关于举办县卫生职业技术学校的报告》。

29 日 余江县第一建筑工程公司被评为全国先进集体建筑企业。

30 日 省地市商业局长会议结束。会议就加快江西省商业体制改革，繁荣活跃市场，把 1988 年商业工作做得更好等方面的问题进行了研究。会议指出，当前，深化商业体制改革最主要的是实行所有权分离，把企业推向承包，引入竞争机制，解决企业内部经营责任制。为此，会议提出六点要求：（一）要搞好农业生产资料的供应；（二）要抓好重点副食品供应；（三）要多掌握货源，供应市场；（四）要搞好农副产品和废旧物资收购工作；（五）要为乡镇企业发展提供原材料、推销产品出力，供销社要与乡镇企业、户办、联户办企业联系，求得共同发展；（六）全省商业系统要继续深入开展"双增双节"运动，抓好扭亏增资工作，对亏损企业要限期扭亏。

30 日　历史悠久的佛天胜地——云居山真如寺隆重举行诸佛菩萨开光典礼，来自全国各地和香港的佛教界名僧高侣及统战部门的代表 800 多人参加了庆典。

30 日　江西省律师专业技术职务系列职改领导小组成立，范佑先任组长，高登霄任副组长。

30 日　在华东戏剧期刊"田汉奖"首届评奖会上，苏园荣的《从世界戏剧潮流看中国戏曲》获评论一等奖，傅修延的《树下的遐想》获二等奖，陈海萍的《牛二宝经商记》获剧作二等奖，聿人的《临川新梦》获三等奖。

30 日　澳大利亚 CRA 公司副总裁戴维斯率高级代表团访问德兴铜矿。布干维尔铜矿的皮尔西和隐谷金矿的霍尔特被授予"德兴铜矿名誉顾问"称号。访问活动于 12 月 2 日结束。

本月　江西拖拉机制造厂与北京矿冶研究所共同研制成 WJ－1 型内燃铲运机在广东凡口铅锌矿通过由中国有色金属总公司组织的技术鉴定，1989 年获国家经委"国家技术开发优秀成果奖"和中国有色金属总公司科技进步二等奖。

本月　江西师范大学外国文学教师陈融被国际尤金、奥尼尔研究会接纳为会员，陈融是由于与人合作翻译《奥尼尔评传》而引起国际奥尼尔研究会注意的，该书将由中国戏剧出版社出版。

本月　1984 年 12 月由南昌勘测设计所设计，第三工程段施工的浙赣线新余至水西区间双经及水西车站改造工程正式开工。全部工程分三期，第一期完成左线，第二期水西车站改造，第三期开通水西车站及直线。1987 年 11 月全部竣工。

本月　华东交通大学讲师蔡彪与同济大学教授王季卿合作，在美国声学学会第 114 次会议上宣读了论文《消声室内自由声场偏差的计算》。1988 年 11 月又出席第三届西太平洋地区声学会议，宣读论文《半消声室内自由声场偏差的计算》。以上两篇论文均录入论文集。

本月　南昌陆军学院电教中心录制的《步坦协同》、《单兵战术训练》、《单兵心理训练》、《班（组）战术训练》4 部教学录像片评比中获得全优，由总参谋部向全军推广。

本月　万安水电站船闸自动调节叠梁通过设计单位和使用单位的鉴定验收，20 项指标均达到和超过部颁标准，成为全优产品。

本月　省体改委、省经委等单位在贵溪冶炼厂共同举办"改革开放与搞活企业"专题讲座。著名经济学家吴敬琏、董辅礽、蒋学模、陆百甫、郑伟民、罗肇鸿、陈瑞铭、戴伦彰、陈宝森、蒋述理等参加了讲座。

本月　江西第一家企业集团——凤凰照相机集团（后称"江西凤凰光学仪器集团公司"）在上饶市成立。1988 年又成立了江西汽车工业集团（后称"江铃汽车集团公司"）等企业集团，使江西企业制度的改革与创新提上了日程。

本月　中国核工业总公司七一九矿江西境内高级工程师贺守中等 5 人采用万吨级轴矿地表堆浸技术，取消原水冶破磨搅拌浸出固液分离工艺，节约能源，每年创效益 300 万元以上。经检测：吨矿石耗电下降 68.9%，煤耗下降 60.8%，耗水下降 45%，1989 年获核工业部科技进步一等奖，获 1990 年度国家科技进步一等奖。

本月　1987 年前 11 个月，江西省各级检察机关受理各类法纪案件 1035 件，立案侦查 317 件，受、立案与去年同期相比分别上升 11.9% 和 5.3%。受理刑讯逼供、非法拘禁、诬告陷害等严重侵犯公民民主权利、人身权利和玩忽职守、重大责任事故案件 246 件。其中重大和特别重大案件 48 件，造成直接经济损失高达 991.41 万元，死亡 199 人。

1987
12月
December

公元 1987 年 12 月							农历丁卯年【兔】						
日	一	二	三	四	五	六	日	一	二	三	四	五	六
		1 十一	**2** 十二	**3** 十三	**4** 十四	**5** 十五	**6** 十六	**7** 大雪	**8** 十八	**9** 十九	**10** 二十	**11** 廿一	**12** 廿二
13 廿三	**14** 廿四	**15** 廿五	**16** 廿六	**17** 廿七	**18** 廿八	**19** 廿九	**20** 三十	**21** 十一月小	**22** 冬至	**23** 初三	**24** 初四	**25** 初五	**26** 初六
27 初七	**28** 初八	**29** 初九	**30** 初十	**31** 十一									

1 日　南昌市居民身份证开始启用，并产生法律效力。12 月 1 日以后，在进行选民登记、户口登记、兵役登记、婚姻登记、入学、就业、办理公证事务、前往边境管理区、办理申请出境手续、参与诉讼活动、办理机动车、船驾驶证和行驶证、机动车执照、办理个体营业执照、办理个人信贷事务、参加社会保险、领取社会救济、办理搭乘民航飞机手续、投宿旅店办理登记手续，提取汇款、邮件、寄送物品、办理其他事务等事项时，都要出示身份证。

1 日　由南昌有色冶金设计研究院、北京有色冶金设计研究总院、长沙矿山研究院和德兴铜矿等单位，共同承担的《大型露天采矿爆破技术的研究》在长沙通过国家鉴定。

1 日　国家教委批准成立南昌职业技术师范学院。

1 日　江西省京剧团邀请北京京剧院著名花旦李世英在南昌剧场合作演出了《玉堂春》、《勘玉剑》、《佘赛花》等戏。

1 日　省高级人民法院召开民事审判工作座谈会，各中级人民法院民事审判庭庭长等 21 人参加，学习、研究贯彻执行《民法通则》，并讨论 14 个民事疑难案件和新类型。座谈会于 4 日结束。

2 日　中国直升机设计研究所研制的直升机快速着舰装置及改装的第一架舰载直升机，在中国直升机设计研究所直升机起降场升空飞行成功。从此结束了我国没有舰载直升机的历史。这标志我国直升机上舰的一项关键技术得到突破，填补了国内的一项空白。

中国直升飞机研究所——六〇二所研制成功的带有快速着舰装置的我国第一架舰载直升机

2日 一种新型的照相放大机——Y235型自动聚焦曝光放大机在国营江西泰和光电仪器厂研制成功,当日通过省级鉴定。

2日 省政府发布《江西省城镇地下水资源管理暂行办法》,1988年1月1日开始实施。

2日 江西毛纺织厂与解放军三五〇六厂联合组建的长江毛纺织有限公司在九江市成立。

2日 南昌铁路分局与省公安厅联合发布《关于遵守铁路道口信号管理规定的通告》,并印成单册发至有信号的道口及有关单位。

3日 首届中国黄酒节在上海召开,九江市封缸酒厂生产的九江陈年封缸酒获得特等奖。

3日 无产阶级的先锋战士、我军久经考验的优秀指挥员、正军职离休干部、江西省军区原副司令员张书香,因病抢救无效,在南昌逝世,终年70岁。张书香是山东省寿光县人,1938年8月参加八路军,同年11月加入中国共产党。历任战士、排长、连长、营长、团参谋长、团长、师参谋长、师长、军参谋长、江西省军区参谋长、副司令员等职。

5日 省政府召开新闻发布会,宣布《关于发展省际横向联合优惠办法的补充的规定》、《关于鼓励外商投资优惠新办法》和《关于外地来省开发农业资源的优惠办法》三项优惠办法,欢迎外来投资,开发资源,兴办企业,开发荒山、荒水。省长吴官正在发布会上说,这三项办法是省委、省政府在贯彻党的十三大精神中,密切联系江西实际,经反复研究后采取的一项重大措施。江西将按照法律程序,进一步完善地方法规和规章制度,保护投资者的合法权益,改善投资环境。该办法规定,自收益年起,5年免征农业

省政府新闻发布会会场

税;6年至10年征50%;从事牧业生产的,长期免征农业税。

5日 大沙(现为武汉九线中一段)铁路全线铺通,在大冶湖桥头施工现场举行接轨仪式,江西省副省长黄璜、湖北省副省长王汉章、华东铁路建设指挥部指挥长李轩、副指挥长周聪清等参加了接轨仪式。大沙铁路是华东路网东西二通道的重要组成部分。西自武(昌)大(冶)线的大冶车站起;东至南(昌)浔(九江)线的新建沙河街车站止,全长129公里。这条连通赣、鄂、浙、闽捷径的建成,将对江西省和华东地区的经济繁荣起重要作用。1989年6月1日起开始分流,1990年9月15日由南昌铁路分局临管运营。江西境内有夏畈、瑞昌、新塘铺、九里垅4个站,全长52.5公里。

5日 江西省文物展览协议团赴日本岐阜县访问,签订有关展览协议书。翌年4月,"中国江西省文物展"在日本岐阜县美术馆展出。

6日 萍乡市芦溪区湘东区农民画进京展出汇报在南昌开展,这次展览荟萃了萍乡60位农民作者的141幅作品。

6日 据当日国家卫生部在北京举行的新闻发布会宣布:江西有两项优秀医学科技成果荣获1987年度医药卫生科学技术进步奖。这两项科技成果是"靖安县宫颈癌普查早治12年效果及流行病学、病因学研究结果"和"鄱阳湖区螺情考察和灭螺措施研究"。

6日 江西第一个乡级卫星电视地面接收站在老区特困乡——宜黄县东陂乡建成开通。它是由该乡自筹资金,由航天部江西仪器厂为支援老区建设而优惠提供的。东陂乡卫星电视建立在高山峻岭之上,无须人值班,开机关机均采用遥控,这在江西省属首例。

6日 《江西苏区史》一书由人民出版社出版,这本专著概述了革命根据地的建立、发展和丧失,以及三年游击战争开展的历史全貌。

7日 江西省文物工作队会同厦门大学人类学系,在新余市博物馆的协助下,对十年山古遗址进行了第二

次考古发掘，发现一个规模较大的新石器时代氏族墓葬群和一处远古建筑遗迹。

7日 江西年产钢首次突破100万吨，并提前24天完成省政府下达的计划指标，比1978年翻了两番，这标志着江西省冶金工业登上了一个新台阶。在全国地方钢铁行业中，继山东、河北、江苏之后，成为第四个年产钢100万吨的省。

8日 江西省农业获得突破性发展，按1980年不变价格计算，1987年农业总产值可望突破百亿元，预计可达106.2亿元，比1985年同期增加7.05亿元，增长7.1%。

8日 经国家科委发明评选委员会评审、复核，批准江西省有三项成果荣获1987年度国家发明奖，荣获三等奖的科技成果是《以乌松原料制取类可可脂的方法》（江西工业大学陈才才、高荫榆）；获四等奖的有：《氧化钽坩埚》（江西九江有色金属冶炼厂江民德、王应槐）；《微晶陶瓷人工关节生物材料的研究及临床应用》（江西医学院第一附属医院王尚福、李妙良、谭鸣儒、伍维旗）。

8日 省工商联组织江西省45个市、县的208家企业，组成江西省工商联代表团，团长厉志成，副团长邹协和、章欢颐；地、市成立11个分团，赴河北省石家庄参加全国工商联举办的商品交易会。经过4天的交易活动，签订购销合同263份，成交额3108万元，占整个交易会总额的9.28%，在全国21个参展省市中名列第四。

8日 由省委政法委员会、省委宣传部、省教委、省"五四三"委员会、省总工会、团省委、省妇联七家联合召开的江西省加强青少年教育工作经济交流会在南昌举行。参加会议的有省直各部门、各单位的负责人，各地、市分管政治思想工作的副书记和政法委员会、宣传部、教育局、"五四三"办公室、工、青、妇等部门、单位的负责人，南昌市各县、区分管政治思想工作的副书记、政法委员会负责人及在会上介绍工作经验的单位负责人。会议总结交流了经验，研究如何进一步贯彻中共中央关于加强社会主义精神文明建设，加强青少年教育工作的一系列指示，提高了认识，探讨了青少年教育工作的好方法。省委领导就怎样加强青少年教育提出了几点意见：（一）要充分认识青少年教育工作面临的新形势；（二）各级党组织要高度重视青少年教育工作；（三）全社会都要关心青少年的健康成长；（四）努力探索青少年教育工作的新路子。会议要求各地要认真传达贯彻这次会议精神，把江西省青少年教育工作，提高到一个新的水平，开创出一个新的格局。交流会于11日结束。

8日 省检察院在樟树市召开江西省检察机关打击偷、抗税犯罪斗争经验交流会，并确定下一阶段的重点是查处国营、集体企业偷、漏税案件。交流会于11日结束。

8日 由副省长孙希岳率领的省金融、工商、物价、商业、粮食等部门负责人组成的江西省学习考察团，在山东省进行学习考察活动。学习考察团的成员在济南、烟台等市听取了他们有关组织商品经济生产与流通的情况、成就和经验的介绍，并且分别采取部门归口对话的形式详尽地求经，认真地学习了山东的先进经验。考察活动于16日结束。

9日 经有色总公司批准，江西铜业公司自1988年起确定为联合企业，是经济实体，具有法人资格。

9日 由省政府办公厅、民政厅、统计局、计委、卫生厅、教委、公安厅、财政厅和省盲人聋哑人协会等部门联合组成的残疾人抽样调查领导小组及其办公室，按照全国残疾人抽样调查领导小组的统一部署，于1987年4月1日开始对江西省16个抽中县（市、市辖区）进行了调查，于5月中旬完成了抽查任务。经手工汇总后，江西省发布了残疾人抽样调查主要数据报告。江西省共调查了11184户、52144人，调查总人数占江西省总人口数的1.5%。按照这次抽样调查结果推算，江西省五类残疾和综合残疾的总人数约为158.6万人，其中：听力语言残疾约48.1万人，智力残疾约35.8万人，肢体残疾约25.6万人，视力残疾约24.9万人，精神残疾约4.2万人，综合残疾约20万人。本次抽样调查的精确度达到94%以上，高于国家规定的标准，对江西省残疾人的现状具有代表性。

9日 省政府在清江县召开了现场办公会议，重点研究加快清江县改革开放步伐，扩大经济管理权限，搞活商品经济的问题，省长吴官正主持会议。省政府18个部门和省4家银行、南昌铁路分局的负责人及宜春地委、行署负责人等参加了会议。与会人员对清江县提出的发展规划进行了认真研究，听取了清江县政府关于加快清江县经济发展的汇报，就行政管理、体制改革、改善交通、改善投资环境，发展四特酒、药、盐三大产品生产等问题，广泛进行了研究和协调工作。省长吴官正希望清江县委、县政府动员全县人民扎扎实实工作，谦虚谨慎，量力而行，稳扎稳打，使生产力发展更快，经济效益更高，1988年工作有个更大的进步。并希望清江的经济搞得更活，带头先富起来。

9日 贵溪电厂3号、4号机组公用电缆起火，经电厂职工和消防人员奋力扑救，12时30分火焰熄灭，事故主要原因是冶金四建公司的施工人员现场施工时将220伏200瓦灯泡作施工照明，违章作业造成的。据统计，大火烧坏各种电缆2112米，直接经济损失31240元，包括抢修费用共计损失63278.04元，事故造成少发电量8750多万千瓦·时。

9日 德胜关垦殖场江西钢琴厂研制的"得胜牌"103－A66键小型主式钢琴，通过省轻工业厅和省垦管局联合鉴定。该产品为国家增添一个新品种。

9日 华东地区六省一市的7家人民出版社的代表在合肥举办了为期3天的华东地区首届优秀政治理论图书评选会。从1986年至1987年出版的2352种图书中评选出优秀读物75种。江西人民出版社出版的《中国一百个军事家》被评为一等奖。

9日 江西省第六次选举工作会议在南昌召开。各地区选举领导小组组长、省辖市选举委员会主任、各地（市）选举办公室主任、一些县（市、区）人大常委会主任、省选举委员会及省直有关部门的人员参加了会议。江西省县、乡换届选举工作，按照选举法、地方组织法和六届全国人大常委会第十七次会议关于县、乡两级人大代表选举时间的决定精神，从1987年1月陆续展开，至9月中旬，已全面结束。江西省101个县（市、区）依法选举产生县级人大代表18799人，比上届减少31.9%；1829个乡（镇）选举产生人大代表83360人，比上届减少58.1%。会议认为，在这次县、乡换届选举工作中，选民民主意识和法制观念得到了增强，选民参选率与选举一次性成功率都较高；代表素质进一步提高，结构较为合理；新选出的领导班子基本符合干部"四化"要求，基层政权建设进一步得到加强。会议要求各地当前要做好几项工作：要重视抓好县（市、区）人大常委会新成员和乡（镇）人大主席团常务主席的学习和培训；要认真办理代表大会方案；对选举产生的县、乡两级领导班子成员，在法律规定的任期内，做到相对稳定，个别需要变动的，要严格履行法律手续；各地必须逐步建立和健全乡（镇）人大主席团常务主席的工作制度。会议于11日结束。

10日 横峰县在"弋横暴动"60周年纪念活动中，充分发掘老区精神宝库，把弋横暴动（弋阳、横峰）的珍贵史料编印出版专辑和专刊，发表了方志纯、黄知真等为纪念活动的题词。同时，还邀请了老同志徐太妹、宣金堂、黄道烈士的儿子黄知机等举行座谈。

10日 省林业厅和轻工业厅在大茅山垦殖场召开"南方针阔叶本枝桠等外材试制1号中皮箱纸板"技术鉴定会。该生产工艺属省内首创，国内领先，1985年获得科技进步二等奖，1986年获林业部科技进步三等奖。

10日 以副省长蒋祝平为团长的省政府经济代表团访问了深圳经济特区，并在深圳举办了江西省名优特新食品展销和经济技术洽谈会。期间，江西省经济代表团与深圳市政府领导及有关部门、企业就进一步发展双方的经济技术协作，进行了广泛接触和商谈。一致同意，按照"扬长避短，形式多样，互惠互利，共同发展"的原则，进一步创造条件，提供方便，从深度和广度上促进两地经济技术的发展。在举行的展销会上，总成交额突破1.3亿元（不含意向性合同），成交额超过1000万元的有上饶地区、南昌市和赣州、吉安、宜春地区。期间，各部门、各地区还进行了广泛的全面的经济技术洽谈，共签订意向性经济技术合作项目57项，正式签订引进技术项目两项。展销期间，香港中华总商会会长霍英东专门致电祝贺。这次活动于14日结束。

10日 由省委宣传部、省社会科学院、省委党校的部分理论工作者编写的《社会主义初级阶段理论与实践问题解答》一书出版。

11日 中国有色金属工业总公司江西地质勘探公司第四大队在景德镇市附近探明江西省当前最大的一处沙金矿床。该矿勘探地质报告于11月下旬经省矿藏储量委员会和有关专家审查通过。当前，第一期工程——江西省最大的100立升采金船已建成，年底可投产。

11日 由江西省各级政府接收安置的第一、二批共800余名军队离、退休干部，正愉快地安度晚年。据统计，为妥善安置好移交地方政府管理的军队离休退休干部，江西省已建成团、营职干部住房486套，并修建了一批附属配套设施；建立了军队离休退休干部休养所和服务站14个，在井冈山、庐山建立了两个供军队离休退休干部夏季疗养的休养所；配备了专职服务管理人员和专用车辆；初步建立健全了各项规章制度，干休所所内服务和全社会开展对军队离、退休干部服务两个网络开始形成；较好地解决了集中和分散安置军队离、退休干部看文件、听报告、参加组织生活问题，军队老同志的生活待遇也得到了较好落实。

11日 江西日报社在共青垦殖场召开江西省部分农垦企业改革座谈会。来自省内的12家垦殖场的场长、党委书记参加了会议。会议回顾、总结了江西省农垦战线近9年来所取得的巨大成就和经验，进一步探索了农垦事业继续大发展的途径。会议一致认为，党的十三大为发展农垦事业开拓了广阔前景。会议强调，农垦企业要抓住机会，以改革促发展，以开放促开发，进一步壮大农垦经济实力，在改革开放中，求得一个更大的发展。座谈会于13日结束。

12日 德胜关垦殖场江西电炉厂研制的JLJ-8.0×8.03井式电阻炉，通过江西省机械工业厅委托九江市机械公司技术鉴定验收，填补全国低温电阻炉的空白。

13日 寻乌县稀土工业公司稀土分离厂采用的全萃取分离工艺即日至15日通过了部级鉴定，正式投入生产。专家们一致认为，该项分离工艺和主体生产设备都具有国际先进水平，系国内稀土工业生产首次应用，是我国稀土工业萃取工艺的又一重大进展。试产实践表明，该工艺流程合理，能够同时生产出7种纯度达99.9%的单一稀土产品。

稀土工业公司稀土分离厂的稀土分离生产线

13日 吉安地区1986年国家级"星火计划"项目——"武山鸡综合技术开发利用"和"遂川金柑低产园改造"，通过省级验收。

13日 省航运主管部门为加强水路运输管理，整顿运输秩序，根据国务院发布的《中华人民共和国水路运输管理条例》和交通部的《水路运输管理条例实施细则》，在江西省实行水路运输许可证管理。省航运主管部门规定，对1987年10月1日前已开业的各级水路运输企业、水路运输服务企业或其他从事水路营业性运输的单位和个人，进行一次性补办审批手续。对10月1日以后凡拟设立水路运输企业、水路运输服务企业或其他单位和个人拟从事营业性运输的，一律按该条例规定的开业审批权限和条件，向有关部门报送申请书。经审核符合条件的发给"许可证"。

13日 上饶地区医院外科大夫胡尚达成功地进行了一例左半球胚脑移植手术。该手术在国内罕见，在国际上也是个新的领域。

14日 江西省老年文艺家协会正式成立。该协会是由退居二线和离退休的老年文学家、艺术家，以及老年文艺工作者组成，在对文艺进行探讨、研究和咨询工作的同时，还开展对江西历代文艺家的研究，编写《江西文艺史料》及组织老年文艺家联谊活动等工作。

14日 全国地矿部扶贫工作座谈会在南昌闭幕。来自全国28个省市自治区的地矿人员总结交流了扶贫情况和经验，决心以改革务实精神把这项长期艰巨的工作推向更深层次。地矿部副部长张宏仁和江西省副省长黄璜出席了会议。地矿部今春专门派出经济开发团赴赣南老区，与当地地矿部门一起进行了多形式的扶贫工作。其中仅提交大中小型矿产地就有45处，储量潜在经济价值达43亿元，已建点开矿的年产值达2000万元以上。寻乌县矿业开发收入一跃为县财政的60%，会昌新探明国内罕见的大型锡矿，将使锡成为赣南地区继钨、稀土之后的第三个"拳头"矿产。

14日 国营泰和保健食品厂生产的新型饮料乌鸡可乐通过省级鉴定，填补了江西省动物蛋白可乐型饮料的一项空白。

15日 省委、省政府在南昌隆重举行大会庆祝江西农垦创建30周年。省党政领导及中央驻省有关方面和省有关部门的负责人，与来自江西省140多家农垦企业的代表一起参加了大会。会议要求江西省农垦部门做好如下几项工作：（一）抓好自身的大发展，为农村经济的振兴起示范作用。（二）加快和深化农垦企业内部的改革。（三）大力开展横向经济联合。（四）进一步放宽对农垦企业的政策。会议号召农垦战线广大干部职工，认真学习贯彻党的十三大精神，进一步坚持深化改革，为江西省农村经济和整个国民经济的发展，作出更大贡献。并提出，要把江西省142个垦殖场建设成为不同规模、不同特点的小城镇。在发展综合经营和商品经济基础上的小城镇建设，其中，以共青城最为典型。大会之

后，与会者参观了"江西省农垦创建30周年展销会"。白栋材为展览展销会剪彩，省顾委副主任刘仲候，老同志王卓超、李杰庸也参加了剪彩仪式。同日，《江西日报》头版发表方志纯题为《在开拓中前进，在改革中腾飞》的文章，纪念江西农垦事业创建30周年。

15日 中国航天展览会在江西省展览馆开幕，展览设两个卫星厅、两个导弹厅、一个录像厅，内容包括我国自行设计研制的各种人造卫星、火箭和导弹等。

15日 我国第一条大容量、高速率、长距离的数字微波通信电路在南昌—赣州、南昌—萍乡建成开通。这条具有80年代国际先进水平的数字微波通信电路，全程500公里，跨越江西省6个地市，由十多个微波通信接力站组成。

15日 江西省第一个村计划生育群众组织——南昌市郊区湖坊乡进顺村计划生育协会正式成立。协会将实行群众自我管理，自我教育，自我服务，搞好计划生育工作。

15日 省检察院办公大楼在南昌市北京东路78号开工，基建面积6540平方米，计划1990年11月竣工。

15日 江西无公害蔬菜工作总结会在九江市召开。会议于16日结束。

15日 江西省目标管理责任制经验交流、理论研讨会在江西行政管理干部学院举行。来自江西省各地从事组织、劳动人事工作的同志和有关专家以及省委组织部、省劳动人事厅、江西行政管理干部学院的负责人参加了会议。国家劳动人事部干部局、行政管理科学研究所的同志也专程参加了会议。省委副书记、省长吴官正在会上运用系统论、控制论、信息论的观点，结合实际对江西这个大系统的复杂性、开放性、多功能性、动态性进行了说明，阐述了制定目标的科学性、针对性和优化目标等问题，并就目标管理的决策、执行、信息反馈、扰动处理等问题，要求大家认真研究，从而把江西省推行的目标管理责任制提高到新的水平。会议对今后如何总结经验、提高完善、全面推行目标管理责任制提出：（一）认真搞好1987年各项工作目标的考评。

（二）切实加强领导，保证目标管理责任制在党政机关全面推行。（三）加强目标管理责任制的理论研究。据统计，当前实行了目标责任制的单位，省直机关占100%，地市直机关占96%，县（市）直机关占96.9%，乡镇占96.4%。研讨会于18日结束。

15日 上海经济区丘陵山区综合开发治理交流会在赣州市举行。这次会议由国务院上海经济区规划办和江西省山江湖领导小组联合召开。来自浙江、江苏、江西、福建、安徽、上海以及中央有关部门、兄弟经济区的代表共150余人参加了会议。中顾委委员李昌，国务院农村发展研究中心副主任朱厚泽，顾问石山，国务院上海经济区顾问、省顾委主任赵增益，规划办秘书长韦明，副省长黄璜等出席了会议。会议认为，上海经济区有山区40万平方公里，占全区土地面积的64%，山区蕴藏着丰富的资源，开发利用的情况如何，关系到上海经济区乃至全国经济的发展。会议要求丘陵山区的开发要围绕发展生产力进行，要从实际出发，因地制宜综合开发，发展创汇农业，努力增加经济收入；要制定开发实施方案，依靠千家万户，鼓励部门企业参与开发；开发应以深层次和系列开发为主，并用多种形式加强对开发的服务。交流会于19日结束。

16日 抚州市中医学院中医师蔡全波编著的《禽蛋疗法》一书，已由科学普及出版社广州分社出版。

16日 省经济代表团到广东进行了访问考察。期间，双方就进一步发展相互间的经济技术协作进行了广泛的接触和认真的对口洽谈，并正式签订了江西、广东两省关于进一步加强经济技术协作商谈纪要，双方按照"扬长避短，形式多样，互利互惠，共同发展"的原则，商定以下协议：（一）巩固和发展在农副产品生产供应方面的合作。（二）积极进行矿产资源和原材料的联合开发。（三）双方表示要积极发展和组织以名优产品和出口拳头产品为龙头的企业集团和各种类型的生产联合体，增强两省企业的实力，尤其是在轻工、纺织、家电、食品、饮料、医药等行业进行联合合作。（四）加强外贸出口合作和外向型企业的建设。（五）联合消化吸收引进技术。（六）联合扩大商品流通，加强物资交流。（七）双方愿意在开拓旅游、客源招揽、开发工艺陶瓷、木雕等旅游商品和人才交流培训方面进行合作，促进两省旅游事业的发展。江西省经济代表团在广东省访问考察期间还到广州市、佛山市一些企业、事业单位进行了重点考察和学习，并就广州市建立经济技术协作问题，与广州市政府交换了意见。到当前为止，据不完全统计，两省已签订协作项目103项，其中70个项目已付诸实施。考察活动于19日结束。

16日 省委八届五次全体扩大会议在南昌举行。出席这次会议的有省委委员、省委候补委员、省顾委委员、省纪委委员，以及非三委委员的省人大常委会党员正副主任、秘书长和各专门委员会党员副主任；省政府党员副省长、顾问；省政协党员正副主席和专门委员会党员副主任；省委各部门、各群众团体、省直和中央驻省各单位的主要负责人；各地、市、县、区委书记，各行署专员、省辖市市长，各大专院校和部分厂矿党委主要负责人，共404人。会议学习贯彻了党的十三大精神围绕改革开放、发展经济这个中心，联系江西实际，总结了改革开放的经验，找出了差距，研究了加快改革步伐的措施，讨论了1988年的工作任务。会议号召江西省广大党员、干部在党的十三大旗帜下，加强团结，解放思想，实事求是，团结一致向前看。上上下下，左左右右，干部群众，心往一处想，劲往一处使，排除干扰，消除内耗，为江西的改革开放，为江西的经济振兴，人民生活的改善，尽心尽责，决不辜负党中央对我们的期望，不辜负江西省人民的希望。会议于20日结束。

16日 江西省农垦30周年成就展览和名特优新产品展销会召开。展会累计总共销售金额达70多万元，成交金额达160多万元。展销会于27日结束。

17日 省建总公司与省建设银行合资组建江西省建筑设备机具租赁公司。

18日 省计委、省人防办、省建设厅下发

《结合民用建筑修建防空设施的实施办法》的通知。

18 日 参加省委八届五次全委扩大会议的部分同志就江西发展创汇农业的问题举行了座谈。会议认为，农业是江西省的一大经济优势，发展创汇农业对于振兴江西省经济有着十分重要的意义。会议要求各级领导一定要十分重视发展创汇农业问题，要注意选好在国际市场上销路好、效益高的拳头产品，搞好产品的深度加工，并注意抓好基地建设。金融、商业、粮食、农业、外贸等部门要搞好协调，相互支持，力争在1990年使农业创汇达3亿元，占江西省出口创汇的50%。

18 日 一本反映江西省军区部队、民兵和预备役建设发展历程的史料书——《江西省军区简史》由江西省军区简史编写组编撰完成。

19 日 为加快赣州地区改革、开放的步伐，以开放促开发，加速赣南经济发展，省委、省政府在省委八届五次全委扩大会上宣布：赣州地区为经济体制改革试验区，从1988年1月1日起，在改革试点中先走一步；从计划管理、技改、财政、外贸、粮食、物价、林业、物资工作和信贷等10个方面进一步扩大地区经济管理权限。把赣南推上了主要通过政策倾斜，支持、跟进、接替沿海特区，加速区域经济发展的历史舞台。开放赣州，是江西落实改革开放由经济特区—沿海开放城市—沿海经济开放区—内地"梯度推进"战略的重大措施。

在江西省经济体制改革中崛起的赣州城

19 日 国内有色金属矿山最大尾矿库——德兴铜矿4号尾矿库初期坝竣工。

19 日 一种具有国内先进水平的新型陶瓷装饰技术——釉彩青花技术，在轻工业部陶瓷科学研究所试验成功，并通过部级鉴定。

19 日 民革江西省委会和南昌市委会联合举行庆祝民革成立40周年大会。政协江西省委会主席吴平到会祝贺，政协省委会副主席、江西省委统战部部长杨永峰到会祝贺并讲话。

19 日 省农牧渔业部所属江西水产供销站下放省农牧渔业厅领导管理。

20 日 江西汽车制造厂五十铃汽车驾驶室模具调试和试生产的全部工作顺利完成，并组焊出5台国产化驾驶室。至此，五十铃驾驶室本体的国产化已经实现。

五十铃汽车驾驶室焊装生产线

20 日 江西省世界语协会举行集会庆祝世界语诞生100周年与柴门霍夫诞辰128周年。

20 日 截至当日，江西省纺织工业总产值已完成17亿元，创历史最高水平。全年利润可完成2.1亿元，比1986年增长11.15%。

20 日 应中国奥委会的邀请，由亚洲藤球联合会组织的亚洲男子藤球队一行35人，自即日起至24日来赣访问表演。

21 日 江西省储委审查批准由江西地质赣东北队提交的广丰县李家膨润土和珍珠岩矿区地质勘探报告。

21 日 北京国家中医管理局举行新闻发布会，宣布由江西省中西医结合研究所、江西省妇产医院和江西医学院、江西中医学院等单位共同研制的《艾灸至阳穴矫正胎位的临床规律及作用原理的探讨》获全国中医药重大成果甲级奖。

21日 省航空安全领导小组在南昌向塘机场举行首次大规模反劫机战斗演习，对突发性劫机事件的快速反应和紧急处置能力进行了一次大检阅。参加这次演习的有省公安、解放军驻省部队、武警、民航、邮电、卫生、交通等方面1268人，出动了1架民航班机、2架战斗机和80余部车辆。国家航空安全领导小组办公室主任、公安部边防局局长黄岩华，省市党政军领导和有关方面负责人，以及上海、福建、山东、浙江、安徽、湖南、云南、广西等省、自治区、直辖市的有关方面负责人观摩了演习。

21日 经江西省科学技术进步奖审评委员会5天的评审、核准，江西省123项成果获1987年度省级科学技术进步奖。获奖项目中，有一等奖1项，二等奖16项，三等奖106项，涉及农、林、医药、水利、气象、交通、机械、电子、化工、轻工、冶金、建材、地矿、煤炭、纺织和环境保护等专业。这次评审的项目中，技术上填补国内空白的有16项，达到或接近当前国内先进水平的71项，可应用的129项，已应用的109项。

21日 江西省教育史研究会成立大会暨第一届学术年会在江西教育学院召开。会议于23日结束。

23日 《光明日报》的《情况反映》报道，江西省鄱阳湖区急性血吸虫病患者猛增，发病2236人，为26年来最高峰。国务院副总理田纪云作了批示，卫生部部长陈敏章立即派调查组到江西调查，并报告国务院。

23日 南昌市乳品厂奶牛新鲜胚胎移植黄牛成功，填补了江西省一项黄牛产纯种奶牛空白。

23日 江西省对外经济贸易系统会计学会正式成立，张殿锡为名誉会长。

23日 省经委、省社联联合召开的江西省首次县（市）经济发展战略研讨会在南昌举行。80多名代表就县（市）经济发展战略的地位、作用，县（市）经济发展战略的目标、特点、原则，县（市）经济发展战略的基本步骤与对策问题进行讨论。

23日 国家计委批准同意在九江市建设一座年产30万吨合成氨、52万吨尿素的大型化肥厂。该厂是以江西省为主，同中国石化总公司合资建设，总投资估算为8亿多元。该厂建成投产后，将从根本上解决江西省缺少氮肥的状况，缓和化肥供应紧张的局面，加快江西省农业生产的发展。

23日 省妇联六届五次执委会在南昌举行。参加会议的有江西省各地（市）、县（区）妇联及省属垦殖场妇联的负责人。妇女工作改革是这次会议的中心议题，与会人员希望妇联能在改革中迅速找准自己的位置。参加会议的妇女干部就妇女参政托幼工作移交，和政府职能部门交叉的维护合法权益、儿童工作、实用技术培训、"五好家庭"活动、计划生育工作等问题，与省委、省政府领导及有关部门负责人展开了对话。会议要求，各级妇联要认真组织好党的十三大精神的学习、宣传和贯彻，今后江西省妇联工作应立足于加速江西省经济振兴这个基本点，在改革中创新，在开放中前进。会议于25日结束。

24日 省委政法委员会、省司法厅在宜黄县召开江西省调解工作经验交流会，会议印发34个典型材料，表彰37个先进集体，273名先进个人。

24日 省六届人大常委会第二十七次会议在南昌召开。会议审议通过了《江西省文物保护管理办法》、《江西省乡镇人民政府工作暂行条例》；通过了《关于召开省七届人大一次会议的决定》、《关于补选县乡人民代表大会代表有关问题的决定》、《关于增加江西省第七届人大代表名额的决定》。会议决定任命王家福为省监察厅厅长；任命盛宝璋为省人大常委会副秘书长；任命李惠为省人大常委会办公厅副主任。会议于26日结束。

24日 江西省科协扶贫工作经验交流暨表彰会在南昌举行。出席会议的有各地市县科协、民政、老建办的负责人，以及部分学会、协会和乡、村专业技术研究会、科技师范户的代表。会上，科协、民政、老建办对进一步联合扶贫的问题进行了研究和部署。会议认为，商品生产的竞争，是智力的竞争，必须把发展科学技术摆到重要的战略位置上来。会议要求科协要办好如下几件实事：（一）大力抓好农村各种人才的培训，造就一支新型的农民技术大军。（二）大力开展科普宣传和科技服务工作，把大量的科技知识和科技信息及时送往农村。（三）大力创造条件促进农村乡土人才的脱颖而出。此外，会议还对波阳县科技扶贫协会、上高县锦江乡养鱼研究会等49个先进集体及175位先进个人进行了表彰。会议于26日结束。

25 日 政协江西省五届常委会第二十三次会议在南昌市举行。会议学习中共十三大文件，通过《关于深入学习和贯彻中国共产党第十三次全国代表大会精神的决议》。会议审议通过《五届委员会五年工作的回顾与总结》，通过《关于召开政协江西省第六届委员会第一次会议的决定》和六届委员会名单。29日闭会。

25 日 鉴于发现赖芳松有贪污运输费的行为，江西省经贸厅、省总工会根据省外运公司的要求，撤销赖芳松全国对外经贸行业劳动模范称号。

25 日 江西省测绘局为革命老区高安县的灰埠、兰坊、石脑、上胡、黄沙、杨圩、大城等10个乡镇测制地形图。

25 日 省政府决定授予82名"五一劳动奖章"获得者以"江西省劳动模范"称号。

26 日 根据省委、省政府《关于进一步推进承包经营责任制，深化企业内部配套改革的意见》，进一步深化企业干部人事制度改革，对企业实行经营承包责任制，各级管理人员实行聘任制、考评制和任期制，打破干部和工人的使用界限。

26 日 由江西江新造船厂建设的我国海军第一艘新型扫雷艇在上海吴淞海军宾馆举行了交船仪式。

26 日 江西中医学院隆重庆祝姚荷生、丁景和万友生、沈波涵、张海峰、杨卓寅、郑兆龄、姚奇蔚教授，全大勇主任药师和郭伯涵、潘佛岩主任医师从事医、药教学50周年，并向他们颁发了荣誉证书。

26 日 省政府发出《关于强化农业科技推广工作若干问题的决定》，要求县建立农技推广中心，乡建立农技推广站，村建立农技服务组和科技示范户组成农业科学技术推广体系和网络。该决定内容为：（一）建立健全农业科技推广体系；（二）建设一支适应商品经济发展的农业技术推广队伍；（三）结合技术推广开展经营业务；（四）开拓农村科技市场，推行有偿服务；（五）加强对农业推广的管理和领导。

26 日 省六届人大第二十七次会议通过的《江西省乡镇人民政府工作暂行条例》使乡镇人民政府工作步入法制化、制度化、规范化轨道。至1990年底，全省设1560个乡、280个镇人民政府。

26 日 省公安厅印发《关于江西省公安交通警察机构组建和干部管理问题的通知》，部署组建省公安厅交通警察总队、行署（市）公安处（局）交通警察支队、市、县公安局交通警察大队（1988年5月1日江西省各级交警机构正式成立）。

27 日 省政府下达《关于确定江西省第一批出口商品生产基地的通知》，确定出口农副土特产品生产基地24个。即活猪出口生产基地14个、螃蟹出口生产基地一个、香菇出口生产基地一个、优质大米出口生产基地7个。

27 日 南昌市自来水公司经省计量局、南昌市标准计量局和市城乡建设局联合对公司计量工作升级考核评审，达到国务院关于企业计量工作二级标准的要求，评为国家"二级计量"。

28 日 省政府办公厅第一秘书处研制的《文书档案微机管理系统》软件经过一年多试运行，于当日通过了省级技术鉴定。《文书档案微机管理系统》软件采用汉字关系数据库 DBASE Ⅱ，在 IBMPC/XT 微机上实现收文管理系统、发文管理系统和档案管理系统，在国内省级文书档案管理行业中居领先地位。

28 日 南昌市第一医院的"联合手术治疗肝内胆管结石"研究课题当日通过江西省级鉴定。"联合手术治疗肝内胆管结石"的成功是国内近期肝胆外科的一个重要进展。

28 日 经省政府决定，原蒋介石、宋美龄在庐山的"美庐"别墅，公布为江西省重点文物保护单位。

28 日 新建县厚田乡沙漠被列为国家风沙化治理基地。

28 日 景德镇红星瓷厂第一座燃气窑试烧成功。

28 日 南昌民网枢纽昌东变电站，由于附近109家抄货厂排出大量含盐分子尘埃，严重污染该站电气设备。因凌晨大雾，造成污闪，使多处绝缘击穿。

28 日 江西省第三次台湾同胞代表会在南昌举行。来自江西省各地的台湾省籍代表、列席代表和去台人员亲属、从台湾回江西省定居台胞的特邀代表共61人出席了会议。省政府台湾事务办公室负责人石明清在会上作了题为《在新形势下做好对台工作和台联工作》的讲话。会议审议并通过了省台联第二次代表会议之后三年多来的工作报告；通过民主协商，选举产生了省台联第三届理事会及新的领导机构；推选出了9名出席全国台联第三次代表会议的代表；通过了《致台湾父老乡亲的信》。会议于30日结束。

28 日 南昌陆军学院为赴云南前线参战学员举行庆功大会。这批参战学员，在前线荣立集体三等功，并有两人荣立三等功，10人受嘉奖。

28 日 省委、省政府发出《关于贯彻中发〔1987〕20号文件，加强森林资源管理的通知》，规定：严格执行限额采伐制度，坚决制止森林过度采伐；重点产材县生产的木材，由当地林业部门统一管理和进山收购；从1988年起，国营森工企业上缴的所得税在不超过1986年实际上缴数的原则下，由各县根据采伐限额以内的木材经营数量，合理确定基数，定额缴纳；依法保护国有山林权属，任何单位和个人不得侵占破坏国营林场、采育林场、垦殖场和自然保护区的山林；实行领导干部保护发展森林资源任期目标责任制。

28 日 南昌被评为"全国人防建设平战结合先进城市"，受到国家人防委员会的表彰。

29 日 1987年全路进京进沪旅客列车竞赛评比在北京揭晓。南昌客运段147/8、145/6直快车，荣获铁道部1987年直快四组第二名。

29 日 省高级人民法院、省人民检察院发出《关于办理盗伐、滥伐林木案件如何具体掌握数量标准的意见》。

29 日 一种具有洗胃、胃肠减压、多种负压吸引、充气和喷雾等多种功能的新型医疗器械——医疗多用气压机在南昌通过专家鉴定。

30 日 一种具有国内先进水平的"气功训练显业器"由江西省中医药研究室研制成功，通过了省内外有关专家鉴定。

30 日 九江市科技交流服务中心1986年10月从常州树脂厂引进专利化工项目1.4-BD固体光亮剂，当日由下属民办科技产品试验厂一次性试产成功，质量指标符合产品标准，从而填补了江西省化工行业的一项空白。

30 日 江西省土畜产品进出口公司在江西展览馆举办为期10天的出口羽绒制品展销会。省委、省政府、省军区等领导参观展销会。展销会采取宣传与展销并举，以展为主的方式，集中展现共青、上饶、南昌、赣州羽绒厂和南昌服装四厂近年来在国际市场上享有较好声誉的名优新产品共250多个品种。

31 日 江西省第一座环卫浴室——东湖环卫浴室当日正式开放。

31 日 江西电视台向美国纽约苹果电视台提供《黄维故乡行》、《匡庐别墅》、《金龙腾飞》、《当日余雕》、《资国风采秀江西》等20部电视片。

31 日 省政府批转省人防办《关于开发利用人防工程实行优惠政策几个问题的报告》。

31 日 省政府发出通知，要求各地坚决兑现1987年承包合同，切实保障经营者和企业的合法利益，通知指出，只有取信于民，改革才能深入。通知强调，各地要坚决维护承包合同的严肃性，兑现合同必须奖罚分明。

31 日 省检察院批准给万群英荣记一等功，南昌市检察院批准给刘荣贵荣记三等功。同时，南昌市人民检察院作出《关于在全市检察干警中开展向万群英同志学习活动的决定》。

本月　德兴铜矿少先队被全国少工委授予"红旗大队"称号。

本月　省土建学会在南昌举办《香港建筑创作30年成就展览》。参观人数约670人次，编印有110幅彩照专集发行。

本月　横峰纺织器材厂获中共中央宣传部、国家经济委员会、中华全国总工会联合授予的"全国职工思想政治工作优秀企业"称号。

本月　大余县被国家卫生部评定为"全国食品卫生示范县"。

本月　经贸部和中国粮油食品进出口总公司在武汉召开全国出口柑橘橙"无病毒脐橙引进品种鉴评会"，江西省粮油食品进出口公司引进的美国脐橙序列——在信丰县脐橙场种植的美国"朋娜"脐橙良种名列全国第一。

本月　江西光学仪器总厂研制的具有国内领先技术水平的"XA－2自动曝光显微照相仪"在江西上饶市通过了国家机械委的样机鉴定。

本月　南昌市市长程安东向社会宣布南昌市居民已实现了户户都通自来水这一消息，标志南昌市城区居民靠挑水吃的时代一去不复返了。

本月　省石油公司宜春分公司枯桐岭油库、抚州分公司白露山油库、景德镇市分公司历尧油库利用油库空地种植橘子，第一次各收橘子万斤以上。

本月　永丰、南昌、吉水三县开展农村救灾合作保险试点。

本月　省中西医结合研究所所长余鹤令等研究的"艾灸至阴穴矫正胎位临床规律及其作用原理的探讨"和江西中医学院讲师杨梅等研究的"龟上下甲化学成分及药物作用的比较"，分别获全国中医药重大科技成果甲等奖和乙等奖。

本月　据统计：江西省现有国外华侨30769人、外籍华人34404人，分布在35个国家。比较集中在美国、加拿大、新加坡、马来西亚、印尼、泰国、日本、澳大利亚等。港澳同胞42078人，省内有归侨4173人、侨眷（含外籍华人眷属）86543人。港澳同胞眷属65936人，国内外及港澳地区共267941人，加上13万余旁系亲属，江西实有侨务工作对象40万人（其中国外港澳19万、国内约21万人）。

本月　阿拉伯也门共和国派人来华授予原也门公路专家组组长杨斌（江西省交通厅副厅长）二级勋章。

本月　九江整流器厂聘请日本整流专家名古屋中央制作所原总工程师近藤守信担任技术顾问，研制开发十余种新产品，其中六种获省优新产品称号，五种达到国内先进水平，一种获省科技进步二等奖。

本月　前卫化工厂、南昌造漆厂两厂的"猪油改性醇酸树脂的制备及其在涂料工业中的应用"，获省科技进步二等奖；江西氨厂MSQ脱硫法、永丰化肥厂多元素专用肥、临川农药厂地乐胺获三等奖。

江西氨厂的脱硫装置

本月　由中国有色金属工业总公司第四建设公司承建的贵溪电厂两座冷却塔交付使用。冷却塔塔身呈双曲线形，筒高100.24米，底部直径79.6米，顶部直径22.989米，两塔淋水面积为4000平方米，工程总投资为840万元。该塔由上海华东电力设计院设计。

本月 江南蓄电池厂引进日本电池株式会社蓄电池生产线及仓塑料整体槽盖内连接热封新技术，技改主体工程通过验收，形成全套机械程序控制生产线（1988年获省经委优秀技改项目奖，试制的QA（S）系列蓄电池列为国家第十二批替代进口产品，1988年，3－QA－120型起动铅酸蓄电池获国家优质产品银奖）。

本月 宜春风动工具厂在江西省机械企业上等级标准化定级考核中，首批获省标准局颁发的机械企业标准定级合格证书。

本月 江西气体压缩机厂与合肥通用机械研究所合作，共同研制成LGY20/12－23/20型移动式风冷中压螺杆压缩机，通过部级鉴定，该机系国家"六五"期间大型竖井钻机配套设备科技攻关项目之一，填补国内该项产品的空白，可替代进口。

本月 江西省机械工业企业全面实行厂长（经理）负责制并推行经营承包责任制，省机械厅直属公司和企业经理、厂长与厅签订经营承包合同。

本月 世界银行红壤开发检查团丁文博、波克到红星垦殖场检查红壤开发工作。

本月 1981年8月成立机构，1982年3月开始编修，1987年3月定稿的《乐平县志》，由上海古籍出版社出版。

本月 江西新华印刷厂获得世界银行教材开发项目10.7万元特别提款权贷款，用于购置彩色制版印刷设备。

本 年

本年 宜春地区印刷厂被评为全国包装先进单位。

本年 六〇二所开始"2000年军用航空技术发展战略研究"，1989年获航空航天部科技进步一等奖，主要完成人为研究员郭泽弦、刘夏石、高级工程师姜迎春。

本年 江西省生物药品厂高级工程师叶荫云研制的草鱼出血病灭活疫苗被列入全国兽医生物药品试行规程。

本年 江西省四大名茶之一——南城"麻姑茶"首次出口美国、日本等国家。

本年 中国科大在国内外知名人士和爱国华侨的资助下，在本科生中设立了7种奖学金。1987年有36名江西籍学生获得了各类奖学金，其中获"人民奖学金"的34人，获"郭沫若奖学金"的1人，由香港退休商人钱涵洲先生资助的"华新奖学金"1人。

本年 江西省选手涂军辉在斯特拉斯堡金杯国际游泳跳水赛上获得男子跳台跳水金牌。

本年 中国土木建筑学会表彰从事土木工程工作50周年的老专家吴伯英、吴本庄、禚纯祖、曾寄松、刘昌中。

本年 江西省建筑机械厂研制的江西第一台机型JZ200混凝土搅拌机，江西省第二建筑机械厂生产的DX－3型电工仪表综合校验台获省优秀新产品奖。江西省二建公司首次应用电磁压力焊工艺获得成功，填补了省内一项空白。江西省建二公司在南昌航空学院图书馆施工中采用"升板带夹层板提升"施工技术，属省内首创。

本年 贵溪冶炼厂谭洁泉研制的"智能化密度式溶液浓度计"获国家实用新型专利权（1990年，该项目获有色总公司科技进步四等奖）。

本年 在1987年国家质量抽查中，昌河飞机制造厂生产的CH110X厢式货车被评为一等。

本年 玉山县紫湖乡茶叶精制厂生产的13.5万公斤"三清云雾茶"，以其独特的芳香，远销科威特、摩洛哥、苏联、波兰等7个国家。

本年 全省总发电量达到100.1亿千瓦时，首次突破百亿大关。

本年 泉江站高坑装卸班自1983年起连续5年被铁道部命名为"全路文明装卸班"。装卸班长曹胜在 1986 年至 1987 年被铁道部命名为"全路文明装卸标兵"。

本年 南昌铁路分局南昌西站被铁道部、解放军总后勤部评为"铁路军运基础建设合格单位"。南昌、景德镇站和樟树、九江车务段被评为"全军军运基础建设工作先进单位",上饶、鹰潭军供站评为"全军军供站正规化建设先进单位"。

本年 信江全流域航运测量获国家优质勘察金质奖、江西省一等奖;105 国道吉安至遂川路段改建设计获国家优秀设计银质奖、江西省一等奖;105 国道遂川至石岩前路段改造勘测及上饶前进大桥设计,分别获江西省优秀勘察及优秀设计二等奖。

本年 江西省建立"红白喜事理事会"630 个,其中建在村(居)委会一级的 555 个。

本年 江西医学院第二附属医院主治医师胡大仁出席第一届国际急救学及创伤学术会议,在国际上首次提出"心脏穿通伤三型分型法"。

本年 江西医学院第一附属医院医师贺洪平等在国内外首创微机用于扫描仪核素显像约束反卷积复原处理新技术成功,并在全国推广应用。

本年 中外合资赣新电视有限公司进入全国百家电子企业排序第 75 名。

本年 万平无线电子行业出口创汇 917 万美元,万平无线电器材厂出口创汇 436 万美元,创汇额居江西省电子行业之首。

本年 张刚编导的彩色故事片《哭笑不得》、《小大老传》分别由福建、云南电影厂摄制完成,在江西省发行放映。

本年 丰城矿务局建新煤矿按部颁标准建成江西省第一对质量标准化矿井,省煤炭厅 1988 年 3 月验收命名。

本年 经纺织工业部、经贸部、财政部批准,江西棉纺织印染厂、九江国棉一厂等 25 个单位为江西纺织品出口重点企业;景德镇人民瓷厂、赣南纸厂等 11 个单位为江西省轻工业品重点出口企业。

本年 省政府确定南昌市朝阳农场、南昌新丰垦殖场、新建县北郊林场养猪为出口活大猪生产基地;南昌华安针织厂、南昌毛巾厂、江西八一麻纺厂、南昌市服装厂、南昌市服装五厂、南昌食品罐头厂罐头分厂、江西国药厂、江西制药厂 8 家企业为出口工矿产品生产基地。

本年 江西首次暴发蜂蛹病(又称蜂癌),江西省养蜂业遭受很大经济损失。

本年 省农牧渔业厅植保站与省气象部门协作,在 13 个地(市)、县联合建立天气、作物、病虫监测警报系统,对迁飞性害虫和流行性病害进行预测,对控制病虫害,确保农业丰收取得显著成绩。获农业部、国家气象局肯定和好评。

本年 江西省早稻发生白背飞虱为害,以赣南发生最为严重,赣中次之,赣北较轻。经防治后,江西省仍损失稻谷 5.36 亿斤。

本年 进贤县李渡出口花炮厂出口花炮 11.833 万箱,收购金额 129.2 万元。该厂于 1987 年研制成功礼花弹,填补了江西省礼花弹生产空白。当年 2 月,11 箱样品试销美国,受到欢迎,外商订货纷至。

本年 赣州地区交通战备机构协同有关部门,在两次防洪抢险中,迅速组织 91 辆战备汽车待命,疏散人员 1.1 万余人,运送物资 4651 吨。

本年 省商业厅、省总工会联合在 30 家大中型商场开展创最佳经济效益,最佳社会效益竞赛活动。到年底,10 家商场评为全面优胜单位,8 家商场评为单项优胜单位,40 个柜组获优胜奖。

本年 南昌市郊区湖坊乡进顺外村独资兴建鄱阳湖大酒店。该酒店总投资 2400 万元,高 18 层,有客房 270 间(套),床位 531 个,大小会议厅 50 个,通讯设施先进。1990 年 5 月投入全面营业。1993 年被省旅游局列为二星级旅游涉外定点单位,迄今仍为江西省乡镇企业中最高档次的服务酒店。

本年 省科协会堂竣工。该工程由省建筑设计院王锦海等设计,省一建公司施工。这项工程会堂与科技服务楼两部组成,建筑面积 1.1 万平方米，框架结构（1989 年评为优秀工程设计一等奖，国家建设部优秀设计三等奖和省优良工程。设计建筑空间具有多用性、转用性和灵活性，视听效果良好，能满足各种科技活动的要求）。

本年 景德镇印刷机械总厂研制成功国内第一台 PZ2660 型四开双色胶印机，印速达 1 万张/小时，性能达到 20 世纪 80 年代初国际同类产品水平，填补国内一项空白，可替代进口。

本年 江西省机械工业设备管理协会成立，全面推行设备的综合管理。

本年 国家确定第二批重点技术改造项目，机电工业 565 个，江西属限额以上重点项目两个，属部计划项目九个。南昌齿轮厂、南昌柴油机厂属国家重点技改项目单位。

本年 省机械系统 1987 年度被批准晋升为国家二级企业的有：江西光学仪器总厂、宜春风动工具厂、景德镇华意电器公司、红星机械厂、上饶水动力机械厂 5 个。

本年 省机械工业系统获省级先进企业的有江西光学仪器总厂、南昌柴油机厂、南昌齿轮厂、南昌通用机械厂、江西手拖拉机厂、江西三波电机总厂、江西气体压缩机厂、江西轴承厂、宜春风动工具厂、宜春工程机械厂、宜春电机厂、宜春齿轮厂、上饶水动力机械厂、上饶客车厂、赣东北轴瓦厂、玉山轴承厂、江西富奇汽车厂、江西第二变压器厂、江西第二气体压缩机厂、江西制氧机厂、九江动力机厂、九江电影机械厂、景德镇制冷设备总厂、乐平包装容器厂、鹰潭水泵厂、分宜驱动桥厂、江西消防车辆厂、江西红星机械厂、江西气门芯厂、江西辊锻厂等 30 个企业。

本年 东风制药厂青霉素结晶 QC 小组完成"降低青霉素纳吸光度"研究课题，获全国优秀质量管理小组称号。

本年 东风制药厂圆形发酵车间的设计获国家医药管理局科技进步三等奖。

本年 在中国药材公司组织的全国中药饮片质量大检查评比中铅山县国药二店的中药饮片获全国质量第一名。

本年 宜黄农民朱新华 1987 年投身繁育良种，取得巨大成功，建立了中国第一家农民开办的"兴华特优稻种开发有限公司"。

本年 省地质环境地质队完成了遂川、铅山、安福等县 25 处水源性氟中毒和甲状腺病的环境地质调查，防治改水初见成效，使 3 万人受益。

本年 省地质科研所刘洲涛等在信丰县找到麦饭石矿，并与江西中医学院、信丰县等单位合作，开发出麦饭石系列产品。

本年 省地质矿产局赣南地调队和赣西地调队勘查的龙南足洞重稀土矿、宜春麦田粉石英矿分获地质矿产部 1987 年地质找矿一、二等奖。

本年 德兴铜矿富家坞铜矿选矿厂建成。

建成的富家坞铜矿选矿厂

德兴县富家坞铜矿

本年 省司法行政机关配备法制宣传车 20 辆、其他车辆 38 辆。司法部半价分配给老、少、边、山、穷地区法制宣传车 6 辆。

本年 省垦管局在江西省第二次土壤普查中被省政府授予省优秀科技成果三等奖。

本年 法国巧克力专家到红星垦殖场作为

223

期一个月的技术指导。

本年 省审计局对世界粮食计划署援助项目"鄱阳湖低洼地发展水产养鱼项目"进行审计，并向世界粮食计划署出具了第一份对外审计报告。

本年 南昌市水产科学研究所完成的"长江白鲢引种与人工繁殖白鲢差异的研究"，以及其与南昌市水产局1983年开始进行试验的二龄草鱼"四病"（肠炎、烂腮、赤皮、出血）生态综合防治获三委一部（国家计委、国家科委、国家经委和农业部）奖励。

本年 江西省池塘养鱼丰产示范活动经过两年多的实践，取得了"丰产、优质、高效"的显著成果。1987年18万亩丰产示范塘的技术水平、单产、增长幅度、产品质量、投入产出比均达到国内先进水平。1987年江西省养殖总产达到18.51万吨，比上年增长18.1%。

本年 1987年江西省全年完成工业总产值218亿元，比1986年增长169%，其中全民所有制工业增长14.5%，集体所有制工业增长21.5%。按国家统一考核口径，江西省完成工业总产值193亿元，比1986年增长14.7%，其中轻工业产值增长16.7%，重工业产值增长13%，钢完成105万吨，首次突破100万吨大关。江西省11个地市较上年增长幅度都在两位数以上，超过江西省平均增长水平的有宜春地区、吉安地区、上饶地区、新余市和九江市。

*1988*年

概　要

1月，省人大七届一次会议通过了《关于省政府工作报告的决议》、《关于一九八八年国民经济计划和社会发展计划的决议》。省政府公布的《江西省一九八八年经济体制改革实施方案》提出继续大力推动横向经济联合，积极发展企业群体和企业集团，进一步下放权限，加快对外开放，逐步建立科技与经济结合的新体制，发展技术市场；改革物资体制，发展与完善生产资料市场；积极发展劳务市场；搞好住房改革。全省经济体制改革座谈会提出江西省企业要全面推行竞争承包，深化经营机制改革，把改革同经济发展结合起来，保证经济持续稳定地发展，必须全面推行承包制，鼓励企业相互承包、相互租赁、相互参股，大胆探索股份、股份承包和企业全员抵押承包、租赁及其他有效的经营形式。本年，在物价、财政、税收、金融、物资、投资体制、劳动制度、工资制度、住房制度以及教育、文化、科技、卫生等方面都不同程度地进行了改革。

物价改革　省委、省政府认为，振兴江西经济，必须按价值规律办事，要在价格改革方面取得突破性进展。决定以促进生产发展、增加财政收入、改革人民生活为目标，以"按制、疏导、搞活、管好"为方针，以"小步快走，比沿海慢半拍，比内地快半拍"为策略，实行有突破性的价格改革，用价格杠杆首先启动农业开发，逐步全面促进市场、价格（除国家管理的主要产品和收费外）双放开。随即推出价格改革方案，首先是提高粮、油、生猪等农产品的购销价格，减少粮食、食油、生猪的计划收购，大幅度调减粮食议价转平价收购计划，6月开始取消生猪收购上调计划，促使农民更多地介入市场。同时增加城镇职工的补贴。此外，对扩权县、边境县、赣南试验区、乡镇企业、中外合资企业的价格管理全部放开。之后，价格改革在其他领域也陆续推开。9月，省委召开会议，传达中央关于做好当前物价工作，稳定市场，维护改革大局的指示，并举行价格改革报告会。下半年，江西也和全国各地一样，出现因严重通货膨胀而引发的抢购风潮，在社会上引起严重不安。为了保证改革开放的顺利进行和社会安定，10月中旬，省委召开八届七次会议，决定按照中央的统一部署，把改革的重点放到治理经济环境，整顿经济秩序上来。

小城镇建设　1月，省政府发出《关于进一步扩大地市经济管理权限的通知》。2月，全省小城镇建设工作会议指出，必须实行经济建设和城镇建设同步协调发展的方针，逐步形成以大中城市为中心、布局合理、和谐协调的城镇体系。3月，省政府发出《关于加强小城镇建设的暂行规定》；全省地、市委书记、专员、市长会议认为，江西乡镇企业还只处于一个低水平的发展阶段，加速乡镇企业发展是当前一项紧迫任务。要充分利用中央和省里出台的优惠政策，创造宽松的环境，加大投入，加强领导，以实现乡镇企业的突破性发展，进一步实行税收优惠政策等为乡镇企业发展创造条件；深化改革，搞好政企分开，完善经营承包责任制，加强管理，增强企业活力；解放思想，全省动员，推动全省乡镇企业迅猛发展。4月，省委、省政府发出《关于加速乡镇企业发展的决定》。指出乡镇企业要坚持"四轮驱动、多业并举、合理布局、择优扶持、注重效益、加速发展"的战略，坚持"以乡、村企业为骨干，以户办、联办为重点"的指导方针。

以县为单位的综合改革　6月，省委、省政府决定加快资溪、黎川、南丰、广昌、宜黄、乐安、永丰、泰和、吉安、万安、遂川、玉山、广丰、铅山、上饶、贵溪、余江县和鹰潭市月湖区18个县（区）的经济体制改革，相应扩大其在计划管理、技术改造、财政税收、金融信贷、劳动人事、物价管理、对外贸易、工商管理、乡镇管理等方面的管理权限，以抓住沿海经济发展的机遇，调整产业结构，搞活商品流通，发展乡镇企业，开发农业资源，实现县域经济改革的突破。同时，进一步密切与东南邻省的经济联系。

商业所有制结构调整　国营、集体和个体商业都在改革中得到了发展，基本形成了多种经济形式的格局。国营商业的主导作用继续得到发挥。集体商业在改革中得到网点建设、货源供应、资金使用以及税收等方面政策的积极支持与帮助，也有较快的恢复和发展。年底，全省商业网点增至33万多个，从业人员869万多人。其中集体商业网点已达21979个，从业人员183259人，从业人员已成为城乡流通中的一支重要力量。全省供销社零售额30.97亿元。商业所有制结构的调整，使得国营、集体供销社、个体等各类商业竞相发展，多渠道流通格局逐步形成。

发展外向型经济　全省财政会议强调：江西经济要有一个大发展，必须瞄准沿海，大力调整全省产业结构，努力提高经济效益，增加适销对路的产品。全省的改革发展必须适应沿海地区向外向型经济发展的战略，加快江西省经济发展，积极跟进，抓紧接替，把江西经济纳入国内、国际大循环，发展外向型经济，扩大对外开放。沿海地区实行大进大出，江西也要搞大进大出。进一步增强经济实力，抓好一批骨干项目的建设，发展乡镇企业。

深化农业改革　2月，省粮食局宣布，从本年起全省粮食工作包干办法三年不变。3月，全省农业工作会议讨论了如何进一步深化农业改革的问题。要因地制宜综合发展农业，棉花购销政策应调整，积极鼓励棉农发展棉花生产。7月，省委、省政府作出决定，用五年到七年的时间，集中各方面力量打一场农业开发总体战：坚持以改革促发展，以开放促开发，适应沿海地区经济发展战略需要，把整个农业作为一项系统工程来抓，以发展多种经营、乡镇企业、农产品精深加工为重点；改造中低产田园，开发荒地荒水，保证粮食稳定增长，加速资源的转化和农村劳动力的转移。省委、省政府转发《关于鼓励城乡私营企业发展的意见》和《关于发展村级经济，增强服务实力，完善双层经营的意见》。

扶贫方式的根本转变　江西省第八次党代会和老区建设工作会议以后，对老区建设扶持方式由单纯的资金扶持转向资金、技术、人才多方面综合扶贫。根据省委、省政府提出的三年解决特困乡、特困户达到温饱的要求，到1988年，全省老区创办了各类扶贫经济实体和服务组织9500多个，带动了34.5万户贫困户发展商品生产。许多老区县市用扶贫款作为发展商品经济的"催化剂"，开发本地资源，开展多种经营，建立主导产业，办好乡镇企业，经济得以迅速增长。年底，全省已有98.5%的村委会建立了互助储金会，对于解决一部分贫困户发展生产的困难起了很好的作用。全省贫困户中 95.6% 达到人均年纯收入 200 元以上的标准，其中达到 300 元以上的占 60.8%。40 个重点老区县、市主要经济指标的增长速度，已接近或超过了全省平均水平。老区建设工作在继续抓好解决温饱的同时，逐步转移到脱贫致富目标上来。

高考招生工作的改革 全省开展生产力标准的学习和讨论，以求进一步解放思想，转变观念，拓宽思路，提出"科教兴赣"。1 月，省教委发出《关于促进高校为我省经济建设服务的若干规定》。4 月，全省招生工作会议决定招生工作实行较大改革：不进行预选，采取高校、中专"一条龙"的考试录取办法；进行招生指标定额到县的试点；扩大定向招生；扩大委托培养、自费生、走读生招生；把参加社会实践活动列入应届毕业生报考高校的必要条件。

各项改革与成就 2 月，全省卫生工作会议着重讨论与部署全面加强预防保健工作和加速培养农村卫生技术人才两个问题。3 月，《关于促进科技与经济结合的若干规定》开始在全省施行；开始开展民主评议党员工作；全省普法工作会议召开。5 月，全省住房制度改革会议提出用三年或多一点时间在全省全面推行住房制度的改革。6 月，省税务局下发《江西省个人收入调节税征收管理试行办法》；省政府同意试办合作制律师事务所。7 月，省人民检察院建立新闻发言人制度。9 月，全省开始整治赣江下游工程；省委、省政府作出《关于党政机关保持廉洁的若干规定》；省政府发出紧急通知，要求各地全面清理固定资产在建项目，压缩投资规模；许艳梅在第 24 届奥运会上夺取跳台跳水冠军，实现了江西省在奥运会上金牌数为零的突破。当年，在全国 1 万多家电子工业企业中，赣新公司人均利税额排第四位，全员劳动生产率排第九位。

全省本年主要经济指标情况 国民生产总值完成 325.83 亿元，比上年增长 11.4%；国民收入 254 亿元，增长 9.5%；工业总产值 345.33 亿元，增长 20.1%；农业总产值 174.18 亿元，增长 2.7%。财政收入 32.29 亿元，增长 15.2%；第一产业产值 119.18 亿元，增长 2.7%；粮食总产量 307 亿斤，减产 1.8%；第二产业产值 117.38 亿元，增长 16.4%；第三产业产值 89.27 亿元，比上年增长 16.9%。全省社会商品零售总额 164.19 亿元，增加 30.2%。外贸出口总值 4.89 亿美元，增长 21.7%。社会零售物价总指数上升 12.8%，一部分城镇居民收入水平有所下降。年末全省总人口 3683.88 万人，人口自然增长率 14.1‰。

1988

1月
January

公元 1988 年 1 月							农历戊辰年【龙】					
日	一	二	三	四	五	六	日	一	二	三	四	五	六
					1 元旦	**2** 十三	**3** 十四	**4** 十五	**5** 十六	**6** 小寒	**7** 十八	**8** 十九	**9** 二十
10 廿一	**11** 廿二	**12** 廿三	**13** 廿四	**14** 廿五	**15** 廿六	**16** 廿七	**17** 廿八	**18** 廿九	**19** 十二月小	**20** 初二	**21** 大寒	**22** 初四	**23** 初五
24 初六	**25** 初七	**26** 腊八节	**27** 初九	**28** 初十	**29** 十一	**30** 十二	**31** 十三					

1日 景德镇推出"欣赏龙瓷、研究龙瓷、绘画龙瓷、选购龙瓷"龙年旅游活动,《人民日报》海外版为此发布消息。

1日 根据国务院文件精神,省政府决定开始征收电力建设基金。

1日 省审计局发出《关于在省直行政文教系统部分单位试行审签制度的通知》,决定从1月1日起在省委办公厅、省文化厅、卫生厅、民政厅、广播电视厅、省体委、省统计局、省总工会、省科学院试行内部审计审签制度。

1日 省政府决定从1988年财政年度起,粮食财务管理体制下放到地、市、县管理。

1日 江西省气象台、站执行国家气象局颁发的《重要天气预报质量评定办法》。

1日 省煤炭厅决定在省属重点煤炭企业普遍建立"内部银行"。

3日 《江西日报》报道,江西面积最大的汽车客运站——赣州车站胜利建成。这座新车站总面积为1.8万平方米,其中主站房占地8044平方米(11日正式投入使用,每天可接发客班车800部)。

4日 由江西、湖南两省的党史资料征集委员会指导,井冈山革命根据地党史资料征集编研协作小组和井冈山革命博物馆编纂的中国共产党历史资料丛书《井冈山革命根据地》,由中共党史资料出版社出版。全书分上、下两册,共分为历史文献、回忆录、人物简介和图表照片四大内容。全书约有1000多万字的历史资料,其中许多资料系首次公开发表。

4日 省科委以赣科字(1988)第20号文发出《关于省属科技机构科研承包经营责任制试行意见》。

4日 省石油公司召开会议,传达省政府(1987)25号文即关于推行承包经营责任制有关问题的意见。

4日 省教委成立省中小学教材审查委员会。

5日 省垦管局发出通知,明确规定对省属垦殖场企业升级工作。不分企业大小,统一按国家级、省级新的等级标准划分,不再以行政级别划分等级。

5日 省垦管局召开省属场工作会议,贯彻省委八届五次全会精神，确立全面推行场长负责制，完善承包制，引入竞争机制的"三位一体"经营机制，制定 1988 年至 1990 年 3 年翻番目标。省属各垦殖场场长签订场长任期目标责任书（蚕桑场实行聘任制，而不签责任书）。会议于 6 日结束。

5 日　南昌新四军军部旧址经全面整修恢复原貌，正式对外开放。1938 年 1 月 6 日，新四军军部在此成立并对外办公。这里曾先后设有新四

1960 年贺龙在南昌市"贺龙指挥部旧址"前的留影

军驻赣办事处、中共中央东南局等。为更好地对广大人民群众，特别是青少年进行革命传统教育，南昌市委、市政府决定恢复旧址，拨款 80 多万元，搬迁了旧址内 57 户居民，省文化厅拨款 15 万元对旧址进行了维修。

5 日　长期奋战在相山地区的华东地勘局二六一队，在当日建队 30 周年时，被核工业部地质局授予"铀矿地质勘查功勋队"称号，这是当

华东地勘局二六一大队六分队 6115 钻机以年进尺量 8498 米成绩创全国机械岩心钻探进尺量的最高纪录

前我国核工业系统获此殊荣的唯一单位。

6 日　新干县中学教师宋嵩生发明的"验证牛顿第二定律实验器"获得国家教委教具四等奖。

6 日　省审计局发出《关于加强对乡镇财政、财务收支的监督管理的通知》，要求各级审计局把全省乡镇财政、财务收支纳入定期审计范围。

6 日　省政府通知，试点城市的住房建设基金业务由建行代理。

6 日　全国第四届中学生物理竞赛决赛自即日起至 8 日在兰州进行，江西 4 名学生参赛，上饶市二中学生徐鹰获二等奖，上饶一中学生郑政和南昌十九中学生李卫东获三等奖，临川一中学生黄党贵获四等奖。

6 日　共青团江西省委十届二次全委扩大会议在南昌市举行。会议传达了团中央全委扩大会议和团十一届六中全会精神，传达了党中央领导最近对共青团工作的讲话精神，并在总结 1987 年江西省团的工作的基础上，提出了 1988 年工作的指导思想：以党的十三大精神为指针，以学习革命先辈献身精神，立志兴赣富民，建功成才为主题，以基层为重点，进一步增强青年的改革意识，搞好共青团的自身改革，全面活跃共青团工作，带领青年为加快和深化江西改革，为振兴江西经济作出贡献。会议于 8 日结束。

7 日　中国共产党优秀党员、忠诚的共产主义战士、江西省人大原副主任、省政协原副主席、原省顾问委员会筹备组副组长罗孟文同志，因病医治无效，在南昌逝世，终年 81 岁。罗孟文同志是江西省赣县人，1927 年初投身农民运动，任乡主席，1929 年加入中国共产党。

7 日　江西省开发草食畜禽协会在南昌市成立。副省长黄璜任会长，赵增益、许少林等任顾问。

7 日　长征老干部、省地质矿产局副局长罗林因病在南昌逝世，终年 74 岁。

8 日　为进一步促进江西地方党史、革命史的研究，适应新时期党史工作的需要，经省委宣传部和省出版局批准，由省党史研究室主办的双

月刊《江西党史研究》正式创刊，公开发行。中顾委副主任薄一波为该刊题了刊名。《江西党史研究》是江西省唯一的党史学术专刊。该刊立足江西，面向全国，注重刊登全国，尤其是第二次国内革命战争时期党史学界和征研部门的科研成果。

8日 经国务院批准，1987年我国又设立了30个城市，同时撤销、合并、更名部分城市。抚州市和临川县合并设立临川市。

8日 省验收委员会通过奉新县农村初级电气化达标验收，奉新成为全省第一个实现农村初级电气化的县。据统计，到目前为止，全县已建成128座电站，装机容量2.03万千瓦，实现了8处电站联网运行，初步形成一个与电源相配套的发、供、用统一调度的地方电力网。1987年全县小水电发电量6587万度，99.27%的家庭用上了电，人均常年用电量203.2度。

8日 江西工业大学化工食品所研制成功一种用于厕所、饲养场、垃圾堆等场所的"阿尼括"除臭剂，并通过省级鉴定。

8日 应省政府经济协作办公室和省工商联的邀请，上海市工商联企业会员代表团一行25人来江西考察访问。由省工商联副主席张修锡全程陪同考察。访问团先后对南昌、吉安、宜春、九江等地市的有关企业进行为期15天的实地考察。副省长孙希岳和省政协副主席沈翰卿、李善元会见了代表团全体人员。

8日 江西生物工程研究会正式成立。

8日 全省最大的内河客运工程——南昌客运站通过质量检查验收，正式交付使用。该站占地面积1.1万平方米，码头拥有趸船四个，内设两个1000平方米候客厅，年发客能力可达120万人次。

8日 为期两天的江西省分、市院检察长会议在南昌召开。会议就检察机关怎样保卫改革、支持改革、服务改革和如何搞好自身改革等问题进行了讨论研究。会议认为，在新的一年里，各级检察机关要以改革统揽全局，为改革开放服务，为经济建设"护航"。会议提出，检察机关在改革中应当确立三个观念，坚持三个原则。即确立生产力标准的观念，用能否促进生产力发展为标准来检验检察工作；确立商品经济的观念，从有利于商品生产、有利于商品交换来开展各项检察工作业务；确定服务的观念，提倡在办案中搞服务，在服务中促发展。

9日 从1987年年底起，江西省对全省党政机关、全民所有制企事业单位的干部增长实行计划管理。省委组织部和省劳动人事厅最近制定了实施干部计划管理的意见，要求控制干部队伍的膨胀，改善干部队伍的结构。

9日 副省长钱家铭就向九线山下渡大桥修建有关问题与华东建设指挥部、上海铁路局基建委、南昌铁路分局、永修县等领导进行商谈，草签了征地、拆迁协议。

10日 在香港举行的世界羽毛球系列大奖赛总决赛上，江西羽毛球名将熊国宝以2：0的优势挫败印尼高手罗天宁，获得男子单打冠军，另一名选手钱萍获得本次大赛女子单打第三名。

江西省羽坛名将熊国宝

10日 省检察院发出《关于玩忽职守和重大责任事故造成直接经济损失立案标准的通知》，将原赣检法（1988）1号文规定的立案标准3万元，改为5万元。

10日 江西省审计工作会议在南昌举行。出席会议的有省、市、县审计局长和省直机关负责人250人。会议提出，审计工作要更好地为改革开放服务。会议于15日结束。

11日 万安县干部和群众隆重集会，纪念"万安暴动"60周年。

11日 省地质矿产部水文地质队上饶分队编制出《三清山旅游地质调查报告》。

12日 省建设厅转发建设部《关于加强城市规划管理工作的若干规定》。

12日 省政府发出《关于进一步扩大地市经济管理权限的通知》，决定从1988年1月1日起，进一步扩大地、市在计划管理、技术改造、财政税收、金融信贷、劳动人事、物价管理、对外贸易方面管理权限；九江市在搞好综合改革的同时，要做好列入沿江对外开放城市的准备。

12日 1987年度国家优质产品的评选揭晓，江西有4项工业产品获奖，景德镇雕塑瓷厂的散花牌传统人物瓷雕获金奖；国营赣江机械厂的长江750A－3C摩托车、龙南县稀土矿的龙南牌高钇氧化稀土 Y_2O_3－60、国营二六〇厂金鼎牌人造金刚石单晶获银牌。

12日 南昌电信局被国家质量评审委员会审定批准为1987年国家质量管理企业。南昌市电信局是江西获得此奖的唯一企业。

12日 省政府批转省司法厅《关于对不够劳动教养条件的卖淫、嫖娼人员实施收容教育若干问题的报告》，确定由省司法厅负责实施，需要收容教育的人员，由公安机关负责审批，劳教所负责收容。

12日 省政府针对当前一些地方和单位以各种名目滥发钱、物，公款请客送礼，大吃大喝，铺张浪费的歪风有所增长的情况发出通知，要求各地、各部门坚决纠正和制止当前工作中出现的这些不良现象。

13日 长春第一汽车制造厂、上海宝山钢铁总厂、浙江衢州化学工业公司、江西钢厂和九江炼油厂等9家省内外大、中型企业派代表，在南昌市参加了历时4天的江西省首届高层次企业物资联合洽谈会。

14日 省政府颁布《关于进一步开发山、水资源的几项暂行规定》：（一）抓紧粮食生产

芦溪县综合养殖场

的同时，加快对山、水资源的开发利用；（二）运用农业资源普查和农业区划成果，综合考虑经济、生态和社会效益，做好开发规划；（三）鼓励承包开发，保护合法权益；（四）鼓励和支持机关、团体、学校和企、事业单位，以各种形式参加开发；（五）开发全过程依靠科学技术；（六）多方筹集开发基金；（七）开发经营活动，除落实中央和省已颁发的各项优惠政策外，还可享受一些优惠待遇。

15日 《江西日报》报道，省政府新近批准确定了抚州棉纺织厂、南昌华安针织厂、共

共青城的"鸭鸭"牌羽绒制品畅销世界

青羽绒厂、万载黄茅出口花炮厂、上高畜牧良种厂、新余南英垦殖场、余江雕刻工艺厂、赣州钴冶炼厂、吉安罐头厂、景德镇市服装一厂以及波阳、余干等51个第一批出口商品生产基地。这些基地主要生产活大猪、螃蟹、珍珠、香菇、优质大米、棉麻纺织品、针织品、服装、羽绒、鞭炮烟花、劳保手套、纸张、雕刻工艺、罐头、中西装、化工、有色冶炼和钨砂等20种出口商品。

15日 省经贸厅邀请省内部分专家、学者及省政府办公厅、省计委、省经委、省财政厅等部门负责人，恳谈江西对外经济贸易发展战略。

15日 省政府召开全省植树造林电话会议。会议就扎扎实实地组织好1988年的春季造林、保质保量地完成植树造林任务，作出了具体部署。省有关部门和各、市、县有关部门负责人出席了会议。

15日 九江整流器厂研制的我国当前最大容量整流设备——ZE（H）S6.3万安电解整流装置，在萍乡铅厂安全运行7个月后，通过省级鉴定。

15 日 五十铃汽车驾驶室在江西汽车制造厂正式成批生产，这在我国汽车制造工业史上尚属首次。

江西汽车制造厂生产的五十铃汽车

16 日 省经贸厅转发经贸部办公厅《关于转发贯彻全民所有制工业企业 3 个条例、全面推行厂长负责制工作会议纪要的通知》。经省经贸厅决定，成立省经贸厅推行经理（厂长）负责制领导小组，厅长周螯平任组长。

16 日 省军区第三六二医院移交地方，并更名为赣州地区中西医结合医院。

16 日 心血管病人群监测江西省监测区正式成立。该监测区设有省直、南昌、萍乡、九江湖口 4 个监测点，监测人群的年龄为 26 岁至 74 岁。

17 日 省长吴官正、副省长蒋祝平和有关部门负责人在九江市进行了两天现场办公，就加快九江地区 20 个重点工程建设需要明确和解决的主要问题逐个进行了研究，作出了部署，明确了责任，落实了措施。这批建设项目总投资 26.4 亿元，按期建成后，将对全省经济发展起重大作用。

17 日 奥地利埃森贝格集团公司董事长、总裁埃森贝格一行 4 人，来赣进行为期 3 天的友好访问。

17 日 省总工会六届六次全委（扩大）会在南昌举行，参加会议的有省总工会六届委员会全体委员，各市、县工会、各产业工会和直属基层工会的负责人 230 人。会议传达了省委八届五次全委扩大会议精神和全国总工会十届五次执委会精神，并在总结 1987 年全省工会工作的基础上，提出了 1988 年工会工作的任务是：深入学习贯彻党的十三大精神，用社会主义初级阶段的基本路线武装广大职工，坚持一个中心、两个基本点，把发展社会生产力和代表、维护职工群众的具体利益作为强化工会职能的重点，加快工会自身改革的步伐。会议提出了贯彻全国总工会十届五次执委会关于《认真学习贯彻党的十三大精神，用党的基本路线武装亿万职工》决议的意见。会议期间，万绍芬、吴官正等领导出席了会议并讲了话。会议于 20 日结束。

18 日 省长吴官正、副省长蒋祝平出席在省经贸厅召开的"外商投资企业中方经理对话会"，当场研究解决有关资金、电力、原材料供应、劳动人事、运输等方面的问题。

18 日 省经贸厅邀请省委农工部、省政府办公厅、省经委、省农牧渔业厅、省林业厅、省垦殖场管理局、省乡镇企业管理局、省畜牧兽医局、省水产局等省直农口单位领导，就发展江西农业创汇进行座谈。

18 日 省军转安置工作领导小组开始对省军转干部安置情况进行检查。

19 日 世界银行公路代表团一行两人来赣，自即日起至 27 日对南九公路和南昌大桥两个贷款项目进行正式评估。

20 日 省政府在南昌召开省志编纂工作会议。出席会议的有来自全省各地市、省直各部门的有关负责人和专家、学者以及修志人员 150 余人。至此，由省政府主持的新省志编纂工作已全面铺开。省政府顾问兼省地方志编纂委员会副主任方谦就新省志的编纂作了具体部署。会议于 21 日结束。

20 日 江西省六届人大常委会举行第二十八次会议。会议通过省七届人大一次会议议程、日程草案；审议通过省人大常委会工作报告；审议批准省人大常委会代表资格审查委员会主任委员彭胜昔作的关于省七届人大代表资格的审查报告；通过关于公布省七届人大代表名单的公告；讨论通过省七届人大一次会议各项名单草案；讨论通过省七届人大一次会议选举表决办法和关于议案的规定草案。上述各项报告草案，将提请省七届人大一次会议预备会议审议。会议于21日结束。

21日　省政府发出《批转省教委、省计委、省财政厅〈关于继续抓好中小学危房改造工作意见〉的通知》。

21日　省委办公厅和省政府办公厅就报纸批评钓鱼公害一事联合发出《关于禁止干部职工进行侵害性钓鱼活动的通知》，要求各级领导要重视报纸批评，充分发挥舆论监督的作用，明令禁止侵害性钓鱼。

21日　省社联在南昌召开四届三次理事（扩大）会。省长吴官正在会上讲话，倡导社会科学界开展"兴赣'隆中对'"，为振兴江西献计献策。会议通过了《江西省社会科学学会工作管理试行办法》、《江西省社会科学优秀科研成果评奖试行办法》，表彰和奖励了30个基层社联、学会先进集体和76名先进个人。中国人民大学经济研究所所长、教授胡乃武，研究生院副院长、教授周新城等分别作了《我国经济体制改革的理论和实践》、《苏联改革的准备情况及其方案、特点》的学术报告。会议于23日结束。

21日　南城县被林业部、江西省林业厅列为"长江中上游防护林体系工程建设"第一个基地县。

22日　为了把资源优势转化为商品优势，加快对山水资源的开发利用，省政府作出《关于进一步开发山水资源的几项暂行规定》，要求各地在继续抓紧粮食生产的同时要加快对山水资源的开发利用，坚定不移地发展创汇农业，千方百计增加经济收入。规定强调，现有山水资源的权属不变，继续坚持谁开发、谁经营、谁受益的原则。

22日　江西省财政学会农村财政研究会成立大会暨第一次农村财政理论讨论会在清江县召开。

22日　江西煤矿因安全工作落后，受到煤炭工业部在河南焦作召开的全国煤炭工业安全工作会议的批评，并把江西省等五省一市列为事故多发地区，作为煤炭工业部安全工作的重点，要求百万吨死亡率降到全国平均水平以下。

22日　省长吴官正、副省长蒋祝平同24家中外合资、合作和外商独资企业以及5个合作项目的外方、中方代表对话，听取关于搞好搞活江西省"三资"企业的意见和建议。省委办公厅、省政府16个委、办、局以及有关单位负责人参加。

22日　南昌陆军学院电机教研室及省军区共同研制的计算机无人值守通信系统技术鉴定会在南昌陆军学院召开，参加会议的总参谋部自动化局等24个单位的领导和专家一致认为，在该系统计算机通信技术上是一个创新，达到了国际先进水平。该系统1988年在北京国际发明展览会上获铜牌奖。

23日　各民主党派江西省委会领导人出席省委举行的民主协商会，协商省人大常委会、省政府、政协省委会领导人换届人选。省委书记万绍芬主持会议。

23日　《江西林业》复刊号出版，由江西省绿化委员会、江西省林业厅主办，暂定为季刊。

23日　省地质矿产局赣东北队提交的《永平铜钨矿地质》专著通过了评审验收。

24日　省人大常委会秘书长张振刚在青山湖宾馆举行新闻发布会，向中央驻省新闻单位和省、市新闻单位的记者通报省七届人大一次会议有关情况。

24日　省政协六届一次会议在南昌举行。会议期间，与会委员听取并讨论了吴平的开幕词并列席了省七届人大一次会议，听取并讨论了省长吴官正的政府工作报告和其他各项报告。会议选举产生了政协江西省六届委员会常务委员会，吴平当选为主席。杨永峰、陆孝彭、沈翰卿、李善元、吴永乐、金立强、廖延雄、李沛瑶、戴执中为副主席。会议通过了省政协六届一次会议决议、提案情况和审查意见的报告。会议于31日结束。

25日　第四届全国年画展览在北京中国美

术馆开幕，并进行了评奖。江西夺得 5 个大奖，徐福根的《天下为公》获一等奖，刘新奇的《祖国的早晨》和徐福根的《让世界充满爱》获二等奖，刘熹奇的《开国元勋》和刘新奇的《和平幸福》获三等奖。

25 日　应省地质学会邀请，英国著名花岗岩岩石学家科宾博士在南昌作学术报告。

25 日　省政府公布《江西省一九八八年经济体制改革实施方案》，提出继续大力推动横向经济联合，积极发展企业群体和企业集团；进一步下放权限，加快对外开放；逐步建立科技与经济结合的新体制，发展技术市场；改革物质体制，发展与完善生产资料市场；积极发展劳务市场；搞好住房改革。

25 日　经省委政法委批准，成立江西省法学会劳改法学研究会。

26 日　江西省七届人大一次会议在南昌举行，本届人大共有代表 583 名。吴官正作政府工作报告。报告分四部分：（一）过去五年的回顾；（二）未来五年经济和社会发展的主要任务；（三）以改革促发展，以开放促开发；（四）加强社会主义精神文明建设。报告提出，到 1992 年，江西省工业总产值达到 510 亿元，平均每年递增 9.4%；国民生产总值 440 亿元，每年递增 8.5%；乡镇企业总产值 172 亿元，每年递增 24%；财政收入 43 亿元，每年递增 8.8%；社会商品零售总额 210 亿元，每年递增 10.9%；农民人均纯收入 600 元，每年递增 7%。会议通过了《关于省政府工作报告的决议》、《关于一九八八年国民经济计划和社会发展计划的决议》、《关于一九八七年财政预算执行情况和一九八八年财政预算的决议》、《关于省人大常委会工作报告的决议》、《关于省高级人民法院工作报告的决议》、《关于省人民检察院工作报告的决议》。会议选举许勤为省七届人大常委会主任，王泽民、裴德安、梁凯轩、黄贤度为副主任；选举吴官正为省长，蒋祝平、黄璜、钱家铭、孙希岳、陈癸尊为副省长。李迎当选为省高级人民法院院长，王树衡当选为省检察院检察长。会议于 2 月 3 日结束。

省第七届人民代表大会第一次会议

26日 省石油公司召开经理办公会，传达省政府指示，即完成利润入库数超过5%以上的为优秀企业，企业的主要负责人政绩进档案。1987年，省政府分给省石油公司的年利润入库数2900万元，实际完成3100万元，超过6.45%。

26日 国家民政部最近表彰了全国民政系统中为民政事业作出特殊贡献和取得突出成绩的先进集体和模范个人。江西有5个先进集体和10个劳动模范获奖，其中民政厅副厅长吴日生获民政部最高荣誉奖——孺子牛奖。

28日 一种新型的中、高速发电机TFW560-2-6、400KW、400V无刷三相同步发电机通过省科委组织的技术鉴定。发电机由江西电机厂研制。

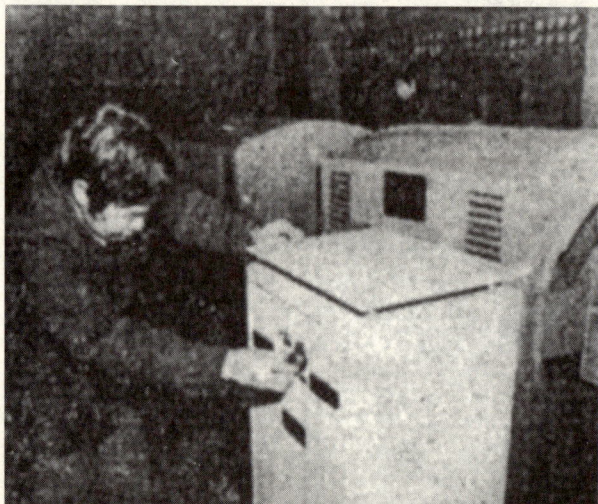

江西电机厂的检测人员正在调试 TFW560-2-6、400KW、400V 发电机

28日 由九江市科技情报研究所、德安县科委和德安县高塘花炮厂联合研制的"微型安全电光鞭炮"通过了省级技术鉴定。

29日 省教委发出《关于促进高校为我省经济建设服务的若干规定》。

29日 江西省陶瓷研究所名家名作展销会在香港举行。展销会共展出瓷器400余件，成交金额达64万余元港币。展销会于2月7日结束。

30日 由南昌喜来登北京烤鸭店、景德镇百花饭店等9个单位组成的南昌喜来登北京烤鸭集团正式在南昌成立。

30日 省交通厅客车厂于1987年底试制成功的江西牌JK100C12S型公路长途大客车通过试生产许可鉴定。

31日 省七届人大一次会议举行第三次全体会议。实到代表558人，大会执行主席黄贤度主持会议。大会选举83人为江西省出席第七届全国人大代表。大会收到代表提出的议案103件和代表对各方面工作提出的建议、批评和意见364件。

本月 省委组织部批准省垦管局党组决定：省农垦农工商联合公司、省蚕桑场进行经理、场长公开招聘试点。

本月 刘家站垦殖场完成的三项科技成果"珍珠三角帆蚌人工繁殖"、"柑橘低产园改造技术"、"青龙脂系列化妆品的制取"通过省级鉴定。

本月 人造丝液压制动软管在宜春市橡胶厂问世，通过省级新产品技术鉴定，填补了江西省一项技术空白。

本月 江西省文物工作队对万安县涧田乡良富淹没区明、清古墓群进行抢救性发掘。发掘出土的文物有明、清时代景德镇官窑和有关民窑仿龙泉、青花、白釉瓷碗、盘、碟、罐等陶瓷、铜器共30余件。其中官窑所烧仿龙泉釉瓷盘，胎质细腻、制作精工、造型秀丽、釉汁莹润，底足有青料"大清乾隆年制"方形篆书款识。民窑白瓷、青花瓶碗、盘、碟一类器，胎质坚致，造型庄重，釉汁匀净，纹样装饰有青花云龙、松竹梅、牡丹、莲荷、五幅（福）捧寿花、缠枝草和满文等图案。

本月 由省文化厅与省老年文艺家协会联合主办的《江西文艺史料》创刊，第一辑出版。主编刘云，副主编陶孝国、卢士濂。

本月 江西省地方煤炭工业公司制定重点产煤县发展规划，按照矿、电、路、厂综合配套，产、供、运、销大体平衡的要求，在2000年建成年产20万吨以上的产煤县18个，其中萍乡、丰城、莲花、乐平、新余5个县年产100万吨以上。

本月 抚州地区建筑设计院黄茂田工程师

等在江西汽车底盘厂金工车间屋面改造工程设计中，采用螺栓球节点平板组合网架结构。该网架轴线尺寸为18米×78米×3（跨），屋盖面积为4244平方米，比钢筋混凝土预应力屋架、大型屋面板结构节省投资20余万元，是省内首次自行设计、制造和施工的覆盖面积最大的螺栓球节点平板组合网架。

本月 日本奈良檀原考古所中国文物考古访华团来江西省社会科学院进行学术访问。

本月 经国务院批准，星子观音桥、白鹿洞书院及景德镇祥集弄明代民居等为全国重点文物保护单位。

本月 美籍华人、美国芝加哥之斯顿"北京书屋"主人郑诚章捐2000美元，为永平铜矿设立"铜城书柜"。

本月 国家机械委和省政府决定，兵器工业部所属长林机械厂、长青机械厂、长红机械厂下放江西，归口省机械厅管理。长青机械厂迁宜春市、长林机械厂迁新余市。

本月 南昌矿山机械厂研究所研制的BC-7型粒铵油炸药混制装药车通过部级鉴定，该产品与该所研究设计的PPC-250炮孔排水车同属国家科技攻关项目"一千万吨级大型露天矿成套设备研制"中的配套设备（该项目获1989年国家科技进步特等奖）。

本月 经省政府批准，省交通厅将省属汽运、航运及省属交通工业共23个企业下放所在地市。省厅实行政企分开，转变职能，主要致力于统筹规划、政策法规、经济调节、监督服务等工作。

本月 省出版事业管理局决定在职能处室和直属单位实行处长（社长、厂长、主任、校长、经理）助理制。

本月 省轻工业厅批复同意组建景德镇陶瓷设备成套工程联合公司（集团）。

本月 《江西省地图集》出版。

1988
2月
February

日	一	二	三	四	五	六	日	一	二	三	四	五	六
公元1988年2月							农历戊辰年【龙】						
	1 十四	**2** 十五	**3** 十六	**4** 立春	**5** 十八	**6** 十九	**7** 二十	**8** 廿一	**9** 廿二	**10** 廿三	**11** 廿四	**12** 廿五	**13** 廿六
14 廿七	**15** 廿八	**16** 廿九	**17** 春节	**18** 初二	**19** 雨水	**20** 初四	**21** 初五	**22** 初六	**23** 初七	**24** 初八	**25** 初九	**26** 初十	**27** 十一
28 十二	**29** 十三												

1日 明末清初大画家朱耷和东汉名士徐稚的两座大型塑像近日在南昌市沿江路落成。朱耷塑像为青铜色，高3.8米，用玻璃钢制成，由全国知名雕塑家、四川美术学院院长叶毓山创作设计。徐稚塑像由江西省城市雕塑办公室的桑任新等创作设计并制作，像高3.2米，呈淡褐色。

2日 省总工会在南昌召开表彰大会，表彰34名优秀自学成才者。据统计，全省参加读书自学活动的职工达60余万人，其中坚持自学业务技术知识的近20万人。全省已建各种形式的读书自学小组3万多个。

2日 江西手扶拖拉机厂荣获国家机械委的质量管理奖。这是江西省机械行业中第一个获得国家级质量管理奖的企业。

3日 省政府在南昌召开专员、市长、县长会议，研究部署一季度工作。会议对第一季度的工作提出如下要求：（一）认真贯彻省七届人大一次会议的精神，落实好会议确定的各方面的任务；（二）以改革统揽政府工作的全局；（三）认真抓好当前生产；（四）高度重视安排好春节市场；（五）抓好各项安全工作；（六）移风易俗、新事新办。

3日 中国有色金属工业总公司华昌工程总承包集团公司在南昌成立。该公司为我国有色行业成立的第二个集团公司，将在国家计划指导下，对有色总公司工程项目或跨地区、跨行业投资主体的工程项目进行全部或部分承包。

3日 在昆明召开的全国第三届麻风防治工作会议上，卫生部授予南康县1981年至1987年度"全国麻风防治先进单位"。

4日 《江西日报》发表题为《深化改革、团结奋进》的社论，祝贺省七届人大一次会议胜利闭幕。同日，新当选的省国家机关负责人同新闻界举行见面会。

4日 《人民日报》驻江西记者站正式成立。该记者站是人民日报在全国各省、市、自治区建立的第21个记者站。省委书记万绍芬、省委常委王保田、卢秀珍、王太华，省顾委主任赵增益、省政协主席吴平、省市有关部门负责人、南昌市党政军负责人、中央新闻单位驻省机构和省新闻单位负责人出席江西记者站成立招待会。万绍芬发表了讲话。

4日　江西仪器厂研制的WDJ-IA型3.5米卫星电视接收站，正式通过航天工业部组织的部级技术鉴定。

5日　省政府召开常务会议，就江西省档案部门的人员编制、库房建设、档案开放、专业人才培养，召开江西省科技档案工作会议和《档案法》贯彻情况等问题进行研究并作出相应的决定。

5日　省委宣传部在南昌召开地市委宣传部长、讲师团长会议。会议要求江西省各地进一步解放思想、稳定经济、深化改革，把党的十三大文件的学习宣传引向深入。会议还就几项主要宣传工作提出了具体要求：（一）组织好党的十三大文件的学习宣传，深入进行党的基本路线教育。（二）开展社会主义初级阶段的理论学习。（三）以经济建设为中心，坚持改革开放的宣传工作。（四）加强基层的思想政治工作。会议于7日结束。

5日　省政府召开江西省小城镇建设工作会议。各地、市、县（区）负责人和建设局局长以及省政府有关部门负责人280多人参加了会议。会议指出，当前江西省小城镇建设正处于迅速发展的初始阶段，必须抓住时机，研究对策，勃兴小城镇，实现城乡经济运行一体化的新突破。会议要求各级政府要从实际出发，坚持城镇建设为促进城乡商品经济发展服务和经济建设、城镇建设同步协调发展的方针，遵循依靠群众、自力更生、因地制宜、全面规划、合理布局等原则，有计划、有步骤地建立城市卫星城（镇），层层向外辐射，逐步形成以大中城市为中心，小城镇星罗棋布、众星拱月、布局合理、层次分明、和谐协调的城镇体系。会议提出，"七五"期间江西要下大力气抓好第一批172个农村集镇的规划建设试点，以点带面，指导建设。会议于8日结束。

6日　经省经委批准，全国农业系统第一个企业集团——江西省农牧渔业企业联合集团成立。该集团由遍布江西省各地的71家农业系统的企事业单位组成。它实行自主经营、独立核算、自负盈亏、照章纳税，是具有法人资格的经济实体。

6日　高安县瑞州陶瓷厂鄢茂兴获陶瓷工艺高级技师，成为江西省乡镇企业系统第一个获高级职称者。

6日　美国驻华大使温斯顿·洛德一行来赣进行首次公务访问，蒋祝平代表省长吴官正对洛德大使来访表示欢迎并希望两国扩大合作领域。

6日　省经贸厅印发《关于进一步扩大省经贸企业劳动人事管理权限的暂行规定》。规定扩大了企业管理干部的范围，企业在省厅核定的定员编制范围内，有权按照生产工作特点和实际需要自行确定机构的人员配备。

6日　省财政工作会议召开，省长吴官正、副省长蒋祝平到会听取报告并发表讲话，强调：江西经济要有一个大的发展，必须瞄准沿海，广开财源，一手抓工业生产，一手抓农业生产；搞活流通机制，振兴江西经济。

6日　西班牙丘巴·丘伯斯糖果公司与红星垦殖场在东乡签订合资联营棒糖意向书。意向书规定，由丘巴·丘伯斯公司投资450万美元提供设备和技术；红星垦殖场投资700万人民币提供土地并负责建厂。合资期限15年。该厂建成后，能形成年产棒糖2.7亿支的生产能力，年产值可达5000万元。

7日　省委组织部、省委政法委员会、省劳动人事厅和省机构编制委员会联合召开的江西省调整干部结构工作会议结束。参加会议的人员有地、市委组织部、政法委，地、市劳动人事局，机构编制委员会负责人以及省直有关部门的负责人130多人。会议要求全省各地、各部门要以大局为重，通力协作，共同努力，必须在1988年内圆满完成党中央、国务院下达的为江西省政法和经济监督调节部门计划增加1.5万余名干部的任务，以促进经济体制改革的深化和政治体制改革的进行，合理配备干部力量，从组织上保证党的基本路线的贯彻落实。

7日　省高等教育自学考试委员会改名为江西省高等、中专教育自学考试指导委员会。

7日　国家"七五"期间首批军转民重点技术改造项目之一——江西省国营七一三矿稀土二

期工程正式破土动工。

7日 世界银行贷款项目工作团一行两人来南昌，对江西大学、江西师范大学等项目院校贷款年度执行情况进行为期6天的检查。

7日 省劳动人事厅在南昌召开江西省地市人事局长会议，全面检查1987年各项工作目标的完成情况，研究1988年的改革和各项工作目标。会议对深化劳动人事制度改革提出6项要求：（一）进一步解放思想，深化改革。（二）深入贯彻"三结合"就业方针。（三）解决江西省工资偏低问题，必须发展生产，提高经济效益。（四）把竞争机制引入人事管理，在用人制度上逐步实行"公开、平等、竞争、择优"的原则。（五）充分发挥劳动部门的安全监察作用，切实搞好安全生产。（六）各地党委、政府部门要加强对劳动人事工作的领导。会议于9日结束。

8日 省财政厅、省劳动人事厅下发《关于国家机关和事业单位工作人员增加奖励工资问题的通知》，决定从1988年1月1日提高国家机关和事业单位工作人员的奖励工资，由全年不超过一个月的基本工资提高到一个半月。

8日 省职称改革领导小组发布《江西省关于执行〈律师职务试行条例〉的实施细则（试行)》，自发布之日起实行。

9日 省粮食局举行记者招待会，宣布江西从1988年开始粮食工作将实行包干办法，3年不变。包干内容包括粮食合同订购、"议转平"收购计划、平价粮销售计划和粮食调拨、库存计划等多项任务。

9日 全国首届农民摄影艺术展览和授奖大会在中国美术馆隆重举行。上高县35幅农民摄影作品入选全国首届农民摄影展览，入选作品占总数的1/10。宜春地区和上高县获得这次全国影展组织奖。农民作者丁文文的《农村中学生》获铜牌奖，上高县农民摄影在影展评比中获全国总分和入选数第一。

9日 省政府、国家文物事业管理局在南昌举行表彰会。表彰抚州行署公安处、临川县公安局等六个因查获重大盗掘、走私文物的有功单位以及54名有功人员。有关方面负责人在表彰会

上宣布，一度十分猖狂的江西省盗掘、走私文物的歪风基本刹住。

9日 省公安厅决定授予瑞昌县公安局局长丁显松、上高县公安局局长余森林、南城县公安局局长陶荣祖、宁都县公安局局长荣宪国、广丰县公安局局长管政善、新干县公安局局长邓柏阶、南昌市公安局西湖分局局长许晓刚7人"江西省优秀县（市、区）公安局长"的光荣称号。

10日 全国第三届"连环杯"少年儿童乒乓球比赛在安徽省铜陵市闭幕。江西省体育运动学校代表队女子少年乙组荣获团体冠军；龙舞获得该组单打第一，陈慧琳获第三名。

10日 省农垦系统引进高校智力资源，该局所属八个垦殖场与江西工业大学达成合作意向23个，双方同意联合培训人才，进行科技开发。

11日 省政府省印发国务院《关于加强铁路运输安全工作的紧急通知》的布告，要求各级政府和全省人民配合铁路部门搞好安全工作。

11日 江西省神剑电视制作有限公司成立。

12日 省邮电工作会议表彰了一批先进单位：南昌电信局等双增双节四赛一比先进单位12个；南昌市邮政局等双增双节优胜单位25个；合理化建议优胜单位七个，邮电职业道德教育先进单位23个。

12日 江西省蚕桑场公开招聘场长，经过投标、评审、答辩等7个公开步骤，在31个报名投标人员中，桑海制药厂厂长万里扬中标应聘蚕桑场场长。

12日 南昌电信局获"国家质量管理奖"，这是江西唯一一个获得1987年"国家质量管理奖"的企业。

12日 九江小飞天环球飞车团赴新加坡演出1个月，成为江西第一家出访的民间杂技团体。

15日 江西电视台派辜江芦、刘宇军参加中国电视摄制组赴美国采访拍摄世界鹤类基金会鹤类饲养基地及野生动物。在美期间共拍片21盒，约400分钟。同时拍摄《纽约印象》电视片和旧金山风光等外景资料。

17 日 副省长陈癸尊发表春节电视讲话，号召积极贯彻中央对计划生育工作提出的要求，严格控制人口增长。

17 日 省政府在青山湖宾馆内举行龙年旅游迎春晚会。省委书记万绍芬、省长吴官正等省市领导与 600 多位在昌工作的外国友人及到江西探亲旅游的港澳台同胞一道参加晚会，观看郊区农民文艺队和省杂技团的演员表演的舞龙戏狮等节目。

19 日 近 200 名台湾同胞来省欢度春节，这是他们与大陆分离 40 年后，第一次返乡同亲人重逢，与骨肉团圆。

21 日 经省编委批准，成立省税务干部培训基地、省税务咨询服务部、省税务电子计算站，均属省税务局领导。

21 日 省政府颁布《关于城市医院改革若干政策的暂行规定》，主要对领导体制、行政与业务管理、经济管理与分配制度、医院工作监督等作出了明确规定。

21 日 省政府以"怎样才能加快景德镇的发展，尤其是瓷业的发展，使景德镇早日成为名副其实的瓷都"为中心议题，到景德镇市进行 3 天的现场办公。吴官正、蒋祝平等参加了现场办公会，决定给景德镇"最大优惠政策"，实行财政递增承包，超收全留，欠收自补，3 年不变；省里同时每年拿出一部分资金扶持景德镇发展陶瓷生产。

22 日 为配合景德镇市政府决定，1988 年为全市的质量年并在全市开展群众性的质量活

景德镇雕塑瓷厂

动，景德镇市举行开展质量年活动暨庆祝雕塑瓷厂荣获国家奖金牌大会。会议指出，振兴瓷都，最突出、最关键的问题是要提高产品的质量，尤其是要提高全市的陶瓷产品质量。会上，为奖励景德镇雕塑瓷厂荣获 1987 年全国质量评比第一名，省、市和省陶瓷公司决定，给予奖金 7 万元。

景德镇友谊瓷器店

24 日 新华社南昌电，江西省委、省政府为贯彻党的十三大精神，破除传统经济思想，以开放促开发，加快经济建设步伐，制定了"以开放促开发，加快经济建设步伐"的基本决策，宣布了外商投资和外地来赣开发农业资源的 35 条优惠办法。同时公布了第一批 22 个矿产资源和 28 个农业资源开发项目，公开向国内外招标。副省长蒋祝平率领省政府经济代表团，先后访问了深圳特区和广东省。并同有关部门就开发地表地下资源联合建立外向型企业等协作达成意向协议。另外，省委、省政府还决定敞开"南大门"，把赣州地区列为经济体制改革试验区，从 10 个方面扩大其经济管理权限；将新余市列为外引内联企业优惠区，并有 7 个边界贸易试点县相继设立。

24 日 省长吴官正在江西宾馆接见由赫塞菲尔德教授、哈麦士教授率领的联邦德国东亚研究院考察团。这是联邦德国东亚研究院自 1986 年起第三次来江西考察，在南昌期间，考察团与省教委、省科委等单位进行了会谈，共同商量并提出了建设教育、科研、开发联合研究方案。

24 日 省政府在南昌市召开大会，对制止

滥渔滥捕，保护增殖鄱阳湖渔业资源做出显著成绩的9个先进单位和9位先进个人进行奖励，副省长黄璜宣读了嘉奖令。

25日 省老年新闻出版工作者协会在江西人民出版社举行成立大会。省老年新闻出版工作者协会是在省老年问题委员会领导下由省新闻出版工作者自愿结合的群众团体。

25日 省政府召开专员、市长会议，传达中央领导人的讲话和全国省长会议精神。参加这次会议的有省直各部、委、办、厅、局等有关部门负责人共300多人。会议认为，1988年是改革发展至关重要的一年，必须适应沿海地区转向外向型经济的发展战略，加快江西省经济发展，积极跟进，抓紧接替，把江西经济纳入国内、国际大循环；发展外向型经济，扩大对外开放，沿海地区实行大进大出，江西也要大搞大进大出；进一步增强经济实力，抓好一批骨干项目的建设，发展乡镇企业。会议于27日结束。

25日 巴西防空军司令西尔维·波坦基一行4人，来南昌飞机制造公司作为期3天的考察访问。

25日 全省卫生工作会议在南昌召开。会议着重讨论与部署全面加强预防保健工作和加速培养农村卫生技术人才两个问题。会议于29日结束。

25日 省卫生厅就上海市部分居民食用不洁毛蚶引起甲型肝炎流行一事，要求各地要动员群众搞好饮食卫生、环境卫生和个人卫生，并特别强调要广泛开展卫生防病知识的宣传，使人民群众能识别甲肝的症状，了解预防甲肝的办法和措施。省医药公司向各地医药公司发出紧急通知，要求各地医药公司迅速与当地防疫部门联系，了解当地发病情况，并对肝炎预防和治疗药品进行库存检查，对库存不足的品种，要迅速组织货源，确保供应。

26日 省政府下发《关于组织专业技术人员支援乡镇企业的通知》，决定选派3000名科技人员到乡镇企业。通知明确规定，支援乡镇企业人员的工资、福利待遇，均由支援人员、支援单位与受援单位协商确定。对组织选派的人员，不改变户粮、行政关系（据上年末统计，该项工作落实较好，共组织了7631名科技人员到乡镇企业从事各类技术服务）。

26日 华东6省1市旅游对外宣传工作会议在鹰潭召开（28日，与会代表考察龙虎山）。

26日 省经贸厅转发经贸部《关于印发对外经贸企业经理（厂长）负责制实施办法和对外经贸企业经理（厂长）任期目标责任制试行办法的通知》。

27日 省政府、省军区批转了省民政厅、省军区政治部《关于进一步做好培养和开发使用军地两用人才工作意见的报告》。报告要求地方和军队结合贯彻党的十三大精神，加强领导，把培养和开发使用军地两用人才工作纳入本地区经济建设发展规划、人才培养管理规划，相互配合，进一步培养和开发使用军地两用人才。更好地适应形势发展的要求，为经济建设和国防建设服务。

27日 江西锂厂300吨氢氧化锂扩建工程于1987年4月开工，预定本年底基本建成。当日新建回转窑点火试烧成功。

27日 武宁县汽车运输公司一辆定员40人、实际乘坐63人严重超载的大客车，在柘林渡口待渡时，刹车失灵，冲入湖中，造成24人死亡的特大交通事故。

27日 萍乡市乐天出口花炮厂肖景标受轻工业部委派，赴朝鲜传授烟花制作技术。

27日 以拉勒先生为团长的法国地质矿产研究局代表团一行4人，到德兴铜矿进行为期两天的参观考察。

27日 应南昌市微循环学会、中华医学会南昌分会等邀请，国际微循环联盟第一副主席、中国医学科学院副院长、中国协和医科大学副校长修瑞娟教授来江西讲学。3月3日离开江西。

28日 《江西日报》报道，春节期间，省委书记万绍芬先后到宜春、萍乡、新余等地考察工作，调查了解对党的十三大精神的贯彻落实情况，调查研究了乡镇企业的发展情况。她指出，贯彻落实党的十三大精神，进一步发展生产力，结合江西省实际，一个重要而紧迫的战略任务，就是要促进乡镇企业的突破性发展。

28日 联邦德国东亚研究院董事赫塞费尔德教授一行来南昌参观访问，分别与省教委、省科委有关负责人进行座谈，并到江西大学、江西工业大学、江西农业大学和一些食品厂进行考察。

28日 省审计局近日组织省各级审计部门对机械工业等10个行业103户实行承包经营责任制的全民所有制工业企业实施审计调查（4月中旬调查结束。5月17日，省政府召开常务会议听取审计调查情况汇报。会后，省政府批转省审计局的审计报告）。

29日 省政府通知，成立省黄金工作领导小组，副省长钱家铭兼任组长。领导小组下设金矿地质工作办公室和黄金生产建设办公室，前者挂靠省地矿局，后者挂靠省冶金厅。

29日 省七届人大常委会一次会议在江西宾馆举行。会议讨论通过了关于在全省范围内进行执法大检查和关于加强省人大常委会自身建设的两个决定。会议首次采用无记名投票方式，投票表决决定了张逢雨秘书长等31名省政府组成人员的职务任命，以及赣州、宜春、吉安、上饶、抚州地区中级人民法院院长和省人民检察院上述5个地区分院检察长的任命人选。会议于3月4日结束。

本月 港澳同胞到景德镇欣赏陶瓷名家瓷上画龙、捏龙、雕龙等工艺，并选购绘龙瓷器15万件。

本月 华东交通大学副教授陆龙文在法国《材料与结构》杂志上发表论文《钢筋混凝土梁的混合型断裂韧性试验》（6月在美国《实验力学》杂志发表论文《钢筋混凝土梁试件Ⅱ型断裂参数测定》。同月，该校讲师张安哥在美国"国际应用力学会议"上宣读《多级载荷谱下的低周疲劳损伤演变方程及寿命估算》论文；1989年11月他撰写的论文《大容量变压器油箱强度计算机辅助设计》，在全国变压器行业学术会议上获一等奖）。

本月 省政府颁发《江西省公路运输管理办法》和《江西省水路运输管理办法》（6月又颁发《江西省港口管理办法》）。

本月 《江西统计》更名为《统计与信息》。

本月 省轻工业厅明确省轻工产品进出口公司的经营范围是：劳务、三来一补、设备引进、咨询等。

本月 中国纺织大学与抚州第二棉纺织厂联合研制的计算机软件（GTV-1棉纺工艺设计与管理系统），在抚州通过了省级技术成果鉴定。

抚州第二棉纺织厂

1988

3月
March

日	一	二	三	四	五	六	日	一	二	三	四	五	六
		1 十四	**2** 元宵节	**3** 十六	**4** 十七	**5** 惊蛰	**6** 十九	**7** 二十	**8** 妇女节	**9** 廿二	**10** 廿三	**11** 廿四	**12** 廿五
13 廿六	**14** 廿七	**15** 廿八	**16** 廿九	**17** 三十	**18** 二月小	**19** 初二	**20** 春分	**21** 初四	**22** 初五	**23** 初六	**24** 初七	**25** 初八	**26** 初九
27 初十	**28** 十一	**29** 十二	**30** 十三	**31** 十四									

公元 1988 年 3 月　　农历戊辰年【龙】

1 日　省政府颁布的《关于促进科技与经济结合的若干规定》在全省范围内开始施行。《规定》鼓励企业应用新技术、开发新产品。鼓励大中型企业进入技术市场。鼓励单位和个人兴办技术市场。鼓励科研单位、高等院校尽快提高面向经济建设的能力。

1 日　江西省第一次利用加拿大政府贷款600 万美元引进程控数字交换通讯设备 2.9 万门（其中萍乡 0.8 万门、上饶 0.5 万门、景德镇 1 万门、鹰潭 0.6 万门）。

1 日　由江西电影制片厂、中国电视制作中心和中央电视台联合组织摄制反映我国明代伟大戏剧家汤显祖艺术实践的 4 集电视连续剧《汤显祖与牡丹亭》在石钟山开拍。这部电视剧由导演王扶林任总导演，外景地分别在九江、南昌、上饶、抚州等地。

1 日　省政府发出文件规定：（一）对粮食收购实行价外补贴，并相应调整食油价格；（二）食油计划内供应除保留定量口油和菜农口油外，其他全部改供议价油；（三）工商行业用粮一律实行议价供应。

1 日　国家计委确定江西吉湖农业综合开发项目列入第七批世界银行贷款计划，其中列有林业开发项目。

2 日　省长办公会议研究决定，对县石油公司的财务管理采取由省石油公司"统一管理，核定基数，超收分成，欠交自补"的办法，并制定了有关规定。

2 日　省人大常委会主任许勤、副主任王泽民、裴德安召开列席省七届人大常委会第一次会议的省人大常委会各地区联络处和各市、县、市辖区人大常委会负责人座谈会，副省长蒋祝平，省委组织部、省政府办公厅、省劳动人事厅和省编委的负责人参加会议。会议就江西省各级人大常委会的人员编制、机构设置、车辆、经费问题交换了意见。

4 日　省妇联、省体委、省计生委、省卫生厅联合举办三八迪斯科健美操（舞）比赛。

4 日　省人大常委会举行新任命的省政府组成人员与委员的见面会。被任命的人员就江西物价、粮食、交通、能源等问题畅谈自己的打算，回答委员的询问。

4日 省公安厅在南昌召开会议。会议探讨新形势下深化公安工作改革的路子。进一步部署打击严重刑事犯罪的专项斗争。省委常委、省委政法委书记王昭荣到会并讲话。会议要求全省公安干警以党的十三大精神统一思想，坚持"一个中心"、"两个基本点"，增强改革意识，坚持"严打"方针，搞好专项斗争和专项治理，加强案件的预防和侦破工作，不断提高破案率，积极主动地推进社会治安综合治理，为实现社会治安持续稳定的目标作出贡献。会议于8日结束。

5日 省地质矿产局根据省政府决定成立省金矿地质工作办公室，胡魁任办公室主任。

5日 省大化肥建设基金会举行首次成员会议，通过了江西省大化肥建设奖券的发行办法和细则，研究、落实了奖券的分配任务和奖品发放、兑现工作。副省长钱家铭主持了会议。江西大化肥建设奖券是经省政府同意发行的，奖券的主办单位是省大化肥建设基金会，所筹措的资金用于省化肥重点项目建设，奖券的总代理发行单位是中国人民银行江西省分行，奖券发行总额为6000万元，不计息，不还本，实行中奖发给奖品的办法。决定奖券定于3月12日开始在全省范围内发行。

5日 省社会福利有奖募捐委员会成立。蒋祝平任募委会主任，谢象晃为名誉主任。该委员会的宗旨是：团结各界热心社会福利事业的人，发扬社会主义人道主义精神，筹集社会福利资金，兴办残疾人、老年人、孤儿等福利事业和帮助有困难的人。

5日 德兴铜矿实现安全生产1000天。有色金属总公司授予该矿"安全生产先进单位"称号。

5日 由全国妇联、农牧渔业部、中国企业管理协会、《中国农村经营报》和《中国妇女报》共同主办的首届全国优秀女企业家评选活动日前揭晓，景德镇光明瓷厂厂长徐志军荣获首届全国优秀女企业家称号，并于当日赴京参加授奖大会。

5日 首届中国萍乡烟花节在萍乡市隆重举行，为期3天。萍乡市的鞭炮烟花生产已有600多年历史，1987年8月萍乡烟花获西班牙国际烟花节第二名。

5日 由省经贸厅副厅长陈八荣率团5人赴瑞士参加博览会，首次发布江西省吸引外商投资新闻。博览会于18日结束。

5日 德兴铜矿实现安全生产1000天。有色金属总公司授予该矿"安全生产先进单位"称号。

6日 省纺织工业工作会议在南昌召开，研究纺织工业发展纲要及搞活内部分配的办法。

6日 在江西工作的近百名各地、市第六届、第七届全国人大代表采取集中或就地视察的方式，对江西省教育、体育、科技、卫生、工业企业、普法及换届选举情况进行一周视察，征求对《工业企业法（草案）》的意见。

7日 省体改委在宜春召开江西省经济体制改革座谈会。会议着重交流了引进竞争机制、搞好承包经营的经验，讨论了江西省1988年经济体制改革实施方案。会议提出全省企业要全面推行竞争承包，深化经营机制改革，把改革同经济发展结合起来，保证经济持续稳定地发展。会议指出，江西省真正实行承包的企业不到20%，必须全面推行承包制，鼓励企业间相互承包、相互租赁、相互参股，大胆探索股份、股份承包和企业全员抵押承包、租赁及其他有效的经营形式。在深化企业内部配套改革方面，会议提出，推行计件工资制和定额工资制；对固定工实行合同化管理，推行劳动组合制和择优上岗；推行内部银行和满负荷工作法。会议于11日结束。

7日 省纺织工业工作会议在南昌召开。会议提出江西纺织工业1988年的工作重点是：以调整优化结构为突破口，努力扩大制成品出口，加速纺织工业的战略转移。会议于10日结束。

8日 美国加利福尼亚州参议院通过1791号决议，决定对江西省访问学者张陵馨进行嘉奖。张陵馨是江西师范大学外语系女教师，1986年8月至1988年1月在美国加利福尼亚州州立大学进修学习，她先后在美国刊物上发表了3篇文章，加州参议院称张陵馨为"优秀教师、致力于英语教学的先进者，是加利福尼亚州和加州大学真正的朋友"。

8日 省政府为稳定农民负担和稳定国家粮食收支，根据国务院关于粮食购、销、调、存包干一定三年不变的规定，确定合同订购20亿公斤，就地"议转平"4.1亿公斤，销售21.5亿公斤（均为贸易粮）。并实行分年结算，三年统算。

8日 省委人民武装委员会召开全体会议。省党政军领导万绍芬、蒋祝平等出席了会议并讲话。会议要求各地广泛开展国防教育，增强全民国防观念，进一步加强后备力量建设。并强调1988年的民兵预备役工作主要抓好以下四项：（一）广泛进行国防教育，增强全民的国防观念。（二）充分发挥民兵的骨干作用，为振兴老区经济作出更大贡献。（三）继续抓好县、市人武部建设。（四）扎扎实实完成民兵、预备役工作各项任务，把民兵、预备役工作提高到一个新水平。

8日 经省内外100多位专家对赣江流域自然资源进行为期两年半的综合考察后，专家们在南昌进行了为期4天的考察研究成果汇报。赵增益、裴德安、孙希岳等听取了专家汇报。这项考察工作是由省政府山江湖综合开发治理领导小组办公室和中国科学院南方综合考察队联合组织的。专家们认为，赣江流域是上海经济区中自然资源最丰富，开发潜力最大，资金、技术输入效益最高，后劲最足的地区之一。全国改革开放的经济发展新格局，使其处于内外逢源、屈伸自如的战略地位，通过综合开发治理，建设一个内向广大内陆地、外向沿海国际市场的复合型经济新区，是赣江流域当务之急。

9日 省煤炭厅根据煤炭工业部《关于深化煤炭承包经营企业劳动工资制度改革的意见》，确定对全民多种经营单位实行百元销售额工资含量包干，并制定经营者（集团）全面完成承包指标加发报酬的标准和执行范围。

9日 以省纺织工业局副局长刘奎芳为团长的一行5人，赴印度尼西亚进行黏胶纤维技术考察。

9日 省出版事业管理局同意出版《江西建筑报》（周刊），从1988年5月1日起，在江西省建筑行业内发行。

9日 经省委政法委批准，成立省法学会国际法学研究会和省法学会行政法学研究会。

9日 省统计局发布《江西省统计局关于1987年国民经济和社会发展的统计公报》，统计数据表明，1987年江西省国民生产总值为262亿元，国民收入218亿元，均比上年增长9.1%；工农业总产值首次突破300亿元，达328.66亿元，按1986年同口径范围计算，比上年增长14.5%。其中农业总产值达107.9亿元，比上年增长8.8%，粮食总产量超过历史最高水平；工业总产值超过200亿元，达220.76亿元，按1986年同口径范围计算，比上年增长18.1%，预算内国营工业企业的产值、销售收入、利税增长实现了"三同步"，利税总额比上年增长19%，亏损企业的亏损额下降5.8%，实现利润增长28.5%；固定资产投资规模得到控制，江西省城乡固定投资57.91亿元，实际投资规模大体与上年持平；市场持续繁荣兴旺，江西省社会商品零售总额比上年增长13.2%，扣除价格上涨因素，实际增长5.9%。

9日 赣州地区于都、南康、赣县、信丰等县近日纷纷举行报告会、座谈会，以及专题展览和专题广播等活动，纪念农民武装暴动60周年。

10日 省检察院向全省各级检察院发出关于贯彻省人大常委会《关于在江西省范围内进行执法大检查的决定》的通知，提出各级检察机关要认真执行，切实做好执法检查，召开有关会议，听取意见，边查边纠，依法办案。

10日 省政府根据国务院《关于加快和深化对外贸易体制改革若干问题的规定》，下达《关于落实三项承包任务的若干规定》，明确规定对国家下达江西省的三项承包指标（承包出口基数、上缴外汇额度基数、出口收汇基数内人民币补贴基数），分别承包给省级各专业公司。省各级外贸进出口公司与总公司财务脱钩，推行出口收汇、盈亏总额、出口成本三项财务指标承包。超亏不补，减亏留用。全面完成3项指标的按银行结汇1美元提取2分人民币奖励基金，1美分外汇额度；对出口生产供货企业继续实行出口供货奖励制度。并将出口供货计划列为考核各地、市和省直各有关部门目标管理的主要内容。

10日 省经委、省商业厅通知，在江西省国营大中型商业企业中全面推行经理负责制和任期目标责任制，任职终结审计制。

10日 省委组织部在瑞金召开江西省民主评议党员工作座谈会。参加座谈会的有各地、市委、省直属机关党委组织部长、组织科长。会议听取了赣州地委组织部、瑞金县委、安远县委等6个单位关于开展民主评议党员工作的经验介绍。会议讨论了在江西省开展民主评议党员工作的具体意见，要求江西省在1988年6月底以前开展一次民主评议党员工作，并固定下来，每年开展一次。

10日 省委、省政府在宜春召开地、市委书记、专员、市长会议。会议传达了全国农研室主任会议、全国乡镇企业工作会议和乡镇企业出口创汇工作会议精神，讨论了省委、省政府《关于加速乡镇企业发展的决定（草案）》。会议认为，江西乡镇企业还只处于一个低水平的发展阶段。抓住机遇，迎接挑战，加速乡镇企业发展，是当前江西省的一项紧迫任务。会议指出，要充分利用中央和省里出台的优惠政策，创造宽松的环境，加大投入，并加强领导，以实现乡镇企业的突破性发展。确定发展乡镇企业应坚持"四轮驱动、多业并举、合理布局、择优扶持、注重效益、加速发展"的战略。会议提出，力争两年内乡镇企业总产值达到或超过江西农业总产值，五年内乡镇工业总产值达到或超过农业总产值，使农村经济结构有一个较大的转变。会议于12日结束。

省委、省政府领导参加在宜春召开的江西省地市委书记、专员市长会议

10日 经经贸部和省政府批准，由南昌无线电厂与香港华榕有限公司合资兴办的南昌家电有限公司电冰箱生产线正式开工建设。副省长蒋祝平及省市有关部门领导参加了奠基仪式。该生产线的设备和技术由意大利NILOX公司提供。

10日 美国内政部矿务局高级顾问、著名物理学家郭钦信在贵溪冶炼厂和德兴铜矿参观访问。访问于13日结束。

11日 省矿产资源勘查补办登记工作全部结束。全省有355项各类勘查项目领取勘查许可证，依法取得探矿权。

11日 省委宣传部同意《信息日报》对外发行。

11日 省政府发出《关于切实加强森林防火工作的紧急通知》。

11日 全省农业工作会议在南昌召开。主要议题是进一步深化农村改革，因地制宜综合发展农业。各地、市、县农牧渔业局（水产局）局长、农牧渔业厅所属单位负责人等300多人参加了会议。副省长黄璜在会上讲了4点意见：（一）分析农村形势，深化农村改革；（二）调整产业结构，走综合发展的路子；（三）继续执行和不断完善农村政策；（四）全力抓好生产，力争全年丰收。会上，表彰和奖励在开展"丰收杯"活动中取得优异成绩的单位。会议于15日结束。

12日 省委发出通知，要求全省各级党组织认真开展民主评议党员活动，从严治党，提高党员素质，建设一支经得起执政和改革开放考验的党员队伍，在社会主义现代化建设中发挥先锋模范作用。

12日 江西省省级先进企业——吉安市无线电线材厂加入全国光电线缆行业协会，并被大会选为理事单位。

13日 《江西日报》报道，万平无线电器材厂借助沿海乡镇企业开发劳动密集型产品，先后将7种真空继电器和9种真空电容器推向国际市场。1987年出口8000万只，创汇470万美元，比上年增长2.8倍，品种居世界第三位，成为生产陶瓷真空继电器的四大厂家之一，进入世界先进行列。

13 日 江西农工商总公司经理黄香亭玩忽职守，导致 234.25 万元资金被骗，公司濒临倒闭。黄香亭被南昌市检察院批准逮捕。

14 日 应香港美术家研究会的邀请，并经文化部批准，《黄秋园先生遗作展》在香港大会堂展览馆展出。展览于 16 日结束。

14 日 省纺织工业局决定，授予江西棉纺织印染厂、南昌绣品童装厂、南昌毛巾二厂、九江国棉厂、九江市针织服装厂、抚州棉纺织厂、广昌纺织器材厂、永丰麻纺厂、横峰纺织器材厂、上饶毛纺厂、江西涤纶厂江西省纺织系统 1987 年度双文明建设先进单位称号。

14 日 17 时，都昌县发生大风冰雹，中心风力达 11 级，直径 30 多厘米的梧桐树连根拔起，100 多米长的钢筋混凝土渡槽被吹翻。南峰乡一位邮递员拾到一颗冰雹重 1.8 公斤。全县 32 个乡 208 个村、4.27 万户、24.5 万人和 6.3 万亩油菜受灾，直接损失 1880 万元。

14 日 省建材局组织的首批劳务出口人员离京赴科威特。

14 日 省政协六届常委会一次会议在南昌举行。会议听取关于江西省专员、市长会议精神的传达报告，听取和讨论省政府《关于住房制度改革问题的通报》。会议审议《关于加强政法协商、民主监督工作的意见》，审议通过《六届委员会机构设置方案》和《常务委员会、主席会议、秘书长会议议事试行规则》，通过六届委员会副秘书长名单及其他人事事项。会议于 17 日结束。

14 日 省教委召开 1988 年江西省教育工作会议，以加快改革步伐、使教育更好地为经济建设服务为主题，研究部署改革农村教育，抓好"三教"统筹，改革招生分配制度，改革学校管理体制和努力提高人才培养质量等改革措施。会议于 17 日结束。

15 日 省体委决定在第一体工大队实行参加第七届全运会招标和定项、定编、定人、定成绩奖惩抵押承包制。

15 日 省检察院召开院、市检察院检察长会议，传达贯彻第八次全国检察工作会议精神，讨论加强法律监督工作，研究召开江西省检察工作会议事宜。会议于 18 日结束。

15 日 民盟江西省第八次代表大会在南昌举行。来自全省各地的 222 位代表出席了大会。民盟中央主席冯之浚出席了会议，并发表了讲话。大会深入学习、贯彻中国共产党十三大的有关文件精神，听取和审议民盟江西省七届委员会的工作报告，选举产生了民盟江西省八届委员会和出席民盟六次全国代表大会的代表，选举谷霁光为民盟省委会名誉主任委员，戴执中为主任委员。会议于 20 日结束。

15 日 省检察院举行 1987 年度江西省优秀公诉人评比活动。9 人获得江西省级优秀公诉人称号，并领取证书和奖品。评比活动于 20 日结束。

16 日 南昌—武汉—西安、南昌—福州—西安两条由江西省民航局新辟的航线开通。

16 日 省政府召开目标管理评审总结会议。省审计局被省政府评为 1987 年度目标管理优秀单位。

17 日 小龙钨矿重视安全生产工作，连续 3 年实现无重大伤亡，重大火灾，重大设备事故，特大交通事故和急性窒息中毒事故，被中国有色金属工业总公司授予安全生产先进单位的称号。

17 日 全省第一个厂矿企业武装委员会——江西氨厂武装委员会正式成立。

17 日 江西省地质矿产局绘制编写的《1:1000000 南岭及其邻区钨矿分布图及说明书》通过了评审验收。

17 日 省政府授予江西消防车辆制造厂"省级先进企业"称号。

17 日 省卫生厅发出《关于加强病案管理的通知》，规定各级医院实行统一病历书写规范、统一病历分类方法、统一病历索引方法。

17 日 省机构编制委员会批准省审计咨询服务部更名为省审计师事务所。

17 日 全省对外经贸工作会议在南昌召开。会议主要研究深化外贸体制改革，部署推行外贸承包经营责任制。副省长蒋祝平到会作了重要讲话，并向一批为扩大出口创汇，提高经济效益作出突出贡献的先进集体和个人发奖。会议于20日结束。

18日 省政府决定从即日起调整棉花购销政策，鼓励棉农发展棉花生产。调整后的棉花购销政策是：以1985年至1987年3年间实际收购量的平均数为基数，基数以内由省统一平衡分配，超基数部分由地区和省辖市自行处理，多产多留多用；属基数内收购的棉花，现行的收购奖励加售化肥标准和供应棉农的口粮标准均不变，并在现行收购价格之外每50公斤皮棉补贴10元和增供中价化肥10公斤。

18日 省司法厅制定《江西省律师民事代理细则》（试行）、《江西省律师刑事辩护细则》（试行）、《江西省司法厅关于搞好法律顾问工作优质服务试行办法》、《律师业务立档归卷办法》4项律师工作管理制度。

19日 省人大常委会副主任王泽民、副省长蒋祝平、省高级人民法院副院长阙贵善、省人民检察院副检察长高佩德，就在省范围内进行执法大检查若干问题交换了意见，决定由省人大常委和"一府两院"领导不定期举行联席会议，组织协调好整个执法大检查工作。

19日 省司法厅、省财政厅转发司法部、财政部《关于专职律师、涉外公证人员制装的通知》，对制装范围、样式标准、供应费用、着装管理等作了具体规定。

19日 根据国务院的要求，自省政府发出《关于在县以上地方各级人民政府设立行政监察机关的通知》以来，江西省11个地市都成立了监察局；101个县（市、区）也正在积极筹建和选调干部，已有30个县（市、区）成立了监察局，到3月底将全部组建完毕。当前，各地监察局已着手进行清查对外经济合同工作，初步查清了2663份合同，以推动其他行政监察工作的逐步展开。

19日 省编制委员会批复同意省林业厅所属事业单位级别和内设机构为：省林业勘察设计院、省林科所（与林业技术推广总站、西山实验林场合署）、省林木种苗站、省第一林业学校、省第二林业学校、省森林工业技工学校定为相当

于处级事业单位，省森林病虫害防治站（与省森林植物检疫站合署）、省林业职工医院、省林业厅招待所定为相当于副处级事业单位，省自然保护区管理办公室定为相当于处级单位，省井冈山、庐山、九连山、武夷山、官山、桃红岭梅花鹿、鄱阳湖候鸟7个保护区管理处均定为相当于处级事业单位。

19日 省人大常委会办公厅、省政府办公厅、政协江西省委办公厅联合召开人大代表建议、政协提案交办会议，部署办理建议、提案工作。

19日 省政府批转省物价局、省财政厅《关于制定江西省省以上管理收费目录的报告》，规定了行政性、事业性、经营性收费项目及管理办法，并自5月1日起执行。

19日 宜丰县人民医院副院长、共产党员黎云青，由于在医疗科研方面成绩显著，被卫生部授予"全国卫生先进工作者"称号。

20日 全省经济工作会议结束。会议提出当前全省经济工作的中心任务是，以改革总揽全局，以发展经济为目标，把改革和发展有机结合起来，在发展中求得经济效益的进一步提高。会议指出，提高经济效益，最根本的是深化企业改革，完善承包经营责任制。会议要求各地以经济效益为中心，继续深入开展"双增双节"运动；以出口创汇为导向，积极参加国际大循环；同时，注意依靠技术进步，增强发展后劲，使江西省的经济在量和质上，达到一个新的水平。

21日 省委发出通知，要求全省各级党委组织和广大党员、干部密切联系实际，认真学习贯彻党的十三届二中全会精神，进一步解放思想，加快和深化改革，把江西的各项工作搞得更好。

21日 江西省外商投资企业协会在南昌正式成立。协会属中外合资经营企业、中外合作经营企业和外资企业自愿组成的非营利性的社会经济团体。首批有73家外商投资企业入会。周慼平任名誉会长。

21日 经贸部委托江西省审批成立江西文友毛笔制造公司，这是江西第一家台商独资企

业，该公司是由台胞杨上兴先生先后投资160万美元兴办的。

21日 应日本国丸红公司邀请，省劳改局副局长钱世驯率南昌化纤厂王永武、黄金鉴等赴日本对喷水织机等引进项目的管理进行为期11天的考察。

22日 萍乡矿务局2000余名职工在安源煤矿隆重庆祝萍矿建矿90周年。曾在安源战斗过的革命老前辈杨得志、肖劲光、江华和全国人大常委会副委员长朱学范等送来题词和祝词，副省长孙希岳，煤炭部顾问、原部长邹桐，以及萍乡市和省煤炭厅的领导出席了大会并讲了话。萍乡矿务局的前身是1898年3月开办于萍乡安源地方的"萍乡煤矿总局"，简称"萍乡煤矿"。1908年，萍乡煤矿加入"汉冶萍公司"，1916年前后，萍乡煤矿进入鼎盛时期，年产煤炭95万吨左右，有工人1万多人。20年代末以后，萍乡煤矿逐步衰落，名称也先后改为萍乡煤矿整理局、管理局、赣西煤矿局，1949年产量仅有8万吨。1950年起称"萍乡矿务局"至今。20世纪七八十年代以来，萍矿每年生产煤炭均达300多万吨。萍矿有职工3.3万人，固定资产2.6亿元，形成了以煤为主，多种经营、全面发展的社会主义新型矿区。毛泽东、刘少奇、李立三等老一辈无产阶级革命家领导的安源路矿工人运动，在中国工人运动史上写下了光辉的篇章。

老一辈革命家战斗过的地方——安源煤矿

22日 华东区第八届射击锦标赛（步枪、移动靶）在安徽合肥市结束，江西男子步枪选手夺得男子60发卧射、3×40、气步枪60发3个项目的队赛第一名。女队获得女子气步枪40发项目队赛第一名，江西运动员刘骏获得男子步枪3×40项目的冠军，袁光红获得女子3×20项目的第一名，叶青获得女子气步枪40发项目的冠军。

23日 由江西省杂技团组建的中国春苗少儿杂技艺术团出访日本。

23日 省经贸厅制定《江西省经贸企业实行经理（厂长）负责制和任期目标责任制试行办法》，决定1988年上半年先在省化工、医药保健和工艺品进出口公司试点。要求省公司和地（市）经贸局要按"试行办法"要求，结合本公司、本地市的实际情况制定具体的实施细则和工作规划。

23日 省直机关、南昌市和省军区机关副处级以上干部约2000人，听取了由省委办公厅、省政府办公厅、省委宣传部、省直机关党委联合举行的价格改革报告会。报告会旨在进一步宣传价格改革对于贯彻落实党的十三大精神，振兴江西经济的重要性和必要性，帮助广大干部群众增强依据和运用价值规律办事的自觉性。省物价局局长郝广成作题为《振兴江西经济必须按价值规律办事》的报告，会议指出，省政府决定从3月1日起，调整部分食品价格，这是从江西的实际出发，深化改革的具体步骤，是振兴江西经济的客观需要。会议要求广大干部，特别是领导干部认真组织学习党的十三大文件和中共中央总书记在党的十三届二中全会上的工作报告，从理论和实践上提高对改革的认识，并向群众做好价格改革的宣传解释工作。

23日 江西省安装协会成立。

23日 全省地市轻工局长会议在南昌召开。主要内容是落实1988年目标计划、交流改革经验等。会议于25日结束。

24日 应省政府邀请，以联邦德国黑森州经济技术部国务秘书奥托·克尔斯特为团长的联邦德国黑森州政府代表团一行5人抵达南昌（28日，副省长钱家铭在南昌象山宾馆会见了联邦德国黑森州政府代表团团长奥托·克尔斯特一行。

该代表团是来正式签署江西省与黑森州合作项目"南昌工人技术培训中心协议书"的。省政府秘书长张逢雨及有关方面人士参加了会见）。

24 日 省政府决定开展"爱国卫生月"活动。各地群众积极投入，省市党政军领导与南昌市 30 万军民一起上街打扫卫生。

24 日 中国人民大学教授、中国企业经济管理学会常务理事、中国企业社会科学院工业经济研究所学术委员会塞风等一行 3 人自即日起至 4 月 3 日到江西铜业公司及所属各单位考察，撰写了《关于江西铜业公司管理体制的调查报告》。报告就该公司办成联合企业的必然性、必要性、优越性和机构模式进行阐述。

25 日 省国防科工办在南昌举行承包经营签字仪式，对江西省 25 家地方军工企业实行全面经营承包。根据这次签订的承包合同，到 1990 年，江西省地方军工企业将开发出近 100 项民用新产品，民品产值年均递增速度达 25%。

25 日 江西省社会学学会成立大会在南昌举行。赵增益、王昭荣、王太华、孙希岳等到会祝贺。大会推选王昭荣为学会名誉会长，省社科院院长李克为顾问，吴日生为学会会长。大会于 26 日结束。

26 日 18 时，中国共产党的好党员、赣东北革命老根据地创始人之一黄道烈士的夫人、离休老干部吴品秀同志因病医治无效，在横峰县姚家乡逝世，终年 86 岁。吴品秀系横峰县青板乡人，1902 年 9 月出生，于 1927 年参加革命，1930 年加入中国共产党。革命战争时期，担任过闽北特委妇女部长兼妇女职业学校校长、闽赣省苏维埃优待红军委员会主任。建国后，在福建宁化县、江西省救济分会和南昌市生产教育院工作。曾当选为江西省政协委员和横峰县人大代表。1959 年 12 月经组织批准休息后回到家乡安度晚年。"文化大革命"中，吴品秀遭受了残酷迫害，蒙受了不白之冤。1971 年党组织为她彻底平反，恢复了名誉。

26 日 南昌电视厂和中山大学共同研制成功的"电话线数字式静态图像传输系统"通过了江西省级鉴定。该产品是我国近年来在电话静态图像传输技术开发成果中较为满意的一种，其主要技术指标已达到国内先进水平。

27 日 大余县梅岭风景名胜区总体规划通过评审，并纳入江西省级重点风景名胜区。

28 日 江西省招收乡财政干部的工作已经结束，全省共批准招收乡财政干部 2500 名。

29 日 省工商行政管理局、省城乡建设环境保护厅发出《关于在省辖市和计划单列市设立"建筑安装工程承包合同仲裁庭"的通知》。《通知》要求省辖市、计划单列市工商行政管理局经济合同仲裁委员会在本市建设局（建管局、建工建材局）成立仲裁庭，由仲裁委员会聘请建筑主管部门具有建筑、设计、预决算等专业知识的人员担任兼职仲裁员，参加仲裁庭工作。

29 日 省政府发出《关于加强小城镇建设的暂行规定》。

29 日 省政府召开有关部门和南昌市政府负责人参加的会议，认真研究了当前的市场问题，特别是群众的"菜篮子"和加强市场物价监督管理等问题。要求各地在坚持改革开放中，要强化市场监督管理，制止"搭车"涨价，切实把城乡和人民生活安排好。

乐平县农贸市场

30 日 台湾台中县朝清宫主持王欣魁率 43 人团到鹰潭市龙虎山进香、赠旗。

30 日 省人大政法委员会会同省民政厅组织有关人员前往广西壮族自治区考察村民委员会的建设情况，为制定《江西省关于〈村民委员会组织法（试行）〉实施细则》做准备。

30 日 省卫生厅下发《关于开展江西省〈食品卫生法〉执行情况大检查》的通知。经检查，江西省食品卫生合格率达 79.2 %，赣州、宜春地区和南昌市被评为先进单位。检查工作于 4 月结束。

31 日 参加 1988 年中国乒协杯赛的 375 名运动员全部抵达南昌，来自全国 26 个省、市、自治区、三个计划单列城市、一个行业体协以及解放军共 31 个单位的运动员，4 月 1 日开始将在江西省风雨球场和田径练习场展开为期 10 天的角逐。

31 日 省劳动人事厅下发《关于 1988 年干部计划工作的意见》，就干部计划管理提出具体要求。

31 日 省审计局和省税收、财务、物价大检查办公室同意对煤炭厅及所属单位以经常性审计监督，代替一年一度的财务大检查。

31 日 全省普法工作会议在南昌召开。参加会议的有各地、市分管普法工作的宣传部长、经委负责人、司法局长和宣传科长及省直机关单位的负责人共 200 多人。会议总结了两年多来的普法经验，部署了 1988 年的普法工作。会议提出必须抓好以下几项工作：（一）各级干部尤其是领导干部和执法干部，仍然是普法的重点对象。（二）企事业单位职工的普法要继续全面、深入地进行。（三）各级各类学校的法制教育要有新的突破。（四）要切实抓好城镇居民的普法教育。（五）农村普法要全面铺开。（六）在已学完了"十法一条例"的一些单位中搞好验收工作，把好质量关。（七）要积极开展执法大检查。会议于 4 月 3 日结束。

31 日 自 1987 年 5 月份开始的景德镇龙珠阁明代御厂后山成化官窑发掘工作近日结束。在这次发掘中，出土了大批明代成化官窑的落选贡品。现已复原出的 200 余件官瓷，80% 是只见史书不见传世的孤品，其中"青花斗彩葡萄扁盏"现今仅有两只，龙珠阁此次出土了 9 个。据初步估计，龙珠阁的这次发掘，可复原出 2000 余件标有绝对纪年落款的稀世珍品，为世界各大博物馆馆藏的成化官窑瓷总数的 20 多倍。

本月 贵溪冶炼厂被评为设备管理优秀单位，同时获奖的还有西华山钨矿、大吉山钨矿。

电机车从西华山钨矿主平窿把矿石源源不断地运往选矿厂

本月 为开拓国际劳务市场，赣州地区行政公署成立"赣州地区对外建筑安装承包工程公司"。公司自主经营、自负盈亏。

本月 省机械厅在 68 个企业中开展首批工人技师考评工作，经过 5 个月的考前培训和技术理论、操作技能、生产经验、工作成就的考试、考核，江西省平均及格率为 72.58%，在 2874 名在岗高级技工中，评出工人技师 244 名，其中女技师 5 名。

本月 赣州钴冶炼厂生产的草酸钴和南昌硬质合金厂生产的 YT15 硬质合金切削刀片，被评为全国有色工业优质产品，并在广西柳州召开的全国有色工业质量工作会议上领取了部优产品证书。

本月 江西钢厂供应处被冶金工业部评为

1987年度全国冶金企业先进物质部门，这是江西省唯一获得这一称号的单位。

本月 江西国营二六〇厂获省级先进企业称号。该厂1月份产品人造金刚单晶荣鹰国家银牌奖，此外，该厂还获得其他荣誉称号4个，并有3个产品夺得部、省双优奖。

本月 省民政厅印发《江西省光荣院管理试行办法》。规定"依靠集体，以养为主，文明管理，勤俭办院"的方针。

本月 省公安机关与有关部门配合，组织集中打击黄金走私的专项斗争。

本月 赣州市通天岩窟被列为第三批全国重点文物保护单位。

赣州通天岩

本月 全省各级公安机关集中时间在全省范围内开展以集中打击盗窃、抢劫犯罪为主要内容的专项斗争，共破获现案、积案、隐案9080起，查获各类犯罪分子8794名，挖出犯罪团伙1013个，成员5202名，有效地遏制了盗窃、抢劫案件的上升势头。

本月 外国公司在江西省设立的第一家办事处Ｕ·Ｄ·Ｉ（联合发展）公司正式开张。Ｕ·Ｄ·Ｉ公司属于总部设在奥地利的埃森贝格集团公司。

本月 省工商联组团前往上海参加华东六省一市工商联第一届商品交易会，交易会由上海市工商联主办，江西省22个市县77家企业参加，展出样品123种，签订合同148份，成交额798万元。

本月 省出版事业管理局公告江西省65家印刷厂经审查获"承印图书报刊特许证"。

本月 省高级人民法院在景德镇市召开经济纠纷案件检查会。由中级人民法院核查省高级人民法院1987年审结的二审经济纠纷案件24件，这是首次中级法院检查高级法院审结案件的尝试。同时，检查景德镇市中级人民法院一、二审经济纠纷案件，乐平县人民法院审结的经济纠纷案件。省法院副院长房贵到会讲话，首次提出江西省1988年要实现收结经济纠纷案件破万件的目标。

本月 中国人民银行江西省分行开通全省各地、市分行微机通讯，建立传真通讯网以及省分行与总行的电传通讯网，实现了总行—省分行—地、市分行联网通讯。

1988
4月
April

公元 1988 年 4 月							农历戊辰年【龙】						
日	一	二	三	四	五	六	日	一	二	三	四	五	六
					1 十五	**2** 十六	**3** 十七	**4** 清明	**5** 十九	**6** 二十	**7** 廿一	**8** 廿二	**9** 廿三
10 廿四	**11** 廿五	**12** 廿六	**13** 廿七	**14** 廿八	**15** 廿九	**16** 三月大	**17** 初二	**18** 初三	**19** 初四	**20** 谷雨	**21** 初六	**22** 初七	**23** 初八
24 初九	**25** 初十	**26** 十一	**27** 十二	**28** 十三	**29** 十四	**30** 十五							

1 日　新华社北京电，江西省和湖南省将分别在省内建立经济开放试验区，实行与沿海地区相类似的政策，以便寻求更加广泛的横向经济联合，促进江西省的进一步开放。江西省拟将从南北两头进一步开放门户。第一，把邻近广东、福建二省的赣州地区作为经济改革开放试验区，赋予省一级的经济管理权限。所属 18 个县市也相应扩大权限，促成这个地区面向闽粤和港澳市场，相对独立地发展经济。第二，把九江定为对外开放城市，给予比综合试点城市更加优惠的政策，加快重点项目建设和基础设施建设，提高港口吞吐能力，使之成为一个全面开放的经济中心。

1 日　《铁路运输收入系列化管理系统》经江西省科学技术委员会鉴定，发给鉴定书，其中货物汉字品名的审核和站名的汉字输入方法为同行业首创。该系统由南昌铁路分局收入检查室与电子所联合研制。

1 日　省劳改局转发省政府《关于开展江西省执法大检查的通知》，要求全省各劳改、劳教单位按通知要求进行大检查。

1 日　省政府办公厅转发省人防办、省建设厅《关于制定人防建设与城市建设相结合规划的报告的通知》（至 1992 年底完成南昌、九江、鹰潭、景德镇、萍乡、上饶、吉安、赣州 8 个重点市的两结合规划工作）。

2 日　国家教委批准江西冶金学院改名为南方冶金学院，赣南医专改名为赣南医学院。1958 年至 1990 年，学院共为国家培养毕业生 1.4 万余人。

改名后的南方冶金学院

2日　巴基斯坦国防部航空局法鲁克少将一行5人，来南昌飞机制造公司参加K-8工作会议。

2日　中顾委常委余秋里对江西进行考察。省长吴官正等同志陪同，余秋里考察了萍乡、新余、南昌等地，并听取了当地政府领导的汇报和省委、省政府的汇报。在考察过程中，余秋里指出：要进一步解放思想，认真贯彻党的十三大精神，要重视科技、技术和管理人才的培养，发展交通和能源，努力把生产建设搞上去。广泛开展横向经济联合、引进外资，同心同德，团结一致。考察于14日结束。

5日　省司法厅、省财政厅、省物价局联合发出《关于转发司法部、财政部、国家物价局〈关于下发公证收费规定的通知〉的通知》。

5日　政协江西省第五届委员会副主席，民盟江西省第六届、第七届委员会副主席，江西师范大学名誉校长、教授，江西省第二届科协主席郭庆棻因病医治无效在南昌逝世，终年85岁。

5日　1988年全国男子举重锦标赛在抚州举行，为期10天。来自全国28个省、自治区、直辖市以及解放军、北京体院共30个代表队的241名运动员参加了比赛。比赛共进行了10个级别的抓举、挺举和总成绩项目的比赛。共打破4项亚洲纪录，刷新6项全国纪录。

5日　世界卫生组织确定4月7日为"世界无烟日"，为此，中华医学学会江西分会自即日起至11日在南昌市开展劝阻吸烟宣传周活动。

6日　截至当前，江西省政府已公布第三批文物单位，包括具有重要史料、文献价值和艺

彭德怀1928年10月在修水县东港台庄的旧居

术、科学价值的古遗址、古建筑、革命旧址，共计140处。此前，曾于1957年、1959年公布两批省级文物保护单位，共155处。经历近30年的变迁，其中已有23处升格为国家级文物保护单位，还有32处在"文革"中遭到破坏，现尚存95处。经重新审核，这次一起予以重新公布。

6日　省检察院在丰城市检察院进行民事诉讼监督试点，历时四个月，共参与民事诉讼案件41起（8月，省检察院在丰城市检察院召开江西省民事行政监督试点工作会议，对检察机关在民事行政诉讼活动中的法律地位、任务、职权、作用、范围等工作原则、程序、方法等作了规定）。

6日　江西省12个城市1987年共制发了居民身份证220万份。其中，南昌、赣州等市已开始启用居民身份证。当前，江西颁发居民身份证工作正由城市转向农村，由点到面逐步展开。按照省政府部署，1990年以前将全面完成发证任务。

7日　乡村教师程宏文3年前发明的"水旱两用联合耕作机引农具"，1986年12月31日申请实用型和发明两种专利。国家专利局1987年9月2日公布发明专利，今天获得实用新型专利证书。

7日　省石油公司经理办公会讨论研究承包经营问题。省财政厅同意省石油公司按2820万元上缴利润任务承包，决定省石油公司对下属单位发包按3050万元利润任务分解。

7日　江西党员教育刊物《支部生活》首届优秀稿件评选揭晓，70篇（幅）作品入选。其中一等奖15篇，二等奖25篇（幅）。同时一等奖优秀作品有3篇参加全国1987年度暨首届党刊优秀稿件评选。

7日　江西漫画学会在南昌成立，来自全省各地的漫画界代表认真总结交流了漫画创作经验，通过了学会章程，选举了学会负责人，举办了南昌、宜春、景德镇三地市漫画联展。

7日　赣州稀土冶炼厂动工兴建。该工程由北京市建筑设计院设计，赣南建筑工程总公司第一分公司承建。有17个单项工程，总建筑面积14235.38平方米，工程总投资为500万元。该厂

建成投产后，年处理混合稀土 4000 吨。

9日 省地质矿产局第二物探队报送的《激震波速效应无损验桩法》通过了评审鉴定，该方法属江西首创。

9日 省政府办公厅函复省财政厅，经国家教委同意，成立江西财经学院九江分院（大专），发展规模 1200 人。分院由省财政厅主管，江西财经学院负责教学业务指导。

9日 为落实省长吴官正提出开展"兴赣'隆中对'"活动的倡议，省社联、江西人民广播电台发出举办"兴赣'隆中对'"征文启事，共收到应征文章 485 篇，《争鸣》杂志、《江西内部论坛》、江西人民广播电台《学习与探索》节目，选登选播文章 111 篇，经评审委员会民主评议，评选出 13 篇优秀文章（1989 年《兴赣"隆中对"文集》由经济科学出版社出版，省长吴官正为文集写了序言）。

10日 农业部对江西省草地资源调查成果近日在山东烟台进行了国家验收。据统计，江西草地总面积为 6663.5 万亩，占土地总面积的 26.7%，可利用面积为 5771.3 万亩，平均草地利用系数为 86.6%，已利用草地面积为 1698.2 万亩。经评审，江西草地资源调查研究成果，达到国内同类研究的先进水平，通过验收。

11日 省委召开电话会议，动员和部署对地、市党政领导干部开展民主考评工作。按计划，各地市从 5 月上旬开始全面铺开，在取得经验的基础上，再在厅局级领导干部中进行。会议要求各地通过民主考评工作，总结经验不断完善，以便今后把领导干部的民主考评工作做得更好。

12日 全省招生工作会议决定，招生工作实行较大改革：不进行预选，采取高校、中专"一条龙"的考试录取办法；进行招生指标定额到县的试点；扩大定向招生；扩大委托培养、自费生走读生招生；把参加社会实践活动列入应届毕业生报考高校的必要条件。

12日 省监察厅发出通知，要求各级监察机关把贯彻国务院《关于严格控制社会集团购买力压缩开支的紧急通知》作为 1988 年的一项重要任务抓紧、抓好。各级部门要统一部署，不折不扣压缩社会集团购买力。

13日 省卫生厅发布《江西省献血体格检查标准》。

13日 根据国家对长江港口管理体制改革的精神，交通部与九江市举行交接签字仪式，将九江港正式下放地方管理。

13日 省矿藏储量委员会审查批准由省地质矿产局赣西地调队提交的安福县杨家桥大型铁矿区洋陂矿段地质勘探报告。

13日 省审计局成立省审计高级专业技术职务任职条件评审委员会。

14日 省经委、省建材局联合颁布《江西省建筑材料行业管理实施细则（暂行）》。

15日 省煤炭厅修订《省属重点煤矿维持简单再生产资金使用与管理办法》，明确用于加工利用、多种经营的维持简单生产费为 1 吨煤 1 元。

15日 以塞尔威那亚为首的联合国粮农投资中心代表团一行 7 人和以希尔夫人为首的世界银行代表团一行 4 人，联合组成吉湖农业综合开发项目预评估团抵达南昌，对南昌、吉安、泰和、宜春、九江、上饶、井冈山、景德镇、万年、波阳等市县进行考察与预评估。16 日，副省长黄璜在江西宾馆会见联合国粮农组织投资中心和世界银行对吉湖农业综合开发项目预评估团。吉湖农业综合开发项目已列入第七批世界银行贷款计划。考察活动于 5 月 4 日结束。

16日 省劳动人事厅、省财政厅下发《关于修改事业单位工作人员福利费提取标准的通知》，由每人每月 2 元调整为 4 元。

16日 由中国贸促会组团，江西省贸促会组织陶瓷、粮油食品、土畜、丝绸、服装、机械 6 家进出口单位共 16 人，参加在意大利米兰举办的为期 10 天的第 66 届国际博览会，共成交 410.1 万美元。

17日 国家向 1987 年在重大国际比赛中取得优异成绩的 142 名运动员、教练员颁发了体育荣誉奖章，江西运动员许艳梅、徐荣、熊吉生获此殊荣。

17日 中国教育工会第三届全国委员会第二次全体会议在南昌召开。全国教育工会主席李星万在会上作了题为《突出代表和维护的职能，改革和搞活工会工作》的报告。会议以改革为主题，就各级教育工会如何推进教育改革和自身改革等问题进行研究和论证。会议于21日结束。

18日 亚洲开发银行在江西省发放第一笔贷款200万美元，用于国营吉安无线电厂建设我国第一条物理发泡绝缘CATV电视电缆生产线。

18日 由江西省14个研究会、出版单位和杂志社发起，中国通俗小说研究会江西分会在南昌成立。会议选举刘仁德为会长，周榕芳等为副会长。

18日 全国地方志1988年度工作会议在九江召开，参加会议的有中国地方志领导小组领导及各省、市、自治区地方志编纂委员会领导。

18日 海军司令部、政治部为"鹰潭"号军舰记集体三等功一次，同时，还给两个部门、一个区队、四个班记集体三等功，给杜祥厚、徐友法、申加坤、王永兵等36人记二等功或三等功，有60多人受到上级嘉奖。

19日 省委、省政府发出《关于加速乡镇企业发展的决定》，进一步明确发展乡镇企业"四轮驱动、多业并举、合理布局、择优扶持、注重效益、加速发展"的战略方针和"以乡、村企业为骨干，以户办、联办为重点"的指导方针；千方百计增加投入，进一步实行税收优惠等政策，为乡镇企业发展创造条件；深化改革，搞好政企分开，完善经营承包责任制，加强管理，增强企业活力；解放思想，全省动员，推动江西省乡镇企业迅猛发展。

19日 省标准局批准吉安无线电线材厂设立江西省电线电缆质量监督检验站，承担江西省电线电缆监检任务。

19日 宜春行署公安处破获一起台湾派遣特务案。特务分子刘家骥被依法惩处。

19日 萍乡武功山林场发生国有林被盗伐哄抢事件。当天，安福县边界乡有2000多农民在该林场哄抢盗伐木材200多立方米。随即，省政府委托省林业厅的负责人，会同吉安地区和萍乡市的负责人，带领工作组于23日赶到林区进行调查。但工作组到达林区后，毁林事件仍在继续发生。24日，安福县太山乡文家村的集体林遭200多人盗伐。25日，连遭盗伐的大布乡集体林又被600多人盗伐哄抢。为此，省政府于29日就武功山毁林事件再次召开会议，强调要把一些地方的毁林歪风刹下去，对涉及领导干部的问题，更应严肃处理。30日，省政府向各地市县（区）政府发出紧急通知，要求各级政府采取措施，坚决制止乱砍滥伐森林的歪风。5月4日，省政府派出由省林业厅、省监察厅、省公安厅和省检察院等有关部门负责人组成的省政府工作组，会同吉安行署和萍乡市的负责人，前往林区调查处理哄抢盗伐事件。5月9日，副省长黄璜专程前往林区检查指导工作。经调查，安福县决定将8名情节严重，哄抢盗伐的首要分子和打砸抢分子依法予以拘审。对毁林和林政管理不力所涉及的有关干部，由县纪委牵头组成专案组，在查清事实的基础上，对违法者作出严肃处理。对绝大多数参与毁林者，只要认识错误，进行了退赔，不追究责任。至5月底，全县已收缴、没收木材约200立方米，罚款1.82万元。事后省政府批转《关于调查处理武功山哄抢盗伐林木事件的报告》。

19日 省纪委第四次全体（扩大）会议在南昌举行。省纪委委员、省直厅、局纪检组组长、各地、市、县纪委书记等231人出席了会议。会议传达贯彻了中纪委第二次全会精神，进一步明确了纪检工作的指导思想、方针任务和基本要求，研究了在改革开放的条件下如何做好纪律检查工作，并对1988年的工作作出了相应的部署和安排。会议于22日结束。

20日 由劳动服务公司主办的第一所南昌女子职业业余学校最近在南昌成立。

20日 省经委、省商业厅发出《我省小型商业企业租赁经营试行办法》，规定租赁形式有集体租赁、合伙租赁和企业租赁。

20日 联合国粮农组畜牧专家科瑞志，到恒丰垦殖场分别对瘦肉型猪和水产进行考察评估（10月25日渔业专家潘迪纳也到恒丰垦殖场进行同样考察）。

20日　省长吴官正到江西平板玻璃厂视察工作，要求恢复平板玻璃生产。

20日　江西拖拉机厂研制的"丰收－180"系列拖拉机在全国农机耕作比赛中夺得第一名。被定为全国小四轮更新换代的理想机型——"江拖－180"拖拉机，在欧、美、亚20多个国家供不应求。为更快发展这个拳头产品，近日30个协作厂家成立以江拖为中心的"丰收拖拉机集团"，计划到1990年年产"江拖－180"型拖拉机3万台。

江西拖拉机厂组装车间

"丰收－180"系列拖拉机

20日　省垦管局在共青场召开江西省农业首次利用外资工作会议。制定了利用外资及发展外向型经济的战略方针和工作目标，要求各级企业建立外资机构，并抓外向型经济工作。会议于23日结束。

20日　省委对江西省11个地市的党政领导干部进行了民主考评工作（至6月17日，江西省各地市参加评议人员达1536人，被考评的地市领导干部163人）。

21日　省劳动人事厅下发贯彻《国家行政机关工作人员职级奖惩暂行处理办法》的实施意见。

21日　省政府在南昌市、新干县分别召开江西省中小学危房改造工作经验交流会。

22日　省石油公司召开经理办公会，讨论研究基建资金的安排。省石油公司安排用200万元，分配给地（市）公司214万元，主要用于消防设施和扩建库容。

22日　省政府召开省直单位负责人会议，七届全国人大代表、副省长蒋祝平向到会的100多位省直各部门负责人传达七届全国人大一次会议精神，并部署当前工作。

22日　南昌中药切制厂和泰和制药厂大道药店被中国药材公司评为全国中药饮片质量先进单位。

23日　铁道部副部长孙永福，基建总局副局长张涛、练日新，上海铁路局副局长张龙等到达鹰潭，视察鹰潭枢纽工程及刘家至鹰潭西双插工程。

23日　省科委召开新闻发布会，奖励江西省1985年、1986年度获"科技进步奖"和"星火奖"的集体和个人。此次获省级科技进步一等奖的有265项，二等奖有33项，三等奖有230项。其中，有7项科技进步奖成果达到国际先进水平。另外，省科委还授予宜春、赣州、萍乡三地、市科委"星火管理优秀奖"，授予南昌、新余、上饶、九江、抚州五地、市委"星火管理工作奖"，授予鹰潭、景德镇二市科委"星火管理鼓励奖"。

23日　省人民法院系统828名干部参加为期两天的全国成人高校统一招生考试，法律业大江西分校录取88级学员477名；同时，根据国家教育委员会的规定，经省教育委员会和省高等院校招生委员会审查批准，招收免试生（双学历教育）110名和"法律（审判）专业证书"生710名。

24日　民主德国水文地质、工程地质考察组一行4人来赣作为期4天的考察。团长哈尔通一行 3 人参观访问了省水文地质工程地质大队。考察团还沿鄱阳湖进行野外考察。

24 日 世界银行卫生Ⅲ项准备考察团一行 7 人，到南昌、九江等地进行为期 6 天的考察。

25 日 为适应政府职能转轨变型的需要，省政府颁发了《江西省 1988 年至 1990 年地方性法规、规章制定规划》，拟定了有关围绕农村改革、开发农业资源的《关于开发山水资源暂行规定》、《关于保障山水资源开发者经济收益的若干规定》、《关于保护出口创汇专业生产企业的若干规定》等一批促进江西改革开放和发展地方经济的法规、规章，共 126 个题目。

25 日 江西省互助储金会理论研讨会暨通讯报道信息会议公布：截至 1987 年底，江西省建立了 20299 个农村互助储金会，覆盖面占省村委会数的 94%，成为省农村社会保障的一大支柱。从 1984 年以来，利用储金会资金累计扶持贫困户达 80 多万户。当前江西省储金会兴办或扶持的户办、联户办的经济实体达 7459 个，累计投资 1265 万元，创造产值 7436 万元，利润 933 万元，安排从业人员 5.7 万多人，其中贫困户 3.8 万人。

25 日 全国拳击邀请赛自即日起至 27 日在抚州举行。比赛由富奇汽车制造厂、抚州市体委、省体育记者协会联合主办。参加这次比赛的有武警总队、辽宁队、山东队、安徽队和广东队等高水平运动队的全国名将 30 多人。

26 日 省劳动人事厅、省体委决定从优秀运动员和退役运动员中择优录用干部，并制定《关于我省优秀运动员吸收录用干部和退役安置工作的暂行办法》。

26 日 江西钢厂、江西共青羽绒厂被中华全国总工会授予"全国先进集体"，刘吾跃、王玉松、汪子杰、戚善宏、戴发坤、周晓芳、胡文刚、房辉、汪全英、林祥群、梁国先、黄建平、刘长林、古新华、方金亮、邹文贱、张凤金、阮子宏、彭泽、陈颂平、曹春明、朱光渝、胡健、冯春发、张谔英、张凤英、贺跃武 27 人被评为"先进个人"，荣获"五一劳动奖状"、"五一劳动奖章"。

26 日 省政府在南昌市召开现场办公会议，听取南昌市政府关于当前经济工作情况的汇报，重点分析和研究如何进一步提高经济效益，抓好重点产品生产和增强后劲等问题。省政府办公厅、省计委、经委、体改委、财政厅、电力局、商业厅、水利厅、人民银行、工商银行、物质局的负责人参加了会议，省委办公厅负责人应邀参加了会议。省政府领导分别讲了话。

26 日 省总工会、省经委在南昌联合召开了江西省工业班组工作会议。通过了《关于表彰江西省先进班组，先进班组长的决定》；命名赣州钴冶炼厂钴分厂电解一班，九江国棉一厂细纱八闯将小组等 96 个班组为江西省先进班组；授予赣南水泥厂刘振茂、井冈山纺织厂刘菊明等 95 名班组长为江西省"先进班组长"称号。

26 日 景德镇秦锡麟、张松茂被国家评定为"中国工艺美术大师"。

27 日 省第二建筑工程公司和南昌市第一建筑工程公司被建设厅评为 1987 年度省城乡建设系统设备管理优秀单位（同年 5 月 24 日，被建设部授予城乡建设系统 1986 年至 1987 年度设备管理优秀单位）。

27 日 勇斗歹徒、保卫国家金库安全的宜丰县浪源信用社会计蔡萍娥、出纳李蓉华，被省政府授予"江西省模范"称号。省政府在省农业银行召开的先进代表座谈会上向她们颁发了荣誉证书，两人各晋升一级工资。

27 日 省人大常委会主任许勤在抚州、崇仁主持召开座谈会，听取关于执法大检查和加强人大自身建设等问题的汇报，并就执法大检查和人大自身建设等问题讲话。座谈会于 28 日结束。

27 日 国家体制改革委员会组成联合调查组就江西铜业公司管理体制问题到江铜进行 5 天调查。调查组的意见主要内容是：江铜不宜办成实体，可作为总公司的代表机构；贵溪冶炼厂实行上缴利润递增包干，直接对总公司承包。

28 日 新华社北京电，中共中央决定调整江西、湖南、吉林、安徽四个省委主要领导干部，毛致用调任中共江西省委书记，万绍芬调任全国总工会党组副书记。

28日 英国广播公司（BBC）摄制组一行8人，美国哥伦比亚广播公司（CBS）电视摄制组一行7人游赣，并专程赴余江木雕厂实地采访。

余江木雕厂手工木雕作品——飞龙挂屏

28日 南昌市少年儿童体育爱好者协会武术学会成立。

29日 省委、省政府召开电话会议，动员江西省各方面的力量，继续严厉打击严重刑事犯罪，整顿社会治安，进一步稳定治安形势，为江西省经济的发展和改革的深化，创造良好的社会秩序。出席会议的有各地、市、县（区）党委、政府、人大和有关部门的负责人和省直有关部门的负责人以及中央驻省和省新闻单位的记者。省公安厅厅长孙树森在会上通报了江西省当前治安情况和正在进行的工作，省委常委、副省长蒋祝平讲了话。

蒋祝平向公安干警询问情况

29日 江西省民办科技实业管理委员会成立。

29日 省人大常委会、省政府举行江西省执法大检查第二次联席会。省人大常委会主任许勤、副主任王泽民、省长吴官正、副省长蒋祝平、省检察院检察长王树衡、省法院副院长阙贵善以及省人大各专门委员会的负责人参加了会议。王泽民通报江西省执法大检查第一阶段的情况，就第二阶段的执法自查方案进行磋商。

29日 江西省赣南进出口公司获得进出口经营权。

29日 省体改委批准江西商检局成立江西商检技术咨询公司。

30日 为加强人大及其常委会与人大代表和人民群众的联系，省人大开始实施主任接待代表活动日制度。活动日为每双月最后一周的星期六上午。第一次主任接待代表活动日由省人大常委会主任许勤及副主任王泽民等在省人大常委会会议室进行。

本月 国家环保局、国家统计局、国家科委、国家经委、财政部联合授予江西铜业公司工业污染源调查优秀单位称号；授予银山工业污染源调查优秀企业称号。

江西铜业公司的办公大楼

本月 江西省营林抽样调查总结报告称：由省林业厅组织的1984年、1985年、1987年三次营林抽样调查，先后共抽查36个县、13个国营林场（局）、216个乡和1200多个村，实际造林面积和成活率数据：1983年至1987年，各地连续5年上报省造林面积2359.36万亩，推算实际造林面积1762.92万亩，占上报面积的74.7%；核实成活面积1613.85万亩，占上报面积的68.4%，占推算面积的91.5%。

本月 省林业厅组织江西省林业系统开展《森林法》执行情况大检查，共成立工作组384个，计1573人，历时四个月，查处一批林业案件。

本月 分宜煤矿电机厂承担的"六五"国家科技攻关项目——"输送机双速电机传动及其控制装置的研制",获得煤炭工业部科技进步二等奖。

国家"六五"科研攻关项目,并获 1989 年部优产品的 YDB－22/40－8/4 隔爆型双速电机

工人对出厂电机进行严格检查

本月 大余县开工建梅关大桥(1990 年 6 月建成,7 月正式通车。该桥系中承式推力拱桥,属江西省首座,长 100 米,宽 14 米,单孔,跨径 80 米,投资 320 万元)。

本月 省政府决定,重建省移民办公室,定编 25 人。王昭悠任办公室主任,归口江西省民政厅管理。

本月 《江西省气候图集》出版。

本月 省档案馆、省财政学院经济研究所与福建省档案馆合编的《闽浙赣革命根据地财政经济史料选编》出版。

本月 国家经委、国家计委、国家统计局、财政部、劳动人事部经企(1988)240 号文批准新余钢铁厂为全国第一批大型(一档)企业,江西钢厂为全国第一批大型(二档)企业。

本月 中国人民保险公司批准成立南昌保险学校,由江西省保险公司代管,9 月面向华东 7 省、市招收高中毕业生。

本月 江西教育出版社出版的《教育辞典》获全国首届优秀教育图书一等奖。

本月 省审计局组织 26 个市、县(区)审计局对本级城市维护建设费进行审计,同时对 114 个城市建设项目和 63 个城市公用企事业单位进行审计。审计于 10 月结束。

本月 省审计局组织部分地市县审计局对江西省中国人民保险公司 57 个分公司和中国银行 11 个分支机构及其 3 个办事处 1987 年度的财务收支进行审计。审计于 6 月结束,查出保险公司违纪资金 8003 万元,中国银行违纪资金 817.9 万元。

本月 1980 年成立机构开始编修,1987 年 2 月定稿的《高安县志》由江西人民出版社出版。

本月 省政府领导率队赴江苏、浙江、福建三省学习考察发展乡镇企业的经验(7 月,组织省直 20 多个部门赴安徽省学习考察部门对口扶持发展乡镇企业的经验)。

本月 省司法厅在上饶召开省政法干校、省劳改干校和地(市)政法干校(干训班)负责人会议,总结、交流政法干部培训工作经验,研究贯彻落实《江西省司法行政系统干警五年轮训规划》的措施和办法,会议决定以省政法干校为主,组织编写统一的政法干警培训教材。

本月 为使职业美德、社会公德教育更加广泛深入地开展下去,省委宣传部、省"五四三"委在景德镇市召开全省职业道德教育经验交流会。

全省职业道德教育经验交流会议

1988
5月 May

公元 1988 年 5 月　　农历戊辰年【龙】

日	一	二	三	四	五	六	日	一	二	三	四	五	六
1 劳动节	**2** 十七	**3** 十八	**4** 青年节	**5** 立夏	**6** 廿一	**7** 廿二	**8** 廿三	**9** 廿四	**10** 廿五	**11** 廿六	**12** 廿七	**13** 廿八	**14** 廿九
15 三十	**16** 四月小	**17** 初二	**18** 初三	**19** 初四	**20** 初五	**21** 小满	**22** 初七	**23** 初八	**24** 初九	**25** 初十	**26** 十一	**27** 十二	**28** 十三
29 十四	**30** 十五	**31** 十六											

1 日　瑞昌武山铜矿与瑞昌市联合开发的吴家金矿开工建设。该矿是江西第一个采用制粒堆浸试验流程的金矿，日处理矿量 100 吨（1989 年 12 月 30 日建成试产）。

1 日　省政府决定下放议价粮食价格管理权限，省粮食厅只管指导价和必要的粮油收购保护价。

1 日　美国犹他州公务员代表团一行 30 人来赣访问，历时 6 天。

1 日　应南昌市政府邀请，澳大利亚伯尼市政府代表团一行 4 人，在市长雷克斯·考林斯的率领下，对南昌市进行为期 10 天的友好访问。双方就促进两市间的文化、教育、旅游、技术和科学信息的交流签署了友好合作备忘录。

2 日　省爱卫会与省卫生厅联合发出《关于开展爱国卫生运动的通知》。

3 日　中国作协江西省分会文学院举行成立大会并首批聘任了 7 名专业作家。年龄均在 40 岁左右。他们是陈世旭、胡平、胡辛、金雨时、熊光炯、孙海浪、邱恒聪。吴官正、卢秀珍、王太华到会祝贺并讲话。

4 日　九江机务段司机万银辉、上饶机务段司机斯件生取得 20 年无行车事故的成绩，获"全国铁路安全标兵司机"称号。

4 日　宁冈县军民 1500 多人隆重集会，纪念井冈山会师 60 周年。同日，有关单位的人员还举行了井冈山会师学术讨论会。

4 日　省长吴官正签发特急电报《江西省政府关于调整地方煤矿电用煤炭出厂价格的通知》，决定调整电用煤炭出厂价格，平均调幅为 25%（7 月 1 日，省物价局决定，所有地方煤矿煤炭出厂价格均比照电力用煤价格相应进行调整）。

4 日　省七届人大常委会二次会议在南昌举行。会议审议通过了《江西省执行地方组织法若干问题的暂行规定（草案）》、《省人大常委会议事规则（修改草案）》、《省人大常委会人事任免办法的决定（草案）》、《江西省经济合同管理条例（草案）》、《江西省劳动保护暂行条例（草案）》，听取和审议了省财政厅《关于江西省 1987 年财政决算的决议的报告》，听取了省教委关于《义务教育法》贯彻实施情况的汇报，听取了省物价局关于江西省物价情况的汇报，听取了省商业厅关于农业生产资料供应情况的汇报，通过了省七届人大常委会代表资格审查委员会主任委员、副主任委员、委员名单。会议采用无记名投票方式，表决了省高级人民法院、省人民检察院提请的任免名单。会议于9日结束。

5日 省政府乡镇煤矿清理整顿领导小组转发省乡镇煤矿工作组《对萍乡市地区大小井关系的处理意见》，萍乡市共有乡镇煤矿612处，其中，第一类合格发证的154处；第二类限期整顿的264处；第三类应予停撤的190处。

5日 赣抚平原水利工程兴建30周年庆祝大会在赣抚平原水利工程管理局隆重举行。来自灌区的各界代表及湖南省水利厅、韶山灌区的代表共300多人参加了大会。赣抚平原水利工程于1958年兴建，1960年建成，它地跨抚州、宜春、南昌两地一市五县（区），面积达2000平方公里，是一座灌溉、防洪、排涝、发电和城市工业、生活用水及航运等综合开发水利工程。

5日 樟树粮油公司从澳大利亚杰比工程有限公司引进具有20世纪80年代国际先进水平的饲料生产线和精炼油生产线投入试生产。两项省重点工程项目的建成填补了江西省两项空白，将为扩大省饲料、油料加工产品的出口创汇，提高经济效益打下良好的基础。每年可新增产值3000多万元，新增税利400万元以上，使该公司油化厂为国家每年创税利由原来的100多万元上升到300多万元。

6日 全国大型信息电传交流服务网络（CAPTAIN系统）江西终端站在南昌市正式开通、应用。江西终端站面向江西省，采用现代化通讯设备手段，报道目前国内外最新经济动态和经济政策，介绍中外贸易合作机会，提供最新技术转让。该网络是全国唯一为企事业单位服务的快速电传信息交流服务机构。

7日 省委、省政府办公厅就万安县棉津中学发生校舍倒塌，造成13人死亡的严重事件一事发出通报。通报指出：经调查，这完全是县、乡、校的有关负责人不按上级关于解决中小学危房的一系列文件规定办理，严重失职，玩忽职守

的重大责任事故。为了查清和追究事故责任，棉津中学校长罗定祯、棉津乡党委副书记张森江两人已于5月4日被拘留审查，对此次事故负有直接或间接责任的县、乡负责人及其他有关人员，待进一步查明事故原因，分清责任后，按照党纪国法再作严肃处理。为此，通报要求：（一）各级党政领导要亲自抓学校危房改造工作，切实加强领导。（二）要采用安全措施，确保不再出现校舍倒塌造成人身伤亡事故。（三）要坚持多渠道筹资办学的方针。（四）校舍修建必须坚持先定规划，后搞设计，再搞施工的原则，未经验收，不准交付使用。（五）各地要加强对师生的安全教育。

7日 省委、省政府办公厅转发省委组织部、省劳动人事厅、省机构编制委员会《关于调整干部结构工作的意见》并发出通知，通知确定为政法、经济监督和调节部门增加干部15113名，其中从转变职能部门选调30%，接受国家统配人员20%，从社会上招收不超过增干总数的20%。这次调整是为政法和经济监督调节部门调配干部。主要是充实基层，增加第一线的力量。要求各级党委和政府要统一思想，搞好干部结构调整，确保江西省1.5万余名调整干部结构工作任务的完成。

7日 省农垦系统思想政治工作研究会成立大会在云山垦殖场召开。王文字选为名誉会长，杨兰根为会长，王桂林为顾问。

7日 省委召开常委会议，原省委书记万绍芬和新任省委书记毛致用交接工作。

8日 古巴国家乒乓球队一行7人，在教练理查德·埃尔玛斯的率领下，对江西省进行访问。访问期间，该队与江西省乒乓球队在新余市进行了首场友谊比赛。

8日 在1988年第六十三届春季广州出口商品交易会上，江西省出口商品供不应求，出口成交额达1.3亿多美元，比1987年同期增长18%，创历届广交会最好成绩。

8日 江西省培力队的10名赛艇运动员在第十届香港划艇国际锦标赛上共夺得5块奖牌，其中，金牌2枚、银牌2枚、铜牌1枚。

8 日　应南光（集团）有限公司的邀请，由江西省对外贸易厅厅长周慰平率领 4 人小组赴澳门进行为期 8 天的考察，并与南光（集团）有限公司的领导就进一步加强经贸合作进行商讨。在澳门期间，考察团分别拜访和会晤了新华社副社长孙仁、澳门中华总商会会长马万祺。

8 日　省住房制度改革会议在鹰潭结束。会议由省政府召开，各行署、直辖市负责房改工作的领导，1988 年进入住房制度改革的市、县（区）、大型企业的负责人，以及有关部门的领导近 200 人出席了会议。会议对江西房改工作作了部署，并对全省房改的方法与程序，房改工作中的若干具体政策进行了广泛的研究和讨论。会议提出，要适当加快改革步伐，用 3 年或多一点的时间在江西省全面推开住房制度的改革。

8 日　澳大利亚塔斯马尼亚州伯尼市市长雷克斯·考林斯和副市长桑德拉·弗伦奇来南昌市少年宫参观。

8 日　中国革命根据地审计史料工作座谈会在南昌召开。会议于 20 日结束。

8 日　省劳改局组织"蓝盾在改革中闪光"巡回报告团自即日起至 28 日赴省直劳改劳教单位作专场报告。

9 日　全国人大常委会副委员长、民进中央主席雷洁琼在江西指导工作。在赣期间，雷洁琼同省党政领导一起，会见了省民革、省民盟、省民建、省民进、省农工民主党、省九三学社和省工商联代表大会的全体代表（11 日，在许勤、金立强的陪同下，看望了省人大常委会领导成员，看望了参加民主党派、工商联代表大会的妇

民进中央主席雷洁琼同省领导亲切交谈

女代表，并发表了讲话。接着，她还参观了南昌硬质合金厂和南昌八一起义纪念馆，并为纪念馆题了词）。

9 日　省农垦管理局批准成立"江西省农垦农业开发公司"，负责江西省农垦农业开发和引进外资建立创汇农业基地的组织工作，以及有关利用外资开发农业的规划、协调等工作。

9 日　鄱阳湖国家级自然保护区被批准为第二批国家级森林和野生动物类型自然保护区。

9 日　全国档案局（馆）领导干部培训班，江西省县以上档案局（馆）领导干部培训班同期在九江市举办。培训班于 6 月 14 日结束。

10 日　井冈山垦殖场助理工程师肖仁根研制的"微声手枪、手榴弹及其发射装置"，获中国专利局实用新型专利。

10 日　纺织工业部在安徽滁州召开"八五"规划座谈会。江西省纺织工业局副局长丘善道等 3 人参加了会议。会后，国家计委轻纺处长程鹏考察了江西维尼纶厂及南昌市的纺织企业。

10 日　民进江西省第二次代表大会、民革江西省第七次代表大会、民建江西省第三次代表大会、农工党江西省第六次代表大会、九三学社江西省第二次代表大会、江西省工商联第五届会员代表大会近日分别在南昌举行。5 个民主党派的省代表大会指出，必须深入学习中国共产党第十三次全国代表大会文件，加强自身建设，完成各自提出的工作任务，为改革开放服务，为促进祖国统一大业作出新贡献。雷洁琼副委员长亲临民进代表大会指导，各代表大会分别选举了新的领导成员。黄贤度任民革省委主任委员，樊海山任民建省委主任委员，厉志成任工商联省委主任委员，金立强任民进省委主任委员，廖延雄任九三学社省委主任委员，黄立圻任农工党省委主任委员。

11 日　利用业余时间从事技术服务的萍乡市化肥厂副总工程师关鸣家在 1986 年被萍乡市法院以诈骗罪判刑 10 年。经过关鸣家一次又一次的申诉，《科技时报》的记者前往调查采访，国家科委、最高法院先后得知有关情况，在关押两年零 4 个月后由江西省高级人民法院提审改

判，于 5 月 11 日宣布无罪释放（5 月 18 日，萍乡市政法委召开会议决定：恢复关鸣家公职，按原工资级别补发工资、奖金，恢复职务，恢复名誉）。

11 日 皖浙赣边区红军游击队瑶里改编纪念碑在景德镇市瑶里乡隆重揭碑。国家广电部副部长陈昊苏为纪念碑题字。

11 日 省轻工业厅批准成立省照明行业协会。

12 日 全省 24 名护士被评为首届全国优秀护士。

12 日 国家气象局确定江西省农业气象试验站和宜丰县气象站为农业气象适用技术开发和生产经营相结合的试点站。

12 日 省政府在萍乡市举行现场办公会，吴官正、钱家铭以及各委、厅、局、银行和省委宣传部等部门主要负责人到萍乡市现场办公。期间，听取了萍乡市领导的汇报，并与萍乡市的负责干部一起到萍乡钢铁厂、萍乡铝厂、萍乡矿务局等厂矿实地察看，了解情况。省直有关部门根据需要和可能，支持和帮助萍乡市解决了经济发展中的一些困难和问题。提出萍乡市要以煤为主发展经济。会议于 13 日结束。

12 日 应日本枥木县喜连川日中友好协会主办的中国书法展览会的邀请，江西书法家黄辉宇有 5 幅新作在日本展出。与此同时展出的还有清江县清江中学初二学生皮瑛（女 13 岁）、高一学生皮立（14 岁）和临江小学学生黄俊（9 岁）三位小朋友的书法作品。

13 日 省经委、省林业厅、省财政厅、省物价局、省工商行政管理局发出《关于整顿和调整我省木材费用收取标准的通知》，除已取消的木材检尺费外，对育林基金、更改资金、林政管理费、林区管理建设费、市场管理费 5 项合理费用的收取标准作出具体规定。

13 日 交通部副部长林祖乙来江西进行 3 天水上安全检查工作。

13 日 鄱阳湖观鸟台在永修县吴城镇鄱阳湖候鸟保护区竣工并投入使用。

14 日 "中国藏书票·小版画艺术大奖赛"在大连揭晓。横峰县毛巾厂宋德有创作的《荷花》、《陶罐》、《过家乡》、《思》4 幅书票荣获藏书票三等奖；江西书画院陈一文创作的《赶元宵》、《春的喧闹》两幅套色版画荣获小版画一等奖；上饶地区群艺馆黄永男创作的《水车》、《农舍》两幅木刻荣获小版画三等奖。

14 日 1987 年研制推出的国内首创具有浓郁地方特色的高档低度营养补酒——甲鱼酒，经中国中西结合研究会、全国老年病研究专业委员会、甲鱼补酒评议委员会专家的鉴定通过，并被评为优秀新产品。

14 日 在全国首届陶瓷花纸质量评比中，景德镇瓷用化工厂的花纸夺得两项优胜奖。

15 日 省纪委在新余市召开了江西省案件检查工作座谈会。会议根据党的十三大提出的从严治党方针和严肃党纪的要求，强调新形势下检查党内违纪案件必须做到立案要准、核查要实、结案要快。会议要求各级党委、纪委要重视和支持案件检查工作，要通过案件检查工作保护改革者，鼓励探索者，帮助失误者，惩处违纪者，追究诬告者，以保证、促进改革开放的健康发展。座谈会于 18 日结束。

16 日 省政府召开电话会议，要求各地要切实加强领导，采取有力措施，进一步搞好粮食订购和"三挂钩"物资兑现工作。副省长孙希岳到会讲了话。

16 日 在近日举办的首届"熊猫杯"全国营养食品评研活动中，南昌市郊区热心村所属的南昌儿童营养补剂厂生产的"童灵牌"鸡坯宝宝素和南昌市营养补剂厂生产的"百宝牌"益寿精分获金奖和银奖。

17 日 省审计局发出通知，决定对部分中央、直属企事业单位采取长期授权和临时授权两种形式，授权地、市、县审计局审计。

17 日 云山垦殖场军山毛纺厂与上海华昌实业有限公司达成联合协议（1989 年 3 月 28 日，联营的军山羊毛厂举行开工典礼）。

17 日 省委书记毛致用在吉安地区进行为期两天的调研，指出要把深入进行党的基本路线教育和开展生产力标准的学习讨论，作为当前的一件头等大事切实抓好。强调深化改革、发展经济，关键是要进一步解放思想，现在妨碍思想解放的症结所在，就是对生产力标准问题没有真正理解和掌握好。要求各地要深入进行党的基本路线教育，通过进一步认识来促进全省人民的思想解放，通过进一步贯彻生产力的标准，来促进全省商品经济的发展，开拓改革和建设的新局面。

18日 全国第三届戏曲电视剧（金三角杯）评奖和艺术研讨会在景德镇闭幕，有18个剧目获奖。其中，由景德镇电视台录制的乐平采茶戏《酒烧心》获三等奖。

18日 省劳动人事厅、省电大联合下发《加强江西省劳动人事系统电大管理工作的意见》。

18日 南昌农药厂一液氯计量槽的闸阀破裂，造成氯气泄漏，致使20人中毒。事故发生后，省委常委、省军区司令员王保田和南昌军分区司令员陈正根立即赶赴现场组织抢救。南昌市委、市政府召开紧急会议，作出部署，成立了"南农毒气泄漏事故调查处理小组"，并派出副市长和政府秘书长亲临现场指挥处理事故善后工作。

18日 省委、省政府召开部分县（区）委书记、县（区）长会议，峡江、永丰、新干、弋阳、波阳、广昌、会昌、赣县、于都、东乡、贵溪、修水、安义、景德镇市蛟潭区14个县区的领导参加了会议。研讨如何加快乡镇企业发展步伐。会议认为，生产力标准是指导乡镇企业的思想和理论根据，乡镇企业是现阶段农村比较先进的生产力，各级党委都要狠抓其发展。会议还要求破除单一经济成分思想，大胆发展私人经济。各地要冲破小农经济的思想束缚，牢固树立起生产力标准，进一步解放思想，用生产力标准来衡量我们的各项工作，加快乡镇企业发展步伐。会议于21日结束。

19日 泰和垦殖场光电仪器厂胡桂玉设计的"自动聚焦曝光放大机"获中国专利局授予的实用新型专利。

19日 由66个国家的驻华使节和夫人、3个联合国组织的代表及夫人共114人组成的驻华使节团，由外交部副部长周南及夫人陪同，分两批先后对江西省进行参观访问。省长吴官正分别会见、宴请了两批使节。副省长蒋祝平及省外办等有关部门负责人全程陪同使节们参观访问。访赣期间，使节和夫人们参观访问了南昌、九江、景德镇、鹰潭等地。

各国使节们在外交部副部长周南（右起第一人）的陪同下参观南昌八一起义纪念馆

外交使节们参观江西变压器厂

省长吴官正在向来赣参观访问的驻华使节和夫人介绍几年来江西改革开放和经济发展概况

20日 国家日用陶瓷产品质量监督检测中心在景德镇通过审查验收。它是江西第一个国家授权的产品质量监督检测机构。

20日 中顾委副主任宋任穷自即日起至6月2日在江西考察工作。考察期间，宋任穷先后调查和参观了宁冈、井冈山、赣州、吉安和南昌等地，并指出，我们仍要讲艰苦奋斗，要咬紧牙关克服在当前大好形势下遇到的风险和困难，坚决而稳妥地把改革中遇到的难题解决好。考察期间，宋任穷出席了在南昌召开的全国青少年犯罪早期预防与家庭教育学术研讨会。

宋任穷在井冈山参观

中顾委副主任宋任穷在"全国青少年犯罪早期预防与家庭教育学术研讨会"上作重要讲话

20日 3名获得江西省电子琴表演赛冠亚军的选手，离昌赴京参加宋庆龄基金会"金钥匙"儿童电子琴表演赛。3名选手分别是南昌的

舒展（6岁）、赣州的严征（8岁）、南昌的罗宓（9岁）。

20日 具有世界先进水平的激光罐焊接机第一台样机在江西轻工机械厂研制成功，并通过部级鉴定。

20日 全省工商行政管理局长会议召开。会议传达了全国工商局长会议精神，研究了工商管理工作如何进一步解放思想、支持深化改革提出了具体意见。会议指出，坚持生产力标准，全力支持深化改革，加强和改善监督管理，维护正常经济秩序，放手发展商品经济，尤其是大力支持发展乡镇企业，放手发展个体经济，鼓励引导发展私营企业，促进江西省经济持续稳定发展，是各级工商管理部门当前的主要任务。会议于24日结束。

20日 审计署纪检书记伍景德到南昌市、吉安地区和吉安、永新、永丰、宁冈、遂川、泰和县及井冈山审计局进行为期11天的检查审计工作，并调查了解井冈山斗争时期的审计工作情况。

21日 省卫生防疫部门努力为群众提供最佳预防保健服务，在全省范围内实行计划免疫，使得江西省16种传染病总发病率大幅下降。据统计，1987年江西省16种传染病的总发病率比1983年下降了63.58％，死亡率下降27.38％。67个县（市）达到消灭丝虫病标准，地甲病、地氟病等即将消灭，并已有1500万人口饮用上清洁卫生水。

21日 省政府颁发《江西省乡镇集体、个体煤矿矿长安全资格审定暂行办法》。

21日 乱采滥掘的乡镇小煤井与洛市矿务局龙溪煤矿大井连通，大雨后洪水经小井灌入大井，矿井遭淹没停产，淹井期间少产煤5万吨，直接经济损失598万元（在7月7日恢复生产）。

21日 全省开始对乡镇企业中工程、经济、会计、统计4类人员评定专业技术职称。

21日 省政府血地防领导小组召开扩大会议。会上，省政府接替省委血地防的领导工作，省人大常委会主任许勤对原省血地防领导小组的3年工作进行了经验总结。会议于22日结束。

22日 江西省铁路建设协调小组成立，以加强华东铁路建设中江西境内工作的领导,加快工程建设进度。组长钱家铭,副组长傅文仪、邓进瑞。

22日 经贸部授予上栗出口烟花厂生产的"长手牡丹"烟花科技进步二等奖。

23日 江西省麻风病防治协会成立。

23日 省职称领导小组转发《江西省关于执行〈公证员职务试行条例〉的实施细则(试行)》的通知。

24日 江西医学院完成的卫生部、省科委重点科研课题《双腔球囊导管的研制及其在二尖瓣分离术中的应用》在南昌通过省级鉴定。该项成果经专家确认,在国内属首创,达到国际先进水平。

24日 省委常委会举行会议。参加会议的有在南昌的省委常委和省顾委、省纪委、省人大、省政协的领导,以及省直有关部门及部分新闻单位的负责人。会议决定在全省开展一次生产力标准的学习和讨论,并强调各级党政领导一定要带好头,切实把这次学习和讨论领导好、组织好,有始有终,务求实效。会议决定,就广泛开展生产力标准学习和讨论发出通知,要求全省各级党委要像重视实践是检验真理的唯一标准讨论那样,重视生产力标准的讨论,把它作为当前一件头等大事切实抓好。

24日 《江西日报》报道,经中共中央宣传部正式批准,《中国日报》江西联络站在江西成立。《中国日报》属全英文日报,是我国当前唯一一份英文日报。

24日 江西宜春钽铌高岭土精选厂开工建设(10月22日竣工验收,年产精矿1500吨)。

24日 经贸部印发《关于日本政府向中国提供1000亿日元"黑字环流"贷款项目的通知》。江西参加"黑字环流"贷款项目的有江西光学仪器厂(500万美元),景德镇为民瓷厂(465万美元)、南昌市水禽生产出口基地(180万美元)、江西棉纺织印染厂(100万美元)。

24日 省委宣传部、省教委、省军区政治部联合发出《关于深入持久地开展全民国防教育的意见》。

24日 由省文化厅、省广播电视厅、剧协江西分会联合举办的为期两天的首届江西省赣剧、采茶戏青年演员电视大奖赛在南昌举行。由各地、市和省赣剧团选拔参赛的26名青年演员参加了决赛。童侠、贺新琴、龚金琴获得一等奖,有8人获得二等奖。

24日 在马来西亚吉隆坡举行的为期9天的第十届国际羽毛球男子团体锦标赛(汤姆斯杯)上,江西运动员熊国宝获金牌。

25日 省农垦企业将陆续投入6亿元建设一批各类出口商品基地。目前出口产品已达50多种。并将30个技术合作开发创汇项目和70多个双边贷款项目向世界各国和地区招标。

25日 江西省中国画研究会成立,吴齐任会长。

25日 省商业厅公布:井冈翠绿、翠微金精、山谷翠绿、白眉银毫、梁渡银针、罗峰银毫、前岭银毫、凤凰舌尖被评为江西省名茶。

25日 省人大常委会在省委党校举办的江西省首届县级人大常委会主任培训班开学,许勤参加开学典礼并讲话。

25日 上海中联造纸机械联合(集团)公司江西分公司在南昌成立。该分公司由江西省的造纸机械及轻工机械制造厂为骨干,联合科研、设计、有关纸厂、金融机构及专业公司共11个成员单位联合组成,具有生产、开发、经营服务等多功能的跨行业、跨地区和不受所有制形式限制的企业群体。是独立核算、自主经营、自负盈亏的经济实体,经营各类造纸机械产品及其备品配件,并组织造纸机械成套供应以及工程项目的承包。

25日 省地质学会和省地质矿产局在向塘联合召开全省矿产资源勘查及开发利用发展战略研讨会。研讨会于27日结束。

26日 团省委在江西省委礼堂举行团十二大精神传达大会。省直单位、省军区、武警、南昌市、在昌大专院校团员青年1000余人参加了大会。团省委书记丁耀民作了传达报告,会议要求全省各级团组织、广大青年团员认真学习贯彻团的十二大精神,围绕经济建设开展团的工作,以改革统揽全局，解放思想，用生产力标准来检验和处理一切工作。

26日 省人民检察院、省税务局联合发出通知，表彰在1987年8月至1988年2月江西省打击偷税抗税犯罪活动专项斗争中，做出成绩的先进单位和先进个人。

26日 省政协常委、法制社团工作委员会副主任孟素将坐落在永丰县藤田镇1栋211平方米的私房捐赠给省儿童少年基金会。省少儿基金会当即转赠给永丰县妇联办幼儿园。

26日 江西省企业推行工资总额同经济效益挂钩及搞活企业内部分配工作会议在南昌召开，为期两天。会议专门研究和部署了江西省企业工资改革工作。会议提出，1988年至1989年的企业工资改革工作的重点是积极推行工资同效益挂钩，进一步搞活企业内部分配。

26日 新余钢铁厂自行设计、制造、安装的R6板坯连铸机建成试产，一次性连拉成功。该厂引进的西班牙棒线材轧机工程也于当日开工建设（1989年1月列为缓建项目）。

26日 横峰县港边乡姚源水库发生一起恶性沉船事故，造成11人死亡。事发后，横峰县委、县政府的主要领导会同公安、交通部门迅速赶赴现场进行调查处理。

27日 省委书记毛致用陪同中顾委副主任宋任穷视察江西电视机厂。宋任穷题词"艰苦奋斗，开拓进取，创一流产品"。

27日 华东6省1市宣传工作协作会在南昌举行。华东6省1市宣传部的负责人参加了会议。中共中央宣传部秘书长沈一之、省委宣传部长王太华出席会议并讲话。会议的中心议题是交流社会主义精神文明建设和职业道德教育的经验，研究社会主义初级阶段理论和党的基本路线教育问题，探讨新时期党的宣传工作的改革。

27日 为严格控制党政群机关和事业单位干部队伍膨胀，省委组织部、省劳动人事厅规定，在机构改革前除中央规定的增干部门外，凡超编、满编的各级党政群机关，其人员只能减少，不能增加；缺编较多、确因工作需要的部门，也只能采取减少一个，补充一个的办法从同

级党政群机关调剂；县以上各级党政群机关原则上不得分配应届大中专毕业生；办理人员调动，应书面报告本单位的编制定员。

27日 全国青少年犯罪早期预防和家庭教育学术研讨会在南昌召开。来自全国各省、市、自治区的130多位法学专家、学者、司法工作者出席了会议。中顾委副主任宋任穷到会并作了重要讲话。最高人民法院副院长林准、中国青少年犯罪研究学会会长张黎群参加了会议并讲了话。毛致用、吴官正、王昭荣、王泽民、王树衡等出席了会议，吴官正讲了话。会议共收到学术论文150篇，大家就事关国家、民族未来的青少年犯罪早期预防和家庭教育等问题，进行了共同研究和探讨。会议于30日结束。

27日 全国食品卫生宣传工作会议在南昌结束。这次会议是受有关部门委托，由卫生部食品卫生监督检疫所主持召开的。24个省市自治区派代表参加了会议。会议要求各地积极做好《食品卫生法》和食品卫生知识的宣传工作，把住"进口"关，预防食物中毒和肠道传染病。同时，严格查禁和打击掺杂、掺假、伪造食品的非法活动。会议并决定6月20日至26日为《食品卫生法》和卫生知识宣传周。

28日 南昌物资展销大楼工程开工。该工程建筑面积30280平方米，31层，高113米。

28日 以副省长钱家铭为组长的江西省彩色显像管工程领导小组成立。

28日 全国内河安全明星船长金帆奖在武汉揭晓，江西省航运系统5位船长获奖。他们是江西省航运管理局上饶航运分公司井冈山41号轮船长戴煌生、南昌轮船公司赣货一、二、四/赣推二〇四轮船长帖步炎、南昌轮船公司赣推〇二〇一轮船长陈水如、赣州航运分公司轮船厂队赣拖一一一二轮船长王荣和九江国营轮驳运输公司船长汤道平。

29日 省检察院和省税务局在井冈山联合召开会议，总结1987年江西省开展打击偷、抗税专项斗争的成果，部署1988年的工作，侧重研究部署1988年专项斗争深入等问题，并表彰42个先进集体、108名先进个人。会议于31日结束。

29日 世界银行农村能源考察组日前到修水县进行了为期5天的农村能源考察。考察组由世界银行的美国、澳大利亚、加拿大、阿尔及利亚、印度5个国籍的电力、薪炭林、节能、农业、规划、数据等方面的8名专家组成。我国农业部、水利部、林业部、中科院等单位的8名专家和省有关部门的专家技术人员13人也参加了考察。这次考察是在修水县被列为联合国开发计划署和世界银行能源系统管理援助计划项目"中国县级农村能源评价"项目试点县后,为进一步调查了解修水县能源资源和现状而进行的。

30日 正在江西视察工作的中顾委副主任宋任穷同志为南昌市少年宫题词"愿南昌市少年宫成为培养四化建设人才的摇篮"。

30日 江西电影剧作家毕必成编剧的《钢锉将军》(与肖马合作),获广播电影电视部颁发的(1986~1987)优秀影片奖。

30日 由联合国工业发展组织、经贸部和省经贸厅共同组织的"国际投资项目讲习会"在南昌举行。全国28个省、市、自治区的120多名学员参加了6天的讲习会。联合国工业发展组织的官员、学者11人参加讲习班。

31日 全国毛泽东文艺思想研究会1988年江西学术讨论会自即日起至6月6日在江西师范大学和井冈山市两地连续召开。参加讨论会的有来自全国各地的专家教授和青年理论工作者。与会代表围绕关于建设具有中国特色的马克思主义文艺学体系和社会主义初级阶段文艺理论建设的主题,联系当前我国文艺创作和文艺理论研究的现状展开了热烈讨论。

31日 国家计委向全国转发了中国有色金属工业总公司关于贵溪冶炼厂一期工程一次性投产成功并当年达产达标的报告,希望全国所有投产和在建项目都能认真做好生产准备工作,投产后尽快达产达标,取得好的经济效益。贵溪冶炼厂于1986年4月正式投产,当年达产达标,作为工艺性能标志的闪速炉作业率、硫总利用率、转炉炉龄3项指标均已达到世界先进水平。

31日 自1987年11月2日台湾开放探亲以来,截至本月底,回赣探亲的台胞已达4696名。台胞探亲高潮出现在"清明"前后,持续了两个多月。

本月 省出版事业管理局报告省政府,请求实行行业大包干,加快和深化出版事业改革。

本月 在南京区域10省市包装技术协作网质量评比中,九江市纸箱荣获1项金质奖和1项银质奖(7月在江西省行业质量评比中,其0201型出口瓦楞纸箱又获第一名)。

本月 江西省肿瘤医院从国外引进一台大型放射治疗设备——KDTT型医用电子直线加速器。

本月 省委、省政府决定恢复江西省档案馆(县团级)建制,事业编制35人。

本月 中国钨协对赣湘粤三省民工涌进国营钨矿乱采滥挖进行调查。

本月 根据经贸部职改办的要求和省职改办的统一部署,省经贸企业职改工作全面展开,于1989年6月底基本结束评审工作。全系统已评出具有专业技术职务任职资格的3150人,其中高级56人,中级1186人,初级1907人。

本月 省政府决定,苎麻收购最高限价每斤3元,保护价每斤1.9元。

本月 解放军"三总部"确定江西省为军队转业干部移交改革试点的省份之一。

本月 省政府决定成立省抗震防灾领导小组,副省长钱家铭任组长。

本月 南昌铁路工程总公司承建八里湖特大桥竣工,7月1日正式通车。桥长1416.2米,有44个墩台,多为沉井基础,由32米长混凝土梁连接组成,属当时江西境内最长的铁路桥。

本月 省政府批准成立省非金属矿工业公司。

本月 省统计局计算站成立,为处级事业单位,人员编制19人。

本月 省高级人民法院为了探讨政府和企业主管单位参加诉讼和承担责任的问题,调阅南昌市所属人民法院审结的25件政府和企业主管单位当被告的经济纠纷案件案卷,写出专题调查报告。

1988
6月
June

公元 1988 年 6 月							农历戊辰年【龙】						
日	一	二	三	四	五	六	日	一	二	三	四	五	六
			1 儿童节	2 十八	3 十九	4 二十	5 芒种	6 廿二	7 廿三	8 廿四	9 廿五	10 廿六	11 廿七
12 廿八	13 廿九	14 五月大	15 初二	16 初三	17 初四	18 端午节	19 初六	20 初七	21 夏至	22 初九	23 初十	24 十一	25 十二
26 十三	27 十四	28 十五	29 十六	30 十七									

1 日　省政府在省少儿活动中心游艺馆举行江西省儿童少年工作先进集体和先进工作者表彰大会。中顾委副主任宋任穷、中顾委委员白栋材出席了会议。省委书记毛致用、省长吴官正等领导参加了会议。会议表彰了 34 个少儿工作先进集体、266 位少儿工作先进工作者。

1 日　省"两会"妇女工作委员会组成慰问组，赴上饶老区茅家岭乡畴村看望、慰问幼儿园孩子，并向他们赠送书籍、玩具和生活用品，免费为儿童进行健康检查，受到老区人民的欢迎。

1 日　省建设厅、省计量局转发《建筑安装企业计量工作定级、升级实施办法（试行）》的通知。

1 日　武警部队总部发出通令，表彰近年来预防行政责任事故、刑事案件先进单位。江西武警总队被评为全国 1987 年度无行政责任死亡事故的 3 个先进单位之一；上饶地区支队、萍乡市支队被总部评为连续 4 年和连续 3 年无行政责任事故、无执勤事故、无刑事案件和自杀案件先进支队。

1 日　江西省首届龙舟邀请赛在高安举行。来自全省各地的 11 支代表队参加了比赛。省人大常委会主任许勤等领导观看了比赛，并为获得前 6 名的代表队发奖。

1 日　中国人民银行《专业技术干部管理暂行办法》座谈会江西片会在井冈山市召开。西南、中南、华东等 21 个省、市、自治区，计划单列市的人民银行代表出席会议。

1 日　分宜县被全国儿童协会、儿童少年基金会命名为儿童、少年工作先进县，并出席全国表彰会。

2 日　全国东西联合开发贫困地区座谈会在苏州召开。江西有八个项目被列为 1988 年东西联合开发的项目。这批项目总投资 8579.5 万元，其中由国家安排优惠贷款 4743 万元，1988 年投入 1986 万元；分别由地矿部、经贸部、上海市、江苏省和浙江省 8 个先进企业来江西省承包开发。8 个开发项目为：会昌岩背锡矿、永新蚕桑丝绸基地、庐陵羊毛地毯厂、莲花海绵铁厂、波阳县染织厂、上犹焦里白银铅锌矿、玉山县糖厂纸版线改造、永丰县砩石精选矿。

2 日　美国《日报》驻华记者白克尔·卡

马、联络图片社记者端木壮游赣，并专程赴余江木雕厂采访，《参考消息》刊登了专题文章《他的眼睛瞄准国际市场》。

2日　中国人民银行、财政部决定第二批开放国库券转让市场试点，南昌市被列为第二批试点城市之一。

3日　省委组织部、省妇联共同转发中组部、全国妇联在改革开放中加强培养选拔女干部工作的意见。

3日　由江西省科技规划领导小组、省科学技术委员会组织编制的《江西省十五（1986年～2000年）科技发展规划》获得省政府的正式批准。

3日　省委、省政府召开有各地、市、县党委和行署、政府负责人参加的电话会议。会议作出决定，从1988年粮食年度起，大幅度调减江西省粮食议转平收购计划；从1988年6月4日起，取消生猪收购上调计划。省委书记毛致用、省长吴官正出席会议并讲话。

3日　江西电梯厂生产的7KJ750/05－Z型交流双速客用电梯通过了省级鉴定。

3日　省政府发布《江西省招标选择企业经营者暂行办法》，要求通过竞争产生企业的合格经营者。

3日　国内外关注的《中国近代小说大系》（第一辑）将与广大读者见面，这套丛书由江西省人民出版社出版，计划出70卷，约3000余万字，每年出版一辑。从1988年起至1994年全部出齐。这将是中国近代小说最全面的汇集，选收了从1840年鸦片战争至1919年"五四"运动前夕主要的、有影响的、有代表性的作品。

4日　针对1987年江西省发生急性血吸虫病例2253例，占全国第二位，趋势严峻这一情况，省血吸虫病地方病防治领导小组召开专家专题讨论会议，就如何控制急性血吸虫病的再度大面积发生提出五项措施：（一）各级政府要把控制急性感染作为1988年血防工作的重点，并制定防治计划；（二）广泛宣传血吸虫病防治知识；（三）着重做好青少年的预防工作；（四）认真做好疫区人畜同步防治工作；（五）采取相应措施加强疫区的人群防治工作。

4日　旅美台胞、原台湾悬挂滑翔会会长王容南偕夫人抵九江航空运动学校作为期7天的讲学（9日在庐山五老峰进行悬挂滑翔表演）。

5日　由江西电影制片厂和萧湘电影制片厂联合拍摄的彩色喜剧故事片《男女有别》在省科技活动中心举行开机典礼。

5日　全国第一批"贸工农"出口基地招标揭晓，江西有13家乡镇企业中标，总投资为1681万元，中标率为81%。这批项目建成后，每年可新增创汇2280多万元，新增税利1770多万元。这次招标是由国家经委、对外经济贸易部、农业部三家联合组成的"贸工农"出口基地办公室举办的第一次招标，全国有290家企业参加，其中江西省16家。

5日　《中国老年报》驻江西办事处、记者站在江西宾馆成立。《中国老年报》旨在反映老年人心声、维护老年人权益、讴歌老年人情操、研究老年人等问题。

6日　江西省作家、企业家联谊会成立。该联谊会的宗旨是：促进江西省经济的改革和开放，繁荣江西的经济建设事业，支持和发展江西省的文学创作，振兴江西的文学事业。

6日　省委常委召开扩大会议，就如何深入学习生产力标准展开讨论和研究。省委书记毛致用在会上就如何组织和领导这一学习讨论，结合江西实际作了四点指示：（一）站在坚持历史唯物主义的高度坚持生产力标准；（二）掌握生产力标准为加快江西省经济发展奠定基础；（三）要把生产力标准运用到改革开放的实际工作中去；（四）各部门各方面的工作都要毫不例外地贯彻生产力标准。会议于7日结束。

6日　加拿大第二期中加审计局领导与规划团成员彼得·阿姆斯朗、叶朝龙先生和格琳莲·梦斯文到江西考察。省审计局领导与规划团成员座谈交流审计科研及审计机关人员培训工作情况。

7日　江西八一无线电厂生产的华灯黑白电视机在国内20多个省、市保持畅销的同时，又打入欧洲市场，首批1080台TR－M1404V型黑白电视机发往西班牙。

7日 全省山江湖开发治理工作已开始由研究试验转向开发经营。据统计，经过3年的试点和示范推广，江西全境形成了8大类型的11个试点和16个推广点，初步形成了开发治理试验示范的体系，带动了赣南山区、吉泰盆地与鄱阳湖区三大区域的资源开发与生态建设。

7日 在全国田径锦标赛中，江西运动员龚国华获男子10项全能冠军，链球新秀毕忠获链球亚军。

7日 国务委员宋健在全国气象局编印的《气象工作情况》1988年第十九期上批示："江西气象局扶贫做法很好，这也是扩大服务范围，加强与地方经济联系的重要形式，向在扶贫工作中做出成绩的同志表示感谢"。

7日 电子工业国家级企业考核组开始对景德镇国营四三二一厂企业升级进行全面考评，均达到和超过国家二级企业等级标准。考评于9日结束。

7日 省委办公厅、省政府办公厅联合召开地、市党政秘书长、办公室主任会议，传达全国对内接待工作会议和全国控购工作会议精神，并就贯彻落实进行了认真研究。会议要求各地坚决抵制讲排场、摆阔气、奢侈浪费、大吃大喝等陈规陋习的影响，发扬艰苦奋斗精神，勤俭办事业。会议还强调，各地、各部门要坚决把社会集团购买力严格控制在规定指标内，把有限的资金用到发展生产力上来。会议于10日结束。

8日 全国医专非卫生专业预防医学教学研讨会在九江举行。卫生部部长陈敏章参加会议并讲了话，卫生部、卫生厅以及九江市属各卫生单位负责人和来自全国26所本科、专科医学院的40余名代表出席了会议。

8日 省税务局下发《江西省个人收入调节税征收管理试行办法》。

8日 省经贸厅推行经理（厂长）负责制领导小组决定轻工、工艺、化工医药、外运4个公司为试点单位。为使试点工作顺利开展，讨论通过《实行经理负责制和任期目标责任制试点工作的实施方案》。

8日 省政府办公厅函复省司法厅：同意试办合作制律师事务所，经费实行自收自支，工作人员全部公开招聘，不占国家编制。

8日 1988年全国青年女子田径锦标赛在湖南省长沙市举行，江西4名女将获得团体总分第八名。其中闵春凤以55.96米的成绩获铁饼冠军；张彤以1.80米的成绩取得跳高冠军；陈淑珍在200米的角逐中以24秒9的成绩获第四名；黄城玉以52.74米的成绩获铁饼第五名。闵春凤、张彤被初定为参加世界和亚洲青年田径锦标赛的选手。

8日 日本友人森垣嘉一在国防部外事局同志的陪同下，在南昌、井冈山、宁冈、永新等地参观革命旧址，了解我国革命斗争史。森垣先生此次来访主要是为了撰写文章收集素材。参观访问于13日结束。

9日 经国家对外经济贸易部批准，《国际商报》江西记者站正式成立。这是该报在国内的第13个分设机构。

9日 江西省社会主义初级阶段经济理论研讨会在南昌召开，这次研讨会由中国经济学团体联合会、省社联、省社会科学院、省经济学会、江西大学、江西财经学院、省委党校、省经济管理干部学院、江西人民出版社、江西师范大学、中国人民银行江西分行共同举办。来自省内外100多名代表对社会主义初级阶段的经济理论、私营经济、所有制改革、运行机制和市场体系等问题进行了讨论。省长吴官正到会祝贺并讲话。会后出版了《社会主义初级阶段的经济》论文集。

9日 据统计，自江西省迄今利用外资最多的项目——南方红壤开发综合利用示范项目实施以来，到1988年6月初止，在江西省67个红壤开发区里，3364户专业户共开发了11.8万多亩家庭果园、牧场等商品生产基地，户均年收入3848元，人均641元，高出当地农民收入的31%。江西红壤占江西省面积的46%，有可垦红壤荒地5000万亩。利用外资大规模地开发红壤，是江西省纳入国家"七五"计划的省级项目。总投资2.46亿元，其中世界银行贷款3000万美元，帮助崇仁、临川、东乡、金溪、贵溪、进贤6个县和红星垦殖场、省畜牧良种场等6个场的9841家专业户，用5年时间综合开发红壤30万亩。

9日 经省政府批准，江西省工商行政管理学校正式成立。

9日 省委在南昌召开民主协商会。在南昌的全国人大代表、全国政协委员、省政协党外常委、各民主党派省委会、省工商联负责人、无党派知名人士、宗教团体负责人出席了会议。会议由省政协副主席杨永峰主持。省委领导通报了江西当前三项工作的主要情况：（一）关于开展生产力标准的学习和讨论；（二）关于在江西省调减粮食议转平收购任务和取消生猪收购上调计划；（三）关于江西省1988年政治体制改革的设想。与会人员进行了讨论并一致表示拥护。会议于10日结束。

10日 省委、省政府决定：加快资溪、黎川、南丰、广昌、宜黄、乐安、永丰、泰和、吉安、万安、遂川、玉山、广丰、铅山、上饶、贵溪、余江、月湖18个县（区）的经济体制改革，相应扩大其在计划管理、技术改造、财政税收、金融信贷、劳动人事、物价管理、对外贸易、工商管理、乡镇管理等方面的管理权限。要求18个县（区）进一步深化农村经济改革，把开发和发展乡镇企业作为经济发展的突破口；抓住沿海地区经济发展战略提供的有利机遇，调整产业结构；全面引入市场机制，加快各类市场的建设与培育，搞活商品流通；加快所有制改革调整，放手发展集体、个体、私营经济和多种形式的合作经济、股份经济。

10日 江西跳水队一行8人赴联邦德国、保加利亚参加在那里举行的国际跳水公开赛。

10日 中国生产力经济学研究会第四届年会在新余市召开。著名经济学家于光远、孙尚清主持会议并作了学术报告。会议对生产力标准问题和生产力经济学的学科建设进行了广泛深入的讨论。

10日 1988年全国滑水达标赛自即日起至13日在湖南省举行。江西4名男女滑水运动员在6项比赛中共夺得7枚奖牌，其中陶芹获少年组跳跃赛冠军、花样赛亚军，秦飞获成年组男子花样赛第三名。

10日 省林业厅在景德镇市枫树山林场召开江西省林业多种经营会议，并于14日发出《关于加速发展多种经营的通知》。

10日 1988年全国射击达标赛自即日起至28日分别在昆明、石家庄、北京、上海、广州五个赛区展开。江西省选手在比赛中，共获得五个名次，其中1枚金牌，银牌2枚，并且超两项、平一项亚洲纪录，13人取得射击锦标赛参赛资格。

11日 远洋货轮"新康"号投入正式营运。该轮由联邦德国建造，船长106米，宽16米，载量5460吨，具有船体性能好、设备齐全、航速快等特点。

远洋货轮"新康"号

11日 在1988年"药都杯"全国少年体操赛上，江西男队夺得甲组团体第四名；另外，江西甲组男队等4支队伍还荣获体育道德风尚集体奖。在男子甲组单项决赛中，江西队运动员彭伟坤、徐军分别获自由体操第二名、第六名；袁琦获吊环第一名；彭伟坤获跳马第六名；袁琦、彭伟坤分别获双杠第二名、第三名。

12日 省政府和南昌市政府联合召开贯彻国务院颁布的《公共场所卫生管理》动员大会，省领导和有关人员共1200余人参加。

13日 省人大常委会召开主任扩大会议，学习和讨论生产力标准问题。会议就学习生产力标准的意义展开讨论，并联系江西的实际情况，从政治、教育、经济等方面畅谈学习生产力标准后的认识和体会。

13日 省委宣传部召开地市委宣传部长、讲师团长会议，主要研究如何贯彻落实省委《关于开展生产力标准学习讨论的通知》，采取有效措施，切实组织好生产力标准的学习讨论问题。省委常委、宣传部长王太华主持了会议。各地市委宣传部长、讲师团长，省直宣传系统和有关单位负责人共70余人参加了会议。会议传达了全国干部理论教育工作会议和其他有关会议精神。与会人员参加了省委召开的报告会，听取了省委领导关于生产力标准问题以及省物价局长郝广成关于物价问题的报告。会议要求，在这场学习讨论中，各级党委宣传部门要在党委领导下，会同有关部门切实做好组织协调工作，推动整个学习不断深入发展，促进江西省商品经济的发展，开拓改革和建设新局面。

13日 省委办公厅发出通知，确定省政协地区联络处为地级机构。

14日 江西省开发性农业发展迅猛。据农业部门统计，1987年冬1988年春，江西省农业开发总面积达到366.5万亩，其中红壤开发45.4万亩，改造中低产田266万亩，新建和改造果园，新建和改造茶园，开发大水面，改造低产鱼塘等数万亩。在发展开发性农业中，江西省各地还积极发展与国内外的农业经济技术合作，截至1988年5月底，引进外资47616万美元，利用外资开发大项目四个，开发内容由单项开发变为多项、立体、综合深度开发。

14日 省政府召开省直各部门负责人会议，就进一步贯彻落实省委、省政府调减粮食议转平收购计划和取消生猪收购上调计划的有关问题进

行部署。会议重申，城镇居民粮油定量标准不变；定量供应的价格不变；粮票正常流通政策不变。

14日 经省教育部门反复抽样核实，两年多来新余市共修建、改造校舍34万平方米。新余市中小学危房面积由原来的14.98%下降到1.95%，符合中小学无危房验收标准。

14日 省教委、省劳动人事厅就成人高等教育试行"专业证书"制度的有关问题作出规定，开始执行"专业证书"制度。

14日 江西省家电电子产品维修中心（全国家用电子产品维修服务中心江西分中心）成立。

14日 全省稀土工作会议在赣州召开。副省长、省稀土工业领导小组组长钱家铭到会作题为《抓住机遇，迎接挑战，加快江西省稀土开发应用发展》的报告。钱家铭提出，必须增强紧迫感，充分利用时间差，争时间，抢速度，尽快形成发展稀土的大气候，加速江西省稀土工业的发展。会议认为，要加快稀土工业的发展，必须加强宏观管理，要根据市场需要开发新矿点，重点完善现有的稀土企业，同时，要注意环境保护，搞好综合治理，加强企业管理，提高企业效益，多为国家出口创汇。会议于17日结束。

15日 江西省决定引进外资3.2亿美元发展电力工业。资金由日本海外协力基金会和亚洲开发银行引进，用于扩建九江、新余两个火力发电厂。

15日 省委召开学习讨论生产力标准报告会，省直部、委、办、厅、局、副厅局长以上干部，机关党委书记及各市委宣传部长、讲师团长，以及省委党校学习的县委书记等培训学员，共有1000多人参加了会议。省委领导在会上作了关于生产力标准问题的报告。会议指出，在我国新的历史条件下提出"生产力标准"，具有新的含义和意义。首先，它是深入学习党的十三大文件，进行社会主义初级阶段理论和党的基本路线教育的重要内容。其次，开展生产力标准的学习和讨论，是进一步解放思想，加快和深化江西省改革的重要措施。再次，开展生产力标准的学

习和讨论，以进一步推动江西省干部理论学习，提高各级领导干部马克思主义理论水平。

15日 省经济委员会、省电子工业局批准江西无线电厂（七一三厂）九江分厂按总厂规模扩建，并增加职工800名。

15日 江西省信江全流航道测量等四项工程分别荣获国家优秀工程勘察金质奖和设计银质奖。荣获国家级优秀工程勘察金质奖的项目是省交通规划设计院设计的信江全流航道测量，荣获国家级优秀工程设计银质奖的三个项目是省电力设计院设计的电厂一期两台12.5万千瓦机组油改煤工程、省交通规划设计院设计的105国道吉安至遂川二级公路改建工程、省轻工业设计院与景德镇陶瓷工业设计院联合设计的华凤瓷厂工程，这四个项目还在江西省第三次优秀工程勘察设计院评选中荣获省级优秀工程勘察、设计一等奖。

15日 美国南达科他州前州长威廉·坚克劳尔一行4人，来南昌参观访问。

15日 来自华东地区6省1市及其他省市的近千名人员在九江进行为期4天的物资交流会，成交额达6.6亿元。会议决定成立华东物资开发集团公司，办事机构设在南昌。

15日 全国飞机跳伞赛分组赛在吉安航校举行，为期11天。参加此次竞赛的有国家队、北京队、湖北队、云南队、上海队、陕西队和江西队共80余名跳伞健儿。这是江西省首次举办全国飞机跳伞赛。江西队分别获得男、女集体定点跳伞第三名。

16日 省建设厅印发《江西省城镇供水管理暂行办法》。

17日 省垦管局决定成立省国营垦殖场管理局基建技改办公室，负责基建和技改项目的审批和协调工作，同时成立外贸办公室，实行两块牌子一套人员，专门分管利用外贸及基建技改工作。

17日 由省长吴官正率领的省政府代表团一行6人对日本岐阜县和冈山县进行为期10天的友好访问。访问期间，代表团与岐阜县正式签订了《江西省和岐阜县缔结友好省县关系协议书》。

18日 电子科技工作者杨长根、王兴成赴京领取了国家发明奖、发明者证书。两人与清华大学液晶物理研究室、空军某研究所及北京地质仪器厂协作，研制成功"自存储液晶大表格汉字、字符显示装置"。该项目继获得电子工业部科技成果二等奖后，又被授予1987年度国家发明三等奖。

18日 省政协召开主席扩大会议，学习和讨论生产力标准问题。会议由省政协主席吴平主持。省政协副主席杨永峰、李善元等领导参加了学习讨论。与会人员结合江西改革、开放的实际，学习和讨论了生产力标准问题，并一致认为，这次学习和讨论的开展，必将进一步统一江西省干部的认识，促进思想上的又一次大解放，真正把江西的经济建设搞上去。

18日 江西教育学院与美国路易斯维尔大学在南昌共同举办中国文化研究班。

18日 省人大工作座谈会在南昌举行，全国人大常委会办公厅特派地方联络局的人员前来参加会议。省人大常委会主任许勤主持会议并讲话。会议总结回顾了人大过去的工作，交流了经验，提高了对人大工作的认识。会议认为，在改革开放的历史新时期，要不断健全和完善人民代表大会制度，进一步加强人大及常委会的工作，人大工作要坚持党的领导，围绕"一个中心，两个基本点"，积极发挥权力机关的作用，积极推动政治体制改革，健全社会主义民主，逐步完备社会主义法制。会议于21日结束。

18日 省高级人民法院在南昌召开省高院审理未成年人刑事案件合议庭试点工作会议。会议于28日结束。

19日 省军区党委召开五届十四次全会，认真研究抓好干部制度改革，进一步推动部队和民兵预备役建设问题。省委书记毛致用出席会议并讲话。省委常委、省军区司令员王保田，省军区政委王冠德等在会上要求，要站在军队建设和改革的高度，以坚强的党性和组织纪律性，树立大局观念，不计个人得失，正确对待改革中利益关系的调整，把思想统一到军委的决策上来，保证各项改革及《中国人民解放军文职干部暂行条例》等干部制度的改革在省军区顺利贯彻实施。会议于22日结束。

20日 首届华东地区书籍装帧艺术年会在南昌举办。会议就当前书装界关心的问题进行探索，并提出了不少意见和建议，并评选出首届华东地区优秀书籍装帧图书一等奖两名、二等奖38名、三等奖54名。会议于27日结束。

21日 第七届全国政协主席李先念在江西视察。

李先念（左一）向毛致用（右二）等省委领导了解情况

李先念从武汉赴杭州途经南昌时，与省领导白栋材、赵增益、方志纯、傅雨田等的合影

21日 省轻工业厅批准成立江西省味精行业协会。

21日 省委宣传部文艺处、省文化厅群文处、中国作协江西分会、省群艺馆、省群文学会在南昌联合召开会议，就通俗文学刊物出版和写作问题进行研讨。江西省通俗文学期刊社主编和作家、评论家以及地、市以上党委宣传部门的有关负责人出席了会议。省委宣传部部长王太华、副部长周銮书出席会议并讲了话。会议认为，通俗文学是社会主义文学的组成部分，应当实事求是地肯定通俗文学存在的必要性，并给予它应有的地位。办通俗文学要把社会效益放在首位，通俗文学要用生动的艺术形象去反映生活，启迪思想，陶冶情操，鼓舞人们认识生活，热爱生活，创造新生活。会议于23日结束。

21日 省委、省政府在南昌召开江西省计划生育工作会议。省委常委、副省长蒋祝平代表省委、省政府作了江西省计划生育工作报告。会议传达和学习了党中央政治局常委会最近对计划生育工作的重要指示、李鹏总理的重要讲话以及两次全国计生委主任会议精神，结合江西省计划生育的实情，研究贯彻落实的措施。会议要求各级党委和政府一道，统一思想、加强领导，继续把计划生育工作列入重要议事日程，并督促有关部门认真落实，保证在规定的时间内把计划生育工作网点真正建立健全起来，同时，注意计生干部的充实和大力加强对现有队伍的培训、提高工作，进一步抓紧抓好计划生育工作。会议于22日结束。

21日 经省政府和国家经贸部批准的"江西省出口商品洽谈会"自即日起至30日在澳门举行。由省对外贸易厅副厅长陈八荣任团长，江西20多家进出口公司48人参加洽谈会。这是江西首次在澳门举办的出口商品洽谈会，有来自10多个国家和地区的客商3315人参加了洽谈会，成交总额3326.12万美元。

22日 省政府召开电话会议，贯彻国务院关于清理楼堂馆所建设项目通知精神和全国控购工作会议精神。会议强调，要把这两项工作列入各级政府的重要议事日程，作为做好当前经济工作的大事来抓。会议由副省长蒋祝平主持。会议要求，从现在起，1988年一律停止审批新上楼堂馆所项目，从严审批手续，按照建设程序办事；不论何种渠道筹集资金兴建楼堂馆所，一律先存入建设银行，接受监督，对属于这次清理范围准备开工的项目和规划设计项目，必须重新逐个进行设计复查。会议要求各部门、各单位集团的消费品购买力必须在 1987 年实际开支的基础上压缩 20%，不准突破。会议再次重申了有关 19 种专控商品的规定，要求坚决执行。

22 日 省委办公厅、省政府办公厅就转发省委组织部、省劳动人事厅《关于我省干部离休、退休中的几个具体问题》作出规定。

23 日 《江西政协》、《江西民革》、《江西工商》、《江西民进》、《学习与工作》、《九三赣讯》6 家报刊编辑部联合举行"统战知识百题"授奖会。

23 日 全国党员教育刊物 1987 年度暨首次优秀稿件评选活动在安徽合肥结束。江西省有 10 篇优秀作品入选，《以顽强拼搏的精神努力学习和工作》获二等奖，《餐馆经理的抱怨》等 9 篇稿件获三等奖。

24 日 东乡铜矿乌石源尾矿库 3 号泄水井底部井圈破裂，泄出尾矿污染下游 3.17 万亩农田，该矿支付污染赔、罚款 46 万元，停产 7 天，直接经济损失 43.26 万元。

24 日 全国首届 14 省市社会审计协作会在庐山召开。会议于 28 日结束。

24 日 伊朗矿业金属技术考察组一行来赣考察。考察于 7 月 3 日结束。

25 日 全省农业开发现场会议结束。各地、市主管农业的副专员、副市长以及省直有关部门的负责人参加了会议。副省长黄璜在会上讲话指出，要确立综合开发、深度开发的思想，按商品生产的要求，建设大农业，全面提高农业经济效益，要在改革开放和生产力标准的原则下，应做好农业开发几项工作：（一）确立综合开发的原则，建设大农业，坚定不移地走农工一体，产、供、销一条龙的路子，逐步实现农业的商品化、专业化和现代化，促进江西省国民经济的发展。（二）按商品生产的要求，不断深化开发层次。（三）开发形式要多样化。（四）对农业开发采取支持和保护政策。（五）依靠群众集资搞开发，同时在国家金融政策指导下，应继续争取更多外资，加速江西省农业开发的步伐。（六）将冬季农业开发列为重要的内容抓好。

25 日 江西省一级重点科研课题项目《温度补偿晶体振荡器》通过省级鉴定。

25 日 省人大常委会举行第二次主任接待日活动。副主任王泽民接待来自教育、卫生系统的 9 位全国人大代表和省人大代表。

25 日 第十五届索菲亚国际跳水邀请赛结束，江西 20 岁的运动员涂军辉，继 24 日获得 3 米跳板冠军后，在当天的 10 米跳台比赛中表现出色又夺得冠军；小将胡莉萍在女子 3 米跳板跳水比赛中，以 431.95 分获得亚军。

25 日 江西省女律师联谊会成立（1990 年 10 月更名为江西省女法律工作者联谊会）。

26 日 全省各地印发《江西省农药使用管理暂行办法》。

26 日 省劳改局在省第五劳改支队召开为期 4 天的江西省劳改单位技术教育经验交流会。

26 日 江西农村职业技术教育、成人教育经验交流会在宜春召开。出席会议的有各（市）主管教育的负责人以及职业中学优秀毕业生代表 150 余人。会上，"江西省职业高中优秀毕业生百人讲演团"的代表汇报了他们开发农村经济的先进事迹。会议总结交流了江西省农村教育工作的经验。会议认为，各级政府应花大力气抓好农村教育，各级教育部门一定要真正把农村教育的办学方针完全转到为当地经济建设服务、为发展当地生产力服务的方向上来，为江西省即将开展的农业开发总体战输送更多的生力军。会议于 30 日结束。

27 日 振兴江西恳谈会暨上海振兴江西研究会成立大会在上海举行。江西籍在沪工作的 200 多名专家、学者、工程师和老同志出席了会议。与会人员就江西和上海两地加强横向联系、促进共同繁荣、加快江西的发展等问题进行了恳谈，省长吴官正出席了会议并讲话。应邀出席会议的上海市副市长刘振元和中顾委委员胡立教，先后在会上发了言。参加会议的还有上海市老同志夏征农、钟民和上海市政府协作办的负责人，江西省政府秘书长张逢雨，省人大常委、省人大财经委员会主任刘铁锐、吉安地区行署专员傅国祥也参加了会议。

27 日 在人民大会堂召开的"人民群众见

义勇为与犯罪分子作斗争先进分子表彰大会"上，江西省三勇士蔡萍娥、李蓉华、邓力生受到中央宣传部和公安部的表彰，同时受到胡启立等中央领导人的亲切接见，蔡萍娥和李蓉华各获奖金900元，邓力生获奖金1000元。

27日 省政府批转省司法厅《关于加强乡镇法律服务所建设的报告》，指出乡镇法律服务所是在经济体制改革中涌现出来的新事物，它对促进乡镇企业和商品经济的发展、加强社会主义法制建设具有重要意义。

28日 省委、省政府就5月下旬以来，江西省连续发生强降水，部分地区出现了严重洪涝灾害一事发出紧急通知，要求各地切实做好抗洪救灾工作。通知要求各地、各级党委和政府：（一）要发挥模范带头作用，做好防汛工作。（二）已发生灾情的地区必须采取有力措施，迅速恢复生产，重建家园。（三）抓紧修复水毁工程设施，蓄水保水，以防干旱。（四）加强灾区治安工作，严厉打击各种犯罪活动，切实稳定灾区生产和社会秩序。

28日 省政府举行第十八次常务会议，专门讨论当前防汛救灾问题，采取切实有力措施，帮助群众解决实际困难，开展生产自救、防汛救灾工作。会议决定组织一批工作组深入灾区，协助灾区开展生产自救。省政府还安排了急需的救灾款、物等。晚上，省政府召开电话会议，向灾区的干部和群众传达了省政府第十八次常务会议精神。

28日 全省粮食工作会议在南昌召开。会议集中讨论和研究如何进一步完善改革措施，推进全省粮食体制改革；认真执行现行政策，搞好1988年夏粮收购工作；进一步解放思想，搞活粮食流通问题。会议对全省粮食工作作了部署，提出了要求。会议于7月2日结束。

29日 南昌电厂第一台12.5万千瓦发电机组并网发电。该机组是国家"七五"计划重点建设项目，由省火电建设公司、省电力设计院、省水电工程局和南昌电厂共同安装。该机组建成发电后，每年可为国家提供7.5亿度电量，对缓和南昌电网紧张和支援工农业生产有积极作用。

29日 省政府批转省经委、省食品工业协会《关于发展江西省食品工业有关政策的补充报告》。其中对"三来一补"（即来料加工、来图来样加工、来件装配和补偿贸易）企业的外汇留成实行企业自留70%，企业所在地市留10%，省留10%，上缴国家10%的分配方法；对出口商品的价格，由工贸协商，合理定价。

29日 企业导报社在南昌正式成立。《企业导报》是在经济上实行独立核算、自筹资金、自负盈亏的报纸，并于1987年7月1日正式向全国公开发行。

29日 井冈山市成立井冈山风景名胜区规划建设委员会。

30日 景德镇市群艺馆在中国民间舞蹈集成过程中，发现两种独具民间风格的《珍珠灯》和《青狮白象灯》两种灯舞。《珍珠灯》原名《五谷丰灯》，起源于景德镇市兴田乡潭口村，距今有1000多年历史；《青狮白象灯》起源于景德镇市瑶里山区，距今也有1000多年历史。群艺馆认为这两个灯舞具有很高的研究价值，使我国民间舞蹈又增添了两个新灯舞，为中华民族民间舞蹈研究提供了珍贵的资料。

30日 据统计，1979年至1988年江西省9年多时间里共发展新党员24.5万多名。其中35岁以下的达15万多名，高中以上文化的15.8万多名，各行各业第一线的先进模范人物6.4万多名。

30日 江西档案专业职称首次评聘工作结束。全省获档案专业技术高级职称的6人、中级职称218人、初级职称515人。

30日 全省各地响应省政府号召，组织群众铲除严重危害人、畜的豚草。

30日 截至月底，江西省农村储蓄已突破30亿元大关，达309501万元。按江西省农业人口计算，人均储蓄余额达106.7元，其中南昌市人均达185.02元，居江西省之首。

30日 省政协六届二次常委会议在南昌市中山堂举行。会议通过了《关于在江西省政协组织中开展生产力标准学习讨论的意见》；协商讨论了教育问题；接受了刘德奎、谭秉学辞去政协江西省第六届委员会委员职务的请求，增补史荣记、何仁水为政协江西省第六届委员会委员。

本月 省委宣传部、省教委、省军区政治部联合向各地下达了《关于深入持久开展全民国防教育的意见》。该《意见》提出，要把全民国防教育纳入社会主义精神文明建设的轨道，纳入党政军群有关部门的职责。各级领导要把抓好全民国防教育作为义不容辞的职责，深入调查研究，解决问题，总结经验，推动江西省国防教育深入持久地开展下去。

本月 南昌至赣州、萍乡 140MB/S 数字微波电路微机化远程集中监视系统在南昌二〇〇微波站安装调试完毕，并投入使用。

本月 省审计局组织 33 个地、市、县审计局 138 人次对江西省 46 户国营垦殖场 1985 年至 1987 年留利使用和被摊派集资情况进行审计调查。

本月 江西省中央企业财政驻厂员管理处成立，为财政部派出机构，委托省财政厅代管。

本月 江东机床厂自行设计、试制成功 XK5032A 数控立式升降台铣床，通过省级鉴定，整机性能达到 20 世纪 80 年代初国际同类产品水平，获 1989 年省科技进步三等奖。

本月 国家档案局为江西省 77 名从事档案工作满 30 年工龄的老档案工作者颁发荣誉证书。

本月 省政府在赣州召开赣南重点国营钨矿矿区划界会议，要求从重点国营钨矿划出部分资源，给乡镇企业集体开采。

本月 江西省利用瑞士联邦政府的贷款 3184 万美元，建设九江化纤厂黏胶短纤维项目。

本月 长江中下游重点片地质工作汇报会在九江召开，赣、鄂、皖、苏等省地质矿产局及有关院校代表 102 人参加了汇报会。

本月 庐山精密铸造厂与航天部一院十五所合作试制的 BZJ－360M 离心式半自动造粒机主机械件——上、下筒体和转盘获得成功，获首届中国国际食品包装机械博览会银奖。

本月 八一垦殖场与香港可华有限公司签订为期 5 年以生产卫生筷、牙签、肉串、香棍、果叉等竹制系列产品为主的补偿贸易合同。

本月 江西省首次进行律师专业技术职务评聘，根据司法部《律师职务试行条例》的规定，经各级评委会评审通过，并由职改部门核准，江西省参加职改的律师 549 名，其中有 39 名律师被评为高级专业技术职务，166 名律师被评为中级专业技术职务，284 名律师被评为初级专业技术职务。

1988

7月 July

公元 1988 年 7 月							农历戊辰年【龙】					
日	一	二	三	四	五	六	日	一	二	三	四	五	六
					1 建党节	**2** 十九	**3** 二十	**4** 廿一	**5** 廿二	**6** 廿三	**7** 小暑	**8** 廿五	**9** 廿六
10 廿七	**11** 廿八	**12** 廿九	**13** 三十	**14** 六月小	**15** 初二	**16** 初三	**17** 初四	**18** 初五	**19** 初六	**20** 初七	**21** 初八	**22** 初九	**23** 大暑
24 十一	**25** 十二	**26** 十三	**27** 十四	**28** 十五	**29** 十六	**30** 十七	**31** 十八					

1 日　据统计，截至目前，全省各地市自 3 月份开展的民主评议党员工作以来，已有 7.9 万多个基层党组织、120 多万党员及近 50 万非党员群众直接参加了评议，参评率达 96%，不少县达到 98% 以上。各地对评议确定的万余名基本不合格和不合格党员，妥善进行了处置。有近万人收到了党组织发的"限期改正通知书"；对千余名革命意志衰退、不履行党章规定的义务、不符合党员条件，而又屡教不改的不合格党员，严格按照党章规定的程序作了劝退或除名处理；少数腐败分子被清除出党。

1 日　南昌市科委颁发的《南昌市科技人员创技术直接经济效益奖励办法》开始施行。依据该办法南昌市将以提高直接经济效益、发展生产力为标准，对提高直接经济效益作出重要贡献的科技人员进行奖励。

1 日　赣州黄金机场扩建改造工程全面竣工，并交付使用。该机场初建于抗日战争时期，原是简易的军用机场，1958 年改为民用。1986 年底，经国家民航局批准，投资 750 万元对其进行改造。改造后的黄金机场混凝土跑道长 1600 米，宽 30 米，厚 0.22 米；联络跑道长 165 米，宽 16 米；停机坪 4200 平方米，导航台两座。经过改造后的机场，可供安–24 型、英制 146 型飞机起降，也可供波音 737 型飞机减载使用。

1 日　由省老年新闻出版社工作者协会主办的《幸福导报》（周报）正式创刊。中顾委副主任宋任穷为该报题词。

1 日　沙炼铁路支线（为合九线的一段）举行通车典礼，副省长蒋祝平、中国石油化工总公司董事黄伟等出席典礼。该线由第四勘测设计院设计，铁道部第四工程局第五处及南昌铁路工程总公司施工，是赣北 20 项重点建设工程之一，全长 12.31 公里（含向九、沙炼联络线），衔接九江炼油厂专用线，总投资近 1 亿元，通车后可解决九江炼油厂产品外运问题。该项目于 1986 年 8 月开始全面施工，1989 年 5 月 5 日开始运营。

1 日　省煤科所与英岗岭煤矿合作在建山矿二二〇二煤巷掘进中，采取超前钻孔扩散摸岩布孔法，并用 Y 指标法检验超前钻孔防突效果。1989 年 11 月由全国煤炭科技大会列为 1990 年至

1995年推广的100项先进经验之一。

2日 《江西日报》报道,瑞昌县夏畈乡铜岭村在修筑公路时,发现一处古采矿遗址。遗址为两座口字形竖井。平面面积100×100厘米,竖井由支护木框架相叠搭接而成。内有铜斧、铜凿、铖、锛、木铲、木刀及一些陶罐器物,陶容上纹饰有方格、米字、绳纹等,其中以软陶为多。距地表7米处,还发现一条20余米长的南北平巷。巷道高2米,宽约1.5米。平巷两边各有4排护木,上架有60厘米宽的木水槽。遗物与采矿、选矿密切相关,如用木溜槽作分节水冲法选矿;用木辘轳提升矿石;采掘则用青铜斧、铖、锛、凿等工具。据文物工作人员鉴定,遗址年代不会晚于战国时期,这在江西省尚属首次发现。

2日 全国儿童少年工作协调委员会、全国妇联、广播电影电视部举办的全国首届幼儿讲故事比赛在北京揭晓。江西省选送的两名选手获奖,省八一保育院刘茜获二等奖,鹰潭市月湖区幼儿园王勤获三等奖。

3日 省委副书记、副省长蒋祝平视察正在建设中的向九线山下渡大桥工程,要求铁路与地方团结协作,加快工程进度。

3日 华东六省一市企业家协会第4次联谊会在南昌举行。上海、江苏、山东、安徽、浙江、福建、江西的100多位企业家出席了会议。会议指出,做好新时期职工的思想政治工作,是当前企业改革的当务之急。联谊会于6日结束。

4日 中国马克思主义哲学学会和江西省社会科学院联合举办的毛泽东哲学思想史学术讨论会在井冈山市召开。会议围绕近年来研究和编写的毛泽东哲学思想史的有关理论问题进行讨论、交流和审议。

4日 全国“贸工农”出口基地招标揭榜,都昌县土塘乡景塘瓷厂中标列入仿古瓷出口基地,景塘瓷厂是1985年下半年投产,主要生产日用瓷和仿古瓷。

4日 省经委、省对外经贸厅、省乡企局联合召开江西省乡镇企业出口创汇工作会议。副省长蒋祝平、黄璜等与会并讲话,省乡企局局长孙美桓作会议报告。据统计,江西省出口创汇的乡镇企业已达315家,其中年产值在100万元以上的企业有34家。乡镇企业出口创汇4100万美元,比上一年翻了一番。

4日 应省教委邀请,全美江西同乡会副会长、美国纽约州立大学副教授徐哲一行来江西省访问,为期10天。期间,先后考察了江西工业大学、江西大学、江西师范大学、江西农业大学、江西财经学院等高校和数所中、小学。

5日 《人民邮电报》江西记者站在南昌成立。

5日 省政府召开地市专员、市长会议,研究讨论江西省邮电通信的发展战略问题。会议提出,邮电通信在“七五”后两年和“八五”期间的发展战略的主要目标是:在传输手段上,形成以数字微波和光缆为主体的“十字形”省内干线;在交换设备上,要实现江西省地市程控化,县局在“八五”期间力争基本实现市话自动化和进入长途自动网。农村电话要全面规划,逐年实施,争取3年左右有个比较明显的变化。

5日 省人民检察院公布举报电话。决定这项工作由控告申诉检察处负责,设立接待室,7月15日正式受理举报。同时,建立每周星期五上午为“检察长接待日”的制度,由正、副检察长轮流接待上门举报的人民群众。

5日 省煤炭厅在南昌举行首次多种经营产品展销会。

5日 江西省苏区审计史料收集工作会议在新干县召开,布置省内有关地市县开展苏区审计史料收集工作。会议于6日结束。

5日 省文化厅举办的江西省第二次优秀剧本征集评选揭晓,从228部应征剧本中,评选出《红土地的精灵》(成理编剧)、《黑森林》(马学超、孔荣林编剧)等11部优秀剧本。评选活动于15日结束。

6日 为纪念方志敏烈士,省委宣传部批准弋阳二中命名为“志敏中学”。该校是赣东革命根据地创始人方志敏烈士的母校,它的前身是“叠山书院”,20世纪初易名为“弋阳高级小学”。

6日 景德镇陶瓷馆举行胡逢立家属捐献古陶瓷展览暨授奖仪式。会上,胡逢立的遗孀王光秀将 1147 件古陶瓷文物正式移交给景德镇陶瓷馆。省陶瓷工业公司向其家属发给捐献文物的奖金 4 万元。

6 日 江西省 87 届省直机关讲师团的一年支教工作结束，154 名先进个人受到省直机关党委、省教委的表彰。该届讲师团由 405 名干部组成，分两批深入到赣州、吉安、抚州、上饶、宜春、九江、鹰潭 7 个地（市）52 个县（区）的 187 个支教点工作。405 人中有 84 名在职干部、321 名分配到省直单位的应届大学毕业生。

7 日 省劳动人事厅、财政厅、公安厅、粮食局通知，在江西现有农业税助证员中招收农业税务干部 200 名。

7 日 省检察院宣布建立新闻发言人制度，将省检察工作每个时期的重要部署，重大决策，以及广大人民群众关注的重大案件，及时地通过新闻媒介公布于众，增强检察工作的透明度。

7 日 全国普通高校、中专招生统一考试在江西省 188 个考点、5119 个考场同时开始。1988 年全国普通高校（含省属院校）在江西省计划招生 20769 名。其中文史类 4983 名，理工医农类 14706 名、外语类 1080 名。报考高校考生录取比例分别为：文史类 9.4 人可录取 1 人，理工医农类 6.6 人可录取 1 人、外语类 3.3 人可录取 1 人；另外，招收自费生和委托培养生 400 名，全国招收高中毕业生的中等专业学校在江西省招生 6480 人。这样，高校和中专总共在江西招生 27649 人，录取的总比例大约为 5.4：1。

7 日 江西省第二林校 87 班同学在大茅山海拔 650 米处常绿阔叶林中发现珍贵的银钟花林。银钟花（Halesia macgrgoriv chum），属野茉莉（安息香）科，花银白色钟形，故名银钟花，属国家三类保护树种。

8 日 江西工业大学研制出一种将火罐负压疗法、红外辐射治疗法、磁疗法集于一体的"多功能治疗罐"，并通过技术鉴定。

8 日 副省长钱家铭偕省计委、省土地管理局、省财政厅负责人，与华东铁路建设指挥部副指挥长、上海铁路局党委书记周聪清等赴东乡、余江、贵溪、上饶联合进行现场办公，协调铁路重点工程和回收铁路留用工地等问题，确定解决办法和原则。现场办公于 10 日结束。

8 日 江西省新类型重稀土矿床的勘查和科学研究近日获国家级科技进步一等奖。这一新类型重稀土矿床，是 1969 年 10 月由省地矿局原九〇八地质大队（现分别为赣南地质调查大队和九〇八探矿工程大队）发现的。

9 日 年仅 25 岁的江西医学院第二附属医院泌尿外科大夫李国荣，以江西省唯一正式代表身份出席了在南京召开的"国际肾脏病学术讨论会"，并在大会上用英语对他的论文《梗阴性肾病的实验研究》进行了宣读和答辩。

10 日 江西省两部电视专题片《当日余雕》和《奇古香樟》被中央电视台选送参加苏联塔什干电视节。这是江西省电视专题片首次参加国际电视节评选活动。

10 日 省司法厅、物价局和财政厅联合印发《关于乡镇法律服务所提供法律服务收费标准和经费管理的暂行规定》，乡镇法律服务所实行"有偿服务，适当收费"，经费原则上实行自收自支管理，无法自收自支的，可由乡镇财政视财力情况在一定时期内实行差额补贴的办法。

11 日 省卫生厅下达《江西省各级综合性医院检验科（室）业务建设及技术管理试行方案》。要求逐步在省内各类各级医院检验科（室）中推行"统一方法、统一试剂、统一标准"的标准化管理。

11 日 下午 6 时 45 分左右，乌鲁木齐航空公司的一架由乌鲁木齐飞往上海的图 154B2603 民航客机因绕道躲避雷区，与地面和沿途失去联系，在九江十里铺久已关闭的机场紧急安全降落，162 名乘客和 11 名机组人员无一受伤（12 日，90 名外国乘客和 72 名国内乘客由上海航空公司派飞机分批接往上海）。

11 日 由上海人民广播电台举办的"全国首届白玉兰杯优秀广播连续剧评奖活动"经过半年的赛程，圆满结束，参加这次评比活动的有中央和省（市）29 家广播电台，共评出优秀广播连续剧 12 部，江西人民广播电台的广播连续剧《一路风尘》获三等奖。

11 日 省七届人大常委会三次会议召开。会议审议了钱家铭副省长代表省政府作的关于江西省上半年经济形势和下半年工作安排的报告，审议了省交通厅关于公路管理情况的汇报。会议审议了几个地方性法规草案，通过了江西省劳动保护暂行条例，通过了增设省人大常委会办事机构的决定，通过了有关人事任免事项。会议结束时，许勤作了《加强法制建设，促进生产力的发展》的讲话。会议于 15 日结束。

12 日 司法部在北京召开全国预防民间纠纷激化有功人员表彰大会。江西有两个先进集体、12 个先进个人受到表彰。瑞昌县武蛟乡集兴村调委会、万安县韶口乡田西村调委会，被司法部授予"防止民间纠纷激化先进集体"奖。彭金仁、龙明发、夏志金被授予防止民间纠纷激化先进个人一等奖；周友德等 3 人被授予二等奖；贺威等 6 人获三等奖。

12 日 省纪委首次召开江西省党风建设研讨会。参加研讨会的有各地市纪委领导、入选论文作者以及有关部门和单位的代表。会议共收到论文 129 篇，其中 37 篇在会上进行了交流。这批论文，从当前党风建设的实际出发，从不同的侧面，对改革开放中出现的新情况、新问题进行了有益的探讨。研讨会于 14 日结束。

12 日 江西省专员、市长、县长会议在南昌举行。吴官正作《打一场农业开发总体战》的报告，毛致用讲话。省委、省政府决定，用 5 年至 7 年的时间，集中各方面力量打一场农业开发总体战。其总体构思是：坚持以改革促发展，以开放促开发，适应沿海地区经济发展战略需要，把整个农业作为一项系统工程来抓，以发展多种经营、乡镇企业、农产品精深加工为重点；改造中低产田，开发荒地荒水，保证粮食稳定增长，加速资源的转化和农村劳动力的转移，促进工业产业结构的调整和效益水平的提高，改善财政状况，增加农业投入，推进农业工业化。在抓好农村经济全面发展的同时，继续重视加快对现有工业企业的技术改造，加强基础设施建设，加速江西经济发展和由温饱转向小康的进程。会议于 15 日结束。

12 日 连续第九年举办的全国青少年地质学夏令营江西营，首次采取基层单位自筹资金为主的办法组办，江西共办了 24 个分营，1970 名师生参加，规模空前。夏令营于 8 月 24 日结束。

13 日 由林业部立项投资，省林业工业公司和德兴县林业局集股兴建，年产 9 万平方米各种大理石板材的德兴大理石厂建成投产。

13 日 省科委、省劳动人事厅、省公安厅、省粮食局下发《关于一九八八年度专业技术骨干家属子女"农转非"有关问题的通知》，以解决专业技术骨干家属子女"农转非"工作转入经常化、制度化。

13 日 省检察院发出《关于自侦案件审查逮捕、审查起诉内部程序的试行规定》，规定法纪、经济犯罪案件的批捕、起诉由刑事检察部门负责。

14 日 乐安县博物馆在南村乡张坑村农民张金才家收集到第二次国内革命战争时期苏区发行的经济建设公债券 5 张。面值为伍角，长 10.5 厘米，宽 12.5 厘米。券面图文呈黑色，上端

当年苏区发行的公债券

横印着"中华苏维埃共和国经济建设公债券"。附券共有 7 个长方格的息票。

14 日 省气象局成立《江西省气象志》编纂委员会，由潘根发任主任委员，熊第恕任副主任委员，解中任顾问，下设办公室（12 月 28 日《江西省气象志》编纂委员会召开成立大会，同时审查通过了《江西省气象志篇目》及《江西省气象志编纂工作方案》）。

14 日 《江西日报》报道，由赣西北地质大队、九一六地质大队、武警黄金部队、核工业部二六七队经 10 年至 20 年的勘探。江西赣北发现并探明 15 处中小型金矿。

15 日 素有"绿色银行"之称的永丰县，编撰出版了《江西永丰植物名录》。

15 日 匈牙利爱国人民阵线主席卡拉伊·久洛夫妇和爱国人民阵线书记高劳姆沃尔基·约

瑟夫夫妇一行5人,由全国政协外事委员会委员李则望和六届江西省政协主席吴平、秘书长孙殿甲、副秘书长刘少屏陪同,到庐山参观疗养。22日离昌赴京。

15日 1987年度江西省12城市创"三优"、创"五好"竞赛活动竞赛结果揭晓。在创"三优"活动中,南昌市和赣州市并列第一名,景德镇市和新余市并列第二名,九江市和上饶市分别获第三名、第四名。12城市创"五好"、文明家庭和文明楼院的竞赛结果也同时揭晓:一等奖是南昌市、景德镇市、新余市、鹰潭市和赣州市;二等奖是九江市、萍乡市、宜春市、上饶市、吉安市、井冈山市和抚州市。

15日 解放军全军初级陆军学院电教协作会在江西省南昌陆军学院召开。

15日 全国农村财产保险会议在井冈山市举行。全国保险公司,28个省、市、自治区和9个计划单列城市的保险业代表出席了会议。会议提出,保险公司要加快保险基金积累,完善承保和理赔手续,注意新险种的开发,吸引更多的农户投保。

15日 省检察院经济罪案举报接待室正式受理群众举报,检察长王树衡、副检察长高佩德当天接待群众举报的各种违法犯罪案件35件,涉案人员47人。

15日 全省文化工作会议在南昌召开。11个地、市副专员、副市长和文化局长以及省直有关部门负责人参加了会议。会议根据全国文化工作会议精神和江西省的具体情况,对省文化厅提出的江西省艺术表演团体体制改革设想进行了讨论,并交流了经验,进一步明确了改革中存在的实际困难和问题,以及解决这些困难和问题的途径和措施。会议决定在起步阶段,以改革经营方式为突破口,着重进行管理机制的改革。决定省、地(市)、县三级分散决策,省直选一至两个剧团,各地(市)各选一个剧团作为改革试点,取得经验后逐步推广。会议于19日结束。

16日 省政府决定增加对棉花生产的补贴,每收购50公斤皮棉补贴25元。

16日 省政府办公厅转发《中央、国务院领导同志最近关于要重视农家肥料问题的批示》、《关于研究如何增加有机肥料使用问题的会议纪要的通知》。

16日 江西省人才研究会成立。雷湘池为理事长,甘炳文、温俊彬、柯受森、徐易炎为副理事长。

17日 由江西第一建筑工程公司承包施工的省重点建设项目——彩色显像管生产线工程,在景德镇七四〇厂动工兴建。该工程建筑面积10076平方米,投资为351万元,计划于1989年4月竣工。建成后,计划年产彩色显像管30万只。

18日 省委、省政府转发省委农村工作部、省经委《关于鼓励城乡私营企业发展的意见》和《关于发展村级经济,增强服务实力,完善双层经营的意见》。

18日 省委、省政府在南昌召开江西省民族工作会议。会议传达贯彻了全国民族团结进步表彰大会精神,研究部署了江西省的民族工作。会议指出,精神文明建设的一项重要内容,是搞好各民族的大团结。各地要时刻注意正确处理国家、地方和群众之间以及地区之间、民族之间个人相互之间的经济利益关系,加强各民族的经济联系,增强各民族团结的物质基础。要像抓经济工作那样,抓好民族教育、科学、文化、卫生等事业。会议于19日结束。

18日 省政府主持召开的全省体育工作会议在南昌举行,各地、市主管体育工作的专员、市长,省直有关厅、局负责人参加会议。陈癸尊副省长在会上作了题为《抓好全民健身和竞技体育战略,加快江西省体育事业的发展步伐》的讲话,提出了对体育改革的总要求:要进一步解放思想,开放搞活,适应有计划商品经济发展需求;加强竞争机制,增强体育事业的发展活力;要增强体育意识,树立全新的体育观念,按照体育的特点和规律办事,闯出一条符合省情、具有江西特色的体育路子。会议于20日结束。

19日 省石油公司下发(1988)赣石劳人字第二十八号文将江西省石油公司船队改为江西省石油航运公司。

20日 江西民航乌龟山油库竣工启用。油库由3座圆形立式缸组成,每个缸高11.38米,直径 15 米，容积 1570 吨，总容积为 4710 吨。

20 日 在《中国钢笔书法》编辑部、深圳中国现代艺术画廊联合举办的《1988 年首届国际书法大奖赛》中，广丰县城北中学高一（3）班学生周志武获得第一名。

20 日 省司法厅颁布《贯彻司法部〈关于乡镇法律服务所暂行规定〉的实施细则》。

21 日 突尼斯卫生部国务秘书哈姆达·本斯拉马在突尼斯首都会见了江西省援助突尼斯医疗队总队长谢钧，并高度赞扬了江西医疗队的工作。

省卫生厅副厅长杨锡光赴突尼斯看望江西医疗队

21 日 民革中央主办的爱国统一战线性质的报纸《团结报》，在江西正式成立记者站。杨永峰、吴永乐、李沛瑶出席成立大会。

《团结报》江西记者站在南昌市成立

22 日 以西南非洲（纳米比亚）人民组织中央委员会委员、西南非洲人民组织青年团书记哈迪诺·西松瓦为团长的西南非洲人民组织青年代表团一行，自即日起至 25 日在江西参观访问。他们参观访问了八一南昌起义纪念馆、革命烈士纪念堂、南昌市少年宫、共青垦殖场，并与一些青年举行了座谈联欢。

23 日 省军区士兵军衔评定工作会议结束。省军区副司令员沈善文主持了会议。会议传达了全军和南京军区上兵军衔评定工作的指示，对全区士兵军衔评定授予工作进行了具体部署。会议决定，驻赣部队士兵军衔评定工作，将从 8 月 1 日起全面展开，至 9 月下旬结束。10 月 1 日，士兵与军官一起佩戴军衔。

23 日 省财政厅、省编委联合发出通知，核定地、市、县税务系统编制及控制总人数 1.56 万人。

23 日 景德镇市粮油储运公司和市瓷用原料化工厂共同研制的油脂比色仪获得成功，并通过部级鉴定。

23 日 省政协第六届委员会农业工交科技工作委员会与民建省委会、省工商联、江西财经学院联合召开座谈会。座谈江西"三资"企业的发展现状及对策问题。

24 日 由农业部、经贸部主办，《中国乡镇企业报》、《国际商报》、《经济参考》联合承办的首届全国乡镇企业出口创汇评比经验交流会在北京召开，万载县黄茅出口花炮厂荣获对外经济贸易部和农业部颁发的"飞龙"奖和"金龙"奖，是江西省乡镇企业中唯一获得全国"双龙"奖的厂家。

24 日 以景德镇市高级建筑师、高级工程师为主体的江西省历史名城古建筑保护交流考察访日团一行 6 人出访日本。该团在东京、大阪、奈良、名古屋等城市进行了为期 10 天的参观考察和学术交流。

26 日 省纺织工业局召开地市纺织工业局长、经理、经委主任、部分厂长座谈会。研究深化改革的措施，贯彻省长吴官正对江西纺织工业的指示要点。会议于 27 日结束。

27 日 省机械设备进出口公司在泰国曼谷举办江西省机械设备展销会，这是江西首次出国单独举办的机电、仪表产品展销会。展品 150 余台全部售出，出口成交总额 396.3 万美元，完成成交计划的 158.5%。展销会于 8 月 28 日结束。

27日 省政府就电煤供应紧缺问题召集煤炭、电力、运输3家部门召开紧急会议，会议制定了煤电挂钩等缓解发电燃煤之急的新措施，强调各煤矿煤炭发运计划必须严格执行先计划内后计划外、先电后煤再其他的原则，确保电煤计划完成。

27日 江西省社会科学院主持召开的"老区经济发展研究讨论会"在井冈山市举行。山东、湖南、河北、浙江、广西社科院代表以及省内外有关单位的理论和实际工作者50余人出席会议。复旦大学教授、经济学家张熏华在会上作学术报告。

27日 省检察院举行首次新闻发布会，发布会向各级新闻记者通报，自7月份省检察院、南昌市、鹰潭市、宜春地区和峡江县等检察院建立经济罪案举报中心、接待室（站），设立举报电话和专用信箱以来，受理各种举报线索200件，其中属于检察机关管辖的贪污、受贿等案件119件，还接待两名违法犯罪人员投案自首。发布会宣布省检察院将设立举报奖，对举报有功人员给予精神鼓励和物质奖励。

28日 由著名老作家石凌鹤撰写、江西省党史资料征集委员会老干部李希文改写的大型报告文学传记《方志敏传》已由人民出版社出版。该传记以大量的史实，生动地展现了方志敏无产阶级革命家的气魄，军事家的胆略，诗人的气质。

28日 江西省华赣律师事务所在南昌挂牌开业，这是江西省首家合作制律师事务所。该所是经省政府批准设立的，不占国家人事编制，不要国家工资和经费，实行独立核算、自负盈亏，是由律师工作人员采用合作制形式组成的事业法人组织。

28日 省公安厅厅长孙树森担任国家公安部公安干部友好访问团团长，率一行18人抵罗马尼亚社会主义共和国进行为期15天的友好访问。

29日 省卫生厅发出关于《城市医院经济效益审计暂行办法》和《城市医院经济效益考核标准》的通知。

29日 全省老区建设工作会议在南昌举行。大会由吴官正主持，蒋祝平作了题为《坚持改革开放，把老区、贫困地区经济开发引向深入》的工作报告，会议深入贯彻落实国务院《关于加强贫困地区经济开发工作的通知》精神，总结了1987年的工作，进一步明确了指导思想，研究和部署了今后的任务。会议号召各地把老区、贫困地区经济开发引向深入，确保1988年胜利实现省委、省政府提出的老区特困户解决温饱的目标。会议于31日结束。

29日 驻南昌部队近千名指战员在省军区礼堂隆重集会，热烈祝贺省军区450名首批现役军官改任文职。出席大会的有省、市党政军领导和有关部门的负责人。省军区副司令员王冠德宣读了文职干部的任职命令。

30日 省建设厅下发《江西省城乡建设系统实行技师聘任制实施细则（试行）》的通知。

30日 江西省高等院校招生委员会召开会议，确定重点及第一批录取院校最低录取控制分数线为：理工农医类506分，文史类494分，外语类484分（其中外语单科成绩84分）；一般院校理工农医类493分，文史类484分，外语类470分（其中外语单科成绩75分）；面向江西省招生的专科学校理工农医类488分，文史类478分，外语类470分（其中外语单科成绩70分）。

30日 省教委发出《关于下发〈江西省实施义务教育必备办学条件基本标准（试行）〉的通知》。

30日 省直厅局级干部生产力标准学习研讨班在省委礼堂举行第三场辅导报告会，省直厅局级和部分处级干部1300余人参加了报告会。省长吴官正作了题为《加快改革步伐，发展商品经济》的辅导报告。

31日 被视为中国戏剧文学最高奖的全国优秀剧本奖第四届（1986～1987）评选结果揭晓。中国戏剧家协会在湖南岳阳市举行授奖大会。江西剧作家陶学辉根据汤显祖原著改编的《邯郸梦记》（赣剧）获得优秀剧本奖。

本月 向塘民航机场停机坪扩建工程竣工并投入使用。该机场扩建后的总面积为2.5万平方米，可同时停放 7 架飞机。

本月 南昌人民电器厂试制的 CJ16 - 25 型切换电容器接触器通过部级鉴定，是国内低压电器更新换代产品，获 1989 年省科技进步三等奖。

本月 江西宣传落实国务院发布的第 9 号令《女职工劳动保护规定》，为加强女工保健工作，降低患病率，各厂矿企业建立了女工卫生室、孕妇休息室、妇科普查普治档案。

本月 省经贸厅赴日参加岐阜市举办的为期 14 天的"日本中部地区未来博览会"，江西展区参展面积为 100 平方米，参展 7 大类近 50 个展品。

本月 江西省外运公司和香港华运公司在井冈山联合召开"庆祝江西陆海联运业务开展十周年座谈会"。出席座谈会的有江西纺织、服装、土畜、轻工、工艺、陶瓷、五金矿产、化工、医药进出口公司和南昌铁路分局、深圳外运公司。

省经贸厅副厅长卢德荣到会讲话，香港华运公司副总经理高惠英、陆海联运部副经理戴中良介绍了香港出口物资转口的情况。

本月 省经贸厅首批批准共青垦殖场、南昌华安针织内衣总厂、景德镇制冷设备总厂 3 家大中型生产企业自营进出口业务的经营权。

本月 中国自然辩证法研究会和赣南师范学院、省社会科学院等 8 个单位发起的全国首届时空理论研讨会在赣州市举行，来自全国各地的 70 多位代表出席了会议。

本月 江西省建材技工学校在南昌市洛阳路建设的新校址第一期工程竣工，该校由梅岭垅上村迁入新校址。

本月 江西省编委赣编发〔1988〕123 号文件同意成立江西省测绘产品质量监督检验站，相当于副处级事业单位，定编制 15 名。

1988

8月

August

公元1988年8月							农历戊辰年【龙】					
日	一	二	三	四	五	六	日	一	二	三	四	五	六
	1 建军节	**2** 二十	**3** 廿一	**4** 廿二	**5** 廿三	**6** 廿四	**7** 立秋	**8** 廿六	**9** 廿七	**10** 廿八	**11** 廿九	**12** 七月大	**13** 初二
14 初三	**15** 初四	**16** 初五	**17** 初六	**18** 初七	**19** 初八	**20** 初九	**21** 初十	**22** 十一	**23** 处暑	**24** 十三	**25** 十四	**26** 十五	**27** 十六
28 十七	**29** 十八	**30** 十九	**31** 二十										

1日 省政府召开电话会议，贯彻落实全国清仓挖潜工作会议精神，进一步部署江西省清仓挖潜工作。会议指出要进一步提高对清仓挖潜工作的认识，切实加强对这项工作的领导，会议强调各地要抓紧清理企业的闲置设备，提高设备使用率，对积压的原材料、产成品和非定额资金占用进行认真清理，对企业积压物资、超定额占用流动资金，要按规定加收罚息，以进一步搞好清仓挖潜工作，解决资金供求矛盾。

1日 省政府决定对江西省商业行业用粮，食品、酿造等工业用粮全部免票放开，一律按议销价格供应。

1日 新余市档案馆对外首次开放历史档案1770卷（册）。

1日 乌石山铁矿与吉安地区电力公司联营的永新铁合金厂在乌石山动工建设（1989年3月21日建成1800千伏安电炉一座并开始试产）。

1日 民政部和解放军总政治部为纪念延安拥军优属、拥政爱民运动45周年举办表彰大会。江西省受表彰的拥军优属先进单位是：兴国县、丰城县、余江县、星子县南康镇、上饶县茶亭乡、临川县东馆乡人民政府、峡江县民政局、新余市纺织厂、江西印刷公司烈军属荣誉军人服务中心9个单位；受表彰的先进个人是：景德镇市珠山区石狮埠街道办事处民政助理朱全中、萍乡市湘东区道田村退伍军人吴光明、石城县小松乡农机专业户李声新、吉安县新圩乡军属阮芳铜4位同志。陆军九四医院荣获"全国拥政爱民先进单位"。

1日 在北戴河举办的为期14天的第一届中国稀土"神龙杯"名优产品评选大会上，景德镇市建国瓷厂彩虹艺术瓷盘荣获中国"神龙杯"特别奖和优质奖。

2日 台湾天师道教学会秘书长龚群，率台中市慈圣宫26人回鹰潭拜祖，瞻谒天师府。

2日 江西省军队转业干部安置工作会议在南昌召开，会议总结交流了前3年军转干部安置工作的情况，并对做好1988年的安置工作进行了部署。会议要求军队和地方密切配合，继续做好1988年军转干部安置工作。省委常委、副省长蒋祝平，省军区政治部主任陈礼久先后在会上讲了话。会议于4日结束。

4日 萍乡钢铁厂550轧机配套工程线材车间动工兴建（12月5日建成投产）。

4日 江西盘古山钨矿通过了中国有色金属工业总公司组织的国家二级企业的考核评审，被正式授予国家二级企业称号。

5日 省卫生厅发出关于《艾滋病监测管理的若干规定》的通知。

5日 省政协六届委员会召开主席会议，协商讨论省政府提出的《关于江西省到2000年经济和社会发展的主要目标和措施（征求意见稿）》。

6日 经国务院批准，龙虎山、三清山被列为第二批国家级重点风景名胜区。

6日 省经贸厅批准共青垦殖场成立江西省共青进出口公司，经营进出口业务，业务接受省经贸厅管理和指导。

7日 《江西日报》报道，1988年以来，江西省各地有组织有计划地从城市企、事业单位和政府机关中选派7631名懂技术、会管理的专业技术人员和技术工人支援乡镇企业，其中省直和中央驻赣有关单位组织2872人；为乡镇企业转让科技成果150项，签订技术合同450项。

8日 江西省组织工作会议在南昌召开。参加会议的有各地（市、区）委主管组织工作的副书记和组织部长、各大专院校和部分大型企业的党委负责人及省直各单位领导组织、人事部门的负责人共500余人。会议学习了全国组织工作会议精神，总结了江西省5年来组织工作的经验，提出新时期的组织工作要进一步转变观念，深化改革，从严治党，把江西省组织工作提高到一个新水平。会议结束前，省委书记毛致用作了题为《在改革的关键时期更要加强党的建设》的重要讲话。他就当前在改革的关键时期如何进一步加强党的建设问题，提出三点意见：（一）越是改革开放，越要加强党的建设，坚持"党要管党"。（二）当前党的思想建设要突出抓好形势教育、廉政教育和纪律教育，把功夫下在提高党员队伍的政治素质上。（三）要以提高开放程度，加强民主监督为重点，抓紧党的自身建设的改革。会议于21日结束。

9日 八一垦殖场青峰制药厂与南昌市郊区湖坊乡企业公司联营筹办的东方制药厂破土兴建（1990年底竣工，总投资1500万元，1991年1月15日开机投产）。

9日 省委宣传部和省教委在井冈山同时举办了江西省高校基本路线研讨班、思想政治教育课程建设研讨班和《法律基础》课教学研讨班。参加研讨班的人员总结、交流了前一段时间开展党的基本路线教育的情况和经验，研究了思想政治教育课程建设和《法律基础》课教学中的若干问题。省委常委、宣传部长王太华就改造和加强高校的思想政治工作及高校深入开展基本路线教育问题讲了话，提出当前高校思想政治工作的主要内容，应以社会主义初级阶段理论为依据，以"一个中心，两个基本点"为指导思想，结合现代化建设和改革开放的实际，结合学生的思想实际，在相当长的一段时间内，广泛深入地开展党的基本路线的系统教育。研讨班于15日结束。

9日 省委宣传部、赣州地委、省委党校、省委讲师团、省体改委、省社科院、省社联在于都盘古山钨矿召开了江西省经济体制改革理论研讨会。省委常委、宣传部长王太华，省委宣传部副部长、省社联主席周銮书在会上讲了话。与会的145位理论工作者和实际工作者在会上交流了论文，并按照理论联系实际的原则和"双向"方针，对关于价格改革、城市经济体制改革、深化农村第二步改革和赣州试验区等江西省经济体制改革的若干重大理论和实际问题，进行了讨论，并联系改革实际进行了大胆而富有成效的探讨。研讨会于12日结束。

10日 铜鼓纪念馆开馆并举行挂牌揭幕式。中顾委副主任宋任穷为该馆题写了馆名。

10日 由省文化厅、省妇联、江西日报等11家单位联合举办的江西省第二届少儿文化艺术节在庐山举行。本届少儿艺术节为期10天，主要活动分演出和展出两大类。共有13支来自12个地市的少儿文艺代表队，共400人表演194个歌舞和戏剧曲艺节目。评选出节目一等奖5个，二等奖10个，三等奖15个；器乐演奏奖6个；创作和辅导奖各5个；组织奖6个。艺术节期间，还举办少儿书画展览、集邮展览、家庭演唱会、少儿文化艺术研讨会等活动。文化艺术节于19日结束。

10日 由中国人民革命军事博物馆主办的"叶挺将军摄影作品展览"在南昌展出。参加开幕剪彩仪式的领导和部分在南昌的参加过新四军的老同志代表以及文艺界、各历史纪念馆代表、武警部队指战员等共300多人。这次展出的照片主要是叶挺将军1938年至1940年任新四军军长期间拍摄的。有"为抗战奔走呼号的各界人士"、"驰骋大江南北的'新铁军'"、"千姿百态的祖国河山"和"苦难勤奋的江南人民"等290幅。展览于25日结束。

10日 在长春举行的为期12天的首次"全国女子曲棍球锦标赛"中，江西省连胜自行车厂女子曲棍球队取得第四名。

11日 中国有色金属总公司决定：撤销江西铜基地总指挥部，成立江西铜业公司建设指挥部，江西铜业公司受总公司委托，对基地的生产建设全面负责；吴一麟兼任江西铜业公司建设指挥部指挥。

11日 省政府决定，1988年江西省企业聘任专业技术职务增资指标，在国家下达的每月33万元的基础上再提高一些控制在每月40万元至45万元以内，超过部分摊入成本。

12日 南昌市1988年上半年劳动就业统计资料表明：劳动制度的改革使南昌市就业结构发生变化，集体经济安置人员的比重由1987年上半年的10.78%上升至77.1%。1988年上半年，南昌市共安置14496名城镇待业人员就业，占全年安置任务的64.7%，与1987年同期相比，国营企业安置人员的比例下降了71.55%，而劳动服务公司和其他城镇集体企业（含大集体）安置人员比例大幅上升。

12日 江西汽车工业集团公司在南昌成立。新成立的汽车集团公司拥有36家企业，1万多名职工，注册资金近1亿元，1989年起实行省级计划单列。该公司是江西省第一个突破所有制、隶属关系、财政上缴渠道"三不变"的企业集团。

12日 联合国世界粮食计划署驻华代表处执行主任佩奇先生一行23人抵达江西，开始对世界粮食署无偿援助江西省的2799项目区进行为期5天的视察。世界粮食计划署无偿援助江西省的2799项目，自1986年12月1日开工至今，已新建精养鱼池1.3万余亩，并完成了部分配套措施。

13日 一座具有国内先进水平的25吨电炉在江西钢厂建成出钢。

13日 吉安市政府投资11万元兴建的标准报时钟正式启用。这座时钟竖立在该市最高建筑物——13层52米高的物资大楼顶层，钟座高7米，每面宽3米，四周装有16个喇叭，并备有自动播曲仪。

13日 省委、省政府在南昌召开江西省企业党政分开工作座谈会。会议要求进一步推进江西省企业党政分开的工作，加快企业党政分开的步伐。会议对江西省下一步实行企业党政分开提出了总的指导思想：以党的十三大精神为指针，按照《企业法》和中共中央关于贯彻执行《企业法》的通知要求，以党政职能分开为重点进一步全面落实厂长负责制，理顺企业的内部关系，加强党组织的自身建设，建立适应社会主义商品经济发展的思想政治工作新格局，调动各方面的积极因素，使企业的生产和经济效益不断得到提高和发展。会议于15日结束。

14日 在全国盲人中学生"北京大宝杯"智力邀请赛上，南昌代表队夺得团体第二名和女子最佳得分手两项奖。

14日 江西省财政、税务工作会议结束。会议在检查分析前7个月江西省预算执行情况、总结交流工作经验、研究增收节支措施的基础上，确定了一九八八年江西省财政收入增收4亿元的奋斗目标。会议认为要进一步搞好企业承包经营，进一步搞好企业内部改革，推行"厂内银行"、"满负荷工作法"，抓好盈亏大户，降低成本、物耗，提高质量和经济效益，增产增收。在财政支出方面，要有保有压、严格控制财政支出，力争把支出控制在预算之内，做到自求平衡，不出赤字。

15日 为充分调动各方面出口创汇的积极

性，扩大出口创汇，促进江西省外贸出口多层次、多渠道局面的形成，省对外经济贸易厅经过多次调查了解，在自愿申请的基础上，给予江西共青垦殖场、景德镇制冷设备厂、江西可变电容器厂、江西华安针织总厂、江西纺织印染厂、江西国药厂、江西光学仪器厂、南昌柴油机厂、赣南造纸厂、江西樟脑厂、余江雕刻厂、新余钢铁厂等十几家大中型生产企业对外贸易经营权。

15 日 经省政府批准，省计委、省财政厅、省气象局联合转发国家计委、财政部、国家气象局《关于请地方财政合理分担部分气象经费的指示》的通知。

15 日 江西省广播电视学会广播学研究会在高安举行首届研讨会。议题涉及广播电视领导体制改革、新闻舆论监督、新闻规律、乡镇广播站管理工作改革、广播新闻评论、广播语言优化、检验播音员质量等。

15 日 各民主党派江西省委会副秘书长以上人员，出席受省委、省政府委托江西省委统战部举行的座谈会，讨论省政府草拟的《关于2000 年前江西省经济发展规划》。

16 日 省垦管局颁发《省属垦殖场目标管理奖惩暂行办法》，原颁布的《省属垦殖场场长（经理）任期目标承包责任制奖惩办法》同时作废。

16 日 《江西日报》报道，江西省各级科协两年来通过各种学会、协会、研究会及厂矿科协等形式广泛组织科技人员为中小乡镇企业提供技术服务、技术咨询，为中小乡镇排忧解难，促进了乡镇企业发展。据不完全统计，他们共扶持了乡镇企业 359 个，使之新增产值 23422 万元，新增利税 4130 万元，节约资金 2133 万元。

16 日 日本岐阜县养老町立养老小学校长宇野光道一行 3 人，来南昌进行为期 3 天的参观访问，与南昌师范附属实验小学校长刘伯森举行会谈，并签署会谈纪要，宣布两校结为友好学校。

17 日 《江西日报》报道，修水县检察院查获一起特大的黄金受贿案，缴获黄金 1 万多克，现金 10 万余元以及金戒指、摩托车等，折

合人民币 45 万余元。16 日，江西省人民检察院负责人宣布此案牵涉修水县 15 个单位的 200 余人，现已逮捕 1 人，收容审查 11 人。

19 日 省司法厅、省检察院、省高级法院、省公安厅、省民政厅、省建设厅、省工商局联合发出《关于加强分工协作及时妥善处理民间纠纷的通知》。

19 日 根据对外经济贸易部、财政部、国家计委、中国人民银行、农业部、中国农业银行联合发出的《关于下达一九八八年"贸工农"联合出口商品基地企业技术改造项目计划的通知》精神，江西省 13 家乡镇企业中标，列为基地建设项目计划，中标率 81%，中标企业总投资额 2024.8 万元，获贴息贷款 575 万元。

20 日 在昆明市举行的 1988 年全国青少年航海模型比赛中，南昌市第二体校学员徐宇制作的 C_4 级"新泽西"号战列舰模型夺得 C_4 级第一名。

20 日 经省政府批准，由 35 家企业联合组成的飞鱼自行车企业集团在南昌成立。为了尽快扩大生产能力，适应全国自行车市场日益激烈的竞争需要，由连胜自行车厂牵头，联合飞鱼自行车现有配套厂为骨干，按照"扬长避短，形式多样，互惠互利，共同发展"的原则，分别以紧密型、半紧密型、松散型三种形式跨地区、跨部门组建了企业集团，加快发展飞鱼自行车系列产品。省政府已批准该集团在计划、物资、技术改造、投资方面实行计划单列。

20 日 江西省纺织工业局在广东省珠海特区成立宏大实业（联合）有限公司。

20 日 宜春香料厂研制的一种新型香料——洋茉莉醛通过了省级技术鉴定。

20 日 应加拿大邀请，由中国贸促会组团，江西省粮油、土畜、纺织 3 家公司一行 17 人参加在温哥华举办的太平洋全国展览会。展览会于9 月 5 日结束。

21 日 全国政协副主席、全国妇联名誉主席康克清在中国妇女干部管理学院接见正在参加法律知识培训的宜春地区的 174 名妇女干部。

21 日 在天津举行的中、日、澳田径对抗

赛第一场比赛中，江西女子跳高新秀张彤获得女子跳高金牌。

21日　省政府决定，在江西省集体编制的卫生技术人员中开展专业技术职务聘任工作。

21日　在沈阳举行的为期4天的全国青年蹼泳锦标赛中，江西蹼泳新秀徐腊香获女子100米器泳亚军，100米蹼泳第四名，200米蹼泳第五名。

21日　在青岛举行的1988年全国滑水锦标赛中，江西滑水新手陶芹在青少年女子跳跃赛夺魁，并获得该组花样赛银牌。男运动员杨晓斌夺得成年男子组总分全能第三名、单项跳跃赛铜牌和回旋赛第四名。滑水名将何定夺得成年女子组花样赛亚军。

24日　江西省储委审查批准由省地质矿产局九一二队提交的贵溪县银路岭银铅锌矿区地质勘探报告。

24日　省粮食局、省工商行政管理局联合发出通知，规定在夏粮收购期间允许农户间相互调剂少量大米和允许已退出订购的小品种粮食上市经营外，其他稻谷、小麦一律不准上市交易。

24日　萍乡烟花运输铁路专线通车。这一出口运输专线由中国土畜产进出口总公司江西分公司投资185万元承办该条专线。专线的建成，可将产地与广州口岸直接连接起来，形成出口烟花鞭炮生产—运输—出口一条龙。

25日　江西旅港同乡会筹委会主任委员、香港王氏工业（集团）有限公司主席兼总裁王华湘先生，为答谢江西省暨南昌市的领导，以及南昌市工商界同仁的关怀，捐献港币100万元，用于家乡的慈善事业，造福桑梓。

25日　省税务局转发国家税务局《关于基层税务部门实行公开办税制度的意见》，要求做到税法公开、征管公开、处罚公开、减免公开、纪律公开。

25日　江西省企业职工思想政治工作研究会、省企业家协会在南昌召开理事联席会。会议讨论了在党政分开的条件下，如何改造和加强思想政治工作，建立企业职工思想政治工作新格局的问题。省委常委、宣传部长王太华到会讲了

话，指出改进思想政治工作要搞好思想观念、管理体制、工作内容和方式方法4个方面的转变。思想政治工作要由过去以阶级斗争为纲转到服务于经济建设；由过去为产品经济服务、与产品经济相适应转到为发展商品经济服务，与建立社会主义商品经济新秩序相适应；由过去把教育对象看成是被动者，转为与教育对象完全平等、互相教育，同时还要转变思想政治工作万能的旧观念。会议于29日结束。

26日　省委八届六次全体会议在南昌召开。毛致用、吴官正、刘方仁、蒋祝平、王昭荣、王保田、卢秀珍、王太华、赵增益、刘仲候、朱治宏、许勤、吴平和中顾委委员白栋材，老同志方志纯、傅雨田、朱开铨出席了大会。会议总结了省委八届五次全体会议以来的工作，研究部署下一段的工作任务。全会听取并审议了吴官正作的《关于我省经济发展战略和经济体制改革》的报告，审议了江西省到2000年经济发展战略目标的规划方案，听取并审议了关于我省政治体制改革的报告，讨论了党政机关加强廉政建设问题，毛致用在闭幕会上作了《凝聚人心，锐意改革，担当起加快江西振兴的历史重任》的讲话。动员江西省广大党员、干部和群众，深入贯彻党的十三大精神，进一步解放思想，深化改革，发展生产力，推进两个文明建设，加快建立社会主义商品经济新秩序的步伐。会议于30日结束。

中共江西省委八届六次全体会议召开

26日　江西省工商联召开五届二次常委会。会议就新时期工商联应从行政型、机关型、内向型，逐步转变为民间型、经济型、开放型，以适

应改革、开放新形势发展进行座谈。会议选出江西省出席全国工商联"六大"代表。会议于28日结束。

26日 井冈山斗争时期革命烈士陈毅安的儿子、北京理工大学教授陈晃明，专程从北京来到宁冈县，将他母亲李志强和他自己珍藏几十年保存下来的陈毅安烈士一批珍贵文物、文献资料、照片及书信共24件，捐献给井冈山会师纪念馆。

陈毅安烈士

26日 经省教委批准，赣江大学正式成立。这是全省第一所民办全日制综合性大学，由省九三学社、民革、民盟、民进、农工等民主党派及省经济学会、团省委、江西大学等单位发起，与省科协科技活动中心联合创办。全国政协常委、省九三学社主任、省科学院名誉院长廖延雄教授出任校长，该校从1988年起开始招生，学生实行自费走读，不包分配，但由校方发给学习证明，负责择优推荐（10月14日，赣江大学举行首届开学典礼）。

27日 针对1988年以来星子县、铅山县哄抢盗伐林木的活动日益猖獗，已多次发生殴打、致残护林人员、执法人员、干部的事件，副省长黄璜召集公、检、法、林业等有关部门的负责人，共同听取了关于星子、铅山两县发生的哄抢盗伐森林、殴打公务、执法人员事件的汇报。他指出：必须集中精力，集中力量，从快严厉打击哄抢盗伐森林的惯犯、首犯及用暴力残害公务人员及窝赃、销赃者。要加强对护林工作的领导，要依法护林，要从党内干部队伍开始，再进行一次法纪教育、社会公德教育，从根本上提高人们的法纪观念。

27日 省人大常委会举行第三次主任接待代表日活动。省人大常委会主任许勤、副主任王泽民、裴德安在省人大常委会会议室接待11位全国人大代表和省人大代表，听取了代表对发展社会主义民主，健全社会主义法制以及其他方面的意见和建议。

27日 国家教委发出通知，对办学方向端正、教育质量较高的26所师范专科学校和119所中等师范学校进行了表彰，九江师范专科学校、泰和师范学校、赣州师范学校和南昌师范学校受到表彰，并获国家教委颁发的奖金和奖状。

28日 南昌市近200种商品实行降价销售。这次降价的商品有五金交电、日用百货、针棉织品和副食品等类中的冰箱、洗衣机、自行车、地毯、录音机、男女服装、罐头和蜜饯等，降价幅度为2%~50%，这些商品在南昌市百货大楼、大众商场、八一商场等85家商场（店）出售。

28日 江西钢厂近日发生一起不法分子拦截该厂正在运行的自备列车，哄抢车上70多吨生铁的严重事件。新余市政府对为首的3人进行收容审查，9人给予治安拘留，所抢生铁全部收回，并处以罚款49350元。

29日 铜鼓县在全县首次推行租山贷款造林，其具体做法是：允许停薪留职的林业技术人员、干部，有营林经验的农民和外地的能人，采用承包租赁或联营等方式，开发集体、个体的残次林和荒山，所造林木可以继承、转让、拍卖，实现商品化。

29日 万安水电站下闸首人字门工程进行第一次关门调整，顺利合成。这是我国目前水头最大的单级船闸。

30日 中意合资研制的A－五M飞机在南昌首飞成功，现已进入系统试飞阶段。这种飞机是

万安水电站下闸首人字门工程

在强五飞机基础上改型的新一代强击机，同现已出口外销的强五飞机相比，A－五M飞机提高了导航精度和攻击突防能力，增加了装备品种，并有更好的维护性和设备可靠性。它的电子导航和

火控系统设备由意大利飞机公司电子设备部研制并提供，南昌飞机制造公司负责生产两架样机，中国航空技术进出口公司参与了这项历时两年多的合作。

30日 1988届中央机关赴江西讲师团一行55人到达南昌，这届中央机关赴江西省讲师团是由经贸部、水利部船舶总公司组建。次日，讲师团分赴江西省各支教地县。

31日 江西省地市书记、专员、市长会议召开。各部委厅局的负责人100多人出席了会议。会议要求各级党政机关和各部门，都要以高度负责的精神，严守纪律，维护改革大局，采取有力措施，坚决贯彻国务院第二十次常务会议《关于切实做好物价工作和稳定市场的决定》。

31日 江西省首届企事业单位专职消防队业务竞赛在新余市结束。新余队荣获冠军，九江队荣获亚军、南昌市队获第三名，吉安队和景德镇均获精神文明奖。

31日 省政府办公厅召开农垦经济研究论证会，研究农垦经济的典型意义及其管理体制等问题。论证会于9月4日结束。

31日 在泰国曼谷举行的为期5天的第八届世界杯羽毛球赛中，熊国宝获单打铜牌。

31日 省政府近几年来为扩大利用外资，制定了鼓励外商投资的优惠政策，采取了一系列措施，改善了外商的投资环境，加大了吸引外资的力度。截至本月底，江西省已与外商签订引进外资合同23346万美元，实际利用外资9078万美元，合资企业实现产品出口创汇3946万美元。与美国、加拿大、新加坡、约旦等国家和港、澳、台等地区合作，合资或独资开办企业已有91家，其中已有28家企业投产或开业经营。

本月 南昌裕丰大厦动工兴建。该建筑主楼地下1层，地上19层。

本月 建设部工程质量检查组来江西省对6个建筑施工企业质量进行抽检，工程合格率为29.16%。九江市第一建筑工程公司被评为江西省第一名。

本月 赣州地区妇幼保健院住院部大楼竣工验收并交付使用。大楼为8层框架结构，配备有空调、电梯、屋顶花园等现代化设施，拥有大小病房196间，床位238张。建筑面积6777平方米，总投资150余万元。

本月 省财政厅颁发《江西省税收驻厂征收管理办法（试行）》（1989年，江西省设立税务驻厂组36个，配备驻厂员118人，实行驻厂管理的企业68户）。

本月 省审计局组织84个县市审计局对江西省301个乡镇政府1987年和1988年上半年的财政财务收支实施审计（审计于10月结束，共查出违纪金额1815.4万元。省长吴官正在省审计局报告上作出批示）。

本月 江西省物资工作会议召开，副省长钱家铭到会讲话。会议总结交流了近几年江西省物资体制改革的经验和做法，同时，着重对江西省进一步深化物资体制改革、发展生产资料市场进行了研究部署。首先，在赣南试验区先行进行物资体制改革试点，根据不同情况，在丰城、资溪等21个县综合改革试点，在扩权县有步骤地进行改革试点，在所有省辖市和地区推广石家庄"统一销价，价差返还"的办法。其次，坚持对口原则，并衔接好1989年的物资计划。再次，发展生产资料市场，按照社会主义商品经济新秩序的要求，运用经济的、法律的和必要的行政手段调节物资供求。

本月 1988年全国业余体校乒乓球赛在吉林省浑江市和河北省唐山市举行，在男子团体比赛中，江西队获全国冠军。在单项比赛中，江西选手欧阳浩海和季刚获男子双打冠军。

本月 瑞士政府代表团一行4人到九江化纤厂考察。

本月 中国微量元素与食物链研究会成立大会暨学术讨论会在鹰潭市召开。大会选举我国著名营养学者、江西工业大学教授陈义凤为研究会会长。

本月 在北戴河召开的中国首届"神龙杯"稀土产品评比会上，寻乌县的"富销混合稀土氧化物"产品获"神龙杯"名优产品奖。

本月 全省59个县市气温超过摄氏39度，夏粮受旱1600万亩，晚秋作物受旱1700多万亩。江西省投入抗旱劳动力 540 多万人。省政府在南昌、九江等 4 个地市的 9 个县进行人工降雨。

本月 新余市引进日本 NEC 公司数字程控电话系统割接开通，成为省内最先开通程控电话的地市级城市。

本月 江西省宜丰县农业科学研究所高级农艺师胡达礼与中国科学院遗传研究所副研究员蒋兴邨合作进行航天育种。将"农垦 50"粳稻种放入人造卫星，绕地球 8 圈，利用空间宇宙射线及重力的作用对水稻种子进行处理，使其产生变异，然后在海南省和宜丰县农业科学研究所进行三代繁殖。

本月 江西人民出版社出版的年画《孙中山和宋庆龄》获全国第四届年画一等奖，《让世界充满爱》、《祖国的早晨》获二等奖，《开国元勋》、《和平幸福》获三等奖。《孙中山和宋庆龄》被中国美术馆收藏。

本月 《江西统计年鉴》由内部发行改由中国统计出版社出版，向国内外和社会各界公开发行。同时，改变统计年鉴年份的标示方法，由按资料年份标示改为按出版年份标示。

1988

9月

September

公元 1988 年 9 月							农历戊辰年【龙】						
日	一	二	三	四	五	六	日	一	二	三	四	五	六
				1 廿一	**2** 廿二	**3** 廿三	**4** 廿四	**5** 廿五	**6** 廿六	**7** 白露	**8** 廿八	**9** 廿九	**10** 三十
11 八月大	**12** 初二	**13** 初三	**14** 初四	**15** 初五	**16** 初六	**17** 初七	**18** 初八	**19** 初九	**20** 初十	**21** 十一	**22** 十二	**23** 秋分	**24** 十四
25 中秋节	**26** 十六	**27** 十七	**28** 十八	**29** 十九	**30** 二十								

1 日 省政府颁发《江西省〈国营企业劳动争议处理暂行规定〉实施细则》，并从 1988 年 9 月 20 日开始实施。

1 日 省政府决定，销往外省的木材、板方材、竹材，一律在实际销售价外向买方加收森林资源补偿费。

1 日 省人大常委会办公厅发出《关于省人大常委会各地区联络处，省辖市、县（市）、区人大常委会人员编制的意见的通知》。

1 日 省检察系统首届脱产一年制法律（检察）专业证书班 110 名学员举行开学典礼。

1 日 《江西日报》报道，南昌市政府提出稳定市场的具体措施和规定。规定要求对凭票、凭证定量供应的粮、油、肉、糖、食盐、煤等计划供应商品，必须保证供应，定量和价格不变。对议购议销的商品要严格按规定的进销差率定价，决不允许自行任意定价。

1 日 南昌华侨友谊公司开业，南昌华侨友谊商品采购供应站也同时开展业务。

1 日 省政府决定对销往广东、福建的议价大米、稻谷（含国家安排的"议转平"外调数）一律向购粮方加收 10% 调节基金；销往其他省、市、自治区的议价粮，一律实行"有进有出"，调出粮食必须换回本地所需的紧缺物资（至 1989 年 9 月停止执行）。

1 日 江西整治赣江下游工程拉开序幕。赣江下游从南昌至长江接口处的湖口，全长 156 公里，是江西省的"黄金水道"，每年有近千万吨货物经此水运出省。这次整治，将筑河堤坝 221 座，修建护岸 32360 米，疏浚航道 29836 米，并建有配套的微波通讯设施，总投资达 5675 万元。

1 日 南昌地区老年人月老会婚姻介绍所成立。

1 日 在天津举行的国际田径赛上，江西女运动员陈冬梅以 57 分 39 秒的成绩夺得 400 米栏冠军；链球名将毕忠以 70.70 米的成绩夺得冠军；罗军以 68.98 米的成绩获第四名。

1 日 省政府颁发《江西省地方煤炭开发基金征集办法》，自 1989 年 1 月 1 日起实行。

1 日 省委、省政府作出《关于党政机关保持廉洁的若干规定》。《规定》要求：（一）严禁党政机关及其干部利用手中的人、财、物等权力，为个人、家属、亲友和小团体谋取私利；
（二）严禁党政机关及其干部经商、办企业；
（三）严禁党政机关及其干部用公款大吃大喝；
（四）严禁党政机关违背国家规定，新建楼、堂、
馆、所和购买国家专控商品；（五）严禁党政机
关干部搞公费旅游；（六）严禁党政机关干部在
涉外活动中谋取私利。

2日　省委召开省、市处级以上党员、干部
大会，传达中央关于做好当前物价工作，稳定
市场、维护改革大局的重要指示。省委常委、
省顾委、省纪委、省人大、省政府、省政协、
省军区领导出席了大会，省直各单位和省军区
党员负责人，部分处级党员干部，南昌市各区
（县）、部、委、局党员主要负责人等共2200多
人参加了大会。省委副书记、省长吴官正作了题
为《江西省共产党员都要做维护改革大局的模
范》的讲话。会议要求全省各地抓紧行动，进一
步采取措施，坚决维护改革大局，做好物价工
作，并做好：（一）组织全省党员、各级干部认
真学习党中央、国务院的决定，深刻领会精神实
质，提高认识，统一思想；（二）严格控制物价
上涨幅度；（三）切实保障人民日常生活必需品
的供应，重点抓好城市的猪肉、蔬菜等副食品的
供应；（四）广辟货源，扩大销售；（五）抓紧
农副产品收购，特别要抓好粮、棉、油的收购，
加快夏粮入库进度，确保粮食合同订购任务的完
成；（六）严格控制全社会固定资产投资规模，坚
决制止计划外建设；（七）严格控制社会集团购买
力，节减行政经费；（八）开办保值储蓄，控制货
币投放，强化市场管理，开展物价大检查。

2日　省政府召开全省电话会议，部署补办
采矿登记工作和严厉打击黄金走私的问题。会议
要求各级政府坚决贯彻《矿产资源法》，凭证开
采，依法办矿，并严厉打击倒卖、走私黄金活
动，建立新的矿业体制。

2日　省委宣传部、省直属机关党委、省物
价局联合组织的价格改革报告会举行首场报告
会。省社会科学院副院长史忠良作了题为《价格
改革是非过不可的难关》的报告。会议指出，价
格问题是热点，价格改革是整个经济体制改革的

关键，是非过不可的难关。加强党的纪律，维护
改革大局，搞好价格改革宣传，是我们当前思想
宣传工作的重点（9月7日省委党校副教授作
《价格改革的难点及其基本对策》的第二场报告。
9月13日，省物价局局长、高级会计师郝广成作
题为《价格改革的回顾展望》的第三场报告）。

3日　省直机关厅局级和部分处级及军队副
师职以上党员离休老干部1000余人，听取了党
中央重要指示的传达报告。会议传达了党中央、
国务院就做好当前物价工作和稳定市场，维护改
革大局发出的重要指示精神，省委副书记、省长
吴官正讲了话。会议号召全省的老同志继续发扬
党的优良传统，在维护党的纪律、维护改革大局
中起模范带头作用，对江西的各项工作继续给予
支持，共同搞好江西的工作。

4日　省人民银行召开地、市分行行长紧急
会议，传达贯彻全国分行行长会议精神，主要是
针对当前金融形势，统一认识，采取措施，控制
信贷规模和货币投放，以稳定金融，治理通货膨
胀。会议于8日结束。

5日　为了满足社会对档案资源的要求，充
分发挥档案在两个文明建设、振兴江西经济中的
作用，省档案馆向社会开放首批档案。这批档案
含民国时期的档案22652卷，主要是伪江西省政
府及其所属厅局从1925年至1949年的活
动史料。

5日　省政府召开省直有关单位负责人会
议，就当前惩治"官倒"、清理楼堂馆所、进行
物价大检查和严格控制社会集团购买力等工作进
行了部署。省长吴官正到会讲话，并提出四条要
求：（一）要下决心惩治"官倒"，对"官倒"
进行清查、核实以后，实事求是地确立其性质，
进行处理；（二）要下决心清理在建的楼堂馆所，
哪些项目是该建的，哪些是要缓建和停建、取消
计划建设项目的，都要一一进行清理，该停建的
要坚决停建，不能有半点含糊；（三）要进行物
价大检查，坚决采取措施，控制物价过度上涨，
特别是食盐、火柴、肥皂等人民群众日常生活必
需的商品价格不能擅自上涨，侵害消费者利益；
（四）要严格控制社会集团购买力，对小轿车、

空调、沙发等专控商品，要从严控制并严格制止滥发钱物，尤其是要防止借节日之机滥发实物。

5日 贵溪冶炼厂一期工程被评为国家级优秀工程和国家银质奖。

5日 省总工会第八次代表大会在南昌召开。参加会议的有全省各条战线的799名代表，以及31名特邀代表和103名列席代表。李运德代表省总工会作题为《发扬主人翁精神，发挥工会在改革攻坚阶段的作用，为振兴江西经济作出新的贡献》的工作报告。毛致用在会上发表了重要讲话，要求江西省工人阶级要在改革的"攻坚"战中保持和发扬顾全大局、严守纪律的优良传统；在深化企业内部改革中积极参与民主管理和民主监督；在改革和建设的实践中努力提高自身的素质；在建立新秩序、发展生产力的进程中，更好发挥主力军作用。大会一致通过了省总工会第七届委员会工作报告、财务工作报告和经费审查工作报告，选举产生了第八届工会委员会和经费审查委员会，选出了出席全国总工会第十一次代表大会的代表。会议于10日结束。

6日 省政府召开紧急会议，汇报检查江西省贯彻国务院领导批示和林业部、公安部紧急电话会议精神的情况，要求各地进一步采取果断措施，立即组织开展打击违法毁林犯罪活动的专项斗争，坚决刹住乱砍滥伐、哄抢盗伐森林的歪风。省政府还向各地区行署、省辖市政府、各县（市、区）政府以及省林业、公安、民政、司法、农垦等厅局发出特急电报，迅速传达紧急会议精神，要求各级政府和部门切实贯彻执行。

6日 省人大常委会七届四次会议在江西宾馆举行。会议审议通过了《江西省各级人大执行〈地方组织法〉若干问题的暂行规定（修正草案）》和《关于修改〈省人大常委会人事任免办法〉的决定（修改草案）》；听取关于江西省政府系统开展执法大检查的情况汇报；听取关于1988年1月至7月江西省财政预算执行情况的汇报；听取关于江西省治安情况和路政管理情况的汇报；会议并以投票表决的方式通过了有关省政府和省人大部分组成人员的人事任免名单。会议于10日结束。

7日 省委召开民主协商会。省委领导通报了省委八届六次会议精神和搞好物价改革宣传工作的意见。省政协副主席杨永峰主持了协商会，副主席沈翰卿、李善元、金立强、李沛瑶和在南昌的省政协常委、各民主党派负责人、无党派人士参加了会议。

7日 机械电子工业部批准江西胜利器材厂自1987年起为国家二级企业。

8日 省卫生厅召开省直医疗卫生单位负责人会议，要求各级医疗单位顾全大局、严守纪律，严格执行国家规定的医疗收费标准，防止乱收费、乱涨价的现象。并就此向江西省各地医疗卫生单位发出了通知，要求各级医疗卫生单位要教育广大医务人员做到合理检查，合理用药，合理收费，在近期内除按正式文件下达的医疗收费标准收费外，一律不得擅自提高，未经批准不得任意增设新的收费项目，要建立由物价点和医务、财务等有关科室人员组成的医疗收费监督检查小组，立即对本单位医疗收费情况进行一次对照检查，对医疗服务的各项收入，都要纳入本单位财务管理。

8日 省工商联组团，各地市组织10个分团，前往南京参加为期3天的华东6省1市工商联第二届商品交易会。江西114家企业参加了商品交易会，成交总金额达1882.7万元，其中购进570.9万元，销售1311.8万元。交易的商品有针织品、服装、鞋帽、食品等。

8日 泰国正大集团副总裁李克辉来赣，考察投资环境并与红星垦殖场商谈联合办饲料厂事宜。考察于12日结束。

9日 为贯彻落实国务院《关于做好当前物价工作和稳定市场的若干重要决定》，省工商行政管理局就加强江西省市场管理发出通知。通知要求各级工商行政管理部门加强市场管理集中力量，采取有力措施秉公执法，加强监督，稳定市场。

9日 司法部在庐山召开全国部分城市市长学法用法座谈会。参加会议的有来自全国53个城市的市长，各省、市、自治区司法厅（局）长。江西有9个地、市的专员、市长列席了会议。司法部部长蔡诚主持会议并讲话。座谈会着重研究和探讨在深入普法和深化改革中，加强法制建设，逐步实行以法治市，为推动两个文明建设，促进商品经济和生产发展，为建立社会主义商品经济新秩序服务等问题。通过讨论，与会人员认识到依法治市包括政治、经济、社会生活各个方面，民主与专政各个环节都要用法律手段来规范和调整；经常加强对执法者的检查和监督，是促进依法治市的重要手段。会议提出，要把依法治市、依法管理各项事业贯穿于建立商品经济新秩序的全过程。常务副省长蒋祝平代表省委和省政府讲了话，向与会者介绍了江西省省情和法制建设情况。座谈会于12日结束。

9日 《人民日报》报道《检察机关加强基层基础建设，二十五个省市区设千余派出机构》，江西省1987年7月选择重点乡镇试建检察办事处23个，配备检察人员61人。一年内受理各种案件278件，对其中构成犯罪的59件按照检察机关的办案程序进行立案侦查，报经检察院批准决定逮捕、起诉37人，这些案件都作了公正判决，为企业挽回经济损失78万余元。

9日 新疆民航图154型2603号客机在简易跑道上顺利重返蓝天，并安全降落在庐山机场。客机于7月11日因遇雷雨而迷途迫降在九江，机上162人无一人伤亡。

遇险飞机在九江机场起飞的瞬间

10日 省石油公司召开会议，讨论研究一业为主，多种经营问题，提出省石油公司办"四公司一厂"（开发公司、劳动服务公司、物资公司、财务公司、修理厂）的问题。

10日 省建设银行就严格控制贷款规模，向各地市建行发出电报通知，提出了8条具体要求：（一）提高认识，统一思想，认清形势，服从全国大局，坚决执行国务院和总行采取的各项措施，切实控制信贷规模和货币投放。（二）发放贷款要继续实行"三保三压"和"扶优限劣"的方针，坚决执行"七不贷款"，严格按照分行批准的信贷计划执行。（三）切实控制流动资金贷款。（四）实行控制信贷规模行长负责制。（五）切实加强资金制度，保证重点工程资金供应。（六）加强对信托投资公司的管理，切实做到按计划掌握发放贷款。（七）大力组织存款，平衡信贷收支差额。（八）落实清库挖潜任务，努力挖掘资金潜力，按照人民银行对1987年底企业流动资金占用水平加速资金周转的要求，各行对施工企业的流动资金要采取先扣后调的办法。

10日 1988年全国羽毛球单项赛自即日起至19日在抚州市举行。比赛由抚州市企业和体协共同承办。全国17支代表队共315名运动员参加了比赛，经过748场比赛，江西选手熊国宝、湖南选手唐九红分别获男女单打冠军，福建选手张强、周金灿和广东选手赖彩勤、姚芬分获男女双打冠军，浙江选手蒋国良与广西选手农群华获混双冠军，江西和浙江两支代表队获体育道德风尚集体奖。

10日 1988年青龙杯全国青年足球联赛决赛在赣州市举行。比赛是由八一垦殖场酿酒厂与赣州体委共同承办，为期13天。广州队、江苏队、大连队、黑龙江队、湖北队、天津队，分别获得前6名，江苏队、山东队被评为体育道德风尚奖运动队。

11日 龙南县医院理疗科主治医师钟彦华研制的"多功能艾灸器"，获国家专利权。

11日 1988年亚洲青年田径锦标赛在新加坡结束，江西省女子跳高新秀张彤夺冠，这是她在1988年国内外比赛中第三次夺魁。

11日 经省市科研及医药卫生部门专家鉴定，进贤高分子医疗器械厂引进研制的一次性使用PVC输液器，达到国际同类产品的质量要求。

11日 省住房制度改革领导小组在南昌召开了全省房改进展情况汇报会。会议听取各地房改工作开展情况汇报，传达了国务院房改办、建设部和财政部对有关房改工作的要求。会议就推进住房制度改革，加快公房出售，逐步实现住宅商品化和私有化问题进行了座谈讨论，并研究了相应的配套政策措施。会议要求，各地要坚定不移地搞好住房制度改革，加快出售公有住宅，尽快制定房改有关配套政策。汇报会于12日结束。

11日 江西书法家协会举办"陶博吾先生90寿辰庆贺会"。省、市文化、教育、出版、新闻等各界知名人士200余人出席庆贺会。陶博吾先生是我国当代著名书法家，又擅长中国画和文字学，诗、书、画造诣精深。1930年毕业于吴昌硕先生创办的上海昌明艺专，现为中国书协江西分会顾问。

12日 由国家新闻出版署主办的第四届全国优秀科技图书评选结果揭晓，江西师范大学化学系副研究员张瑞华撰写的《液膜分离技术》获二等奖。

12日 全国"三八"红旗手、江西省劳动模范、宜春市公费医疗门诊部推拿按摩医士姚敏和南昌市盲童学校学生程文红，分别被长春大学特殊教育部推拿按摩和音乐两个专业录取。

12日 省政府召开全省经济形势分析会。与会人员认为，1988年以来，江西省经济保持了较好的发展势头。概括起来是：改革的步子迈得较大，以改革总揽全局，促进了生产持续发展，效益继续提高，流通不断扩大，财政与企业留利同步增长，人民生活相继改善。省政府主要领导在分析会上指出：发展大好形势，克服当前困难，要在提高企业效益上下功夫；坚持开放市场，加强管理；重视运用和发挥金融杠杆的作用。

12日 江西油脂化工厂研制的"洪都"牌Ⅰ型、Ⅱ型羽绒清洗剂通过省级鉴定，填补了该产品的省内空白。

12日 省军区各军分区举行了授予军队离休干部功勋荣誉章仪式。各军分区有9名离休干部获一级红星功勋荣誉章，107人荣获二级红星功勋荣誉章，458人荣获独立功勋荣誉章。182人荣获胜利功勋荣誉章。省军区领导王冠德、沈善文、沈忠祥、刘子明、陈礼久分别前往九江、

景德镇、上饶、抚州、吉安、宜春等地市，同当地党政军领导、武警部队指战员、人武干部、民兵以及各界群众一起参加了授勋仪式。

13日 江西省、南昌市物价部门组织专门物价检查人员150人，职工、街道义务监督员300多人，共同组成省、市物价联合检查团，下设8个分团，对南昌市各主要国营、集体菜场，各主要街道的商业网点出售的猪肉、大路菜及群众敏感的工业消费品进行检查，并配合工商部门开展反垄断、反囤积的检查。严格控制市场物价上涨，检查活动至10月结束。

13日 为期两天的江西省基本建设经济学会成立大会暨基建理论研究会在南昌召开。会议共收到29篇学术论文。

14日 省物价局发出通知，要求各地加强物价管理，严格控制物价上涨幅度。（一）分级实行物价控制目标责任，严格控制物价上涨幅度。（二）采取果断措施，稳定蔬菜、猪肉等副食品价格。（三）分类管好工业品价格。（四）完善商品价格和收费管理制度。（五）严厉打击乱涨价、乱收费等违法行为，各地要组织物价、工商、公安等部门，立即开展市场物价大检查。

14日 由省文联和江西师范大学联合举办的江西省首届作家班开学。省委宣传部、省教委、省文联等有关单位和文艺界知名人士也到会祝贺。

14日 省人民银行主持召开行长（经理）联席会议，宣读中国人民银行行长李贵鲜有关限期收回超限额短期贷款的电报和人民银行党组会议纪要，会议研究提出八条具体贯彻意见。

15日 省审计局发出《关于江西省各级审计机关必须保持廉洁的通知》。

15日 零时40分，南昌市最大的地下商场——老福山地下贸易中心发生大火。省委常委、副省长蒋祝平，省政府秘书长张逢雨，南昌市委书记李爱苏，市长程安东和省公安厅、武警总队的领导赶赴现场，指挥武警、公安干警救火，维护火场秩序。丰城矿物局、丰城县煤矿、新华煤矿、八景煤矿、洛市煤矿、萍乡矿务局、乐平矿务局派来矿山救护队，分组轮流进入地道

以高倍数泡沫灭火的特殊方法进行灭火。火势于当日 17 时左右被扑灭。火灾造成直接经济损失 148 万余元。老福山地下贸易中心是由原人防工事改建而成，共 3 层，9000 多平方米，上层最大为商业区，全中心约有 120 余家商店。经过 200 多名干部、施工队员和工程技术人员 13 个昼夜的奋力抢修，西南地段的 180 平方米商场已修复、整理完毕，10 月 1 日恢复营业。

16 日　江西省第一所民俗性博物馆——豫章民俗博物苑成立。

16 日　一种新型的管式离心机连续精炼米糠油工艺在景德镇市粮食局油脂化工厂试验成功并通过省级鉴定。

16 日　省政府召开省长办公会，对经过清理的庐山风景区的房屋建设项目进行了专门的研究，决定对当前清理出的 14 个项目，严格审查，分别处理。凡未开工的项目，一律不再开工；凡是严重影响景观的项目，立即停建缓建；有的不影响景观而又确实符合程序、主体工程又接近完工的项目，经审查批准后续建，以减少损失。

17 日　在汉城举行的第二十四届奥运会上，江西 17 岁跳水名将许艳梅以 445.20 分的成绩获得女子跳台跳水金牌，为中国取得该项第一枚金牌，实现了江西在奥运会上金牌为零的突破（18 日，国家体委、全国体总和中国奥委会、中国游泳协会、全国政协医药卫生体育委员会分别向中国游泳队和许艳梅发了贺电。19 日，省妇联决定授予许艳梅"三八"红旗手称号）。

17 日　省政府发出通知，要求各地区、各部门控制货币，增加回笼，稳定金融，保证国民经济持续稳定地发展，促进经济体制改革，尤其是物价改革的顺利进行。

17 日　省委、省政府下文重申必须认真执行干部退（离）休制度。

17 日　省卫生厅下发《江西省一次性输液器质量管理办法（试行）》的通知。

18 日　省档案局和省高等、中专教育考试指导委员会决定，自 1989 年起开始举办高等教育档案管理专业自学考试。

18 日　根据国家有关部门新近批准并发布的《大中小型工业企业划分标准》，新余钢铁厂被列入国家第一批大型钢铁企业。这是江西省冶金系统目前唯一进入大型一档钢铁企业的单位。

新余钢铁厂生产的大批钢材

19 日　省委作出《关于加强干部管理和领导班子配备的若干规定》。

19 日　在大连市举行的首届中国农民吹奏乐邀请赛上，萍乡市城关区郊区乡农民吹奏乐队演奏的《在希望的田野上》、《秋收起义歌》、《毛委员和咱们在一起》、《十送红军》等乐曲，获得优秀演奏奖，4 人获优秀乐手奖，1 人获特别荣誉奖，1 人获辅导奖。

19 日　在日前北京召开的国际第一次水禽会议上，江西省滨湖农科所畜牧兽医师郭训龙等人与家禽研究会撰写的《中国鄱阳湖绿头野鸭种质资源保存和利用的研究》、省农业大学周永昌等人撰写的《南安板鸭加工工艺及其研究》两篇论文被选入国际水禽会议论文集。

20 日　某分部受南京军区委托，颁发了南京军区司令部、政治部、后勤部给南京军区后勤部驻赣某汽车营的"红旗车驾驶员评比先进单位"锦旗，中央军委和总政治部、总参谋部、总后勤部授予他们"安全行车红旗先进单位"称号。

20 日　省军区王冠德、沈善文、沈忠祥、魏长安、刘子明和南昌陆军学院李培基、林雄、刘炳耀、刘博学、叶万忠、隋单照 11 人，赴南京军区参加授少将军衔仪式。

20 日　由《中国钢笔书法》杂志社、深圳中国现代艺术画廊联合举办的 1988 年"首届国际钢笔书法大赛"近日在深圳揭晓,赣州地区工商银行青年干部邹克胜荣获二等奖。

20 日 全国人防工程平战功能转换技术研究会在九江市召开,总参工程兵部政治委员刘振堂出席会议。会议于 24 日结束。

20 日 省政府办公厅、省司法厅、省档案局组成执法检查小组,分别对江西省 11 个地、市和部分县以及省直机关贯彻执行《档案法》情况进行重点检查。检查历时一个月,至 10 月 21 日结束,评出宜春、新余、鹰潭、景德镇 4 个优秀地市;赣州、吉安、上饶、抚州、南昌、萍乡 6 个良好地市,并进行了表彰。

21 日 省政府发出紧急通知,要求各地各部门严格制止以各种名义滥发钱物,特别是防止借节日之机滥发实物;同时要求各地认真按照省政府《关于切实做好中秋、国庆节日市场的供应工作的通知》,切实把节日市场安排好,加强物价管理,稳定市场,改善供应,安排好群众生活和文体娱乐活动,让城乡人民欢庆节日。

21 日 永新县被国家计划委员会列入全国瘦肉型猪出口基地县之一。

21 日 经过国务院有关主管部门的考核评审,江西省 15 家企业分别被认定为国家二级企业。它们是国营四三二一厂、国营八九七厂、国营七四〇厂、赣州木材厂、赣州钨钼材料厂、景德镇制冷设备厂、景德镇瓷用化学原料工厂、江西光学仪器总厂、上饶水动力机械厂、宜春风动工具厂、横峰纺织器材厂、南昌桑海制药厂、红星机械厂、核工业部二六〇厂、盘古山钨矿。

21 日 为期 4 天的华东地区物资技术协作会在九江市举行。华东 6 省 1 市以及全国其他省市的 1000 多名区内外代表参加了协作会。据统计,共成交物资总额 5.6 亿元,共签订达成技术协作项目 380 项,金额 1.14 亿元。副省长钱家铭到会向代表表示欢迎和祝贺,并向代表简要介绍了江西的有关情况。

22 日 经国家体委考核,丰城县被列入第二批全国体育先进县。

22 日 省委召开省委常委扩大会议,传达贯彻中央工作会议精神。出席会议的省委常委、省顾委常委,省纪委、省政府、省军区的负责人,省人大常委会、省政协的党员负责人,各地市委书记、专员、市长及省直部分单位的负责人,还有老同志方志纯等共 100 多人。省委书记毛致用主持会议,省长吴官正出席会议并讲了话。会议特别强调一定要抓好以下几方面的工作:(一)要认真学习中央工作会议精神,正确认清形势,深刻理解治理经济环境、整顿经济秩序的重要性和紧迫性,坚定改革信心和决心,继续把改革和建设推向前进;(二)坚决和党中央保持一致,顾全大局,严守纪律,统一认识,统一行动,坚决维护党中央、国务院的权威,做到中央有令则行,有禁则止,以保证党的路线、方针、政策的全面落实;(三)采取坚定有力措施,治理环境,整顿秩序,控制物价,从而达到稳定经济,稳定人心,搞好生活,发展生产;(四)正确认识和处理改革和治理环境,整顿经济秩序的关系,将价格、工资改革和多方面推向深入;(五)务必切实抑制通货膨胀,压缩基建投资,控制集团购买力,大力发展生产力,既要增加有效供给,又要减少适当的消费需求,保证改革和经济发展顺利进行。

23 日 省工商联向各市、县工商联发出《关于开展创工商联"文明企业"和"文明职工"活动的通知》。

23 日 省高级人民法院机关首次举行晋升审判员、助理审判员业务考试。

24 日 南昌陆军学院举行军官授衔仪式。出席授衔仪式的有省、市领导蒋祝平、王书枫、裴德安、吴永乐、史骏飞,学院领导李培基、杨林雄、刘炳耀、刘博学、叶万忠、隋卓照等以及 1500 多名军官和学员,院长李培基少将主持并宣读了中央军委主席邓小平签署的授予部分大校、上校军官军衔的命令;副院长刘炳耀少将宣读了南京军区司令员向守志、政委傅奎清的授予部分中校、少校军官军衔的命令;并委托训练部、政治部、院务部和大队,代表学院授予其他军官军衔。

24 日 由轻工业部举办的全国轻工业出口产品评比近日在北京揭晓,江西省轻工行业共获得 10 块金牌，除南昌罐头厂"长青牌"藠头获得 1 块金牌外，其他 9 块金牌均为景德镇陶瓷工业系统所得：景德镇市人民瓷厂"长青牌"青花梧桐餐茶具、"万年青牌"青花影青凤牡 58 头中餐具；艺术瓷厂"福寿牌"粉彩瓷、"景德镇牌"薄胎瓷，光明瓷厂"玩玉牌"青花玲珑日用瓷，红光瓷厂"玩玉牌"青花玲珑餐茶具，雕塑瓷厂"散花牌"雕塑瓷，建国瓷厂"珠光牌"高温颜色釉瓷，宇宙瓷厂"高岭牌"荷口西餐具。

24 日 江西省"七五"重点建设项目——贵溪化肥厂年产 24 万吨磷铵装置正式开工建设。年产 12 万吨磷酸装置、6 万吨氟化铝装置以及主装置的配套工程、辅助工程、公用工程都将陆续开工。贵溪化肥厂是我国在建的四大磷铵厂之一，磷酸和氟化铝生产是从国外引进的第一套先进技术装置，磷铵是我国引进并经消化后的第一套国产化装置。工程总投资 3.47 亿元，由中央和地方合资兴建。

24 日 省委、省政府决定成立省政府农村工作办公室，撤销省委农工部、省经济委员会农业办公室。其主要职责是：遵照党中央、国务院制定的路线、方针、政策和省委、省政府的统一部署，综合研究和组织、指导农村改革和农村经济建设，协助政府制定农村经济工作的发展规划和政策措施，并负责督促、检查和统一协调工作。

24 日 省机构编制委员会批准省档案馆、省档案科学技术研究所为正处级单位，归口省档案局管理。

24 日 省委组织部、省劳动人事厅印发《关于全民所有制工业企业人事管理制度改革的意见》。主要内容：（一）积极引入竞争机制，招聘选聘企业经营者；（二）改善管理办法，搞好企业人事管理；（三）进一步明确企业经营者和企业党组织、职代会的职责，共同办好企业。

24 日 世界银行红壤项目监测组一行两人来赣，自即日起至 30 日对江西红壤项目进行第二次中期监测。

26 日 中国房协城市开发专业委员会华东南区域首次会议最近在南昌市召开。中国房协城市开发专业委员会和上海、浙江、福建、江西等省市有关部门及房地产开发公司负责人共 30 多人出席会议。会议的中心议题是研讨如何科学合理地确定商品房价格；搞好城市综合开发，推进住宅商品化进程。会议提出，控制商品价格持续上涨，应采取以下几项措施：（一）控制土地价格暴涨；（二）有些配套工程费，不应计入商品房造价内；（三）住宅小区的市政基础设施和房屋的管理维修，应由市县政府责成各有关部门负责；（四）应对房地产开发公司实行扶植政策。

萍乡市兴建的商品住宅楼

26 日 省政府发出紧急通知，要求各地坚决贯彻中央工作会议精神，全面清理固定资产在建项目，压缩投资规模。清理范围有：基本建设项目和更新改造项目，全民所有制和城镇集体所有制，乡镇企业建设项目；计划内和计划外的建设项目。省政府决定成立以副省长蒋祝平为组长的清理在建项目领导小组，负责江西省清理工作。

26 日 省政府办公厅发出关于批转省监察厅《关于开展清查"官倒"工作意见》的通知，要求各级政府严肃查处"官倒"，并在近期内取得突破性进展。尤其对那些群众反映强烈的重大案件，不论牵涉谁，都要敢抓敢管，决不手软。通知对清查工作作了具体安排，大体分四步进行：第一步，学习文件，统一思想；第二步，开展摸底调查，着手拟定清查工作方案；第三步，重点清查；第四步，制定整改措施，搞好制度建设。

26日 省出版局在梅岭召开江西18家文艺期刊社的主编和省、地（市）文联、文化厅（局）的负责人座谈会。会议要求尽快堵住开始在部分期刊中出现的"黄色浊流"，加强对文艺期刊，特别是通俗文艺期刊的行政管理工作。座谈会于27日结束。

27日 国务院发布《中华人民共和国土地使用税暂行条例》，江西省从1988年10月1日起执行。

27日 省教委发出《关于江西省开展卫星电视师范教育，加速中小学师资培训工作的十条意见》。

27日 省工商联召开《江西省工商联志》编辑工作座谈会，参加会议的有江西省11个市"两会"和部分县工商联负责史料的人员共计24人。会议由省工商联、文史征集领导小组组长梅俊文主持。座谈会于28日结束。

27日 省检察院召开江西省检察机关查处偷、抗税案件工作会议，要求各级检察机关在治理经济环境、整顿经济秩序工作中充分发挥职能作用。会议于29日结束。

27日 以中央委员、江西省委书记毛致用为团长的中国共产党党的工作者友好访问团对捷克斯洛伐克社会主义共和国进行访问。访问活动于10月14日结束。

27日 在遵守各自国家法律、法规的前提下，经过友好协商和认真准备，江西省教委、省科委和联邦德国波恩、东亚研究院在南昌联合建

省教委、省科委和联邦德国东亚研究院合作联合成立中德联合研究院

立教育、科研、开发中德联合研究院，并正式宣布成立董事会，签订了协议书。协议确定，联合研究院作为一个独立单位进行规划、建立和管理，以江西大学为依托进行筹建工作，在培养攻读硕士和博士学位的研究生方面首先设置食品工程和生物工程两个专业，并将进行与以上两专业有关的科研和技术开发工作，其质量力求达到国际水平。副省长蒋祝平接见了以拉伯教授为团长的联邦德国波恩、东亚研究院访华代表团全体成员，并出席了协议签字仪式。

27日 萍乡林科所的科研人员经过16年的研究，首次在国内发现油菜叶蜂、刺楸叶蜂等9种森林害虫新虫种，并详细掌握了其生物学特性和防治方法。在鉴定会上，专家认为，这一新的发现填补了我国森林害虫研究方面的9项空白。

29日 省政府办公厅发出《关于加快清理政企不分公司步伐的通知》，要求各地、各部门提高认识，抓紧工作，加快步伐，力争在近期取得清理政企不分公司的突破性进展。《通知》对省属公司的清理整顿工作提出了具体要求。省属公司的清理范围，包括省属公司（中心），各委、办、厅、局和各协会、学会团体所属公司（中心），重点是政企不分、官商不分的公司。清理的内容主要是撤销不具备条件的企业性公司；除国务院和省政府授权兼有行政管理职能和经营权的少数公司外，对其他政企不分、官商不分的公司实行政企分开，管理权与经营权分开；理清公司（中心）与行政主管部门的财务关系和人事关系；对在经营活动中进行倒卖、违法经营的公司（中心），认真查处。

29日 《江西日报》报道，江西省血防工作30年来成绩显著，先后治疗各类血吸虫病人（包括晚期病人）105万多人次，消灭钉螺250余万亩，病人总数下降73.4%，山丘地区有螺面积压缩92.7%，滨湖沿江地区压缩70%。至今，江西35个流行县市，已有14个县市（包括余江在内）消灭了血吸虫病并巩固了成果，有德安等8个县市基本消灭血吸虫病，其他县市也有部分乡（镇）消灭或基本消灭了血吸虫病。但鄱阳湖区长江沿岸当前疫情回升情况严重。近些年，滨

血防工作人员在检查钉螺

湖沿江螺情回升，有螺面积达 90 多万亩，直接对 250 万人口、10 万头耕牛造成威胁。1988 年 1 月至 7 月发病又比 1987 年同期增加 12.2%。据有关部门统计，现已有病人 15 万（包括历年来新感染和重复感染的病人），病牛 1 万多头。为了尽快改变这种局面，江西省采取切实措施，抓紧抓好防治工作。

29 日 截至当日，驻赣陆、海、空三军部队的士兵军衔评定和授予工作全部结束。部队士兵从 10 月 1 日起佩戴新的军衔肩章，展示新的军姿军容。新的士兵军衔共分三等七级。

29 日 南昌市政府批准南昌市档案馆首批向社会开放历史档案 1928 卷。

29 日 "苏联中亚和哈萨克造型艺术展览"在江西省博物馆举行。这次展览是中苏两国 1988 年至 1990 年文化合作计划的项目之一。苏联随展人员——莫斯科东方民族艺术博物馆高级研究员什莫季科娃和赫罗姆琴科出席开幕式。省外事办公室、省文联、省美协、南昌市文化局等单位的负责人和省、市美术届、文艺届 250 人参加了开幕式，并参观了展览。展览展出了由莫斯科国家东方民族艺术博物馆提供的近 80 件作品，主要是乌兹别克、塔吉克在 19 世纪到 20 世纪初的丝绣、丝织品和土库曼的地毯、毡制品等，反映苏联哈萨克和中亚各族人民的生活习惯、传统文化及风俗民情。展览于 10 月 12 日结束。

30 日 省政府在江西宾馆举行国庆招待会，邀请在江西省工作的外国经济、文教专家及其家属和外国留学生共庆佳节。陈癸尊副省长在招待会上祝酒，代表省政府向外国专家及其家属和外国留学生致以节日的问候。出席招待会的外国专家及其家属和外国留学生共 70 余人。省政府、省外办、省教委的负责人、外国专家和留学生工作或学习的单位的负责人出席招待会。

30 日 省政府发出《关于切实压缩社会集团购买力的紧急通知》，规定专控商品由 19 种扩大到 29 种，停止购买彩电、地毯以及名烟名酒等高档消费品，不准购买高级和高价小汽车，要求各地本年开支比 1987 年压缩 20%。

30 日 省税务局颁发《税务系统建立举报站实施方案》（12 月 21 日，省税务局举报站成立）。

30 日 江西省首届集邮展览开幕。副省长钱家铭、南昌市市长程安东和中华全国集邮联合会副秘书长刘钟林等领导作为首批参观者参观了本次邮展。

30 日 省政府决定农业机械的使用管理、教育培训、技术推广、维修鉴定、安全监理等管理工作，由各级农机管理部门统一负责。

本月 第四届全国青少年科学创造发明比赛在京闭幕。南昌三中高一学生喻炜、罗斌发明的"自流气压热水瓶"和赣州二中初三学生王琴发明的"改型砝码镊"获银奖，萍乡矿务局高坑煤矿小学五年级学生李翔发明的"体育教师多用工具本"获铜奖。

本月 省委、省政府任命桂晓风为省出版事业管理局（江西人民出版社）党组书记、局长。

本月 江西第一个县级国有资产管理局——宁都县国有资产管理局正式成立，该局将对全县县属国有资产，包括预算内和预算外的经营性企业和非经营性行政、事业单位中的固定资产、流动资金和专项资产实行国有资产管理。

本月　江西第一条高铬白口铸铁磨球铸造生产线在江西省电力修造厂建成。

本月　省煤炭厅组成勘察工程组受中国煤炭海外开发公司的派遣赴菲律宾巴坦岛煤山井进行地质勘察和开发考察（1989年1月完成任务回国，提出可供建井的详查报告。煤山井的设计任务由省煤矿设计院承担，1989年4月完成可行性研究报告，1990年提交部分施工图）。

本月　《江西省综合农业区划》通过省级鉴定，并获农业部科技成果一等奖。

本月　萍乡客车厂联合车间兴建。联合车间由涂装、车身、装备等车间组成，建筑面积13166平方米，框架结构长204.65米，宽78.48米，最大高度16.86米。内有12米长预应力托架，车间跨度分别为24米和27米，钢筋混凝土屋架施工工艺为后张法预应力，萍矿工程处施工（1990年被评为省级在建优良工程）。

本月　萍乡铁路中学被国家教委、计委、财政部、劳动部联合授予"全国中小学生勤工俭学先进集体"称号。

本月　省轻工业厅批准成立省造纸印刷工业协会、省出口工具企业集团、省五金制品协会、省家用电器协会。

本月　省测绘局、省物价局联合发布贯彻执行《测绘产品价格和收费管理暂行办法》的几点意见。对江西测绘产品价格和收费管理作了具体规定。

本月　省司法厅根据司法部召开的全国律师函授教育工作会议精神，成立中华全国律师函授中心大专部江西辅导总站，负责全国律师函授中心大专部在江西学员的教学辅导和组织管理工作（10月，各地（市）司法局成立律师函授大专部辅导站。江西省第一届律函大专部学员为1861人）。

本月　《崇文县志》由海南人民出版社出版。

本月　德安县宝塔乡杨桥发现一座南宋周氏（1274）墓，墓内有完整棺1具，棺内表面覆1幅丝质彩绘星宿图，星宿图下为褐色丝罗，揭去丝罗即为女尸体。星宿图长200厘米，宽60厘米，图中绘有一条弯曲的天河，河中间及两边分布星宿和行云，计有星星57颗，同一星宿的星星间直线相连。该图以铅粉着色为主，星与行云用墨色勾画轮廓，星星中间贴银白色的金属片，出土时颜色鲜艳，后渐变暗。该星宿图保存在德安县博物馆。

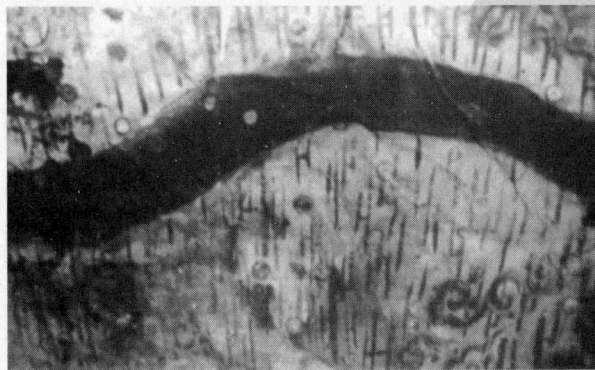

在江西德安县出土的南宋丝质彩绘星宿图

1988

10月
October

公元 1988 年 10月							农历戊辰年【龙】						
日	一	二	三	四	五	六	日	一	二	三	四	五	六
						1 国庆节	**2** 廿二	**3** 廿三	**4** 廿四	**5** 廿五	**6** 廿六	**7** 廿七	**8** 寒露
9 廿九	**10** 三十	**11** 九月小	**12** 初二	**13** 初三	**14** 初四	**15** 初五	**16** 初六	**17** 初七	**18** 初八	**19** 重阳节	**20** 初十	**21** 十一	**22** 十二
23 霜降	**24** 十四	**25** 十五	**26** 十六	**27** 十七	**28** 十八	**29** 十九	**30** 二十	**31** 廿一					

1日　副省长陈癸尊会见港澳江西赣南同乡会一行。同乡会是 9 月 24 日应邀到达赣州的，连日来，他们先后参观游览了赣州、景德镇、九江、庐山、南昌等地。

1日　江西省第一座高层建筑观光娱乐旋转厅正式接待游客，它坐落在南昌市民德路西段经济大楼的顶端，以每 60 分钟一周的速度缓缓旋转。

1日　副省长钱家铭在丰城主持召开修建丰洛支线协调会，南昌铁路分局总经济师朱行其、分局长助理刘禄生参加会议。会议要求共同努力，确保洛市矿地方铁路于 1989 年 5 月通车。丰（城）洛（市）铁路支线全长 26.33 公里，1982 年由南昌铁路局设计所勘测设计，1983 年 7 月完成，洛市矿区铁路建设指挥部于 1984 年 11 月 14 日施工，1989 年 4 月竣工，6 月 17 日办理临时运营。

1日　吉安地区档案馆向社会首批开放 2500 卷（册）历史档案资料。

2日　全省首届老干部文艺汇报演出会在江西艺术剧院举行。这次汇演是由省直、南昌、九江等 11 个地市的老干部活动室联合发起组织，为期两天。参加演出的老干部达 290 余人，平均年龄 62.3 岁。演出期间，省、市领导到会祝贺并观看演出。

2日　日本西装协会会长今津辰男一行应省外事办邀请来江西省访问，进行业务交流和讲授服装设计、裁剪技术等活动。访问活动于 9 日结束。

3日　省长吴官正会见以李建南为团长的泰国泰华各姓氏宗亲总会访华团一行 30 人，对他们一行来赣旅游观光表示欢迎，并宴请了李建南一行。

泰国泰华各姓氏宗亲总会访华团一行游览龙虎山

4日 省人大常委会主任许勤、副主任王泽民出席由省人大常委会委托省委党校举办的第二期县人大主任进修班的开学典礼并讲话。

5日 赣州机场竣工复航。赣州机场始建于1937年，1985年初停机扩建。扩建后的赣州机场，可供中型飞机及波音737减员降落。

5日 经国家外汇管理局批准，省建行正式开办国际金融业务。这是江西省继中行南昌分行之后第二家可进行外汇结算的银行。

5日 省委统战部、省工商联、省三资企业协会联合召开江西省三资企业中外方代表联谊会。参加会议的有29个三资企业的董事长、总经理、副总经理和外方代表共58人。省工商联主委厉志成就新时期工商联的性质、地位、任务作了讲话，并邀请三资企业加入工商联，在10位三资企业经理、董事长的发言中，有4家当场表示加入工商联。

5日 省石油公司经理在经理办公会议上传达了省商业厅党组讨论的有关省石油公司的一些问题：（一）省石油公司党委对地（市）公司不发生关系。地（市）公司的党委书记由正副经理兼任；省石油公司党委只管直属单位党务，党委成员也应有下属单位的领导参加。（二）地（市）公司的班子任免问题。这批干部由省商业厅审批，以后副职就下放给省石油公司审批。（三）省石油公司内部机构，目前还是设科，以后定了大型企业再设处。同时，讨论了一些地（市）公司领导的任免事宜。

5日 经省编委批准，省审计局培训科研室改设为省审计科学研究所，为省审计局下属处级事业单位。

5日 南昌铁路工程总公司承建的沙炼支线八里湖特大桥架梁完工。该桥由铁道部大桥局勘测设计院和第四勘测设计院设计，全长1416.2米，有44个墩台，多为沉井基础，由32米长混凝土梁连接组成。

5日 南昌钢铁厂3350立方米制氧机建成投产，一次性试车成功，7日出氧。

5日 省经贸厅制定《江西省经贸厅廉政六条措施》。（一）坚决贯彻党的方针政策，严格遵守国家法律、法令和各项规章制度，在业务活动中，既要勇于开拓，放开搞活，又要令行禁止，严格按政策办事。（二）转变机关作风，提高工作效率。（三）严禁以权谋私。（四）严格遵守财经纪律，不准滥发钱物，不准公款大吃大喝，奢侈浪费。（五）严格遵守外事纪律。（六）严格遵守干部、人事管理制度。

5日 华东六省一市为祖国统一和四化建设服务工作经验交流会在九江市举行。江西民革黄贤度、李沛瑶等17人出席。

5日 为巩固和发展江西省和美国犹他州的友好关系，促进双方在经济贸易、科学技术、文化教育特别是在农业和水利方面的合作与交流，应美国犹他州的邀请，以黄璜副省长为团长的省政府代表团在犹他州作为期9天的访问。

5日 首届北京国际发明展览会在北京举行。这届展览会有9个国家近千名发明家组团参加了展出，江西省发明协会组织了18个发明项目参展，有13个项目获奖，分获3枚金牌、3枚银牌和7枚铜牌，中奖率72%，居全国各省市第二位。展览会于13日结束。

6日 省直属机关工作委员会召开省直机关党组织负责人会议，传达中共中央《关于加强和改进中央党政机关党的工作的通知》和省委批准的省委组织部、省直机关党委《关于加强和改进省直机关党的工作的意见》。省委决定将江西省直属机关委员会改为江西省直属机关工作委员会，作为省委派出机构，领导省直机关党的工作，由马世昌兼任省直属机关工作委员会书记，刘欣福、高冬梅任副书记。

6日 省税务局、省工商局、省公安厅转发国家税务局、国家工商局、公安部《关于进一步加强部门间配合协作，搞好工商行政、税务管理和社会治安的联合通知》。

6日 婺源县召开打击破坏森林犯罪分子公开宣判逮捕大会，对该县珍珠山虹冲村秀山集体林被毁案公开审理，判刑2人，逮捕12人、收容审查5人。主犯张金和被捕前任珍珠山乡党委委员、副乡长，1984年9月至1987年2月，张金和违反国家规定，签字或口头交代无证放行木材

324 立方米。此后,在他的庇护、纵容下,先后于1987 年 9 月 26 日、11 月 2 日至 4 日、12 月 27 日发生 1000 多人次哄抢、砍伐木材 1674 立方米、樟木 95 立方米、毛竹 3063 根,损失达 531792 元的严重毁林事件。

7 日 江西省农业生产资料联营集团公司、省供销合作社农副产品批发市场董事会成立,下设筹建处、财会处、业务处。

7 日 省政府召开电话会议,贯彻落实国务院通知精神和全国税收、财务、物价大检查工作会议精神,动员和部署江西省的大检查工作。会议要求各地各部门统一思想,提高认识,紧紧抓住治理环境和整顿秩序这个中心环节,动员各方面的力量,在全省范围内把大检查工作广泛深入地开展起来。

7 日 省轻工业厅批准成立江西省家具协会。

8 日 由国家机械电子工业部、杭州照相机械研究所、《解放日报》、《人民摄影报》等 9 家单位联合举办的全国首届国家照相机工业产品民意评选结果在上海揭晓。江西光学仪器厂生产的凤凰 205、凤凰 301 照相机分别获金杯奖。这是这两个型号的照相机继 1987 年第四届全国照相机质量评比双双摘取同类产品质量桂冠以来,又一次获得消费者的认可和专家的肯定。

8 日 省林业厅发出《关于江西省林业开发的意见》,提出林业开发的重点应放在培育和发展森林资源上。

8 日 星子县中学年仅 14 岁的欧阳鑫参加"龙年全国中学生书法大赛",荣获初中组硬笔书法全国一等奖。

8 日 江西数量经济学会在江西财经学院召开成立大会。通过大会民主推选,省政协副主任戴执中任名誉理事长,省顾委主任赵增益任名誉顾问,江西财经学院副教授周达林任理事长。成立大会于 9 日结束。

9 日 省委八届七次全委扩大会议在南昌召开。会上,吴官正作了关于江西省贯彻落实党的十三届三中全会和中央工作会议精神意见的报告。会议分析了形势,统一了思想,提高了认识,研究了江西省贯彻落实的措施。会议要求各地加强党的领导,组织和动员全省人民,下最大的决心,把 1989 年至 1990 年改革和建设的重点突出地放到治理经济环境、整顿经济秩序上来。有领导、有秩序地推进相互配套的全面改革,进一步巩固和发展江西省的大好形势。会议于 12 日结束。

9 日 江西省第一家气功医院——南昌气功医院开业,该医院以气功为主综合治疗,床位 30 张。

10 日 国务院法制局、国家技术监督局联合组织检查组对江西省实施计量法两年来的情况进行全面检查,省人大财经委员会副主任委员叶林培参加检查。检查活动于 14 日结束。

10 日 南昌市档案馆自即日起至 15 日,将市公安局档案室保存的民国档案 43075 卷和部分未整理的财政金融档案共 5 万卷(册)接收进馆。

10 日 由江西省委统战部、省政府办公厅和 6 个地区的代表日前组成的江西省少数民族地区经济考察组,先后深入到铅山县太源畲族乡、横峰县姚家乡篮子畲族村等地区进行实地考察,帮助少数民族地区人民解决有关问题,并与少数民族地区的代表达成了横向联系的意向。

11 日 下垄钨矿接触二氧化矽粉尘 30 年的1521 名职工,经历年胸片检查,未发现一例矽肺患者。

11 日 全国哲学社会主义科学规划领导小组办公室在江西大学召开"《宋明理学史》评审会"。由著名史学家侯外庐、邱汉生、张岂之主编的《宋明理学史》是国家"六五"社会科学科研计划重点项目之一,这部专著 130 余万字,由人民出版社出版。该书较为全面、系统地叙述了宋、元、明时期理学的产生、发展和衰退的历史过程,是我国史学研究中获得的一项新的重要成果。

11 日 由江西江新造船厂建造的新型港湾扫雷艇,在长江口横沙北港的海面上成功地引爆了海底沉雷。该艇是中国船舶工业总公司第七〇八、七一〇、七〇四研究所和江新造船厂等单位共同研制的。

11日 共青团员、萍乡钢铁厂中心试验室工人王志云为抢救他人光荣献身。团省委授予王志云"舍己救人优秀共青团员"称号。

11日 省纪委第五次全体会议在南昌举行。出席这次会议的有省纪委委员38人。各地市纪委书记、省直各单位纪检组组长和纪委书记以及省纪委机关各处、室的主要负责人69人列席了会议。会议传达、学习、贯彻了党的十三届三中全会、省委八届七次全委（扩大）会议和中央纪委第三次全体会议的精神，会议要求各级纪检、监督部门统一思想，提高认识，加强党的纪律，努力提高纪检队伍的思想素质和工作水平，维护改革大局，保证中央决策和省委部署均顺利实现。会议于12日结束。

11日 为期两天的1988年全国摩托艇锦标赛在福建举行。江西省代表队夺得两枚金牌、两枚银牌、两枚铜牌和一个第五名。

11日 华东六省一市人事局奖惩工作年会在九江召开。六省一市人事局奖惩处处长、江西省各地市劳动人事局奖惩科科长参加了会议。人事部考核奖惩司副司长邹日光、考核处处长屈应亮莅临会议指导。会议于14日结束。

12日 省委转发中共中央通知，蒋祝平任省委副书记，马世昌任省委委员、常委。

12日 省顾委在南昌召开第七次全体会议，省顾委委员25人出席了会议，王书枫主持会议，刘仲侯讲话。会议传达学习了党的十三届三中全会、省委八届七次全体（扩大）会议精神。（一）要继续深入地进行学习；（二）要更多地进行调查研究，接受省委委托，积极参与治理经济环境，整顿经济秩序和从严治党的工作；（三）要率先垂范，作出表率。会议提出，省顾委作为省委的参谋助手，一定要明确自己的责任，带头认真贯彻落实中央的决策和省委的部署，全力支持省委的工作，并要做好。

13日 1988年全国排球乙级联赛（女子组）在河南开封落幕。江西省女排获第四名，晋升为甲级队。

13日 江西省造纸、印刷工业协会在南昌

正式成立。

13日 省政府办公厅发出关于贯彻《中华人民共和国筵席税暂行条例》的通知，决定从11月1日起开征筵席税。通知就筵席税的几个具体问题作出规定：（一）筵席税按次从价计征，税率为15%；（二）筵席税的征税的起点为，一次筵席支付金额（包括菜肴、酒、饭、面、点、饮料、水果、香烟等价款金额）人民币300元，达到或超过征税起点的，按支付金额全额计算征收；（三）下列筵席免征筵席税，即港、澳、台胞，侨胞，以及外籍人员举办的筵席和在个人家庭内举办的筵席（在饭店、酒家承办的除外）。

14日 省委、省政府召开全省计划生育工作电话会议，总结、通报1988年头9个月的计划生育工作情况，部署1988年第四季度的工作任务。会议由省委常委、秘书长马世昌主持，各地、市、县（区）党委和政府的领导、计生委主任以及省委、省政府有关部门的负责人出席了会议。会议要求各级领导要统一思想，采取措施，认真检查，全面完成计划生育年度目标管理任务，并安排好1989年的人口计划。

14日 省委举行报告会，向省直机关副厅局级和省军区副师职以上的党员离休干部传达党的十三届三中全会和中央工作会议的主要精神，以及省委八届七次全体（扩大）会议精神。会议号召老同志积极向群众宣传形势，实事求是地向群众讲清存在的问题，使大家正确认识形势，统一思想，振奋精神，为治理环境，整顿秩序和深化改革任务的顺利完成作出贡献。

14日 省政府发出《关于拓宽集资办学渠道限期抢修中小学危房的紧急通知》。

14日 丹麦政府计划开发署官员汉森和项目评估团的3位专家一行5人来赣，到吉安地区进行项目评估，并与赣江制药厂就无水结晶葡萄糖生产线引进项目进行洽谈。18日，省委副书记、副省长蒋祝平会见了汉森一行。评估活动于19日结束。

14日 省长吴官正在鄱阳湖地区的南昌、进贤、余干、波阳、万年、都昌、星子、永修、新建等县和康山垦殖场等地考察。考察期间他指

出，素有"鱼米之乡"之称的鄱阳湖地区至今仍有不少县未摆脱贫困落后状态，其原因：一是水旱灾害频繁，二是血吸虫病的威胁，三是对湖区资源科学开发利用不够。要求下大决心，采取有效措施，像扶持老区那样，加快解除水旱灾害和血吸虫病对湖区人民的严重威胁，科学地综合治理开发鄱阳湖资源，帮助湖区群众脱贫致富。考察活动于 19 日结束。

15 日 省政府召开全体会议。省委副书记、副省长蒋祝平主持了会议。省政府各厅、局、委、办的负责人参加了会议。省体改委、省监察厅、省物价局、省计委、省人民银行、省经委的负责人分别就清理整顿公司、清查"官倒"、稳定物价、清理固定资产、投资在建项目、稳定金融和工业生产等，汇报了当前的情况和解决问题的措施。蒋祝平就当前如何抓好党的十三届三中全会、中央工作会议和省委八届七次全体（扩大）会议精神的落实问题讲了话。会议要求江西省各级政府和各部门抓紧做好当前工作，为 1989年治理经济环境，整顿经济秩序，全面深化改革打下良好的基础，进一步把江西省的改革和建设推向前进。

15 日 省委召开民主协商会，向在南昌的全国人大代表、全国政协委员和省各民主党派、各人民团体的负责人以及非党知识分子代表通报中共十三届三中全会、中央工作会议和省委八届七次全体（扩大）会议精神，号召大家在治理环境和整顿秩序中作出积极的贡献。

15 日 省政府批准永铜、德铜、银山和贵冶为省级先进企业。

15 日 台湾协天会主任胡振满一行 20 人，代表台湾新竹县协天宫、天山坛、玉皇宫抵达鹰潭龙虎山瞻谒天师府。

15 日 中国科学社会主义学会、外国社会主义研究会、省社会科学院和江西钢厂在庐山联合召开"当代世界社会主义理论与改革研讨会"。全国各地的专家学者 84 人出席会议。

15 日 省保险公司与江西日报《井冈山》副刊在南昌举行授奖仪式，给获得"奋飞"报告文学《保险杯》征文比赛的获奖作者颁奖，其中

一等奖 1 名、二等奖 2 名，三等奖 3 名。

15 日 吉安市酒厂生产的江西省名酒——堆花特曲在首届中国酒文化节上被授予"中国文化名酒"称号。

15 日 赣州市东北路——北京路集市、南昌郊区四交市场、进贤县文港毛笔、皮毛市场、高安县筠阳市场、景德镇市东郊农贸市场、遂川县大汾集贸市场、万年县石镇农贸市场、新余市中心农贸市场、萍乡市湘东区综合贸易市场、寻乌县城关农贸市场、临川县"农村大世界"集贸市场、铜鼓县永宁集市、九江市浔阳区堤外农贸市场、鹰潭市杏树园农贸市场 14 处集贸市场被国家工商局授予全国文明集市。

15 日 南昌市上海路人民法庭正式挂牌。这是南昌城区第一家联合企业法庭。

15 日 江西省厂矿企业建立原料林基地经验交流会在奉新县召开。会上，省绿化委和省经委授予萍乡矿务局等 39 个厂矿企业"江西省厂矿企业建立原料林基地先进单位"称号。交流会于 17 日结束。

16 日 省政府发布《江西省开展对外加工装配业务暂行规定》，对"三来一补"业务制定较为优惠的政策。

16 日 南昌粮食制品厂生产的"龙须"、"银丝"挂面双双荣获商业部优质产品称号，全厂 4 个主要产品中，有 3 个获部优或省优称号。

16 日 以希尔女士为团长的世界银行预评估团一行 11 人来赣，自即日起至 30 日对吉湖农业综合项目进行评估。评估团还考察南昌、吉安、宜春、上饶、景德镇、九江等地的项目区。并就子项目分组与省有关项目负责人及专家进行座谈。

17 日 根据党中央和国务院、江西省政府清查"官倒"工作的部署，省经贸厅党组决定在省直经贸系统各单位进行全面清理，成立省经贸厅清查"官倒"工作领导小组。

17 日 全省粮食工作会议召开。会议要求各级政府和粮食部门要树立全局观念，坚持粮食包干政策，坚决完成粮食合同订购任务和议转平计划，同时加强粮食集中统一管理，严肃粮食纪

律，确保粮食 3 年包干计划的实现。

17 日 经国家体委批准，新余市被列为全国乒乓球 7 个重点建设城市之一。

17 日 省委政法领导小组召开了各地市委党委、主管政法工作的负责人会议。会议讨论了在治理经济环境、整顿经济秩序、全面深化改革的关键时期，如何加强政法工作的问题。会议要求政法战线，一要抓好社会治安，保持社会秩序的持续稳定；二要坚决打击严重破坏经济环境和经济秩序的犯罪活动，保证治理经济环境、整顿经济秩序的顺利进行。会议于 19 日结束。

18 日 应中国奥委会邀请，马来西亚藤球队一行 7 人抵达南昌，对江西进行为期 4 天的友好访问。马来西亚藤球队此次来赣，与四川眉山队、辽宁队和江西队进行了 4 场比赛。藤球运动始于公元 9 世纪，是新加坡、马来西亚的传统体育项目。为了推动藤球运动，1990 年在北京举行的十一届亚运会将其列为正式竞赛项目。

18 日 来自江苏、山东、安徽、上海、浙江和江西的 30 多位文史资料工作者在南昌举行了华东第六次政协文史协作会议。这次协作会旨在相互交流经验，讨论协作项目，力争使文史资料征集、出版工作更上一层楼。会议期间，代表们还到安源、井冈山、抚州等地进行了考察访问。会议于 26 日结束。

18 日 江西省税收财务物价大检查工作会议在南昌召开。会议要求要通过 1988 年的税收、财务、物价大检查，减少财政收入上的跑、冒、滴、漏，增加收入，平衡财政预算，制止滥发奖金、补贴、实物的现象，把消费基金的过快增长势头遏制住，抑制通货膨胀；要通过大检查，坚决查处那些乱涨价、乱收费、"搭车涨价"的行为，打击转手倒卖、中间盘剥、投机倒把等非法经营活动，稳定经济、稳定市场、安定人心，为 1989 年改革和建设创造一个较好的环境。会议于 21 日结束（11 月初，省政府组建 6 个以厅（局）长带队的工作组分赴江西省各地检查，推动税收、财务、物价大检查，同时，50 多个省直重点检查组对 50% 的中央驻省单位、省属企事业和行政单位进行了重点检查）。

18 日 江西省陶行知研究会在南昌成立。该研究会旨在通过学习研究、宣传实践和推广运用陶行知先生的教育思想、教育理论及其实践成果，根据江西省教育现状，进行教育改革实践。

18 日 由江西电缆厂试制成功的聚氯乙烯绝缘、阻燃聚氯乙烯护套内钢带铠装电力电缆（简称阻燃型全塑力缆）通过省级鉴定，填补了江西省电缆行业的一项空白。

19 日 省教育学会美术教育研究会在南昌市少年宫正式成立。

19 日 南昌市 100 多位书画界人士成立滕王阁书画社，并庆祝滕王阁主楼封顶。陶博吾为社长。

19 日 司法部主持在珠湖农场召开全国劳改农业生产经验交流会。来自 30 个省、市、自治区劳改局主管农业工作的负责人和部分劳改农场的场长参加了会议。会议指出，今后几年劳改农业的任务是认真贯彻执行党的十三届三中全会的精神，以改革总揽全局，搞好劳改农场内部机制的改革，发扬艰苦奋斗的精神，继续贯彻改革、开放、搞活的方针，进一步调整产业结构，发展商品生产，发展外向型经济，使劳改农业跨上一个新台阶。会议于 25 日结束。

19 日 省政府在南昌召开固定资产清理工作会议。各地市计委、经委主任等 70 余人参加了会议。省委副书记、副省长、省清理固定资产投资在建项目领导小组副组长蒋祝平到会讲了话。会议听取了各地前段清理工作情况汇报，要求各地各部门提高认识，加快步伐，进一步统一思想，统一步调，决心花大力气，如期完成在建项目的清理工作。会议于 20 日结束。

20 日 省对外经贸厅、省乡企局印发《江西省乡镇企业"七五"后三年出口创汇规划》，提出 1990 年出口交货额 4 亿元，创汇额 8000 万美元的目标。

20 日 以岐阜县名誉县民、县日中友好议员联盟会长古田好为团长的日本岐阜县"岐阜江西缔结友好关系暨江西省文物展览答谢团"一行 9 人抵达南昌，对江西进行了为期 4 天的友好访问。

21日 省委、省政府和各地各部门积极行动，认真贯彻中央、国务院会议精神，治理环境、整顿秩序扎实起步，一项一项任务狠抓落实。具体任务是：（一）压缩固定资产投资规模、清理在建项目的工作已在江西省全面展开。（二）控制货币、稳定金融，已采取了一系列措施。（三）清理整顿公司的工作正在加快步伐。（四）省财政厅对坚决控制消费基金和社会总需求的过快增长，采取了切实措施，开源节流，为改革和建设提供财力保障。（五）对清查"官倒"和稳定物价等广大群众十分关注的问题，省委、省政府及有关部门抓得特别紧。（六）在控制物价上涨幅度方面，省委、省政府主要领导一项一项地抓落实。（七）省政府采取各种有效措施，扎扎实实地治理环境、整顿秩序，坚持从实际出发，努力增加有效供给，发展生产力。（八）省委、省政府各部门决心贯彻中央会议精神，在治理经济环境，整顿经济秩序，全面深化改革中统一步调，严明纪律，令行禁止，在思想上和行动上与中央保持高度一致，做江西省的表率。

21日 省科委召开座谈会，宣布第三批江西省国家级有突出贡献的中青年专家名单，他们是刘翱天、樊蒲、甘树宝、余修宝、余修炎、张果喜、黄家岑、胡健、辛胜发、潘文复、王赞成、潘熙淦、张思文、陈文华、杨鑫辉、衷仁保。至此，江西获得这一荣誉称号的中青年科技、管理专家已有三批共30人。

21日 省委就充分发挥人民政协政治协商、民主监督职能作用问题提出了几点意见。意见提出，各级党委就重大问题作出决策之前，应先同政协进行协商，征求意见，这是决策民主化、科学化的需要，也是真正发挥政协作用的关键。

21日 在日本东京召开的亚太地区呼吸学会第一届国际会议上，江西医学院副院长、主任医师余健民5次登上讲坛宣读论文，他的5篇论文均被大会选入，并被接纳参加国际卫生组织，成为江西省第一个被国际卫生组织接纳的会员。

22日 省政府最近就加强血防工作发出通知。通知指出，各有关部门要密切配合，切实做好血防工作，保障人民健康。通知要求各级政府要把防治血吸虫病、地方病作为保护劳动力，搞好农业开发的关键措施来抓。

22日 日本摄影家新思潮的代表人物之一、日本东京工艺大学教务长加藤春生教授，应江西大学邀请，前来参加了江西大学建校30周年庆典，并进行了为期10天的学术交流活动。江西大学与日本东京工艺大学是1985年结为姐妹学校的。几年来，通过互访、摄影学术交往、学生摄影作品交流展览，两校之间的关系日益发展。

22日 省政府召开电话会议，各地、市、县的专员，市长、县长，主管农业的副专员、副市长、副县长和农业各单位的负责人，以及省直有关单位的负责人出席了会议。会议要求全省各地抓紧繁育收购杂优稻种，努力缓解农村资金紧缺的矛盾，认真抓好当前农业生产中急需解决的问题，集中时间、劳力搞好冬种，完成1988年冬种任务。

22日 经省委、省政府同意，决定逐步撤销县以上政府部门党的纪检组，组建行政监察机构。省纪检、省监察厅就此于本月上旬联合发出通知，要求各地、市、县（市、区）党委、党组、纪检组，认真做好撤销县以上政府部门党的纪检组和组建行政监察机构的工作。

22日 省垦管局在南昌召开省属垦殖场工作会议，传达贯彻中共十三届三中全会及中央工作会议精神，对"治理经济环境，整顿经济秩序，全面深化改革"工作进行了部署。会议于24日结束。

23日 第二十四届奥运会女子跳台跳水金牌获得者许艳梅回到南昌。副省长陈癸尊及省体委领导、教练员、运动员等近千人到车站迎接（25日，省体委、省总工会、团省委、省妇联举行大会，欢迎许艳梅凯旋。吴官正、蒋祝平、白栋材、王保田、王书枫、许勤、陈癸尊、王冠德、吴永乐、李培基、刘炳耀、李爱苏、程安东等领导及老同志傅雨田出席大会。蒋祝平代表省委、省政府表示祝贺）。

23日 省政府发布《江西省盐业管理暂行规定》。

24日 《人民公安报》驻江西记者站在南

昌成立。

24日 宜春公路分局科研室青年干部邹水根的《献身科学》、《求索》等篆刻作品,在由《光明日报》、中国科学院书法协会等6个单位举办的"全国科技人员(飞鸽奖)书法竞赛"中,荣获三等奖。

24日 省长吴官正视察江西樟树制药厂。

省长吴官正(左三)在江西医药总公司经理黄成龙(左二)陪同下视察樟树制药厂

樟树制药厂外景

25日 第三届全国光学测试学术交流会在南昌举行。交流会共收集了300余篇光学测试论文,是对我国近年来光学测试新成就的一次检阅,将对我国光学测试事业的发展起到促进作用。交流会还同时举行了我国著名光学专家、我国光学测试事业开拓者——蒋筑英等著的《光学系统成像质量评价及检验文集》的首版发行仪式。

25日 省公安厅发出通知要求全省公安保卫部门充分发挥职能作用,采取有效措施,切实保障企业领导人依法行使职权,维护好企业的生产秩序。

25日 以王福庆为组长、杨续忠为副组长的国务院工作组一行4人到达南昌(26日,工作组分别听取了省财政厅、省政府大检查办公室、省物价局、省审计局、省税务局开展大检查工作的情况汇报,随后,工作组还听取了中央驻省单位、省直有关部门以及南昌市的汇报,并赴各地市检查指导)。

25日 世界银行预评估团成员、联合国粮农组织渔业专家潘迪纳先生一行,抵达恒丰垦殖场对吉湖综合开发项目进行预评估。这次在恒丰进行预评估的主要项目是水产业,计划总投资1935万余元。

25日 省经委、省委宣传部、省司法厅在江西钢厂联合召开全省企业法制宣传工作会议。会议要求进一步贯彻全国企业法制宣传教育工作会议精神,深化普法,把企业的各项工作逐步纳入依法治理的轨道。

25日 江西省烟草专卖局长会议召开。会议总结了经验,部署了今后的任务。会议要求抓好旺季市场的卷烟生产和销售,同时稳定提高产品质量和档次,会议强调,要进一步强化烟草专卖管理,对系统内外多头批发和多环节经营进行整顿,特别是系统内的各种批发机构要列为清查重点,凡是利用卷烟倒买倒卖,违法乱纪,牟取暴利的要查清情况,严肃处理。

26日 乐平县为民机械厂与美国水星公司合资,成立江西水上动力有限公司,生产操舟机。

26日 铅山县酿造总厂研制的"中国古汉酒"获全国星火计划科技成果金奖(12月21日又获首届中国食品博览会金奖。同年,还获轻工业部出口产品银质奖、省优质产品称号)。

26日 为期4天的1988年"宇航杯"全国艺术体操锦标赛在南昌举行。比赛由江西省体操协会和南昌电视机厂承办,有京、津、沪、辽、冀、浙、赣等20个省市代表队136名运动员参加。比赛共设44块奖牌,其中包括集体全能、单套和甲、乙组个人全能、单项奖。上海队获得集体全能和第一、二套三个第一名,江苏、陕西队分获第二名、第三名。甲组广西的何晓敏获得绳操金牌,其余单项、个人全能金牌均由陕西庞琼获得；乙组个人全能、四个单项的金牌由河北刘宇获得，另两枚金牌由陕西的白梅获得；江苏队和江西队获体育道德风尚奖。

26 日 西河地毯厂生产出的江西第一块 196 平方米的艺术体操全毛地毯，在"宇航杯"全国艺术体操比赛使用后，获得了好评。

27 日 南昌选手毕忠在全国城运会田径比赛中夺得首枚金牌，并刷新了他自己保持的链球全国纪录，另一名南昌选手闵春凤夺得女子铁饼金牌。

27 日 省政协六届常委会第三次会议在南昌举行。会议通过了本次常委会的议程和日程，就如何贯彻中共十三届三中全会精神进行了协商讨论，通过了《关于贯彻执行中共十三届三中全会精神的决议》；审议通过了《视察和调查工作条例》、《关于加强同委员联系的若干规定》、《政协江西省委员会地区联络处工作简则》及《省政协地区联络处人事任免名单》。会议于 29 日结束。

27 日 全国第二届彩色电视质量评比在北京揭晓，由赣新电视有限公司生产的"赣新"牌 KG－4782 型彩电、南昌电视机厂生产的宇航牌 22 英寸彩电分别获一等奖，宇航牌 18 英寸彩电获二等奖。

赣新电视机有限公司 1987 年销往美国的 6000 台彩电，经美国 U·L 检验机构认定，全部合格

27 日 各民主党派江西省委会领导人，出席江西省委举行的党外人士座谈会。会上，通报了省委、省政府贯彻中共十三届三中全会精神的情况和将要开展的工作；强调要进一步发挥民主党派、无党派爱国人士政治协商、民主监督的作用。

28 日 省检察院举行打击假冒四特酒商标犯罪的专题新闻发布会。发言人介绍查处假冒四特酒商标犯罪的情况，与会人员观看依法查获的假四特酒、假商标、假瓶盖、包装箱、作案工具等罪证和侦查活动的照片和录像。

28 日 江西省第一劳改支队珠湖制药厂获司法部授予的集体一等功。司法部在珠湖农场召开表彰大会，司法部副部长金鉴，省委常委、省委政法领导小组组长王昭荣出席了会议。

28 日 省七届人大常委会第五次会议在南昌举行。会议听取了省政府关于我省当前治理经济环境、整顿经济秩序、全面深化改革问题的汇报，听取了省政府关于江西省蔬菜问题情况的汇报，听取了省出版局关于江西省出版工作情况的汇报，听取了省计生委关于江西省计划生育情况的汇报。通过了《江西省第七届人民代表大会常务委员会关于接受梁凯轩辞去江西省第七届人民代表大会常务委员会副主任职务的请求的决议》和《江西省第七届人民代表大会常务委员会代表资格审查委员会关于第七届人大代表的代表资格的审查报告》；通过了《江西省人民代表大会常务委员会关于江西省治理经济环境整顿经济秩序全面深化改革的决议》和《江西省人民代表大会常务委员会关于江西省蔬菜问题的决定》；决定任命张逢雨为副省长，会议还通过其他任免名单。会议于 11 月 1 日结束。

28 日 波兰驻华大使邓鲍夫斯基一行 6 人来赣，到乐平矿务局、景德镇和庐山等地参观访问。

28 日 国务院批准撤销清江县、丰城县，设立樟树市、丰城市（均为县级），以原清江县、丰城县的行政区域为樟树市、丰城市的行政区域，不增加人员编制。省政府要求清江、丰城两县立即部署并做好撤县改市的各项工作。

29 日 省农科院和省种子站在南城县召开晚籼 R4015 现场考察评议会。经专家技术鉴定认为，晚籼 R4015 是将"丰"、"优"、"抗"优良性融合于一体，采用杂交和诱变结合的方法，选育成功的一种新良种，具有较好的综合丰产性能，产量较高，品质优良，抗病虫性较强。

30日　省税务局召开地市局长紧急会议，要求全省税务干部再接再厉，为江西1988年增收4个亿，为全国超收30亿。

30日　江西省大中型百货商场经济联合会成立。

31日　鹰潭铁路枢纽编组站主体工程开通使用。这是铁道部"中取华东"战役的一大成果。华东铁路建设指挥部指挥长李轩、江西省副省长钱家铭前往祝贺。鹰潭铁路枢纽扩建工程是国家七五期间的重点工程项目，是我国南方10大编组站之一，于1985年10月动工，由上海铁路局南昌工程总公司承建。这项工程的开通使用，提高了铁路运输能力，在促进江西省和整个华东地区的经济建设中发挥了重大的作用。

31日　省最高人民检察院召开表彰大会，崇义县人民检察院检察长彭良三被授予"模范检察长"称号，丰城县人民检察院和新余市渝水区人民检察院办公室副主任章生财、萍乡市城关区人民检察院检察员洪峰等受到通令嘉奖。临川县人民检察院和新建县人民检察院助理检察员万祥英分别被授予先进集体和先进个人称号。

31日　省公安厅部署从9月下旬起至10月下旬止，在全省范围内开展集中打击流窜犯罪的专项斗争。此次"打流"斗争共抓获流窜犯1467名，破获现案、积案、隐案2489起，其中大案450起。

31日　全省地市委宣传部长、讲师团长会议在南昌召开。各地市委宣传部长、讲师团长，省直机关工委宣传部长、讲师团长，省总工会、团省委和省妇联的宣传部长，省直宣教系统各单位党委、党组负责人，以及有关部门的代表80多人参加了会议。会议传达了全国宣传部长会议精神，并就江西省如何广泛深入地开展形势与任务教育进行了认真讨论，会议提出，形势与任务教育是治理经济环境、整顿经济秩序、全面深化改革大局中的一个重要组成部分，各级党委要高度重视，切实加强领导，精心组织，增强信心，克服困难，把形势与任务教育广泛地开展起来。

会议于11月2日结束。

本月　《江西机械》主办单位由省机械科研所改为省机械工业厅，为厅机关刊物，是省内机械行业的综合性刊物，获国家统一刊号CN36－1140。

本月　江西省外文书店在省展览馆二楼展厅举办国际书店、香港万里书店港台书展，1万多个品种的图书参展。

本月　会昌制革转鼓厂是轻工部唯一转鼓定点生产厂家，产品质量获省优产品。该厂在广州与台湾宝轮巨圣皮业有限公司签订了8台销售合同，产品进入台湾市场。

本月　1988年全国乘用车展览会闭幕，上饶牌SR665HZ型空调旅游车获得"设计优秀奖"和"造型优秀奖"。

本月　靖安雷公尖垦殖场生产的1511型"竹材成型模压织梭"在西安举办的全国"星火"计划成果展览会上被评为银奖。

本月　南昌市少年宫学员80件作品参加"首届全国千名小画家竞选大赛"，有41人获"未来小画家"称号。

本月　江西省杂技团32人，赴泰国演出30场，观众达10万人次。

本月　萍乡矿务局青山矿在井下建成9路"束管"监测系统，由地面电子计算机控制，实行井下火灾预测预报（1989年，经中国统配煤矿总公司技术发展局鉴定"确属国内先进水平"）。

本月　乐平矿务局钟家山煤矿结束采煤，经过1982年以来的逐步转产，形成新的多种经营企业，就地安排职工上千名，年产值超过400万元。

本月　省经贸厅组织有关单位参加经贸部、国家科学技术委员会在深圳联合举办的第一届"中国对外技术交易会"。

本月　英国女王伊丽莎白二世的丈夫菲利浦亲王抵赣，并专程赴鄱阳湖自然保护区观察候鸟。

本月　省政府明确省农调队、省城调队均为副厅级事业单位，其经批准设立的内部处室由副处级升为正处级。

本月 国家统计局举办全国统计系统软件评优会，江西省有"工业统计年报计算机超级汇总程序"和"LQ1500 打印机高级通用汉字报表打印软件"两套软件获优秀软件三等奖。

本月 红星垦殖场乳品厂研制的雪糕粉通过省级鉴定。各项技术指标均达到国内先进水平，为省内首创。

本月 法律业大江西分校各分部先后举行首届学员毕业典礼。首届学员经过 3 年业余时间为主的学习，修完规定的 15 门必修课和 3 门选修课。经过考试，各门课程及格率均在 99% 以上，其中 7 门课程及格率 100%。首届学员 826 人中有 822 人如期毕业，领取了高等学校两年制法律专科毕业证书。

本月 省地质矿产局调研队肖春庚发明的"万能立体三角尺"获 1988 年北京首届国际发明铜奖。这种三角尺可直接测量 8 种曲线、面积、体积，具有 50 余种用途，美国国际联机检索证明为"世界上第一把万能立体三角尺"。

1988

11月
November

日	一	二	三	四	五	六	日	一	二	三	四	五	六
			公元1988年11月 农历戊辰年【龙】										
		1 廿二	2 廿三	3 廿四	4 廿五	5 廿六	6 廿七	7 立冬	8 廿九	9 十月大	10 初二	11 初三	12 初四
13 初五	14 初六	15 初七	16 初八	17 初九	18 初十	19 十一	20 十二	21 十三	22 小雪	23 十五	24 十六	25 十七	26 十八
27 十九	28 二十	29 廿一	30 廿二										

1日　八大山人研究学会在南昌成立，并举行第二次八大山人学术讨论会。来自国内外70余名研究八大山人书画艺术的专家、学者，以及省市领导出席成立大会。

1日　美国布莱普德彩盘公司派人员到景德镇，为宇宙瓷厂厂长舒诗城与"宝钗"画面设计者、陶瓷美术家赵惠民授奖。彩盘"宝钗"是宇宙瓷厂应布莱普德彩盘公司之约，于1985年起开始生产以古典小说《红楼梦》为题材的系列彩盘之一。美国《彩盘世界》杂志于1988年通过读者调查，推选出"宝钗"为1987年度"最受欢迎的盘子"，这是中国陶瓷产品首次在美国消费者中获此殊荣。

1日　省委副书记、副省长蒋祝平以及省民政厅、省卫生厅、省残联筹备领导小组的负责人看望了由中国残疾人联合会派出的专家医疗队。专家医疗队一行12人，于10月底分两批抵达南昌。医疗队分为5个小组，于2日分赴赣州地区、萍乡市、芦溪区和兴国、瑞金县等所属医院，开展了为期一个月的小儿麻痹后遗症患者的矫形手术，并在医疗实践中进行传、帮、带，为老区培养医疗技术人才。

1日　南昌刊刻厂的原子印章生产线技术改造工程在南昌通过验收，成为江西第一个生产原子印章的厂家，填补了江西的一项空白。

1日　按照省政府的要求，以省煤炭厅副厅长丁克为组长的省煤炭厅课题组，提出《江西省煤炭资源开发发展战略研究报告》。

1日　省人大常委会第五次会议决定，要求各级政府认识蔬菜问题的重要性，建立多层次蔬菜基地，认真落实扶持政策。

鹰潭市月湖区的夏埠商品蔬菜生产基地，日上市蔬菜5万斤，除供应本市以外，大部分销售外地

1日 在北京举行的全国29个厂家的50多辆两轮摩托车外观评展会上，江西鸿雁摩托车厂生产的"雄狮"250型摩托车、南昌飞机制造公司生产的"洪都"125型摩托车分别获一等奖。

1日 副省长钱家铭，铁道部华东铁路建设指挥部指挥长李轩，副指挥长、上海铁路局党委书记周聪清等，会同南昌铁路分局总工程师蔡大鹏，了解和察看浙赣线西段的运能及双线建设施工情况，并会见了萍乡市、新余市和宜春行署领导，听取了意见与要求。视察活动于4日结束。

1日 省委书记毛致用自即日起至15日先后在九江市及永修、德安、彭泽、湖口、都昌县，景德镇市及乐平县，上饶地区的婺源、德兴县，抚州地区的东乡县，重点调查农村情况。他指出要稳定和完善以家庭经营为主的联产承包制，重视挖掘家庭经营的潜力，调动主产粮区农民种商品粮的积极性，使粮食生产稳定增长；引导农民重视劳动积累，主要依靠自己的力量从事开发性生产和农田基本建设，增强农业后劲。各级领导要以更大的热情和更多的精力来抓好深化农村改革，促进农村发展。

乐平县是集包装、轧铝、食品、纺织、煤炭、建材、陶瓷、造纸等工业的新型县

2日 省审计局发出《关于委托社会审计组织实行对集体企、事业单位审计的通知》，规定对县以上集体企、事业单位由社会组织实行分级审计。

3日 1988年南方6省职工体育协作区"凤凰"杯乒乓球赛，在南昌飞机制造公司体育馆举行。比赛为期7天，分男、女团体和男、女单打4个项目进行。代表江西参赛的是江西第四机床厂队和江西光学仪器厂队两支男队以及江西拖拉机厂队和九江炼油厂队两支女队，夺得本次比赛男、女团体冠军的是福建队和浙江队，江西省九炼队和江拖队分别获女子团体比赛的亚军和第三名。

4日 省委组织部发出通知，要求全省各级党组织和共产党员，认真学习、正确领会、坚决贯彻中央工作会议、中共十三届三中全会和省委八届七次全体（扩大）会议精神，在治理经济环境、整顿经济秩序、全面深化改革中，充分发挥领导核心、保证监督及先锋模范作用。

4日 由江西省记协主持的江西省第三次地市县报协作会议在宜春市召开。参加这次协作会议的有江西日报、信息日报、南昌晚报、九江日报、赣南日报、赣中报、赣东北报、萍乡报、新余报、井冈山报、鹰潭报以及波阳报、临川报、修水报、新建报、乐平报的主要负责人。会议部署了如何深入贯彻中共十三届三中全会和省委八届七次全体扩大会议精神，传达贯彻了全国宣传部长会议和全国第四次地市报纸经验交流会议精神，总结交流了办好报纸以及经营管理的经验。会议提出要发挥新闻舆论作用，广泛深入开展形势教育；加强横向联系，沟通信息，相互协作，促进新闻改革。会议于8日结束。

5日 新余钢铁厂建设公司安装二队进行该厂棒线材轧钢工程工地的AB跨10—12线屋面结构吊装工作。下午5时47分，发生11线屋架B端突然下塌、屋面构件全面坠落，致使6人死亡，4人重伤，直接经济损失23万元的重大质量安全事故。事故主要原因是设计者未对单跨施工产生的扭矩进行抗扭强度计算，也未从构造上采取有效措施，以保证托架不产生扭转，同时施工中忽视安全生产（11月16日有关责任者受到严肃处理）。

5日 省司法厅作出《关于江西省司法行政部门廉洁从政、严格执法的决定》，严禁各级司法行政机关及其干部利用职务和工作之便向有关方面索要物品，为个人、亲友和小团体谋取私利；严禁司法行政机关及其干部经商办企业；严禁用公款请客送礼；严禁搞公费旅游；严格干部人事制度和纪律。

5日 江西省《退伍义务兵安置条例》实施细则，由省政府制定并发布施行。细则规定：农业户口入伍的义务兵退伍后，除在部队荣立二等功者可安排工作外，对在部队获得荣誉称号并由中央军委、大军区授予一级或二级英雄模范奖章和在对越自卫反击作战中荣立三等战功的也可统一分配工作。除因公、因战致残的二、三等伤残军人可安排工作外，对因病致残能坚持工作的，也可统一分配工作。细则还规定：各用人单位在农村招收工人、招聘干部时，在同等条件下，应优先录用退伍义务兵。

5日 省林业厅发出《关于加强自然保护工作的通知》。

5日 闽浙赣皖4省毗邻的上饶、抚州、景德镇、鹰潭、金华、衢州、丽水、建阳、黄山9地市就建立共同市场，促进共同繁荣等问题在上饶市举行第三次联席会议。这些地市的党政领导和办公室、协作办、计委、经委、经贸局、新闻单位等有关部门的负责人93人出席了会议。会议总结交流了9地市深化改革、横向联合的经验，修订了《联合章程》，并就跟进沿海战略、实行优势互补等10个方面的内容，提出了进一步巩固、发展的措施。会议于7日结束。

5日 1988年"宜工杯"全国女篮联赛第二阶段决赛在宜春、萍乡两市举行。全国26支女篮劲旅的400多名运动员上场献技。八一队、湖北队分获冠亚军，沈阳军区、辽宁、北京军区、广州军区分别获第三、四、五、六名，北京、福建、北京军区、济南军区队及50多名运动员、教练员获体育道德风尚奖。比赛于15日结束。

6日 省委书记毛致用在九江市召开座谈会，就进一步贯彻党的十三届三中全会精神问题，同九江炼油厂、九棉一厂、九棉二厂、九棉三厂、九棉五厂、九江化工厂、四四一厂、九江玻璃纤维厂、九江动力机械厂、九江钢厂、庐山木工机械总厂、华浔服装有限公司等15个企业的部分厂长（经理）、党委书记、工会主席、团委书记和工程师、劳动模范、工人代表进行对话。会议指出，要全面地、有分析地、用发展的观点看形势，既要看到十年改革的巨大成就，又要看到前进中不可忽视的问题；对当前社会上的某些消极现象要具体情况具体分析，并坚信通过治理整顿一定能为今后的改革与建设创造良好的条件和环境。

6日 国家重点建设项目105国道（北京至珠海的公路）赣粤西线段建成通车，这是江西在"七五"计划内完成的第一条高等级公路。全长2716公里的105国道是1983年经国务院批准建设的重点工程，其中江西省境内的赣粤西线全长186.65公里。

国家重点建设项目105国道江西境内南部路段

6日 由《历史研究》、《近代史研究》编辑部等单位联合发起的"第二次近代资产阶级学术讨论会"在南昌召开。来自省内外80名代表以近代中国资产阶级的发展及其特点为主题，探讨了中国近代的历史进程及近代企业的管理经验。

6日 《江西画报》在第一届华东地区画报评选赛64个奖项评选中，夺得14个奖项，获奖数量名列第一。

7日 全国第一个体育运动奖励基金会——

南昌市体育运动奖励基金会在南昌成立。

7日 省卫生厅制定《关于卫生技术人员停薪留职等问题的暂行规定》。

7日 省垦管局举办"工资总额与经济效益挂钩学习班"。

7日 经江西省广播电视厅批准,赣州人民广播电台正式开播。这是江西省第一个地辖市广播电台。

8日 以冈山县日中恳谈会会长大藤真为团长的冈山县中日友好访问团一行26人在江西参观访问。冈山县文化展览同时于11月9日至18日在江西省工艺美术馆举行。展览会展出照片81幅,实物33个种类。访问活动于26日结束。

8日 江西诗词学会在南昌举行成立大会暨首届会员代表大会。赵增益、夏征农、傅雨田、石凌鹤、杜宣被推选为学会的名誉会长,石天行当选为会长。大会于10日结束。

8日 经省政府批准,省档案干部培训中心成立,为省档案局的科级事业机构,定事业编制5名。

9日 澳门工会联合总会参观团一行应全国总工会邀请,来南昌、景德镇、庐山等地参观访问。全国总工会港澳处和省总工会的有关领导陪同他们参观访问。

10日 第八届亚洲羽毛球锦标赛男子单打决赛在印度尼西亚结束,江西名将熊国宝获得男单冠军。

10日 省政协向省政府提交《关于大力发展江西省"三资"企业的建议案》。

10日 省委书记毛致用在考察景德镇市农科所后指出:农业科学研究所要为农业总体开发服务,围绕服务办实体,办好实体促服务,这个经验值得广泛推广。

10日 江西省地市乡镇企业局长座谈会在江西蚕桑场召开。会议要求,要认清形势,果断决策,抓住机遇,大力发展乡镇企业。会议提出:(一)要搞好现有企业,提高经济效益,不能热衷于铺"新摊子"。(二)要下决心大力发展"两户"企业和私营经济。(三)要多渠道、多形式筹集资金,解决乡镇企业资金短缺问题。

会议于12日结束。

10日 由轻工业部副部长康仲伦带领的国务院清理固定资产投资项目检查组一行9人到江西省检查工作。检查组听取了省政府清理固定资产投资在建项目领导小组关于清理工作的汇报,并到南昌、九江、庐山和景德镇进行了检查指导。检查于15日结束。

11日 国内首艘快速海峡——岛际型旅游船"梅岭"号在江洲造船厂下水。该船设计新颖,装潢考究,共设三个等级客舱计650个座位,还设有空调和闭路电视系统,舱内客位仿照波音747型客机设置。

11日 江西有色地质勘探公司采取综合勘查方法,在赣东北探明一座大型铜金矿,矿石储量十分丰富。这一找矿成果,荣获中国有色金属工业总公司银杯奖。

11日 来自修水、波阳、临川、弋阳、乐平、新建、贵溪7家县报的38名代表在新建县成立江西省县报研究会,共商县报改革发展新谋略。该会的成立旨在推动江西省县报之间的横向联系,加强县报的学术研究,促进县报的发展与繁荣。会议经选举产生了江西省县报研究会第一届理事会。

12日 省科委、省委组织部、省体改委、省财政厅、省劳动人事厅联合以赣科字(1988)254号文下发《科研单位实行承包经营责任制暂行办法》。通过科研单位主管部门与科研单位的承包人以签订合同的形式,明确科研单位的技术、经济责任,使科研单位的所有权和经营管理权分离,赋予科研单位新的活力,实行内部优化组合,逐步建立适应商品经济要求的自我约束、自我激励的运行机制。

12日 公安部在南昌召开全国部分省、自治区公安厅长座谈会,研究讨论当前治安形势和公安体制改革两大问题,王芳部长就此作了两次讲话。会议于16日结束。

12日 1988年全国射击(手枪、飞碟)锦标赛在南昌市第二体育学校射击场举行,为期7天。这是国家体委第一次委托南昌市承办的高水平大赛,全国各省、市、自治区、单列城市、大军区共39个射击代表队计249名运动员参加了本次锦标赛11个竞赛项目的角逐。比赛决出了22枚金牌，手枪、飞碟团体赛奖杯各一个，共有10个队超4项亚洲团体纪录，11人超5项亚洲个人纪录，8人平4项亚洲纪录。解放军队和四川队分获手枪、飞碟团体奖杯。

13日 农业部部长何康、顾问刘锡庚和江西省副省长黄璜为江西省种鸡场投产剪彩。江西省种鸡场是全省第一大规模的现代化综合养鸡场，由农业部提供南斯拉夫全套设备，国家计委、农业部、国家牧工商总公司和省计委共同投资兴建的，是江西省"菜篮子"工程重点项目之一。他们在赣期间，先后到抚州、上饶、景德镇、九江、南昌等地市和红星垦殖场、共青垦殖场考察了江西省农业开发情况，并指出，江西农业资源丰富，潜力大，今后农业生产应主攻单产，重在开发。他还到省农科院和江西农大看望了教学和科研人员。考察于20日结束。

13日 省政府转发建设部《关于开展全国村镇建设文明集镇、文明村庄评选活动的通知》。

14日 中央农业广播电视学校第八次工作会议在南昌召开。农业部部长何康、农业部顾问刘锡庚和副省长黄璜、省政府顾问许少林出席会议，并为先进集体、先进个人授奖。会议贯彻落实了中央有关文件精神和国家教委、农业部《关于改革农业广播电视学校管理体制及有关问题的意见》，总结交流了农村办学的成绩和经验，研究了1989年至1990年如何通过改革促进农业、广播电视事业的发展等问题。

14日 在近日福州召开的华东六省第二届优秀少儿读物评选会上，江西少儿出版社出版的《和父母谈谈儿童的性教育》、《优秀童话故事百篇》、《大灰狼画报》荣获一等奖，《和小学生谈文章分析》、《美国童话精选》等12种图书荣获二等奖。

15日 经能源部、中国统配煤矿总公司同省政府共同商定，省煤炭工业厅所属萍乡矿务局、丰城矿务局、英岗岭矿务局、洛市矿务局、分宜煤矿电机厂5个企业，从1988年1月1日起参加全国统配煤矿的投入产出总承包。

15日 容积为5.4万立方米低压煤气储罐在南昌市煤气公司青山湖储配站建成，并一次升降成功。该罐直径44.3米，自重720吨，最大工作压力285公斤/平方米，4塔最大升起高度52米。

16日 《中国农牧渔业报》江西记者站在南昌成立。

16日 省城乡建设环境保护厅下发《关于颁发〈江西省建筑企业升级实施办法（试行）〉和〈江西省建筑企业省级先进企业标准（试行）的通知〉》，实施办法对建筑企业管理上等级的指导思想、适用范围、基本条件、考核指标、考评组织领导和鼓励政策等作了明确规定，建筑企业省级先进企业标准分别按土木建筑企业、安装企业、机械施工企业和混凝土建筑构件企业制定。

16日 中国统配煤矿总公司安全管理部在北京召开英岗岭矿区瓦斯突出综合治理研讨会，确定在英岗岭矿增加利用地音监测预报突出和利用压注表面活性剂局部防止突出两项课题研究。

16日 江西省地质学会与中国地质学会矿床专业委员会在九江联合召开为期5天的城门山铜矿成因讨论会。全国的44名专家参加会议，并赴武山、城门山、丁家山铜矿考察。

17日 南昌市少数民族联谊会在南昌成立。

17日 江西省消防部队开展评衔授衔工作。消防部队的评衔授衔工作与内卫部队按同一标准、同一规定、同一做法、同一时间进行。省公安厅已成立警衔工作领导小组，并部署实施计划（到1989年1月底，江西省消防部队警官和士兵将全部佩戴警衔）。

17日 省审计局局长王仲发率审计组赴香港对江西省驻香港的境外企业华赣公司进行审计。审计工作于12月17日结束。

17日 由日本岐阜县各务原市商工会会长三善一之进率领的访华团抵达南昌，与省轻工业厅进行开展经济技术合作事宜的洽谈。19日，代表团离昌赴京。

17日 国务委员兼公安部长、武警部队第一政委王芳，公安部副部长胡之光来江西考察期间，先后到省公安厅、省武警总队、南昌市公安局会见了机关干警，并深入南站派出所、南昌市八一广场交通民警执勤岗亭、市公安局指挥中心、南昌县公安局看守所视察工作。王芳要求公安干警积极参与治理整顿，为深化改革作出新贡献。王芳还到江西铜业公司、贵溪冶炼厂视察。视察活动于19日结束。

18日 以江西省土畜产进出口公司总经理李日运为团长、潘志录为副团长的江西大型烟花燃放团一行9人，赴泰国参加一年一度的泰国传统放水灯节会（22日在泰国古都素可泰府燃放中国江西大型烟花，当晚盛会由中国驻泰国大使张德继主持，近30万人聚集观看）。

18日 江西省最大的船台——千吨级船台在都昌船厂建成并交付使用。该船台总长80米，宽20米，高20米，备有100吨行车两台，40千瓦拖船机一台。它的建成既可适应小型船舶的修造，又能适应1500吨以下的船舶修造。

18日 《当代中国的江西》召开第三次编写工作会议。这次会议，以提高江西卷的质量为中心议题，传达了1988年5月召开的《当代中国》丛书北京会议精神，汇报了前一阶段的工作情况，部署了今后的任务。会议要求参加编写工作的人员发扬拼搏精神，全面、高质量地完成编写任务。

19日 1988年"华日电视杯"全国体操锦标赛在贵阳闭幕。15岁的江西运动员龚小莉以19.25分夺得女子自由体操的冠军，同时获女子跳马第五名，成绩是18.15分。

19日 省公安厅决定从11月20日起至12月底，在全省范围内组织以打击拦路、拦车抢劫为主要内容的专项斗争。此次斗争破获现案、积案、隐案1546起，其中大案172起，摧毁126个犯罪团伙。

20日 省财政厅、省林业厅发出《关于调整育林基金、更改资金省、地（市）、县（市、区）三级分成比例的通知》，《通知》规定：集体（个体）林育林基金由省、地（市）、县（市、区）1：2：7分成改为3：2：5分成；集体（个体）林更改资金由省、地（市）、县（市、区）2：2：6分成改为3：2：5分成。调整后的"两

金"分成比例，从1989年1月1日起实行。

20日 缅甸华侨学校江西校友会在南昌成立，来自全省各地、市的缅甸归侨代表30人参加成立大会。大会经选举产生第一届理事会。省外办副主任李祖沛任该会名誉会长，江西医学院讲师王翠金任会长。该校友会是缅甸华侨学校校友及其他缅甸归侨的联谊组织，主要由1967年和1968年的缅甸归侨组成。

20日 全国1989年上半年钢材预拨订货交易会在南昌召开。国家物资部部长柳随年、副部长陆叙生，省长吴官正、副省长蒋祝平、钱家铭，南昌市市长程安东出席了会议。会议提出，1989年物质工作的目标是，稳住生产资料价格，保证国家重点建设；通过合理分配调拨物资，改善产业结构，加快农业、轻纺工业和基础工业的发展；加强市场管理，整顿流通秩序，为治理经济环境，建立有计划的商品经济的新秩序作出贡献。会上，物质部金属司司长朱德生、国家物资局副局长王兴家、冶金部总工程师殷瑞钰、监察部五局局长夏德明，先后就1989年上半年钢材预拨情况、钢材限价、钢材生产和交易会廉洁等问题讲了话。

21日 省军区召开的组织发动民兵和预备役部队参加两个文明建设现场观摩会在抚州市结束。省领导和南京军区动员部、各军分区、省政府有关部门以及抚州行署的负责人出席了会议。会议期间，与会人员现场参观了宁冈、井冈山、宁都、广昌、南丰5个点，听取了4个典型经验介绍，观看了一些先进单位的工作录像。会议由省军区副政委魏长安少将主持，蒋祝平代表省委、省政府表示祝贺并讲话。会议要求民兵参建工作要着眼整体效益，积极探索发展社会主义商品经济新形势下民兵参建的新路子，把江西民兵预备役工作提高到一个新水平。

21日 《人民日报》头版登载新华社记者编发的《南昌铁路分局严格制度决不给"倒爷"可乘之机》的报道，介绍南昌铁路分局建立集体审批计划外车皮制度，严肃运输纪律，自觉接受社会监督情况。当天的《工人日报》第二版也刊发了这条消息。

21日 省审计局、省总工会联合发出通知，决定从1989年起在江西省委托各级审计事务所对工会经费上缴情况进行审计。

21日 江西省劳改法学研究会在珠湖农场召开为期3天的全省首届劳改理论研讨会。

21日 为了深入学习中共十三届三中全会精神，进一步贯彻治理经济环境，整顿经济秩序，全面深化改革的指导方针，统一思想，提高认识，推动江西省改革和建设的顺利发展，省委在省委党校举办了5期地厅级轮训班，参加学习的共522人。轮训班于1989年1月12日结束。

22日 应中国共产党邀请，捷克斯洛伐克北捷克州委书记申基日、捷共中央报告员德沃夏克来赣访问，并到红星垦殖场、余江雕刻厂参观访问。这是中捷关系正常化以来，捷克斯洛伐克首次向我国派出报告员（23日，申基日和德沃夏克分别就捷意识形态问题和经济机制改造在省委党校做了报告）。

22日 省政府召开电话会议，部署积极筹措资金，挖掘资金潜力，确保农副产品收购需要。会议要求各地各有关部门做好以下几项工作：（一）要把现有的资金用好；（二）要继续狠抓储蓄，扩大资金回笼；（三）发行企业短期融资债券，改进收购农副产品的结算方式；（四）要深入开展现金大检查，坚决将集团单位超限额的库存现金压缩下来，银行对单位提取大额现金一定要严格审查，对乱发钱物和跨地区抬价抢购、超储蓄抢购农副产品的银行不支付现金，不办理转账结算；（五）要明确资金使用的重点，当前在国家核定的信贷、现金指标之内，要把支持农副产品收购，包括外贸出口的农副产品收购的合理贷款和现金需要作为重点之一；（六）积极组织力量，采取定人、定点、定责的办法，挖掘资金潜力；（七）各级财政部门要继续想办法，在保证支付职工工资、奖金、补贴等的前提下，尽量挤出一部分财政资金；（八）清理拖欠贷款，加速资金周转。

22日 《鄱阳湖区综合科学考察和治理研究》在北京通过由国家科委组织的鉴定，并获1989年江西省科技进步二等奖及1990年国家科技进步二等奖。项目主要成果包括：综合考察研究报告7种计34万字，专题研究报告70种计264万字，试点报告9种计10万字，国土经济学专著《鄱阳湖研究》一部计88万字，系列科教电影片《鄱阳湖》拷贝6本和国土资源数据库1个。

22日 省人民银行设立金融系统监察专员办公室。

22日 美国丹佛地质调查所谢伯曼博士和温丽奇博士应华东地质学院邀请，来抚州举办为期4天的学术讲座，并参观临川芋排金矿及乐安七二一矿。

22日 江西"稀土应用"被国务院稀土应用领导小组等部门授予三等奖。

23日 江西中医学院教务处长魏稼教授被阿根廷针灸学会聘为顾问。

23日 省公安厅和江西日报社举办的"蓝盾之光"征文评比揭晓，共评出一等奖作品5件，即《爱之债》、《大路的眼睛》、《一个民警的婚事》、《匡庐映金盾、愁云化彩霞》、《千里觅"熊迹"》，二等奖作品10件，三等奖作品20件。

23日 省政府批转省教委《关于以乡（镇）为单位修订九年制教育规划工作意见》。

23日 文化部社文局、中国摄影家协会、省文化厅等6家共同举办的上高农民摄影作品展览在北京中国美术馆展出，展出作品150幅。全国政协副主席康克清为展览开幕剪彩。

24日 省妇联与省红星垦殖场联合开展的"培力杯"巾帼奖评选揭晓。10位妇女获首届巾帼奖，10位妇女获标兵奖。

24日 萍乡市委、市政府在安源路矿工人俱乐部举行"纪念刘少奇诞辰90周年展览"揭幕式。萍乡市党政军负责人及省委党史征集委员会、省委宣传部等单位的代表和部分机关学校代表共600余人参加。展览分6个部分，即刘少奇走上革命道路、领导早期工人运动和苏区建设、参与领导抗日战争、参与领导夺取全国胜利、领导社会主义革命和建设、历史是人民写的业绩。

24日 在江西省第二届青少年运动会上，

17 岁的蔡烨青以 590 环的优异成绩打破女子小口径手枪全国青少年纪录,这一成绩超过世界青少年 589 环的最好成绩。

24 日 武警南昌指挥学校消防分校陈洪文编著的《火灾调查学》一书,由江西科技出版社出版。这部书是中国第一部火灾调查学专著。

24 日 全省林业开发现场会在铜鼓、永修、修水、彭泽等县召开。各地的地市副专员、副市长、农办主任、林业局长和省直有关部门的负责人,共 50 多人参加了会议。副省长黄璜主持并带领与会人员察看了铜鼓、永修、修水、彭泽 4 个县的部分地方造林育林情况。会议要求各地在林业开发中要分类布局,循序渐进,择优发展林业基地,抓项目,抓基地建设,逐步实现林业基地化、企业化和林业工业化相结合,通过多种形式的联合开发,办林场、建基地等规模化经营,切实搞好低投入高产出高效益的林业开发建设。会议于 28 日结束。

24 日 南昌市佑民寺一期修复工程——钟楼药师殿修复完毕,正式对外开放。

25 日 江西省六届政协召开常委会,听取省查处官倒领导小组通报江西省查处“官倒”情况,并对今后工作提出意见和建议。省政协副主席沈翰卿、吴永乐、廖延雄、李沛瑶及在南昌的全国政协委员刘建华、朱旦华等出席了会议。

25 日 山东省人大常委会副主任高逢五一行 3 人来江西省了解立法、监督方面的经验。

26 日 省人大常委会召开座谈会,听取省政府清查“官倒”情况汇报并提出了意见。座谈会由许勤主持,张逢雨、王泽民、裴德安、黄贤度出席会议。副省长张逢雨在会上讲话。会议指出,清查“官倒”要敢碰硬、动真格,让“官倒”曝光,一定要按照既积极又慎重的方针,把这项工作抓到底,决不走过场。

26 日 省委、省政府召开电话会议,要求各地、各部门继续广泛深入开展增产节约、增收节支运动,使江西省国民经济在提高效益的前提下,保持稳定的适当的增长速度,并做好如下几项工作: (一)千方百计夺取明年农业丰收。(二)集中力量抓好增产适销对路产品。(三)把

增产节约同深化企业改革结合起来。(四)严格控制固定资产投资规模,清理在建项目,调整投资结构。(五)稳定金融,多渠道、多方式、全方位组织资金。(六)在治理整顿中坚持搞活流通。(七)狠抓增收节支,努力完成财政任务。(八)依靠和发动广大群众推动“双增双节”的开展。(九)抓紧做好 1988 年最后一个月的工作。

27 日 《江西日报》报道,省监察、工商、物价等部门对四起“官倒”案件进行了处理,这四起案件是:(一)赣苏经济协作南昌公司就地倒卖烧碱案;(二)南昌市蛟桥粮管所收买居民粮票,套购倒卖稻谷、大米案;(三)星子县石油公司倒卖汽油案;(四)都昌县物价局干部陈茂盛与该县鸣山粮管所保管员李辉华倒卖农膜、农药案。

27 日 近两年来,江西省以职工养老为核心的社会保险制度的改革进程较快。截至当前,全省已有 10767 个国营、集体企业单位参加统筹工作,参加养老社会保险的职工人数达 180 万人,筹集养老保险金和退休统筹金 1.14 亿元,30 万名离退休职工按月发放了离退休费用。

27 日 鄱阳湖保护区的核心湖——大湖池有世界著名珍禽白鹤 2653 只,其中幼鸟达 20%。这个数字是迄今为止观察到的世界上最大的白鹤群体。

28 日 省委、省政府办公厅转发省知识分子工作领导小组《关于选拔和管理中青年优秀专家的意见》,决定在江西各类专业技术人员中,选拔有突出贡献的中青年优秀专家,对他们实行重点管理。

28 日 南昌市政府在南昌召开全市首次气象工作会议及南昌市气象台成立大会。

28 日 第一届中国戏剧节在北京开幕,江西赣剧团青年演员陈俐主演的《盗草》应邀赴北京参加开幕演出。

28 日 省工艺品进出口公司与余江县工艺雕刻厂联营企业“江西省工艺实业有限公司”研究的油漆科学配方通过验收,荣获全国星火计划成果展交会金奖。

28 日 《解放日报》副总编陈迟和华东六

省一市的大报记者一行 11 人，抵鹰潭龙虎山考察旅游。

29 日 铁道部授予南昌铁路分局弋阳东车站"全路先进中间站"称号。

29 日 省政府办公厅转发省林业厅《关于武宁县 1987 年度超额采伐木材问题的调查报告》。

29 日 九江炼油厂废气燃烧火炬有机硫废气燃烧不完全，大量向外排放，造成整个九江市区大气环境严重污染，污染范围超过 200 平方公里，受害人数近 30 万人，污染物主要成分为醇和硫化氢。

29 日 由宁都县博物馆编著，江西人民出版社出版的《历史的足迹》一书出版。该书由聂荣臻、肖劲光题词，黄镇题写书名。

30 日 江西省发明协会正式成立。傅雨田任名誉会长，陈癸尊任会长，金祖光、朱英培、周绍森、徐易炎、李祖根、颜龙安任副会长。

30 日 省委政法领导小组召开电话会，对开展以集中打击抢劫犯罪为重点的专项斗争进行部署。会议要求各地要继续贯彻依法"从重从快"的方针，积极开展专项斗争，果断采取严厉措施，狠狠打击拦路、拦车抢劫的刑事犯罪。

30 日 农业部农垦局召开全国农垦发展外向型经济座谈会，会上表彰了 1987 年全国农垦十大创汇企业。江西省共青垦殖场被评为十大创汇企业，产值名列第二。该场以农业为基础，以工业为主体，有羽绒系列产品、板鸭、味蛋、瘦肉型生猪等出口产品。1987 年，该场出口产品创汇 1500 万美元。

30 日 由省经委、省交通厅联合举办的江西省首届汽车节油技术操作比赛在吉安县结束。江西 11 个地市代表队的 84 名运动员、教练员、裁判员参加了比赛，团体总分第一名分别被抚州地区和宜春地区获得，个人第一名被鹰潭市的廖场兴获得，这次比赛创造了百吨公里最低油耗 4.08 公升，平均油耗 4.33 公升的成绩。

30 日 书画家费新成夫妇率江苏苏州画院书画家一行 12 人，游览鹰潭龙虎山并创作了字画 40 余幅。

30 日 经国家技术监督局总评会考评，贵溪冶炼厂升级为"国家一级计量单位"。

30 日 彭泽鲫鱼经过省水产科研所和九江市水产科研所 6 年精心选育，获得成功，通过部级验收。

本月 近代著名物理学家、教育家、原中国科学院副院长吴有训的塑像在他的母校——高安中学建成揭幕。聂荣臻、方毅、张爱萍等分别为吴有训塑像题词。

吴有训塑像

本月 南昌市建成南京西路及其排水工程，路长 2300 米，宽 48 米，总投资 2190 万元。

本月 经省编委批准，江西省建新农场更名江西省收容人员安置管理所。

本月 赣州市第一人民医院遗传室发现一例异常核型染色体，经国家细胞遗传学培训中心专家鉴定属世界首例。

本月 中国环保工业协会及省经委批准成立中国环保工业协会江西分会，周之骥当选为理事长。

本月 省教委批准江西大学古籍研究所为一级所，其前身为 1978 年成立的古籍研究室；批准江西大学中国兵制史研究所为一级所，其前身为 1984 年 6 月江西大学与江西师范大学共同协议成立的《中国兵制史》写作组。

本月 九江船用机械厂生产的"GYQ-32 型高压氧舱"获国家质量奖审定委员会颁发的银质奖章（12 月获省政府颁发的江西省优质产品证书和中国船舶总公司颁发的船舶工业优质产品奖）。

本月 省建设厅颁发《江西省建筑企业升级实施办法（试行）》和《江西省建筑企业省级先进企业标准（试行）》。

本月 赣江音像出版公司改名为江西音像出版社。

本月　省政府办公厅复函批准省财政厅与省出版事业管理局执行 11 月 11 日上报的总承包方案。

本月　省经委、省轻工业厅、省企业管理协会、省手联社在余江工艺雕刻厂召开江西省集体企业"深化改革，加强管理，搞活企业"现场会暨第一次江西省城镇集体企业学余雕经验交流会。

本月　德胜关垦殖场整流器厂与北京科泰公司合作研制的"JOG 系列"真空离子镀膜机获得成功（1989 年通过省级鉴定并获得优秀新产品奖，1990 年被国家科委列为这项产品生产技术依托单位）。

本月　国务院批准恢复浮梁县建制。

浮梁县城奠基仪式

1988

12月
December

公元 1988 年 12 月							农历戊辰年【龙】						
日	一	二	三	四	五	六	日	一	二	三	四	五	六
				1 廿三	**2** 廿四	**3** 廿五	**4** 廿六	**5** 廿七	**6** 廿八	**7** 大雪	**8** 三十	**9** 十一月大	**10** 初二
11 初三	**12** 初四	**13** 初五	**14** 初六	**15** 初七	**16** 初八	**17** 初九	**18** 初十	**19** 十一	**20** 十二	**21** 冬至	**22** 十四	**23** 十五	**24** 十六
25 十七	**26** 十八	**27** 十九	**28** 二十	**29** 廿一	**30** 廿二	**31** 廿三							

1 日 经省委同意，省委组织部、省劳动人事厅联合发出《关于全民所有制工业企业人事管理制度改革的意见的通知》。《通知》要求在实行各种形式经营责任制的企业里，要有领导、有步骤地招标选聘经营者。中小型企业可以普遍推行，大型企业应在试点的基础上逐步推开。已经承包、租赁的企业，仍按经营合同执行。《通知》指出，根据政企分开原则，今后企业不再套用党政机关的行政级别，不再沿用管理党政机关干部的办法管理企业人员。

1 日 南昌警备司令部正式成立。警备司令部是根据解放军总部的部署，主要负责对南昌市的过往军人军容风纪及军车安全的检查、省会城市的卫戍和警备工作。

1 日 在北京审定结束的 1988 年度质量奖评选活动中，江西有 10 项工业产品荣获国家优质产品金、银奖和国家优质工艺美术品百花奖。获金奖的是南昌无线电四厂的"飞宇"牌 CBB60.61 型金属化聚丙烯薄膜介质电容器；获银奖的是南昌飞机制造公司的"长江"750J 系列摩托车、江南蓄电池厂的"江南"牌 3－AA－

120 起动用铅酸蓄电池、国营 260 厂的"金鼎"牌金刚钻头、赣南造纸厂的"峰山"牌特号拷贝纸、赣州木材厂的"天岩"牌马尾松胶合板、江西味精厂的"郁金香"牌山梨醇、前卫化工厂的"红旗"牌 Q04－2 大红硝基外用磁漆；获百花奖银杯的是景德镇青花文具厂的"景龙"牌青花文具，景德镇艺术瓷厂的"福寿"牌古墨彩陈设瓷。

2 日 从事城市金融科学研究的群众性学术团体——江西省城市金融学会在南昌成立。

2 日 永平铜矿档案管理部门在江西省铜企业中首家晋升为省级先进单位（1989 年 8 月 30 日，首家晋升为国家二级档案管理单位）。

2 日 省司法厅、省委宣传部、省人大政法办、省经委与抚州地区共同在临川县召开江西省普法考核验收现场会，对临川县普法工作进行考核验收。临川县取得总评 97.2 分的优异成绩，成为江西省第一个用 4 年时间完成普法规划的合格县。

3 日 经国务院批准，省政府决定撤销省劳动人事厅和省科技干部局，成立省人事厅和省劳动厅以适应干部人事制度和劳动制度改革的需要,强化政府的人事、劳动管理职能。

3日 为促进江西省与联邦德国黑森州在经济贸易、文化教育和科学技术方面的合作与交流,副省长蒋祝平率领的省政府代表团一行7人,对黑森州进行了为期7天的友好访问。

4日 省商业厅下发关于省石油公司和地(市)石油公司干部管理、任免权限的通知。通知规定省石油公司正副经理、调研员由省商业厅任免;地(市)分公司正经理由省石油公司报商业厅备案审查同意后,由省石油公司任免;副经理由省石油公司任免,同时报江西省商业厅备案。

4日 经过第三次改进完善,江西水泥厂日产2000吨熟料窑外分解干法生产线连续运转已达72小时,平均日产1805吨,达到国家建材局分步达标第一步(28日,日产达2000吨,实现国家建材局分步达标第二步)。

4日 省委书记毛致用在接受新华社记者采访时指出,“无工不富”的提法是对的,但也不必普遍套用,要因省因地而宜。在工业过热的情况下,再耗费大量的资金去发展工业就是不顾大局。就江西而言,资源优势是农业,发展农业前景广阔,同样能使江西农民富裕起来。

4日 以日本岐阜县名誉县民、县日中友好议员联盟会长古田好先生为团长、县议员米野义久、县议长船户行雄为副团长的日本岐阜县江西省友好访问团一行20人抵达南昌。访问期间,访问团考察江西省瓷土资源,商谈合作、合资开发瓷土事宜。省人大副主任王泽民宴请访问团。省人大主任许勤会见日本岐阜访问团全体成员。

4日 湖南的郴州、南岳、酃县,广东的韶关、丹霞山及江西赣州、大余、吉安、井冈山等毗邻地区,在井冈山达成开展旅游横向协作协议,成立湘、粤、赣毗邻地区旅游横向协作委员会。

5日 南昌市乡镇企业家协会成立,有会员139人。南昌市乡企局局长王俊纲任会长,南昌市市长程安东等任顾问。

5日 全国人大常委会副委员长、中华全国总工会主席倪志福由省委书记毛致用,省人大常委会主任许勤,省委常委、省委秘书长马世昌,省人大副主任裴德安,省总工会主席李运德等党、政、工会领导分别陪同,在江西视察工会工作。期间视察了萍乡市、井冈山市和南昌市。视察活动于12日结束。

倪志福在萍乡安源路矿工人运动纪念馆参观

倪志福在江西发动机总厂视察

6日 省司法厅、省交通厅联合下达《关于实行征缴公路养路费合同公证的通知》。

6日 江西省首届“老有所为精英奖”及“敬老好儿女金榜奖”表彰大会在南昌举行。省委、省顾委、省人大、省政府、省政协、驻赣部队的领导,中顾委委员白栋材、老同志傅雨田以及专程从北京赶来的中国老龄问题全国委员会副主任王传斌,省委老干部局、省老龄问题委员会的领导,获上述两奖的先进代表和各机关、团体、部队、工厂、学校等单位的代表1000多人参加了表彰大会。会上,75人获“老有所为精英奖"，77人获"敬老好儿女金榜奖"。

6日 《鹰潭风貌》摄影艺术作品在省摄影协会展厅展出。

6日 全省离休干部、老干部工作先进集体、先进个人表彰会议在南昌召开。会议表彰先进集体63个，先进个人209名，会议要求各级领导，特别是中青年干部要诚心实意，在政治上尊重爱护老同志，思想上沟通亲近老同志，在生活上体贴照顾老同志，尽可能为老同志多办实事，使老干部的政治生活待遇按照有关政策规定落到实处，为他们安度晚年创造良好的环境和条件。会议于7日结束。

6日 江西省地质学会牵头，联合闽、浙两省地质学会组织了为期16天的闽、浙、赣三省变质基底现场考察会。

7日 经省委批准，由省委宣传部、省委党校、省委讲师团、省教委、省社科院、省社联在南昌联合召开江西省纪念中共十一届三中全会十周年理论讨论会。130多名理论工作者和实际工作者参加了会议，提交了论文103篇。会上，省委宣传部副部长、省社联主席周銮书就江西省理论工作作了十年的回顾和今后的展望的讲话。《求是》杂志总编室主任苟春荣莅会指导并讲话。与会人员就深化对社会主义初级阶段的认识、如何整顿好经济秩序、搞好治理经济环境和全面深化改革、江西经济和社会发展的目标和措施、充分发挥政治优势、加强党的建设、加强和改进理论工作等重大问题，进行了深入探讨，并提出了许多具有学术价值和应用价值的观点或建议。会议号召各级领导和全体理论工作者，要本着背靠马列，面对实际，勇于探索，敢于创新的精神，为贯彻中共十三届三中全会精神，推动江西两个文明建设作出新贡献。讨论会于10日结束。

8日 省政府批转省政府、九江市联合工作组《关于星子县东牯山林场国有林遭受严重哄抢盗伐情况的报告》。

8日 江西省第二届青少年运动会乒乓球团体赛在南昌落下帷幕，南昌市男女代表队均获得冠军，获得男队第二名、第三名、第四名的是新余、宜春、景德镇代表队，获得女队第二名、第

三名、第四名的是抚州、吉安、新余代表队。

8日 南昌市自动化仪表厂生产的QCR－B型多功能铸铁性能速测仪在广州召开的首届国际专利及新技术设备展览会上荣获机械电子工业联合展团银质勋章。

8日 江西诗词学会举行成立大会暨首届会员代表大会，石天行当选为会长。

9日 武宁县水产局积极探索河蟹人工网箱饲养技术，获得成功。

9日 省政协六届委员会召开通报会，省人民检察院检察长王树衡应邀通报全国检察长会议精神及江西检察工作情况。

10日 省政府召开贯彻实施农业开发总体战研讨会，在省的30多位专家、学者和实际工作者参加了会议。省长吴官正到会讲话，他对实施农业开发总体战提出了几项具体要求：（一）增加农业投入，加强基础设施建设。（二）与开发多种经营同步，着力发展以农畜林产品为原料的加工工业，尽力消化本省农产品，逐步形成以工促农、农工协调发展的新格局。（三）强化科技投入，组织实施"星火计划"及"丰收计划"。（四）整顿作风，加强管理，充分发挥乡村基层组织的作用。

10日 经国务院批准，南昌海关正式成立并举行开关仪式。副省长钱家铭、张逢雨，南昌市市长程安东及代表海关总署的广州海关关长李树清等到会表示祝贺。

10日 江西省首次残疾人代表大会在南昌召开。来自全省各地的残疾人、残疾人亲友、残疾人福利事业工作者代表160多人出席了会议。这次大会成立了江西省残疾人联合会，并推选蒋祝平为主席，石全保等14人为副主席，谢象晃为名誉主席，陈继礼为理事长；成立了江西省残疾人福利基金会，并推选石全保为理事长，李佑民等9人为副理事长，谢象晃为名誉理事长。会议于12日结束。

11日 赣东北国家重点风景区三清山起火，解放军32380部队政治委员刘爱平、参谋长夏太华率491名官兵及时赶赴现场扑火，保住了风景区森林和景点免遭火劫。

12日 第二届华东地区"田汉戏剧奖"授奖大会在南昌举行。《上海戏剧》、《安徽新戏》、浙江《戏文》、山东《戏剧丛刊》、江苏《剧影月报》、《福建戏剧》、江西《影剧新作》7家刊物负责人和江西文艺界人士共200余人出席了授奖大会。副省长陈癸尊及有关部门负责人向获奖者颁发了获奖证书和奖品、奖金。共评出剧本奖14个,其中一等奖1个,二等奖8个,三等奖5个;评论奖14个,其中一等奖1个,二等奖8个,三等奖5个;编辑奖18个。

12日 江西省首届硬笔书法"宜春凿岩机"大奖赛揭晓,一等奖8名、二等奖27名、三等奖18名、优秀作品奖800名。获奖者中年纪最大的87岁,最小的10岁。

12日 中国农业信托投资公司出资1亿元与共青垦殖场及所属企业的全部资产融合,组成中国鸭鸭集团公司。双方在北京人民大会堂举行签字仪式。中共中央农村政策研究室主任杜润生、农业部副部长刘江、纺织工业部副部长季国标、省政府副省长蒋祝平、九江市委书记孙瑞林出席签字仪式。

12日 江西省美育研究会成立,并在新余市召开了第一届年会。来自全省各大专院校、中专、中小学校、保育院、聋哑学校及教育科研单位的代表共60多人参加了年会。国家教委副主任柳斌写信表示祝贺。

12日 省劳动人事厅、省财政厅决定,调整科技人员书刊资料补助费标准为每人每月6元。

12日 国家档案局、全国人大常委会法工委、国务院法制局联合组成执法检查组来江西进行为期6天的贯彻执行《档案法》情况大检查,副省长张逢雨等领导会见检查组并听取有关意见。

13日 省检察院发出《关于对免予起诉案件备查的通知》。

13日 在北京举行的首届国家星火奖授奖大会上,江西省"武山鸡繁育及综合技术开发利用"和"礼花弹系列产品"荣获首届国家级星火科技奖。

13日 省储委审查批准由江西地质科研所提交的会昌县岩脊大型锡矿区地质勘探报告。

13日 省政府在南昌市召开江西省残疾人三项康复工作会议,会议制定了《江西省残疾人三项康复工作具体实施方案》。

13日 江西婚姻法学研究会在波阳县召开全省首届婚姻家庭学术研讨会。主要课题是:(一)对当前婚姻家庭状况进行分析;(二)事实婚姻的现状及对策;(三)维系婚姻的条件。

13日 江西中医学院外科教研室副教授胡增石研制的"深部手术多功能牵引器",经国家科委批准荣获国家发明奖。

13日 全省税收、财务、物价大检查办公室主任会议召开。据统计,截至11月底,江西省自查面达到97.6%;各级政府抽调了1.6万多人,组成了3820个工作组和重点检查组,进行重点检查面达27.66%,接近国务院规定的比例;已查出各种违纪金额1.9亿多元,其中应上缴财政1.1亿多元,已补缴入库6700多万元。会议于14日结束。

13日 江西省妇女第七次代表大会在南昌举行,代表各界1700万妇女群众的680多名代表出席会议。第六届妇联主任段火梅代表省妇联第六届执行委员会向大会作题为《发扬自尊、自信、自立、自强精神,在改革和建设中促进妇女的进一步解放》的报告。会议提出,今后一个时期,江西省妇女运动的基本任务,就是要在党的基本路线指引下,动员和团结江西省各界妇女,积极投身于改革和建设,在建立社会主义商品经济新秩序的同时,努力探索新时期妇女运动的新路子,维护妇女合法权益,全面提高妇女的自身素质,为促进江西省的经济和社会发展,争取妇女的进一步解放而奋斗。经过大会选举产生了省妇联第七届一次执委会,段火梅当选为省妇联主任,于玉梅、陈光华当选为省妇联副主任,13位同志被选为常委。会议于16日结束。

14日 新华社南昌报道,华南地区东西方向第二条通道上的南浔(南昌至九江)、武大(武昌至大冶)铁路改造工程全面铺开。工程总投资 1.1 亿元，预计 1989 年 6 月底可全部完工。工程完工后，其运输能力可提高一倍以上。

14 日 第一部全面反映江西省情的大型彩色纪录片《江西风貌》在南昌举行首映式。

14 日 江西省旅游局从省外事办公室划出，独立建制，成为省政府直属工作部门。

14 日 江西省第二次黄金工作会议在瑞昌县召开。会议着重部署对个体采金的清理整顿工作。据悉，江西已登记勘查的黄金矿区（点）已达 170 余处。保有储量跃居全国第一。仅江西有色地质勘探公司系统最近几年就已探明大型金矿两处，小型金矿 6 处。该公司已为地方提供小型砂金矿开采区段 6 处，与地方联合办金矿 3 个。

15 日 在上海市举办的由全国读者参加的"1988 年您最喜爱的十佳报刊"评选中，《信息日报》名列"十佳"之一。

15 日 萍乡市的百幅计划生育农民画画展在北京正式展出。

15 日 南昌市煤气公司储配站储气柜建成投入使用，储气柜高度达 52 米，容量为 5.4 万立方米，是江西省目前容量最大的储气柜。

15 日 民盟江西省委会邀请盟内法学界人士讨论《中华人民共和国行政诉讼法（草案）》，对草案提出 31 条修改意见。

15 日 乐德支线 43.87 公里的长途对称电缆 HYELZ22 型正式并网使用，这是江西境内铁路首次采用长途电缆传输通信的区段。

15 日 省林业厅、省财政厅颁发《江西省林政管理费和林区管理建设费管理暂行办法》。

15 日 文化部部长王蒙在南昌进行为期 4 天的视察文化工作。视察期间，王蒙听取了省文化厅的工作汇报，先后到省图书馆新馆工程和滕王阁工程工地、顺外村文化设施进行了考察，与江西省作家、艺术家举行了座谈，并观看了省赣剧团的演出。

16 日 在中国食品博览会上，江西有十大类 324 种食品展出。

16 日 省侨联主席办公会议决定，江西省侨联内设办公室、经济福利部、宣传联络部。

16 日 省人大常委会召开《中华人民共和国行政诉讼法（草案）》征求意见座谈会。会议由主任许勤主持，副主任王泽民、裴德安、黄贤度，秘书长张振刚，副秘书长盛宝璋，法工委副主任胡德祖，教科文卫委副主任委员赵中，部分委员，全国人大代表，省人大代表及有关单位人员参加会议。

17 日 由江西光学仪器总厂研制的凤凰牌

江西光学仪器总厂照相机组装车间

301－E 型 135 半自动照相机通过了样机技术鉴定，该相机采用凤凰 301 相机机身和凤凰 205 相机的快门，重新设计镜头，并配上镧硅光电池为测光元件，用超小型二极管来显示曝光"过头"、曝光"最佳"、曝光"不足"。

17 日 省政府召开电话会议。省各地（市）、县分管财贸工作的专员、市长、县长，以及各地、市（县）粮食、财政、商业、供销社、农办、人民银行、工行、农行、建行、中行的人员，省直有关部门负责人参加了会议。会议要求各地抓好粮食、棉花、油脂收购工作；严禁年终突击花钱，严格控制货币投放。

17 日 省侨联建立"蔡奠华奖励基金"。

18 日 景德镇市档案局举行新闻发布会，宣布市档案馆向社会开放 1271 卷（册）历史档案资料。

18 日 南昌八一配件厂生产的 105 系列气缸套，经国家拖拉机质量监督检验测试中心抽查评定，产品质量符合国优标准，由国家质量奖评审委员会授予国家银质奖。

18 日　江西第一家鸟类保护研究机构——全国鸟类环志中心江西环志站在鄱阳湖国家级自然保护区成立。

江西鄱阳湖国家级自然保护区内迷人的天鹅湖景观

19 日　国家科委和省政府在吉安联合召开井冈山区科技扶贫座谈会。国家科委副主任、国务院贫困地区经济开发领导小组副组长郭树言、副省长陈癸尊共同主持会议。民政部扶贫工作团、省科委、省老建办等省直有关部门和大专院校、科研院（所）以及吉安地委、行署、井冈山四县一市的负责人出席会议。郭树言一行于 12 月 13 日至 18 日先后考察了遂川、井冈山市、宁冈、永新、莲花等地扶贫和经济开发的情况，他在座谈会上指出，贫困地区的经济开发必须依靠科技进步，结合当地资源条件，发展以科技为支柱的、具有一定规模的商品经济，把井冈山扶贫工作和经济开发推向一个新阶段，必须借鉴大别山依靠科技开发老区经济的经验。

20 日　鄱阳湖国家级自然保护区科技人员发现 3106 只白枕鹤，是该保护区建立后观察到的最大的白鹤群。

20 日　为贯彻国务院《关于化肥、农药、农膜实行专营的决定》和商业部有关会议精神，省政府决定从 1989 年 1 月 1 日起，委托省商业厅系统的各级农资公司和基层供销社对化肥、农药、农膜实行专营，其他部门、单位和个人不准经营上述商品。

20 日　由省市及中央驻赣 10 家新闻单位联合举办的江西省第二届评选"十佳"运动员活动在南昌揭晓。他们是许艳梅（跳水）、龚国华（十项全能）、熊国宝（羽毛球）、涂军辉（跳水）、钱萍（羽毛球）、罗军（链球）、彭琴云（铅球）、徐荣（海模）、姜荣（射击）、徐宝根（赛艇）。

20 日　省检察院发出《关于加强自侦经济犯罪案件请示报告和备案审查制度的通知》，规定凡个人贪污 5 万元以上，共同贪污 1.5 万元以上；个人贪污粮食 1.5 万斤或粮票 2.5 万斤以上，共同贪污粮食 2.5 万斤或粮票 3.5 万斤以上；以及县处级以上干部犯贪污罪需作免予起诉的，须报省检察院审查批准。

20 日　南昌钢铁厂转炉分厂因钢水过氧化产生爆炸，造成 3 人死亡、1 人重伤、4 人轻伤的重大伤亡事故。

21 日　省检察院召开江西省各级检察长会议，传达全国检察长会议精神，总结江西省全年检察工作情况，部署 1989 年的检察工作。会议认为，把检察工作的重点和主要力量突出地放到反贪污、反受贿问题上，深入开展打击严重经济犯罪活动，符合中共十三届三中全会和省委八届七次全体（扩大）会议精神，符合江西省政治、经济生活中的实情，符合广大人民群众的迫切愿望。会议于 25 日结束。

21 日　全省农村工作会议在南昌召开。会议传达贯彻了全国农村工作会议精神，要求各级各部门应确立农村农业基础战略思想，夺取 1989 年农业的全面丰收。省委书记毛致用作了题为《江西的经济大厦一定要建筑在农业这个基础上》的讲话，强调要进一步强化各级领导和各行业的"基础"认识；要围绕促稳定、促开发、促服务去深化农村改革；要尽快走出一条加强和活跃农村基层工作的新路子。副省长黄璜在讲话中要求把农村改革和发展的重心放在"四个基点"上，即加强基础、发展基地、发展基体、狠抓基层。会议于 25 日结束。

21 日　中共中央政治局委员、国务院副总理田纪云到江西考察。在省委书记毛致用，省委副

田纪云与上饶市茅家岭乡农业开发户戴郁斌一家交谈

书记、省长吴官正，农业部副部长刘江等陪同下，田纪云先后考察了南昌市、上饶地区和景德镇市的部分地区，召开了部分县、乡、村干部座谈会。他指出：江西的农业开发潜力很大，条件很好，进行农业综合开发，要统一规划，因地制宜，民办公助，坚持谁开发谁受益的原则，以坚强的毅力抓下去，切实抓出成效。考察于 24 日结束。

21 日　省政府决定将省旅游事业管理局独立建制，从省外办划出，为省政府主管江西省旅游工作的职能部门，负责研究制定和组织实施江西省旅游事业发展规划和政策法规；开发江西旅游资源和建设旅游设施；培训旅游行业人员等。

22 日　星火有机硅集团公司，在广东省新会县成立。这一集团公司，由国内有机硅主要生产厂家——化工部星火化工厂发起，由江苏省常熟化工厂、广东省江门精细化工厂、化工部晨光化工研究院、武汉大学、山东大学等 8 个单位联合组成，是全国第一家有机硅行业集团公司。

22 日　铜鼓县大墈水电站大坝胜利截流。

该水电站是江西重点水电建设工程，是修河梯级水电站的龙头电站，以发电为主，兼有防洪、灌溉、渔业、开发旅游等综合经济效益。电站建成后，将为发展县、乡企业提供电源依托。

22 日　《科技日报》驻江西记者站成立。省市领导赵增益、裴德安、黄璜、李爱苏和省有关部门、部分企业、大专院校、中央驻赣新闻单位、各新闻单位相继祝贺。

22 日　华东地区首届科技图书评选活动在上海结束，江西科技出版社出版的《建筑工程技术预算》获一等奖，《牛病诊断》、《中西医结合治疗妇科常见病》、《中药采集收购鉴别手册》获二等奖。全国第四届优秀科技图书评选结果揭晓，江西科技出版社出版的《液膜分离技术》获二等奖。

22 日　经省编委、省计委和省煤炭厅批准，萍乡矿务局设计院改称江西省煤炭综合利用设计院（截至 1990 年，共承担局外设计任务十起，其中包括山东枣庄柴里煤矿矸石热电厂设计、湖北当阳市煤矸石发电厂设计，以及阿尔及利亚米迪加灌溉工程施工图设计）。

23 日　省七届人大常委会第六次会议在南昌举行。会议通过了《江西省人民代表大会常务委员会关于搞好江西省农业总体开发的决定》、《关于修改〈江西省乡镇集体矿山企业和个体采矿管理方法〉第六条第二款的决定》、《江西省人民代表大会常务委员会关于批准法制工作委员会对一九七九年至一九八八年省人民代表大会及其常务委员会制定的地方性法规清理意见的决定》，会议以无记名投票表决的方式，通过部分人员任免名单。省人大常委会办公厅主任和省劳动厅厅长人选未过半数票，未予任命。省人大常委会主任许勤在会议结束时讲话。会议于 29 日结束。

24 日　香港旅游界和新闻人士 20 余人应江西旅游局邀请抵赣，考察旅游线路。副省长张逢雨、孙希岳分别会见了香港通讯社、《文汇报》、《大公报》、《天天日报》、《商报》、《快报》10 位记者和中旅广告公司的人员。

24 日 经国务院口岸领导小组批准，江西历史上直航香港的临时包机首航成功（1989 年 4 月 28 日起定期飞行）。

南昌民航港

南昌通往香港的航班

25 日 江西县级第一个长途、市话、农话合一的自动电话系统工程，于即日在奉新县邮电局割接开通，投入使用。该电话系统除能完成市内电话自动接续外，还可实现全县农话自动接续，长途电话直拨全国，全县乡镇也能实现半自动拨号。

25 日 湖口县人民医院放射科青年技士彭抚平发明的实用新型"多用可调式电源插头"获得国家专利。

25 日 全省地、市档案局（馆）长会议在南昌召开。会议主要传达贯彻全国学习宣传《档案法》及机关档案工作会议和档案统计工作会议精神。会议于 27 日结束。

26 日 经国家旅游局批准，江西省海外旅游总公司为一类旅行社。

26 日 省储委审查批准由省地质矿产局九一六队提交的《德安县尖峰坡锡矿区地质勘探报告》。

26 日 全国生育节育抽样调查江西省手工汇总结果表明：1987 年江西全年出生率为 25.4‰，死亡率为 8.46‰，自然增长率为 16.94‰，以上三项指标均高于全国平均水平。在孩次构成方面，1 孩占 44.06%，两孩占 32.45%，多孩占 23.49%。1 孩比率低于全国平均水平，多孩比率高于全国平均水平。

26 日 省检察院在南昌召开庆祝江西省检察机关重建十周年暨表彰先进集体和先进个人大会。会议宣布：为以身殉职的原铅山县人民检察院法纪科副科长占新炎追记一等功，授予丰城市、临川县、上饶市人民检察院、赣州分院刑检科、萍乡市人民检察院经检科 5 个单位先进集体称号，彭良三等 22 人先进个人称号。

26 日 据统计，截至本日，江西省实施丰收计划的南城、南昌、上高、高安、临川、宁都、乐平、吉水、新干、宜丰、丰城、信丰、南康、余江、波阳、奉新、余干、于都、吉安、泰和 20 个县、市，水稻实施面积 218.25 万亩，实际平均单产 685.5 公斤，平均单产增 79.8 公斤，总产增 172189.1 吨，新增纯收入 6007.4 万元。

26 日 江西成新羽绒厂在中国质量协会南京跟踪评比中其"金金牌"羽绒制品由于物美价廉、质量可靠，获中国质协颁发的"中国质协南京跟踪评比第一名"荣誉证书。

27 日 民盟江西省委会召开思想建设工作座谈会，探讨民盟思想建设工作的任务、内容和方法。座谈会对民盟思想工作必须以尊重人、理解人、关心人为指导原则取得共识。座谈会于 29 日结束。

28 日 省委办公厅、省政府办公厅发出紧急通知，要求各地在贯彻治理经济环境、整顿经济秩序的工作中保持廉洁，坚决制止元旦、春节期间滥发钱物。

28 日 向塘至吉安铁路正式动工。省顾委副主任王书枫、副省长钱家铭、国家计委、铁道部、江西省委、省政府及省计委等有关部门负责人和赣州、宜春、吉安地委、行署领导等和当地群众共1000余人参加了开工奠基典礼。

28日 全省首届"飞羽杯"羽绒服装创新设计大奖赛结果在南昌揭晓，徐东华设计的一组男、女、童、中老年服装获一等奖，王科余等3人获二等奖，李应富、钟厚萍等5人获三等奖。

28日 南昌市建筑设计院工程师闵强完成的"大型钢丝水泥储仓结构设计及应用研究"科研成果，获1989年江西省政府科技进步三等奖。

29日 省武警总队为离休干部举行授勋仪式，省党政军领导为贾庆荣等20名离休老干部授勋，武警总部向大会发来贺电。

29日 江西省政协老委员联谊会在南昌成立，历届省政协委员1600余人参加成立大会。副省长张逢雨、省政协副主席沈翰卿、李善元、吴永乐、金立强、李沛瑶等到会祝贺。

29日 省长吴官正同省社会科学院研究人员座谈，指出农业不能压缩，而是要增加投入，粮食生产必须稳定面积，主攻单产；江西农业要打一场农业开发总体战，走农业——工业化的道路。

29日 "南昌—九江数模兼容4GHZ，480路全固态化数字微波中间试验电路"在南昌通过邮电部鉴定验收，投入使用。这条国产化数模兼容中容量微波电路，全长201.3公里，获邮电部1990年科技进步一等奖。主要参加人员为邮电部第四研究所刘天伦、欧治芳、杨周行、陈德芳，江西省微波总站高级工程师郑应太。

29日 江西财经学院研制开发的"DL－XC多终端联机训练与测试系统"通过省级鉴定。该系统采用先进的声音、图像、信息采集同步控制技术和数码显示技术，可以承担一般考试系统的听力训练和测试任务，适用于进行大面积的外语听力强化训练和考试。

29日 洪都建材机械厂生产的CHE系列高效选粉机，通过江西省级鉴定，不仅提高了水泥日产量和质量，降低了电耗，而且使用方便，性能可靠，填补了江西省选粉设备生产空白。

30日 省委、省政府召开打击刑事犯罪，整顿治安秩序电话会议。省委副书记、副省长蒋祝平到会讲话。蒋祝平指出：为了保障治理经济环境，整顿经济秩序，全面深化改革的顺利进行，切实维护城乡治安秩序，省委、省政府决定从现在起至1989年2月份，在江西省范围内深入开展一次打击刑事犯罪、整顿经济秩序的斗争。要求政法各部门要各司其职，密切配合，互相支持，协同作战，坚决贯彻"从重从快"的方针，认真纠正某些查处不严、打击不力的状况，对严重刑事犯罪分子，坚决依法从重从快惩处。

30日 南昌飞机制造公司、盘古山钨矿、南昌铁路分局萍乡机务段、新余肉联厂、宜黄县水泥厂等50多家企业被评为江西环境优美企业。

30日 九江县铁门坎金矿含金褐铁矿直接堆浸试产成功，一次处理原矿885吨，浸出率63%，载金炭含金1850克。这是江西第一个采用原矿堆浸法提金的矿山（1989年7月12日，江西省黄金生产和堆浸现场会在九江县召开）。

30日 南昌陆军学院举行1988年赴滇参战代职见习学员事迹报告会，5名学员汇报带领战士击退20多次偷袭，人人荣立三等功的事迹。

30日 省建筑工程总公司龚绵佑等人完成的《省体育馆比赛馆钢筋混凝土大拱"假载法"施工》科研成果，通过省级技术鉴定。省体育馆大跨度屋面的主要承重结构一跨度88米，矢高51米的钢筋混凝土大拱，采用先安装半刚性钢管混凝土骨架，在骨架上悬挂模板浇灌混凝土，节省了大量的钢管支撑。"假载法"施工技术，是国内首次运用，也是国内同类型最大的拱体结构之一（该成果获1989年省政府科技进步二等奖、1989年建设部科技进步三等奖，并获1990年建设部颁发的"全国施工新技术优秀项目"称号）。

31日 江西星火化工厂周志钦发明的"有机硅焊接飞溅净"获国家星火科技奖。

31日 省物价局、省卫生厅、省财政厅联合下达《江西省医疗卫生收费管理暂行办法》。

31日 省政府在除夕召开第三十二次常务会议，省长吴官正主持会议，各厅局负责人出席，专题讨论发展煤炭工业问题。

31 日 老区一批烈属、伤残退伍红军老战士和苏区老干部中的孤老,在光荣敬老院安度晚年。截至月底,江西共建起光荣敬老院 278 所,接收 6700 多位孤老优抚对象。

敬老院里老人们安度晚年

31 日 南昌手表厂 1988 年出口机芯 78 万只,获轻工业部 1988 年优秀出口产品铜牌奖,同时该厂被国家批准为扩大外贸自主权企业。

31 日 江西省体育事业在 1988 年成绩喜人。许艳梅为我国夺取了第二十四届奥运会第一枚金牌;在国际、国内的重大比赛中共获得金牌 35 枚,银牌 38 枚,铜牌 27 枚,其他奖牌 75 枚,3 人 8 次超 6 项世界纪录,1 人 1 次平 1 项世界纪录,1 人 1 次超 1 项世界少年纪录,3 人两次破两项亚洲纪录,3 人两次平两项亚洲纪录,1 人两次破 1 项全国纪录,1 人 1 次超 1 项全国青少年纪录;从 1980 年起至 1989 年 1 月,已审核批准了国际运动健将 8 名,运动健将 157 名。

31 日 1988 年江西省各级外贸企业以改革统揽全局,取得了对外贸易持续稳定发展。据统计:1988 年进出口总额达到 5.98 亿美元,比 1987 年增长 23.71%,创历史最高纪录。出口达到 4.89 亿美元,完成计划的 117.82%,增长 21.66%,进口 1.09 亿美元,增长 33.79%,实现了对外贸易连续 3 年迈大步,年年都上新台阶的可喜局面。

31 日 江西省清理在建项目初见成效。1988 年停缓建项目共 499 个,压缩投资 6.8 亿元,把有限的财力、物力集中于本地区的经济重点建设。

31 日 省政府本年起,对 18 个边境县放宽政策,有效地促进了边境地区的经济发展,东进浙闽,南下广东,北连皖鄂,西向湖南,边境贸易,八面来风,各路商贾云集,市场日趋活跃。1988 年边境贸易额达 4 亿多元。

本月 在湘、粤、赣三省交界的崇义县聂都山区发现一处由数十个岩洞组成的神奇的“地下宫殿”。洞中自然形成的岩石“莲花”色彩斑斓,“十八罗汉”天然造成;有些怪石酷似“仙鹤”、“石燕”、“金鸡”、“雄师”。在这类形象逼真的怪石中,有些是大理石经风化形成的,有些属钟乳石,洞中石壁上至今还留存着明朝末年书画家朱耷,即“八大山人”的墨迹。

本月 开展全国统计系统先进集体和先进个人评选表彰活动,景德镇市、南昌县、铅山县统计局被评为全国统计系统先进集体,江西有 12 人被评为全国统计系统先进工作者。

本月 中国曲艺家协会会员、湖口县民间文艺家协会主席姚炳森创作的故事《养猪王与偷猪贼》在全国首届故事大赛中荣获创作优秀奖和表演三等奖。

本月 在湖北宜昌市举办的全国金秋家用品创新大奖赛上,江西省青年发明家肖春庚发明的,由万安县芙蓉农机厂试产的《自动装谷过筛轻便打谷机》荣获二等奖。此外,肖春庚发明的另一成果《万能立体三角尺》也同时获得优秀奖。

本月 省石油公司在全国石油市场工作座谈会上介绍了改革石油库警卫体制,警犬护库,利用油库空地开展种植养殖业,多种经营,全面提高油库综合管理水平的经验。

本月 江西省核电办公室成立，挂靠省计委。姜萍任主任，金关兴任副主任。

本月 南昌铁路科研所罗平安、贺定宋等4人共同研制的"RS－1型调车作业单微机传输系统"在鹰潭站安装使用。鹰潭站是江西境内铁路第一个利用微机控制进行调车作业计划传输的车站。

本月 江西省残疾人联合会成立。江西省残疾人福利基金会和省盲人聋哑人协会工作从省民政厅划出，交省残疾人联合会管理。

本月 按卫生部统一布置，江西尘肺流行病学调查结束。调查结果表明：江西省尘肺分布11个地、市，以矽肺、煤工尘肺和陶工尘肺为主。全省现患尘肺病16899人，死亡8423人。

本月 江西省环保科研所完成的"鄱阳湖水质预测与规划"课题通过鉴定。

本月 江西省企业档案管理升级工作全面铺开，江西橡胶厂、中国有色金属总公司第四冶金建设公司、江西铜业公司永平铜矿等首批升级，被分别授予国家二级和省级先进档案管理单位。

本月 全省11个地、市全部恢复档案局，84个县中有76个县恢复档案局。

本月 中国有色金属总公司主持编写的《中国有色金属工业企业管理全书》出版发行，书中收录了江西钨业公司提供的14个项目。

本月 江西无线电元件厂研制的FKH₁防水系列钮子开关，通过江西省级鉴定。投入批量生产。

本月 在全国首届食品博览会上，江西省乡镇企业产品获奖牌15块，其中金牌4块。

本月 由中国建筑工程总公司江西分公司承包施工的联合国办公楼及公寓工程开工，总投资196万美元。两建筑分设卢萨卡市二地，办公楼原设计建筑面积为1842平方米，钢筋混凝土结构，三层，后根据需要增加一层。公寓建筑面积1698平方米，砖混结构四层，装饰（修）标准高。该项目因国内派选人员少而精，雇用的当地工人经严格考核，加上采取部分工程转包，整个工程进度快，质量上乘，效益较好。项目负责人孙本修，派出人员16人。

本月 南昌黄庆仁栈药店工程竣工。建筑面积3081平方米，总高31.8米，共7层，被评选为南昌市"十佳建筑"之一。

本月 江西电炉总厂起草制定国标GB10066.1－88《电热设备的试验方法通用部分》和GB10066.4－88《间接电阻炉》（1992年获机械电子工业部科技进步一等奖，1993年获国家科技进步二等奖）。

本月 九江炼油厂"鲁宁管输油掺渣油催化技术"获中国石化总公司1988年科技进步一等奖。

本月 江西省有28个石油化工产品被评为1988年度优质产品。其中前卫化工厂大红硝基外用磁漆获国家银质奖；有3个产品被评为部优产品。

本月 江西灾害地质调查工作展开，主要由省地质矿产局水文地质队承担。任务包括上饶花厅鸡鸣尖山体稳定性调查，上饶、广丰、铅山等县滑坡、崩塌、山体滑移调查等。

本 年

本年 三清山管理局翻新修整德兴汾水至三清宫、玉山金沙至三清宫的石级古磴道，全长5900米，其中保留石阶原貌1000级，并完成贯穿全山主要景区的石阶游步道共43公里。

本年 井冈山垦殖场兴办的中外（港、台）合资企业赣建竹木工业有限公司成立（1990年6月正式投产，主要产品是"日本式竹凉席"）。

本年 江西地质科研所钟南昌等完成的《1：2000000及邻区地质构造图及说明》由地质出版社出版。

本年 国务院总理李鹏参加中国首届机械产品博览会，并在工作人员的带领下观看江西生产的机械产品。

国务院总理李鹏观看南昌通用机械厂生产的 Z－120 型立爪装载机

本年 《麟潭圩幅1：50000区调查报告》及《南昌市环境水文地质工程地质图系》获地质矿产部 1988 年勘查成果二等奖。

本年 井冈山市污水处理系统主体工程完工，污水管长 6925 米，实现了全市污水、雨水分流，污水处理能力为 3000 吨/日，是江西省率先实行全市雨污分流，污水经初步处理的城市。

本年 江西变压器厂引进联邦德国 WR 有载开关及应用技术，研制成 ZHSFP TB－31500/110 型直降整流变压器，整流效率 98.66%，达到 20 世纪 80 年代国际水平。1988 年获省科技进步二等奖。

本年 在 1988 年全国高中数学联赛中，江西省有 10 名学生获得全国一等奖，其中南丰一中高三（3）班 17 岁学生曾冬材以两试总分 208 分的成绩获江西省第一名，并名列全国一等奖第三名。

本年 根据国家经委、一机部和省经委"关于开展设备评优活动"的精神，省机械厅组织开展江西省机械工业系统企业的"设备评优活动"。经检查评定，南昌柴油机厂获全国设备管理优秀单位称号；南昌齿轮厂、江西光学仪器总厂、江西气体压缩机厂获部设备管理优秀单位称号；江西棉纺织印染厂、九江动力机厂、江西制氧机厂、江西汽车发动机总厂、宜春工程机械厂、鹰潭水泵厂、江西富奇汽车厂等获省设备管理优秀单位称号。

本年 江西省男子曲棍球队在天津举行的全国曲棍球锦标赛上重夺桂冠。罗法根被评为"最佳教练"。

本年 省人大常委会办公地点从省政府大楼迁到新建的省人大常委会办公大楼。大楼坐落在南昌市北京西路。

本年 经国家科委发明奖评选委员会评审、复核、批准，江西省有 4 项优秀科技成果荣获 1988 年度国家发明奖，荣获三等奖的科技成果是"擒纵叉与叉头钉的整体制造工艺"（南昌手表厂张杰峰、辜晓林、王永安、况贤成）；获四等奖的是"电容式快速水分测定仪"（江西省建材科研设计院王磊明、朱巧生、肖慧荣）。

本年 江西蚕桑场畜牧兽医站胡权堂被首届全国最佳畜禽养殖企业评选委员会授予 1988 年度全国畜牧禽养殖优秀企业家称号。

本年 赣州地区美协理事、书法协会会员，寻乌县文化局干部林植松，1988 年在来自全国 30 个省、市、自治区，以及日本、法国、美国、菲律宾、马来西亚、澳大利亚等国家和香港地区 1.25 万多人参赛的中国"屈原杯"海内外书画艺术大奖赛上荣获优秀奖。

本年 1988 年全国初中数学竞赛江西赛区成绩揭晓，江西师大附中和南昌市十中并列团体第一名，洪都中学获三等奖。获得个人一等奖的有 9 名：林涛（江西师大附中）、丁昶（上饶市 713 矿中学）、尧曙光（临川邓坊中学）、万捷（江西师大附中）、高羽中（南昌十中）、吁浩（南昌航院子弟学校）、吴建兵（进贤文港中学）、刘海员（永修九合中学）、罗小兵（临川中学）。

本年 德兴铜矿"大型露天矿爆破技术和岩体可爆性研究"获有色金属总公司科技进步一等奖（1990 年获国家科技进步三等奖）。

本年 1988 年全国《广播新歌》征集评选活动在湖南揭晓，中央和江西省市共 34 家电台联合参加，从各参加台推荐的 263 首立体声新歌中，评出 25 首为优秀奖，江西省推荐的女声独唱歌曲《走向风雨》获优秀奖。

本年 江西大学中文系教师胡平与张胜友合作先后发表了《历史沉思》、《东方大爆炸》等。胡平的《世界大串联——中国出国潮纪实》发表于 1988 年第一期《当代》后，《光明日报》、《人民日报》、《文汇报》、《文艺报》、《南方日报》、《报告文学选刊》等报刊先后转载。美国《新闻周刊》及新加坡等驻京记者采访了作者并向海外发布了消息。3 月下旬，《当代》、《光明日报》在京召开了《世界大串联——中国出国潮纪实》座谈会。人民出版社突击出版了单行本 10 万册，北京王府井新华书店还为该书举行了发行仪式，北京电影学院决定将它搬上银幕，安徽电视台也决定将它拍成 5 集电视剧。

本年 九江有色冶炼油厂、北京有色金属研究院试验成功的"龙南低钇混合稀土分离工艺"经国家科委发明评选委员会审查批准，授予 1988 年度国家发明二等奖。

本年 南昌飞机制造公司生产的"长江" 750J 系列公安警车，经过更新一代消声器，使整车加速噪声达到国家规定的标准。年底被国家评为优质产品，并获得银牌奖。

本年 上饶客车厂生产的客车在 1988 年度国家级质量检查中，被国家确认为一等品。

上饶客车厂生产的客车

本年 贵溪冶炼厂熔炼车间 3 号转炉炉龄达到 210 炉，达到国际先进水平。

本年 赣县板鸭在 1988 年全国食品行业评比中获得金质奖，板鸭出口销售数量达 70 万只，占出口总量的 1/3。

本年 宜春酒厂通过外贸出口特级蛇酒、珍藏黑糯米酒 8600 多箱，出口额达 54 万多元，产品已远销港澳和东南亚、英国、美国等 10 多个国家和地区。

本年 寻乌稀土公司实现产值 3600 多万元，税利 1321 万元，创外汇 1358 万美元。

本年 江西的出版社 1988 年共出书 660 种，有 94 种图书在省以上各级各类评奖中获奖。

本年 1988 年全国新闻摄影作品评选在福州市揭晓。在全国各地选送的近 4000 幅作品中，江西的《南昌之夏》组照（熊世柱、欧阳萍、王晓丹摄）、《鄱湖之鹤越冬生活情趣》组照（游云谷摄）、《游子吻故土》（汪立新摄）、《武功山在流泪》组照（郭佳胜、王桂馨摄）、《擒扒手》（万基耀摄）、《亲手试一试》（李青摄）等 7 幅（组）作品入选。

本年 景德镇御窑厂遗址出土大批明代永乐、宣德等年间官窑瓷。

本年 由商业部西安油脂科研究所和吉安市油脂厂共同研究开发的物理法精炼米糠油新技术在吉安市油脂厂建成生产线。

本年 由江西省送变电建设公司参加建设的葛双（葛洲坝至双河）Ⅱ回 500 千伏超高压输电线路被能源部评为 1988 年优质工程。

本年 南昌铁路分局共绿化造林 22.25 万株，累计绿化线路 637 公里，现有乔木 148.97 万株，灌木 376.47 万株。省绿化委员会曾于 1987 年授予上饶机务段"绿化先进单位"称号。

本年 南昌车辆段在引进静电喷漆机的基础上作了重大改进，生产的 YD－1 型静电喷漆机获国家劳动保护科技进步三等奖及专利。后经国家计委认定为 1989 年度国家级新产品，主要研究人员是杜川、李文根。

本年 经国家专利局批准专利权的铁路科研成果有：华东交通大学林二明、谢晓芳研制的"袖珍方波信号发生器"，李枝研制的"断续导流板分相绝缘器"，何岳山、张浣淳研制的"可见光示踪红外线警报装置"，南昌铁路科研所研制的"LZH－IG 型列车载波电话机"和樟树车务段关伍根、杨基永研制的"防挤岔声光报警装置"、"微型脚踏气筒"、"折叠背包装"、"折叠卫生椅"、"道口列车临近报警器"等项目。

本年 华东交通大学助教佘少华撰写的论文《结构振动模态参数的连续灵敏度分析及优化》在美国第六届国际模态会议论文集上发表。他所撰写的另一篇论文《机床的动态优化》于1989年在美国第一届国际机械监控与故障诊断会议论文集上发表。助教谢敏（第二作者）在法国召开的第十七届国际理论与应用力学大会上宣读论文《考虑载荷间相互作用的随机谱裂纹闭合模型》。

本年 宜丰县在江西率先实行以县统筹优待金。

本年 经省防疫考核，江西省达到基本控制地甲病标准。

本年 江西省电子行业 13 项电子产品获部优质产品奖；23 项电子产品获省优质产品奖。

本年 江西电子工业在全国各省、自治区、直辖市电子工业总产排序值中名列第十五位（9.5 亿元），销售收入排序名列第十六位（7.99 亿元），利税总额排序名列第十四位（1.17 亿元）。

本年 余江人造水晶厂在全国电子企业产品销售利税率排序中名列第一，销售利税率达79.2％。

本年 江西省电子行业出口电视机 2.92 万部（其中彩色电视机 2.82 万部，黑白电视机1000 部）。

本年 中外合资赣新电视有限公司实现工业总产值 1.5 亿元，实现利润 0.2 亿元，在全国电子工业 100 家企业销售收入排序中名列第六十九位。

本年 万平无线电器材厂、景光电工厂晋升

为国家二级企业。有色金属总公司批准铁山垅、浒坑、赣州有色冶金化工厂为国家二级企业。

本年 江西省重点煤矿企业按照国务院关于加强企业管理若干问题的决定，开展企业升级工作，萍乡矿务局、丰城矿务局坪湖选煤厂、英岗岭矿务局七○九厂、江西煤校南方煤机厂第一批晋升为省级先进企业，另有两个单位晋升煤炭工业行业级先进企业，其中高坑矸石电厂为煤炭工业二级，萍乡矿务局六六一厂为煤炭工业省级。

煤矿领导与矿工交谈如何改善井下安全生产条件

萍乡市高坑车谷岭煤矿

本年 丰城洛市矿务局在回采工作面使用切顶支柱，在刮板输送机上装配铲煤板和挡煤板，实现移"溜子"、回柱、移柱、爆破落煤以及装煤机械化，为江西省在复杂的地质条件下实行"简易机械化"取得经验（1989 年 1 月，省煤炭厅在洛市召开会议推广这一经验。到 1990年，简易机械化工作面在江西省重点煤矿中发展

到 46 个，占在册工作面一半以上，并有 24 个工作面使用毫秒爆破）。

本年 江西省全年原煤产量为 2049 万吨，首次超过 2000 万吨。

本年 赣州有色研究所研制的 Slon – 1000 立环脉动高梯度磁选机通过技术鉴定（1990 年获国家发明奖）。

本年 由赣州有色冶金研究所等单位共同完成的《盘古山下部中段地压活动规律及其控制方法研究》、《急倾斜薄矿脉溜矿法工艺及设备改进研究》、《江西钨矿通风防尘措施评价》获国家科技进步奖。

本年 南昌市经委批准江西建材厂扩建一条年产 60 吨水晶生产线，总投资 880 万元。

本年 江西南华电子有限公司与上海复旦大学共同研制开发的心电监护仪在上海通过技术鉴定。专家认为该机技术性能、使用效果接近 20 世纪 80 年代中期国外同类仪器水平，为国内首创。

本年 德兴铜矿大山选矿厂建成。

本年 江西八一无线电厂、南昌无线电厂两家生产的测速雷通过国家鉴定，填补国内空白。

本年 省政府以赣府发（1988）71 号文件颁布《南昌地区煤灰综合利用暂行规定》，决定成立南昌市粉煤灰综合利用办公室；建立南昌市粉煤灰综合利用开发基金；对综合利用粉煤灰的单位实行补贴和奖励；对黏土砖瓦厂收取土地保护费等。

本年 铜鼓县排埠杂竹纤维板厂引进竹质刨花板生产技术和设备，建成一条年产 2000 立方米竹质刨花板生产线。

本年 农业部授予临川县河西乡、吉安县横江镇、于都县罗坳乡、宜黄县黄岗乡农机站全国先进乡（镇）农机管理站称号。

本年 上饶水晶厂（上饶石英晶体总厂）建成投产，总投资 2000 万元，规模为年产水晶 70 吨。

本年 江西中医学院研制的 HTS – Ⅲ型多功能持推式乙状结肠镜，获国家发明协会银质奖。

德兴铜矿大山选矿厂

本年　江西第二制药厂建成投产，主要生产硫酸卡那霉素；五星制药厂建成投产，生产西米替丁、藻酸双酯钠。

本年　景德镇昌河机械厂1980年开始"磷酸阳极化耐久铝蜂窝芯"研制。1988年此项成果获国家科技进步二等奖。主要完成人为工程师周显忠。

本年　六〇二所研制的"土壤识别与优化施肥计算机"，获航空航天部科技进步一等奖。主要完成人为研究员刘夏石、刘中柱。

本年　南昌洪都机械厂1983年开始进行设计研制的"舰用海鹰一号甲导弹"获1988年国家科技进步二等奖。主要完成人为高级工程师王正人、柯凡、彭历生。

1989 年

概 要

按 照中央的统一部署和中共十三届三中全会提出的治理经济环境、整顿经济秩序、全面深化改革的方针，本年改革和建设的重点转入治理经济环境和整顿经济秩序。治理经济环境，主要内容是压缩社会总需求，抑制通货膨胀；整顿经济秩序，则是整顿经济生活，特别是流通领域中出现的各种混乱现象。江西省八届九次全会通过了《中共江西省委关于贯彻执行〈中共中央关于进一步治理整顿和深化改革的决定〉的决议》。会议提出，江西省治理整顿和深化改革，要在打好农业开发总体战、调整工业结构、继续调整投资结构和大力整顿流通秩序四个方面下功夫。同时，省政府发出《关于深化改革促进农垦经济更大发展的通知》，要求实行政企分开，进一步转变经营机制；扩大场办工厂的经营自主权；发展横向联合经济，积极引用外资；切实加强对农垦经济的领导与管理。

治理整顿　在国家紧缩财政、金融政策的形势下，江西治理面临的主要困难有：降低高涨幅物价的重大压力，财政收支缺口的困扰，建设资金短缺的困难，化肥、电力、煤、棉等工业原材料的紧缺，外汇减少与保证急需原材料进口之间的矛盾，因上年种植业减产、经济作物歉收带来的市场供应问题，企业贷款利息负担加重与开工不足、亏损扩大的严峻形势，就业安置的压力等。省委、省政府决心带领全省人民"在困难中找出路，在调整中求发展"。治理整顿期间所做的主要工作有：第一，抑制通货膨胀，严格控制物价上涨。当年实现了物价上涨幅度低于上年3.2个百分点。同时开始实施市长责任制的"菜篮子工程"，蔬菜副食品的供应逐渐丰富。第二，实行财政金融"双紧"政策，一方面严格控制了货币、信贷投放总量，整顿金融秩序，增加存款和加强利率、结算管理；另一方面，成立了以副省长为组长的清理在建项目领导小组，在保证重点建设的前提下，清理、压缩了一批基建项目。1988年至1989年，全省停缓建项目499个，压缩投资6.8亿元。第三，清理整顿了一批党政机关开办的公司，进行了反对资产阶级自由化和反对腐败的教育，开展了治理"三乱"、惩处"官倒"为中心的廉政建设。第四，持续进行农业开发总体战，同时狠抓发展乡镇企业和控制人口增长的工作。第五，继续进行以稳定完善家庭联产承包责任制和"统""分"结合的双层经营体制为中心的农村改革，以及以完善企业经营承包责任制、搞活大中型企业为中心的城市改革，以搞活粮食流通为目的，放开粮食集市贸易。在改革中，继续对产业、产品结构进行调整。这些工作，围绕着稳定、改革、发展的方针进行，取得了相应的成绩，较好地完成了治理整顿的任务。

普法工作 3月，省委、省政府召开全省普法工作会议。会议提出，要把提高公民法律意识，增强法制观念，作为普法工作的根本任务。各级政府要由过去那种主要采取行政手段直接管理经济活动转变为主要运用经济手段和法律手段间接调控经济活动。

其他重要事件 中共中央总书记江泽民在江西先后考察井冈山、永新县、遂川县、南昌市及郊区顺外村等地，在井冈山时说："井冈山的革命传统应该永放光芒"，并要求全国人民"继承和发扬光荣的井冈山革命传统"。江西省井冈山精神研究会成立。江西省消费者协会成立。由南昌飞机制造公司自行设计制造的我国第一架农村专业机——N5A 型飞机试飞成功。

全省本年主要经济指标情况 国民生产总值 373.06 亿元，比上年增长 5.1%。农业总产值 197.93 亿元，比上年增长 5.4%；工业总产值 406.16 亿元，增长 9.7%。第一产业产值完成 133.19 亿元，比上年增长 3.9%，粮食总产量超过历史最好水平，达到 317.92 亿斤，增长 3.9%；第二产业产值 131.23 亿元，比上年增长 4.7%；第三产业产值 112.04 亿元，比上年增长 11.1%。财政收入 37.49 亿元，增长 16.1%；外贸出口总值 5.16 亿美元，增长 5.4%；社会商品零售总额 181.64 亿元，增长 10.6%；零售物价总指数 118.6%，实现了比上年下降三个百分点的目标。与人民生活相关的蔬菜和肉食品价格涨幅分别回落于 38 个百分点和 26 个百分点。年末全省总人口 3746.22 万人，人口自然增长率 16.78‰。

1989

1月

January

公元 1989 年 1 月							农历己巳年【蛇】						
日	一	二	三	四	五	六	日	一	二	三	四	五	六
1 元旦	**2** 廿五	**3** 廿六	**4** 廿七	**5** 小寒	**6** 廿九	**7** 三十	**8** 十二月小	**9** 初二	**10** 初三	**11** 初四	**12** 初五	**13** 初六	**14** 初七
15 腊八节	**16** 初九	**17** 初十	**18** 十一	**19** 十二	**20** 大寒	**21** 十四	**22** 十五	**23** 十六	**24** 十七	**25** 十八	**26** 十九	**27** 二十	**28** 廿一
29 廿二	**30** 廿三	**31** 廿四											

1 日　全省各级医疗单位实行财政部、卫生部颁发的《新的医院会计制度》，将医院会计核算由收付实现制改为权责发生制，医疗单位采用借贷记账法。

1 日　民建江西省委会、省工商联合署办公，人、财、物分开各自管理。

1 日　省委副书记、省长吴官正在赣南进行为期 5 天的考察。吴官正指出，赣南经济试验区要继续把试验区办好，要在治理中求发展，在调整中求效益，要在坚持"一个中心，两个基本点"的前提下，继续大胆试验，努力开拓，希望赣南地区在新的一年要实现农民增收、财政增长、后劲增强三个目标。

1 日　由东方艺术研究院主办的全国首届民族、民间艺术展览会在抚州市展出。

2 日　九江炼油厂党委书记陈洪朵、德兴铜矿矿长王振坤、江西钢厂团委书记解文 3 位同志，被评为"全国优秀青年教育工作者"。

3 日　江西大学附属工厂——江西电子仪器厂试制成功 JDM－1 型三相电度表自动校验台、JX20 系列三相电度表校验台、JX2043 单项电度表校验台和 JX1192 单项工频稳压电源 4 个新产品。

3 日　省地质学会和省地质矿产局在南昌联合举办为期两天的出国考察人员报告会。张春志等 9 人分别介绍了葡萄牙、布隆迪、巴基斯坦、民主德国、英国、巴布亚新几内亚、墨西哥、委内瑞拉、伊朗、日本等国的地质矿产特征及地质矿产业发展状况。

4 日　在第二届全国优秀企业家第四次评委会上，余江工艺雕刻厂厂长张果喜获"全国优秀企业家"称号。

江西果喜（集团）公司生产的木雕精品畅销 20 多个国家和地区，公司总裁张果喜给外商介绍雕刻产品

4日　经江西省中医药研究所中青年科技人员陈荣、罗运模等人的精心搜集、整理、建立起江西省中医药情报数据库。他们将江西省39年来公开和内部期刊、省级以上的科技成果中中医中药和中西医药结合方面的文献资料，进行总结、整理，储存于电脑之中，实现建国以来江西中医药文献资料检索自动化。

4日　中国超声医学工程会常务理事、中国超声医学工程会江西分会会长、江西医院内科主治医师王敦礼被美国超声医学学会接受为正式会员。他是江西第一位被吸收为该学会会员的医务人员。

4日　省地、市档案局（馆）长会议在南昌召开，会期4天，会议通报全国《档案法》联合检查组来省检查贯彻《档案法》的情况，传达全国档案抢救与科技档案工作会议精神，对1989年江西省档案工作进行研究和部署。

4日　吉安市发生一起严重食物中毒事件。据调查，引起这起食物中毒的原因是一家菜农出售的黄芽白里含有有机磷农药所造成的。

5日　一个长2.1米、直径1.5米、重量为3吨的圆柱形造纸烘缸在南昌电镀厂镀硬铬获得成功，结束了江西电镀行业不能为大型镀件镀硬铬的历史。

5日　省经贸厅根据经贸部要求并经省政府批准，将授权同苏联开展易货贸易的企业及经营范围上报经贸部。这些企业是江西省进出口公司、中国机械进出口公司江西省分公司、中国纺织品进出口公司江西服装分公司、中国机械设备进出口公司江西省分公司。

5日　经省政府决定，撤销吉安地区劳改支队，犯人调往省属劳改单位，农场由吉安行署管辖。至此，全省各地、市的劳改单位全部撤销。

5日　省农学会第四届一次理事会在南昌召开，推选裴德安为理事长，徐菊生、章士美、刘勋、黄济凡、颜龙安为副理事长。张子春、罗盛槐为顾问。

6日　江西省自然保护区管理办公室、鄱阳湖国家级自然保护区、鄱阳湖候鸟环志站共同对鄱阳湖小天鹅、白额雁、针尾鸭等9种20只鸭科候鸟进行环志后，即放回大自然。

6日　由省纺织工业局局长李忠书带领的国外羊毛资源考察组一行4人，赴阿根廷、乌拉圭、澳大利亚进行考察。

6日　中国旋耕机械专业协会在南昌县成立。该协会是由旋耕机械制造企业、科研设计院和公司自愿组成的全国性的行业组织。

6日　省政府办公厅转发省司法厅《关于办理企业承包经营、租赁经营合同公证有关问题请示的通知》。

6日　南昌铁路局向塘工务修制厂与南铁科研所合作研制成功并获国家科学技术进步一等奖的无缝线路新技术——小型移动式气压焊，首次在九江炼油厂的电子轨道衡走线上应用，并正式验收合格，投入使用。

6日　省林业厅在南昌召开利用世界银行贷款营造速生丰产林项目准备工作会议，确定分宜等14县为项目县，并就地方配套资金问题提出要求。会议于8日结束。

6日　第五届全国中学生物理竞赛决赛在广州举行。高安中学梁桂之获一等奖，高安中学鞠赣平、奉新一中许建平、鹰潭铁路中学魏鹰瑛获三等奖。

6日　在国内尚属短缺产品的耐酸潜水电泵，已由南昌矿山机械厂研究所与江西南昌耐腐蚀泵厂联合研制成功并通过国家鉴定。

7日　南昌市政府、省商业厅签订《关于南昌市石油公司上划江西省石油公司统一管理的协议》。

7日　南昌七中学生盛裘飞在第二次全国青少年参加美国航空飞机"零星搭机"试验方案征集活动中，经中美双方专家评审和赴京答辩，获全国一等奖。

8日　由余江制药厂生产的"夏天无"片剂1982年度获得国家银质奖后，又经国家质量奖审定委员会、国家技术监督局复查，被确认继续授予国家银质奖。

8日　省委宣传部召开江西省生产力标准学习讨论和形势任务教育情况交流会。省委副书记、省长吴官正到会讲话，要求宣传十年改革的大好形势，体谅政府的困难，把治理、整顿和深化改革的任务变成江西人民的共同认识和积极行动。宣传工作要有利于改革开放，有利于坚持四项基本原则，有利于社会稳定，有利于江西人民在全国树立好的形象。宣传工作重点放在稳定人心，提高信心，增强凝聚力上。

9日 省人事厅、省委组织部印发人事部、中组部《关于国家行政机关补充工作人员实行考试办法的通知》，决定县及县以上国家行政机关从企事业单位选调干部，一律要通过考试考核择优选调；国家行政机关补充干部必须在编制定员和年度增人计划内进行。

10日 全国旅游装饰工艺学术研讨展示会结束。景德镇市艺术瓷厂青年助工王安维创作的陶瓷综合装饰《乐舞图》瓶，获优秀作品奖。他所撰写的《承古求新论景瓷》的论文也同时获优秀论文奖。

10日 省教委发出《关于中小学民办教师职务聘任工作的意见》。

10日 省档案科研所、南昌飞机制造公司模线样板室、国家档案局科研所装具课题组联合研制的"SCM－280型侧拉式密集架"在南昌通过省级鉴定（1990年3月，此项成果经国家档案局科技进步奖评审委员会评定，获1989年国家档案局科技进步二等奖）。

10日 省公安厅、省经委、省建设厅、省劳动厅发出《关于颁发〈江西省液化石油气安全管理规定〉的通知》。

10日 八一垦殖场稀土矿与赣州有色金属冶金研究所合作推出的"直接从矿山母液分组稀土新工艺"通过省级鉴定（1989年7月21日，获江西省农垦科技进步一等奖，11月获中国有色金属工业总公司1988年技术改进四等奖）。

10日 省垦管局将省农业进出口公司，从省农垦农工商联合总公司划出，更名为中国农垦进出口公司江西分公司，业务接受中国农垦进出口公司领导，人事、劳动工资、资金财务等行政管理仍由省垦管局领导。

10日 江西25名农村青年科技示范户获团中央、农业部颁发的"农村青年科技示范户"标兵。

10日 由中央电视台和陕西西凤酒厂联合主办的"西凤杯"全国连续广播大赛在京结束。在37家参赛电台的45部剧目中，评出9部获奖剧目。江西台录制的《凤凰嫂》、《老树》分别获得二、三等奖。

10日 全省规模最大、检测项目最全的汽车检测站——江西汽车检测站建成并投入使用，并通过省计量局计量认证评审。

11日 省经济工作会议在南昌召开。会议传达贯彻全国计划会议、经济体制改革工作会议和财政工作会议精神，研究江西1989年治理、整顿、改革的重大改革措施，拟定1989年国民经济的社会发展计划以及财政预算草案，部署经济体制改革工作。省长吴官正强调，要正确认清形势。他指出，1989年江西省经济工作难度较大，物价、财政、资金、原材料、外汇、市场供应等方面都存在很大困难。要求全省上下、各级领导、各个部门顾全大局，克服困难，变困难为机遇，坚定改革信心，齐心协力去战胜困难，夺取新的胜利。

12日 副省长蒋祝平、南昌市市长程安东会见了以威尔耐·弗里克博士为组长的联邦德国弗·艾伯特基金会专家组一行5人。

12日 江西省出口商品洽谈会和景德镇陶瓷展销会在新加坡濠景大酒店隆重开幕。新加坡贸易发展局主任陈顺相先生、新加坡中华总商会会长林荫华先生、新加坡中国商品进出口商会会长林方基先生以及来自一些国家和地区的460多位客商参加了开幕酒会。这次展销会，参展商品达15大类近1100多个品种，80%以上的展品被订购。

12日 民建江西省委会召集经济界成员，讨论经济体制改革、压缩基本建设规模、平抑物价等问题，提出关于治理经济环境，整顿经济秩序的建议26条。

12日 中顾委、国务院老建办、全国妇女儿童基金会联合在北京举办为期10天的"井冈山、太行山、沂蒙山经济开发商品展销会"，井冈山垦殖场组团参展，获"优秀组织奖"。康克清、曾志等到会参观，对井冈山垦殖场的建设成就和各项产品给予好评。

13日 江西食品工业在1988年首届中国食品博展会上参展的388种名、特、优、新食品经评审委员会审定，（除白酒外）共获金牌26块、银牌40块、铜牌44块。获金牌的26种食品中有久负盛名的泰和乌鸡补酒、遂川狗牯脑茶、南安板鸭等，也有近年新开发的铅山中国古汉酒、弋阳中华花粉晶、双环牌蜂蛹晶、童灵牌鸡胚宝宝素等。博览会期间，李鹏、芮杏文等党和国家领导人先后参观了江西馆。赵增益、吴平、王泽民、钱家铭等领导在江西宾馆为获奖企业代表授奖。

享誉海内外的泰和乌鸡

13日 江西举行首届"文化讲习班"及有关论文研讨会，来自全省各地的40多名文化书院学员与省理论界、出版界、报纸杂志社的专家学者一起就"文化现代化"、文化研究选题方向和方法论等问题展开了热烈的讨论。研讨会上决定筹办"中国文化书院江西学员学术联谊会"。

15日 经省政府批准，省税务局制定《江西省个人收入调节税应税收入申报实施办法》，加强对个人收入调节税的征收管理。

15日 省林业科学研究所发生一起严重食物中毒事件。93名中毒者经医院抢救，已全部脱离危险。这次中毒事件是由吉祥餐馆误用一斤多机油加工油条而引起的。

15日 由卫生部委托健康报组织发起的评选全国优秀医院院长活动在北京揭晓。在评选的60名优秀医院院长中江西有3名，他们是兴国县人民医院院长李先杉、上饶市第一人民医院院长张文振和宜春市中医院院长钟志明。

15日 省文化厅主办的《文化体改信息报》改名《江西文化报》后的第一期出版。

16日 220千伏、长122.8公里九（九江）南（南昌）Ⅱ回线路工程建成移交生产。

16日 省财政工作会议召开。会议确定1989年省财政收入要在1988年实际完成的基础上增长10%，力争达到13%。1989年财政新增收入要首先保个人经费、保改革，其次要根据可能，适当增加农业、教育、科学支出，其他各项支出只能维持1988年的水平，有的还要压缩，各级都要努力做到财政收支自求平衡，不出赤字，越是在紧缩、困难的情况下，越是要顾全大局，开源节流。会议于20日结束。

17日 经省委组织部同意，报国家出版署批准，江西省党员教育刊物《支部生活》1989年第一期起更名为《江西党建》，并实行自办发行。省委书记毛致用、中顾委委员白栋材和省顾委主任赵增益分别为《江西党建》杂志题词。

17日 省政府批转省计委、省经委、省物价局、省煤炭厅《关于对煤炭行业实行几项扶持政策的报告》，要求各级政府要像抓粮食一样抓煤炭。

17日 以希尔士为团长的世界银行江西吉湖项目评估团一行6人，首次对吉湖农业综合开发项目进行为期半个月的正式评估，确定泰和县天马山、吉安县三芳和景德镇市枫树山3个林场营造湿地松林面积5.95万亩和建立年产0.3万吨松香厂一个。

18日 来自江西10个县乡的10位粮、棉、果和养猪、养鱼专业大户汇聚南昌，话改革、谈经验、讲问题、提要求。畅谈无农不稳，务农能富的共同见识。10位专业大户是粮食大户刘士新、刘柏龙、黄文礼、许林盛、殷林生，种棉大户胡大胜，种甘蔗大户钟效根，柑橘大户闻雪荣，养猪大户弋振甫，养鱼大户吴歪根。

18日 由江西工业大学化工系宋孟萍等人主持研制的"从酒糟制取 J－UW 型 SIO 及水玻璃"获得成功，该成果使从酒糟中提取的水玻璃可分别用于黏结剂、造纸、纺织、铸造、选矿等领域。

18日 省儿童少年工作协调委员会、省妇联在南昌召开热爱儿童特别奖授奖暨迎春会。沈翰卿等41人获奖。

18日 省教委以中国教育国际交流协会江西分会名义，与美国美中教育服务机构签署协议，建立"江西—ESEC 中美特种高等教育研究中心"。

18日 江西省价格信息中心在南昌市成立。

19日 省政府发出《关于必须坚决制止城乡建设中乱占滥用耕地的通知》，要求依法对农民建房，烧砖瓦窑和城镇一条街道建设占用的耕地进行一次全面清查处理，凡擅自占用耕地的，限期拆除复耕。

19日 江西省"七五"期间交通重点建设项目——赣粤西线改建工程建成通车。

19日 105 国道赣州至中村坳段二级公路改建工程竣工通车。

19日 省长吴官正对经贸厅 1988 年利用外资工作作出批示："很有希望，同志们做了许多艰苦而有效的工作。1989 年要继续抓紧，每个项目力求好的效益。"

20日 年产 600 吨自动化波纹米粉生产线在景德镇市粮油食品厂正式投产。

20日 南昌江南材料厂金刚石拉丝模引进项目验收投产，生产规模年产 5.5 万只，其中新增产量 2.4 万只。

21日 省卫生厅与省计量局联合发布《江西省医疗卫生计量器具管理办法（试行）》。

21日 南昌市文学院周毅如发表在《啄木鸟》杂志上的新作《聚龙里轶事》，获得首届《啄木鸟》文学奖。

22日 南昌飞机制造公司生产的长江 750 系列公安警车，被国家评为优质产品，并获得银奖。

23日 上高县农民摄影艺术作品进京后回省汇报展览在省文联举行，共有 150 幅上高农民摄影作品展出。

23日 省政府在波阳县召开杨树生产工作会议。省直有关部门和鄱阳湖周围地、县、市负责人出席会议，讨论研究杨树发展规划，决定第一期工程从 1989 年开始，计划 4 年内建成杨树基地 10 万亩，创出滨湖地区发展工业原料林新路子。

23日 在上海举行的为期 4 天的全国短池游泳锦标赛上，江西选手龚康以 1 分 50 秒 43 和 29 秒 77 的成绩获男子百米蛙泳第二名、50 米蛙泳第三名。

24日 世界野生生物基金会丹麦分会主席、丹麦王国女王玛格丽特二世的丈夫亨里克亲王一行 10 人来赣，到鄱阳湖国家级自然保护区作为期 3 天的参观考察。

丹麦女王的丈夫亨里克亲王一行到鄱阳湖考察候鸟

省长吴官正（前排左三）在江西宾馆会见野生生物基金会丹麦分会主席、丹麦王国女王玛格丽特二世的丈夫亨里克亲王（前排左四）时的合影

25日 省政府召开江西省工交生产电话会议。会议要求全省工交战线紧急行动起来，坚决

制止滑坡，争取工交战线持续稳定发展。强调必须全力以赴抓好煤、电、运，把制止生产"滑坡"作为一项紧急任务，采取坚决措施，克服松劲情绪，迅速扭转局面。副省长钱家铭在会议上强调，从即日起，一律不准计划外煤炭外流。

25 日 蚕桑垦殖场桑海化工厂利用铜加工后的铜泥、铜末、铜液试制氯化亚铜成功并投入生产。

25 日 一种新型检测和控制温度的传感器——MSGL 系列陶瓷温敏电阻传感器在景德镇市粮食局陶瓷传感器研究所研制成功。当日中国计量科研院等科研单位的 30 多名专家通过了这项成果的技术鉴定。

25 日 省人大常委会副主任裴德安主持召开学习宣传《中华人民共和国标准化法》动员大会，国家技术监督局副局长鲁绍曾作《关于〈标准化法〉审议情况和宣传贯彻工作报告》。

25 日 省委召开地、市委书记会议。结合江西实际，学习中央书记处讨论党和国家机关保持廉洁问题的会议纪要。会议强调要坚决贯彻治理、整顿和深化改革的方针，在调整中发展经济；从严治党，加强党的建设，把廉政建设作为一件大事来抓；综合治理、巩固和发展安定团结的政治局面。吴官正讲话指出：要对那些不受礼就不办事者严肃处理。提出当前重点要抓机关工作人员利用职权受贿贪污，弄权勒索的行为，对其中的大案、要案要抓住不放，集中力量一查到底；利用职权和公款营造私房；利用公款请客送礼，滥发钱、物；公费派游；招工、招干、招生中以权谋私行为。会议于 27 日结束。

27 日 省物价局和省煤炭厅印发重新编制的《江西省煤炭质量规格及出厂价格目录》。

27 日 省政府农村工作办公室同省农牧渔业厅、水利厅、电力厅、电力工业局、中国农业银行在南城县召开江西省大水面开发座谈会，研究加快开发步伐等问题。座谈会于 29 日结束。

28 日 省侨联"蔡华奖励基金"首次颁奖。林信泉、陈巧平、黄荣福、刘国新、何江满、梁永、林富强、沈才利、许乔祥、张彩秀、徐爱珠、杨民政、简以和 13 人获奖。他们中有在科研方面作出突出贡献的，有侨联先进工作者。

28 日 省武警部队举行授予武警警官警衔仪式。吴官正、蒋祝平等领导向被授予武警大校、上校警衔的警官颁发了由国务院总理李鹏、中央军委主席邓小平签发的命令状。10 时，宣读了中校、少校警官警衔命令，以及专业技术警官警衔和驻南昌地区武警上尉、中尉、少尉警衔命令。

28 日 最高人民检察院咨询委员会委员、原副检察长都占元到江西了解检察工作和打击经济犯罪等情况，认为江西检察工作执行最高检察院的工作新部署，打击经济犯罪活动取得了较好的成绩。

30 日 江西首家电子集团公司——南昌电子集团公司在南昌成立。

30 日 中国人民警察部队水电第二总队在万安隆重举行校官警衔授衔仪式，200 余名警官被国务院、中央军委、武警总部分别授予武警和武警专业技术大校、上校、中校、少校警衔，省政府致电祝贺。

30 日 省计委在南昌召开为期两天的"江西涤纶厂一、二期建设工程"验收会议。会议认为工程设计合理，质量好，经济效益显著，一致通过验收。

31 日 省垦管局在南昌召开省属垦殖场 1988 年目标管理经营承包表彰大会。按考核实际档次分别给德胜关、井冈山、黄岗山、八一、五星、泰和、康山、恒湖 8 场经营者兑现奖金 1200 元；红星、大茅山两场各 2400 元，云山、恒丰两场各 3600 元，蚕桑场 4041.66 元。

31 日 省职称改革领导小组批转《江西省轻工集体、企事业单位专业技术职称暂行条例》。全省轻工集团、企事业单位的集体编制人员开展专业技术职务评定工作。

31 日 江西省 5 名专家出席前不久在上海召开的第一届全国肝癌学术会议。江西医学院第二附属医院肿瘤科副教授倪惠文在大会上就《日本血吸虫病合并原发性肝癌》一文作了报告和答辩。

本月 下旬，经国家商检局、中国有色金属工业总公司分别下文，正式批准赣州有色冶金研究所为钨精矿及稀土产品进出口商品检验实验室和钨及稀有矿产品质检中心。

本月 经全国质量奖审定委员会批准，贵溪冶炼厂一期工程获国家银质奖章。

本月 省出版事业管理局局长会议决定召开江西省首届出版科学学术讨论会，迎接全国第五届出版科学学术讨论会。

本月 省电力局系统首次聘任电力工人技师210人。

本月 省革命残疾军队疗养院改名为省荣誉军人康复医院。

本月 根据国家统计局的通知，省农村抽样调查队改名为农村社会经济调查队，省城市抽样调查队改名为城市社会经济调查队。

本月 从1989年起，召开统计新闻发布会被纳入省政府新闻发布制度，每年1月和7月定期举行统计新闻发布会。

本月 省机械科研所与省农业机械研究所实行委任经营承包责任制，所长向省机械工业厅签订经营承包合同，期限3年。

本月 省政府办公厅发文公布唱凯等12个镇为江西省重点建设的样板镇。

1989
2月
February

公元 1989 年 2 月							农历己巳年【蛇】						
日	一	二	三	四	五	六	日	一	二	三	四	五	六
			1 廿五	**2** 廿六	**3** 廿七	**4** 立春	**5** 廿九	**6** 春节	**7** 初二	**8** 初三	**9** 初四	**10** 初五	**11** 初六
12 初七	**13** 初八	**14** 初九	**15** 初十	**16** 十一	**17** 十二	**18** 雨水	**19** 十四	**20** 元宵节	**21** 十六	**22** 十七	**23** 十八	**24** 十九	**25** 二十
26 廿一	**27** 廿二	**28** 廿三											

1 日　省税务局转发国家税务局《关于对彩色电视机征收特别消费税有关问题的通知》。

1 日　省政府召开全体（扩大）会议，研究部署廉政工作。省长吴官正作《江西省领导干部都要做为政清廉的表率》的报告，吴官正指出，在改革开放、搞活经济的条件下，政府机关确有少数人经不起考验，贪污受贿，玷污了党和政府在人民群众中的形象，败坏了改革开放的声誉，已到了非抓不可的时候。要采取严厉措施，保持政府机关廉洁。

2 日　建设部同意将南昌市新祺周、高安县灰埠镇、广昌县甘竹镇列为全国第二批集镇规划试点镇。新祺周规划设计获全国优秀集镇规划设计奖。

2 日　南昌电厂 2 号新机组大件吊装提前告捷，该机组大件吊装成功。

3 日　省人大常委会副主任王泽民，副省长孙希岳，政协副主席杨永峰、金立强，省佛教协会会长释果一，以及省委宣传部、省委统战部和各民主党派、群众团体、宗教团体的负责人在省人大常委会会议室悼念班禅副委员长逝世。

4 日　江西景光电工厂办景光中学 17 岁的高三学生霍晓明，在联邦德国布伦瑞克举行的第三十届国际数学奥林匹克竞赛中获金牌（8 月 20 日，参加国际数学奥林匹克大赛获得金牌的霍晓明的颁奖仪式在南昌举行）。

5 日　国际世界森林组织作出决定，将向全国发展林业重点县之一的德兴县发放 1000 万元的无息贷款，用于发展林业生产。

5 日　中央电视台在《新闻联播》和《经济新闻》节目中，自即日起至 10 日播出江西电视台与赣州电视台联合摄制的 6 集系列报道《来自赣南老区的报告》，反映赣南地区经济体制改革新貌。

5 日　第七届全国政协委员、中国佛教协会理事、中国佛教界著名人士海灯法师的部分骨灰安放到他曾任过两年方丈的永修县真如寺。

7 日　为充实即将布展的《中国通史陈列》，从江西博物馆、景德镇陶瓷历史博物馆选调馆藏珍品：陶器、石器、蚌器、铜器和瓷器，计五大类 20 余件进京布展。

8 日　旅港江西同乡近 300 人欢聚一堂，在香港举行江西省旅港同乡会成立大会。

10日 省政府召开常务会议,研究部署当前工作。重点研究改善有效供给和财政增收、加快产业结构调整和深入开展"双增双节"运动,以及大力发展乡镇企业等问题。会议决定成立省爱国者储蓄委员会和省"双增双节"领导小组,派出若干个检查组深入基层督导检查。

12日 省人事厅党组、省人事厅制定关于加强人事工作廉政建设的规定。

12日 德兴铜矿三期工程建设全面进入土建收尾和设备安装阶段。德兴铜矿第三期工程国家投资12亿元,被列为"七五"期间重点建设项目,生产规模为日采选铜矿石6万吨,全部工程分16个大项、176个子项,1987年开始动工建设,到1992年竣工。

12日 省林业厅与江西电影制片厂联合摄制的电视剧《自然啸声》在中央电视台播出。该剧主要描写赣东北山区龙家村因大量毁林而遭到大自然惩罚的故事,作者系武宁县林业职工包涵。

13日 为贯彻国务院1988年12月27日发布的《关于整顿治理税收秩序,加强税收管理的决定》,省税务局成立"整顿治理税收办公室"开展工作。

13日 省垦管局委托江西财经管理干部学院举办农垦财会大专班,纳入国家成人高等教育统一招生计划。

13日 德兴县味精厂生产的"可德福"大结晶体味精荣获全国博览会铜质奖。

13日 省人民银行召开江西省地市分行、各县支行行长会议。会议要求江西金融部门要正确处理治理整顿和深化改革的关系,正确处理压缩信贷与保持生产的合理增长、增加有效供给的关系,正确处理贷和收的关系,切实贯彻"控制总量、调整结构、保证重点、压缩一般、适时调节"的货币、信贷方针,省各专业行(司)也先后各自召开行长(经理)会议贯彻执行。会议于17日结束。

14日 省委、省政府召开电话会议。会议要求各地再接再厉,真正把农业当作全局问题,采取果断措施,分乡分村分户发动群众,迅速掀起春耕生产新高潮。

14日 省税务局转发国家税务局《关于对私营企业征集国家能源交通重点建设基金问题的通知》。

14日 一种用于橡胶塑料工业原料的产品——AC发泡剂,在余江化工分厂试产成功。质量达到部颁一级品标准。

14日 赣县湖江乡街坪新塘村民小组廖佐源在拆除解放前建造的四扇三间旧房时发现5张中华苏维埃共和国借谷票。票上仍有"此票专为1934年向群众借谷充足红军给养之用"几个字,落款是粮食人民委员会陈潭科并盖有方印。

15日 江西省首届民间收藏品联展在省博物馆开展。其中1931年中华苏维埃共和国在瑞金发行的7种铜币、纸币。

15日 省委、省政府决定停止审批增加机构和人员编制。

15日 景德镇市陶瓷壁画厂制作成功大型陶瓷画《闹江州》,这是该厂为九江装饰重建的江西浔阳楼而制作的。

16日 省人大常委会确定1989年制定和修订地方性法规有18个,准备拟定的地方性法规有10个。省人大常委会主任会议通过的1989年工作要点,把抓好地方立法工作列为首要任务。

16日 省节能工作领导小组召开首次工作会议。副省长、省节能工作领导小组组长钱家铭讲话。他指出,江西经济要持续发展,一方面要加强能源开发,另一方面要大力抓好节能工作。全社会都要重视这项工作,家喻户晓,人人动手,造成一种社会风气。同时,各地市、各主要工业部门要加强领导,成立节能部门,指定领导负责,落实节能工作的目标、要求和措施。

17日 省地矿局事业单位职改工作全部完成。共评定高级职称403人,中级职称1339人;晋升高级职称的309人,中级职称955人,初级职称的1884人;全局现有在岗技术人员共5862人,其中任高级职称的325人,中级职称的1738人,初级职称的1998人,未评定职称的1801人。

17日　省政府分别召开省直部门负责人电话会议，部署贯彻国务院《关于整顿税收秩序加强税收管理的决定》有关工作。蒋祝平讲话指出，整顿税收秩序，加强税收管理，各部门要原原本本、不折不扣地执行税法。会议要求各部门要积极支持和配合税务部门开展工作，积极主动地为税务部门提供条件。

17日　省爱国储蓄委员会召开第一次会议。会议要求做好宣传、动员工作，把参加储蓄"功在国家、利在自己"的道理讲清讲透，发动群众踊跃参储。会议提出1989年江西银行储蓄要增加18亿元，力争20亿元，要把这一目标层层分解落实下去，迅速在全省兴起爱国储蓄的热潮。

18日　省建筑工程质量监督站决定对桩基动态检测报告实行认证管理，并经省建设厅批准，成立了"桩基动态检测报告审查认证小组"。

19日　省委组织部、省人事厅制定《关于做好流动人员人事档案管理工作的通知》，规定流动人员的人事档案按人事管理权限，统归党委组织部门和政府人事部门所属的人才交流机构管理，并实行有偿服务，收取适当管理费。

19日　省政府发出《关于深化改革促进农垦经济更大发展的通知》，要求实行政企分开，进一步转变经营机制；扩大场办工厂的经营自主权；发展横向经济联合，积极引用外资；切实加强对农垦经济的领导与管理。决定地、（市）县办的垦殖场分别由地、（市）县农委（农办）领导，应设置相应的农垦管理机构；农垦企业的隶属关系不要随意改变，农垦部门的干部要保持相对稳定，地、（市）县属场场长任免应向省垦管局备案；垦殖场补充干部纳入国家增干计划。

20日　省经贸厅印发《关于省工艺、轻工、纺织品进出口公司滥发钱物问题处理的通报》。

20日　南康树脂厂生产的"197B树脂"和"876树脂"，获省优产品称号。

21日　省、市党政军负责人与省市机关400多名干部一起在青山湖大道两旁新种植了2000株欧美杨、1000株樟树、500株夹竹桃。

21日　省化工工作会议在南昌召开。会议传达了化工部全国厅局长会议精神，研究贯彻"治理经济环境，整顿经济秩序"，总结1988年工作，部署1989年任务，签订1989年责任目标合同。会议评选出宜春地区轻化工业局和江西省磷肥厂等27个单位为1988年目标管理先进单位。会议于25日结束。

21日　省电力工作会议召开。会议要求正视困难、深化改革，加快江西电力事业的发展，要以治理整顿、深化改革为重点，加快电力工业体制改革，全面推进承包经营责任制，着力抓好电力生产和管理，确保电网安全稳定。

江西省城市电网改造

21日　在江西省的全国人大代表自即日起进行视察活动。视察的内容是：1988年国民经济计划，财政预算执行情况；各地治理经济环境，整顿经济秩序的情况；对中华人民共和国行政诉讼法（草案）的意见；农业情况；教育科技文卫和政法等方面情况（3月3日，在南昌的全国人大代表分别同省、市政府领导和其他有关部门的负责人进行一天的座谈，交换意见。省长吴官正，副省长蒋祝平、张逢雨，南昌市市长程安东等听取代表的意见。在各地、市的全国人大代表，由各地区省人大常委会联络处或省辖市人大常委会组织视察）。

22日　省政府召开法制工作会议。会议提出政府法制工作任务是：适应治理整顿需要，进一步加快制定地方性法规、规章的步伐。1989年要制定地方性法规18个，由政府发布规章大约30个。

23日　省政协六届常委会四次会议在南昌市举行。会议听取和讨论关于治理经济环境、整顿经济秩序和全面深化改革的情况通报,通过《关于召开政协江西省第六届委员会第二次会议的决定》,通过学习委员会、文史资料研究委员会和提案工作委员会的《工作简则》。25 日闭会。

24 日 省财政厅发出《关于农业税征收管理人员统一着装的通知》,自 1989 年起实施统一着装。

24 日 全省工业企业承包期内经济责任审计全面铺开,审计历时 71 天,投入审计人员 425人次,共审计 124 户企业。

24 日 由中宣部和新闻出版署联合举办的第二届全国通俗政治理论读物评奖揭晓,江西人民出版社出版的《中国一百个军事家》获一等奖。

25 日 省粮食局、省工商行政管理局联合作出粮油市场管理规定:明确稻谷、大米由粮食部门统一收购,其他部门、单位和个人不得插手收购和经营。小麦与非合同订购的粮食品种,允许经过工商部门批准的省内粮食经营单位收购和经营。

25 日 省人大常委会主任举行第六次接待人大代表活动日,接待来自农业第一线的农民代表和为支农服务的省人大代表 11 人,省人大常委会副主任王泽民、裴德安和省政府有关部门负责人到会听取意见。

25 日 省冶金工作会议召开。会议总结经验教训,商讨落实措施对策,决心深化改革、强化管理、节能降耗、挖潜增效,在整顿治理中求发展。会议于 3 月 1 日结束。

26 日 商业部召开表彰全国百个粮食生产交售先进县的电话会议,南昌、高安、奉新、临川、吉水 5 县被授予全国粮食生产交售先进县。

26 日 在赣全国政协委员从即日起开始为期 7 天的视察活动。吴平、杨永峰、廖延雄等 14位在赣全国政协委员参加了这次视察。他们先后到进贤县视察农业开发工作,到鹰潭视察治理整顿、深化改革工作,还视察江西省电力工业发展情况,为参加全国政协七届二次会议协商讨论做准备。

26 日 100 名卖粮大户被国家商业部授予全国售粮模范称号。国务院副总理田纪云、国务委员陈俊生、国务院秘书长罗干把这些农民请进中南海,亲自为他们颁奖。江西熊本其、朱玉仿、朱义才、田广生、刘士新等农民参加颁奖,获全国售粮模范称号。

全国农业劳动模范田广生在精选良种

27 日 省委武装委员会召开全体会议。省领导毛致用、蒋祝平等到会讲话,要求坚持不懈地抓好全民国防教育,扎扎实实抓好民兵、预备役部队训练,充分发挥民兵队伍优势,为发展和保护生产力作贡献。

27 日 江西省职工教育研究会在南昌成立。

27 日 省人大财经委员会副主任委员孙哲在省林业厅主持召开宣传贯彻《中华人民共和国野生动物保护法》座谈会。

28 日 省垦管局在红星垦殖场召开全省重点产粮场生产座谈会,传达江西省农村工作会议精神,总结交流发展粮食生产经验。会议于 3 月 1 日结束。

28 日 省七届人大常委会第七次会议举行。会议通过《江西省人民代表大会常务委员会关于召开江西省第七届人民代表大会第二次会议的决定》、《江西省渡口管理条例》;通过《江西省人民代表大会常务委员关于修改〈江西省人民代表大会常务委员会制定地方性法规〉的决定》、《江西省人民代表大会常务委员会关于加强社会治安工作的决定》、《江西省人民代表大会常务委员会关于加强土地管理的决定》;通过省高级人民法院和部分地区中级人民法院、省人民检察院部分地区分院工作人员的免职名单。会议还通过任命人员名单。会议于3月5日结束。

28日 首届"江西省出口商品展销会"和"对外经济技术洽谈会"在南昌召开，24家省级进出口公司和22家"三资"企业及11个地方分别组团参加。展出商品达17大类共1300多个，5000余件。安排技术输出项目90个，技术引进项目40个和100个利用外资项目和部分劳务合作项目。洽谈出口成交10123.8万美元，进口成交996万美元，签订利用外资项目合同8项共925万美元，劳务合作成交31.1万元。成交技术引进项目7项，金额625万美元。两会期间共接待来自日、美、加、欧共体、港、澳、台等23个国家和地区的448位客商。会议于3月6日结束。

28日 省文化厅在南昌召开江西省革命文化史料征集工作座谈会，为期3天，会议传达全国革命文化史料征集工作座谈会精神，讨论征集工作规划。

本月 省人事厅、省职改办部署对江西省专业技术职务评审聘任工作的复查。

本月 省文化厅决定：江西省电影公司和江西电影制片厂实行经理、厂长负责制。

本月 盘古山钨矿采用选冶联合新工艺，回收低度铋冶炼获得成功。

本月 中国历史博物馆馆长、考古学家俞伟超专程来江西选调文物，充实"中国通史陈列"，被选调文物20余件。其中有陶器、石器、蚌器、铜器、瓷器等。

本月 南昌海关大楼竣工。

本月 根据司法部的规定，首次在江西实行律师资格和律师执业分离，对全省1297名律师颁发中华人民共和国律师工作执照。在党政机关、企事业单位和社会团体工作的人员，经全国律师资格统考合格可取得律师资格，但不得从事律师业务。

本月 省地质科研所在赣南进行地质矿产遥感调查，通过彩虹外航空复盖航片，在于都发现河沙矿，在大余发现了铸石矿、沙金矿等。

本月 经省司法厅批准，江西法制报社在赣州、宜春、抚州、吉安、九江、景德镇、萍乡、新余、鹰潭等地（市）设立记者站。

1989

3月
March

公元1989年3月							农历己巳年【蛇】					
日	一	二	三	四	五	六	日	一	二	三	四	五	六
			1 廿四	**2** 廿五	**3** 廿六	**4** 廿七	**5** 惊蛰	**6** 廿九	**7** 三十	**8** 妇女节	**9** 初二	**10** 初三	**11** 初四
12 初五	**13** 初六	**14** 初七	**15** 初八	**16** 初九	**17** 初十	**18** 十一	**19** 十二	**20** 春分	**21** 十四	**22** 十五	**23** 十六	**24** 十七	**25** 十八
26 十九	**27** 二十	**28** 廿一	**29** 廿二	**30** 廿三	**31** 廿四							

1日　江西省乡镇企业家协会成立。

1日　省人事厅制定下发《为江西农业开发总体战服务的九条措施》。

1日　省政府举行表彰会。100名乡镇企业厂长（经理）获得优秀乡镇企业家的光荣称号。其中曾荣苟等10人还被评为"江西省最佳优秀乡镇企业家"。省委副书记、副省长蒋祝平主持表彰大会。

2日　省政府批准高安县舍己救人的谢良能、金长伟为革命烈士。

2日　江西省农村卫生协会成立。

2日　省文化厅发布《关于成立江西省文化厅革命文化史料征集工作委员会的通知》。

2日　省委召开党建工作会议，学习贯彻全国党员教育工作会议、全国纪检工作会议精神，部署党建工作。会议提出要在改革开放、兴赣富民中从严治党，以"治贪"和"治散"为重点抓好党的建设。坚决杜绝农资供应和分配层层克扣，从中谋私现象；按有关规定对党政机关在城镇建私房进行清理；党政机关、企业事业单位干部职工必须限期归还拖欠和侵占的公款。省委书

记毛致用作题为《在改革开放中从严治党，维护党的崇高形象》的报告。会议于6日结束。

3日　省妇联与省农垦局联合举办为期两天的全省农垦系统新女性歌手赛。

4日　江西林业志编辑委员会成立，李明志任主任，欧阳绍仪任副主任。编委会由20人组成。杨子江任主编，杨芳华、李企明、杨方西任副主编。

5日　美国国家地理学会书籍处主任查尔斯·欧·海曼和国家地理学会研究员玛丽·贝迪肯森抵南昌、九江、景德镇等地进行为期9天的考察、旅游。

5日　省审计局与南昌市审计局自即日起至5月30日对南昌市11个企业31个引进项目的设备使用效益情况进行审计调查。

6日　省公证系列首次职改高级专业技术职务评审会通过，并报省职改领导小组批准，23人为二级公证员。

6日　江西有5艘航海模型启程前往东柏林参加第四届世界航海外观模型锦标赛（在3月27日的比赛中，省运动员李杰制作的1:350"日本

丸"获得 C₄ 级冠军)。

6日 年近九旬的日本陶瓷考古家藤岗了一，由夫人陪同考察景德镇古瓷并同著名学者刘新园进行交流。考察活动于8日结束。

6日 省监察工作会议召开。明确1989年要着重查处五个方面的问题：（一）下达计划调拨物资、财政拨款中的贪污受贿；（二）基建、招标、承包中的贪污受贿；（三）监督执法人员的贪污受贿；（四）横向经济联系和涉外经济活动中的贪污受贿；（五）劳动就业和人事调配中的索贿受贿。会议于9日结束。

7日 江西鹭洲柴油机集团公司生产的R175A型柴油机，继1988年12月份的印度尼西亚出口500台后，又有50台销往孟加拉国。

7日 根据省人大常委会1989年工作要点，加强对人大的宣传工作，省人大常委会办公厅决定协助江西人民广播电台开办《人民代表之声》专题节目。

7日 省教委召开全省教育工作会议。提出1989年江西省教育工作的指导方针和任务是：切实治理教育环境，整顿学校秩序；以深化改革为中心，加强宏观调控，加强思想品德教育；全面贯彻教育方针，不断提高教育质量和办学效益，促进教育事业稳定协调发展；努力把青少年培养成"四有"新人，使教育更好地为经济建设和社会发展服务。会议于9日结束。

8日 国家广播电影电视部部长艾知生在江西考察工作时指出：当前的电视要按照中央提出的"一手抓商品经济，一手抓思想政治领域工作"的精神来搞好宣传。

8日 省检察院向最高人民检察院报送省检察院机构改革"三定"方案，最高人民检察院于3月18日批复同意，增设民事行政、监察、干部教育三个处，江西省定编5103人。

8日 为期两天的江西省首届残疾人职业技能选拔赛在南昌举行。参加比赛的有11个地、市的盲、聋哑、肢残选手。竞赛项目有广告艺术、电视机收录机修理、木雕、中文打字等。

8日 省委政法工作会议召开。会议要求要强化法制手段，积极参与治理经济环境、整顿经济秩序，严厉打击严重刑事犯罪活动和严重经济犯罪活动，防范和打击间谍特务的破坏活动，维护安定团结的政治局面，为全面深化改革和经济建设创造安定的社会环境，提供有力的法律保障和及时有效的法律服务。毛致用到会讲话，要求政法工作人员，要把思想认识统一到党的路线、方针、政策上来，进一步稳定治安大局。会议于10日结束。

8日 副省长陈癸尊在星子、瑞昌、永修等县调查计划生育工作时强调：全社会都要增强人均观念和人口意识，毫不动摇地制止多胎生育和早婚早育。要求我们的工作从行政指挥型向服务型转移，从经验型向科学型转移，从孕后补救型向孕前预防型转移。考察为期4天。

9日 新四军暨华中抗日根据地历史研究会在南昌成立。该会现有会员169人，会长为汤光恢。陈丕显、叶飞、张劲夫、张震致电祝贺。

9日 省棉花工作会议在南昌召开。会议根据国务院决定，从新棉上市起，提高棉花收购价格，每担棉价提高到236.42元，并规定原来的奖售政策不变。会议于10日结束。

10日 江西省工体科学研究会正式成立，大会推举杨希林为会长，聘请副省长黄璜为名誉会长和顾问。

11日 省委、省政府在南昌召开普法工作会议。会议指出，普法工作要为治理经济环境、

渔家在接受普法教育

整顿经济秩序、全面深化改革服务；要为发展社会生产，建立社会主义商品经济服务；要为实现社会治安综合治理，巩固安定团结的政治局面，推进民主与法制建设服务。省长吴官正到会讲话，要求把提高公民法律意识，法制观念，作为普法工作的根本要求来抓。各级政府要由过去那种主要采取行政手段直接管理经济活动，转变为主要用经济手段和法律手段间接控制和调节经济活动。会上，省委、省政府授予抚州地区普法工作领导小组、临川县、万年县等132个单位（部门）为普法工作先进集体；省普法工作领导小组授予吴和琨等175人为普法工作先进个人。会议于12日结束。

11日 省高级人民法院召开中级人民法院院长会议，传达贯彻省政法工作会议精神，研究审判工作更好地为治理经济环境、整顿经济秩序、全面深化改革服务问题。院长李迎讲话，对当前全省法院工作提出了要求。会议于12日结束。

12日 省托幼办与联合国儿童基金会在南昌县举办老区农村民办中心园骨干幼师培训班。4月18日结束。

12日 江西钢厂生产的山凤牌卷尺带经国家质量奖审定委员会复查确认，再次获国家优质产品银质奖称号。同时，高级弹簧钢丝等4项产品获省优产品，至此，江钢已拥有国优部优省优产品22项（其中国优两项，部优9项，省优11项）。

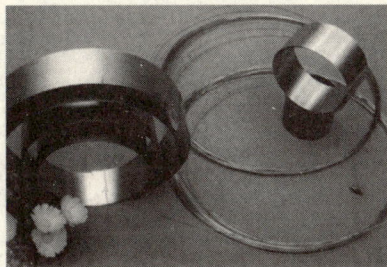

琴钢丝和卷尺带钢

江西钢厂

12日 江西省跳水学校成立。

12日 据不完全统计，近10年，江西省义务参加植树的平均每年有1020万人次，10年共义务植树2.5亿株。

13日 联合国儿童基金会和世界卫生组织联合组成的扩大免疫审评团一行2人来赣，对江西计划免疫工作进行为期6天的审评。

世界卫生组织帕尔博士称赞上饶市计划免疫工作好

13日 联合国粮农组织（IPM）亚太地区植保委员会，经与国务院农业部植保总站协商论证，确定江西丰城市荣塘乡为水稻病虫综合防治点。

13日 江西旅游总公司成立并升为第一类旅行社。并推出一批新旅游线路：江西陶瓷研修旅游、山区徒步旅游、珍禽候鸟观赏旅游、江西陶瓷古代民窑考察旅游、朱熹遗迹怀古旅游、中国文房四宝考察旅游、佛教净土宗寻根旅游。

13日 省委办公厅、省政府办公厅发出《关于限期清收干部职工占用拖欠公款的通知》，要求在6月底基本完成收回工作。

13日 澳大利亚驻上海总领事麦墨瑞一行2人来赣进行为期4天的公务访问。

14日 1988年度全国优秀电视新闻节目评选在广州揭晓。江西参评的电视新闻《一架民航客机在九江迫降成功》获优秀电视新闻一等奖；专题新闻《红孩儿现象的背后》获优秀专题新闻一等奖；电视新闻《家乡人民喜庆许艳梅在24届奥运会上为我国夺取第一块金牌》获优秀电视新闻二等奖；《临川县农民交粮兑款难》获三等奖。

14日 在北京举行的全国青少年劳动技术科技制作竞赛颁奖仪式上，南昌市有 25 个单位和个人获奖，在京举办全国青少年劳动技术科技制作作品展览中，南昌市有 91 件作品展出。

14日 省政府批复省电力局决定在 1989 年全年每千瓦时电加价 6.4 分。

14日 省垦管局召开全省农垦审计会议，宣讲和贯彻《中华人民共和国审计条例》。会议于 15 日结束。

14日 省纪委召开纪检信访工作会议。会议强调，坚持从严治党的方针，紧紧围绕廉政工作，强化信访监督，严格党的纪律，促进党风建设，保持党政机关的廉洁。会议提出上半年要抓好三件事：一是农业生产资料的供应和分配问题；二是党政机关干部在城镇建私房问题；三是清收党政机关、企业事业单位的干部职工拖欠和侵占的公款。

14日 省第十九次民政会议在南昌召开。会议强调民政部门必须深化改革，加强领导，开拓前进，并提出今后 5 年民政工作的主要战略目标：高度重视基层政权建设，抓紧建立和发展"社会保障基础工程"，加强社会事务管理，促进社会的文明与稳定。会议于 17 日结束。

15日 省审计局组织部分审计机关开始实施对 42 个地、市、县区 1988 年财务决算和 57 个地、市、县区税务部门 1988 年税收情况及机关财务收支审计。至 5 月结束时，共查出违纪金额 2895.23 万元。

15日 省垦管局委托江西财经管理干部学院统计系举办第一期农垦统计培训班。

16日 经省政府和中国统配煤矿总公司批准，成立中国统配煤矿总公司江西省分公司，与省煤炭工业厅实行"一套机构、两块牌子、两种职能"。

16日 省政府办公厅转发省农办《关于对毛竹、篙竹经营意见的报告》，同意毛竹的限额采伐，继续由林业部门一家管理和监督，并坚持凭证采伐、凭证运输的制度。

16日 省委常委、省委政法领导小组组长王昭荣在江西省公安政治、纪检工作会上，要求各地公安机关进一步抓好廉政建设，要文明执勤，为警清廉。强调廉政工作重点要抓落实，要建立科学的制度。

16日 在武汉举行的为期 4 天的全国春季蹼泳锦标赛上，江西省运动员贺铸红获女子 1500 米铜牌，400 米第五名，400 米器泳第六名；魏建英获 800 米铜牌。由贺铸红、魏建英、徐腊香、赵伟燕组成的接力组获女子 4×100 米、4×200 米接力两项第五名。

17日 武宁县药品监督检查所被卫生部授予全国药品监督先进单位。

17日 省第三次儿童文艺工作会议召开。到 1988 年底止，江西已在全国 70 多项大型少儿文艺比赛中获奖。

17日 省委书记毛致用到安义县、南昌县郊区的十多个乡村进行为期两天的考察。毛致用指出，南昌市郊县具有农业资源丰富，又紧靠城区的优势，发展经济应当着眼于服务城市、富裕农民，当务之急是要抓紧时机、搞好春耕，千方百计确保 1989 年农业的全面丰收，增加有效供给。

18日 省政府办公厅转发省建设厅《关于对小城乡建设样板点实行优惠政策的报告》，在财政税收、土地使用、农民进镇等方面给予扶持。

18日 省总工会、省经委、省财政厅在南昌召开大会，表彰在 1988 年度"双增双节"竞赛中取得优异成绩的单位和个人。会上表彰了江西棉纺织印染厂、盘古山钨矿等 10 个最佳企业，南方电动工具厂、南昌卷烟厂等 94 个优胜企业和 279 名先进个人。

18日 江西棉纺织印染厂被国务院企业管理指导委员会选定为全国推广厂内银行示范企业。

18日 省委组织部、省人事厅下发《加强对乡镇聘用制干部管理》的通知。通知规定乡镇党政群机关聘用干部，实行编制与计划并重，各地不得自行聘用干部；按规定聘用的干部，由组织人事部门按干部管理权限分别管理；加强对乡镇聘用制干部的培养与教育。

18日 省审计局委托江西大学举办的首届审计专业证书教学班开学，学员实行全脱产学习，期限一年。

18日 由南昌市政府社会发展研究中心青年经济师刘校惠撰写的《南京区域江西片工业发展战略研究》论文，在上海召开的太平洋区城市研究学术会上入选佳作。

19日 省政协第五届委员会副主席、第六届委员会常务委员、中国民革中央监察委员会常务委员、民革江西省委员会名誉主任委员黎川人武惕予逝世，享年96岁。

19日 谭家述将军的夫人沈阳将谭家述的红军"红星勋章"、1955年被授予的中将军衔"将军服"和一些文献资料共20余件珍贵革命文物献给井冈山革命博物馆收藏。

20日 江西召开旅游宣传活动记者招待会。通报江西10年接待海外游客11.8万人，创汇3680万元。提出1989年江西省旅游新的目标：以三角旅游线为重点，充实三角旅游线的服务设施，把其建成多功能的立体旅游圈；加速赣东北，赣西南旅游资源的开发建设，实行全方位开放。

20日 首次由省记协和省新闻漫画研究会联合举办的1988年度江西省好新闻漫画评选圆满结束。《江西日报》的《一筐萝卜个个是头》、《亲爱的，你10年不如我10分钟》、《官私合"倒"》3幅被评为好新闻漫画。

20日 联合国儿童基金会驻京代表曼佐先生一行5人来赣，对第四周期援助项目进行为期一周的考察评估。

21日 省纺织工程学会首次与香港合作，邀请香港立信印染机械公司4位专家在江西棉纺织印染厂举办印染新设备新技术研讨会。

21日 江西省蚕桑厂派出以何南春、张光模两位副场长为首的援建人员前往赞比亚兴办农场，这是江西第一家在国外创建的农业企业。

21日 江西计划免疫工作经国家审评，1988年全省儿童预防接种建卡为99.76%。卡介苗、脊髓灰质炎糖丸、百日咳、麻疹疫苗的接种率分别为98.88%、98.27%、97.35%、95.52%。全面实现了1988年我国政府提出的以省为单位，普及儿童免疫接种率达到85%的目标。

21日 省委组织部召开青年干部思想作风建设座谈会。会议要求中青年干部加强马列主义理论学习，加强党的路线、方针、政策和党的基本知识的学习，提高政治理论素养，以适应发展社会主义有计划商品经济和改革开放的需要。

21日 民政部、文化部、中国残疾人联合会，在北京联合举办了第二届全国残疾人艺术调演。江西38岁的盲艺人顾亮光一人同时使用口琴、二胡、唢呐、锣鼓、钹等11种乐器演奏的《赣南民间音乐联奏》获表演三等奖。

21日 省政协和南昌政协共同组织180余名省、市政协委员进行为期4天的视察。省政协副主席沈翰卿、李善元参加了视察。委员们分成七个组，先后视察了南昌县小兰乡、蒋巷乡、南昌市卫生防疫站、南昌日用化工厂、南昌齿轮厂、南昌航运公司、省商业储运公司等38个单位，听取了省文化厅、公安厅、南昌市经委、教育等部门的汇报，对被视察单位的工作提出了意见和建议。

21日 省垦管局召开为期5天的加强农用物资管理工作会议，要求做到"四公开"、"四不准"、"两监督"。四公开是指货源渠道和指标、分配原则、分配户头和数量、价格公开。四不准是指不准留机动数、不准任何人批条子、不准批给个人、不准以权谋私。两监督是指政策纪律监督、制度和群众监督。

22日 由上饶地委党史办公室和上饶市委党史办公室合作编纂的《炼狱之火——上饶集中营纪实》一书由北京新华出版社出版。

23日 省教委召开为期两天的座谈会，会议指出，各级党委和政府应把发展教育事业放到突出的战略位置，真正树立教育为本、教育兴国的观念，要采取有效措施，加快全省教育的发展。

24日 省政府召开电话会议。副省长钱家铭就如何贯彻国务院决定和国家爱国卫生委员会电话会议讲话，强调全省社会卫生所面临的问题仍然十分严峻,传染病发病率仍然较高;食物中毒突发事件在局部地区时有发生,环境污染、"三废"危害日益严重,而群众的卫生观念淡薄,卫生知识水平较低,卫生习性较差。会议确定4月为开展爱国卫生活动月。

24日 吉安地区40年来罕见的松毛虫灾害正在严重威胁吉安地区17万亩松林的生长。单株虫害密度中龄林每株有虫数百条,最高达1240余条。

24日 省对外经济宣传调查汇报会在铅山县召开。会议确定对外宣传工作的指导思想是:紧紧围绕经济建设这个中心,为发展对外经济服务。省委常委、宣传部长、外宣小组组长王太华出席会议并讲话,指出,对外宣传工作要为对外经济建设服务,在对外经济宣传中,要搞好横向联系,在"指导、协调、联络、服务"四个方面下功夫。做到在地域上无孔不入,在形式上不拘一格,在方法上务实求新,努力探索一条对外经济宣传的新路子。会议于27日结束。

25日 贵溪冶炼厂和全国143个企业一起晋升为国家一级计量企业。

25日 九江市少儿美术书法作品在京展览。

25日 出席七届全国人大二次会议的江西省代表,联系江西实际,对国务院总理李鹏代表国务院所作的政府工作报告进行了认真审议。代表们认为:国务院总理李鹏的报告是一个以治理整顿总揽全局、实事求是、催人发奋图强、团结奋进的报告。代表们表示,要再兴勤俭节约、艰苦奋斗之风,上下一致,群策群力,把改革和建设推向前进。

25日 省政府作出《关于加强物价管理控制物价上涨的若干规定》。

25日 副省长钱家铭对南昌卷烟厂、南昌商业储运公司、南昌宾馆等单位进行消防大检查,以消除隐患,确保安全。要求各地要认真贯彻消防工作"谁主管,谁负责"的原则,落实各级防火责任制,做到有备无患。

26日 经国家土地开发建设基金管理领导小组审定,赣西南地区被列为国家商品粮生产基地。

27日 省清理整顿公司工作已进入撤、并、留阶段。据统计,党政机关直接开办的公司共有1119家,已撤销297家,占26%;发现有各类违纪案件及问题的263家,立案183起,已结案处理82起,占立案数的45%。省清理整顿公司办公室要求各部门清理整顿工作要保证质量,不能走过场。

27日 军山羊毛衫厂开机生产。该厂系上海华昌实业总公司与军山毛纺织总厂联办。年计划产羊毛衫10万件。

27日 省委书记毛致用在南昌市视察工业企业,为期两天,毛致用先后到南昌柴油机厂、江西拖拉机厂、南昌玖玖电子总厂、华安针织内衣厂、江西汽车制造厂、江西棉纺织印染厂考察强调,要继续贯彻好治理整顿、深化改革的方针,就必须牢固树立难中取胜、紧中求活的思想。要在提高经济效益的前提下,保持一定的增长速度,努力实现1989年工业生产的稳定发展。

27日 省社联四届四次理事(扩大)会议在南昌召开。会议坚持理论联系实际和"双百"方针,围绕坚持与发展马克思主义、现代化建设与改革开放中的重大理论和实际问题,运用马克思主义的基本立场、观点和方法,开展学习、宣传和研究,为振兴江西、繁荣江西省社会科学事业作出新的贡献。会议推举白栋材、赵增益、傅雨田为省社联名誉主席。会议于29日结束。

28日 九江化纤厂利用瑞士政府贷款,引进

引进年产2万吨黏胶纤维建设项目正式签约

2万吨黏胶短纤维生产装置项目。签字仪式在北京举行，纺织工业部副部长王曾敬、经贸部副部长沈觉人、副省长蒋祝平、省纺织工业局副局长刘奎芳、瑞士政府驻中国大使舒爱文出席签字仪式。

28日 省委、省政府作出"用五至七年时间打一场农业开发总体战"的决策后，全省上下在短短几个月，开发荒山湖洲总面积已达766.5万亩，其中整地造林400万亩，改造中、低产田266万亩，新建和改造果茶桑园72.2万亩，开发水面27.6万亩。建立以商品粮、林、畜牧、水产为主的多种经营生产基地40余个，覆盖面达93%的县、市。

28日 铁道部副部长孙永福、华东铁路建设指挥部指挥长李轩、副指挥长周聪清一行，与分局总工程师蔡大鹏一同视察建设中的梁家渡抚河特大桥工程。

28日 省建设厅颁发《江西省建设安装工程质量管理规定》。

28日 江西省医学科学研究所研究员戴育成主持建立的"人类B淋巴祖细胞（BL－CFC）体外无血清半固体培养"，通过省卫生厅鉴定。该研究在国际上首次成功地建立用于正常人和慢淋B淋巴祖细胞的无血清克隆培养（1990年获省科技进步一等奖）。

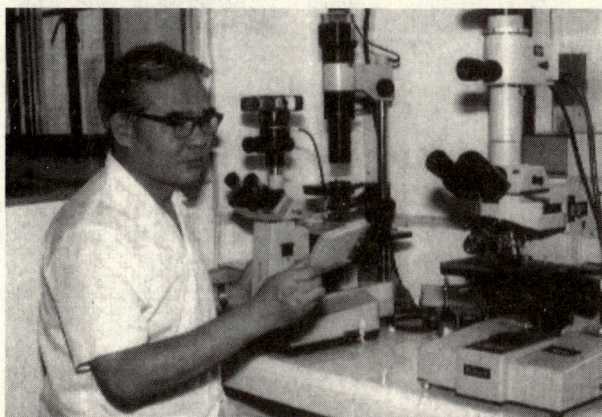

省医学科学研究所所长、研究员戴育成在进行人类B淋巴细胞无血清培养研究

28日 省人民银行根据总行《关于发行企业短期融资券有关问题的通知》精神，就全省发行短期融资券问题作出具体规定。

28日 在卫生部、全国爱国卫生运动委员会、中国美术家协会、中国摄影家协会联合举办《第三届全国卫生美术摄影作品展览》中，江西有9件作品入选，方学晓的中国画《天地齐寿枸杞藤》获三等奖。

29日 省侨联二届五次常委会在南昌市召开。会议总结江西侨联1988年工作，提出1989年工作安排；讨论通过出席第四次全国归侨、侨眷代表大会代表；讨论通过全国侨联第四届委员会候选人；征求《全国侨联章程》、《全国侨联三届委员会工作报告》的修改意见等。

30日 省直属机关工作委员会召开1988年度"创先争优"活动总结大会。会上表彰了71个先进党支部和283名优秀党员。省委常委、秘书长兼省直机关工委书记马世昌到会祝贺并讲话，指出："创先争优"要结合形势，扎扎实实地抓出新的成效。1989年的"创先争优"一要突出廉政建设；二要加强和改善机关党的工作，把"创先争优"活动提高到一个新的水平。

30日 省委办公厅、省政府办公厅发出《关于清理整顿党的机关干部在城镇建造私房的通知》。

30日 江西桑海羽绒服装厂和香港怡辉实业公司合资开办的海晖羽绒制品有限公司成立。双方总投资为1200万元。

30日 省财政厅根据国务院发布的《国家预算调节基金征集办法》和财政部有关规定，对中央单位缴纳的调节基金全部归中央财政；地方单位缴纳的调节基金50%上缴中央财政，35%上缴省财政，15%留归地市县财政。

30日 受省委委托，省委宣传部、省文化厅、省广播电视厅、省出版局、省文联在南昌联合召开文艺工作会议，学习《中共中央关于进一步繁荣文艺的若干意见》的文件。会议于4月1日结束。

30日 全省文艺工作会议召开。会议学习《中共中央关于进一步繁荣文艺的若干意见》，讨论全省进一步繁荣文艺工作的大计，强调文艺工作一要坚持"二为"方向和"双百"方针；二要深化文艺体制改革，进一步发展文艺生产力；三要坚持把社会效益作为最高准则，努力提高精神产品的质量；四要加强文化基础设施建设，广泛开展健康的群众文化活动；五要进一步落实知识分子政策，认真解决文艺人才的实际困难。会议于4月1日结束。

31日 省交通工作会议提出全省"八五"交通建设格局：重点建设南北向105国道、赣江航道，东西向320国道、信江航道，形成以南昌为中心，"十"字形主骨架，贯通四方，与全国运输主通道相衔接的水运、公路交通运输网。

31日 由省经委、省总工会、江西电视台和江西画报社共同举办的以表现改革为主旋律的全国性的摄影竞赛"希望之光"大奖赛举行授奖仪式。江西获奖总数为69个，其中新闻类38个，艺术类31个。

31日 省人大常委会副主任裴德安就宣传、贯彻《中华人民共和国标准法》发表电视讲话。

31日 省委、省政府召开省直各部、委、办、厅、局动员大会。宣布：1989年化肥、农药、农膜、农用柴油的分配和供应，层层亮底公开，不准任何人批条"走后门"，不准任何人克扣截留、掺杂使假和变相涨价，保证按政策如数及时供应到户。大会还宣布了省委办公厅、省政府办公厅联合拟定的《关于对化肥、农药、农膜、农用柴油的流通环节实行"两公开一监督"制度的若干规定》。会议强调，通过抓这件事考验各地党组织和政府的战斗力，考验各级党政领导干部的认识程度、组织能力和领导水平，整顿作风，严格制度，推进廉政。毛致用和在南昌的省委常委、几套省级领导班子的负责人，出席动员大会。

31日 省政府印发《江西省军队干部转业安置工作暂行办法》。

本月 省出版事业管理局颁行《江西省出版事业管理局关于图书编辑工作的规定（试行）》等十个编辑出版工作制度文件。

本月 中国传统医学手法研究会会员、南昌柴油机厂盲人医师芦爱生，应邀出席在广西南宁召开的"国际传统医学手法"座谈会。盲人芦爱生撰写的医学论文《按摩治疗急性踝关节扭伤》提交会上探讨。

本月 省法学会与江西大学法律系共同接待了美国全美律师协会理事、法学教授理查德来省讲学。

本月 全省第一份公安法制文学刊物——《江西公安》创刊并向全国公开发行。

本月 省第二机床厂与建设部长沙建筑机械研究所联合设计、二机厂试制的FJZ十五型自装式翻斗车试制成功。

本月 九江医学专科学校实行《高等医学专科教育模式的改革》获全国优秀教学成果奖。

本月 省气象局信丰县崇仙乡扶贫小组开展苎麻、柑橘、早花生、晚玉米农业气象技术开发和推广，获国家气象局与中国气象学会联合颁发的1987年气象科技扶贫工作奖集体一等奖。

本月 新余市档案馆征集到宋代新余籍著名文人刘攽著《彭城集》5册、40卷，刘敞著《公是集》8册、54卷。

本月 省农牧渔业厅、省财政厅、省物价局联合颁布《江西省渔业资源增殖保护费征收、使用办法》。

本月 南昌市建筑设计院助理建筑师傅勇等参加日本第一届横滨《城市建设》国际竞赛（5月23日获第一届横滨《城市设计》国际竞赛评委会授予的国际三等奖）。

本月 省标准局发布省机械系统产品企业标准177项。

1989

4月

April

公元 1989 年 4 月							农历己巳年【蛇】					
日	一	二	三	四	五	六	日	一	二	三	四	五	六
						1 廿五	**2** 廿六	**3** 廿七	**4** 廿八	**5** 清明	**6** 三月小	**7** 初二	**8** 初三
9 初四	**10** 初五	**11** 初六	**12** 初七	**13** 初八	**14** 初九	**15** 初十	**16** 十一	**17** 十二	**18** 十三	**19** 十四	**20** 谷雨	**21** 十六	**22** 十七
23 十八	**24** 十九	**25** 二十	**26** 廿一	**27** 廿二	**28** 廿三	**29** 廿四	**30** 廿五						

1 日 省政府决定：在 1989 粮食年度调整部分粮油收购价格，取消国家对农民的议转平收购计划，压缩部分粮食销售指标，每 50 公斤早籼稻的合同订购价提高 5.01 元、菜油提高 3 元。

1 日 江西省机械工业工艺管理协会成立，徐世杰任理事长。

1 日 省检察院、省高级法院联合发出《关于确定处理江西省企业事业单位、机关、团体投机倒把案件数额标准问题的通知》，规定非法经营数额达到 30 万 ~60 万元，或非法获得达到 10 万 ~20 万元为"数额特别巨大"的起点。

1 日 上海铁路局浙赣复线工程指挥部在南昌召开成立大会，赣、浙两省领导钱家铭、王保田、丁世祥、华东铁路建设工程指挥部指挥长李轩、副指挥长周聪清，铁道部电化局、工程指挥部等单位领导参加了大会。两省领导表示要从人力、物力、资金、征用土地等方面给予优先考虑和大力支持。指挥部由上海铁路局副局长王开桂兼任指挥长。至此，浙赣复线工程全面铺开。

1 日 丰城矿务局和北京煤矿机械厂共同研制适合坪湖矿地质条件的 MLS－17 型三软支架，在坪湖矿 323 工作面使用成功，使该工作面的综采机组实行正常生产。

1 日 省经委、省财政厅、省煤炭厅联合修订并颁布《江西省地方煤矿维持简单再生产资金的提取、管理和使用办法》。

1 日 省政府决定按企业职工人数每人每月 2.5 元的标准，向所有驻赣各企业征收粮食专项基金。

1 日 南昌市百余年老店——黄庆仁栈药店经营部重建后开张营业。黄庆仁栈药店创建于清朝道光十三年（1833），重建后的黄庆仁栈药店（经营部）营业面积 2400 平方米。

1 日 根据省整顿煤炭市场的要求，今后煤炭经营归口三家企业，一是煤炭生产主管部门所属煤炭公司；二是商业主管部门煤炭公司；三是产煤地、市、县乡镇企业主管部门 1988 年底前注册的煤炭公司和煤矿。其他单位和个人一律不得经营。同时，省政府决定自 4 月起在全省设立 40 个左右的煤炭监督检查站。省外正常煤炭贸易需经省经委批准方可出省。

1 日 文化部老干部合唱团在南昌首场演

出。此次演出由中国国际文化传播中心江西分部、省文化厅、省老干部局、省文联和省音协联合主办。

1日 省林业厅、省野生动物保护协会、中国摄影家协会江西分会等单位联合举办"野生动物摄影作品展览"，共展出优秀摄影作品137幅。

1日 省旅游局和省委宣传部联合开展旅游宣传活动。副省长张逢雨在《江西日报》发表文章《江西旅游业要有一个大发展》，并在江西电视台发表旅游宣传电视讲话。

2日 1988年9月在德安县宝塔乡杨桥古墓中发现的700多年前的德安南宋女尸及随葬器物，在省博物馆展出。

2日 省护林防火总指挥部和省林业厅向扑打山火而被严重烧伤的赣县五云乡陈小燕（女）发出慰问电，并汇给治疗费3000元。

2日 省地产工作会议确定江西1989年房改工作原则：优惠售房、租买并举、提租补贴、慎重出台。

2日 省委书记毛致用先后到丰城市、樟树市、高安县农村进行为期6天的调查研究，了解春耕生产和农业开发情况。毛致用指出：（一）各级党政领导都要认真冷静地分析形势，动员各方面的力量来确保1989年的农业丰收；（二）1989年的农业生产既要保证粮棉油的稳定增长，又要保证农村经济全面发展；（三）各级要下决心通过自己的艰苦努力来缓解各种矛盾；（四）各级一定要用战略眼光抓好实用科技的推广，尽力把科学技术转化为现实的生产力；（五）要树立抗灾夺丰收的思想，在抗灾准备上做到思想、物资、组织"三落实"；（六）各级党政机关都要切实转变作风，关心群众生活。

3日 省政府召开外贸出口工作电话会议，动员各方力量，克服困难，抓紧时机，确保江西外贸出口计划的完成。会议要求各级政府、各部门和所有出口生产供货企业，加强协调服务，全力支持经贸部门的工作，千方百计共同把外贸出口搞上去。

3日 为期5天的全国邮政通信会议在南昌召开。会议确定，力争经过1988年至1989年两年

的努力，为实现通信质量的根本好转，使邮政通信基本适应我国商品经济发展和对外开放的需要。

4日 湘潭电机厂与美国德莱赛公司合作制造载重为154吨的630E电动轮自卸汽车在德兴铜矿投入使用。

5日 副省长张逢雨在南昌市考察了城市信用社和国防科工委、南昌飞机制造厂等创办的劳动服务公司后指出，劳动服务公司是我国解决城镇劳动就业问题的创举，全社会都要关心和支持劳动服务事业的发展。据统计：江西省10年来各级各类劳动服务公司已安置城镇待业青年35万多人，占江西安置就业人员的1/4，相当于全民职工总数的1/10。现在江西已有劳动服务公司4058个，建立生产经营网点14277个。使几十万家庭得到了保障。

5日 江西以革命传统教育为题材的井冈山革命烈士纪念堂、井冈山碑林在茨坪北山落成，正式对外开放。

5日 省司法厅厅长范佑先、副厅长高登霄和有关公证人员参加江西引进外资6100万美元的南九公路专项贷款和招标合同谈判与签订合同公证活动，南斯拉夫英格拉公司与中国冶金总公司第十七建筑公司中标，范佑先签发了公证书。

5日 江苏、安徽、江西三省19地市物资局长聚会景德镇市，交流在治理整顿中搞活物资经营的有关设想的做法。交流活动于7日结束。

5日 省政府召开全省农业开发和春耕生产现场会。会议要求充分认识农业的战略地位，把传统农业、粗放农业改造成为集约性强、商品率高、具有大农业特色的商品农业。强调农业的发展，要继续依靠政策；要稳定现有的所有制形式；稳定国家制定的粮食政策；稳定农副产品购销政策。会议于11日结束。

5日 省文化厅、中国剧协江西分会联合举办的第二届江西玉茗花戏剧节在南昌举行。有19个专业艺术表演团体和四个业余艺术表演团体参加展演，共演出18台29个大小剧目。评出9项单项奖和10名一等奖。

6日 万安水电厂正式成立，原万安水电厂筹建处同时撤销。

7日 第三届全国林业好新闻评选活动揭晓，江西有4篇作品获奖。彭声骥、刘江、王晖、袁盛堂和周思贤等采编的系列报道《武功山国有林遭到严重哄抢盗伐》获一等奖；《萍乡市发行股票聚资开发荒山》和《江西油茶林放蜂技术推广到江西省20多个油茶产区》获二等奖；《黎山林场以林为主，全面发展山区经济》获三等奖。

7日 景德镇明永乐宣德年间（1403~1435）官窑瓷器展览在香港艺术博物馆开展。这是瓷都陶瓷文物首次对外展出。

7日 乡村教师程宏文三年前发明的"水旱两用联合耕作机引农具"，获新型和专利证书（1986年12月31日申请实用新型和发明两种专利。国家专利局1987年9月2日公布发明专利）。

8日 省税务局转发国家税务局《关于对小轿车征收特别消费税有关问题的规定》。

8日 省卫生厅印发《中医医疗机构管理条例（试行）》和《中医师、士管理条例（试行）》的通知。

8日 铜鼓县卫生防疫站主管技师尹子达，用5年时间对沙门氏菌进行研究，在本县范围内发现沙门氏菌32株，经中国医学细菌保藏管理中心全面审核鉴定，有两株为国际首次发现，10株为国内首次发现。两株国际新型菌已被医学微生物菌种保藏中心选为国家标准菌种，由中国、世界卫生组织、国际沙门氏菌中心实验所在地的法国巴黎同时收藏。

8日 省委组织部组织的有2400名基层支部书记参加的党的基本知识考试揭晓，南康县三江乡东红村党支部书记王世荣获第一名。

9日 江西纺织系统12名职工和三个基层班组被纺织工业部授予全国纺织工业劳动模范和全国纺织工业先进班组称号。

9日 在福建省漳州市举行的全国儿童游泳锦标赛上，江西业余儿童运动员张军、李敏分获男子13岁至14岁组自由泳全能第一名和蛙泳全能第四名；林建华获女子自由泳全能第三名；徐雪飞获10岁以下女子组自由泳全能第三名。

9日 我国第一架自行设计研制的大型多用途直八飞机在景德镇市通过鉴定，并将投入批量生产，为我国直升机系列增添了一个新机种。

景德镇市昌河飞机制造厂研制成功的直八大型直升机

10日 南昌至抚州全铝单四芯组对称电缆60路载波系统江西验证段，通过部级鉴定验收，开通使用。

10日 省人大常委会办公厅、省人大政法委员会、省人大常委会法制工作委员会联合召开监督司法工作理论研讨会。

10日 省政府在南昌召开全省经济形势分析会，要求全省工交战线的干部职工认清形势，坚定信心，振奋精神，艰苦奋斗，把各项工作做得更好，力争实现上半年时间过半、完成任务过半的奋斗目标。

10日 省个体私营经济有突破性发展，个体、私营经营户达35.969万户，从业人员数达68.87万人。

10日 国家体委4月初在南昌市设立"江西省南昌跳水学校"。当年招收学生15人。

10日 省地质矿产局、省财政厅、省物价局联合下达《江西省乡镇集体矿山和个体采矿矿产资源开发监督管理费征收暂行办法》。

11日 为了配合"星火计划"项目的进一步实施和扩散，省科委决定1989年摄制"出口木雕漆器"、"中国古酒"、"兴国灰鹅的发展及综合加工利用"等10部星火科技电视片，摄制工作自当日开始。

11日 省人大常委会办公厅转发全国人大常委会办公厅、司法部《关于各级人大常委会组成人员不宜履行律师职务的通知》要求各市、县人大、各地区省人大联络处遵照执行。

11日 省高级人民法院在高安县召开经济审判方式改革经验交流会,会期4天。会议就当事人举证责任、公开审判、简化诉讼手续、提高办案质量和效率等问题交流了经验。

12日 民建江西省第三届委员会第二次会议在南昌召开。会议作出了《关于认真学习和贯彻七届全国人大、全国政协二次会议精神的决议》。

12日 省人大常委会召开省人大常委会机关及省高级人民法院,省人民检察院机关负责人和干部大会。主任许勤、副主任王泽民传达七届全国人大二次会议精神。

12日 省政府常务会议通过,《江西省行政执法检查试行办法》自7月1日起试行。

12日 以瓦洛彼约夫为团长的苏联地质代表团一行6人自即日起至17日来江西考察西华山钨矿、德兴铜矿并就双方合作事宜举行会谈。

13日 省委召开常委会议,讨论农业问题。会议要求统一认识,当机立断,通过艰苦扎实工作,千方百计保证粮、棉、油稳定增长,促进农村经济全面发展,确保1989年农业的全面丰收。

13日 省星火奖评审委员会评出余江雕刻厂的"出口木雕漆器"等11个项目获1988年度"星火科技奖"。同时,推荐出六个获奖项目参加国家级星火奖的角逐。

13日 省人事厅下发《关于加强人事计划、统计工作的通知》。

13日 原农垦部副部长赵凡到红星、蚕桑、恒丰、共青、庐山、大茅山、旭光、刘家站等垦殖场视察,并在大茅山梧(乌)凤洞分场邀请饶丰、鄱公山、怀玉山、银山和梨树坞等场负责人座谈。视察工作于21日结束。

14日 政府召开省长办公会议。决定采取七项措施加强全省预防保健工作,拨款300万元专款用于血吸虫病防治。七项措施是:(一)实行政府目标责任制;(二)建立部门协作制度;(三)加强农村基层卫生组织建设;(四)省地(市)县、分别成立部级卫生保健委员会,负责组织实施本地区初级卫生保健工作;(五)加强卫生法制建设,推进预防工作法制管理;(六)按财政增长比例逐年增加卫生投资;(七)各级政府要把爱国卫生工作纳入社会发展规划。

14日 省煤炭工业厅决定,"质量标准化、安全创水平"所需资金,按矿井实际产量平均吨煤0.5元额度,在生产成本中开支。

14日 省政府发出《关于放开粮食、集贸市场,搞活粮食流通有关问题的通知》,规定:农业与生产单位完成1988年度合同订购任务与省"议转平"收购计划后有余的粮食,可以在粮食集贸市场上出售,价格随行就市;粮食集贸市场要按照"管而不死、活而不乱"的原则进行管理;各地、市间与县、市间的粮食运输,取消由省(或地市)审批发给准运证的做法,大米(稻谷)由县级粮食部门经营,其他粮食品种由经工商行政管理部门批准的经营单位经营;出省的大米(稻谷)由省粮食局归口管理。

14日 当天是全国"11亿人口日"。据有关部门公布,江西省总人口3609万人,列全国各地区总人口第十三位;人口自然增长率13.99‰,列全国第十四位。每小时出生81人,净增57人(17日,省市各界在南昌举行"11亿人口日"宣传活动动员大会,省长吴官正作题为《全社会都来抓好计划生育这件大事》的讲话)。

14日 武警江西省上饶地区支队收到国务委员、公安部长兼武警部队第一政委王芳、武警总部司令员李连秀、政治委员张秀夫签发命令,给武警上饶地区支队长郑瑞明记三等功1次。

15日 长期担任党的重要领导职务的卓越

1984年12月12日胡耀邦(右)在共青城垦殖场视察

领导人胡耀邦逝世（22 日，共青垦殖场党委书记于维忠、副书记刘德夫一行 4 人，赴北京参加胡耀邦追悼大会和瞻仰遗体仪式）。

15 日 以共青垦殖场全部资产为基础，由国务院直属的中国农村信托投资公司拨款增资 1 亿元联合组建的中国鸭鸭羽绒（集团）公司成立。公司董事长为翟新华，是当前国内规模最大的羽绒集团公司。原农垦部副部长赵凡、刘培植从北京专程赴会，省长吴官正向成立大会宣读省委、省政府的贺词。中国农村信托公司总经理王岐山、九江市市长钟起煌到会讲话。

15 日 德兴县城已有 3570 多个居民装上了闭路电视，成为江西省第一个县级闭路电视县城。

15 日 省工商局长会议强调：加强工商行政管理法制建设，查处经济违法案件；加强对当前农业生产资料市场管理，为农业开发总体战服务；大力发展个体、私营经济；加强工商部的廉政建设，提高队伍素质，更好地为治理整顿服务。

15 日 省、市 30 万机关干部、部分企事业单位职工、解放军干部战士、中小学师生和街办居民群众，走上南昌市大街小巷清扫地面和清理卫生死角垃圾。省、市领导毛致用、王保田、程安东等同群众一起上街扫地。

15 日 省政协第六届委员会与省委统战部联合召开双月座谈会，各民主党派省委会负责人就加强自身建设、支老扶贫、咨询服务等工作交流经验。

15 日 专家组组长、联合国粮农组织土地资源专家博内尔、乡村开发专家桑德福和美国田纳西流域管理局水土资源开发处处长布朗一行 3 人，在江西考察"山江湖开发治理"项目。考察活动于 25 日结束。

15 日 省卫生工作会议在南昌召开。会议讨论通过医院实行综合承包责任制的暂行办法，强调搞好治理整顿，扩大医疗卫生服务及强化农村预防保健。会议交流了卫生深化改革的经验，表彰了医疗卫生文明先进单位。卫生部长陈敏章发来贺电，并派卫生部代表出席会议。会议于 18 日结束。

15 日 省委书记毛致用在听取省乡镇企业局负责人的汇报指出：在治理整顿中，（一）要看到困难，又要看到机遇，还要把握住机遇，使乡镇企业能够积极稳妥地发展；（二）要注意划清政策界限，要保护、调动基层干部、农民发展乡镇企业的积极性；（三）乡镇企业要通过优化产业、产品结构，走上良性循环的轨道；（四）乡镇企业的发展还要"四轮驱动"，在深化改革，加强管理中求发展；（五）乡镇企业不仅要办工业企业，而且要积极兴办农业企业，不仅要在工、商、运、建、服"新五业"上打主意，而且要在农、林、牧、副、渔"老五业"上做文章。

宜春下浦乡厚田村为省人民政府首批命名的乡镇企业产值超五千万元，完成税利上百万元的先进村之一

16 日 省委书记毛致用在接待新华社记者时强调，治理整顿经济要在执行统一政令、加强宏观调控的大局下，继续搞活经济，不断巩固和扩大改革开放的成果，不要为倒"脏水"、连"孩子"也泼掉。他指出，对待改革开放中有争议的人和事，要按照生产力标准评论是非功过。要"鼓励干的，教育看的，处理捣乱的"。

16 日 全省 10 万多职工在 3500 多个考场参加了由中国质量管理协会等五个单位联合组织的"全国质量管理基本知识"全国统考。

16 日 经航空航天部主持鉴定，属国内领先水平的小型、可靠、经济、效率高的飞行数据采集系统经 y_4-2 型的磁记录系统，由北京遥测技术研究所和江西仪器厂协作研制成功。

16 日 中央电视台播出新闻：建国以来江

西省最大的贪污、挪用公款案犯、原上饶县财政局综合股资金专管员何培锦，贪污挪用公款43万多元（9月10日二审判处无期徒刑）。

16日 中国有色进出口总公司江西分公司江铜支公司经理杨敏群赴广州春季交易会，签订向日本出口锌精矿500吨的合同。

16日 日本摄影家野町和嘉自即日起至5月4日在赣拍摄红军长征路线风光。

17日 副省长黄璜召集省农办、省财政厅有关方面负责同志作专题研究，决定从省农业开发基金中安排80万元，用于发展牛、羊、鹅、兔等草食畜禽。

17日 省政府召开计划生育工作会议。会议决定，自1989年起在江西省11个地市的目标管理考评中实行"计划生育一票否决权"。会议要求各级党委和政府要像抓经济工作一样，抓好计划生育工作。会议于20日结束。

18日 省政府发布《关于加强预防保健工作的决定》和两个附件《省政府有关部门预防保健工作职责》、《江西省农村实现二〇〇〇年人人享有卫生保健的规划目标》，并确定江西省农村初级卫生保健分两步三阶段进行。

18日 国家体委向江西三名运动员颁发了运动健将证书和证章。他们是1988年41次破链球全国纪录的毕忠、获1988年全国乒乓球锦标赛男子双打第三名的李征和周少波。

19日 省委、省政府举行七届全国人大二次会议精神传达会。省委副书记、副省长蒋祝平主持会议，副省长黄璜作传达报告。省委常委马世昌、副省长张逢雨和省委、省政府各部门负责人150多人听取传达。

19日 凌晨2时45分，彭泽县的黄岭、湖西和上十岭、芙蓉农场等七个乡遭龙卷风和冰雹袭击，造成灾户3006户，其中重灾户1836户，有53人受伤，8人重伤抢救。

19日 德胜关垦殖场两日来暴雨成灾，冲毁农田900亩，严重影响灌溉面积5600亩，淹没早稻秧苗100亩，直接经济损失30多万元。

19日 省政协六届常委会议第五次会议举行。会议协商、讨论了《政府工作报告》，通过了省政协六届二次会议议程。会议接受了李沛瑶辞去政协副主席职务的请求，决定提请省政协六届二次会议审议通过。

20日 欧洲共同体专家组第一批3人来赣对江西省申请欧共体无偿援助的"江河湖滨风沙化土地综合开发治理"项目进行可行性论证。

20日 据江西校舍修建汇报会统计：江西已有53个县（市、区）经地、市检查验收基本消除危房，一批先进县、乡正着手校园配套建设。至1988年底，全省危房面积由10%下降到6%。尚存危房145万平方米，省委、省政府为此要求各地再接再厉，加强安全检查，做好危房校舍修建工作。

20日 省普法办举办有关治理整顿工作的16个法律法规骨干学习班，对地、市县及省直机关的法制宣传员进行培训。

20日 省政府对全省496名有突出贡献的生产第一线工人予以表彰，颁发"有突出贡献的工人"荣誉证书，并从1989年5月1日起每人晋升一级工资等级。其中机械系统表彰89名（27日，省政府为此举行新闻发布会）。

21日 遂川羽绒厂自1985年正式投产以来，注重产品质量，拓宽了国外市场。该厂生产的羽绒服装首次出口苏联。

21日 1988年度全国思想政治工作优秀企业、优秀企业思想政治工作者授奖大会在南昌召开。江西光学仪器总厂、江西氨厂获全国思想政治工作优秀企业称号，江西国药厂党委书记温涛、上饶客车厂党委书记李相获全国优秀企业思想政治工作者称号。

21日 由省电子工业设计室及电子工业部景德镇电子工业设计室、电子工业部江西地区环境监测站合并，成立江西省电子工业设计所。

21日 南昌市第一医院有关科室、医务人员，在北京阜外医院放射科戴汝平教授的指导下，于21日、22日成功对1例62岁男性患者和1例17岁男性患者进行了冠状动脉造影。

22日 江西人民广播电台主办的"人民之声"专题节目正式开播。

22日 全省3600万人民怀着十分悲痛的心

情，沉重悼念伟大的无产阶级革命家、政治家胡耀邦。得知胡耀邦的骨灰将深葬在共青城绿林中的消息后，省委书记毛致用立即主持召开了书记碰头会，深切缅怀胡耀邦在江西的光辉革命历程和对江西人民的深情厚意（23日，省委几位主要领导认真研究了如何做好深葬胡耀邦骨灰的各项准备工作，并前往实地察看，部署有关事宜）。

22日 江西向吉铁路工程沿线发现古文化遗存52处，新石器至商周时代古遗址11处，汉、晋、南朝至明代古墓郡33处，唐宋古窑址3处，明、清古建筑两处。

23日 省文艺研究所召开江西省戏剧理论研讨会。

23日 全省召开老区贫困地区建设工作会议。会议就抓紧解决贫困地区的温饱问题、推进贫困地区的经济开发进行研究。吴官正讲话指出，尽快改变贫穷落后面貌，是国家和社会义不容辞的责任。社会主义允许一部分人先富裕起来，但决不允许一部分永远贫穷下去。吴官正强调，扶贫开发的任务、方针、政策要明确，政策要稳定。副省长黄璜作了题为《大力巩固扶贫成果，积极推进贫困地区的经济开发》的报告。会议于26日结束。

23日 省地质学会科普委员会被中国地质学会科普委员会授予全国地质科普优秀先进集体称号。

23日 为期5天的1989年全国赛艇冠军赛在广东省肇庆市七星湖举行。江西男子赛艇优秀运动员谢一凡夺得男子轻量级1000米、2000米两枚铜牌，全能总分居第五名；王跃东获全能总分第六名。

24日 省政府批准成立九江化纤厂扩建工程领导小组，副省长钱家铭任组长，省纺织工业局局长李忠书、九江市副市长王军文任副组长。

24日 省人事厅下发《关于组织专业技术人员支援农业开发总体战的实施意见》，决定组织1000名科技人员支援农业。同年底统计，江西省为农林水部门和农业生产第一线调配干部2070人，组织多种形式的人才智力支援68527人次，转让技术301项，办培训班3088期，培训技术骨干13万多人次。

24日 李明志等一行6人，自即日起至5月3日赴香港考察米埔沼泽自然保护区和野生生物中心，并签订江西鄱阳湖国家级自然保护区与该自然保护区结为友好保护区协议书和1989年度双方科技合作协议书。

江西鄱阳湖国家级自然保护区与香港米埔自然保护区结为友好保护区。图为合作备忘录签字后，双方互赠资料

24日 省检察院检察长王树衡在省七届人大常委会第八次会议上汇报反贪污贿赂情况，提出把反贪污、贿赂斗争作为检察机关的一项长期的主要任务和检察工作的重点。

24日 省委书记毛致用到彭泽县定山、棉船泉山、星子县温泉和湖口县大垅军乡考察油菜生产时指出：发展冬季农业生产，特别是油菜生产，是加速农业开发的一个重要方面。只要把各地油菜高产的经验切实推广开来，实现江西省食油自给的目标，3年就有可能达到。考察活动于26日结束。

24日 省七届人大常委会第八次会议在南昌举行。会议原则通过《江西省人大常委会工作报告》，提请江西省七届人大二次会议审议；原则通过《江西省第七届人民代表大会第二次会议主席团和秘书长名单（草案）》和《江西省第七届人民代表大会第二次会议议程（草案）》，提请江西省七届人大二次会议预备会议审议；通过《代表资格审查委员会关于补选省七届人大代表资格的审查报告》；通过《关于批准〈南昌市人民代表大会常务委员会关于制定地方性法规的规定〉的决定》、《江西省人大常委会工作条例

（修订草案）》、《江西省实施土地法的办法的决定（草案）》；通过任免人员名单。主任许勤在会议结束时讲话。会议于 28 日结束。

25 日　中国金属学会第五届轧钢过程节能学术会议在洪都钢厂召开。来自全国冶金行业的 70 多名代表和专家出席了会议。

江西洪都钢厂热轧带钢生产

25 日　1989 年全国射击冠军赛在河北省石家庄降下帷幕。江西省 14 名射击选手参赛，其中 8 人获 9 项名次奖。江西射击新秀骆彬，以总成绩 874 环的成绩夺得金牌。

25 日　省妇联在广丰县召开农村妇女工作现场经验交流会，研究加强基层组织建设。

26 日　共青团江西省委委员、武警江西总队政治部青年干事蔡卫华获中宣部、共青团中央签署的全国优秀青年教育工作者称号。

26 日　省委常委以及省几套班子的主要负责人召开会议。认真学习和讨论人民日报社论。同日，省委、省政府办公厅发出《关于认真学习〈人民日报〉4 月 26 日社论的通知》，要求各级党政领导、党团组织都要认真组织干部群众学习社论。

26 日　隶属中国东方航空公司的 B－3482 运七客机，由民航江西总局飞行中队长张洪元机组驾驶。从宁波补班飞往厦门途中被劫持，在机组人员的努力下，赢得了反劫机的胜利。副省长张逢雨代表省委、省政府向机组人员慰问致谢（7 月 18 日，中国民航在向塘机场召开授奖大会，乘务员张丽萍被授予"模范乘务员"、"三八红旗手"、"新长征突击手"等荣誉称号。张

洪元机组被记集体一等功）。

26 日　南昌市党政代表团在海南省海口市进行为期一周的友好访问，并在取得经济技术合作的基础上，达成协议，结为友好城市。

27 日　省政协召开协商座谈会，省政府有关部门负责人应邀通报法制建设情况，并进行座谈。学习座谈《人民日报》社论《必须旗帜鲜明地反对动乱》。

27 日　由印度钢铁矿业部部长福戴达尔率领的矿业代表团一行 10 人来赣，到德兴铜矿、贵溪冶炼厂等地进行为期 8 天的参观考察。省长吴官正在江西宾馆会见印度钢铁矿业部部长福戴达尔率领的访华代表团。

28 日　省政府就坚决保护森林资源发出紧急通知。通知要求，对山林属权不明确、经营管理有争议的林木，要安民告示，不准任何人以任何借口乱砍滥伐。

28 日　省农垦管理局决定由蚕桑、红星、大茅山垦殖场分别对口扶持波阳县老区建设发展工作（6 月 14 日，落实蚕桑扶助蒔山垦殖场，红星场扶助高家岭场，大茅山场扶助鸦鹊湖场）。

28 日　在日本东京由联合国教科文组织亚太地区艺术中心主办的儿童文学插图大赛举行颁奖仪式上，江西青年画家史俊的插图《海通——乐山大佛》获银奖。

28 日　九三学社江西省委员会和南昌市委员会在南昌市举行"五四"运动 70 周年纪念会。江西大学教授沈重作题为《打倒孔家店的反思》的报告。廖延雄在会上的讲话指出，要认真学习 4 月 26 日《人民日报》社论和省委、省政府的通知，积极行动起来，为维护安定团结的政治局面、保卫改革开放伟大成果作出自己的贡献。

28 日　省经委、省企业管理协会、省企业家协会召开大会，表彰江西氮厂等 107 个单位和个人为优秀企业、优秀企业家和优秀厂长（经理）。

28 日　省政府决定各地市科干局（科）整建制划归人事部门。

28 日　宜丰县第二中学初二女学生蔡建华

被全国妇联、《中国妇女》杂志社主办的首次《中国小英雄》评选活动评为10名"中国小英雄"之一。

29日 南昌电焊厂厂长万仲华被民政部授予全国首批优秀福利"十佳"企业家称号。

29日 江西省、南昌市政协文史资料研究委员会联合举行会议，纪念周恩来创导文史资料工作30周年。

29日 省科学院应用物理研究所徐涤、李晓贤、喻志东采用江西省稀土材料，独立制备出高温超导材料标本，它的超导临界温度是92K，即零下181℃（因为液氨的温度是92K），达到了国内先进水平。

29日 省检察系统接收1989级法律（检察）专业证书班学员1100人，为他们进行干部岗位职务培训和学历、专业证书教育。

30日 省工会庆祝"五一"国际劳动节举行南昌地区40余名省市劳模座谈会。省党政军领导要求职工群众发扬工人阶级主人翁责任感和无私奉献精神，发挥职工代表大会作用，正确行使自己的民主权利，为办好企业献计献策。

30日 省政府发出《关于大力开展扫除文盲工作的通知》。

30日 南昌市第一医院与北京阜外医院的专家，成功地进行了江西省第一例体外循环下冠状动脉搭桥术，并对病人左心室壁瘤进行了切除术，填补了江西省心胸外科的一项空白。

30日 江汽五十铃1月至4月份汽车产量在全国轻型汽车行业24个国家定点厂家中，由第十一位上升到第六位，实现利润由第七位上升到第二位，人均净产值和资金利税已跃居全国轻型车同行首位。

本月 第二届华东地区文艺出版社联谊会上，江西人民出版社1988年出版的《中国近代小说大系》、《蒋孔阳美学艺术论集》获得优秀图书一等奖；《青年翻译家丛书》获优秀图书二等奖；《丐侠》、《蜜香树》分别获畅销图书一、二等奖。

本月 新闻出版署批准江西少儿出版社启用21世纪出版社社名并成立江西高校出版社。

本月 日本横滨城市规划国际竞赛评选揭晓。南昌市建筑设计院青年建筑工作者傅勇、刘敏合作设计的城市规划及建筑设计方案荣获三等奖。

本月 由江西电视台拍摄的戏曲电视剧《明月照我还》（上、下集）在全国第四届戏曲电视剧评比中获三等奖。

本月 省审计局对95个中国人民银行县以上分支机构1988年度财务收支进行审计（7月，审计结束，共查出违纪金额487.64万元）。

本月 省审计局对南昌13个城市的菜地开发基金进行审计（审计于6月结束。8月，省政府办公厅转发省审计局的审计报告）。

本月 省审计局派出调查组对永修、武宁、修水三县部分林业主管部门、林管站、经营站、乡政府就林农收益和林业税费问题进行审计调查（6月，省长吴官正作出批示，省政府办公厅根据调查情况发出整顿木材费用的通知）。

本月 江西101个审计部门对112个科技主管部门和499个科研院所1988年和1989年第一季度科学事业费和科技三项费用开展审计调查。

本月 机械电子工业部副部长何兴志等9人在江西视察，重点视察江西汽车制造厂、南昌柴油机厂、南昌齿轮厂、江西拖拉机制造厂、景德镇制冷设备总厂、江西光学仪器总厂、上饶客车厂、宜春工程机械厂、宜春风动工具厂、长青机械厂10余家企业。

本月 九江长江大桥正桥钢梁在山海关桥梁工厂全面开工制作。该桥全长7675.4米，正桥钢梁长1806.6米，共四联11孔，其中最大孔跨度达216米，具有20世纪80年代世界建桥新水平。

本月 南昌飞机制造公司劳动服务公司所属企业研制生产的JD-3型警灯、JB-3型警板器、302型摩托车左右手操纵开关、长江75DG型筒式减震器、DL-129电喇叭获省、部优产品。竹胶包装箱评为省优新产品，BR-1400-I型室内科研爆炸容器填补了国内一项空白并获省科研及新产品一等奖，节能锅获省、部二等奖。

本月 国际曲棍球联合会在布鲁塞尔召开

的理事会上，江西 22 岁的曲棍球运动员张骏被正式批准为国际曲棍球裁判员。这是我国第一位获得女子国际级称号的年轻曲棍球裁判员。

本月 江西省建筑总公司印发《关于完善承包经营和双增双节竞赛考评实施办法》。

本月 机械电子工业部部长何光远由省机械厅厅长李立德陪同考察景德镇华意电器总公司。

何光远在景德镇华意电器总公司参观生产流水线

本月 《江西 40 年·社会科学卷》出版。

本月 省委宣传部、组织部、省教委、省军区政治部联合发出《关于在各级党校、大中专院校、中小学开展国防教育的意见》。

本月 在进行三年国民经济核算试点的基础上，编写的《国民经济核算体系与核算方法》一书，获国家统计局全国科学研究优秀成果二等奖和省优秀社会科学成果二等奖。

本月 江西省电力设计院工程师詹彰兴设计的万安至赣州 220 千伏输电线，优选路径，采用新型杆型，节省投资 232.2 万元（1989 年被江西省人民政府授予优秀设计一等奖）。

本月 江西省测绘学会第四届会员代表大会在南昌召开。参加会议的代表 86 名。会议主要是共商在治理、整顿、深化改革中，如何搞好测绘学会工作。选举出 46 名理事组成学会第四届新的理事会。

1989

5月
May

公元 1989 年 5 月							农历己巳年【蛇】						
日	一	二	三	四	五	六	日	一	二	三	四	五	六
	1 劳动节	2 廿七	3 廿八	4 青年节	5 立夏	6 初二	7 初三	8 初四	9 初五	10 初六	11 初七	12 初八	13 初九
14 初十	15 十一	16 十二	17 十三	18 十四	19 十五	20 十六	21 小满	22 十八	23 十九	24 二十	25 廿一	26 廿二	27 廿三
28 廿四	29 廿五	30 廿六	31 廿七										

1日 由庐山博物馆珍藏的清康熙年间浙江山水人物画家许从龙作《五百罗汉图》中的 35 幅，在南昌青云谱八大山人纪念馆展出。

1日 省政府决定 1989 年 5 月为"文物保护宣传月"。

2日 南昌市各界青年欢聚工人体育馆，举行首届青年文化节。

2日 日本香川高松市市长滕信男一行 4 人，来南昌参观访问。

3日 省政府发出贯彻国务院《关于建立农业发展基金，增加资金投入的通知》。要求各级政府切实做到：（一）省、地（市）、县、乡都要按国务院文件精神，增加农业资金投入，并从 1989 年起，逐步建立分级筹措，分级所有，分级管理，分级使用的农业发展基金；（二）广辟资金渠道，增加新的投入；（三）按以上渠道安排的各项支农资金，各地区要逐项加以落实；（四）农业发展基金由各级财政部门纳入预算管理，列收列支；（五）设立省土地开发基金管理领导小组办公室。从 1989 年至 1990 年，江西省筹集农业发展基金 1.83 亿元。

3日 中国统配煤矿总公司在《关于明确萍乡矿务局等五个单位级别问题的通知》中，确定萍乡矿务局、丰城矿务局按地师级单位进行管理；乐平矿务局、省煤田地质勘探公司、省煤矿建设公司按副地师级单位进行管理。

3日 江西省副省长张逢雨在江西宾馆会见滕信男一行 4 人。

3日 在美国印第安纳波利斯举行的第六届世界杯跳水赛上，许艳梅获男女混合团体、女子团体两枚金牌和跳台铜牌。

3日 庐山管理局统战宗教部门找回遗失 23 年之久的庐山小天池普佑法师诺那呼图克图墓塔顶风轮铜华盖。

3日 为纪念"五四"运动 70 周年，团中央在北京召开全国各行业优秀青年表彰大会。九江工商银行永修分行出纳员邓小云被评为青年社会监督十大哨兵之一；广丰县农业银行横山信用社出纳俞素华被评为青年见义勇为十大勇士之一；余江雕刻厂厂长张果喜被评为青联为七五作贡献竞赛优秀个人。

4日 省长吴官正、副省长蒋祝平邀请南昌地区高校的部分学生，就当前大家关心的问题举行座谈。吴官正勉励大家，从维护安定团结的大局出发，把握正确的政治方向，珍惜来之不易的学习机会，发扬艰苦奋斗的精神，为祖国昌盛富强而努力。

4日 瑞昌县洋鸡山金矿改扩建工程完成，用全泥氰化工艺首产成品金 1.983 公斤。九江县铁门坎金矿解吸电解装置安装调试成功，一次产金 1100 余克；万年县砂金矿基建工程开工。九江市年产黄金 327.3 公斤，跨入全国黄金系统万两地（市）行列，居第二十二位，受到国家黄金管理局表彰。

4日 玉山县委宣传部、团县委、县教育局、县林业局联合发出通知，号召全县中小学生、团员青年向奋不顾身扑灭山火，保护集体财产的汪新文等 7 名少先队员学习。

4日 江西省青年社会科学工作者协会第一次会员大会暨首届学术年会在南昌召开。会议围绕"科学、民主、法治和中国现代化"以及"江西经济、社会发展与改革"中心议题展开讨论。

4日 省人大常委会在省委党校举办第八期人大干部法律培训班。各市、县（区）人大常委会办公室负责干部共 44 人参加学习。

5日 省监察厅向首批受聘的 9 位兼职特邀监察员颁发聘书。其中省人大代表 2 人，民主党派成员 2 人，离休老干部 2 人，工、青、妇机关的同志 3 人。

5日 联邦德国青少年出版社联合会主席、蒂奈曼出版社社长汉斯于尔格·威特布莱希特先生应 21 世纪出版社邀请来访，就联邦德国出版事业的现状与发展进行学术交流。

5日 在纪念"五四"70 周年前夕，江西农大 61 名学生光荣加入党的组织。据统计，从 1987 年以来，江西农大已先后发展党员 189 名，有 568 名学生先后向党组织递交了申请书。

5日 省政府发出《关于进一步做好农林特产农业税征收工作的通知》，规定"过去按照山价计征林业税额的，从 1989 年 9 月 1 日起，一律改按木竹生产者的实际销售收入征税"。

6日 省政协第六届委员会第二次会议在南昌举行。会议听取和审议六届委员会《常务委员会工作报告》。与会委员列席省第七届人民代表大会第二次会议。会议期间，省委、省政府领导人和有关部门负责人同委员们协商座谈。会议通过了关于接受李沛瑶副主席辞去所任职务的决定，补选六届委员会常务委员。会议于 12 日结束。

7日 为期 6 天的 1989 年全国皮划艇冠军赛在南京玄武湖畔举行。江西 16 岁小将刘庆兰在女子 500 米皮艇决赛中夺得冠军。同时她还取得 1000 米第五名，全能第六名。另外皮艇老将袁晓清在女子皮艇 6000 米的比赛中获得第三名和全能第五名。

7日 省政府就推销 1989 年国库券、特种国债、保值公债发出通知。中央分配江西省推销国库券 1.55 亿元、特种国债 0.97 亿元、保值公债 2.74 亿元。

7日 各民主党派省委领导人出席省委召开的民主协商会。就增补第七届省人大常委会、省政协六届常委会组成人员人选进行协商。

7日 省七届人大二次会议在南昌举行。会议通过了《关于江西省政府工作报告的决议》、《关于江西省一九八九年国民经济和社会发展计划的决议》、《关于江西省一九八八年财政决算和一九八九年财政预算的决议》、《关于江西省人大常务委员会工作报告的决议》、《关于江西省高级人民法院工作报告的决议》、《关于江西省人民检察院工作报告的决议》和有关人事任免事项。会议于 13 日结束。

8日 全省新闻摄影工作者代表大会在南昌举行，并于同日成立了江西省新闻摄影学会。王昭荣任名誉会长。

8日 省政府颁发《江西省政府关于在江西省开展万人技术承包活动的通知》，动员、组织科技人员到农村开展技术承包。

8日 第二届江西省玉茗花戏剧节演出、剧本、导演、舞台设计、表演、音乐设计、伴唱、布景设计、舞美 9 项大奖近日揭晓。《樟树坳见情》、《黑森林》、《盗草》、《局长摆摊》获演出一等奖；《樟树坳风情》（编剧胡桔根)、《老屋风情》（编剧姜朝皋）、《红土地的精灵》（编剧成理）、《盗草》（编剧舒羽）获剧本一等奖；赵白祥（《樟树坳风情》）、黄凯（《天山有颗冥王星》）、钟汉秋（《盗草》）获导演一等奖；刘如南、陈俐、涂玲慧等10名获主演一等奖；蒋宋华、熊光平、兰光炎等16名获配演一等奖。另有几十位艺术家分获其他几项大奖。

9日 来自兰州、福州、成都、齐齐哈尔等全国15城市物资横向经济联合会首次在南昌市召开年会。

9日 全南县大吉山民工采矿段静水仔尾地区突然发生大面积山体滑坡。12人死亡、4人重伤、3人失踪。省长吴官正致电慰问伤员和死亡家属，并要求全南县政府一定要抓紧救灾，对受伤群众抓紧治疗。

10日 丰城市高级农艺师詹金庭32年如一日，坚持在田间从事水稻病虫害测报，利用自己掌握的理论知识，结合实际，先后进行了92项科研活动，其中1项获全国科技大会奖，5项获省、地科研成果推广奖，并被推选为中国昆虫学会会员，省昆虫学会理事。

10日 江西省新闻摄影学会举办第一次影展——改革开放新姿摄影展览，在南昌市工人文化宫展出。

10日 《江西省检察机关重建十周年专刊》编印面世，刘复之、白栋材、王昭荣等领导同志为专刊题词。

10日 铁道部命名南昌铁路分局新余、鹰东两行车公寓为部级"文明公寓"（1990年6月9日至15日，经铁道部文明公寓检查组复验，保持部级"文明公寓"称号）。

11日 江西农村妇女"学文化、学技术、比成绩、比贡献"竞赛活动协调会议召开，会议要求各地各部门要加强协调组织工作，多方给予支持，推动竞赛活动健康发展。

11日 省政府举行新闻发布会，宣布赣州行署、赣州市、宜春行署被评为1988年度江西省目标考评前三名，分别获得生产发展基金30万元、20万元、10万元的奖励；省计委、省财政厅等16个政府部门被评为1988年度目标管理先进单位；省气象局获服务工作特别奖，省医药总公司获贡献特别奖。

11日 江西省跳水运动员许艳梅荣获洛杉矶业余体育运动基金会颁发的"1988年世界杯奖"。

11日 泰和县出现最大风速31米/秒的大风、108毫米的大暴雨、最大直径10毫米的冰雹等灾害性天气，六个乡受灾，淹没早稻4000公顷，倒房7栋，死1人，伤6人，中断线路14条（截至17日，泰和县垦殖场五个分场的1200亩打籽瓜全部受灾，倒塌房屋3幢，损失约30万元）。

11日 南昌火车站实现1000天无行车事故，创该站历史最好成绩。

11日 中共中央政治局委员、国务委员兼国防部长秦基伟在九江作为期两天的考察。

11日 省劳改局在省一监召开江西省第二次劳动改造积极分子代表大会。大会至13日结束。

12日 江西文化友好代表团（杂技团）抵达日本岐阜县进行友好访问（14日，举行了纪念江西省和岐阜县缔结友好关系1周年大会。15日，江西文化友好代表团开始正式公演。共演出72场，观众达11.2万人。7月27日返赣）。

13日 1989年南方垦区经济协作会议在省蚕桑场开始，庐山垦殖场结束。会期5天，广东、海南、广西、湖南、湖北、江西6省的34名代表参加了会议。经过协商，一致同意成立南方垦区经济协作领导小组，并形成一些协作意向。

13日 江西省计量检查站在红声器材厂成立。

13日 省政府发出通知，决定对重点生活必需品从产销计划、生产条件、价格管理、销售流向等方面实行监控制度。

14日 我国第一条汽车液压制动软管生产线引进设备，在宜春汽车制动软管厂安装调试成功，并投入小批量生产。

14日 南昌市妇联为纪念母亲节在省少儿活动中心开展"妈妈爱我，我爱妈妈"主题活动。

14日 11时45分，武装警察部队南昌支队汽车修理厂在建工程（系二层砖混结构）轴线柱及梁突然倒塌，致两人受伤。该工程由西湖区三眼井建筑队施工，属无证设计工程。

14日 省七届人大常委会召开座谈会，部署贯彻落实七届人大二次会议精神。毛致用、吴官正到会并讲话，指出人大工作要把保证促进经济建设和改革开放作为首要职责，围绕治理整顿依法行使监督职能。座谈会于15日结束。

15日 德兴县新营乡农民在该乡水车村虎头岭黄土山上挖出了3100多枚上至秦朝，下至南朝古钱币，形为圆形，铜质，品种多样，共计10余公斤。

15日 江西省首届民政经济贸易洽谈会在南昌开幕。

15日 共青垦殖场鸭鸭牌羽绒服作为"国礼"，由国家主席杨尚昆亲自赠送给来中国访问的苏联共产党总书记戈尔巴乔夫及其夫人。

15日 省工商联召开五届二次执委会议。大会选举增补韩志仲为省工商联副主任委员，江云龙、徐发仁、傅裕平3人为常务委员。会议于17日结束。

15日 在武汉举行的全国首届残疾人职业技能竞赛中，赣州聋哑人周建祥获广告艺术金牌。余江县工艺木雕厂的肢残选手胡跃刚获木雕比赛桂冠。

15日 省政府发布《江西省医疗事故处理办法实施细则》。

15日 为期5天的1989年全国跳水冠军赛（甲级赛区）在南昌举行。江西跳水运动员涂军辉获10米跳台、男子全能比赛冠军。

16日 江纺、抚纺、上饶毛纺厂等54家出口纺织品生产企业，在省进出口商品检验局等部门举行的出口纺织品质量许可证发证会上，获得国家商检部门颁发的质量许可证。

16日 省直机关34位中青年干部首批下派基层，分赴各地进行为期两年的工作锻炼。首批下派干部中副厅级干部1人，正处级干部两人，副处级干部31人。省委领导在欢送会上勉励他们在基层工作实践中增长才干，为政清廉，谦虚谨慎，多办实事，做好表率。

16日 省职改领导小组批复，同意调整省

公证系列高级专业技术任职资格评审委员会成员，由高登霄任主任委员，刘洪福、邱定敖任副主任委员。

16日 省绿化委员会、省财政厅、省林业厅、省物价局发出《关于收缴绿化费试行标准的通知》。

17日 波阳县莲湖乡发生一起农用船只翻沉重大恶性事故，68名农民全部落水，16人溺死。

17日 全国妇联在山东泰安市召开为期5天的双学双比赛和科学养猪经验交流会。江西省妇联、妇女之声报社介绍经验，分宜、上高、横峰县妇联作书面发言。

18日 省委、省政府主要领导毛致用、吴官正、蒋祝平等再次邀请南昌地区13所高校63名学生在省政府三楼会议室进行了近4个小时的坦诚交谈。毛致用、吴官正希望学生们顾全大局，维护安定团结的政治局面。

19日 省司法厅和省委组织部联合发出《关于加强对司法行政机关领导干部考核管理工作的通知》。

19日 德兴县泗洲镇服装加工厂，1989年首次深加工5万多件摩托车坐垫通过上海销往美国。

20日 业余作者万江麟创作的反映滇缅边境惊心动魄抗战风云的惊险电视连续剧《魔鬼工程》在南昌举行首映式。该剧系江西电视台和江西音像出版社首次联合摄制的作品。

20日 省政协第六届委员会召开主席会议，学习座谈总理李鹏、国家主席杨尚昆在首都党政军干部大会上的讲话。

20日 九江市政府决定成立市国营垦殖场管理局。

20日 省检察院发出紧急通知，要求全省检察机关干警，立场坚定，旗帜鲜明，政治上与党中央保持高度一致，坚守工作岗位，做好检察工作。

20日 省政府发出《关于开展万人技术承包活动的通知》。《通知》指出，从1989年起，在全省开展万人技术承包活动。承包重点是抓好粮、棉、油、大田作物、林果、畜禽、渔业生产和农业资源开发项目。承包形式提倡个人、单项

技术承包逐步过渡到多部门、多专业联合组成承包集团。《通知》规定，对下去搞技术承包的科技人员，实行原有职务、工资、户口、住房、粮油关系、福利待遇不变；在承包中推广先进技术，按规定申报科技进步奖；在评聘专业技术职务时，在同等条件下，优先聘任；在农村承包期间按规定，可在原有工资基础上上浮一级工资。

20日 省委常委召开会议，常委们一致表示，坚决拥护党中央、国务院的重要决定，一定要在政治上同党中央保持高度一致，紧紧团结在党中央、国务院的周围，努力做好江西的工作，维护全国大局的稳定。

20日 应中国红十字总会的邀请，以罗马尼亚红十字会会长西奥巴尼特·弗伦妮卡女士为团长的罗马尼亚红十字会代表团一行4人（自即日起至6月2日在赣进行友好访问）。

21日 省林业厅、财政厅颁布《江西省森林资源补偿费管理暂行办法》。

21日 江西工业大学化工研究室正式发"压力容器设计单位"证书，成为江西省高校中第一个获取压力容器设计资格的单位。

21日 江西名茶评比在省蚕茶研究所举行。宁都小布岩茶；婺源灵岩剑峰、天香云翠、仰天云峰、墨菊、天舍奇峰、文公银毫；奉新长山观音、长山天工茶；省蚕茶所前岭银毫、梁渡银针；遂川圣绿；上犹五指峰银毫；兴国均福云雾；上饶竹青；萍乡玉竹银峰和临川瑶岭峰毫等。获江西1988年名茶称号。灵岩剑峰获国家名茶称号。

21日 湖北省人大常委会主任黄知真到横峰县参加黄道烈士蒙难50周年纪念活动。

22日 中国射击队一行16人赴民主德国、联邦德国和瑞士参加世界杯赛。省射击教练王金玉、男子手枪速射运动员骆彬和柳军共3人随队前往。

22日 中国癌症研究基金会自控气功防治肿瘤研究会江西分会在南昌正式成立。

23日 新型建筑材料——"999水性丙烯酸密封膏"，由永修县八角岭新型建筑材料厂试生产成功，通过技术鉴定。

23日 省政府办公厅经省政府同意发出《关于切实维护劳改劳教单位正常工作秩序的通知》，要求劳改、劳教单位驻地的县、乡（镇）人民政府，经常教育周围群众遵纪守法，维护劳改、劳教场所的正常秩序，对到劳改、劳教单位哄抢、闹事、偷拿财物的事件要及时制止，严肃查处；严禁任何单位或个人以任何借口煽动和冲击劳改、劳教场所。

23日 应省长吴官正邀请，以岐阜县新任知事梶原拓为团长，日中友好岐阜县议员联盟会长古田好为副团长的岐阜县政府代表团暨友好交流访问团一行26人及联合国区域开发中心主任佐佐波秀彦一行4人，抵达南昌，进行为期3天的友好访问。吴官正省长会见并宴请梶原柘一行，并进行正式会谈，签署了《江西省文化友好访问团访问岐阜协议书》。

24日 全省旅游工作会议召开。会议提出，提高接待海外游客人数和创汇比重，是江西旅游业的目标，以江西省名山、名川、古城的秀丽风光为依托，地方风物为重点，以观光为基础，逐步形成以专项为主题，以多应变，以特取胜的旅游总体格局。会议于26日结束。

风光秀丽的九江烟水亭

24 日 国营八一垦殖场生产的"灵芝"药片、氧化稀土、松香、"灵芝"药酒等均打入国际市场，近年来出口创汇额近百万美元。

24 日 《李杏水彩画展》在省文联展厅展出 40 余件 1987 年以来的水彩新作。

24 日 省政府召开会议，确定原 1985 年下放九江市的江西平板玻璃厂收归省建材局管理。

24 日 省妇联、省文联、省教委、省财政厅的领导代表省儿协赴吉安地区走访小学、幼儿园，慰问老区儿童少年工作者。这次活动于 26 日结束。

24 日 江西各地市和省直有关部门负责人召开研讨"马路经济"会议。与会者认为，对"马路经济"要多观察，多引导、多扶持，"借助大路，开发两厢"，促使其向有一定规模的网状经济和带状经济发展，在发展中调整产业结构，以利于农村经济全面发展，同时，要实行社会综合治理。研讨会于 27 日结束。

25 日 省政府召开中小学危房改造工作会议。省长吴官正指出，我们办教育的目的，就是为了培养有理想、有文化、有道德、有纪律的人才，培养有奉献精神的人才。并提出 1989 年中小学校舍修建四项目标：省筹资金 1.5 亿至 2 亿元，新建改建校舍 150 万平方米至 200 万平方米；危房比例下降到 3% 以下；1/5 的乡镇中小学完善校舍配套建设。会议于 26 日结束。

25 日 江西医学院第二附属医院与加拿大多伦多大学森尼医学中心正式签订《关于结为姐妹医院的协议》。

25 日 由中国医学伦理学杂志社、健康报理论部、上海第二医科大学、重庆医科大学、江西医学院联合主办的全国第三届中青年医学伦理学研讨会在九江举行。研讨会至 29 日结束。

26 日 美籍华人熊玠先生结束在江西的讲学和学术交流活动。省长吴官正、副省长张逢雨分别会见并宴请了熊玠先生。

26 日 省林业厅在南城县召开为期两天的江西省容器育苗技术推广会议。

27 日 应广东省游泳广告发展公司的邀请，江西著名画家彭友善、著名书法家黄天璧在广州市展出国画和书法近百件。

27 日 为期 3 天的全省爱国卫生工作会议在南昌召开。会议提出要把爱国卫生工作纳入社会经济发展规划，发动群众综合治理，创建国家卫生城。副省长陈癸尊作了贯彻国务院《关于加强爱国卫生运动》的报告。

28 日 省政府召开常务会议，研究江西当前市场、物价和灾区人民生活安排，以及 1989 年办理人大代表建议、政协委员提案和政府各部门 1989 年目标管理工作等问题。

28 日 省委召开廉政建设座谈会。会议认为，在继续抓好农业生产资料"两公开一监督"、清收拖欠公款、清理整顿党政干部在城镇建私房三件事的同时，下一步抓好用公款大吃大喝和严禁进口豪华汽车两件事。毛致用在会上指出，当前廉政建设的关键在于真抓实干，要一项一项地把廉政建设狠抓落实，实实在在地解决问题，抓出成效。

29 日 全省城市建设综合开发研究会在赣州召开成立大会，建设厅副厅长汪大洋当选为第一届理事会理事长。

29 日 副省长兼省军转工作小组组长蒋祝平主持召开军转工作小组会议，决定成立江西省军队转业干部培训中心（7 月 16 日，确定省军转干部培训大楼建在江西行政管理干部学院）。

29 日 为期 3 天的第十一届"宜工杯"华东协作区举重比赛在南昌市结束。省体育运动学校的陈其华、曹绍亲、龙小勇、肖宁萍分别夺得 67.5、75、90、100 四个公斤级的总成绩冠军，另外 6 人还分别获得两个亚军，一个第三名和三个第四名。

29 日 在印度尼西亚雅加达举行的第六届世界羽毛球锦标赛上，江西运动员熊国宝获男子团体铜牌。

29 日 省人大常委会办公厅在庐山举办县级人大信访干部培训班。培训班至 6 月 5 日结束。

30 日 省林业勘察设计院增挂"江西省森林资源监测中心"的牌子，不增编制。

30 日 江西电视机厂年产 15 万台（单班）彩色电视机生产线验收合格，正式投产。

30 日 彭泽、永新、高安、永修、于都 5 县和新余市渝水区油菜大面积丰收，省政府通电嘉奖；7 月 18 日，九江、宜春、萍乡等地、市，彭泽、永新、高安、湖口、瑞昌、于都、兴国、瑞金、乐平、分宜等县和新余市渝水区受到国务院通报表彰。

30日 省地质学会、省考古学会、省地理学会、省旅游局、省城乡建设规划设计院、省社会科学院经济研究所、三清山风景名胜区管理局在三清山联合召开为期4天的"江西省首届旅游资源开发规划研讨会"。到会代表56人，收到各类有关旅游资源的论文计59篇。代表们就江西省的旅游资源进行了调查研究、评价，并提出了开发和规划的建议。

30日 省委、省政府办公厅发出《关于坚决刹住吃喝风的试行规定的通知》。通知规定，全省各级党政机关在省内执行公务，一律实行分餐制，或到公共食堂购票就餐；分餐制一律一盘菜一碗汤，不得超过三个品种，至少有一个素菜，不准上名贵菜肴和用公款购买烟、酒、饮料、水果等招待；一律不准变相吃喝，不准搞"接风"、"送别"宴会，不准陪餐。违者，要严肃查处。

30日 省委、省政府办公厅下发《关于严禁购买进口豪华小汽车的规定》。

30日 省法院编印的《审判理论与实践》创刊出版。

30日 罗马尼亚红十字会会长西奥巴尼特·弗伦妮卡女士一行4人，来赣参观访问。

31日 为适应对外开放和旅游事业的发展，中国银行在庐山设立支行，正式营业。

31日 南昌至九江汽车专用公路建设项目经过国际竞争投标，由中国冶金建设公司和南斯拉夫英格拉公司联合集团，以1.44亿元人民币的价格夺标。合同签字仪式在北京举行。这是江西省第一条全封闭、全立交、双车道高级沥青公路，全长为113公里。

本月 南昌体育电子设备研究所为首次在我国举行的"第六届世界航海模型锦标赛"研制出一套FSR电脑裁判系统，突破以往的显示记录形式，是一套先进的大型记时显示设备。

本月 由省广电厅、电视台、电台联合举办的业余少儿美术绘画班7名少儿首次参加武汉市第二届"双龙杯"全国少年儿童书法美术大赛，其中龚平、熊雪枬、肖菲分别获美术优秀作品奖。

本月 省建材工业协会、省建材工业企业管理协会、省建材工业职工思想政治工作研究会成立大会在南昌召开。

本月 司法部在南昌召开司法行政机关贯彻行政诉讼法专题研讨会召开。会议就行政诉讼法实施后各级司法行政机关做好行政复议应诉工作进行座谈讨论。

本月 一种以糠枯为主要原料，具有保护肝、降胆固醇、防止脱发并能促进菌种培养和酵母生长的高级营养物质——肌醇，在临川县粮食局肌醇厂投入批量生产。

本月 省政府命名铁道部鹰潭木材防腐厂为"省级先进企业"。该厂研制的"CCA"膏状木材防腐剂通过省级鉴定，获省1989年"优秀产品奖"。

本月 江西少儿美术书法作品在北京中国少年儿童活动中心展出，康克清和文化部副部长王济夫等领导参加了开幕式并参观展览。

本月 丰城矿务局建新矿掘进六区使用以GTH-10履带式液钻车和侧卸式装岩机为主体的岩巷钻、装、运、支机械作业线，在施工中取得了15.93平方米断面锚喷岩巷月进103.75米的成绩。

本月 大吉山钨矿因不法民工强行挖钨砂造成泥石滑坡发生重大伤亡事故，38名民工被埋，15人死亡。

本月 联邦德国青少年出版社联合会主席、蒂奈曼出版社社长汉斯于尔格·威特布莱希特先生偕夫人应21世纪出版社邀请来访。

本月 江西考古工作者在安义龙津镇附近发现樟灵岗、凤凰山、上徐村3处旧石器地点，获得37件打制石器，其地质年代为晚更新世，考古年代为旧石器时代晚期。中旬，中国科学院古脊椎动物与古人类研究所在安义县获得古人类使用的石制品20多件并确认这些石制品为我国原始社会旧石器时代中晚期古人类使用的打制石器。

本月 经省政府批准，南昌市第一建筑工程公司荣获省级先进企业称号。这是江西省建筑企业中首家省级先进企业。

本月 七二一矿江西"环境质量评价"获核工业总公司1988年度部级科技进步一等奖。

1989

6月

June

日	一	二	三	四	五	六	日	一	二	三	四	五	六

公元 1989 年 6 月　　农历己巳年【蛇】

日	一	二	三	四	五	六
				1 儿童节	**2** 廿九	**3** 三十
4 五月小	**5** 初二	**6** 芒种	**7** 初四	**8** 端午节	**9** 初六	**10** 初七
11 初八	**12** 初九	**13** 初十	**14** 十一	**15** 十二	**16** 十三	**17** 十四
18 十五	**19** 十六	**20** 十七	**21** 夏至	**22** 十九	**23** 二十	**24** 廿一
25 廿二	**26** 廿三	**27** 廿四	**28** 廿五	**29** 廿六	**30** 廿七	

1 日　南昌市少儿艺术学校在南昌市少年宫成立。

1 日　省旅游局发出《关于在江西省开展旅游涉外饭店星级评定工作的通知》和《关于进一步提高旅游服务质量的几点意见》。

2 日　闽、浙、赣、湘、鄂、川、黔 7 省革命文化史料征集协作会议在瑞金召开，共 30 余人出席会议。会上，对江西编写的《中华苏维埃共和国（八省）革命文化大事记》等进行了讨论，并协商制定了省革命文化史料的征集、编纂工作五年规划。并确定在两三年内共同协作编辑出版《苏区革命文化史料丛书》。会议于 9 日结束。

2 日　世界银行项目执行检查官员一行两人来赣对种子项目进行为期 5 天的检查。

2 日　省检察院在南昌召开为期 5 天的检察分院、市检察院检察长座谈会，回顾上半年反贪污贿赂工作情况并布置下半年工作任务。

2 日　由省陶瓷、丝绸、化工、医保进出口公司组成的展览分团，参加中国国际贸易促进委员会在美国北部俄亥俄州克利夫兰市国际展览中心举行的"中国出口商品展销会"。

3 日　经省计委批准，全省首次实行新电新价办法：从 1989 年始，南昌电厂扩建工程新增电量实行新价。

3 日　省旅游局下达《关于导游员和导游证件的管理办法》。

3 日　省政府召开常委会议研究部署当前农村经济工作。会议要求各级政府和各有关部门进一步加强对农业的领导，坚定信心，克服困难，扎扎实实采取各种有效措施解决存在问题，千方百计夺取 1989 年农业全面丰收。

4 日　从 1984 年开始，有 100 多名科技人员参加的稀土在主要农作物上的应用研究成果，通过省级鉴定。

5 日　省委、省政府发出《关于认真学习〈中共中央、国务院告全体共产党员和全国人民书〉的通知》，要求各级党政领导干部、全体共产党员、广大人民群众和各界爱国人士认真学习该通知的精神，稳定全国大局。要坚定不移地在政治上同党中央保持一致，旗帜鲜明地做思想工作，维护各方面的正常秩序（6 日，省委、省政府电函党中央、国务院、中央军委，表示坚决贯彻中共中央、国务院《告全体共产党员和全国人民书》)。

5日 省煤炭厅决定，为了调动职工群众的积极性，进一步发挥工会和职代会在工资、奖励分配中的作用，各矿应对现行的工资、奖金分配办法在工会代表的参加下，进行一次普遍的修订，经职代会讨论通过后施行。

5日 国家教委发布第二号令，颁布《幼儿园工作规程（草案）》在全国试行。江西省自即日起开始试行。

5日 一种新型的日用卫生品——卫生级香型杀螟蚣，在赣南农药厂研制成功，经专家鉴定，该产品工艺先进，技术合理，获国家专利局的专利。

6日 全省首次评出15名医德医风最佳医务工作者和5名优秀医务工作者。

6日 江西省烹饪协会成立，业务上挂靠省商业厅。

6日 全省首届幼儿美育研讨会在南昌市结束。

6日 省法院在南昌梅岭召开首次廉政建设工作座谈会，34人出席。会议传达贯彻全国法院廉政建设工作会议和全国高级人民法院院长座谈会精神，着重研究加强法院系统廉政建设，强调认清当前形势，反对资产阶级自由化，维护正常的工作和生活秩序。座谈会于9日结束。

7日 由节目主持人索尔兹伯里和团长平贺徹男率领的日本广播协会（NHK）摄制组一行6人，来江西拍摄题为《中国革命四十周年》电视系列片。作为NHK本年度重要节目之一，该片完成后将在日本、美国播放。拍摄工作进行6天，至12日结束。

8日 在新近开辟的三清山风景区清辉池中，发现有1300多尾纯黑、纯蓝、纯白、纯黄等5种颜色的小鲤鱼。

8日 省社联召开省属学会负责人会议，学习贯彻《中共中央、国务院告全体共产党员和全国人民书》和省委、省政府颁发的关于认真学习《中共中央国务院告全体共产党员和全国人民书》的通知。

8日 省教委发出《关于对中小学教育开展五项督导检查的通知》。

8日 省纪委发出通知，要求各级纪委机关切实履行职责，严明党的纪律，稳定江西，维护大局，用实际行动保卫革命、建设和改革的成果。

8日 宜春市东风大街中段的某综合楼突然倒塌，造成1人死亡，两人重伤，损失18万元。该工程由宜春市建筑设计院设计，宜春市住宅建筑公司施工。经省建设厅组织有关单位分析和研究认为，在施工期间，设计荷载尚未完全加上去，致使尚未拆除的情况下房屋倒塌，施工单位应负主要责任；设计单位对安全度考虑不够应负相应责任。宜春市法院对此案进行了判决。

8日 省政府发出《关于对贫困地区和老区特困乡继续实行优惠政策的通知》。

9日 省教委下发通知，要求各高校尽最大努力恢复和稳定学校正常秩序。各地市、县教育行政部门、各级各类学校都要认真贯彻国家教委通告精神。

9日 因受阻滞留在江西铁路线上的11列客车、50列货车全部安全驶离省境，没有发生一起行车伤亡事故和刑事案件，也没有发生重要物资丢失现象。

9日 省政府办公厅发出通知，从6月10日起，"对销往省外的木材和竹材，一律在实际销售价外向买方加收7%和3%的森林资源补偿费"的规定暂缓执行。

10日 全省早稻发生纹枯病面积达1200万亩，叶稻瘟发生200万亩。省政府紧急通知各地发动群众，抓紧防治确保丰收。

12日 从5月至6月，省粮食部门和有关方面通力合作，向北京调运大米1160万公斤。

12日 省委召开常委会议，省顾问委员会组织在南昌的委员，认真学习、讨论邓小平同志接见戒严部队军以上干部的重要讲话。会议指出，对于邓小平的重要讲话，必须在实际工作中坚决贯彻执行。当晚，省委、省政府召开省地、市、县负责干部电话会议，号召全省人民动员起来，进一步振奋精神，做好工作，稳定江西、维护大局。14日，省委发出关于认真传达学习邓小平的重要讲话的通知。

12日 省长吴官正致电英国48家集团主席表示：我国政治经济形势平稳。我们将继续稳定大局，稳定江西，坚持对外开放的方针不变，坚持发展同世界各国、各地区经济贸易往来不变，坚持外商来赣投资的优惠政策不变。

12日 省教委发出《关于建立实施初等义务教育"三配套"乡（镇）的实施意见》。

12日 云山垦殖场军山地毯厂试制成功"造纸毛毯"。

13日 省人大常委会党组召开扩大会议，认真学习、讨论邓小平接见戒严部队军以上干部的重要讲话，一致表示，坚决拥护邓小平的重要讲话。

13日 省文博部门和上海同济大学、美国加州大学圣地亚哥分校中国研究中心合作，在鹰潭市贵溪鱼塘水仙岩战国时期的崖墓现场，进行悬棺仿古试吊（30日，用根据古籍记载制造的木制绞车、绳索、定向滑轮等仿古工具，把一重约150公斤的"棺材"吊进一个离水面约20多米的崖洞穴中，重现2000多年前古人吊装悬棺的场面。试吊工作进行了半个多月。证明"提升法"是悬棺一种置棺方法。中央电视台派记者拍摄《千古之谜》专题片）。

14日 安福县寮矿乡官田村一农民家中发现一口金属"康熙宝缸"。经测定，此水缸重35公斤，高70厘米，上大下小，外型酷似一口钟，距今327年。此文物在江西尚属首次发现，是江西省一件不可多得的稀世珍宝。

14日 为纪念方志敏诞辰90周年，江西人民出版社编辑出版《方志敏印象集》。毛致用题写了书名，吴官正作序言。

15日 上饶县财政局干部向培锦贪污挪用公款435081元，省财政厅就江西省财政系统这一罕见的贪污挪用公款大案发出通报。

15日 省政协第六届委员会召开主席会议，审议并同意关于开展建国40周年和人民政府成立40周年活动的意见。

15日 各民主党派江西省委会领导人出席

江西省委举行的党外人士会议。省委书记毛致用主持会议；省长吴官正传达邓小平在接见首都戒严部队军以上干部时的讲话。拥护邓小平在接见首都戒严部队军以上干部时的讲话（16日，各民主党派省委会副秘书长以上人员，出席省委统战部举行的双月座谈会，学习和座谈邓小平《在接见首都戒严部队军以上干部时的讲话》）。

15日 6月11日以来，省军区党委武警总队党委、省直各部门以及江西省各地、市委召开有县级以上的在职和离退休干部参加的委员扩大会议或常委扩大会，认真学习邓小平同志在接见首都戒严部队军以上干部时的讲话，一致表示坚决拥护，认真贯彻执行，稳定江西、稳定全国大局、稳定大好形势。

15日 省委毛致用、吴官正、蒋祝平等领导前往省公安厅、省武警总队、南昌市公安局，向广大公安干警、武警官兵以及南昌地区大专院校保卫处（科）的工作人员表示亲切慰问，赞扬他们在稳定江西、维护大局中作出的重大贡献。

16日 《江西省律师执行职务的若干规定（草案）》经省政府常务会议讨论通过，并提请省人大常委会讨论。

16日 省委、省政府毛致用、吴官正等领导分别到江西大学、江西师范大学、江西工业大学看望坚持教学和上课的师生员工。勉励学生们刻苦学习，当前特别要认真学习邓小平重要讲话，提高认识，真正成为德才兼备的"四有"新人。

16日 为检查各地对廉政建设的贯彻落实情况，省委组织省顾委、省人大、省政协部分老同志成立检查组，分赴11个地、市进行为期10天的检查。检查组将深入基层，直接听取群众意见和反映，以督促和推动廉政建设。

17日 省委、省政府毛致用、吴官正等领导分别到南昌发电厂、南昌柴油机厂、江西拖拉机厂、江西电机厂、南昌朝阳水厂和南昌铁路分局看望广大职工，称赞广大职工坚守岗位，努力生产，为稳定江西、维护大局做出了重大贡献。要求广大职工，认真总结经验，更好地坚持四项基本原则，坚持改革开放。

17日 丰城至洛市煤炭铁路专线胜利建成通车。

17日 省政府作出《关于动员江西省人民搞好造林绿化的决定》，要求到20世纪末实现基本绿化江西大地的战略任务。

17日 省旅游局、公安厅、工商局、物价局联合发出《关于确定江西省旅游涉外定点单位的通知》。

17日 省旅游局发出《关于尽快组织海外游客来赣旅游的紧急通知》。

17日 省地矿局九一二大队一分队经过近一年多的时间对贵溪县罗塘地区的非金属普查，在该区找到了一中型石膏矿床。

17日 一种新型纸箱黏合剂——高分子树脂黏合剂，在余江县邓埠化工厂研制成功，通过省级鉴定，并获得省优秀新产品奖。

18日 各民主党派省委会部分负责人参加省委组织的廉政建设检查组，赴各地市检查和推动廉政建设。

20日 1989年全国羽毛球等级赛（甲级）在南昌举行。

20日 省首届西藏班46名学生在南昌市第十七中学初中毕业离开南昌返回西藏。

21日 省长吴官正和梶原拓、古田好互致贺电，祝贺江西省、岐阜县（日本）缔结友好关系1周年。

21日 根据江西血吸虫病疫情近年回升状况，省政府决定财政中拨出300万元专款补助血防工作，加上本年各地财政原定用于血防的480万元，1989年省血防经费达到血防40年来最高纪录。

22日 省顾委主任赵增益、省委常委王太华、副省长钱家铭等领导与南昌飞机制造公司、洪都钢厂等50多家企业厂长、经理一起学习邓小平重要讲话。决心以邓小平的讲话为思想武器，统一职工的思想，坚定不移地坚持"一个中心，两个基本点"，把企业的学习、生产搞好。

22日 省纺织职工思想政治工作研究会在南昌市召开。审议通过《江西省纺织职工思想工作研究会工作条例》等4个条例。

23日 省经贸厅批转省外运公司《关于开辟九江至香港航线货运班轮的请示》，同意开辟九江至香港航线货运班轮运输，实行水路分流。

23日 江西省"七五"期间农业投入明显增加，国家、地方共拨贷款25.3亿元人民币用于农牧渔业基地建设和红壤开发。3年来，国家直接投资2.4亿元人民币，地方配套1.2亿元人民币，在全省建起了37个商品粮基地县，9个优质农产品基地县，11个畜牧基地县，13个水产项目，13个名特优农副产品项目。

23日 省委副书记、副省长蒋祝平受毛致用、吴官正等领导的委托，代表省委、省政府到《江西日报》、新华社江西分社、江西人民广播电台和江西电视台，向全体职工和家属表示慰问。并勉励他们继续努力，旗帜鲜明地坚持"一个中心，两个基本点"，以实际行动，把江西的工作做得更好。

23日 省纺织工业局在南昌召开为期两天的精梳涤棉纱、布、印染布国家标准、棉针织内衣国家标准宣布贯彻会。

23日 省垦管局召开省属农垦企事业单位劳动人事工作会议，会期3天，会议研究专业技术职务工资兑现审批工作和有关人事工作，决定全面推行工资总额与经济效益挂钩。

23日 省卫生厅贯彻国家《传染病防治法》和《食品卫生法》，自即日起至8月7日期间先后制定了《江西省县级卫生防疫站分级标准（试行）》、《关于加强公共场所卫生监督管理工作的规定》及《江西省食品卫生分级管理办法》。

24日 中国气象报江西记者站成立。

24日 省人大常委会召开部分在南昌的第七届全国人大代表和省七届人大代表座谈会，学习讨论邓小平在接见首都戒严部队军以上干部时的讲话和中共中央、国务院《告全体共产党员和全国人民书》，听取代表对当前工作的意见和建议。会议由省人大常委会主任许勤主持，副主任王泽民、裴德安、秘书长张振刚出席会议。

24日 由省消防协会、武警江西消防总队和江西保险公司主办的《江西消防》杂志，在省科普报刊交流会上受到表彰，被推荐参加由中国科协主办的全国优秀科普报刊评选活动。

25 日 省委召开常委会议，传达和学习党的十三届四中全会精神。与会者一致表示，坚决拥护党的十三届四中全会所作出的各项决定，坚决执行党的十一届三中全会以来的路线、方针、政策和"一个中心，两个基本点"的基本路线，坚决按照全会的要求，抓好四件大事。连日来，省人大、省政协、省顾委、省纪委、省军区、武警总队和省直机关、人民团体、大专院校以及江西省各地、市干部、群众都认真学习党的十三届四中全会公报，表示坚决拥护党的十三届四中全会作出的各项决定。

25 日 省工商联企业工作会议在景德镇市举行，会期 3 天，会议继续贯彻治理整顿、深化改革的方针。

26 日 历时 6 天的全国飞机跳伞吉安赛区的比赛经过 80 余架次的起落，圆满结束。江西队夺得全赛区 8 个金牌总数的 5 个，成为得奖最多的队。其中女队个人定点特技全能、集体定点 4 项第一名全部由江西队独揽。男队全能第一名也由江西队员夺得。

27 日 自 6 月 27 日以来，全省大部分地区连降暴雨，山洪暴发，江河水位急剧上涨，受淹农田面积迅速扩大，抚河、信江、袁河和滨湖地区，汛情严重。省委、省政府号召省各级党政组织、广大干部群众和全体军民，紧急动员起来，全力以赴千方百计夺取抗洪抢险斗争的胜利，力争 1989 年农业丰收。

28 日 省卫生厅发布《医务人员业余服务的若干规定》。

28 日 九江化纤厂两万吨短纤维扩建工程指挥部在南昌成立，省纺织工业局副局长刘奎芳任总指挥。

29 日 江西兴国、瑞金等 17 个国家定点扶持贫困县列为省委常委和副省长以上共 15 位领导的扶贫联系县。

29 日 省委召开部分副省级以上老干部座谈会，会期两天，会议学习讨论党的十三届四中全

会精神，参加座谈会的人员一致表示坚决拥护全会的各项决定，落实党的十三届四中全会提出的各项任务，把全省的改革和建设不断推向前进。

30 日 省委八届八次全体（扩大）会议在南昌举行。会议传达、学习、贯彻党的十三届四中全会精神和邓小平的重要讲话、江泽民在党的十三届四中全会上的讲话，在提高认识、统一思想的基础上，结合江西实际，对需抓好的几项工作作了部署。会议要求，全省各级党组织、广大党员、干部和人民群众，要认真学习贯彻党的十三届四中全会精神，更加紧密地团结在党中央周围，继续坚决执行党的十一届三中全会以来的路线、方针、政策，继续坚决执行党的十三大确定的"一个中心，两个基本点"的基本路线，同心同德，艰苦奋斗，克服前进道路上的一切困难，把江西的社会主义现代化建设和改革开放事业继续推向前进。省委书记毛致用在会上指出，要结合江西实际抓好几项工作：（一）进一步巩固和发展安定团结的大局；（二）继续贯彻治理整顿、深化改革的方针，促进经济持续、稳定、协调地发展；（三）认真加强思想政治工作，切实反对资产阶级自由化；（四）坚决惩治腐败，切实搞好廉政建设。会议于 7 月 2 日结束。

中共江西省委八届八次全体（扩大）会议会场

30 日 据统计，江西从 1979 年至 1989 年 6 月 30 日，评定各种会计专业技术职称的有 45973 人，占会计人员总数的 54.3%。其中高级会计师 319 人，会计师 5707 人，助理会计师 16201 人，会计员 23746 人。

30日 省委作出《关于表彰先进基层党组织，优秀共产党员和优秀党务工作者的决定》。表彰瑞金县沙洲坝村等100个先进基层党组织；林祥群等199名优秀共产党员；张荣柱等179名优秀党务工作者。省委号召各级党组织、全体共产党员和党务工作者向先进学习，振奋精神，团结奋斗，勇于进取，艰苦创业，为把江西省的改革开放和"两个文明"建设不断推向前进。10月21日至22日在南昌举行表彰大会。

30日 江西省消费者协会在南昌成立。

本月 南昌市海陆特种动物养殖场正式挂牌开业。

本月 江西省国家机关事业单位停止实行工作人员休假制度。

本月 江西地质勘探大队更名为中国建筑材料工业地质勘察中心江西总队。

本月 省司法厅《司法行政研究》创刊。

本月 南昌铁路分局鹰潭站使用ND_3型内燃机车调车，成为江西境内第一个使用内燃机车调车的车站。

本月 南昌桑海制药厂独家研制的止咳、祛痰、清热、解毒的新药中黄蛇胆川贝液，是蛇胆川贝液的第二代产品，为国内首创，自1988年投放市场以来，深受客户好评，获省优秀新产品奖。

蚕桑垦殖场桑海制药厂口服液车间

本月 南昌市少年宫学员参加"我与蓝色的地球"为主题全国少年儿童绘画比赛展览，赵璐同学获二等奖。

本月 江西氨厂与武汉化工工程公司合作，对中氮采用碳酸丙烯脂脱除二氧化碳，并对水溶液全循环生产尿素进行改进。这项技术获化工部1988年度优秀设计奖和科技进步二等奖。

江西氨厂的氨回收塔

本月 省气象科学研究所首次使用卫星遥感测定江西水稻种植面积。

本月 九江市档案馆向社会开放首批历史档案235卷。

本月 贵溪冶炼厂生产的2600吨优质电解铜进入日本市场。这批电解铜是建国以来我国出口电解铜数量最大的一批，也是我国的电解铜首次用于日本的电线电缆行业。

本月 省经贸厅厅长周慭平，厅党组成员、纪检组长陈家富以及有关处长和有关公司经理用一个星期的时间，深入到吉安地区的吉水、新干、遂川、井冈山、永新、安福、峡江等县市的进出口企业、工厂进行实地调查，现场办公，商讨解决出口存在的问题的措施和办法。

本月 省政府副秘书长何一清率江西省贸易展览会代表团一行30人前往联邦德国法兰克福市参加"中国周"贸易活动，随后赴葡萄牙、法国进行推销和做市场调研。

本月 省政府批准成立《江西画册》编委会，副省长陈癸尊为主编。

本月 1982年9月成立机构、1985年开始编修、1988年定稿的《景德镇市志略》，由汉语大词典出版社出版。

1989

7月
July

公元 1989 年 7 月							农历己巳年【蛇】					
日	一	二	三	四	五	六	日	一	二	三	四	五	六
						1 建党节	2 廿九	3 六月大	4 初二	5 初三	6 初四	7 小暑	8 初六
9 初七	10 初八	11 初九	12 初十	13 十一	14 十二	15 十三	16 十四	17 十五	18 十六	19 十七	20 十八	21 十九	22 二十
23 大暑	24 廿二	25 廿三	26 廿四	27 廿五	28 廿六	29 廿七	30 廿八	31 廿九					

1日　世界银行贷款公路项目玉山——童坊线，验收合格，交付使用。

1日　省社联在星子太乙村先后举办三期中共十三届四中全会文件学习会。参加会议的有省社联常务理事、各地县厂矿社联和学会负责人共120名。集中学习中共十三届四中全会文件和邓小平的重要讲话，研讨和探索坚持四项基本原则进一步搞好社会科学团体工作的问题。

1日　省检察院、省财政厅联合发出《关于奖励举报经济犯罪有功人员有关规定的通知》。为了保障举报工作更好地为治理经济环境、整顿经济秩序服务，促进廉政建设，鼓励广大人民群众向检察机关检举揭发经济犯罪活动，规定对举报有功人员奖励金额为人民币 100 元、500 元、1000 元三种。

1日　江西在南昌市对 10 户机械企业试行用电峰谷分时电价供电，并陆续对南昌地区较大的宾馆、饭店、招待所、商店等非生产用电单位实行计划定量供电。

1日　南昌电子应用技术研究所成立。

1日　省政府决定：自即日起，在全省城乡实行生活用电管理新规定。南昌市区每户用电量不得超过 80 千瓦时，其他地区每户每月不得超过 70 千瓦时，超过部分按原价的 5 倍加收超用电费。

1日　省军区领导、预备役部队和省武警官兵随带舟桥连、汽艇、冲锋舟、橡皮船以及运输车辆等救灾器材开赴各重点地段，投入抗洪抢险战斗。

2日　共青团员、基干民兵龚细保在新余渝水区姚圩镇抗洪抢险中英勇牺牲。团省委授予龚

吴官正慰问革命烈士龚细保的父亲和妻子

细保"优秀共青团员"称号,省政府批准龚细保为革命烈士(8月12日,省军区发布通令,决定给予龚细保追记一等功一次)。

2日 省纪委举行第六次全体会议,学习贯彻党的十三届四中全会精神,要求江西各级纪检机关和纪检干部严明党的纪律,惩治腐败,加强党风党纪建设。

2日 江西省"七五"重点工程——瑞昌县洋鸡山金矿建成投产。该矿日处理原矿达200吨,成为江西省第一大金矿。

3日 省委、省政府下发紧急通知并召开防汛紧急会议,要求动员一切力量,全力抗洪抢险,抗御特大洪涝灾害,力夺农业丰收。面对严重的水灾水情,省委、省政府领导除副省长黄璜、张逢雨留守指挥外,全部分赴第一线指挥抗洪救灾。省委书记毛致用赴樟树市,省人大主任

许勤赴南昌市,省长吴官正赴余干县,省军区政委魏长安赴新余市,省委副书记蒋祝平赴丰城市,省委常委王昭荣赴东乡、余江、贵溪县,省委常委卢秀珍赴进贤县,省委常委王太华赴余干县,省委常委王保田赴抚州地区。当前,全省有200万劳力,县乡两级3.2万干部奋战在抗洪抢险第一线。

3日 九江市重建琵琶亭工程竣工开放。琵琶亭建于长江大桥东侧,1987年动工,于1988年3月开始重建,因白居易作《琵琶行》诗而闻名于世。亭高19米,建筑面积3300平方米,投资80万元。主体建筑为双层重檐、朱柱碧瓦、四面轩窗的仿古风格建筑。南面镶巨型石刻《琵琶行》,采用毛泽东主席生前墨迹。亭顶悬有著名书画家刘海粟题写的"琵琶亭"匾额。亭前正中立有汉白玉白居易全身塑像。

省委书记毛致用在樟树市、新余市的洪水灾区察看水情,同群众一起参加抗洪抢险

省长吴官正,省委常委、宣传部长王太华同余干县石口乡受灾群众在一起交谈

九江琵琶亭

4日 丹麦金硕国际咨询公司副总裁安力生先生和丹麦太平洋有限公司技术部主任贝尔先生来南昌参观访问。丹麦政府赠款80万美元,用于南九公路咨询的服务和桥梁管理系统的建立(5日,副省长钱家铭在江西宾馆会见安力生先生和贝尔先生)。

4日 江西首批由江西医学院第一附属医院5名医务人员组成的医疗队,奔赴新余抗洪救灾第一线。同时迅速组织了14个医疗救护队,随时出发奔赴灾区第一线。

4日 省审计学会和省审计师事务所在九江联合召开为期两天的首次社会审计理论研讨会结束。以南昌市税务局张学明为主研究成功的"通过报表审核系统",提高工效10倍至14倍,经有关部门和专家评审,该系统在实现规范化审核管理方面处于国内先进水平。

张学明在利用报表审核系统进行审核

5日 省政府办公厅急电全省各地,要求广大干部群众,克服困难,挺直腰杆,做到一手继续抓好抗洪抢险,一手抓好排涝救灾夺丰收。努力做到"三个不动摇"(确保1989年生产计划不动摇;完成国家订购任务不动摇;实现农民增收目标不动摇)。

5日 省政协六届常委会七次会议在南昌市举行。会议听取和讨论中共十三届四中全会精神的传达报告,与会者一致拥护党的十三届四中全会作出的各项决定,拥护以江泽民为总书记的中共中央新的领导集体。会议通过《关于学习贯彻中共十三届四中全会精神的决议》,于6日闭会。

5日 乐平矿务局沿沟煤矿因井田范围内滥开的小井沟通大井,在暴雨期间,山洪灌入大井,被淹停产两个月,直接经济损失300多万元。

5日 素有"古树之乡"的婺源县,至今保留着32株800年至1300年的古树,安福县南田乡的一株古樟为汉代遗物,树龄2000多年。

6日 南京军区致电慰问江西灾区广大干部群众,并决定调拨5万公斤粮食,1万件军衣支援灾区。

6日 省人事厅党组制定下发《关于人事政务公开、接受社会监督的若干规定》。

8日 省政府表彰高安、奉新、吉水、临川、南昌、彭泽、湖口等20个县和吉水县八都乡、临川县河东乡、南昌县蒋巷乡等50个乡,以及刘土新、熊本其、邱子权等100个农户为1988年度江西省交售粮油先进单位和农户。

8日 省司法厅厅长办公会议通过《江西省公证机关廉政建设暂行规定》,从8月1日起执行。

8日 省新闻出版工作座谈会指出:新闻出版工作必须坚持四项基本原则,坚持正确的舆论导向,为改革开放服务,为社会主义两个文明建设服务。座谈会于11日结束。

9日 江西1989年已筹措4300万元资金用于贫困地区经济开发。并确定1989年扶贫具体目标:(一)继续帮助贫困地区尽快越过温饱线,使人均纯收入达到200元以上;(二)已越过温饱线的低收入户,要有70%的户达到人均纯收入300元;(三)已越过300元档次的户,要达到或接近全省农民人均纯收入增长的平均水平。

9日 近日,在国家教委、文化部、团中央等单位联合举办的全国儿童少年艺术作品大奖赛中,南昌市少年宫书法高级班学员胡少诚、张翔宇、张亦佳、包俊、李亦德、王英燕、石峰、杨抠、张骅、徐田、舒志敏、艺欣、张坚、齐恒、汪斌、吴凯坤共16人获得优秀奖。

9日 日前,江西水泥厂采用树脂交换法制取高纯度去离子水获得成功。

10日 在南京大学专家的指导下,庐山找到了蓄水量丰富的优质地下水,水中含多种对人体有益的矿物质。一口近200米深口径300毫米的矿泉水井已经竣工,出水量每天达500吨,改变了庐山饮料依赖外地供应的局面。

10日 省政府召开上半年经济形势分析会,次日召开全省电话会议。会议认为,当前要克服能源、资金紧张和洪涝灾害带来的困难,确保财政收入的稳定增长,全面地超额完成1989年国民经济计划。会议要求:一手继续抓好抗洪排涝,一手抓好生产自救,抗灾夺丰收;农业损失工业补，工业要挑重担；加强领导，切实做好三季度工作。努力实现省委、省政府提出的"三个不动摇"。

10日 素有"莲乡之称"的广昌县，将八个莲花盆景送到首都北海公园，参加第三届全国荷花艺术节。

10日 省交通科研所研究制造的JXJ—1型交通量自动检测仪，准确率达95%。

10日 江西、湖北两省政府代表在湖北咸宁会商确定：建立赣、鄂边界地区联席会议制度，共同整顿治理两省毗邻地区林业秩序和调处山林权属纠纷。会议于12日结束。

10日 省七届人大常委会第九次会议在南昌举行。会议通过了《省人大常委会关于认真学习贯彻中共十三届四中全会精神的决议》、《关于修改〈江西省实施土地法的办法〉的规定》、《江西省森林防火条例》。决定任命黄智权为省计划委员会主任；欧阳绍仪为省林业厅厅长；韩京承为省民政厅厅长；丘善道为省纺织工业局局长。会议于15日结束。

11日 省委书记毛致用、副省长张逢雨为落实田纪云副总理对沿江各省如何做好长江防汛工作重要指示提出四点要求：（一）要克服麻痹思想；（二）要加强江堤湖堤险工险段的检查、防守、巡逻；（三）要抓紧时间排涝；（四）要在抓防汛的同时，注意抗旱。

11日 省经贸厅根据经贸部《关于在经贸仓储企业中全面开展创"五优"活动的通知》精神，决定在全系统仓储企业中广泛开展创"五优"活动。

11日 省政府召开地市经委主任会议。会议提出，必须采取措施减少亏损、物资消耗和产成品资金占用，生产、效益、质量3个要上去，亏损、消耗、成品资金3个要下去。

11日 省火电建设公司加工厂组织科技人员进行攻关，中频感应加热弯制合金钢管工艺获得成功，并通过技术鉴定为省内和华中电网系统内填补了空白。

11日 省高级人民法院在宜春召开行政审判工作座谈会。全省各中级人民法院、部分基层人民法院的行政审判庭庭长参加。会议学习中共十三届四中全会公报和中共中央军委主席邓小平的重要讲话，总结交流两年来江西省行政审判工作经验，联系实际，进一步学习《行政诉讼法》，讨论案例，着重研究行政审判实践中的具体问题。座谈会形成了纪要，对立案到审结的14个问题提出了规范性要求。座谈会于14日结束。

12日 由叶米·马利琦柯夫率领的苏联俄林波斯经济股份联合公司代表一行4人，到共青垦殖场考察和进行贸易洽谈。

13日 瑞金县黄柏乡背岗发现1个日自流量达1500吨的矿泉水资源。该地下水系存在于侏罗纪火山岩的构造裂隙中，水温22℃，为低碳化的重碳酸钙型淡水，钠离子含量低，并含有多种与人体有益的微量元素，特别适用于心血管疾病患者饮用。

13日 为了稳定社会治安，确保建国40周年大庆安全，按照公安部统一部署，全省用3天时间集中打击流窜犯的统一行动。此次行动共抓获各类刑事犯罪分子1856名，破获各类刑事案件781起。

14日 省政府办公厅档案室研制的"文书档案微机管理系统软件"获国家档案局科技进步四等奖。

14日 有色总公司批复，决定江西铜矿自1989年8月1日起实行经理负责制。

14日 江西省一条22万伏高压输电线路石滩—白沙—珠珊线路建成投产。该线路全长128公里，工程总投资1731万元。

14日 省检察系统首届脱产一年制法律（检察）专业证书班105名学员学习结业。

14日 在北京召开的全国创建文明图书馆活动经验交流会上，九江市、赣州市、南城县、宁都县图书馆被授予"文明图书馆"称号，徐效钢、林维娜、钱圆珠被授予图书馆先进工作者称号。

15日 省委委托省社联召开党建问题座谈会。会议指出，各级党组织要进一步强化党的领导观念，把党的建设摆在首要位置，聚精会神地抓好党的建设。

15 日 省人大制定《江西省森林防火条例》，明确各级气象台、站在森林防火中的职责和任务。

15 日 经省经贸厅研究，同意设立中国对外贸易运输公司江西省分公司韶关公司与省外贸驻韶关中转站，实行两块牌子一套人员，合署办公。其隶属关系及机构级别不变。

15 日 省经济技术合作会议提出，解放思想，更大胆地改革开放，大力开展横向经济，积极引进资金、技术，开发江西资源，努力把江西基础工业和农业搞上去。同时，要加强对物资协作的领导，逐步建立长期、稳定的物资协作关系，联合开发原材料基地，实行地区间的互补，以解决原材料的紧缺，保证有效供给。

16 日 机械电子部在杭州主持召开的全国第五届照相机质量评比会上，江西光学仪器总厂首次推出的"凤凰"205B 新型相机被评为第一名，经机电部下文正式批准为部优质产品。是 1989 年度全国照相机行业唯一获得机电部优质产品称号的相机。

16 日 江西廉政建设工作碰头会召开。会议讨论了《关于党政机关干部在城镇违规建私房的处理规定》、《关于个人在城镇建造私有住宅的管理办法》、《对〈关于坚决刹住吃喝风的试行规定〉的补充规定》等廉政措施。省委书记毛致用作《廉政建设贵在坚持》的讲话。毛致用提出，当前廉政建设必须解决的四个问题：一是要进一步提高自觉性；二是坚决查处大案要案，严惩那些民愤很大的腐败分子；三是要在现有基础上不断扩大战果；四是要在廉政制度上多下功夫。会议于 18 日结束。

17 日 江西选手马荣斌在哈尔滨举行的全国航模锦标赛自由化比赛中，以 5 分 08 秒的成绩获得冠军。

18 日 省政府近日发出紧急通知，通知要求，各级粮食、财政、银行等部门要各负其责，竭尽全力筹措确保夏粮收购所需资金，避免出现收购"打白条"现象。

19 日 省人大教科文卫委员会主任委员文汉光主持会议，与省文化厅、出版局、广播电视厅的负责人共同商讨文化市场管理和对文化市场清理整顿问题。

19 日 日前，南昌市物价局农产品成本调查队在农产品调查中，认真贯彻为国家制定农产品价格及价格政策服务精神，被国家物价局授予全国先进集体荣誉称号。

20 日 省检察院在南昌召开地、市检察院检察长座谈会，会期 3 天，会议传达学习全国检察长座谈会精神，研究深入开展反贪污贿赂斗争和清查并镇压反革命，以及从重从快打击刑事犯罪等问题。

21 日 省委、省政府召开会议讨论农业问题，决定以省委、省政府名义下发紧急通知。要求江西省各级党组织和各部门、行业，要切实加强领导，建立严格的责任制，充分依靠和发动群众，坚定信心，振奋精神，自力更生，艰苦奋斗，努力克服困难，抢季节、扩面积、争高产，要求扩种二晚 100 万亩以上、晚秋杂粮 100 万亩以上，确保 1989 年农业增产计划，完成国家订购任务，实现农民增收目标不动摇。

22 日 省政府召开电话会议，会议决定对全省书刊市场进行全面检查、整顿。检查、整顿的范围是：涉及宣传资产阶级自由化问题的书刊；淫秽出版物；虽不属淫秽、色情出版物，但夹杂淫秽、色情内容，低级庸俗，有害青少年的出版物；宣扬封建迷信、凶杀暴力的出版物；其他已通知停售的书刊和非法出版物。

22 日 省司法厅在江西省开展创造达标律师事务所活动，要求各律师事务所严格按《关于创建达标律师事务所的规定（试行）》对照检查，经省司法厅核查验收，决定是否颁发合格证书。

23 日 在首届北京国际博览会上，铅山酿造总厂生产的中国古汉酒获银质奖。

23 日 经省政府批准，设江西省审计局驻省民政厅审计处。定行政机关事业编制 4 个。

23 日 省委书记毛致用在抚州地区临川、南城、南丰、宜黄、崇仁等县的一些乡村进行为期 4 天的检查。在同基层干部群众商讨夺取晚稻丰收的措施指出：夺取下半年农业丰收，当务之急是要坚持"两手抓":一手抓扩种面积,另一手抓夺高产。要把"三个不动摇"的目标真正落到实处、落到基层。

24日 "抚顺杯"全国第二届农民摄影艺术展览评选在辽宁省抚顺市揭晓。上高县农民摄影获全国组织奖入选作品17幅。

24日 省乡企局印发《关于组织实施〈江西省乡镇企业"山海计划"〉的通知》。"山海计划"要求一手抓城市郊区、县城和集镇周围较发达地区的重点乡镇企业建设,上管理、上技术、上水平,形成"群山林立"之势;一手抓欠发达地区的千家万户,放手发展具有群众性、区域性、社会性和暴发性的户办、联户办企业及私营企业,形成商品经济的"汪洋大海"(至1992年末,10项主要目标全面超额完成。1993年3月11日,省乡企局印发《江西省乡镇企业"山海计划"二期工程(1993～1995)实施意见》)。

24日 国家重点建设项目,南昌电厂扩建工程12.5万千瓦二号机组顺利点火投产。

24日 在天津举办的第四届全国青少年科学讨论会上,景德镇市昌河中学高三学生江小军撰写的论文《瓷窑消烟除尘及余热利用初探》获二等奖。江西师大附中高三学生江牧撰写的论文《试论方程 $mlx - al + nlg - bl = c$ 的图像及其面积》、上高县二中初三学生罗敏敏撰写的论文《上高县镜山植物调查报告》和景德镇市昌河中学高三学生刘景新撰写的论文《用硝酸盐代替硝酸进行酸洗的可行性》获三等奖。讨论会于29日结束。

25日 南昌市少年宫学员程成参加的全国宋庆龄基金会"金钥匙"喜乐杯围棋赛,获得女子组个人第六名。

25日 江西省医疗事故技术鉴定委员会成立,谬一▨▨主任。

25日 省委、省政府从省直机关抽调部分干部▨▨11个工作组,由厅局负责同志带队,分▨▨对各地,协助抓好当前农村工作,战胜灾▨▨克服困难,努力夺取1989年农业全面丰收。

26日 江西铁道审计事务所正式成立。这是全省第一家行业性社会审计机构,主管省内铁道系统的审计查证、咨询、服务等业务。

26日 省建材局召开全省水泥企业达产达标座谈会,安排对水泥企业进行分类指导,开展达产达标活动。

26日 省监察厅、省人事厅转发监察部、人事部《关于在惩戒工作中分工协作问题的通知》,各地监察机关和人事部门在惩戒工作中的分工按《通知》规定办理。

27日 美国弗吉尼亚法姆维尔市长林大学校长社礼诺教授与江西大学校长王仲才教授正式签署了《江西大学与长林大学学术合作及交流协议书》。

27日 萍乡市工商联组建的塑料制品同业公会正式成立。

27日 共青团江西省委召开常委扩大会议。会议动员全省团员青年,听党的话,艰苦创业、兴赣富民,为全面落实党的十三届四中全会提出的各项任务而奋斗。省委领导在会上讲话,要求各级团组织在两个文明建设中要发挥主力军和先锋队的作用。

28日 中国《科技日报》公布,省林科所参加研究的"杉木地理变异和种源区划分"获1989年度国家科技进步一等奖。

29日 省委常委召开会议,认真学习、讨论《中共中央、国务院关于近期做几件群众关心的事的决定》。会议强调,各级领导干部尤其是省一级领导干部;在贯彻执行党中央、国务院的决定时,一定要有高度的自觉性。要从自己做起,严格要求,真抓实干,付诸行动。不仅自己要带头,而且要教育好自己的子女、亲属和身边工作人员,认真执行党中央、国务院的决定。

29日 武警江西总队1000余名官兵在南昌召开庆祝"八一"建军节暨庆功表彰大会。

29日 副省长张逢雨在江西宾馆会见美籍华人、美国康涅狄克州立中央大学教授陈世才博士。张逢雨代表江西省欢迎侨胞和朋友来江西旅游、探亲访友、投资、进行合作交流。

29日 首届北京国际博览会轻工馆轻工产品评比于当日揭晓。江西轻工参展产品获13块金牌,名列全国24个省、市、自治区得金奖的第 9 位。获金奖的 13 个产品是：景德镇雕塑瓷厂的"散花牌"瓷雕，人民瓷厂的青花影青 58 头中餐具和青花梧桐餐茶具、曙光瓷厂的莲缸、九龙公道杯和稀土工艺品，艺术瓷厂的薄胎、粉彩人物瓷，建国瓷厂的青花玲珑瓷，为民瓷厂的金菊盖杯，45 头西餐具，红光瓷厂的青花玲珑瓷，樟树四特酒厂的四特酒，九江市封缸酒厂陈年封缸酒，泰和乌鸡酒厂的乌鸡补酒，南昌罐头啤酒厂的蒜头罐头。

29 日 全国性病及职业尘肺防治学术研讨会在庐山召开。研讨会就性病防治对策，性病在国内外流行状态，艾滋病的防治和治疗，国内外性病治疗方法以及国际职业尘肺的诊断标准、新的治疗方案及其预防进行了研究。研讨会于 8 月 6 日结束。

30 日 江西著名田径运动员毕忠在井冈山举行的国家链球队夏训对抗赛中，分别以 74.92 米和 75.48 米的好成绩，两次超过他本人在苏联明斯克创造的 74.54 米的全国纪录，成为我国第一位达到国际健将级的链球运动员（8 月 4 日，又以 76.02 米和 77.04 米两次打破 75.96 米的亚洲纪录）。

30 日 入冬以来江西农业开发完成土石方 1.53 亿立方米，占计划任务的 109.6%，新增灌溉面积 19.6 万亩，改善灌溉面积 56.7 万亩，除涝面积 15.52 万亩，增加旱涝保收面积 12.5 万亩，植树造林共完成 425 万亩，占计划的 121%。新增和改造果、茶、桑园 38.3 万亩，开发荒水面和改造低产水面 27.6 万亩，扩种牧草 5 万亩。

31 日 "江西省 1989 年抗洪救灾纪实摄影展览"在江西开展。158 幅纪实性照片，展示了 1989 年夏发生在江西大地上抗洪救灾一幕幕惊心动魄的场面。

31 日 省委宣传部召开地市委宣传部长会议，传达学习全国宣传部长会议精神，部署当前要切实抓好的工作。会议要求，通过学习提高认识，统一思想，增强坚持四项基本原则、反对资产阶级自由化的自觉性。切实抓好书刊市场和报刊市场的整顿，抓好社会文化市场的整顿。

31 日 中国建设银行江西省分行与省煤炭厅共同制定《江西省煤炭基本建设开发基金项目财务拨款管理办法》（8 月 24 日，省煤炭工业厅制定《关于地质勘探工程煤炭开发基金财务拨款的有关规定》）。

本月 由抚州地区种子公司主持试验的"杂交稻春季制种高产技术"项目经专家考察、鉴定，认为达到了长江流域同类技术先进水平，可在赣中、赣南及条件适宜的地区推广应用。

本月 由婺源县潋溪乡善坑村农民汪根发创作的通俗小说《铁蜘蛛》，经内蒙古电影制片厂改编并摄制成故事片《神猫与铁蜘蛛》在全国上映。

本月 德兴铜矿运输部"耙式卸矿机"获专利局颁发的实用型专利。

本月 江西钢丝厂获华东地区"军品质量管理先进单位"称号。1989 年 1 月至 6 月份产品质量稳定提高率和产品质量一次交验合格率达 100%，综合良品率达 98.23%。

本月 新闻出版署批准成立百花洲文艺出版社和江西美术出版社。

本月 联合国开发计划署和救灾署捐赠给江西的 7.5 万美元，由省民政厅制成救灾棉被，下发灾区。

本月 井冈山大井朱德、陈毅陈列室向中外游客正式开放，室内陈列照片 40 幅、珍贵文献文物 30 余件。

本月 《中国舞蹈集成·江西卷》终审工作顺利结束，该卷共 120 万字，编纂工作历时 7 年。

本月 由吉安市特种建筑工程队施工的吉安市第二自来水厂 6000 吨清水池竣工，为吉安地区当前容量最大的矩形清水池。池长 44.85 米，池宽 36.85 米，占地面积 1652 平方米，无梁盖支柱 80 根，壁厚 250 毫米，净高 4200 毫米。池壁施工中首创铁丝细石混凝土胎模新工艺，并取得成功。

本月 省政府下发《关于认真做好第四次人口普查工作》的通知，进行第四次人口普查，普查时点为 1990 年 7 月 1 日零时。

本月 《江西省国土资源地图集》付印，图集为 8 开本。以自然条件与自然资源为主体，辅之以人口资源、资源开发与利用、国土整治与环境保护等图，直观、形象、生动地反映了全省国土资源的现状及其分布规律，展示了江西国土资源开发利用的前景，为国土工作和经济建设工作提供了信息依据。

本月 1∶500000《江西省地图》（挂图）出版。该图系多色印刷双全开，是江西省地理基础底图系列图种之一，采用双标准纬线等角圆锥投影，数学精度高，内容完备。

本月 1982 年 4 月成立机构开始编修、1989 年 2 月定稿的《铜鼓县志》，由南海出版公司出版。

本月 由蚕桑场桑海羽绒厂牵头，联合永修、万新、井冈山羽绒厂、抚州印染厂、省服装研究所、恒湖水禽公司等 20 多个单位组成江西省三环羽绒企业集团，实行从水禽养殖到羽绒、面料生产和制品加工一条龙生产和销售。

本月 省司法厅委托华东政法学院举办江西司法行政系统法律专业证书班，学习时间 1 年半，共招生 72 人。

1989
8月
August

公元 1989 年 8 月							农历己巳年【蛇】						
日	一	二	三	四	五	六	日	一	二	三	四	五	六
		1 建军节	**2** 七月小	**3** 初二	**4** 初三	**5** 初四	**6** 初五	**7** 立秋	**8** 初七	**9** 初八	**10** 初九	**11** 初十	**12** 十一
13 十二	**14** 十三	**15** 十四	**16** 十五	**17** 十六	**18** 十七	**19** 十八	**20** 十九	**21** 二十	**22** 廿一	**23** 处暑	**24** 廿三	**25** 廿四	**26** 廿五
27 廿六	**28** 廿七	**29** 廿八	**30** 廿九	**31** 八月大									

1 日 省社会治安综合治理联席会议提出：稳定治安大局，使治安状况明显好于 1988 年综合治理的目标；要使社会的各个方面都能各就其位，各尽其职，各负其责，各显其能，互相配合，齐抓共管，使综合治理形成强大的活力。

1 日 南城县博物馆正式对外开放，馆中陈列的明益王家族墓部分出土文物首次与观众见面。1958 年至 1985 年间，在南城县的岳口、洪门等地发现明宪宗第四子朱祐槟的益王家族墓近十座，出土各类文物 2000 余件（套）。1985 年江西省文化厅拨专款建立南城县博物馆。

1 日 广昌县白莲科研所所长、农艺师刘光亮作为全国子莲莲花产地的代表参加大会，并宣读《广昌通心白莲》、《白莲（子莲）高产栽培技术》两篇论文。

2 日 在治理整顿中，江西 78 个重点建设项目 1989 年上半年完成投资 41636 万元，占年计划的 28.1%。其中要求 1989 年全部或单项建成的项目 27 个，占年计划的 49.2%，一批支农工业和能源、交通、原材料等基础工业重点建设项目已部分建成投产。

2 日 全省近几年相继建起一批农业商品生产基地。省一级建立的基地 430 个。按项目分，有粮食、油菜、优质棉、水果、茶叶、蚕桑、烟叶、麻类、蔗糖、林业、畜牧、水产和其他土特

靖安石境乡的茶叶生产基地

产基地，覆盖面达99个县（市、区），占全省县（市、区）总数的99％。

2日 省总工会、团省委、省妇联和省民政厅联合发出通知，要求各地工、青、妇组织和民政部门，坚持可能与自愿原则，积极开展救灾募捐活动，支援1989年遭受特大自然灾害地区的群众生产自救，重建家园。

2日 2时30分，九江码头"芗江"号海轮一声长鸣，中断6年之久的九江直达香港航线恢复通航。

3日 省委通知成立江西省社会科学研究规划领导小组及办公室，同意1990年至1993年社会科学研究规划项目，每年拨给15万元科研经费，1993年后拨给20万元。

3日 最高检察院副检察长王晓光等，先后到南昌、九江、景德镇市和吉安、赣州等地检查指导工作。对江西检察工作表示满意，特别是对一些革命老区的检察机关发扬革命传统，克服困难、努力工作的精神表示赞赏。

3日 一种机动车辆上使用的复合式ZJ－Ⅰ型双功能（闪光报警）电子闪光器在赣州劳动服务公司所属企业——赣南新星器械厂研制成功，并通过省级科技成果鉴定。

4日 省政府召开电话会议，传达全国安全生产会议精神，部署当前工交生产和安全工作。要求全省工交战线振奋精神，克服畏难情绪，深挖内部潜力，扎扎实实抓好8月、9月的生产，生产、效益、质量要上去，消耗、亏损、产成品资金要下来；安全要搞好，实现各类事故下降10％的目标。

4日 贵溪县"纤维板盖顶储粮"科研项目经过贵溪县粮食局科研人员3年反复试验，通过省市有关专家评审。验收，确认试验成功，有推广价值。

4日 省委宣传部、省教委在井冈山召开全省高校负责人会议和高校思想政治工作研讨会，会期7天，会议传达全国宣传部长会议、全国高等学校工作会议和全国法制宣传教育会议精神，研究关于加强高校政治思想工作问题。要求高校深入进行坚持四项基本原则，反对资产阶级自由化的教育。坚持社会主义办学方向，加强思想政治工作。

5日 省卫生厅、省物价局、省财政厅联合下达《关于清理整顿医疗机构的暂行办法》、《关于整顿个体行医的暂行规定》。统一印发《江西省医疗机构登记审批表》和《执业许可证》的通知。

5日 全国大学生篮球赛在井冈山结束，广东华南理工大学男队和黑龙江大学女队分别获男女第一名。

5日 省事业单位专业技术职务过渡性评聘工作暂缓进行。经过三个月清理整顿，11月中旬恢复评聘工作。

5日 省党史工作座谈会召开。会议指出，党史工作：一要坚持四项基本原则，旗帜鲜明地反对资产阶级自由化；二要以社会效益为唯一准则，努力多出成果，出好成果；三要和社会实践，和党的中心任务紧密结合，把党史资料征集的科学性和现实性一致起来，运用多种形式，主动为现实服务。座谈会于6日结束。

5日 由机电部主持的为期4天的全国封闭制冷压缩机行业"八五"规划会，在景德镇华意电器总公司召开。国家计委、机电部、中国工商银行、航空航天部、轻工部等九个部委和全国制冷压缩机大行业的40个单位共100余人参加会议。

6日 江西汽车制造厂，自1984年以来，扭转了亏损局面。1986年盈利174万元，1987年盈利757万元，1988年利税总额上升到3360万元。截至1989年7月底，利税总额超过4000万

江西汽车制造厂投资1000万元新建的车身涂装生产线投入使用

元，位居全省 38 家重点税利大户的前列。

7 日　江西横峰纺织器材厂试制成功具有高强、抗冲、耐磨、抗静电的降噪梭。1988 年省政府授予"优秀产品奖"，国家计委验证确定为 1989 年国家级新产品。

横峰纺织器材厂自动加工木梭生产线

7 日　日本代表团抵达贵溪冶炼厂，与贵冶举行为期 4 天的协商，并签署《贵冶氧化砷设备及技术合同书设计条件会议协议书》（1990 年 6 月 29 日，贵冶、南昌设计院、日方等 4 单位代表在《贵冶氧化砷工程最终设计审查协议书》上签字。同年 8 月 15 日开工，1992 年 9 月 4 日建成投产，形成 1100 吨氧化砷年生产能力）。

7 日　由中国国际商会主办的为期 4 天的 1989 年日本大阪"中国出口商品展览会"在大阪举行。省化工进出口公司、省出口商品基地建设公司、景德镇建国瓷厂 3 家 7 人组成的江西分团参加展览会。

7 日　省直机关工委举办党组织专职书记读书班。省委领导在读书班上强调，要通过深入传达学习和贯彻党的十三届四中全会精神和邓小平的重要讲话，扎扎实实地抓好党的建设。

8 日　省机械工业设计研究院完成南昌电缆厂连铸连轧技术改造工程设计，改造后电耗减少 63％，生产率提高 1.8 倍，铝杆质量达到 IEC 标准，获省优秀工程勘察设计二等奖和 1989 年江西省科技进步三等奖。

8 日　省纪委举行第一次新闻发布会，原省司法厅纪检组副组长等 7 名党员领导干部利用职权严重违法乱纪，被开除出党。省纪委书记朱治宏在发布会上强调：必须具有敢于碰硬的精神，必须坚持党纪面前人人平等的原则，只要是违犯了党的纪律，不管是谁，不管牵涉到谁，都要严肃进行查处。

8 日　省体改委在金三角企业家俱乐部召开部分大中型企业负责人座谈会。会议强调深化企业改革，搞活大中型企业。省长吴官正讲了 5 点意见：（一）坚持以公有制为主体继续发展多种经济成分；（二）继续完善和发展企业承包经营责任制；（三）继续实行和完善厂长经理负责制；（四）坚持推行和完善企业工资总额同经济效益挂钩的办法；（五）全心全意依靠工人阶级办好企业。

8 日　省工商联组团赴杭州参加为期 9 天的华东六省一市第三届商品展交会。

9 日　全省首届人口与计生工作理论研讨会在贵溪召开。会议就人口与社会、人口与经济、人口与环境、人口与宣传等进行广泛深入的探讨。研讨会于 11 日结束。

10 日　江西造船厂建造的一艘 500 客位的大容量交通船交付使用。该船采用国际先进技术，具有主机机型小、马力大、抗风能力良好、运行安全可靠，是长江短程交通船中的一个新品种。

江西建造的第一艘大容量交通船

10 日　省政府批转省审计局《关于在省直部门设置派出机构及有关问题的报告》，决定在省政府办公厅等 33 个单位设置省审计局派驻机构。

10 日　宜万（宜春至万载）公路竣工，9

月 29 日剪彩通车。宜万公路是 320 国道的组成部分，是宜春通往铜鼓、靖安、南昌等地的咽喉路段，全长 35.56 公里，路基宽 12 米，路面宽 9 米，路面水泥混凝土厚 20 厘米，各项指标达到二级路技术标准。

新建的 320 国道

10 日 省政府在南昌市召开江西省第三次环境保护会议，会议由副省长蒋祝平主持，副省长钱家铭传达贯彻全国第三次环保会议精神，省长吴官正及国家环保局副局长王扬祖会见会议代表并讲了话。省政府领导还分别与南昌、鹰潭、萍乡等直辖市市政府签订了《环境保护目标责任书》。

11 日 具有 20 世纪 80 年代国际先进水平的彩印制板中心引进电分制板彩印生产线在江西新华印刷厂正式投产。

11 日 省政府召开电话会议。要求各地积极行动起来，在全省范围内开展一次个体工商户税收大检查，坚决制止非法经营、制止偷税漏税，进一步整顿经济秩序。

11 日 省妇联七届四次常委（扩大）会议在南昌召开。会议以党的十三届四中全会精神为指导，研究如何加强思想政治工作，发挥妇联组织优势，再接再厉，继续前进。会议于 13 日结束。

11 日 为期 3 天的全国青少年航模竞赛在吉安举行。山东队荣获团体总分第一名。

11 日 在全国活性炭行业评比会上，德兴县新岗山垦殖场活性炭厂生产的"绿林牌"781型 A 类糖用活性炭荣获质量第一名。

11 日 江西省粮油食品进出口公司在香港华润大厦五丰行举办第二届"江西省粮油食品洽谈会"。展出商品具有江西特色的粮油食品 80 余种，接待客户 176 家，成交金额 748 万美元。

12 日 江西省首批 21 名传染病管理监督员经卫生部批准走上了执法岗位。

12 日 南昌大桥工程项目国际招标施工合同签字仪式在南昌举行。南昌大桥是跨越赣江，连接 105、320、316 国道的重要城市公路桥梁，全长 8982 米，其中主桥 2780 米。工程将于 9 月底正式开工。

12 日 省政府召开电话会议，部署鄱阳湖地区渔政管理、治安管理工作。会议要求，贯彻执行省政府（1986）214 号命令，要一抓到底，坚持不懈，持之以恒，不能有丝毫的懈怠，扎扎实实地把制止酷渔滥捕，保护增殖鄱阳湖渔业资源工作抓好。

12 日 全省第三次环境保护会议提出：在治理整顿和深化改革中，大力治理环境污染，建立环境保护工作新秩序。会议要求，继续贯彻"谁污染，谁治理"的方针，实行省长、市长、县长、乡长目标责任制。从 1989 年起，省政府与六个省辖市政府签订《环境保护目标责任书》。

12 日 省政府社会治安综合治理办公室决定，成立省民事调解工作领导小组，由民政厅、司法厅牵头，省法院、省检察院、省农村办、省林业厅、省水电厅、省妇联等单位参加，协调处理民事纠纷。社会治安综合治理办公室是根据省政府下发的（1989）45 号文件建立的，文件决定将"五四三"办公室更名为"江西省精神文明办公室"，"文明办"与社会治安综合治理办合署办公，两块牌子，一套班子。

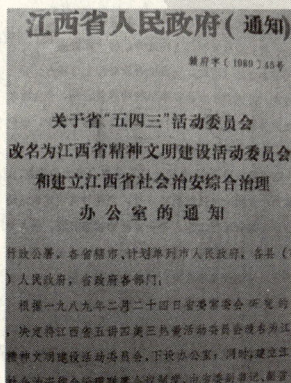

省政府下发的 45 号文件

13 日 省政府在永新县召开部分县（区）

计划生育座谈会。要求统一思想，加强领导，迅速改变计划生育工作的落后状况。副省长陈癸尊讲话指出，要在积极做好四件大事的同时，努力做好人口和计划生育工作，要把一些地方和一些人在婚育中的无政府状态纳入治理整顿的重要内容，做到思想、政策、任务、措施落实。座谈会于15日结束。

14日 省委、省政府召开省直单位和中央驻省各单位负责人参加的动员大会。会上宣布省委、省政府决定，从9月1日起，所有党政机关干部和离退休干部一律不准在公司任职兼职；党政机关干部一律不准在公司投资入股，已经入股的要立即退出。会上指出，清理整顿公司，是全省上下十分关注的政治问题，该撤销的公司一定要坚决撤销，决不手软，要敢于碰硬，坚决取信于民，要坚决制止高级干部配偶、子女及其配偶经商，不准利用领导干部的影响和关系倒买倒卖，非法牟利。

14日 南昌县莲塘水产场鱼种分场白鲢鱼种池发现千余尾线红色白鲢鱼种。这种鱼全长0.8寸至1寸左右，略小于同一池中的白鲢鱼种。

14日 在南京军区五省一市民兵、预备役部队军事训练考核评比中，江西基干民兵军事训练累计合格率达百分之百，名列第一；南昌市东湖区、郊区通信连参加了通信分队考评，平均得分93.8分，名列第一。

15日 省民航局一架安－24客机执行上海—南昌5510航班，在上海虹桥机场起飞时，冲出跑道，坠入河中。机组、旅客中除6人生还外，其余34人遇难。乘务员刘毓峰奋不顾身，救出同机乘务员和3名旅客，中国民航局决定授予刘毓峰"中国民航模范乘务员"称号，记一等功。

15日 省山江湖治理开发项目考察团结束了对美国田纳西河流域为期半个月的考察访问。

15日 东乡铜矿4线采场采空区岩层垮落，4人被热浪灼伤致死。

15日 省高级法院与省社会科学院联合举办首期江西省经济司法联络员学习班。参加学习的有南昌、九江、景德镇市和赣州、吉安、上饶、抚州地区的企业厂长、经理、书记、业务科长、法律顾问等41人。学习经济合同法、民法通则、专利法、商标法、破产法、企业法，并研究讨论违约责任、经济纠纷处理等问题。为期15天。

16日 江西首批绿茶出口苏联，150吨"珍眉"绿茶如期发运，抵达苏联。这是江西茶叶自1980年自营出口以来通过国际联运，开展的第一笔对苏直接出口业务。

16日 省监察厅举行新闻发布会，公布丰城矿务局八一煤矿矿长薛火根等7起万元以上大案的处理结果。同时通报1989年上半年查处违法违纪案件情况，公布举报电话。副省长张逢雨出席发布会并讲话，求各级监察部门要积极主动和检察、司法部门一道，严厉查处贪污、受贿、投机倒把案件，惩治腐败现象。

16日 澳门日辉贸易有限公司部门经理卢烨、华澳旅运公司经理张明华抵赣，专程赴鹰潭考察旅游线路。

16日 全国第九届（1987~1988）优秀短篇小说评选工作揭晓，江西著名作家陈世旭的《马车》获奖。这是他继1976年《小镇上的将军》和1984年《惊涛》之后第三次获得全国优秀短篇小说奖。

17日 省普法工作领导小组召开地市普法领导小组组长会议，研究开展以宪法为核心的法制宣传教育工作及依法治市（县）的试点工作。会议提出，1989年下半年在江西省开展以宪法为核心的法制宣传教育活动。这次教育活动以南昌市的大专院校、中等专科学校、地（市）委行署所在地、井冈山、丰城、樟树市等地的各级干部和青年，特别是大、中专学校的学生作为试点教育对象。

17日 全国第二届青运会皮划艇比赛在旅顺收桨。江西共获金牌1枚，银牌两枚，铜牌1枚及两个第四名，一个第六名，两个第八名，总分44分，奖牌数居第三位。刘庆兰在全国青运会上，获女子500米皮划艇冠军；刘庆兰、胡冬梅、毛春爱、李柒花获女子500米四人皮划艇银牌；黄建文、艾长青、刘礼军、张拥进获男子

1000米四人皮划艇银牌。

17日 省委政法领导小组发出通知，要求各地区坚决执行最高人民法院、最高人民检察院8月15日发布的《关于贪污、受贿，投机倒把等犯罪分子必须在限期内自首坦白的通告》。

18日 经中国对外经济贸易广告协会和江西省经贸厅批准，中国对外经济贸易广告协会江西省分会召开成立大会。

18日 省政协第六届委员会召开为期两天的协商座谈会，省纪律检查委副书记汤源泉、省监察厅副厅长贾意安应邀通报抓廉政建设和大案要案的情况。

19日 省检察院检察长发表电视讲话。讲话强调，全省各级人民法院、检察院、要应用最高人民法院、最高人民检察院发布的《关于贪污、受贿、投机倒把等犯罪分子必须在限期内自首坦白的通告》这一锐利武器，打击贪污、受贿、投机倒把等犯罪活动。敦促犯有贪污、受贿、投机倒把等罪行的人认清形势，幡然醒悟，消除侥幸心理，尽快向检察机关和有关部门投案自首，坦白交代犯罪事实，争取宽大处理。通告公布10天，全省已有35名贪污、受贿犯罪分子携带赃款8万余元，主动到各级检察机关投案。

19日 抚州市的抚河大桥建成通车。该桥宽15米、长577米，总投资1530万元，是赣东交通枢纽工程。

19日 省地市纺织局长和重点企业厂长会议在南昌召开。会议动员全省纺织战线职工大战130天，振奋精神，克服困难，制止滑坡，努力完成1989年计划任务。

19日 苏联贸易合作代表团南方组一行6人，到江西拖拉机厂、江西手扶拖拉机厂、旋转机厂进行为期3天的参观洽谈。

20日 省政府在吉安召开全省林业工作会议。会期3天。各地市向省政府立军令状，保证7年绿化荒山3000万亩。副省长黄璜与各地、市分管林业的副专员、副市长在责任状上签字。省长吴官正在会上指出，我们要建立起各级干部造林绿化包干责任制，做到层层包干，一级对一级

负责，上届班子对下届班子负责，务必出效益。1989年截至10月20日，全省已有百万劳力上山，造林整地近百万亩。

20日 省人大常委会副主任裴德安及14位委员日前分别到新余、宜春、九江、吉安、抚州等地视察治理整顿、深化改革、整顿清理书刊音像等文化市场和江西省1月至7月份国民经济计划及财政预算执行情况。

21日 全国政协副主席、全国妇联名誉主席康克清，在全国妇联干部管理学院接见正在北京参加培训的吉安地区251名基层妇女干部，并合影留念。

21日 省编委下发《江西省机构编制委员会工作规则（试行）》，重新明确机构编制部门的工作职责，审批机构编制的权限和程序。

22日 省司法厅召开省政府法律顾问工作座谈会。会后，江西县以上政府聘请法律顾问的由51个单位发展到85个单位。

22日 世界银行聘请的中国林业部门贷款丰产林项目咨询专家组组长伯廷·郝德伦一行3人，由林业部世行贷款业务顾问秦凤翥、中国林科院副院长洪菊生等陪同，赴分宜、永修等地考察造林、育苗现场及中国林科院大岗山实验局杉木试验林，为江西丰产林项目准备工作提供咨询。

22日 省长办公会议决定，加强对地县乡镇煤矿的领导，实行行业管理。要求所有产煤地（市）县都要有健全的煤炭管理一级机构。萍乡、丰城、乐平、莲花4个重点产煤市、县的煤炭管理机构，实行以省煤炭厅为主的条块结合的双重领导。同时决定，自8月1日起，地方煤矿按销售量向用户加收每吨1.5元维检费，用以解决农转非职工家属住房问题。

22日 省监管改造工作会议召开。会议传达全国监管改造工作会议精神，研究全省监管改造工作现状，提出强化监管、深化改革的具体对策。

23日 省委宣传部8月上旬举办地市委宣传部长读书班，认真学习党的十三届四中全会精神和全国宣传部长会议精神，提高思想认识。省委常委、宣传部长王太华到会讲话，要求深入学

习、全面贯彻党的十三届四中全会精神和全国宣传部长会议精神，坚持四项基本原则、反对资产阶级自由化。

23日　省、市总工会，省经委联合召开"双增双节"现场经验交流会。洪都钢厂等12家企业向江西工交、财贸企业发出倡议书，倡议工交财贸职工，拓宽思路，全方位开展"双增双节"运动，组织各种竞赛，推动"双增双节"运动向纵深发展。省长吴官正在会上要求工交财贸企业同心同德，艰苦奋斗，采取措施，克服困难，深入开展"双增双收"运动。

23日　南昌手表厂开拓国外市场，与香港某公司签订一笔到1990年全部实现的1700万元收入的出口产品合同。

23日　省检察院检察长王树衡先后分别向省人大、省政协、省顾委通报江西省贯彻执行"两高"《通告》和查处贪污受贿案件情况。

24日　江西涤纶厂企业档案管理率先晋升国家二级。

24日　来自全省各地的120多名女律师联谊会会员在南昌聚会，省妇联、省女律师联谊会对在维护妇女儿童合法权益工作中作出突出贡献的21名女律师给予"维权"特别奖。

24日　南昌市化工原料厂万吨白炭黑工程，在中美双方工程技术员努力下，联动投料试车成功，产品质量达到国际水平。

南昌化工原料厂万吨白炭黑生产车间

24日　省志编辑室主编的《江西近代人物传稿》第一辑出版，该书收录了1840年以来江西现代著名人物51名，共23万字。

25日　省检察院召开新闻发布会，通报贯彻执行"两高"《通告》和1989年1月至7月查处贪污受贿犯罪案件的情况，宣布对贵溪冶炼厂中心化验室工人受贿等7起案件作出从宽和从严处理的决定。

25日　省委、省政府决定，1989年下半年省直行政事业单位将削减人员编制5%。削减编制人数的核定，均以1988年末省编委核定的编制人数为基数。

25日　第二届青运会曲棍球赛在大连举行，经过5天争夺江西男队获第四名，女队获第五名。

25日　省委讲师团主办的《理论导报》杂志被全国省级干部理论教育讲师团政治理论刊物评委会评为1989年度全国省级讲师团好刊物。

25日　省人大常委会召开加强民主与法制建设座谈会。

26日　省委书记毛致用在省总工会八届三次常委扩大会议上讲话时要求，深入贯彻党的十三届四中全会精神，树立全心全意依靠工人阶级的思想，充分发挥工人阶级主力军作用。

26日　省人大常委会召集在南昌的部分七届全国人大代表、省七届人大代表及常委会委员参加廉政建设座谈。认为廉政建设是一项长期的工作，要持之以恒，不能搞"一阵风"，建议要把廉政建设同党风建设、民主与法制建设紧密联系。

26日　截至当日，全省已超额完成1989年夏粮入库计划，共收购贸易粮16.556亿公斤，其中定购粮15.24亿公斤，占全年定购粮计划的76%。赣州、宜春、上饶、萍乡、吉安、抚州、南昌、九江、景德镇完成或超额完成省政府下达的夏粮入库任务，新余、鹰潭接近完成夏粮入库任务。

26日 中国高级法官培训中心和全国法院干部业余法律大学在北京举办首届为期3天学术讨论会。江西法院系统有5篇论文获奖。

26日 省工商联机关即日起至9月14日开展自我教育活动，并对机构调整作了初步研究，决定设一室四处（办公室、会员工作处、宣教调研处、经济工作处、联络处）。

27日 应中国航空技术进出口总公司的邀请，巴基斯坦航空联合代表团团长法鲁克少将一行10人抵达南昌参观访问，并与南昌飞机制造公司洽谈业务。

27日 省旅游局发出《关于加快发展江西省旅游事业的几点意见》。

28日 省劳改劳教和监管工作协调会召开。会议决定省劳教工作与劳改工作分开管理，单独成立省劳教局。恢复省第二、三、十劳改支队三个劳改农场干警、职工及其家属子女城镇户口、商品粮；减免劳改劳教企业部分税收；免去珠湖农场、成新农场、朱港农场议转平粮食上交任务。

28日 省委、省政府召开江西省贯彻执行"两高"（最高检察院、最高人民法院）《通告》电话会议，省检察院检察长王树衡通报贯彻执行《通告》的情况。会议要求各级检察机关集中力量，查处大案要案，坚决打击那些拒不投案自首、坦白交待的犯罪分子。要排除干扰，克服困难，不管案件涉及到什么人，都要一查到底，决不手软。

28日 第二届青运会赛艇决赛在旅顺结束。江西选手胡德平、姚承山、杨世春、刘显彬获男子2000米4人双桨铜牌和单桨第五名。

30日 江西省电子会计师事务所成立。

30日 省政府发出《关于鹅鸭工程实施方案》的通知，要求加强领导，落实资金，精心组织建设，力求提前超额完成方案中的规定、要求和任务。

30日 省委组织部、省人事厅下发《关于江西省选派科技副县长的实施意见》。从科研单位、大专院校、大中型企业选派了30名科技干部到老区、边远地区担任科技副县长。

30日 黎川县社苹乡上东坑村农民王大伟、黄祖荣、黄任俚依靠自己的力量建造了一座面积近30亩水面的小型水库，经过3年努力，开山炸石200多立方，建成一条长20米、宽8米、高6米的大坝。该水库可养鱼2000公斤，还可解决附近3个村委会300亩农田的灌溉。

30日 省政府召开农副产品收购和工业品下乡工作电话会议，要求供销社实行以销促购，以购促产，千方百计扩大购销，搞活经营，支援工农业生产，促进江西省经济大发展，繁荣市场，满足广大农民生产生活需要。

30日 全省广播电视宣传工作会议在南昌召开，各地市广电局长和省广电厅有关部门负责人参加，会上传达学习中共中央关于加强宣传思想工作的通知，传达中共中央政治局常委李瑞环8月2日视察广电部时的讲话要点和广电部长艾知生在全国广播电视宣传工作座谈会上的讲话，总结北京政治风波期间广播电视宣传工作的经验教训。省委常委、宣传部长王太华到会讲话，厅长刘宗一作总结。

31日 省委、省政府召开江西省电话会议，要求在国庆节前对书报刊及音像市场进行全面的整顿清理。会议指出：清理整顿文化市场要两手抓，一手抓"扫黄"，净化社会环境，一手抓繁荣，活跃群众文化生活。省委决定成立省整顿清理书报刊及音像市场领导小组，副省长蒋祝平为组长，省委宣传部部长王太华、副省长陈癸尊为副组长。江西整顿和清理书报刊及音像市场电话会议召开。

31日 副省长黄璜在江西省柑橘产销座谈会上指出，要从建立稳定产业的高度来看待水果生产，不能小打小闹，发展中要根据适地、适树的原则，注意生产布局、科学技术推广、优化开发，讲究经济效益。要求各部门通力协作，搞好1989年的柑橘产销工作。

31日 由南昌自动化仪表厂生产的"QOY-B"型多功能铸铁性能速测仪1989年7月在"首届北京国际博览会"上，获金质奖。国家科委把"QCY-B"型多功能铸铁性能速测仪列为"1989年至1991年国家重点科技成果推广项目"。

31日 省政府发出《关于下达蚕桑工程实施方案》的通知，要求确定建设蚕桑基地的地、县，把蚕桑工程作为秋、冬季农业开发总体战第二战役的一项内容，精心组织实施。

修水县蚕桑工程中的第二缫丝厂缫丝车间

本月 庐山风景名胜区管理局认真贯彻落实党的宗教政策，适应旅游开放的需要，佛教、道教、伊斯兰教、基督教、天主教五大主要宗教活动场所恢复或收回后，当月全部对外开放。

本月 江西省彩印制版中心建成投产。

本月 江西人民出版社和省妇联在北京举行《女英自述》获奖座谈会暨向首都戒严部队赠书仪式。中顾委副主任宋任穷、全国妇联名誉主席康克清出席座谈会。

本月 由邵式平夫人胡德兰整理的《邵式平诗词选》由江西人民出版社出版，书中共收录邵式平从解放战争末期直到去世前的诗词72首。

本月 省军区在新建县进行民兵规范化训练试点。

本月 省商业厅制定《江西省国营商业企业承包合同条款暂行规定》，使企业承包合同条款逐步规范化。

本月 由江西省法制心理专业委员会组织编写的《女犯改造心理学》一书，由河南人民出版社正式出版发行，它是我国首部系统研究女犯改造心理学的专著。

本月 江西律师对企业之间、省际之间的债权债务问题，进行调查。律师通过发函、提出法律意见书、非诉讼调解和诉讼代理等手段，为债权人收回债款1.1万元，使濒临倒闭、破产的企业出现转机。

本月 省森林病虫害防治站工程师万雪民在南昌市郊区桃花村首次发现紫穗槐豆象危害。

本月 鹰潭市刘家站垦殖场"春播花生亩产300公斤~400公斤高产栽培模式"，创全省红壤丘陵地区花生单产最高纪录。

本月 省审计局组织7个城市、30个县审计机关对65个主管部门、291个用款1986年至1988年的发展粮食生产专项资金进行审计调查。

本月 南昌县县委、县政府联席会议决定在全县所属乡镇建立司法所，作为县司法局的派出机构（股级机构），为司法行政事业单位，实行县司法局和乡镇政府的双重领导。

1989
9月
September

公元 1989 年 9 月							农历己巳年【蛇】						
日	一	二	三	四	五	六	日	一	二	三	四	五	六
					1 初二	**2** 初三	**3** 初四	**4** 初五	**5** 初六	**6** 初七	**7** 初八	**8** 白露	**9** 初十
10 十一	**11** 十二	**12** 十三	**13** 十四	**14** 中秋节	**15** 十六	**16** 十七	**17** 十八	**18** 十九	**19** 二十	**20** 廿一	**21** 廿二	**22** 廿三	**23** 秋分
24 廿五	**25** 廿六	**26** 廿七	**27** 廿八	**28** 廿九	**29** 三十	**30** 九月小							

1日 从 9 月 1 日到 12 月 31 日在江西各地发行保值公债 2.74 亿元。

1日 省委常委、宣传部长王太华等到江西大学就高校如何坚定正确的政治方向，努力培养合格的共产主义事业接班人等问题进行座谈。他们指出，坚定社会主义方向，培养共产主义事业合格的接班人是学校教育的根本任务。要求同学们认真学习马列主义、毛泽东思想，刻苦学好文化科学知识，理论联系实际，加强社会实践，树立艰苦奋斗精神和正确的世界观、人生观，努力把自己培养锻炼成为四化建设的有用人才。

1日 副省长钱家铭在全省扭亏增盈工作会议上提出，1989 年江西省的扭亏目标要求坚定不移。9 月底刹住增亏趋势，10 月明显降低增亏幅度，11 月与 1988 年同期拉平，12 月实现扭亏。当前要抓节约降耗，抓产品推销。要以市场为导向，工业以销定产，商业以销定进，银行以销定贷，大力调整产业结构，紧俏商品要积极增产，滞销产品要限产、转产。

1日 省政法工作座谈会提出，人民民主专政必须加强，政法工作必须加强，政法机关权威和职能作用必须加强。省委副书记、副省长蒋祝平讲话要求各级党委、政府真正把政法工作摆上议事日程，做到"六个保证"：（一）保证党的路线、方针、政策和中央、省委指示在政法部门贯彻执行；（二）保证政法工作战线各项工作的落实；（三）保证政法部门依法行使职权；（四）保证政法队伍在思想上和政治上同党中央保持高度一致；（五）保证为政法机关开展工作创造必要条件；（六）保证协调好各方面关系和力量共同做好政法工作。

1日 省文化厅作出《直属专业剧团在编人员管理暂行规定》。

1日 为庆祝建国 40 周年，省文化厅、省音协、省人民广播电台、省电视台、长江钢琴厂在南昌联合举办江西省首届少儿钢琴、电子琴、小提琴大赛。

2日 由航空航天工业部昌河飞机制造厂研制的"昌河牌"双、单排座货车，在景德镇通过由省机械工业厅和省国防科工办主持的技术鉴定。其工艺技术性能已达到设计任务书和国家有关标准的要求。

2日 省委、省政府召开专员、市长、县长会议。会议动员全省广大干部群众振奋精神，艰苦奋斗，努力完成和超额完成1989年国民经济计划，确定1989冬明春农业开发总体战的目标和措施，为1990年的经济工作早做准备。省长吴官正讲话要求：（一）千方百计夺取农业大丰收；（二）提高经济效益、实现工业增产；（三）严格控制物价上涨，进一步繁荣市场；（四）努力增收节支，搞活用好资金；（五）坚持改革开放，深化企业特别是大中型企业的改革。省委书记毛致用作《从进一步稳定全局着眼，抓紧抓好经济工作》的报告。会议于5日结束。

2日 为期5天的1989年全国摩托艇锦标赛在湖南省湘潭市举行。江西优秀运动员、国际健将彭林武在男子B组OA级5公里项目竞赛中，三次打破原湖北选手贺建强保持的时速94.802公里的全国纪录，并创造每小时100.469公里的全国纪录，并在OB级10公里的项目中获铜牌；女运动员王翠华在女子B组OA级10公里竞赛中夺冠，同时在OA级5公里项目竞赛中，以每小时92.66公里的速度打破原湖南运动员陈燕红的每小时89.038公里的全国纪录；19岁的杨勇、15岁的女运动员夏颖分别夺得男子A组OC2级100公里项目的亚军和女子A组OC2级10公里项目的第五名。

3日 东乡县第二中学青年教师王鹏亮收到由共青团中央、全国少年工委、《中国少年报》、《辅导员》杂志社共四家联名寄来的两本获奖证书，表彰他在1988年至1989年间对学生进行创造性辅导活动。王鹏亮开展的《秋色的遐思》和《清明祭扫》两个项目获全国中学创造性活动优秀奖。

3日 省卫生厅、物价局、财政厅联合发出通知，决定在1989年内严格按照卫生部关于办医疗机构的基本条件对各级各类医疗机构进行全面清理整顿。通知规定，开办医疗机构一律须经同级卫生行政部门审批发证，方可行医。

3日 全国工业品贸易中心第八届商品交易会举行。参加会议的有来自全国各大、中城市的工贸中心，省内外工商企业近600个单位，提供商品两万多种，可供货源达30多亿元。总成交额5.31亿元，其中江西省成交额1.07亿元。

5日 在北京举行的全国第七届美术作品展览会上，江西有106件作品入选，先后在各展区展出。其中两件获银牌奖，5件获铜牌奖。

6日 江西省杂交水稻制种高产新技术开发被批准列入国家级"星火计划"。杂交水稻高产新技术开发主要是推广先进、适用、配套的制种技术，通过示范和技术扩散提高江西省杂交水稻制种的产量、质量，加速杂交水稻新组合的推广和更新换代。

6日 江西参加全国第二届青运会的体育代表团一行70余人，在副省长、二青会代表团团长陈癸尊率领下离开南昌前往辽宁参赛。

7日 江西万安水电站50万千瓦一期工程通

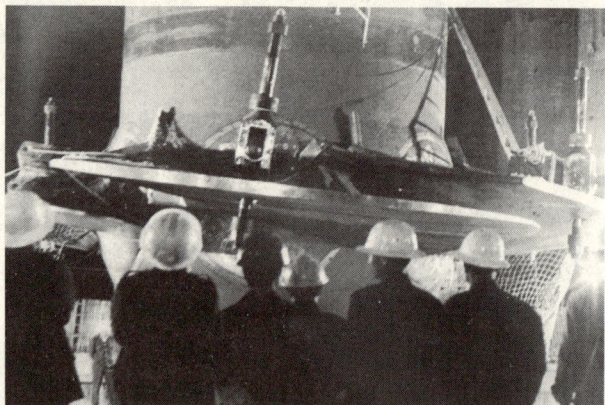
正在吊装的万安水电厂大型水轮机

万安水电站一期工程

过国家能源部、水利部等 18 个单位代表的实地检查验收，工程符合设计要求，并通过鉴定。1989 年 11 月将进行二期截流，年底可安装一台发电机组。

7 日　世界银行咨询专家常·约瑟夫、世界咨询专家组组长伯廷·郝德伦等，先后于 5 月、8 月在江西为中国林业部门贷款丰产林项目准备工作提供咨询。咨询专家赴德兴、修水、永丰、分宜县、中国林科院大岗山实验局等地考察了造林、育苗现场。

7 日　省旅游局、财政厅联合发出《关于省旅游局向直属单位收取旅游发展基金的暂行规定》。

7 日　在上海结束的全国体操锦标赛上，江西男选手林怀山获得双杠、吊环两枚银牌，同时，他与吴建军、彭伟坤、袁琦、徐军、万克杰组队夺得团体第八名。

7 日　省委、省政府在南昌召开全省清查清理工作座谈会。要求各地、各部门进一步统一思想，增强搞好清查清理工作的自觉性，切实加强领导，做好工作，决不能走过场，决不能留下隐患，把清查清理工作搞深搞细搞彻底。

8 日　南昌地区各级各类学校 1000 余名教师代表与省市领导一起，隆重庆祝第五个教师节。并向江西省 638 名受到国家教委、人事部和全国教育工会表彰的优秀教育工作者和 48 名全国教育系统劳动模范代表授奖。

8 日　省林业厅决定从 1989 年 10 月 1 日起，凡木材运输出省，统一使用林业部印制的出省木材运输证。

8 日　从 1949 年起至 1988 年止全省粮食总产量由 387.65 万吨增加到 1535.43 万吨，单产由 98 公斤增加到 285 公斤，从 1953 年至 1983 年共向国家提供粮食 1983.35 万吨，平均每年上调粮食 55 万吨；党的十一届三中全会后，每年上调粮食 63 万多吨。

8 日　省七届人大常委会第十次会议在南昌举行。省人大常委会主任许勤讲话。会议审议了《江西省人大常委会工作条例》、《江西省律师执行职务的若干规定》、《江西省各级人民代表大会

选举实施细则》、《江西省保护妇女儿童合法权益的若干规定》、《江西省保护消费者利益的若干规定》草案；听取了关于江西省 1989 年 1 月至 7 月份国民经济计划执行情况的汇报、关于江西省 1989 年上半年财政预算执行情况的汇报、关于江西省整顿文化市场情况的汇报、关于江西省抗洪救灾情况的汇报。会议以无记名投票表决的方式，通过任免人员名单。

9 日　省教委发出《江西省高等学校教书育人工作暂行规定》。

9 日　省委、省政府召开全省"清房"工作会议。省委、省政府决定，从现在起至 10 月 31 日，凡主动检查交待问题，并积极在经济上退赔或退还非法占用土地的，而且主动检举他人违纪违法事实有立功表现的，可以按有关规定从宽从轻或免予处分；隐瞒问题，伪造毁灭证据，阻挠清查，或有打击报复行为的，则从严或加重处理。吴官正等领导到会讲话。会议于 12 日结束。

10 日　首届"茶与中国文化"展示周在北京隆重开幕。江西 13 个单位，28 种名优产品参加了展示。婺绿、浮红饶绿、宁红等近 200 种小包装茶及景德镇茶具在展出中受欢迎。

10 日　南昌市少年宫合唱团指挥余贞一被国家教育局授予"全国优秀教育工作者"称号。

10 日　省煤炭厅安监局局长王水亮参加中国统配煤矿总公司考察团并到波兰考察矿井通风综合技术。

10 日　位于兴国县枫边乡境内的海拔 1204 米高的大乌山顶峰的大乌山寺被列为省一级文物保护单位。大乌山寺建于唐代，由三仙殿、罗汉殿、水晶宫三大部分组成。

10 日　省水利工作会议召开。会议指出，要建立和落实水利建设中的劳动积累制度：一要贯彻"量力而行，合理负担，取之有度，用之得当"的原则；二要提高用工效益；三要确保资金补贴、"三材"等物资、技术和领导配套投入。会议于 12 日结束。

11 日　全省第一条铸涂低生产线在余江县正式投产。

11日 我国已探明的储量最大的银矿——贵溪冷水坑银铅锌矿将于近日正式开发建设，其筹建处已于最近成立。该矿系由中国有色金属工业总公司南昌公司和鹰潭市合资开发。

12日 著名桥梁专家李国豪教授在江西作题为《决策民主化、科学化》的报告。

12日 省纺织工业局制定全省纺织系统"八五"技术改造规划。提出"八五"技术改造要在"配套、进步、提高"六个字上下功夫，在四个基础上求发展，即在加强发展原料基础上求发展；在依靠现有企业的技术改造上求发展；在挖掘内部潜力、提高经济效益基础上求发展；在加强宏观调控基础上求发展。

12日 省政协第六届委员会医药卫生体育工作委员召开座谈会，座谈医院改革问题。

13日 省政协第六届委员会教育文化工作委员会就职业技术教育发展问题与江西省劳动厅负责人协商座谈。

14日 省政府授权中国驻美国大使馆临时代办赵锡欣与世界银行签署了《国际开发协会与江西省项目协定（卫Ⅲ项目）》。

14日 省冶金厅江西稀土代表团前往法国罗纳普朗克公司参观访问。

14日 省军区举办团以上干部理论读书班，南京军区政委傅奎清讲话，要求团以上干部首先要学好理论，打牢马克思主义思想根底。

14日 南昌铁路分局集体企业办公室（劳动服务公司）于1989年9月14日改为南昌分局

上海铁路局南昌工程总公司第三工程段的科技人员正在检测铁轨压力、扭矩、拉力

实干、苦干、拼命干的上海铁路局南昌工程总公司第三工程段工人

集体企业办公室（劳动服务公司）。于1989年9月4日改为南昌分局集体企业管理分处，管理各站段劳动服务公司南昌工程总公司集体办于1990年6月改为多种经营管理分处，安置待业青年702名，当年创利润15.7万元（1990年该公司拥有集体职工万名）。

14日 冶金部部长戚元靖一行6人在副省长钱家铭、厅长刘凯等陪同下，视察南昌钢铁厂、洪都钢厂、新余钢铁厂、江西钢厂、九江钢厂等单位。19日，戚部长一行与省政府领导会谈，并听取冶金厅的汇报。视察活动于19日结束。

15日 在江西开始实施居民身份证使用、查验制度。

15日 能源部转发国务院企业管理指导委员会《关于批复国家二级企业名单的通知》，赣州供电局被评为国家二级企业，成为江西省电力系统首家国家二级企业。

15日 省政协第六届委员会法制社团工作委员会与省精神文明建设活动委员会组织联合调查组，对江西省14个城市的"扫黄"、创"三优"竞赛和社会治安综合治理工作进行调查。调查于28日结束。

15日 江西省杂技团在北京举行的第二届中国艺术节上，表演《地圈》、《飞天造型》、《顶碗》等节目。

15日 省委副书记、副省长蒋祝平，副省长孙希岳率领省政府办公厅、省计委、省财政厅、省人民银行、中国银行南昌分行和省进出口商品检验局等厅局的负责人，到省经贸厅进行现场办公，专题研究 1989 年出口创汇任务问题。

15 日　省经贸厅为提高经贸干部、职工的政治素质和业务素质，建设一支好的经贸队伍，确定关于加强劳动、人事、教育、出国留学、出国政审管理的五个规定和办法。

15 日　全省年处理混合稀土氧化物 400 吨、全省稀土生产规模最大的赣州稀土冶炼厂，提前七个月基本建成，生产所需的 1300 多台（件）设备已基本安装完毕，9 月上旬已开始模拟试车，国庆前投产试车。

15 日　省政府召开全省电话会议，贯彻落实国务院《关于开展一九八九年税收、财务、物价大检查的通知》和全国大检查工作会议精神，动员和布置 1989 年的税收、财务、物价大检查。副省长黄璜讲话指出，1989 年的大检查，一定要按照"自查从宽，抽查从严，实事求是，宽严适度"的原则，解决过去查处不严，失之过宽的问题。在处理各种违纪问题时，不变通，不留情，不手软。

16 日　省人事厅、省卫生厅、省财政厅决定从 1988 年 10 月起提高护士工资标准，增加幅度为护士各级工资标准的 10%。

16 日　江西省抗癌协会在南昌市成立并召开首届理事会。

16 日　由省企业家协会组织编写《江西百家企业精神》上册首发仪式在南昌举行。这部书分上下两册，共 70 万字，由江西人民出版社出版。

16 日　省妇联发出通知，要求各级妇联配合有关部门做好整顿清理报刊及音像市场工作。

17 日　江西先进基层党组织和优秀党务工作者代表 11 人，启程赴京出席全国先进基层党组织和优秀党务工作者表彰大会。他们是江西农业大学党委副书记虞梅生、余江县纪委书记熊广兴、瑞昌县委书记严春忠、永新县委书记刘育椿、景德镇瓷用化工厂党委书记冯松林、省邮电局机关党委副书记杨悦娥、南昌市亨得利钟表店党支部书记兼经理熊林根、南丰县长

红垦殖场党委书记宗吉生、江西横峰纺织器材厂党委副书记兼副厂长黄坚、瑞金县沙洲坝村党支部书记杨旭星、宜丰县石市乡星溪村党支部书记卢森林。

17 日　省轻工业厅在南昌市召开为期 3 天的轻工业改革座谈会，景德镇市建国瓷厂、大余食品厂、樟树四特酒厂、赣州钢管厂等 16 个企业介绍改革经验。

17 日　省垦管局、省志编辑室联合召开全省农垦系统修志研讨会，对《江西省农垦志篇目结构设想》及《大茅山垦殖场场志》等进行分析讨论。研讨会于 20 日结束。

18 日　省轻工业品进出口公司在香港举办首届出口业务洽谈会，有 30 多个大类、1000 多种样品送港，成交额达 65.3 万美元。

18 日　全省地方人大工作理论讨论会在南昌召开。省人大主任许勤就理论与实践的关系、坚持和完善人民代表大会制度、反对资产阶级自由化三个方面，强调了开展和加强地方人大工作理论研究的重要性和必要性。讨论会于 21 日结束。

18 日　华东六省一市检察机关第四次调研协作会在庐山召开，会期 4 天。会议研讨了贿赂罪的证据问题和挪用公款罪适用法律政策问题。

19 日　江西省三资企业海外联谊会成立，周埶平任名誉会长、江山任会长、江云龙任副会长兼秘书长。

19 日　为进一步加强全省计划生育干部队伍建设，省人事厅、省计生委按照"公开、平等、竞争、择优"的原则，至 1990 年底分两批择优录用 700 余人，1981 年底一直在县（区）乡镇专职从事计划生育工作的全民所有制固定工人录用为国家干部。

19 日　江西利用外资项目出口座谈会在南昌召开，37 家已投产的外商投资企业的中方经理、各地市经贸局外经科长、省有关部门业务负责人共 50 余人参加会议。

19 日　副省长黄璜在安义县万埠刺绣厂等乡镇企业考察时指出，乡镇企业是江西必须坚持的方向性决策，应该发展更快些，效益更好些。

对现有乡镇企业，要积极进行治理整顿，促进其稳步、健康地发展。

19日 著名学者王贤才主编译述的《英中医学辞海》由青岛出版社出版。

19日 省高级人民法院召开减刑、假释工作座谈会，会期三天，各中级人民法院负责减刑、假释工作的审判庭庭长和省人民检察院监所检察处、省公安厅预审处、省劳改局管教处的人员参加。会议传达贯彻全国法院减刑、假释工作座谈会精神，总结1985年以来减刑、假释工作，对进一步做好该项工作进行研究。

20日 江西法官培训中心第一期培训在江西大学举行开学典礼。省高院院长、培训中心主任李迎讲话。第一期学员共48人，经过一年脱产学习，修完规定学科，考试合格。

20日 江西省各地开展第一个"爱牙日"宣传教育活动。

20日 江西棉纺织印染厂、抚州棉纺织厂晋升为国家二级企业。

20日 省政协第六届委员会医药卫生体育工作委员会与省医药总公司联合组织调查组，前往吉安、新干、樟树、南昌等地调查中药业的发展问题。

20日 江西省业余民间艺术团在北京演出的舞蹈《迎春花鼓》、《秧豆》、《傩舞》及女声独唱《细妹子卖余粮》四个节目全部获奖，省文化厅获组织奖。

20日 省政府办公厅转发省整顿建设市场秩序领导小组《关于认真做好我省建设市场秩序整顿工作的报告》，通知指出，建筑领域的整"倒"治"贿"，重点为1987年以来的各种违章违法违纪事件。范围为省辖市、地辖市、县城和工矿区以及建设任务较大、建设市场秩序较为混乱的乡镇，对象为房地产业、市政公用事业、建筑业以及各类工程建设所涉及的整个建设领域，包括各级建设主管部门、各种建设管理机构、建设单位（含开发公司）、勘察设计单位、施工单位、建设系统内各有关公司、社团组织。通知还就整顿的十个方面的内容和处理原则提出了意见。

21日 全国田径冠军赛杭州赛区的比赛结束。江西选手陈冬梅打破女子400米栏全国纪录。陈冬梅以56秒63改写了她自己保持的56秒70的400米栏全国纪录。

21日 世界银行畜牧专家赫尔德先生对共青垦殖场"鸭鸭工程"的四个项目（种鸭、肉鸭饲养、饲料和屠宰加工）进行为期4天的考察。

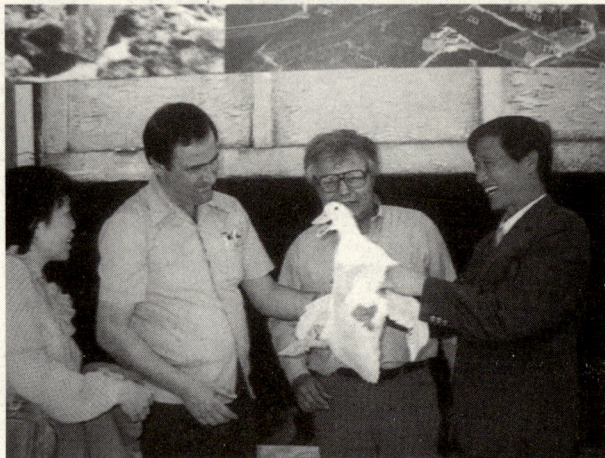

外国友人在参观共青人养殖的鸭子

22日 新干县大洋洲发现1座大型商代墓葬，出土1300余件陶器，100余件玉器饰品，尤其480余件青铜容器、生产工具、乐器、兵器，品类齐全，铸工精良。

22日 西柏林"218"陶瓷专业团抵赣，并专程赴景德镇、鹰潭、龙虎山进行为期3天的游览。

22日 省委召开组织、宣传工作会议，对省委《关于加强党的建设的意见》、《关于加强宣传、思想工作的意见》以及省委、省政府《关于加强村级建设若干问题的暂行规定》进行了讨

全省组织、宣传工作会议在南昌召开

论；会议号召江西省各级党组织在党的十三届四中全会精神指导下，抓住有利时机，把党组织建设好，把宣传工作搞上去，为社会主义建设事业作出新贡献。省长吴官正作总结讲话，要求：（一）认清形势，坚定搞好党的建设和宣传思想工作的信心；（二）全面正确地理解党的基本路线，突出抓好坚持"四项"基本原则，反对资产阶级自由化的教育；（三）聚精会神地加强党的建设，真正使各级党组织充分发挥政治核心作用。会议于25日结束。

23日 解放军预备役部队大型合成战术演习在新建县举行。演习部队官兵从一般作战任务的基本程序、内容、方法到动员集结、机动开进、野战攻防等几十个训练科目，进行演练。省党政军领导以及南京军区机关、江苏、浙江、安徽等省军区和预备役师等领导观看演习。

南昌陆军预备役步兵师1200多人举行实弹演习

演习时通讯兵正在加强联络

23日 吉安无线电线材厂更名为江西电线电缆总厂。

23日 省委、省政府举行劳模座谈会，吴官正、蒋祝平等领导接见出席全国劳模表彰大

省委、省政府举行建国40周年劳模座谈会

会的全体代表，吴官正代表省委、省政府向出席全国劳模表彰会的全体代表表示祝贺（24日，刘经耀等49位全国劳模，秦自莲等20位全国先进工作者启程前往北京，参加全国劳动模范、先进工作者表彰大会。10月5日江西省劳模载誉返昌，副省长孙希岳等到火车站迎接。10月6日在南昌汇报出席全国劳模表彰会的收获、体会和感受）。

23日 省审计局发布《江西省审计局关于审计程序的暂行规定》。

23日 全省300余家乡镇企业提供500多个出口产品和名、特、优、新、稀产品，参加由农业部、对外经济贸易部联合举办的"中国乡镇企业第二届出口商品展览"。

23日 德兴铜矿党委书记王振坤率检验组赴美，对该矿三期工程磨矿系统仪表设备进行检验。

德兴铜矿从美国配套引进的13立方米的电铲和154吨的电动轮汽车大大提高了采矿能力

24日 全省公证员涉外公证业务考试在南

昌市举行。参加考试的有 46 人，经司法部统一评分，考试及格的有 21 人。

25 日　省法学会和省政治学会联合在南昌召开"建国 40 周年民主与法制理论研讨会"。省内从事教学科研和政法部门的 40 余名代表参加会议。研讨会对建国 40 周年来特别是中共十一届三中全会以来民主与法制的建设情况进行了全面、系统的回顾，同时也对民主与法制建设中存在的问题提出了合理建议。

25 日　省社联与江西钢厂、南昌飞机制造公司、丰城矿务局、新余市社联联合在新余市召开深化大中型企业改革理论研讨会。会议着重探讨了大中型企业的地位和作用、面临的问题和对策、改进与加强思想政治工作等问题。来自 18 家大中型企业和 10 个社会科学教研单位的 50 位厂长、党委书记、专家学者参加了会议。

25 日　在南京举行的 1989 年全国游泳锦标赛中，江西运动员龚康获男子 100 米、200 米蛙泳第三名、第五名，并打破两项省纪录；张传伟获 100 米仰泳第六名，破省纪录。龚康、胡荣根、王跃煌、杨暮岗获男子 4×100 米混合接力第五名，打破省纪录，并以 103 分的成绩进入全国男子团体第七名。

25 日　由全国人大副委员长周谷城题写书名的《赣南概况》，已由人民出版社出版发行。

25 日　220 千伏珠（珠珊）虎（虎岗）输电线路（长 130.1 公里）试运成功，南昌电网与赣州电网联网运行，江西南北电网正式并网。

26 日　江西电视台播出由全国省级电视台对外部联合摄制的大型电视系列片《中华之最》第一辑，其中有江西电视台摄制的《瓷都景德镇》、《药都樟树》、《中国最大的银矿田》、《中国最大的淡水湖》、《中国是世界产钨最多的国家》等。

26 日　省委办公厅、省政府办公厅联合发出通知，授予 60 名专业技术人员"江西省有突出贡献的专业技术人员"称号。

26 日　万载县潭埠出口花炮厂和省军工技术咨询服务中心共同研制开发的烟花安全生产线，通过质量监督检验站验收。这条生产线结束了 1000 多年来花炮制作完全靠手工的历史。这项研究成果获江西省科技成果一等奖和"七五"全国星火计划成果博览会银奖。

26 日　由省档案局和省石化厅组织的企业档案管理升级考评小组，对九江化工厂档案管理体系、档案列入企业管理和档案工作业务建设及其开发利用进行了为期两天的现场考评，通过了国家二级档案管理验收。

27 日　省政协第六届委员会财贸金融工作委员会与农业工交科技工作委员会组织 9 个调查组，分赴全省各地调查市场形势。

27 日　省委、省政府印发《关于党政机关干部在城镇违纪建私房的处理决定》。

27 日　全国总工会、团中央、中国科协、中国质协授予江西气体压缩机厂"提高 J2108 胶印机凸轮精度合格率 QC 小组"和"1989 年度国家优秀质量管理小组"称号。

江西气体压缩机厂为葛洲坝提供了 22 台 ZL3.5－20/7 型无基础空压机

27 日　鄱阳湖区专员、市县长血防工作会召开，省卫生厅厅长周标代表省政府血防领导小组与各县县长签订承包责任合同。全面贯彻落实"鄱阳湖区大区域控制血吸虫病总体规划"。副省长陈癸尊讲话，要求各疫区政府、有关部门把"大区域控制"工作作为社会经济发展的一项重要任务抓紧抓好，扎扎实实为民造福办实事。

28日 省委领导在省体委接见在第五届远东伤残人运动会夺得奖牌的江西运动员黄健平和王超雄。两臂高位截肢的黄健平，在第五届远东伤残人运动会上以43秒75的成绩，打破了由波兰人创造的44秒46的A5级50米仰泳世界纪录，并获得该项和100米自由泳两枚金牌；盲人王超雄获B1级男子100米和三级跳远两枚金牌和400米跑铜牌。

28日 省气象台的"天气雷达自动化探测系统"及省气象台与南昌市气象台合作完成的"气象信息综合服务系统"获准参加省科技面向经济百项成果展览。

29日 省商业厅发出《关于加强商业法制工作的通知》，通知规定各级商业、供销社迅速建立法制机构，配备人员，加强法制队伍建设，明确法制工作重点。

29日 经省政府第五十六次常务会议审议通过，省政府办公厅转发省计委、省农业区划委员会、省乡企局编制的《江西省乡镇企业区划和发展规划（1988～2000）》。该《区划和发展规划》获国家农业部、农业区划委员会"优秀科技成果"三等奖。

29日 南昌市"十佳建筑"评选揭晓。它们是江西宾馆、省政府办公大楼、省展览馆、南昌民航候机楼、省工艺美术馆、青山湖宾馆、省

巍然耸立的南昌市经济大楼

电子计算中心、黄庆仁栈药店、南昌市经济大楼、南昌工人体育馆。

29日 省、市军民1800余人在南昌市工人体育馆举行庆祝建国40周年文艺晚会，130多名

省领导同厅局级负责人登台演唱

外国专家、港澳同胞和台胞应邀出席。同日晚上，省政府举行国庆招待会，13个国家和地区的108位专家和22位港澳台胞、侨胞出席招待会。副省长蒋祝平致祝词。

29日 省委邀请抗战前参加革命工作的老同志座谈加强党的建设问题。要求全省各级党组织要坚持和健全党的民主生活会制度，开展批评与自我批评，积极进行党内的思想斗争，实行互相监督，同时接受党员和群众的监督，使党组织充满生机和活力，不断增强凝聚力和战斗力。

30日 省委常委组织学习江泽民在庆祝中华人民共和国成立40周年大会上的重要讲话，并下发通知，要求各级党组织组织共产党员和干部群众，认真学习《讲话》，切实贯彻落实《讲话》精神。要求各级宣传、新闻单位把宣传贯彻讲话的精神作为下半年的重点任务。

30日 省石油化学工业厅编辑《江西四十年石油化学工业卷》，由江西人民出版社出版。

30日 江西人民出版社编辑出版的《江西画册》和《江西四十年》丛书，正式出版发行，并举行出版发行新闻发布会。

30日 南昌大桥开工兴建，正桥为6车道双层单箱预应力钢筋混凝土连续梁主体分流式桥，居世界第五，

预算 1.84 亿元。

30 日 全省第一条一级公路——南高公路（南昌至高安）建成举行通车典礼。

宽敞的南高公路

本月 国家有关部门公布 1989 年上半年全国手表行检结果，南昌手表厂"庐山"牌 ZNCA 型机械表，经国家钟表质量监督检验测试中心检测，使用可靠性，走时质量，"三防"等 8 项质量指标，均为 A 级达到优等，获 A 级产品第二名。

本月 省垦管局在云山、大茅山垦殖场进行农垦企业工资制度改革试点，推行工资总额同实现税利挂钩。

本月 全国监管技术装备会议在庐山召开。

本月 省劳改局发出关于在劳改劳教系统惩治腐败、整顿纪律作风、加强干警队伍建设的决定。

本月 省人事厅委托江西行政管理干部学院举办人事管理专业成人高等教育"专业证书"教学班。

本月 南昌气象学校首届西藏班学员入学。

本月 国内第一台 24/1000 大型倒立式卷丝机在新余钢铁厂试制成功，并投入使用。倒立式卷丝机是当前国外金属制品企业普遍使用的新型设备。

本月 省文物考古研究所对向吉铁路工程沿线的丰城、樟树市境内的古文化遗址和古墓群有重点地进行了抢救性发掘和清理，总计发掘面积近 2500 平方米，出土了石、陶、青瓷、铜、铁器等一批商周至明清的珍贵文物标本。

本月 省政府第四十四次常务会议通过《加强节约用电暂行办法》，对居民生活用电和宾馆、饭店等消费用电做出明确规定。

本月 江西 90 个县市 1200 个乡镇遭受洪涝灾害。省民政厅接收省直机关 70 个单位两万多名干部职工捐款 270 多万元、粮票 160 多万斤、衣物 19.8 万件并下拨灾供粮 1.06 亿斤，救济款 1480 多万元。

本月 江西省开展《技术合同法》、《专利法》宣传月活动。

本月 赣南地质大队在兴国县探明了一个中型岩金矿。

本月 省文学艺术研究所编的《黄庭坚研究论文集》，由江西人民出版社出版。

本月 省统计局农业处的《江西农村产业结构研究材料》一文，首次获国家统计局农村司评选的优秀农村统计分析报告一等奖。

本月 建设部、农业部和国务院贫困地区经济开发领导小组下文确定临川是国家重点指导下的第一批建筑劳务基地之一。

本月 省妇联、省农业银行转发全国妇联、中国农业银行扶助贫困地区农村妇女发展商品生产典型示范户的联合通知。

本月 《吉水县志》由新华出版社出版。《莲花县志》由江西人民出版社出版。《东乡县志》由江西人民出版社出版。《乐安县志》由江西人民出版社出版。

本月 省煤田地质勘探一九五队和中南工业大学合作完成的《TG－1 及 TG－1A 型无黏土冲洗液》获国家发明专利权。

1989

10月
October

公元 1989 年 10 月							农历己巳年【蛇】						
日	一	二	三	四	五	六	日	一	二	三	四	五	六
1 国庆节	**2** 初三	**3** 初四	**4** 初五	**5** 初六	**6** 初七	**7** 初八	**8** 寒露	**9** 初十	**10** 十一	**11** 十二	**12** 十三	**13** 十四	**14** 十五
15 十六	**16** 十七	**17** 十八	**18** 十九	**19** 二十	**20** 廿一	**21** 廿二	**22** 廿三	**23** 霜降	**24** 廿五	**25** 廿六	**26** 廿七	**27** 廿八	**28** 廿九
29 十月大	**30** 初二	**31** 初三											

1 日　南昌市绳金塔修复工程竣工。该塔始建于唐天祐年间（904～907），这次修复的塔体

古朴巍峨的南昌市绳金塔

为清康熙五十二年（1713）时重建，系典型的楼阁式砖木混合结构。塔基占地 577 平方米，高 50.41 米，层数明七暗八，底层为全木结构大回廊，砖砌须弥座。

1 日　省旅游局公布江西旅游标志。

1 日　省纺织工业局主持编写的《江西 40 年·纺织工业卷》一书由江西人民出版社出版发行。

1 日　会昌锡矿全面竣工，该矿是当前江西锡矿开采规模第二、产量第一、效益最好的一个锡矿。

1 日　庐山、赣州气象台开展酸雨试测。1990 年 1 月 1 日起正式开展酸雨观测业务。

1 日　江西省博物馆主办的大型综合性展览《江西古代文明史陈列》在南昌市展出。此次展览运用历史文物和古代文献，展示千万年来江西文明历史的发展进程，反映江西古代农业、手工业和科技文化的辉煌成就。"江西广昌恐龙展"及修整恢复的"江西古代陶瓷陈列"同时开放展出。"广昌恐龙"是江西省考古研究所和广昌县博物馆 1986 年在广昌县发掘的一具较完整的甲

"广昌恐龙展"吸引了大批观众

龙类恐龙化石。恐龙骨架全长 6 米、高 1.4 米、宽 1.4 米，距今约 1 亿年至 6500 万年。甲龙类化石在我国是重大的新发现。

3 日 江西少儿基金会等 8 单位联合举办的 1987 年至 1989 年"身残志坚儿童少年"评选揭晓。居萍、吴涛、华小阮、张建国、吴曼、颜新青、江艳萍、盛艳、严洪、叶子颉、刘孟樟、张瑜、起梅泉、邱桑银、唐宏军、熊爱云、丁德良、邹毅、万紫红、万翔 20 位同学获选。

3 日 樟树四特酒厂万吨酒库建成。"四特酒"是江西省的"拳头"产品，深受省内外消费者欢迎。

樟树四特酒厂灌装车间

4 日 南昌电厂扩建工程基本竣工。两台超高温高压的 12.5 万千瓦机组相继投产，每日可送电 500 多万千瓦小时。

4 日 省纪委、省人大、省政协、省军区 4、5 两日分别召开常委扩大会议、主任扩大会议、主席扩大会议和党委常委会，认真学习和讨论江泽民国庆重要讲话。

5 日 江西九江珍稀濒危植物种质资源库通过评审。

5 日 全省轻工业局长会议在南昌市召开。厅长陈锡文作题为《认清形势、振作精神，促进江西省轻工业持续稳定发展》的报告。会议于 6 日结束。

6 日 省政法领导小组召开电话会议，要求进一步贯彻执行好"两高"（高检、高法）《通告》。要求各级党委、政府结合本地区、本部门实际，进一步研究制定深入贯彻《通告》的具体措施；进一步发动群众举报，迫使更多的犯罪分子走坦白自首之路，尽可能多地挽救一些人；切实解决办案力量不足的问题；做好《通告》限期届满时转入正常的工作。

6 日 华东地区第八次天然药物化学学术会在南昌召开。会议讨论了由江西地区天然药物化学工作者新发现的 44 个新化合物，并就江西丰富的中草药资源的研究和开发利用提出了宝贵意见。学术会于 9 日结束。

7 日 省长吴官正在江西宾馆分别会见美籍华人美国芝加哥保险公司总裁、美华协会芝城主席刘立义一行和香港王氏工业集团有限公司总裁、旅港江西同乡会王华湘，香港永善集团大中华成业有限公司山川投资企业公司总裁黄力山一行。

7 日 江西珠湖制药厂晋升为 1988 年度国家二级企业。

7 日 全省利税率超 500 万元以上的 90 家重点企业，在江西钢厂举行"双增双节"座谈会，分析形势，交流经验，探讨提高经济效益的良策。厂长们表示，大中型企业是江西省的支柱，也是"双增双节"的重点，要勇挑重担，当好工业生产的"主力军"。座谈会提出，奋战四季度，确保完成全年生产计划。

8 日 省烟草会议提出：提高卷烟产品质量，使省产烟牢牢占领本省市场，不断开拓省外市场，进一步扩大省产名烟知名度，形成拳头产品。

8 日 南昌铁路分局被国务院企业管理指导

委员会命名为国家二级企业。

8 日 滕王阁落成庆典在南昌举行。省长吴官正等党政领导参加剪彩。新阁位于南昌市沿江路旁，即赣江与抚河故道交汇处新洲尾对岸，筑坝填江而成。主阁平面呈十字形，共九层。高台以下两层为地下室，高台以上七层为主要游览层，总高度为 57.5 米，面积 1.3 万平方米，四面三式。阁内分序厅、人杰厅、石宴厅、地灵厅、纵览厅、丹青厅、翰墨厅、古乐厅。滕王阁为古代江南三大名楼之首，始建于唐永徽四年（653），从唐代至清代重建重修达 28 次，1926 年毁于北洋军阀邓如琢之手。省委、省政府邀请部分在外省工作的江西籍科技工作者和全省各学科各领域作出贡献的专家、教授、科技工作者参加滕王阁落成典礼，并就发展经济、振兴江西进行座谈（10 月 9 日至 13 日，省外的几位专家先后在省内部分高校、科研院所举行十多场学术报告，并对有关单位进行指导和咨询）。新阁造型以宋阁为原形设计，室内陈设充分体现"物华天宝，人杰地灵"的乡土内容。工程总建筑设计师是陈星文；结构设计以南昌有色冶金设计研究院为主，南昌市建筑设计院、省轻化设计院参加；承建施工单位为南昌第三建筑工程公司、江苏省常熟市古建筑公司、福建省莆田埭头镇建筑公司、江西省地矿局地质建设工程大队。

南昌市滕王阁外景

9 日 省劳动厅、省林业厅发出《关于恢复林区津贴制度的通知》。

10 日 江西红声器材厂、吉安无线电线材厂和景德镇九九九厂被机电部评为国家二级企业。

10 日 古巴青年岛特别行政区人大主席团主席米格尔·阿尔雷斯率领陶瓷代表团一行 5 人，到景德镇进行为期 3 天的参观考察。

10 日 由中国华阳技术贸易总公司和联邦德国中国公司、罗德有限公司联合主办的为期一周的"联邦德国—中国经济、文化、技术展览会"在联邦德国中部地区施瓦姆市中国公园举行。江西贸易团由省政府副秘书长何一清为团长、江西贸促分会副主任杨友春为副团长率领 10 家进出口公司参加展览会。共租展台 10 个，展出样品 300 多种，接待两万多外国人士参观洽谈，出口成交 346 万美元。

11 日 江西—ESEC 中美特殊高等教育研究中心在江西大学成立。这个研究中心是根据 1989 年初中国教育国际交流协会江西分会和美国美中教育交流服务机构签订的协议而成立的。

11 日 省委宣传部、省委组织部、省直机关工委、省委党校联合举办的全省地、厅级干部第一期读书班开学。读书班以学习江泽民国庆讲话为主。通过学习，提高马克思主义的认识水平，增强辨别历史经验和解决现行问题的能力，提高政治理论水平，切实做好当前工作。

11 日 省廉政建设领导小组召开为期两天的座谈会，推进"七所八所"廉政建设。省长吴官正在会上指出：大气候有了，小气候也有了，条条块块都在动，现在抓"七所八所"的廉政建设正是火候。（一）要正视"七所八所"的问题，违法的要依法严肃查处；（二）要实行"两公开一监督"制度；（三）各级领导要振奋精神，敢抓敢管。

11 日 华东七省一市人大常委会主任第四次座谈会在庐山召开。全国人大常委会办公厅联络局局长杨逢春参加会议。座谈会于 14 日结束。

12 日 景德镇陶瓷学校习作工厂研制成功 500 件薄胎瓷梅瓶和 500 薄胎瓷芭蕉皮灯。

12 日 白栋材、赵增益会见香港王氏工业集团有限公司总裁、香港江西省同乡会会长王华湘和夫人一行。

12 日 南昌市近万名少先队员在八一广场

革命烈士纪念碑前举行"我们是共和国的明天"万人主题队会，庆祝中国少先队建队 40 周年。

少先队员向革命烈士碑敬献红领巾并站少年岗

13 日 中共中央总书记江泽民一行到江西视察，在省委书记毛致用、省长吴官正的陪同下，先后视察南昌、井冈山、吉安永新县、遂川县等地，18 日离开江西。10 月 20 日，省委召开常委会，认真学习中共中央总书记江泽民视察江西时的重要讲话，强调要按江泽民的讲话精神，

提高认识，统一思想，振奋精神，凝聚力量，继承和发扬光荣的井冈山革命传统，坚定不移地贯彻执行"一个中心，两个基本点"的党的基本路线，把江西的各项工作做得更好。江泽民视察南昌市的顺外村时，称赞这个村"有几点很突出，一是共同富裕，二是不吃光用光，拿出一部分钱继续发展生产"。在赴井冈山的途中，江泽民说："解放后，江西老区虽然较为贫困，但 40 年来作为产粮省的江西，不管是丰收还是灾年，都从未中断过向国家支援粮食，对国家贡献很大。"又说"我国人口数量占世界的 20%，而耕地面积却仅占世界的 7%。因此，要大搞农业开发，增加可耕面积；同时，一定要千方百计提高粮食亩产量"。到井冈山视察时，强调"还要加快植树造林，植树造林对于空气的净化，生态环境的保护和水土保持，影响太大了"。还说："井冈山的革命传统应该永放光芒。我们到这里来，一方面是看望井冈山的人民，另一方面是来学习革命传统。革命传统、革命精神，是我们的传家宝，永

江泽民视察南昌市郊区顺外村

江泽民在吉安视察

江泽民视察江西棉纺织印染厂

江泽民参观井冈山革命博物馆

江泽民在黄洋界参观

江泽民和井冈山老区群众在一起

江泽民亲切地接见武警江西省总队部分官兵

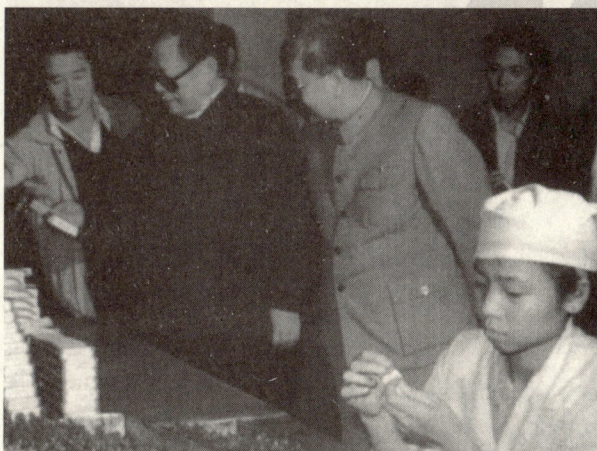

江泽民在毛致用陪同下视察江西制药二厂

江泽民与永新县委、县政府领导班子成员的合影

远不能丢。"并于 16 日上午走访井冈山斗争时期暴动队长邹文楷之子——井冈山垦殖场退休职工邹瑞章。先后视察井冈山林区、吉安县湿地松基地，对林业生产建设作了重要指示。18 日在视察江西樟脑厂时，对该厂天然樟脑获得金质奖，每年出口创汇 500 多万美元十分赞赏，并挥毫留名。

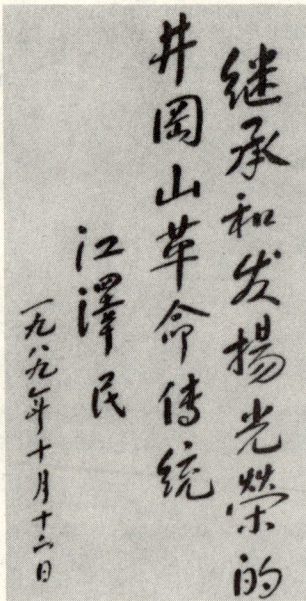

继承和发扬光荣的
井冈山革命传统
江泽民
一九八九年十月十二日

江泽民题词

13 日 由共青团江西省委主办的《妙龄少女》杂志于本月创刊。

13 日 各民主党派省委会在九江市联合召开为期 5 天的咨询服务工作会议。成立江西省民主党派咨询服务工作联合委员会；通过了《江西省民主党派咨询服务工作联合委员会章程》。

14 日 全省压缩整顿报刊社工作会议指出：压缩整顿报刊和出版社，集中力量"扫黄"；是反对资产阶级自由化，贯彻党的十三届四中全会精神，加强思想政治教育的一件大事；要求通过整顿达到思想端正，方向明确，结构合理，布局适当，质量提高的目的。会议于 16 日结束。

15 日 浮梁县江村制茶名人江智普先生的后代江贵宝受其母嘱托，献出 1 枚祖孙相传、珍藏近 80 年的巴拿马万国和平博览会金质奖章，这枚奖章"浮红"（浮梁功夫红茶）是 1915 年在美国旧金山举行的巴拿马万国和平博览会上获得的。

15 日 1989 年全国射击锦标赛"新飞标"手枪飞碟比赛中，江西运动员柳军以 874 环的成绩获男子自选手枪第一名。

15 日 省林业厅、省工商行政管理局发出《关于清理整顿林木种子市场秩序的通知》。

15 日 江西平板玻璃厂经过冷修，恢复玻璃生产。

15 日 为期 4 天的 1989 年全国皮划艇锦标赛暨中波（波兰）友谊赛在南昌市青山湖举行。

15 日 为期 4 天的 1989 年全国射击（步枪、移动靶）锦标赛在南昌举行。江西运动员叶青以 598 环的成绩超女子小口径步枪世界纪录。江西队以 1771 环获女子小口径步枪 60 发卧射团体冠军。同日，应中国射击协会邀请，捷克斯洛伐克射击队一行 10 人来江西访问，并于 17 日在南昌第二体校，同中国联队、吉林队进行国际射击比赛。

15 日 日本广播协会前总裁、现总裁顾问中村有光先生来南昌，参观省广播电视中心工程，并就有关合作事宜与省广播电视厅进行意向性会谈。这次参观活动于 19 日结束。

16 日 江西省国有林定权发证领导小组成立，下设办公室，挂靠省林业厅。

16 日 华东六省一市科社学会年会在九江市举行，会议就精神文明建设的规律、途径等诸多问题进行了探讨。

16 日 有色金属总公司转发国家计委、地矿部《关于同意 49 个有色金属矿区作为首批国家规划矿区的复函》。德兴铜矿富家坞矿区、城门山、银山九区铜矿带被列为国家规划矿区。

17 日 省高级人民法院举行首次新闻发布会，通报全省各级人民法院贯彻执行《关于贪污、受贿、投机倒把等经济犯罪分子必须在限期内自动坦白的通告》的情况。出席发布会的有 17 个单位的新闻工作者。

17 日 省垦管局在蚕桑场召开农垦农业工作座谈会，会期 3 天，会议传达贯彻省专员、市长、县长会议精神，总结交流农垦系统开展农业开发总体战的经验。

17 日 全国稀土学会、中国化学学会联合在南昌召开为期 4 天的第四届全国稀土催化学术讨论会。

18 日 由江西、北京、山东、四川等地 8 人组成的中国代表团，最近应邀参加了在捷克斯洛伐克首都布拉格举行的第二十一届国际嗓音、言语、医学代表大会。

18 日 省地质矿产局建工队林治栋完成的"汽车半抽摩擦焊接合的方法及装置"成果获国家发明专利权。

18 日 省建设厅、省整顿建设市场秩序领导小组发出《关于建设行业管理中几个政策性问题的通知》。通知对建设行业管理上的联合经营问题，总包、分包、小包问题、转包等问题的政策性问题界限以及对违反者提出了处理意见。

18日 庐山"美庐别墅"被列为江西省级文物保护单位。

19日 由中国民俗学会、江西省民俗研究会、豫章民俗博物苑联合举办的"全国第四届民俗学学术讨论会"在南昌召开。参加这次会议的有来自30多个民族的75位代表，提交有关东南亚地区民俗文化的研究，兼及信仰民俗、经济民俗等方面的论文120余篇。

20日 在全国羽毛球单项赛上，江西运动员熊国宝、刘军分别获冠、亚军。

20日 江西人民广播电台承办的全国理论广播宣传工作座谈会在九江召开。

20日 乐平矿务局鸣山煤矿发生重大瓦斯爆炸事故，死亡35人。

20日 为期5天的全国首届武术散手擂台赛在宜春举行。26个代表队的148名运动员进行了288场比赛，江西武坛新秀刘小秋在48公斤级比赛中进入前6名。

江西省武坛新秀刘小秋（右）在48公斤级武术比赛

21日 省人事厅发出《关于教龄满30年的中小学公办教师退休费计算标准问题的通知》。

21日 江西模协组织教授、高级工程师对江西模具评审。景德镇昌河飞机制造厂研制成功的"江西五十铃"汽车纵梁超大型复杂模具，被评定为省特级优质模具。

21日 1989年无线测向锦标赛在宜春结束，江西运动员张显辉获超短波两米冠军和全能铜牌，周群获女子成年组短波80米银牌。

21日 全省第一栋具有国内先进水平的治疗烧伤的大楼在江西医学院第一附属医院竣工开诊。

一附院烧伤中心大楼　　　　　　一附院门诊大楼

22日 省财政厅颁发《江西省财政厅廉政建设的规定》。

22日 历时5天的全军第二次军事辩证法研讨会在南昌陆军学院召开。来自全军和地方的80余名专家学者参加会议。会议宣布成立中国军事辩证法学会，产生了以军事科学院郑文翰院长为会长、空军副司令员林虎等为副会长的理事会。

23日 省民政厅印发《江西省农村社会敬老院管理办法》。

23日 省人事厅转发人事部《关于加强人事统计工作的意见》，要求加强人事统计工作。

23日 樟树第二十届药材交流会召开。全国各省、市、自治区以及香港、新加坡等国家和地区的1.1万余名药界人士参加交流会，到会的厂家有2800多个，参展药品达9000多种，交易总额已达7亿多元。

23日 靖安县双溪林站精工礼品厂利用山区小杂木及枝桠材资源，研制开发出木玉保健枕，能调节阴阳、舒筋活络、促进血液循环，70%销往国外。

23日 第三届全国省级电视台对外宣传会议在南昌举行。30家省级电视台达成了《关于国际交流栏目节目交流协议》。会议于29日结束。

23日　井冈山精神研究会在南昌成立。省委领导在成立大会上作了题为《继承和发扬光荣的井冈山革命传统》的讲话。大会推举白栋材、方志纯、傅雨田、赵增益、狄生为研究会顾问；刘方仁、谢象晃、吴允中、陈春林为名誉会长；王太华为会长；并推举24位同志为常务理事。

井冈山精神研究会在南昌成立

24日　省工商联宣布组建同业公会。

24日　由江西省高校社会科学发展研究中心组织的"江西高校孔子文化教育思想讨论会"在南昌召开。35名代表从文史哲、伦理学、管理学、人才学角度对孔子的生平、学说及思想进行分析、评价。

24日　第二届全国烧伤学术会议在南昌召开，会期3天，会议由中华医学烧伤学会委托江西医学院主办。参加这次会议的有来自28个省、市、自治区的401名代表，会议共收到学术论文1254篇，经审定列入会议交流的学术论文385篇，会议围绕烧伤休克、感染、免疫、并发症和护理等15个专题进行了学术交流和研讨。

25日　由铁道部第十六工程局担负施工任务的江西向吉铁路新干以北线路全面开工。

25日　省委、省政府召开电话会议，号召全省动员起来，强化农业的基础地位，加快农业总体开发，把江西农业推向一个新的发展阶段。吴官正等领导出席会议，黄璜副省长作《江西省动员起来，集中力量抓好农业》的动员报告，黄璜指出，农业是国民经济的基础，要在江西省党内和全社会形成一种"思农、议农、支农、扶农"的热烈气氛和强有力的行动。并提出切实抓好五条：（一）各级党政主要领导都要亲自抓农

业；（二）要继续增加对农业的投入；（三）进一步开展"科技升温"活动；（四）农村的重点要放到内部完善和挖潜上来；（五）各行各业要更加自觉地关心农业，支援农业。

25日　以澳门工会联合会副理事长温泉为团长的澳门工会代表团一行12人到共青垦殖场参观。

25日　在公安部召开的全国表彰企事业公安机构保卫组织经济民警大会上，江西师大和南昌航空学院受到表彰。

25日　省建设厅发出《关于开展对江西省施工企业进行资质等级复查工作的通知》。通知要求，所有施工企业都要按建设部制定的《施工企业资质等级标准》进行资质复查，重新确定资质等级，换发资质证书。

25日　省政府办公厅发出《关于江西省农村扫除文盲抽查意见》。

25日　省冶金厅批准萍乡钢铁厂66型焦炉易地大修，改造为58-Ⅱ型焦炉，年生产能力为20万吨。11月5日该工程破土动工（按80型焦炉建设）。于1990年10月28日建成点火烘炉，12月25日顺利出焦。

26日　省地质学会与省地理学会、省自然辩证法研究会在南昌联合举办"纪念李四光诞辰100周年报告会"。高级工程师尹培基和杨明桂应邀作学术报告。

26日　省政府致电山西省政府，向阳高、大同等地连续发生地震的灾区人民群众慰问。

26日　会昌县江镇见潭村村民胡宏辉试制的一台功率为750瓦的永磁交流微型水力发电机获国家实用新型专利。

26日　1989年全国滑水锦标赛在肇庆市星湖举行。江西运动员秦飞获男子花样赛铜牌，跳跃赛、廻旋赛两项第六名，滑水新苗13岁的田山以3340的高分获铜牌。女运动员陶芹、何定在成年女子花样赛中分别获第五名、第六名。

26日　第三届全国"百龄杯"桥牌邀请赛在杭州举行。江西队以206VP的成绩取得第二名。

27日　中国农业银行机构管理考察团到农行共青办事处考察，确定该办事处为世界银行在

江西的支行级考察点。

27日 江西省首次派团参加全国第二届中国花卉博览会,在本届花卉博览会上,江西省获一等奖一个,二等奖一个,三等奖三个,黄璜副省长为获奖的园艺工作者颁发奖状和奖杯。

27日 以匈牙利交通科学学会会长、布达佩斯理工大学教授安德烈·克卡波里为团长的匈牙利交通学会代表团一行5人来南昌访问,参观南昌赣江铁路大桥。

27日 南昌钢铁厂高炉喷煤粉工程竣工投产。

27日 省七届人大常委会第十一次会议在南昌举行。会议通过《江西省各级人民代表大会代表选举实施细则》、《江西省保护妇女儿童合法权益的若干规定》、《关于江西省县、乡两级人民代表大会代表选举时间的决定》、《江西省人大常委会关于撤销江西省选举委员会的决定》,通过任免人员名单;批准《南昌文化市场管理条例》,由南昌市人大常委会根据省人大常委会的意见修改后公布施行。

28日 江西初级卫生保健试点工作会议在南城县召开。会议确定首批十个县为初级保健试点县,并对试点工作进行了研究部署。十个县的县长参加了会议。

29日 省人事厅、省军区政治部开始通过考试考核择优录用专职人民武装干部,至1990年底分两批共录用700人。

30日 总结预备部队合同战术演习成功经验暨表彰参加演习有功人员的"八九·九"演习总结表彰大会,在省军区隆重举行,120个先进集体和个人受表彰。

30日 省石油公司经理办公会讨论研究贯彻落实"两高一部"(最高人民法院、最高人民检察院、司法部)《通告》。根据该系统具体情况,确定3个防范办法:批钱,5000元以上的集体审批;批油,对外系统超过10吨的,要相互通气;一批油品到货,要把分配情况向班子成员通报。

30日 省司法厅制定《江西省乡镇法律工作者担任实习律师试行办法》。

30日 联合国粮农组织委托欧洲发展研究中心主任D. C. 华贝尔博士和S. R. 伍德先生来赣洽谈联合国开发计划署援助山江湖开发治理项目的具体项目文本制定等事宜。

30日 江西造船厂建成1000吨油驳于下旬建成下水,交付长江航政局使用。

江西省最大油驳建成下水

31日 从8月15日"两高"《通告》发布至10月31日规定的限期内,省检察机关受理贪污、受贿、投机倒把等1412名违法犯罪人员投案自首,其中县处级干部27人、科局级干部227人、共产党员486人,共交待犯罪金额865万元,退回赃款(含赃物折价)678万元。

31日 全国第二届水稻高产栽培理论与实践研讨会,在江西农大举行。

本月 全国党刊1988年好稿评选在福州揭晓。省委组织部《江西党建》杂志推荐的通讯《走向世界的庄稼汉》和《绿色之梦》被评为二等奖。

本月 省委宣传部和省出版事业管理局联合召开压缩整顿报刊工作会议。江西有5000多人参加书刊市场检查整顿,收缴、停售、封存书刊24万余册,查封摊点38处。

本月 省政府常务会决定省出版事业管理局设立音像管理处,行使省音像事业的宏观管理职能。

本月 省科委主持鉴定省出版事业管理局的"计算机病毒剖析及自动处理系统"软件。

本月 全国武警部队机要专业技术比赛在河北省石家庄市降下帷幕。江西总队代表队获团体总分第二名。

本月 大余家具厂生产的条木折椅以耐酸、耐碱、耐磨、光泽度亮、附着力强、拉力大、造型美等特点被轻工部评为全国第一名。

本月 江西省青少年宫协会正式成立，南昌市少年宫主任姜红任会长。

本月 省财政厅开始组织编纂《江西40年·财政卷》，于1992年11月由江西人民出版社出版。

本月 省政府批准江西无线电厂（七一三厂）由景德镇搬迁至九江市。

本月 省煤矿设计院提交年产90万吨的曲江立井的初步设计方案。

本月 国家"保护矿种"考察小组到大吉山、西华山、岿美山钨矿调查，向国务院提交了《拯救国家骨干矿山迫在眉睫》的报告。

本月 省环保局、九江市林科所于1987年在庐山北麓组建的"九江珍稀濒危植物种质资源库"通过专家评审。该资源库荟萃长江流域和中亚热带珍稀濒危植物31科、63属、141种，其中属国家保护的29种。

本月 "牯岭美国学校校友会"74名成员，由美国抵赣，重游庐山。

本月 国家建设部对全国14个省、市123家施工企业130个施工现场进行安全大检查。南昌市第一建筑工程公司名列参检项目的第十六名。

本月 国家建设部授予吉安县、九江县"全国县城规划工作先进单位"称号。

本月 《宜丰县志》由中国大百科全书出版社上海分社出版。

本月 经省政府批准，共青、蚕桑、芙蓉、墨山、相城、饶丰、永丰七个垦殖场列为江西省鹅鸭工程实验区。

1989

11月

November

公元 1989 年 11 月							农历己巳年【蛇】						
日	一	二	三	四	五	六	日	一	二	三	四	五	六
			1 初四	**2** 初五	**3** 初六	**4** 初七	**5** 初八	**6** 初九	**7** 立冬	**8** 十一	**9** 十二	**10** 十三	**11** 十四
12 十五	**13** 十六	**14** 十七	**15** 十八	**16** 十九	**17** 二十	**18** 廿一	**19** 廿二	**20** 廿三	**21** 廿四	**22** 小雪	**23** 廿六	**24** 廿七	**25** 廿八
26 廿九	**27** 三十	**28** 十一月大	**29** 初二	**30** 初三									

1日　省经委、省司法厅、省普法办、省工商行政管理局、省税务局、省乡镇企业局、省经济法规研究中心和省人民广播电台联合举办江西省经济法律法规培训班，培训对象为国营、集体和私营企业主要负责人，企业法律顾问，企业财务、供销部门负责人。

1日　《记者写天下》杂志正式创刊。

1日　中国地质学会第三十四届理事会首次工作会议在九江召开，常务副理事长、地质矿产部部长夏国治主持会议，江西省地质学会获1984年度至1989年度先进集体称号。会议于7日结束。

1日　省审计局自即日起至12月10日派出检查组对各地、市审计局审计执法、审计质量、机关财务收支、遵守《审计人员守则》四项工作进行检查考核，同时，对审计文书、档案工作情况进行检查。检查结束后，省审计局分别于12月15日和18日发出《关于当前审计工作中存在的若干问题及改进意见的通知》和《关于进一步加强审计机关财务管理的通知》。

2日　省检察院、省妇联、省商业厅联合在萍乡市召开表彰举报有功人员大会，表彰对经济犯罪举报有功的萍乡肉联厂财务科副科长彭宜萍、卫检科科长谢运香。向她们颁发了"勇于同经济犯罪作斗争，举报有功"的奖品、奖状，省妇联授予她俩"三八红旗手"光荣匾。

2日　经国务院有关部门考核评审，1988年度江西27个企业的三项主要考核指标和企业管理工作达到国家二级企业标准，由国务院企业管理指导委员会命名为国家二级企业。

2日　省老革命根据地建设委员会和省司法厅联合发出《关于对部分老建项目合同（协议）实行公证的通知》。

2日　南昌博物馆考古人员在老福山一处基建工地发掘出一座西晋年代的古墓。墓内设有通道和前后室，出土的金银陶瓷器等共17件。10月中旬，在南昌市筷子巷一处基建工地曾先后出土13座三国时期的古墓葬，发现铜器、陶器等20多件。该馆考古人员在前不久修复绳金塔时，在塔内发掘出自汉、唐、宋等朝代的金银、铜、瓷玉器等珍贵文物32件。

3日　全国中共党史学会、江西省委党史征

委会、省党史学会、吉安地委党史办联合在吉安市召开"中央革命根据地史学会讨论会"。来自京、沪、闽、粤、湘、鄂、苏、陕、皖、赣等省、市和解放军的60多位专家、学者，就中共十一届三中全会以来中央革命根据地研究的新成果、新进展进行交流，对中央苏区党的建设、廉政建设、思想政治工作等问题进行探讨。会议于7日结束。

3日 省检察院、省电视台联合摄制的电视音乐片《当代检察官》在江西电视台播出。

3日 以朝鲜国家科技委员会副委员长金应浩为团长的朝鲜政府科技合作代表团一行7人，抵达南昌，开始对江西进行为期6天的参观访问。

3日 零点55分，国家"七五"重点建设工程——万安水电站二期工程截流成功，胜利合龙。

万安水电站二期围堰截流工程胜利合龙

3日 省侨务工作会议在南昌召开。

4日 由中国社会科学院语言文字应用研究所和江西大学联合举办的"第二届全国社会语言学术讨论会"在庐山举行。讨论中的一个相对集中的话题是言语交际学的性质、内容、方法。教授刘焕辉作题为《关于言语交际学学科建设的几个问题》的发言。

4日 江西电力职工大学在能源部成人高等教育委员会和中国电力企业联合会组织的为期12天的评估（试点）中，以906.5分（满分1000分）的高分在能源部系统第一个通过成人高校评估。

5日 省政府常务会议研究决定，成立《江

西省政府志》编纂委员会。编纂委员会由省政府的15个有关部门负责人组成，下设办公室。计划在1992年前，完成省政府志的编纂工作。

5日 为期5天的华东地区基建审计研讨会在江西召开。

6日 世界银行中国农业处处长约瑟夫·戈德堡和以胡斯特·瓦格纳为组长的世界银行中国丰产林贷款项目预评估组一行11位专家抵达南昌，将对江西丰产林贷款项目可行性准备工作进行考察。在南昌期间，考察组将同有关部门进行座谈，并到景德镇、婺源、德兴、分宜、永丰等县、市考察林业。副省长钱家铭会见考察组成员。

6日 华东六省一市社科院第五次协作会在南昌召开，中国社科院科研局和辽宁、四川、湖南三省社科院的负责人也参加了会议。

7日 江西制氧机厂以813分通过机电部安全性终评组进行的安全性终审评价，获机电部"安全级企业"称号。

7日 省政府发出紧急通知，要求做好柑橘购销工作，保护农民利益。通知指出：要疏通运销渠道，如果由于人为因素造成柑橘腐烂，要追究领导责任。

7日 省为期两天的地市目标管理座谈会召开，要求抓好目标管理各项措施的落实，对薄弱环节、难点和重点，要采取针对性措施，一级抓一级，一项一项地落实，实现年度管理目标。

7日 全省统战理论工作会暨统战理论研究会第二次会员代表大会召开。大会强调，统战理论工作必须坚持党的基本路线，旗帜鲜明地反对资产阶级自由化；必须坚持理论联系实际；必须贯彻"百花齐放、百家争鸣"的方针。会议选举了省统战理论研究会第二届理事会，杨永峰当选为会长。会议于9日结束。

8日 省保密工作会议召开。会议强调，保密工作要进一步加强。当前首要的任务是贯彻实施《保密法》，加强宣传教育，树立法制观念。

会议于 9 日结束。

9 日 省委、省政府办公厅发出《关于严禁用公款送礼的通知》，要求全省各级党政机关（包括个人）严禁用公款送礼；不准以任何理由、任何形式向上级机关和主管部门及私人送礼；不准收受下级机关、企事业单位赠送的礼物和贴款低价代购的物品。

9 日 江西 17 家外商投资企业的产品进京参加由国家计委、经贸部、国务院特区办等单位联合举办的"中国外商投资企业成果展览会"。国务院总理李鹏在经贸部部长郑拓的陪同下参观了江西展览馆。

10 日 省政府发出《关于卖淫嫖娼等违法犯罪分子必须在期限内自首坦白的通告》，通告指出，凡参加过卖淫嫖娼、制作贩卖传播淫秽物品、拐卖妇女儿童、私种吸食贩运毒品、聚众赌博、利用封建迷信骗财害人违法犯罪活动的人员，自本通告发布之日起至 1990 年 1 月 31 日以前，必须到当地派出所、本单位保卫处、科或乡、镇政府投案自首，坦白交待违法犯罪事实，争取宽大处理。11 日，省委、省政府召开电话会议，要求采取坚决措施，彻底扫除"六害"，净化社会空气。

10 日 九江长江大桥开始架梁，先由北岸第一孔开始，年末架完一孔。钢梁采用 15 锰钒氮高强度钢，其强度较 16 锰钢提高 30%，钢板系 56 毫米厚板焊接，其厚度属全国之最。钢梁连接使用大直径 27 毫米高强度螺栓，预张力 30 吨。

建设中的九江长江大桥

11 日 万安船闸正式开闸通航。船闸位于赣江中游万安水电站右岸，设计最大水头 32.5

万安水电站船闸第一次通航

水电指挥部贺毅少将（中）、能源部陆佐楣副部长（右）在万安水电厂邹述明厂长（左）陪同下，考察船闸

米，下闸首人字门高 36.25 米，单扇人字门重 230 吨，水箱长 175 米，宽 14 米，槛上水深 2.5 米，为过船过木排两用，通航标准 500 吨级。该工程 1983 年开工，1989 年上半年竣工。

11 日 吉安地区横龙垦殖场生产的温柑本月下旬代表江西优质温柑送样到北京，参加全国优质温柑评选会评选。经专家对横垦温柑进行 14 个物化项目检验，品质优良，被授予部优产品称号。

11 日 省社会学会在南昌召开振兴江西的社会学思考理论研讨会。会议着重讨论了从社会学角度看振兴江西的问题。代表们认为当前特别需要研究以下五个方面问题：江西的人口问题、农业开发总体战的实施、交通运输问题、社会发展战略问题、老区建设问题。

11日 财政部副部长刘积斌来江西财校视察工作,并为该校创建30周年题词"坚持财政教育的社会主义方向,培养合格人才"。

11日 南昌市少儿美协首批会员、南昌市少年宫儿画班学员杨文霆同学在《中国少年报》、《中国儿童报》联合举办的"中国好少年"、"中国好儿童"评选活动中,获"中国好儿童"健美奖。

11日 省顾问委员会在南昌举行第九次全体会议。会议认为,党的十三届五中全会是继四中全会后的又一次重要会议。大家表示完全赞同和拥护《中共中央关于进一步治理整顿和深化改革的决定》,积极协助省委狠抓落实,努力从政治上保证当前经济任务的圆满实现。会议于24日结束。

南昌市郊区顺外村党总支部领导成员在收看中共十三届五中全会胜利召开的电视新闻

12日 省委召开常委会议,会期两天,认真学习了党的十三届五中全会《中共中央关于进一步治理整顿和深化改革的决定》和中央领导讲话,决心紧密团结在以江泽民为核心的党中央周围,坚定信心,齐心协力,抓好治理整顿和深化改革,把各项事业推向前进。省委副书记、省长吴官正讲话,指出要坚决地全面地贯彻落实好五中全会的决定,当前必须切实解决好几个问题:(一)要用该项决定统一思想认识,增强治理整顿的决心;(二)努力稳定经济;(三)正确处理好治理整顿和深化改革的关系。

12日 省人大常委会在南昌召开县、乡换届选举工作会议,研究部署1990年江西县、乡换届选举工作。会议要求,在换届中,班子配备要全面准确地贯彻干部"四化"标准,坚持"基本稳定,适当调整,提高素质,优化结构"的原则,把领导班子建设成为结构合理,素质优良,团结协调,廉洁、务实、高效、精干的战斗集体。

13日 省政府在南昌召开为期4天的全省生产工作会议。强调各级领导要把主要精力放在治理整顿和深化改革上来,振奋精神,齐心合力,战胜困难,确保经济持续稳定协调发展。副省长钱家铭作《确保完成一九八九年生产任务,切实安排好一九九○年一季度工作,保持经济持续稳定协调发展》的报告,省长吴官正讲话,指出:(一)在困难面前要有一个好的精神状态;(二)继续坚持和完善企业承包经营责任制;(三)继续实行和完善厂长负责制;(四)继续实行销售承包责任制;(五)积极支持和热情关心企业领导干部。

13日 泰国中华工商总商会主席郑明如等19人考察团,自即日起至26日来江西参观访问。在南昌期间,考察团与省工商联、省煤炭厅等进行了业务会谈。

14日 在南京参加IGCP282会议的日本、加拿大、苏联、澳大利亚、英国、法国、泰国、美国、韩国等国家和地区的15位地质学者来赣,到宜春414矿、赣州地区西华山钨矿和漂塘钨矿参观考察。

14日 省人事厅为31名"江西省有突出贡献的专业技术人员"办理奖励晋升一级工资的手续。

14日 由省纺织品进出口公司、省针棉织品进出口公司、省粮油食品进出口公司和省陶瓷工业公司组成的江西分团参加为期6天的马来西亚国际博览会,共接待新老客户69家,成交64.4648万美元。

15日 省整顿建设市场秩序领导小组、省人民银行、省建设银行、省工商银行、省农业银行、中国银行南昌分行发出《关于认真执行〈关于认真做好江西省建设市场秩序整顿工作报告的通知〉的通知》。通知就银行配合整顿建设市场秩序工作，提出了两点要求，一是在整顿建设市场期间，凡涉及到需要在经办银行停业付款、拨款、贷款、冻结资金等事项的各经办银行，应按同级整顿建设市场秩序领导小组的书面通知协助办理；二是所有建安企业必须在建行开户，严禁分头开户，商品房屋开发公司的建设资金，一律存入建设银行。

15日 省纺织局副局长刘奎芳率代表团一行8人赴瑞士预审两万吨/年黏胶短纤工程联合设计并考察有关设备制造厂。

15日 由水利部主办的亚洲开发银行技术援助我国水利部门的《改善灌溉管理和费用回收》成果研讨会在赣抚平原水利工程管理局举行。全国29个省、市、自治区的代表及有关专家共85人参加研讨会。

16日 江西医学院二附院引进江西省首台"预真空灭菌器"。

16日 革命烈士方志敏的母校——弋阳二中，正式命名为"志敏中学"。国家副主席王震亲自为该校题写校名。

17日 省委、省政府召开电话会议，通报江西贯彻"两高"《通告》情况和部署今后工作。

18日 国务院在当日召开的电话会议上，通报表彰江西省1989年夏油总产量超历史最好水平，并向省政府及九江、赣州、宜春、新余、景德镇、萍乡市政府和彭泽、永新、高安、湖口、瑞昌、于都、兴国、瑞金、乐平、分宜县和新余市渝水区政府颁发奖状。

18日 在李四光诞辰100周年之际，核工业华东地勘局二六一大队蒋兴泉，获得首届"李四光地质科学奖"。

18日 以高级信贷专家单西朋德先生为团长的世界银行农村信贷项目评估团一行7人，对宜春笋竹两用林、婺源茶叶、共青水禽等项目进行考察，并选定三个行业八个种养、加工系列分项目在八个地市实施，预计项目总投资2.8亿元，其中世界银行贷款3700多万美元。

19日 交通部部长钱永昌一行5人到江西视察调研。在赣期间，先后视察了南昌至高坊岭一级公路，105、319国道，南昌客运港和赣江、昌江航道整治等一批"七五"重点工程。

19日 吴官正、卢秀珍、王太华、马世昌、朱治宏、钱家铭、张逢雨、杨永峰、程安东等和省委、省政府一些部门和单位的负责同志以及南昌县五套班子成员210多人，来到南新乡赣江中支流联圩堤上，与当地近万名农民一道参加水利冬修会战。

省委、省政府机关210多名干部来到南昌县南新乡的赣江大堤上参加义务劳动

20日 省委转发中共中央通知：张传诗任省委委员、常委。

20日 江西人民广播电台承办的全国理论广播宣传工作座谈会在九江召开。中央电视台和24个省电台10个市级电台67名理论宣传的负责人参加会议。

20日 我国第一艘快速海峡——岛际型旅游船"梅岭"号在江洲造船厂建成并出厂试航。

20日 省地质调研队汤加富和高秉璋分别完成的《江西武功山中浅变质岩区构造——地（岩）层填图方法研究》和《江西会昌——诸广

山桥头地区花岗岩基单元超单元填图方法研究》两项"七五"重点科研攻关成果通过了为期10天的评审验收。

20日 英国岩石学家辛普森博士和斯通博士自即日起至12月7日在江西完成中英合作项目《会昌花岗岩岩浆作用与成矿关系研究》最终成果编写。

21日 全省农垦企业青年研究会成立大会在南昌举行,大会选举产生理事会。会议于22日结束。

21日 省委八届九次全体会议在南昌召开。会议传达、学习了党的十三届五中全会精神,审议通过了《江西省委关于贯彻执行〈中共中央关于进一步治理整顿和深化改革的决定〉的决议》。会议号召各级党组织、广大党员和人民群众,在党的十三届五中全会精神指引下,继承和发扬光荣的井冈山革命传统,紧密地团结在以江泽民为核心的党中央周围,振奋精神,坚定信心,团结一致,艰苦奋斗,坚决完成治理整顿和深化改革的各项任务,把江西省社会主义现代化建设事业不断推向前进。吴官正在会上着重讲了四个问题:一是真正把江西省人民的思想统一到中央的《决定》上来;二是必须把立足点放在稳定经济上来;三是必须正确认识和处理好治理整顿与深化改革的关系;四是必须努力从政治上保证当前经济的圆满实现。

21日 省公安派出所工作会议在南昌市召开。会议总结交流了改革和加强派出所工作的经验,表彰了南昌市公安局公园派出所等30个公安派出所。会议于25日结束。

21日 由省地质学会和江西铜业公司联合举办的为期5天的"江西省以金银为主的典型矿床学术讨论会"在德兴银山矿召开。出席代表104人,收到论文62篇。知名学者张炳熹等应邀作总结。

22日 全国首届农村学校卫生工作研讨会在永丰县召开。会议着重对农村学生健康教育、常见病防治等问题进行学术交流和讨论。会议于26日结束。

23日 我国"七五"期间国家科技攻关项目——"田菁胶在胶印书刊纸生产中运用"在吉安造纸厂试验成功,并通过国家鉴定。

23日 省政府颁布《江西省军人抚恤优待实施办法》。规定死亡抚恤、伤残抚恤、群众优待和国家补助的对象、标准等。

23日 省纪委第七次全体会议在南昌举行,会期两天。会议听取了省纪委书记朱治宏作的《认真贯彻落实党的十三届五中全会精神,进一步加强江西省的党风党纪建设》的讲话。会议指出,各级纪检机关在治理整顿和深化改革中,必须十分注意搞好以廉政建设为重要内容的党风建设,加强同行政监察、司法和经济监督等部门的联系和配合,坚持原则,恪尽职守,敢于碰硬,抵制"说情风",冲破关系网,不论案件涉及到什么人,都要一查到底,严肃处理。

23日 由省医学会主持召开的为期3天的"江西省首次中青年医学会(内科)学术交流会"在南昌举行。

24日 省法学会行政法学研究会在靖安县召开首届行政法学研讨会。与会代表30余人就《行政法》与《行政诉讼法》在实施中的一些理论和实践问题进行讨论。

24日 中国江西经济技术合作公司与赞比亚工业有限公司就卡路路西砖厂修复改造项目,在赞比亚首都卢萨卡举行合同签字仪式。合同总额为137万美元。

24日 南昌市东湖区属5所小学的少先大队获团中央授予的"全国红旗大队"称号。

24日 省乡企局印发《关于深化改革、改善承包责任制的意见》。意见要求扭转一个指标承包、一人承包、一年承包的短期行为,主要推行集体承包、厂长负责制、全员风险抵押承包、租赁制、拍卖经营、股份制等责任制形式。

24日 省纺织工业局与共青团江西省委联合在九江市举办省纺织行业第三届细纱、织造青工操作运动会。

25日 省卫生厅在省艺术剧院召开动员大会。大会要求广大医务工作者贯彻落实邓小平关于医务人员要"做白求恩式的革命者,做白求恩式的科学家"的重要指示,开展"学习和发扬白求恩精神，做白求恩式的医务工作者"活动。

25日 赣州钨钼材料厂从抓管理入手千方百计提高经济效益，已完成月产值370万元，超过月计划23%。

25日 江西省妇女研究室成立。

25日 省委组织部开始建立省直机关处级干部职数审核制度，对省直机关处（室）领导的配备作出明确的规定。

25日 《当代中国》丛书地方卷编写工作总结会议在南昌召开。丛书主编邓力群、马洪主持会议。会议于28日结束。

25日 林业部在南昌市召开全国林业科学技术进步奖评审委员会会议，对1989年申报的215个科技进步奖项目进行评审。江西申报的《江西森林》、《江西省森林资源连续清查第二次复查》获二等奖，《长江榉木的发现与繁殖技术的研究》等4项获三等奖。

26日 省政府召开电话会议，要求统一思想，下定决心，进一步把清理整顿公司工作抓紧、抓好、抓到底。省长吴官正讲话提出五点要求：（一）要进一步提高认识，切实加强对清理整顿公司工作的领导；（二）要下大决心，再撤销一大批公司；（三）要认真搞好被撤并公司的善后工作，把损失减少到最低限度；（四）要严肃查处公司违纪违法的问题和案件；（五）要大力加强公司的制度建设。

26日 新余钢铁厂第一轧钢分厂生产的一般强度船体结构用钢板，获国家船舶检验局颁发的"工厂认可证书"。

27日 省旅游局派员赴日本参加为期4天的第七届国际旅游观光会和旅游展览会。

28日 江西省新电光源企业集团在南昌成立。

28日 江西首届谷雨文学奖授奖大会在南昌举行，谷雨文学奖是根据江西省长邵式平生前倡导的"谷雨诗会"而定名的。

28日 在由《科学画报》、《科学与生活》、《自然与人》、《知识与生活》、《知识窗》等刊物组织的第一届全国10家科普期刊优秀作品评奖活动中，九江市浔阳区委书记刘荣喜撰写的《珍禽王国——鄱阳湖候鸟保护区》一文获一等奖。

28日 省垦管局召开省属农垦企业单位负责人会议，会期3天，会议传达贯彻党的十三届五中全会和江西省委八届九次全会及江西省生产工作会议精神。

28日 江西省纪念建国40周年理论讨论会在南昌召开。会议指出：（一）理论工作要坚持党的基本路线，保证理论工作沿着正确方向前进；（二）要贯彻党对理论工作的各项方针、政策，促进社会科学事业的繁荣和发展；（三）要学习马克思主义哲学，掌握辩证唯物主义的基本观点和方法，不断提高马克思主义理论素养；（四）要团结奋斗，尽快制定和实施江西省1989年至1993年社会科学5年研究规划。讨论会于30日结束。

29日 省委召开常委会，研究部署在干部中开展马克思主义理论学习和关于干部参加劳动的意见。要求从1990年第二季度开始，各级领导干部都要分层次、分期举办读书班，重点学习马克思主义哲学，并以学原著为主，时间要相对集中，注重实效。会议还要求各级领导干部特别是县级以上领导干部带头参加集体生产劳动，参加劳动的时间不少于12天。

29日 由周涵真、蔡奠华、周兰清、汤斌、何春英5位高龄知识妇女发起创建的南昌市三八老人康乐公寓在中山堂成立。

29日 省政府在南昌召开鄱阳湖区13县（区）长会议。会议指出，做好血防工作，一定要进行综合治理。要结合当前农业总体开发战搞好综合治理的防治规划，对防治血吸虫病作出切实可行的安排，省政府决定用3年时间对鄱阳湖区的血吸虫病进行重点治理，1989年增拨300万元，1990年、1991年将继续给予扶持。

30日 省委转发省委组织部关于贯彻《中共中央转发〈中央组织部关于在部分单位进行党员重新登记工作的意见〉的通知》的实施意见。

30日 全国公路、水运交通建设前期工作会议在南昌结束。会议研究了前期工作的管理机制、工作组织和资金来源，商定了一批"八五"建设项目。

本月 6月至本月底，全省近27万人参加了《专利法》和《技术合同法》的考试，已有26.8万人取得了由省科委、省普法办、省专利管理局、省技术市场管理办公室联合颁发的合格证。

本月 南昌供电局平门变电站使用的220千伏全封闭六氟化硫组合开关为我国第一台新型开关设备。

本月 由省电力试验研究所研制的 CB_3（PS_{43}）三相标准电能表是具有人工智能的电能计量标准表，准确度为万分之五。

本月 全国重点寺庙庐山东林寺大雄宝殿竣工落成，并对外开放。庐山东林寺始建于东晋太元九年，唐宣宗大中年间，殿宇厅堂多达300余栋。清末民初毁于战火，"文革"期间又遭拆除。1985年，在国家投资和国内外佛教居士的捐助下开始兴建。已建成的大雄宝殿占地面积836平方米，殿高16米，殿内有金塑大小佛像70余座。

本月 第四届全国发明展览会在成都闭幕。江西展团获银、铜奖牌各6枚。江西医院李华泰主任医师等发明的"双腔球囊导管的研制及其在二尖瓣分离术中的应用"、江西工业大学耿茂鹏副教授等发明的"型砂气流冲击紧实机构"、江西师范大学彭素萍等发明的"兰藻—螺旋藻饮料的制造方法"、江西省分析测试研究所潜学基等发明的"花生综合利用及深加工"、南昌市第三中学黄恕柏指导的学生喻炜等发明的"自流气压热水瓶"等获银奖；江西有色冶炼加工厂石诗润等发明的"7011型铜管棒材拉伸润滑剂"等获铜奖。

本月 在中国生态经济学会举办的全国首届青年优秀生态经济论文评选活动中，江西省社会科学院经济研究所青年研究人员蒋小钰、邓小敏合写的论文《城市人口生态容量与城市问题》，获全国首届青年优秀生态经济论文二等奖。

本月 中国艺术研究院摄制组在赣剧团录制《中国戏曲发展史》电视系列片。在江西录制剧目有杨桂仙主演的《哑背疯》，童庆祁主演的《张三借靴》，潘凤霞主演的《南柯梦醒》、《送衣哭城》、《合砵》和《夜梦冠带》、《评雪辨踪》等八个折子戏。

本月 省农业厅、财政厅印发《江西省农村合作经济组织会计制度（试行）》。

本月 江西国药厂获国家卫生部批准生产金水宝胶囊，为冬虫夏草的代用品，用于高血脂症、性功能低下、慢性支气管炎等，是卫生部批准为全国第一个一类新中药。

1989

12月
December

公元 1989 年 12 月							农历己巳年【蛇】					
日	一	二	三	四	五	六	日	一	二	三	四	五	六
					1 初四	**2** 初五	**3** 初六	**4** 初七	**5** 初八	**6** 初九	**7** 大雪	**8** 十一	**9** 十二
10 十三	**11** 十四	**12** 十五	**13** 十六	**14** 十七	**15** 十八	**16** 十九	**17** 二十	**18** 廿一	**19** 廿二	**20** 廿三	**21** 廿四	**22** 冬至	**23** 廿六
24 廿七	**25** 廿八	**26** 廿九	**27** 三十	**28** 十二月大	**29** 初二	**30** 初三	**31** 初四						

1 日　共青团中央、农业部授予周洪琳、陈学田、黎增仁"全国优秀青年乡镇企业厂长（经理）"称号。

1 日　省政府召开冬季防火、生产和交通安全电话会议。会议要求：（一）"安全第一，预防为主"的方针，必须在思想上牢牢扎根；（二）必须抓紧冬季防火工作；（三）抓好安全生产，必须严格管理；（四）坚决杜绝恶性交通事故发生。

2 日　江西第一个乡级教育卫星地面接收站在德兴县大乡中学开通建成。

2 日　南昌市佛教协会第三次代表大会结束，这是南昌市佛教活动在中断 30 多年后的第一次集会。

2 日　省政府转发国务院《关于清理检查"小金库"的通知》，指出清理"小金库"是惩治腐败、加强廉政建设的重要措施。

2 日　省工商银行组成 9 个检查组，对江西省 1/4 县级行、处的 13 个单位、246 个营业网点及 86 个现金库房的安全保卫工作，进行全面检查。

2 日　贵溪冶炼厂子弟学校四年级学生黎腊身患重疾的，被国家少工委和中国儿童报评为"中国好儿童"，省少工委也同时授予她"江西最佳好儿童"的光荣称号。

2 日　江西水泥厂连续 5 年被评为省统计工作先进单位，被国家统计局授予"全国工业企业统计工作先进单位"称号。

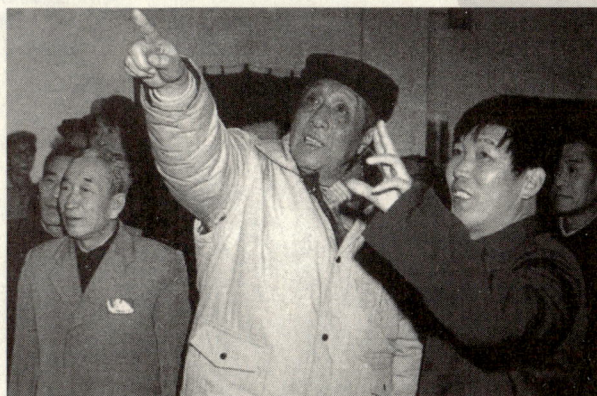
赵增益在江西水泥厂视察工作

4 日　省气象局重新确定湖口、瑞昌、宜丰、婺源、余干、广丰、莲花、泰和、宁都、南康、龙南、南丰、樟树气象站（台）及省农业气象试验站为国家农业气象观测站。修水、高安、分宜、吉安、宁冈、遂川、大余、永修、都昌、波阳、临川、乐平、余江、玉山、乐安、南城、兴国、广昌、瑞金、于都、寻乌气象站（台）为省农业气象观测站。

4 日 省检察院举办为期 14 天的首届江西省检察机关政治协理员读书班，44 人参加较为系统的政工理论学习，交流工作经验，对进一步做好政治思想工作进行研讨。

5 日 江西机耕船厂试制成功的 ZDP17A 型Φ400 毫米双圆盘磨浆机当日通过了省级鉴定。

5 日 省卫生厅在南昌召开"省直卫生系统义务献血动员大会"。1990 年 1 月 23 日评出义务献血先进单位 6 个，无偿献血者 69 人。

5 日 省政协六届常委会八次会议在南昌市举行。会议听取和讨论中共十三届五中全会和省委八届九次全体会议精神的传达报告，通过了《关于学习贯彻中共十三届五中全会精神的决议》，通过了农业工交科技工作委员会等五个专门委员会《工作简则》和"三胞"联络委员会《工作简则》。

5 日 省委宣传部召开部分理论家、作家座谈会，学习《邓小平文选》。30 多位文艺理论家、作家参加了座谈，大家一致认为，邓小平在新的历史时期，正确地坚持、运用和发展了马克思主义文艺理论。

6 日 江西 1989 年度科技进步奖在南昌评审揭晓。省级科技进步奖共127 项，其中一等奖 1 项、二等奖 22项、三等奖 104 项。"电力系统随机优化决策研究"科研项目获一等奖。

6 日 吉安市酿酒厂生产的省名优酒——"堆花特曲"首批运往美国。

6 日 省委、省政府、省军区决定，追授在抗洪抢救战斗中为抢救集体财产而英勇献身的张建忠"雷锋式民兵"荣誉称号。14 日召开命名大会。

6 日 江西消防车辆制造厂引进日本全自动汽车整车检测线建成，通过鉴定验收投入使用。

6 日 省人事厅择优录用 100 位在农业开发总体战中作出突出贡献的人员为国家干部。

7 日 江西水泥厂扩建的、我国自己设计、自己制造、自己施工的第一条日产2000 吨熟料窑外分解生产线通过工程和科技攻关两项国家验收，1990 年元月 1 日起正式移交生产。验收结论提出："江西水泥厂扩建工程标志着我国大型干法工艺成套技术设备已从引进、单项技术开发，进入自己成套开发阶段为我国大型成套技术设备开发奠定了基础，是中国水泥技术发展史上的一个重要里程碑"。

熟料窑外分解生产线高大的预热器

江西水泥厂外景

7 日 省清理公司办公室主任会议提出：提高认识，增强信心，加快清理整顿公司工作步伐，在 1989 年内结束公司的撤并工作。

8 日 原中顾委委员汪东兴先后视察七○一厂弋阳厂区、贵治。视察活动于 11 日结束。

8 日 吴官正对省审计局提交的关于对江西省 1987 年至 1988 年老建资金和扶贫专项贴息贷款的审计情况报告作了批示。省审计局从 2 月开始组织 10 个城市 58 个县市审计局对贷款开始审计，于 11 月结束。

9 日 省建总公司党委印发《关于加强党的建设的意见》，意见提出：（一）认真做好清查、清理工作，统一思想，纯洁组织；（二）全面、认真考察领导干部，加强各级班子建设；（三）加强廉政建设，克服消极腐败现象；（四）加强党的基层组织建设，增强党的凝聚力和战斗力；（五）提高党员素质，发挥党员先锋模范作用。

9 日 南昌铁路科研所承担的 "RZL4－13 示范炉综合技术改进的研制" 项目，经省科委鉴定，认为是一项投资少、见效快、效益高的技术改造。主要研究人员有郭春仔、方传正等。

9 日 省文化厅下发《关于颁发〈江西省电影放映单位登记管理条例〉等四个条例的通知》。

9 日 省监察厅设立行政监察机关工作咨询委员会。各民主党派省委会李友祥、王贤才、雷世懋、文运第、陈文华、吴吉如为委员，李友祥、王贤才任咨询委员会副主任。

9 日 弋阳蛇纹石矿研究成功从蛇纹石中提镍新工艺，使金属回收率高达 93%。

10 日 中国羽毛球选手熊国宝、唐九红在新加坡分别夺得世界羽毛球大奖赛总决赛男、女单打冠军。

10 日 省人事厅、省委组织部下发《关于 1989 年度为农业开发总体战作出突出贡献的人员予以升级奖励的通知》。通知规定凡 1988 年以来在农业建设和农业开发总体战中作出贡献的人员，均晋升一级工资。

10 日 南昌齿轮厂承担的迪尔大中马力拖拉机传动系总成齿轮试制项目，在洛阳通过部级鉴定。

10 日 波阳县台属、县供销社饮食店经理王正永被商业部授予 "全国商业劳动模范" 称号。

10 日 我国第一条水底铺设的光缆——宁汉渝光纤电缆数字通信工程湖口水线铺设成功。

11 日 武警南昌市支队司令部文书周声龙夺得 "建国 40 周年科技新闻杯" 全国硬笔书法大赛优秀奖。

12 日 国务院在南昌召开湖区五省血防工作会议。湖南、湖北、江苏、江西、安徽五省以及南方各省、市、区有关方面代表 130 多人参加会议。大会宣读了中共中央总书记江泽民给大会的信和国务院总理李鹏、全国政协副主席王任重发来的题词。李鹏题词为：发扬成绩，总结经验，行动起来，为防治和消灭血吸虫病而努力奋斗。王任重题词为：加强领导，团结协作，艰苦奋斗，争取血防工作的新胜利。会议讨论了《关于加强血吸虫病防治工作的决定》和《湖区血吸虫病综合治理方案》；研究制定血防条例，成立湖区五省联合防治领导小组等。卫生部部长陈敏章讲话，中央政治局委员、国务委员兼国家教委主任李铁映出席会议。会议提出：全民齐动员，再次送瘟神，"一定要消灭血吸虫病"。江西省省长吴官正、湖南省副省长王向天、安徽省副省长汪涉云等在大会上发言。会议于 14 日结束。

江泽民给在南昌召开的湖区五省血防会议的信

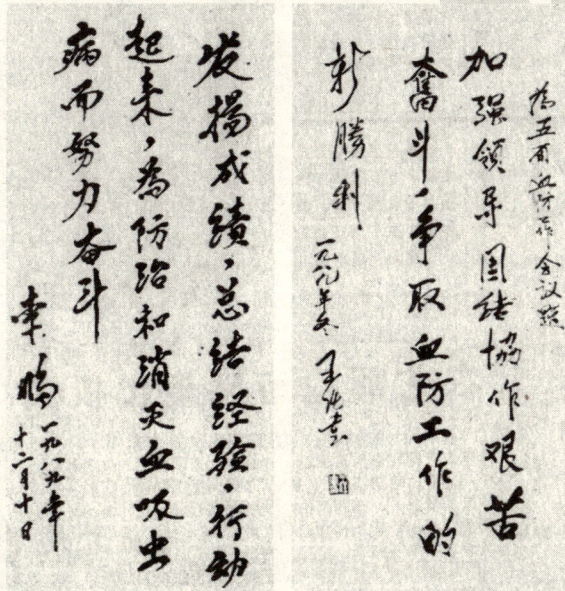

李鹏、王任重为在南昌召开的湖区五省血防工作会发来的题词

12日 由上饶慰诺快速堵漏技术研究开发集团总经理金鼋锋发明的"快速堵漏胶"在比利时首都布鲁塞尔举行的第三十八届国际博览会上夺得"尤星卡"铜质奖。

12日 国务院副秘书长、国家旅游事业委员会副主任李昌安抵赣，在南昌听取江西省副省长张逢雨和省旅游局关于江西旅游业情况的汇报。

12日 江西工业大学土建系教授虞锦晖完成的《钢筋受扭构件的构造研究》科研成果，通过省级技术鉴定。该成果填补了一项国内空白，综合研究成果达到国际先进水平，被新的国家标准（混凝土结构设计规范 GBJ10－89）所采纳，获1990年省政府科技进步二等奖。

12日 反映陈正人当年在江西井冈山革命斗争时期事迹的三集电视剧《井冈之子》，在南昌陆军学院开拍。

12日 省委武装委员会召开省、地、县三级武委会主任会议，会期两天。

12日 省人大民族工作会议在南昌召开。会议传达全国各省市、自治区人大民委会主任会议精神，交流各地、市、县人大民族工作情况，讨论《中华人民共和国散居少数民族权利保障法（草案）》。会议于13日结束。

12日 省委常委、省委政法领导小组组长王昭荣在省公安政治工作会议上提出，政法工作必须牢固树立四个观念，即为国民经济长期持续稳定协调发展服务的观念；长期坚持思想政治工作的观念；维护政治上的稳定是我们的首要职责的观念；艰苦奋斗的观念。会议于15日结束。

13日 省第五届民兵代表大会在南昌召开。450名民兵代表出席了会议。省委常委、省军区司令员张传诗作了题为《振奋精神，求实创新，把江西省民兵预备役建设提高到一个新的水平》的报告。省长吴官正讲话，强调坚持党管武装的原则，切实搞好民兵工作"三落实"，认真抓好预备役部队建设。会议表彰99个先进单位和51名先进个人。会议于15日结束。

13日 赣、鄂、浙、苏、沪等省、市地质矿产局合作完成的"七五"重点科技攻关成果《长江中下游重点地区地下水环境背景值研究》通过了评审验收。

14日 中共中央政治局委员、国务委员兼国家教委主任李铁映和卫生部部长陈敏章等视察鄱阳湖区中心的新建县南矶乡，并代表党中央、国务院慰问疫区人民和血吸虫病患者。

李铁映和卫生部长陈敏章等，前往血吸虫病严重的鄱阳湖区新建县南矶乡实地察看血防工作

陈敏章在鄱阳湖区新建县疫区看望血吸虫病患者

14日 江西省地质矿产调查研究大队所研究的"S"型花岗岩等级体制及其填图达到国际先进水平，填补了国际同类研究的空白。

14日 省人事厅印发省政府办公厅《关于江西省劳动工资计划管理分工意见的复函》，进一步明确了各级人事部门在劳动工资计划管理中的职责范围和任务分工。

14日 省黄金工作领导小组在北京与国家黄金管理局进行为期5天的商谈，达成金山矿区、茅排金矿区勘探承包协议和意向书。

15 日 中共中央政治局委员、国务委员兼国家教委主任李铁映视察了南昌市松柏巷小学。

李铁映在南昌市松柏巷小学询问教学情况

李铁映在南昌市松柏巷小学同师生们在一起

15 日 省政府决定，将每年的 1 月 15 日定为省土地管理法宣传日。

15 日 江西国药厂获国家二级节能企业的殊荣。

16 日 省政府批转省商业厅、省物资局、省建设厅《关于清理整顿各类商业批发公司的意见》，对商业批发公司进行清理整顿。

17 日 省委召开常委会议，听取国务院召开的湖区 5 省血防工作会议精神传达并讨论全省贯彻会议精神的意见。决定进一步动员起来，掀起一个"万众齐动手，再次送瘟神"的血防工作新高潮，在 3 年至 5 年内把全省湖区血吸虫病疫情控制住。

18 日 国家"七五"重点工程，南昌飞机制造公司年产 6 万辆 125 摩托车生产线通过国家验收。

18 日 景德镇艺术瓷厂成功复制珍藏于北京故宫博物院的一套清朝同治皇帝婚典御用瓷。它由 224 件套 40 个品种组成，其中最大的一只莲子缸口径为 53 厘米。全套瓷器都采用粉彩黄地双喜描红五龙装饰，纹样细腻工致，赋色富丽堂皇。

18 日 萍乡铝厂试制硅铝铁合金（复合脱氧剂）成功，年生产能力 600 吨。

19 日 鄱阳湖上第一桥——成新大桥正式通车。

19 日 省工商联召开五届四次常委扩大会议。党组书记刘峰就学习贯彻中共十三届五中全会和省委八届九次（扩大）会议精神作重要讲话；主委厉志成、副主委韩志仲传达全国工商联六届二次执委会及宣传工作会议精神；厉志成向常委会报告一年来的工作，并就 1990 年工作提出初步设想。

19 日 省垦管局直属机关委员会第一次代表大会在蚕桑场胜利召开，蚕桑、恒湖、五星垦殖场和局机关基层党组织代表 109 人出席会议，选举产生省垦管局直属机关第一届委员会和纪律检查委员会。

19 日 "赣杭构造火山岩成矿带轴成矿规律及成矿预测"（简称"赣杭带"）获得国家科技进步一等奖状和证书。

19 日 省煤炭厅发出《关于建立"内部承包、内部核算、内部银行、经营调度"四位一体经营目标管理体制的通知》。

19 日 省政府批转《江西省地、市领导干部实行造林绿化和保护森林目标责任制奖罚暂行办法》和《江西省地、市领导干部造林绿化和保护森林目标责任制检查验收试行办法》。

19 日 1988 年重点技术改造项目——丙烯酸树脂乳液及涂料生产线在南昌造漆厂试车成功。

19 日 九江玻璃纤维厂先后获部优产品 3 项，省优产品 5 项，并获国家建材局和省建设管理先进单位称号。

20 日 从南昌电信大楼二○○微波站到江西电视台中心机房的电视光纤传送正式建成并投入运行。电路设 6 条光纤，可同时传送 6 路电路。

21 日 国家质量奖审定委员会发布 1989 年度国家质量奖评审结果，江西省生产的 26 吋 QE805型"飞鱼牌"自行车获国家优质产品银奖。

21日 全国青少年宫协会首届年会在上海举行，南昌市刘建平、曲涛两人被评为全国青少年宫优秀工作者。

22日 省科学院应用物理研究所和华东光学仪器厂共同完成的"变对比鉴别率照明装置"及"望远镜成像质量主要评价方法"，通过省级鉴定。

22日 中国建筑业联合会在桂林召开全国首届优秀建筑企业家颁奖大会，南昌市第一建筑工程公司经理徐麟如获全国优秀建筑企业家称号。

22日 公安部、国家文物局联合召开全国文物安全保卫工作电话表彰会。省八大山人纪念馆以及李海根等18名先进个人受到表彰。

22日 省七届人大常委会第十二次会议在南昌举行。会议通过《江西省保护消费者合法权益条例》、《关于进一步搞好江西省治理整顿和深化改革的决议》和省七届人大常委会代表资格审查委员会《关于补选省七届人大代表资格的审查报告》，会议还通过省检察院提请的人事任免名单。省检察院副检察长高佩德在会议上汇报法纪检察工作情况，各级检察机关加强领导，把法纪检察工作摆在重要位置，突击重点，狠抓办案。江西省共受理各类法纪案件1418件，立案侦查414件，维护了法律的正确实施，保障了公民的民主权利，为稳定局势作出了贡献。主任许勤在会议结束时讲话。会议于27日结束。

22日 全国轻工厅局长会议和轻工重点骨干企业代表会议在北京召开。省陶瓷工业公司、赣州钨钼材料厂、余江工艺雕刻厂派代表参加了会议。会议于28日结束。

23日 省审计局发出通知决定对15个中央驻省企事业单位、69个省直部门、83个省属企事业单位实行经常性审计。

23日 全省电力系统累计发电117亿千瓦时，提前8天完成全年发电计划。

23日 省劳动厅、省人事厅、省财政厅调整职工上下班交通费补贴，每人每月5元，随每月工资发放。

23日 省检察院在南昌召开检察长工作会议，会期5天。会议认真学习贯彻了中共十三届五中全会和省委八届九次全委扩大会议精神，传达贯彻全国检察长工作会议精神，总结1989年工作，部署1990年的任务，重点研究把反贪污贿赂斗争引向深入和继续依法从重从快严厉打击严重刑事犯罪活动等问题。

24日 新余钢厂2号锰铁高炉完成锰铁产量6.007万吨，刷新了全国单炉年产5.97万吨的纪录，首次突破6万吨，开创了全国锰铁高炉先进水平。成为我国唯一一座全年达到特等炉标准的最大的255M³高炉。

24日 华中电网第八次电网领导小组会议在南昌召开。

24日 全国政协副主席、国家民族事务委员会主任司马义·艾买提一行4人视察江西省民族工作。25日看望在南昌学习的西藏班学生，并祝愿同学们努力学习健康成长。30日返京。

25日 全省精神文明建设暨社会治安综合治理工作会议在南昌召开。省委副书记、副省长蒋祝平讲话，蒋祝平强调：（一）不断提高认识，增强搞好精神文明建设和社会治安综合治理的责

大会会场

省政府颁发的"文明单位"、"文明村"牌匾及县城创"三优"竞赛奖杯

省党政军领导为新命名的文明单位颁发证书

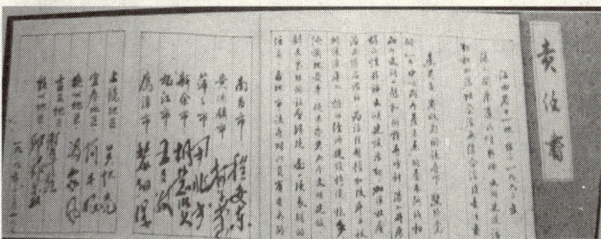

在全省精神文明建设暨社会治安综合治理工作会议上，11个地市领导签订的责任书

任感、紧迫感；（二）稳定社会治安，为改革开放创造良好的社会环境；（三）深化创"三优"竞赛，使之朝着经常化、制度化、规范化方向发展；（四）认真学习贯彻省政府《规定》，大力加强文明单位建设和管理；（五）发扬政治优势，让井冈山革命精神在新的历史条件下发扬光大，推动江西省两个文明建设；（六）加强理论学习和研究，使精神文明建设的各项实际工作进一步科学化。副省长张逢雨宣布了省政府《关于表彰社会主义精神文明建设的决定》，省长吴官正出席会议。会议于26日结束。

25日 省旅游局新闻发布会公布江西第一批84家旅游涉外定点单位名单。

25日 省委副书记、副省长蒋祝平和副省长张逢雨会见江西出席第四次全国侨代会代表团成员。会上，有20名归侨、侨眷知识分子和企业家受到表彰，他们分别是陈观

珍、刘韬、屠燕烈、沈荣武、曹文锋、曾金详、司徒锡钧、胡庭溢、黄玉柱、魏茂坤、王京贵、关钟山、云昌浩、张大任、高春凤、李坚、樊玉高、张曜川、叶伟良、孙敏。

25日 省人民银行与各专业银行在南昌共同组织省内跨系统、跨地区清理企业拖欠货款工作，共计清理企业相互拖欠货款1387.6万元。

26日 省民族工作会议暨民族团结进步表彰会在南昌召开。省委、省政府、省政协领导吴官正、蒋祝平、吴永乐，全国政协副主席、国家民委主任司马义·艾买提出席会议。会议表彰资溪县乌石镇新建畲族村民小组等18个先进集体和王晓舟等29名先进个人。

26日 省教科所和南昌市教科所在江西师大首次联合举办有关学习困难儿童的专题研讨会。

26日 省第二次老龄工作会议在南昌召开。会议指出，要广泛深入地进行老龄问题的宣传教育，争取全社会的支持。要围绕"老有所养、老有所为、老有所学、老有所医、老有所乐"，为老年人办实事、办好事。

26日 省侨办、省侨联在南昌召开侨属企业工作座谈会，出席会议59人；27日至28日召开侨务扶贫工作座谈会，出席会议39人。

26日 由南昌飞机制造公司自行设计制造的我国第一架农林专业机——N5A型飞机，在南

南昌飞机制造公司飞机组装车间

昌试飞成功。

26日 省委宣传部、省旅游局、省计委、省建设厅、省文化厅、省社科院等单位召开"江西省旅游事业发展规划研讨会"。各地市、省直有关部门单位负责人和专家、学者、研究人员100余人出席。

27日 省人大常委会召开成立十周年座谈会,回顾过去,展望未来。与会者表示,要进一步坚持党的领导,发展和完善人民代表大会制度,使地方人大工作提高到一个新水平。

28日 省检察机关1989年度先进集体、先进个人表彰大会在南昌召开。赣州市人民检察院等7个单位和彭良三等13人记一、二等功;授予都昌县人民检察院等十个单位为反贪污贿赂、贯彻"两高"《通告》先进单位;王宝春等118人为先进工作者。

28日 省政府、省军区联合发出《关于授予余江县征兵工作先进县荣誉称号的决定》。

29日 江西首届新闻摄影展开幕,展出作品200多幅。

29日 省委、省政府受国家人事部委托,为江西有国家级突出贡献的30名中青年专家颁发荣誉证书。

29日 省政府印发《继续搞活大中型企业若干规定》。

29日 省委、省政府领导吴官正等听取省廉政建设督查组汇报。吴官正强调,要从党性原则的高度提高对廉政建设的认识,紧紧抓住人民群众关心的话题,把廉政建设引向深入,对腐败现象要坚决查处,不能手软。

30日 省司法厅公证管理处与江西法制报主办的"公证在赣江两岸有奖征文活动"结束。应征文章100余篇,在《江西法制报》刊登24篇,获一等奖两篇、二等奖4篇、三等奖8篇。

31日 全省村级建设经验交流会在德兴县召开。会议认为,加强村级建设的一项重要工作就是要大力发展村级经济。要求各地(市)、县每年应从财政扶持镇企业资金的年初预算中划出30%发展村办企业,对村级经济差的村办企业给予税收优惠政策,各行各业都必须与集体经济差的村挂钩5年。省农行每年安排2000万元开发性贷款,专项用于发展村级经济。省林业厅每年安排300万元帮助兴办村级林场,每年植林15万亩。

31日 省委领导吴官正、蒋祝平等分别到赣州、萍乡、抚州地区看望、慰问坚持在第一线的干部、职工和农民,向他们祝贺新年,勉励大家在新的一年里取得更大成绩。

31日 临川县崇岗乡电管站被评为"全国优秀电管站"。

31日 新钢工人文化宫影剧院被国家广播电影电视部授予"全国电影发行放映先进单位。"

31日 1989年9月至12月,宜春市电影公司调选了100部传统教育片,共放映900多场,观众已达80多万人次,收集影评稿件1万余篇,召开影评座谈会、演唱会、智力竞赛等活动1000多人次,被评为全国发行、放映先进单位。

31日 九江市浔阳楼竣工开放。该楼于1986年12月重建,占地1800平方米,建筑面积982平方米,主楼高21米,外3层内4层,青甍碧瓦、

九江浔阳楼

飞檐屈迭、大方典雅、古朴凝重。造价116.09万元，实际投资125万元。古建筑框架结构，南北两面顶层檐下镶有赵朴初手书《浔阳楼》巨幅横匾。浔阳楼由湖北省中南建筑设计院设计，九江市一建公司承建，1990年被评为省优良工程。

31日 年末统计，省纺织工业局直属企业、事业单位有1600余人通过工程、会计、经济、统计、卫生、教育、档案等系列专业技术职称评聘，其中评聘为高级专业技术职称的有94人，中级专业技术职称的445人。

31日 省文物考古工作队与丰城市考古队日前在丰城市曲江镇郭桥村，距赣江两公里的"缺口城"遗址附近发现一座青瓷窑址。专家鉴定此窑属洪州窑系，烧造时代为南北朝至唐代。

本月 据统计，江西省已试建厂矿企业司法办公室（科）62个。其中新余市司法局已建九个厂矿企业司法办（科）。

本月 分宜县建材厂年产粉煤灰烧结砖5000万块生产线建成投产，总投资734万元，每年可利用分宜电厂粉煤灰6万余吨，节约煤炭5000余吨。

本月 德兴铜矿从美国引进VAXStation 8000计算机工作站。

本月 七〇一厂生产的T2纯铜管被评为国家优质产品，获银质奖。

本月 南昌市少年宫集邮协会彭曦宏、谢骏的两部少年组邮集进京参加"中华全国集邮展览"，获铜牌。

本月 南昌市少年宫书法班学员胡少诚参加由全国妇联、中国书协等单位举办的"我心中未来世界"为主题的全国少儿"金钥匙"书画大奖赛，获第一名，全国政协副主席康克清亲自将"金钥匙"佩挂在胡少诚同学的胸前。

本月 省石油公司被评为中国石化系统内部审计工作先进单位，受到中国石化总公司的表彰，审计科同志和分管领导分别获得奖金。

本月 国务院侨务办公室、全国侨联联络部授予吉安地区气象台主任、工程师黄玉柱"全国优秀归侨、侨眷知识分子"称号。

本月 省气象台首次在萍乡市气象台利用程控电话线路建成3+网络远程工作站，实现气象信息资料的远程传输。

本月 国家经济委员会授予红声器材厂星球牌HS5633声级计国优银质奖。

本月 省人民武装委员会决定，成立国防教育领导小组，并在省委宣传部增设国防教育处，作为国防教育领导小组办事机构。

本月 景德镇市昌江区景华电声器材厂（由景德镇市国营景华无线电器材厂与昌江区竟成乡新厂村委会联办）生产的"压电蜂鸣片"获国家银质奖。

本月 全国妇联书记处书记王力威来江西调查和征求对妇女权益保障法的意见，在省妇联法律顾问领导小组副组长佟国英陪同下到九江等地进行调查。

本月 江西互感器厂引进德国里奇公司环氧树脂真空浇注生产线生产的SCL-100/10型环氧树脂浇注绝缘干式变压器通过省级鉴定，获1990年省科技进步三等奖。该线生产的JSZG-10抗铁磁谐振电压互感器，其抗铁磁谐振能力和材料消耗指标，1990年12月通过部级鉴定。

本月 吉安地区柴油机厂生产的R175A型柴油机，获机电产品出口质量许可证，首批500台出口印度尼西亚。

南昌柴油机厂研制的X6105型柴油机

本月 江西汽车底盘厂和江西汽车齿轮箱总厂为江西五十铃轻型载货汽车国产化，分别试制成功后桥总成和变速箱总成，通过省级鉴定。

本月 全省机械行业1989年度被批准晋升为国家二级企业的有：南昌齿轮厂、南昌旋耕机厂、宜春电机厂、江西气体压缩机厂、赣东北轴瓦厂、江西锅炉厂六个企业。

本月 省际出口公路——瑞昌至界首二级公路改建工程竣工通车。

本月 全省第一条卫生瓷生产线在景德镇陶瓷厂正式投入生产。

现代化制瓷车间

本月 省政府发出《关于整顿医药市场通知》，并成立整顿医药市场领导小组，副省长钱家铭任组长，统一领导江西省医药市场的整顿工作。

本月 《进贤县志》、《靖安县志》由江西人民出版社出版；《清江县志》由上海古籍出版社出版；《丰城县志》由上海人民出版社出版。

本月 全省有 31 个石油化工产品被评为1989 年度优质产品。其中星火化工厂获国家银质奖；向塘化肥厂、东乡化肥厂碳铵、萍乡橡胶厂再生胶、赣南农药厂甲醛 1605 原油、南昌橡胶杂件厂骨架油封、江西化工石油机械厂 400 立方米球罐被评为部优产品。

本月 新余又发现两处旧石器地点，证实距今四五万年前，在潦河和袁河流域已有原始人类居住并从事生产活动。

本　年

本年 国家科委核准公布了 110 项 1989 年度国家发明奖获奖项目，其中江西省妇产医院杨学志等 5 人发明的"三品一条枪锥切治疗早期宫颈癌"获三等奖，江西中医学院彭洪云发明的"持握式乙状肠镜"获四等奖。

本年 华东交通大学建工系讲师雷晓燕等完成的"工程中边界元方法研究"项目，通过国家教委的技术鉴定。此成果 1990 年获国家教委科技进步一等奖。

本年 省地矿局调研队刘洲涛、张惠众等在乐平县凤凰山发现一处大型陶粒岩矿床。赣州地质学校肖承协等在玉山县古城一带的奥陶系中下层中建立了 17 个连续的笔石带序列。

本年 省地矿局水文地质队等单位完成的《锦江流域水资源综合评价报告》获地质矿产部1989 年勘查成果二等奖。

本年 全国第二届花卉博览会上，南昌市园林处参展的"金边瑞香"获二等奖，"佛手"获科技进步奖。

本年 江西省航运行业协会、省公路运输行业协会成立。

本年 彭泽县上十岭垦殖场在江西省外贸出口系列评比中，瘦肉型猪获"五率"第一（母猪产仔率 19.5 头、仔猪成活率 99.7%、肥猪良种率 82.6%、良种特级率 50%、料肉比 3.8：11）。

本年 1989 年全国有 13 个省、自治区、直辖市粮食总产量分别达到或超过历史最高纪录，其中江西省 1989 年农业基本建设投资增加 31%，达 4.64 亿元。

本年 江西省一九五地质大队、五〇四地质大队、五〇四钻机党支部，被中组部、国家能源工业部分别授予"先进基层党组织"、"先进集体"荣誉称号。

本年 长江毛纺织有限公司上半年开发的JA35012 涤毛麻凡立丁被评为全国精纺呢绒二等奖；JA37004 化纤高比例"专佰科"呢获全国毛纺织新产品三等奖；新近开发的毛麻涤薄花呢又

喜获全国苎麻新产品开发二等奖。

本年 全省16项优秀科技成果获国家科技奖。其中国家发明奖3项，国家科技进步奖8项，国家星火奖5项。

本年 铜鼓县林业公安分局获国家林业部公安分局集体二等功。

本年 南昌硬质合金厂出口创汇1160万美元，居全国硬质合金行业前茅。

本年 武宁县农业中学高三（3）班徐蔚在全国中学生"希望杯"日记大奖赛中获"优秀创作奖"。

本年 南昌市水产总量达到5万吨，提前一年实现"七五"计划指标。市民平均每人每月占有鲜鱼1.17公斤。

本年 赣南卷烟厂实现税利超亿元企业，该厂生产十多种牌号的香烟，其中"赣州桥"、"瓷都"牌香烟获省优产品称号。

本年 省电力局颁发用电营业管理四个办法：《用电稽查条例（试行）》、《用电业扩报装管理办法》、《用电营业工作制度》、《用电营业工作责任事故考核办法》。

本年 南昌铁路分局鹰潭站调车员张金福、南昌车辆段列检工长刘林人、向塘燕燕童装厂厂长徐润兰等6人参加全国铁路劳动模范和先进集体代表会议，均被授予"劳动模范"称号。

本年 鹰厦铁路电气化供电工程——鹰潭至邵武全长156.7公里的11万伏双回路输电线路工程基本完工。

本年 华东交通大学副教授杨福运被劳动人事部、国家教委、全国教育工会授予"全国优秀教师"称号。

本年 向九线全线大修，大修线路161公里，均更换成50千克/米钢轨。

本年 省民政厅为1493个福利企业颁发《江西省福利企业证书》。

本年 江西胜利器材厂生产的"天乐牌"CD288型铝电解电容器、江西有线电厂生产的"华声牌"HD－1B型电子按键电话机获国家银质奖。

本年 景华无线电器材厂、江西电线电缆总厂等两家企业晋升为国家二级企业。

本年 省重点煤矿坑木消耗首次降低到每万吨100立方米以下（99.82立方米）。坑木消耗一直居高不下的英岗岭矿务局降幅最大，比1988年降低46％，为每万吨50.57立方米，进入全国统配煤矿低耗局行列。

本年 省煤炭厅从煤炭开发基金中拨款370万元，弥补国家地质勘探事业费的不足，全年煤田地质勘探共完成钻探工作量39014米，新探明储量2186万吨，比1988年增加113％，但新探明储量仍然少于当年采损量。

本年 全省第一座地市级教育电视台——赣东教育电视台在抚州建成开播。

赣东教育电视台外景

本年 按照《矿产资源法》及对乡镇小煤矿实行行业管理精神，省煤炭厅协同省地矿局，对乡镇煤矿核发采矿许可证1010个，约占乡镇煤矿的44％。

本年 新华金属制品有限公司生产的第一批钢绞线出口泰国曼谷。

本年 国家批准江西第一期赣中南农业综合开发项目，在南昌、余干、高安、吉安、宁都、崇仁等21个县（市）和七个县、团级农垦场实施，以改造中、低产田为重点，山、水、林、路的综合治理，3 年共新增总产值 8.5 亿元。1992 年 10 月 31 日，经国家农业综合开发领导小组验收。

本年 江西省畜牧良种场被列为国家级原种场。

本年 南昌电容器厂生产的 CD11 型铝电解电容器获电子工业部优质产品奖，质量达到国际电工委员会（IEC）标准。

本年 江西乡镇企业总产值达到 123 亿元（1980 年不变价），比 1988 年增长 25.8%，首次超过农业总产值。

本年 九江市委、市政府从市直机关抽调 11 名干部担任 11 县（区）长助理，110 名干部担任乡（镇）长助理，专管乡镇企业。

本年 宜春市赣西化工厂接受国家科委"七五""火炬计划"重点攻关项目——含氯聚芳砜纶的中试生产任务，系江西省乡镇企业首次承担国家级科研项目。

本年 省建筑设计院陈立新等编制的《砖砌化粪池图集》，赣南勘察设计院余泽欣为主、由省第一建筑公司协作编制的《钢筋混凝土悬臂楼梯图集》，分别获 1989 年华东地区建筑标准设计协作办授予的优秀设计二等奖。

本年 江西工业大学副教授郑泉水发表于《科学通报》1989 年第（34）卷上的论著《高斯平均转动定理》，解决了高斯在 1827 年提出这一概念后 150 余年来未曾解决的重大力学课题，为美国的国际权威杂志《力学评论》转载。

本年 省科委首次制定并实施科技成果推广计划，1989 年共安排 39 个课题，其中国家级五个，省级 34 个。

本年 九江建筑材料厂从意大利引进的 1 条年产 50 万平方米彩釉地砖生产线建成投产，总投资 1774.60 万元。

本年 浮梁县西湖乡全年生产工夫红茶 30 万公斤，产值 320 万元，香菇 1.8 万公斤，产值 46.8 万元，松香、松节油 410 吨，产值 76 万元。大部分从上海口岸出口销往国外。

策划编辑：柏裕江
责任编辑：刘彦青　阮宏波
装帧设计：肖　辉
责任校对：书林翰海校对公司

图书在版编目（CIP）数据

中华人民共和国 江西日史/中华人民共和国日史编辑委员会江西编辑室编.
－北京：人民出版社，2008.9
ISBN 978 － 7 － 01 － 007244 － 9

Ⅰ. 中…　Ⅱ. 中…　Ⅲ. ①中国 － 现代史②江西省 － 地方史 － 1949～2005
Ⅳ. K27

中国版本图书馆 CIP 数据核字（2008）第 130970 号

中华人民共和国
江 西 日 史
ZHONGHUARENMINGONGHEGUO
JIANGXI RISHI
第五卷
（1986～1989）

中华人民共和国日史编辑委员会江西编辑室　编
　名誉主编：孙家正　李金华　张文彬
　　　　　　张承钧　李永田
　主　　编：孙用和　蒋仲平　魏丕植
　　　　　　管志仁　沈谦芳
　副 主 编：符　伟　杨德保　廖世槐
　　　　　　罗益昌　张翊华

人民出版社 出版发行
（100706　北京朝阳门内大街 166 号）

北京中文天地文化艺术有限公司排版
北京盛通印刷股份有限公司印刷　新华书店经销

2008 年 9 月第 1 版　2008 年 9 月北京第 1 次印刷
开本：889 毫米×1194 毫米　1/16　印张：28.25
字数：760 千字　印数：0,001－3,000 套

ISBN 978 － 7 － 01 － 007244 － 9　　（全八卷）定价：1860.00 元

邮购地址 100706　　北京朝阳门内大街 166 号
人民东方图书销售中心　电话：（010）65250042　65289539